中国语言生活绿皮书

国家语言文字工作委员会发布

中国语言生活状况报告

（2009）

下　编

国家语言资源监测与研究中心　编

商務印書館

2010年·北京

顾　问　许嘉璐　赵沁平　郝　平　李卫红
策　划　教育部语言文字信息管理司
主　编　李宇明
审　订　陈章太　戴庆厦　陆俭明　邢福义

上　编

主　编　周庆生
副主编　郭　熙　周洪波
作　者　(按音序排列)

白　娟　蔡长虹　陈　慧　陈章太　程祥徽　崔晓飞
邸宇维　高建平　高陆洋　郭济修　郭　熙　郝阿庆
何　瑞　和丽峰　黄锦章　汲传波　孔江平　李　俏
李晓华　李旭练　李　阳　李宇明　林　涛　刘　畅
骆　峰　毛力群　倪　兰　曲彦斌　孙晓先　田　鹏
汪　锋　汪　磊　王翠叶　王　奇　王志娟　魏　丹
谢俊英　余桂林　战　菊　张　军　张日培　张　艳
张映川　赵守辉　赵小兵　赵晓敏　郑梦娟　周道娟
周洪波　周庆生　祝晓宏　邹玉华

下　编

主　编　王铁琨
第一副主编　侯　敏
副主编　杨尔弘　苏新春　何婷婷　赵小兵
作　者　(按音序排列)

阿不都热依木·沙力　阿力木·木拉提　艾孜古丽·玉素甫
曹　晖　陈　敏　陈　琪　陈　雪　崔　乐　高　璐
郭曙纶　何婷婷　何　伟　侯　敏　江格瓦尔·地汗
阚明刚　李　安　李　钢　李艳娇　李永宏　刘　华
刘　佳　刘　俊　刘　薇　刘欣斐　潘伟民　齐向卫
祁坤钰　苏小康　苏新春　滕永林　通拉嘎　涂新辉
王华英　王　磊　王　宁　王　奇　王秋萍　王铁琨
王　燕　王宇波　魏　励　吴继媛　杨尔弘　杨　江
于洪志　玉素甫·艾白都拉　曾青青　曾小兵　詹祥妹
张红春　张金爽　张　蕾　张　勇　张志平　赵小兵
庄晓云　邹　煜

目　　录

Contents

报纸、广播电视、网络(新闻)用字用语调查

调 查 报 告

国家语言资源监测与研究中心利用国家语言资源监测语料库(包括平面媒体、有声媒体、网络媒体)的年度语料,已经连续发布了2005年度、2006年度、2007年度、2008年度的语言生活状况报告。其中,报纸、广播电视、网络(新闻)的用字用语调查是每年都进行的调查项目。报纸、广播电视、网络(新闻)的年度用字用语状况,可以反映媒体年度的语言使用实态,也可以透过这些字词语的使用状况看到年度的社会热点、重大事件等。2009年度的用字用语调查是在国家语言资源监测语料库2009年度的语料上进行的。

历时五年的语料积累,既可以用来反映五年共时的语言生活,也可以通过对比分析来反映五年历时的语言变化。在本报告的第四部分,对五年的字词语调查数据进行了比较,以期从共时、历时两个角度对五年的字词语使用状况进行分析。

一　调查使用的语料及调查内容

(一)调查使用的语料

本年度的调查语料涵盖平面媒体、有声媒体、网络媒体三种,共计1 249 387个文本文件,1 237 492 014字符次(包括标点、符号及西文字母、数字等出现的次数),其中汉字出现1 007 019 960字次。

2009年度语料采集的依据及选择过程与往年一致。在进行此项调查时,为了使年度间的数据规模基本保持在同一个数量级上,总字符次保持在12亿左右,总汉字次保持在10亿左右。平面、有声、网络媒体的语料量仍按5∶1∶4的比例进行选取。

1. **报纸**

平面媒体选择了2009年度15种报纸作为调查语料，选择时综合考虑了“发行量、发行地域、发行周期、媒体价值”等因素，同时考虑了语料的可获得性因素。发行量参考了2008年6月2日召开的第61届世界报业大会（瑞典·哥德堡）发布的“2008年世界日报发行量前100名排行榜”（中国部分）；媒体价值参考了由2008世界品牌大会（中国·北京）于2008年6月2日发布的“2008年《中国500最具价值品牌》排行榜”。

选定的15种报纸是（按音序排列）：《北京青年报》《北京日报》《北京晚报》《法制日报》《光明日报》《广州日报》《华西都市报》《今晚报》《南方周末》《钱江晚报》《人民日报》《深圳特区报》《羊城晚报》《扬子晚报》《中国青年报》。

报纸语料共计795 046个文本，633 705 267字符次，其中汉字出现511 924 302字次。

2. **广播电视**

广播电视语料是根据播出的录音或录像转写的文本，选取的主要依据是节目收视率，并且综合考虑了传播媒介（广播、电视）、媒体级别（中央、地方）、传播广度（是否上星）、播出时间（是否黄金时段）、节目样态（独白、对话、综合）、文本现存（是否有转写好的文本）等因素。

2009年度选取的广播电视语料包括：中央电视台、北京电视台、上海文广新闻传媒集团（电视）、天津电视台、重庆电视台、广州电视台、山东电视台、山西电视台、安徽电视台、河南电视台、哈尔滨电视台、深圳电视台、石家庄电视台、洛阳电视台等14家电视台，以及中央人民广播电台、北京人民广播电台、上海文广新闻传媒集团（广播）、天津人民广播电台、重庆人民广播电台、山东人民广播电台、深圳人民广播电台、石家庄人民广播电台、洛阳人民广播电台、包头人民广播电台等10家广播电台，总计169个栏目，20 219个文本。

广播电视语料量为124 884 433字符次，其中汉字出现102 707 631字次。

3. **网络（新闻）**

根据年度调查所确定的三种媒体语料量的比例，网络媒体语料只选取了新浪、腾讯两个网站的部分新闻语料。选取的方式是，对已采集的两个网站的全部语料分别以两个网站每一天的所有语料为单位，在一天的语料中按既定比例随机抽取文本，然后将以天为单位抽取得到的所有文本集合在一起，形成网络（新闻）的样本语料。

由此获得的语料共计 434 122 个文本,478 902 314 字符次,其中汉字出现 392 388 027 字次。

4. 语料说明

报纸语料是网络版的。广播电视语料是由广播电视节目转写的文本,与原始有声语料之间存在些许差异。网络(新闻)语料来自新浪、腾讯 2009 年度的新闻页面,这些语料全部从网络下载而得。用于调查的语料是纯文本的格式,是由相应的页面文件转换而成的,转换过程中去除 HTML 标签信息、广告信息,报纸语料中去除转版信息、图片标题等短文本。

(二)调查内容

本次调查的对象是汉字和词语。词语是计算机自动分词产生的分词单位,既包括语文词,也包括专名(人名、地名、组织机构名、其他专名)、时间表达式(如"2009 年 11 月、5 月、15 点 30 分")以及结合紧密、使用稳定的短语(如"经济危机、世博会")。调查项目主要有频次、频率、累加频率、出现文本数、使用率、累加使用率等,调查内容既包括 2009 年度内三种媒体语言的共时考察,也含有 2005—2009 五个年度间的历时考察。其中,频次、频率、累加频率、出现文本数和使用率的含义及计算方法与 2005—2008 年度的《报纸、广播电视、网络(新闻)用字用语调查》[①]相同,也可参考《中国语言生活状况报告(2008)》下编的"语言资源监测与研究相关术语"。[②]

二　汉字使用情况

(一)说明

1. 本次统计没有甄别文本中的别字。

2. 本次统计不包括汉字部件、乱码、无法显示的字符等。

---

① 见国家语言资源监测与研究中心编《中国语言生活状况报告(2006)》下编第 2 页,商务印书馆 2007 年版。

② 见国家语言资源监测与研究中心编《中国语言生活状况报告(2008)》下编第 493—501 页,商务印书馆 2009 年版。

（二）基本情况

1. 字符总数：指全部语料中汉字、标点、符号等的总量，计 1 237 492 014 字符次。

2. 汉字总数：指全部语料中汉字出现的总字次，计 1 007 019 960 字次。

3. 字种数：指字形不同的汉字种数，计 10 204 个。

4. 共用字种数：指报纸、广播电视、网络三种媒体中都出现的汉字，计 6 238个。

5. 独用字种数：指只在报纸、广播电视、网络某一种媒体中出现的汉字，计 2 359个。

汉字使用情况的具体数据见表 1-1。三种媒体用字之间的关系除了表中列出的共用、独用字种之外，还有部分共用字种的情况。部分共用字种是指只出现在任意两种媒体中，而没有出现在第三种媒体中的汉字种数，比如报纸与广播电视的部分共用字种计 165 个，报纸与网络(新闻)的部分共用字种计 1 357 个，这两部分的并集形成了报纸的部分共用字种，共计 1 522 个。为了使数据更加简洁、直观，表中没有列出部分共用字种数。

本次调查的全部语料用字(共计 10 204 个汉字)形成 2009 年度用字总表①(简称“用字总表”)，表中包括了汉字在语料中出现的频次和文本数两个最基础的数据，所有汉字根据使用频率由大到小排序。

表 1-1　2009 年度汉字使用情况

媒体	总字次	字种数	共用字种数	独用字种数
报纸	511 924 302	9 317	6 238	1 557
广播电视	102 707 631	6 597		109
网络(新闻)	392 388 027	8 373		693
全部语料	1 007 019 960	10 204		2 359

（三）汉字的覆盖率

汉字的覆盖率是调查的重要项目之一。它是反映汉字常用与否的重要指标，同时反映了在整个调查语料中汉字使用的分布情况。其统计结果见表 1-2。

---

① 见国家语言资源监测与研究中心编《中国语言生活状况报告(2009)》下编第 32—170 页，商务印书馆 2010 年版。

表 1-2　2009 年度汉字对语料的覆盖情况

语料 \ 覆盖率	达到 80%		达到 90%		达到 99%		达到 100%
	字种数	字种比例(%)	字种数	字种比例(%)	字种数	字种比例(%)	字种数
报纸	609	6.54	982	10.54	2 460	26.40	9 317
广播电视	546	8.28	893	13.54	2 298	34.83	6 597
网络(新闻)	584	6.97	943	11.26	2 294	27.40	8 373
全部语料	602	5.90	970	9.51	2 400	23.52	10 204

(四) 与现行规范字表的比较

1. 用字总表前 2 500 字与一级常用字比较

用字总表前 2 500 字与《现代汉语常用字表》[①]一级常用字(2 500 字)比较，用字总表中有 342 字是一级常用字中所没有的。将用字总表按照前 500 字、501 至 1 500 字、1 501 至 2 500 字分为三段，每一段中没有出现在一级常用字中的汉字列于表 1-3。

表 1-3　用字总表前 2 500 字与一级常用字比较

范围	一级常用字之外的字
前 500 字	尔(1 个)
501—1 500 字	媒 圳 频 韩 伊 诺 措 迪 辑 综 俄 萨 澳 伦 曼 菲 姆 莱 洛 郭 聘 署 杭 蒂 姚 账 谓 咨 凌 拓 卢 屏 娜 埃 拟 邓 沪 弗 艾 鹏 琳 蔡 邦 贾 冯 浦 翔 斌 谐 逊(50 个)
1 501—2 500 字	兹 帕 曹 穆 敦 胎 赫 潘 秦 肖 募 玲 曝 蒋 徽 聊 莞 霍 彭 粤 颁 颇 氛 韦 墅 兑 戈 奈 涵 诈 莉 吕 袁 枚 颖 鸿 卦 履 玛 魏 讼 崔 涯 谭 癌 硕 卓 侯 廷 铭 郁 吁 肇 憾 匿 寓 耶 砸 怡 旭 婴 淮 茨 厢 詹 晖 碳 峻 汰 磊 辖 庞 抑 妮 妆 莎 契 鑫 镑 翰 瓷 魅 舆 柯 苑 蕾 岳 晰 雯 铝 湘 娟 琼 逻 逸 嘛 鼎 逾 汶 薇 歧 坤 昊 骏 邱 婷 滞 芯 赋 淑 杉 绎 邵 蓉 彰 弥 罕 雇 尹 幽 琪 薛 勃 坠 彦 弘 轴 淀 衷 揽 仲 巢 侠 奢 暨 挫 瘾 溢 萧 楠 鲍 浏 赁 擅 尬 尴 瞬 飙 豫 菱 亨 撰 彬 坪 宠 渝 卿 殷 廖 奠 睿 澄 爵 澜 馨 珊 佐 瘤 坎 邹 勘 擎 祭 裸 轩 熙 玮 啤 凰 矾 悍 淫 霆 奎 啥 呵 陌 蔓 靓 槛 萎 遂 啸 撼 腺 馈 赎 倩 坞 凸 逛 刹 俞 睐 龚 冕 焕 媛 奕 殴 蕴 潭 玫 蔚 吻 喻 咖 窦 瑜 莹 侣 伽 郝 芭 缅 谍 衍 辐 骚 鹤 腕 啡 昔 瑰 扳 幢 甸 瑟 仕 靖 邢 隧 麟 讫 钦 崛 函 贬 倪 玄 惟 埔 噪 晤 溃 闫 遏 娅 崩 粹 堰 秉 媳 吾 勋 寂 懈 碟 睹 瞩 腻 缉 枢 湛 藤 聂 蟹 炫 皓 歹 禺 豹 潇 讶 喀 硅 裔 炜 帷 荔 儒(291 个)

① 国家语言文字工作委员会、国家教育委员会 1988 年联合发布。

用字总表的前 2 500 字覆盖了全部语料的 99.15%，是媒体的年度高频用字，这些字与一级常用字之间的差异，反映了年度语言生活和媒体用字的一些特点。比如，“杭、拓、婴、碳、汶、飙”等字的使用频率升高，与当年的社会生活息息相关，如 2009 年大众关注的“汶川地震”的灾后重建，“婴幼儿奶粉、杭州飙车案、力拓”等事件，全世界都在热议的“低碳”话题；媒体中有大量的专名被使用，像“尔、诺、迪、萨、伦、曼、菲、姆、莱、洛、郭、蒂、娜”等多是人名、译名用字；此外，“姚、卢、翔、逊、兹、彦”等汉字，则是由于“姚明”受伤后成为老板、“卢武铉”政治风波、“刘翔”复出、“迈克尔·杰克逊”辞世、“伍兹”大起大落、学习“王彦生”等成为媒体关注的热点事件，因而其使用频率也提高了许多。

2. 用字总表前 3 500 字与《现代汉语常用字表》比较

用字总表前 3 500 字与《现代汉语常用字表》(3 500 字）比较，用字总表中有 401 字是《现代汉语常用字表》中所没有的，表 1-4 分段列出了用字总表中有，而没有出现在《现代汉语常用字表》中的汉字。

表 1-4　用字总表前 3 500 字与《现代汉语常用字表》比较

范围	《现代汉语常用字表》之外的字
前 1 000 字	圳 迪(2 个)
1 001—1 500 字	弗 蔡 斌(3 个)
1 501—2 500 字	兹 曝 莞 韦 肇 耶 怡 茨 詹 晖 磊 妮 莎 鑫 镑 魅 柯 苑 雯 娟 嘛 汶 昊 邱 婷 邵 尹 琪 彦 弘 暨 楠 鲍 浏 尬 尴 飙 亨 渝 廖 睿 馨 佐 邹 玮 矶 霆 奎 靓 槛 馈 倩 俞 睐 龚 媛 窦 瑜 伽 郝 仕 麟 崛 倪 惟 埔 闫 娅 吾 瞩 缉 湛 皓 禺 潇 喀 裔 炜 帷(79 个)
2 501—3 500 字	涅 汕 禅 韶 洙 淇 铉 昕 瑶 弈 琦 舜 妍 巅 霖 磋 朔 哦 侃 闵 绯 鄂 炳 盎 璐 诠 珀 厄 裴 卉 茜 胺 迭 甄 郡 轶 烨 尧 阮 牟 晏 殡 黛 墟 淄 禄 滕 驭 阜 妃 岚 鲨 佟 羌 璇 瑛 跻 圭 祁 沂 咋 菁 颐 萃 茹 酋 俑 曦 莓 戛 荫 拎 籁 坍 翟 粽 禹 锂 汀 喆 冉 羁 臻 孜 汝 姬 芸 慑 霄 麒 庚 娥 襄 嵩 汾 钰 嘘 铂 峨 泸 狄 虞 铮 翡 斐 氰 潍 瀚 聆 佼 郅 峥 婕 亟 雍 辗 绚 郜 钊 婧 丫 岐 俨 缪 鹭 隋 豚 赣 猝 峙 皖 陇 蓓 栩 佬 梓 煲 袂 渎 陀 孚 岑 黏 嫖 焱 霾 炙 匡 煽 曰 辄 镍 骸 绮 沁 铀 臧 麓 娴 藉 苯 拽 荟 哇 禧 憬 蹿 阪 葆 憧 漪 淼 韬 鳌 黯 瑕 愣 嘟 琶 毋 寅 饪 姗 蹊 竺 铬 驿 郴 踝 钛 妞 隽 邯 媲 嘻 炯 溧 璀 熠 炖 晟 烯 匮 璨 碁 兮 髦 琛 狙 缮 恪 暧 峪 眦 镖 邸 桓 咎 郸 抉 亢 釜 惬 嘎 沓 荼 瞿 敖 篪 萱 祀 酶 浒 醛 祺 睫 祛 抨 诟 忡 瑾 逍 佘 煜 嵘 俪 泓 榈 跤 噱 骥 罄 裘 铎 辍 榻 悖 汲 纶 氟 邡 濮 滇 镁 蓟 疵 癫 忻 漳 甬 遴 赟 坂 膺 戎 邬 眩 踵 覃 枭 啪 珑 獗 诧 跆 靳 迥 玺 罹 嗯 呱 瑙 锵 嫣 矣 骼 杞 赈 悖 孰 宕 泗 哉 烽 嫦 厮 栾 渲 绥 珂 踞 冥 骁 皋 槟 伎 饽(317 个)

3. 用字总表前 7 000 字与《现代汉语通用字表》[①]比较

用字总表前 7 000 字与《现代汉语通用字表》(7 000 字)比较，用字总表中有 725 字是《现代汉语通用字表》中所没有的。具体情况见表 1-5。

表 1-5　用字总表前 7 000 字与《现代汉语通用字表》比较

范围	《现代汉语通用字表》之外的汉字
前 3 000 字	闫 喆(2 个)
3 001—5 000 字	淼 碁 飏 珺 囧 濛 嫜 玟 堃 玘 垚 翀 镕 瘀 皙 哒 芃 珮 槃 琍 吋 崧 钜 昪 崚 焗 磡 弢 祐 噁 仝 孖 鲶 邨 珅 唰 暐 吒 蒡 捱 後 埗 市 琊 劼 屾 朮 塚 囍 櫟 啫 暻 戉 犇(54 个)
5 001—7 000 字	锺 嘢 椏 玹 德 嫣 迳 瓅 睞 簕 劵 炆 龑 峯 咁 谘 駁 氹 甦 這 玭 铖 嘅 堀 暎 曌 冇 積 炤 诶 咗 昨 個 烎 霑 甯 湧 還 會 勢 崑 旼 呎 唦 點 炘 笹 姮 沒 撐 飑 苾 榘 姵 妳 贇 瑷 穌 塱 蹬 陞 娭 黃 馳 內 贠 畊 查 栢 澔 滆 來 粿 郎 線 誌 闇 瑱 詠 潵 洸 廼 舺 砦 艏 壓 娯 現 槤 辻 謝 別 時 燚 椹 褚 係 頫 埇 孅 冪 蘋 髙 厶 纮 蚵 迺 嶺 塝 佢 鵒 姳 尓 咲 孃 腧 洩 為 吔 蠅 搧 凃 牤 盤 福 國 锃 槑 關 調 吶 間 芘 價 訢 侎 嘁 續 臺 師 媞 話 鮰 呯 炣 啲 啟 鷗 將 迴 嶺 壆 砬 虒 過 祇 買 呇 給 嫲 踎 驩 岕 椗 趨 絜 鳲 坣 遖 鑫 叡 觀 繼 疊 刹 佀 粄 菴 瓈 徹 珪 進 萬 鑑 晧 睩 畑 煖 業 沢 啓 嘹 麼 漷 嫐 鵬 乓 漲 堺 歆 艉 萠 湴 長 穂 說 機 鮀 搵 菈 題 熺 砵 場 愛 恵 龚 虢 醜 經 奀 宮 牲 拋 醣 丐 啱 琹 覺 磚 礅 佺 兒 蒨 開 冏 裡 鮐 嫈 偊 吖 噏 強 棐 腘 鮋 昳 資 粦 樸 請 兩 態 鲞 宧 幾 蘭 䜣 彥 該 鰲 較 冚 燦 勳 岜 譞 珖 謦 髈 菌 甗 曚 郃 變 發 瀞 傢 對 見 屋 嗎 礽 渼 昉 禎 秈 卍 倮 堌 糬 晄 魟 皀 梶 區 們 澂 牠 彤 鵬 嚞 媗 問 韓 騄 鵲 製 倖 涉 穇 並 鐏 喦 瑩 徵 奧 動 攵 抲 镟 裝 熙 浬 藥 昡 佈 晳 滉 鷹 圖 蛯 挌 預 黒 珵 鉥 滾 苆 頭 澋 枱 明 芤 江 蓮 欷 顗 喺 歔 競 宋 榊 暉 應 顏 淯 耑 東 睒 荖 勯 蠔 暫 㳟 逓 楢 潑 鄴 韃 數 沇 錞 橫 鶻 鶿 曽 脩 説 卲 嬢 嶋 澎 姫 闬 睍 濬 塊 奺 琮 龍 靚 翃 芾 鉉 冴 畬 篠 遊 結 雲 沖 罘 嵒 菉 枏 珞 砯 娒 員 荄 況 劻 婥 吔 範 績 貲 廻 風 鍊 莿 彈 涼 莊 夗 眛 録 慮 蓧 剋 駷 塭 鬱 谞 髎 畠 児 岑 蒐 杙 砢 紘 囗 谿 天 炏 柿 坧 出 篭 缋 屌 鷽 妹 議 乣 樋 怗 蹬 柭 鷲 餸 驌 痖 損 讚 盝 霂 物 槅 詷 險 歷 皕 昞 瑨 語 銀 沬 閤 蟲 廸 锠 瑅 無 億 繆 馬 瑯 盪 記 傑 覂 車 疋 從 国 毬 镙 侊 犽 栃 埤 認 書 暨 產 鰨 穀 苟 瀉 弒 霙 劄 墻 堽 報 沵 冋 費 徬 烱 暇 孫 玆 鱇 島 咵 餘 晅 錯 彫 樂 獎 佷 楨 匋 鴞 樣 學 瞭 碻 蟾 臀 週 曼 箇 箝 税 舲 蔻 髮 参 猇 岡 皞 華 夲 實 墫 勝 騉 準 崊 钖 菸 俤 祺 蟧 达 相 茲 嬛 測 荳 連 瓴 潛 箎 嗆 蜉 簰 饾 榎 朏 昪 怼 铈 浀 義 伲 丞 當 詝 咡 約 碁 鱓 瀼 負 籛 卬 級 杩 姈 抹 瀨 睍 隞 陸 僜 凱 砈 崙 豊 懍 儁 體 陽 窻 晶 泙 決 採 線 甥 賣 增 隻 扦 殭 電 崐 貌 嗜 両 隨 寶 墚 優 繻 嬲 響 丟 鈿 晛 喬 倉 煙 門 總 湳 滈 鏸 難 戶 棫 絕 銘 倴 鉝 沕 張 潾 缃 禪 灌 鎔(669 个)

① 国家语言文字工作委员会、中华人民共和国新闻出版署 1988 年联合发布。

在历年的年度用字总表前 7 000 字与《现代汉语通用字表》的比较中,2009 年度用字与《现代汉语通用字表》的差别是最大的。[①] 探究其中的原因,可归为如下几个方面:

(1) 年度语言生活由于汉字的“繁简之争”“《通用规范汉字表》(征求意见稿)公开征求意见”而受到社会的普遍关注。众多语言文字工作者和广大民众对这些问题提出了自己的建议,在媒体中有许多讨论,其中不乏对文字规范工作计深虑远的建言献策,这使 2009 年度的用字总数增加,繁体字、生僻字增加。

(2) 网络语言中汉字的使用标新立异,且传播速度快。2008 年度“囧、冏、槑”等汉字在网络上的流行,2009 年度众多生僻字也在网络上被发掘,尤其一些字形比较奇特的合体汉字,如“烎、嘂、噩、王、奣、嫑、嘦、巭、嫑、怹、兲、尖、忈、烇、勥、嘞”。在网络世界里,这些汉字的本义已经不重要了,字形是其在现代社会表义的重要依据。如“兲”不再表示“天”的本义,而是“王八”义;“烇”不再表示“光”,而是“火化”义。但有些仍保持原义,如“嫑”表示“不要”义,字音则由“不”的声母与“要”的韵母组成。此外,由于汉字“槑”在网上的流行,似乎在追随这样一种汉字结构带来的效果,一些由两个或三个相同的汉字成字部件构成的汉字在网络中也悄然流行开来,如“甡、囍、孖、屾、皕、垚、骉、犇、嚞、晶、燚”等。这些现象值得进一步关注与探究。

这 725 个汉字包括:不规范的简化字(“镟、钖、线、钜、桠、锺、迳”) 7 个、繁体字(如“噁、後、瓅、龑、這、會、點”等)211 个、异体字(如“陞、廼、堃、喆”等)113 个、旧印刷字形(如“暨、荀、弑、兹、税、没、别”等)22 个、日本汉字(如“禅、畑、沢、麼、恵”等)21 个、旧计量字(“浬、吋、呎”)3 个。

4.《现代汉语通用字表》与用字总表比较

用字总表中未出现的《现代汉语通用字表》中的字有 162 个,具体如下:

锿 揞 鞁 鞞 鞴 鐾 琫 鳊 泚 诐 瘭 瀌 袯 嶓 猹 蹅 镵 韂 疢 牚 瓻 犨 脞 忉 阽

刭 弸 饳 墦 剕 镄 韨 艴 馉 诖 鳍 涫 瓯 淇 轷 穰 萑 澴 塃 锽 锪 姑 鲃 檵 恝

樻 戋 葍 浞 贶 祲 鼱 到 僦 腒 溴 醵 锩 桊 觖 潏 胩 蒈 莰 阌 硂 纩 裈 悢 嫠

臁 裣 蔹 辌 飗 僇 稆 脶 芼 钔 幪 醾 敉 蒉 礳 镎 臑 柈 堋 狉 鲏 庀 澼 氕 帡

酦 鲯 馇 蠼 鳈 蘘 颥 澈 胂 鸤 螋 嗾 瞍 蹐 谇 阃 啴 绹 蕟 龆 峂 酴 鳂 辒 邿

阢 侬 绤 塮 婞 潞 痃 茓 枸 戾 馌 綮 庮 酏 勚 鹛 螠 慭 莸 濒 蛸 驵 篷 溠 瘵

① 见国家语言资源监测与研究中心编《中国语言生活状况报告(2009)》下编第 30 页,商务印书馆 2010 年版。

紮 蹢 庤 澨 锳 鸼 瘃 螙 腙 疢 躜 槝

(五) 汉字使用的其他情况

用字总表中的繁体字、异体字、不规范的类推简化字、旧计量单位用字、日本汉字等，出现在用字总表的 2 874 位以后，即覆盖率达到 99.51%之后，与去年的 3 118 位相比有所提前。2009 年度汉字的使用情况相对来说比较活跃，与该年度大众积极关注并参与语言文字工作有较大的关系。具体情况见表 1-6。

表 1-6　汉字使用的其他情况统计

类型	全部	报纸	广播电视	网络(新闻)
旧印刷字形	86	65	9	65
繁体字	1 217	769	234	762
不规范的简化字	17	16	6	10
旧计量用字	4	3	1	3
异体字	396	335	64	241
日本汉字	84	61	13	60

(六) 报纸、广播电视、网络(新闻)语料与全部语料的汉字频率比值

计算报纸、广播电视、网络(新闻)各媒体前 2 500 个年度高频字与全部语料中相应汉字的频率比值[①]，并按照频率比值的降序排列比较结果，可以观察三种媒体语料的用字特点。表 1-7 分别列出了报纸、广播电视、网络(新闻)三种媒体语料中频率比值排在前 20 位的汉字。

表 1-7　报纸、广播电视、网络(新闻)汉字频率比值分析

媒体	前 2 500 字中频率比值在前的 20 个汉字
报纸	墅 龄 粤 腺 圳 荔 践 禺 塘 废 瘤 绣 穗 尿 晴 肠 幢 厨 胃 奴
广播电视	伽 窦 咱 嘛 呢 扁 您 殖 饲 啊 邢 呀 它 么 旱 猪 吗 怎 你 徽
网络(新闻)	卦 浪 匿 描 页 寸 蒂 娱 踢 篮 弗 浏 球 芯 杆 霆 扳 兹 玮 棋

1. 从表 1-7 可以看出，广播电视语料的口语化特征最为显著，记录语气词、称谓词的汉字居多；报纸语料中“粤、圳、禺”等显示了地域性报纸的特点；网络媒

① 见国家语言资源监测与研究中心编《中国语言生活状况报告(2008)》下编第 498 页，商务印书馆 2009 年版。

体中的“浪、页、浏”等表明了网络媒体语料采集来源及形式的特点。

2. 媒体的用字特色也体现了内容上的不同侧重点，报纸语料的“墅、幢、奴”等与社会生活中的房地产有关；网络媒体上“娱、踢、篮、球、兹、棋”等则反映了网络媒体关注文体娱乐的特质。这些汉字在用字总表以及各媒体用字表中的频率、排序情况见附表1。

三　词语使用情况

本次调查仍然使用中国科学院自动化研究所研制的分词标注系统。

（一）基本情况

1. 分词单位总数：指由分词软件对语料切分得到的字符串的总数，计717 321 946次。其中标点、符号等出现123 795 923次，其他分词单位出现593 526 023次。

2. 总词语数：即不包含标点、符号、纯西文、纯阿拉伯数字、数字与西文混合式、网址等的分词单位，共计592 414 821词次。

3. 词种数：2 348 100个。

4. 共用词种数：193 416个。共用词种是指报纸、广播电视、网络（新闻）三种媒体语料库都用到的词语。基本数据见表1-8。与汉字的调查相同，这里只列出了媒体间的独用、共用情况，未列部分共用的情况。

表1-8　2009年度词语使用情况

媒体	总词语数	词种数	共用		独用	
			词种数	比例（%）	词种数	比例（%）
报纸	298 944 198	1 579 054	193 416	12.25	1 049 055	66.44
广播电视	60 964 722	432 014		44.77	165 638	38.34
网络（新闻）	232 505 901	1 084 828		17.83	579 032	53.38
全部语料	592 414 821	2 348 100		8.24	1 793 725	76.39

（二）词语的覆盖率

表1-9列出了覆盖率为10%到90%和91%到100%各段的词种情况。从表中可以看出，词种数的明显上升是在覆盖率为90%之后，覆盖率99%到100%

之间的词种数共计 2 175 837 个，占总词种数的 92.66%。高频词语(覆盖率达到 90%的词语)仅占词种数的 0.53%。词种数分布情况与往年相同。

表 1-9　不同覆盖率的词种数

覆盖率(%)	词种数	比例(%)
10	6	0.00
20	35	0.00
30	110	0.00
40	277	0.01
50	594	0.03
60	1 153	0.05
70	2 221	0.09
80	4 636	0.20
90	12 517	0.53
91	14 288	0.61
92	16 477	0.70
93	19 227	0.82
94	22 809	0.97
95	27 703	1.18
96	34 907	1.49
97	46 794	1.99
98	71 781	3.06
99	172 263	7.34
100	2 348 100	100.00

(三) 频次与词种数的关系

表 1-10 列出了不同频次范围的词种情况。

表 1-10　不同频次范围的词种数

频次	词种数	占词种数的比例(%)	累计(%)
1	1 239 561	52.79	52.79
2	367 420	15.65	68.44
3	157 780	6.72	75.16
4	96 606	4.11	79.27
5	61 244	2.61	81.88
6—10	146 409	6.24	88.12
11—20	90 627	3.86	91.98
21—100	102 485	4.36	96.34
>100	85 968	3.66	100.00

从表中可以看出，频次不超过 5 的词种数占 81.88%，频次不超过 10 的词种数占 88.12%，即低频词的词种数数量很大。不同频次的词种数分布情况同往年的调查一致，具有一定的规律性。

（四）高频词语

1. 基本情况

词语覆盖率达到 90%的所有词语称为高频词语。高频词语的词种数情况见表 1-11。

表 1-11　高频词语的词种数

媒体	词种数	共用	共用比例(%)	独用	独用比例(%)
报纸	13 430	7 876	58.64	2 587	19.26
广播电视	9 594		82.09	457	4.76
网络(新闻)	10 712		73.53	1 016	9.48
全部语料	12 517		62.92	4 060	32.44

从上表可以看出，各种媒体的高频词语词种数仍然在 10 000 个左右。不同媒体之间，高频词语的共用比例最低者也接近 60%。

2. 高频词语用字统计

在 12 517 个高频词语中，共使用汉字 24 606 字次，2 696 个字种，占全部字种数的 26.42%。平均每个词由 1.97 个汉字构成。每个汉字平均使用 9.13 次。这些字构词的情况见表 1-12，其中有 669 个字只在一个词中出现，构词数不少于 100 个的汉字有 9 个。

表 1-12　高频词语用字分布

构词数	≥100	99—80	79—50	49—20	19—10	9—3	2	1	字种数
字数	9	6	54	253	407	946	352	669	2 696
比例(%)	0.33	0.22	2.00	9.38	15.10	35.09	13.06	24.82	100.00

表 1-13 列出了在高频词语中构词能力最强的前 10 个汉字及其构成词语在高频词语表中的分布情况。从表中可以看出，这些字所构成的词语分布较为均匀。从连续五年的调查结果来看，高频词语用字前 10 个字保持一致，只在排序上略有差异。

表 1-13　高频词语用字中构词能力最强的前 10 个字

汉字	构词数量	所构词语的频序位置分布					
		1—2 000	2 001—4 000	4 001—6 000	6 001—8 000	8 001—10 000	10 001—12 517
人	173	26	25	27	33	27	35
年	160	27	21	27	21	22	42
大	159	23	20	32	27	22	35
一	139	24	22	34	16	24	19
中	130	10	21	25	29	21	24
不	125	16	14	14	25	24	32
国	110	20	13	19	22	9	27
出	108	19	20	14	22	21	12
上	105	18	20	21	21	10	15
日	98	6	11	33	13	19	16

3. 高频词语的词长分布

表 1-14　高频词语的词长分布

词长	词种数	比例(%)	累计(%)
1 字	2 047	16.35	16.35
2 字	8 914	71.22	87.57
3 字	1 236	9.87	97.44
4 字	239	1.91	99.35
5 字	63	0.50	99.85
6 字	7	0.06	99.91
7 字	7	0.06	99.97
8 字	4	0.03	100.00
总计	12 517	100.00	

从表 1-14 中可以看出,高频词语中 71.22%是 2 字词,词长分别为 1 字、2 字、3 字、4 字的词语累计占到高频词语的 99.35%。词长为 8 个字的词语包括 1 个组织名“国际货币基金组织”和 3 个时间表达式(形如“2008 年 12 月”等)。在高频词语表[①]中,根据出表时的筛选原则,这些时间表达式将不列于其中。

① 见国家语言资源监测与研究中心编《中国语言生活状况报告(2009)》下编第 171—321 页,商务印书馆 2010 年版。

（五）成语的调查

对分词标注软件标注为成语(i)的词语进行考察，参照商务印书馆 2002 年出版的《新华成语词典》对所有标注为成语的切分单位进行人工校对。

1. 基本情况

标注软件标注为成语的词种数是 4 992 个，总次数 1 889 103 次。经过人工校对后，确定的成语种数为 3 736 个，占总词种数的 0.16%，总次数为 1 680 701 次，占全部语料总词次的 0.28%。

2. 成语词长分布情况

表 1-15 描述了 2009 年度成语的词长分布，四字词占绝大部分。三字成语中有的是多字成语因标点符号被分开而形成的，如“胜不骄、败不馁”。

表 1-15　成语词长分布

词长	3 字	4 字	5 字	6 字	7 字	8 字
成语种数	9	3 679	21	14	10	3
成语种数比例(%)	0.24	98.47	0.56	0.38	0.27	0.08

3. 成语在高频词语中的分布情况

高频词语中共有成语 27 个，占高频词语词种数的 0.22%，成语使用频次为 145 753 次，占高频词语总词次的 0.03%。这 27 个成语见表 1-16。

表 1-16　高频词语中的成语

成语	频次	文本数	成语	频次	文本数	成语	频次	文本数
前所未有	12 479	4 872	一如既往	5 857	2 664	意想不到	4 310	2 074
脱颖而出	7 178	2 674	见义勇为	5 592	1 327	独一无二	4 273	1 574
全力以赴	7 012	3 311	与众不同	5 241	2 291	深入人心	4 051	1 424
引人注目	6 763	3 037	出人意料	5 177	2 762	可想而知	3 970	2 042
众所周知	6 672	3 459	供不应求	4 930	1 969	淋漓尽致	3 950	1 920
不可思议	6 537	3 514	名副其实	4 811	1 885	突如其来	3 914	1 719
丰富多彩	6 250	1 404	层出不穷	4 634	2 138	当务之急	3 808	1 772
坚定不移	5 983	1 596	不约而同	4 502	1 898	沸沸扬扬	3 795	2 188
千方百计	5 910	1 813	实事求是	4 438	1 202	截然不同	3 716	2 017

四　报纸、广播电视、网络(新闻)五年用字用语比较

报纸、广播电视、网络(新闻)的用字用语调查已经进行了五年。在此,我们对五年的调查结果进行一些比较。从时间的跨度来看,五年可以是一个共时的时点,也可以是一个历时的时段;五年中的每一年又构成这个历时时段中的五个时点。因此我们可以从历时与共时两个角度观察其用字用语的情况。

(一) 2005－2009 年度用字总表的比较

1. 汉字使用情况

表 1-17　2005－2009 年度汉字使用情况

年度	类型	报纸	广播电视	网络(新闻)	全部语料
2009 年	总字次	511 924 302	102 707 631	392 388 027	1 007 019 960
	字种数	9 317	6 597	8 373	10 204
2008 年	总字次	548 899 104	98 787 148	344 031 539	991 717 791
	字种数	8 156	6 569	7 984	9 271
2007 年	总字次	531 287 305	86 109 014	389 656 861	1 007 053 180
	字种数	9 082	6 539	8 393	10 123
2006 年	总字次	399 488 842	53 029 167	526 476 397	978 994 406
	字种数	8 326	6 194	8 142	9 231
2005 年	总字次	425 789 961	25 845 303	280 507 746	732 143 010
	字种数	8 038	5 761	6 351	8 128
五 年	总字次	2 417 389 514	366 478 263	1 933 060 570	4 716 928 347
	字种数	11 351	7 538	10 271	12 622

表 1-17 列出了 2005－2009 年度汉字使用的基本情况,包括每年的语料规模、每年语料在三种媒体中的分布情况、每年的用字种数。从语料规模来看,除了 2005 年度略少一些外,其余四年总语料量都保持在 10 亿字次左右。字种数方面,2009 年度的字种数是最多的,一方面,与该年度《通用规范汉字表》在社会公开征求意见、汉字繁简讨论等内容有关;另一方面,与网络上标新立异地使用汉字的现象增加有关,媒体对这种现象的关注、评论也使得一些生僻字出现。同时,对中国传统文化的介绍、传播与研究的文章越来越多,对汉字的使用也有一定的影响。

2. 汉字使用覆盖率

表 1-18 列出了五年内不同覆盖率的年度字种数。

表 1-18　2005—2009 年度汉字使用覆盖率比较

覆盖率 \ 年度 \ 字种 \ 语料类型			报纸	广播电视	网络(新闻)	全部语料
达到80%的字种	2009 年	数量	609	546	584	602
		比例(%)	6.54	8.28	6.97	5.90
	2008 年	数量	609	546	587	604
		比例(%)	7.47	8.31	7.35	6.51
	2007 年	数量	603	550	573	595
		比例(%)	6.64	8.41	6.83	5.88
	2006 年	数量	591	528	589	591
		比例(%)	7.10	8.52	7.23	6.40
	2005 年	数量	585	507	557	581
		比例(%)	7.28	8.80	8.77	7.15
达到90%的字种	2009 年	数量	982	893	943	970
		比例(%)	10.54	13.54	11.26	9.51
	2008 年	数量	979	898	940	971
		比例(%)	12.00	13.67	11.77	10.47
	2007 年	数量	976	920	928	964
		比例(%)	10.75	14.07	11.06	9.52
	2006 年	数量	955	904	954	958
		比例(%)	11.47	14.59	11.72	10.38
	2005 年	数量	937	869	897	934
		比例(%)	11.66	15.08	14.12	11.49
达到99%的字种	2009 年	数量	2 460	2 298	2 294	2 400
		比例(%)	26.40	34.83	27.40	23.52
	2008 年	数量	2 431	2 302	2 270	2 384
		比例(%)	29.80	35.04	28.43	25.71
	2007 年	数量	2 439	2 389	2 281	2 394
		比例(%)	26.86	36.53	27.18	23.65
	2006 年	数量	2 401	2 379	2 340	2 377
		比例(%)	28.84	38.41	28.74	25.75
	2005 年	数量	2 345	2 303	2 214	2 314
		比例(%)	29.17	39.98	34.86	28.47

从表中可以看出，五年的调查数据，覆盖率达到 80%的汉字种数稳定在 600 左右，覆盖率达到 90%的汉字种数稳定在 950 左右，覆盖率达到 99%的汉字种

数稳定在 2 350 左右。

覆盖率达到 80％、90％、99％的字种(为叙述方便,统称高频字)占总字种数的比例见图 1-1。从图中可以看出,当年度用字种数增多时,高频字种数也有所增加,但其在整个字种数中所占的比例相对减少,这说明高频汉字种数具有一定的稳定性,并不随着语料中使用字种的增加而大幅度变动,而是趋于保持一种稳定的状态。语料中所增加的字种数多为偶然使用,对高频常用字的影响不大。五年的统计数据基本符合“语料规模越大,高频字种数所占比例越小”的规律。

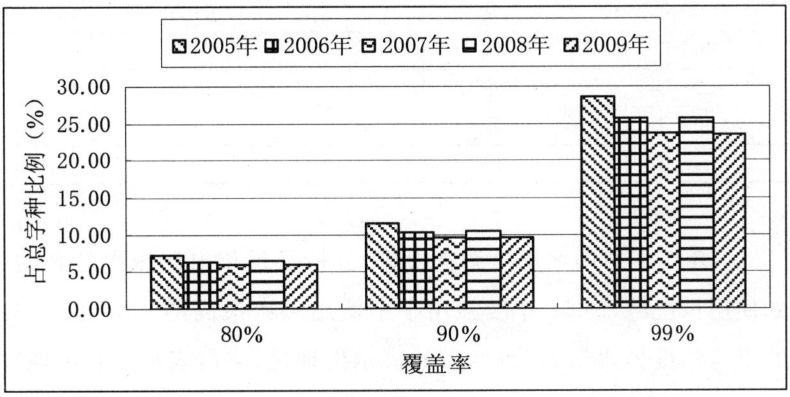

图 1-1　五年不同覆盖率字种数比例

3. 汉字的共用、独用情况

表 1-19　2005—2009 年度用字总表共用、独用情况比较

类型 年度	字种数	共用字		独用字		独用字举例(按频次排序前 15 个字)
		字种数	比例(％)	字种数	比例(％)	
2009 年	10 204		71.12	823	8.07	烎 娯 姳 皃 攵 洯 彈 績 夗 栊 詷 鰯 蟧 墫 夲
2008 年	9 271		78.28	367	3.96	獉 堯 褋 鑓 鮨 瀘 霔 醎 鍊 琫 粆 褫 靁 穳 峮
2007 年	10 123	7 257	71.69	764	7.55	璯 込 萬 菶 � 獱 翧 粇 魞 緤 釰 霿 棃 纙 婃
2006 年	9 231		78.62	417	4.52	粔 � 楓 鸒 螠 焆 碶 鰑 吙 欄 姌 諣 硂 骽 媃
2005 年	8 128		89.28	147	1.81	蕥 绤 彔 陏 杋 杭 郒 鯾 糶 贋 埆 蕛 禞 癪 耈

由表 1-19 可知，五年共用的汉字占全部字种数的大多数，媒体的年度用字情况是比较稳定的。独用的字多是低频字，使用具有偶然因素。表 1-20 列出各年度使用频次最高的独用字在其用字总表中的序号，从排序上可以看出这些字都处于低频用字部分。

表 1-20　2005—2009 年度独用字出现位置

年度	汉字	在年度用字总表中的位序号
2009 年	烎	5404
2008 年	獉	6063
2007 年	璔	5890
2006 年	粔	5677
2005 年	蕥	4142

2007、2008 年度的用字用语调查报告，分析了每年出现频次最高的 15 个独用汉字的使用情况①。2009 年度独用字中使用频次最高的 15 个汉字及使用这些汉字的媒体情况见表 1-21。（“√”号表示出现过，空白表示没有出现）

表 1-21　2009 年度独用字出现情况

序号	汉字	频次	文本数	出现的媒体		
				平面	网络	有声
5404	烎	145	30	√		
5665	娸	92	14	√	√	
5772	姳	77	34	√	√	
6136	兌	39	1	√		
6363	攵	28	9	√	√	
6512	冴	22	10	√	√	
6550	績	21	11		√	√
6560	彈	21	12		√	
6565	殅	21	3	√	√	
6648	柭	19	1	√		
6675	詷	18	4	√	√	
6738	鰯	17	5	√	√	
6806	㬮	15	7	√		
6821	夲	15	8	√	√	
6823	墫	15	1	√		

① 见国家语言资源监测与研究中心编《中国语言生活状况报告(2007)》下编第 11 页，商务印书馆 2008 年版；《中国语言生活状况报告(2008)》下编第 10 页，商务印书馆 2009 年版。

对于每年独用字中频次较高的部分,我们对其使用环境进行调查。2009 年度的这些独用字主要用于以下几个方面:

(1) 网络中标新立异使用的古代汉字。烎,古读作 yín,表示光明的意义。"烎"的新用法起源于网络游戏,在网络上有发展为"烎文化"的趋势,其义也不再是"光明",而是代表一种"敢于斗争,奋起作战"的精神。"嫑"是合体汉字在网络中盛行的突出表现,继 2008 年的"槑"形象地表示"神形俱呆"后,"嫑"以其见形知意、连读知音的特点而备受网民关注:音 jiào,方言用字,意为"只要"。这些现象引发了媒体与公众的关注,内容涉及其新义来源、释义、读音、具体使用环境、对语言生活的影响等,有些是引用性地出现,也有直接作为叙述成分的。

(2) 人名用字。"娸、姳、皃(姓氏)、攵、汅、夲、壿"等字都是在人名中使用的。

(3) 引用性的文字。"枚"主要用于介绍中国古代民歌"打枚枚"。"清华简"(清华大学于 2008 年 7 月收藏的一批战国竹简)的《保训》中有"昔前夗传宝,必受之以詷"一句,"夗、詷"是用在对其考证与讨论中。

(4) 直接使用繁体字。"績、彈"主要出现在关于股市的互动中,海外股票专家直接使用繁体字与网上的股民交流。

此外,"鰯"是一种鱼,又称"鳁"或"沙丁鱼"。文本中因为有人称日本文化是一种"鰯文化",进而引起关于中日文化的讨论。

从五年的独用字调查情况来看,每年的独用字使用具有很大的不确定性。

4. 高频字

由于高频字有强稳定性,其年度之间的差异可以反映年度语言生活的特色。比较前 600 字(覆盖率在 80%以上)、前 1 000 字(覆盖率在 90%以上)和前 3 500 字(覆盖率在 99%以上)三个字段的高频字,统计结果见表 1-22。

表 1-22　2005—2009 年度高频字比较

	前 600 字	前 1 000 字	前 3 500 字
相同字数	563	932	3 358
2009 年度独现字	板 媒 园 博(4 个)	甲 端 驾 延 木(5 个)	鸠 蜗 溧 碁 唁 桓 诟 檬 嵘 噱 罄 匣 赟 珑 涕 瑙 骁 犁 皋(19 个)
2008 年度独现字	灾 救 震 宝 川 破 幅 验 跌 石 旱(11 个)	旗 冰 暴 舰 雅 残 秘 折 顶 献 私 绿 齐(13 个)	骡 熔 柑 抠 鞘 帚 岷 燮 桨 瓮 讴 砾 苔 哽 峭 熹 懿 婪 腱 邝 涪 悴 憔(23 个)
2007 年度独现字	香(1 个)	润 塔 玩 餐 玉(5 个)	溥 诬 骊 蜩 筱 奂 圻 崚 圯 佰 丞 钗(12 个)

（续表）

2006年度独现字	伊突夫官识(5个)	映苦脚姐晨哥(6个)	郦恬胤挝宸猥潼遛璋嫉妩鄙茱喃瞭茎拴酯荃酪骐颊咀溯砰梵篡呛匕剽狩(31个)
2005年度独现字	版圳券健欢编织载欧食冠批娱审洋(15个)	洋页刊俱窗锋矿赢鹏棋麦煤焦粤顿伦(16个)	佝偻瞥麈彗瓒罡薰猿磐橄鞠妊娠町垠卞鳞噬猬搔驹褪毓凛疡琏恕哔(29个)

由上表可见，高频字在五年之间共用的部分在数量上仍占绝对优势，即高频字在年度的历时分布上具有稳定性。高频字在部分年度之间的差别，很大程度上反映了当年社会生活的热点，从而也形成了年度用字的特点。如从2009年度的用字情况可以看出：前600字中的独现字“板、园、博”与2009年的“创业板上市、上海世博园、微博”等息息相关。在前1 000字与前3 500字的范围内，“甲、驾、鸠、蜗”等多与2009年的热点事件相联系：贯穿2009年的甲型H1N1流感防控，全国各地严查“酒驾、醉驾”，2009年日本鸠山由纪夫上台执政，高涨的房价造成了城市中一大批的“蜗居”人，等等。语言文字的使用与社会生活息息相关，社会的热点事件、民众的焦点话题，从年度用字的变化中可见一斑。

5. 与现行规范字表的差异比较

每年的用字调查，都对年度用字总表与现行规范字表进行比较，具体情况见表1-23。

表1-23　2005—2009年度用字与现行规范字表比较

类型 / 年度	前2 500字与一级常用字的差异字种数	前3 500字与《现代汉语常用字表》的差异字种数	前7 000字与《现代汉语通用字表》的差异字种数	《现代汉语通用字表》中未出现的字种数
2009年	342	401	725	162
2008年	344	397	609	197
2007年	334	396	654	160
2006年	331	388	517	179
2005年	357	398	506	244

那么，这五年中，每一年的用字总表与规范字表不同的这些字之间是什么关

系呢？为解决这个疑问，我们将每年的年度用字总表中与规范字表有差异的字进行了比较，比较的方法就是将表 1-23 中每一列对应的出现在年度用字总表中而没有出现在现行规范字表中的具体汉字进行比较，即将每一年的前 2 500 字、前 3 500 字、前 7 000 字中分别没有出现在一级常用字、《现代汉语常用字表》《现代汉语通用字表》中的字再进行对比。为了叙述方便，将每一年中分别与一级常用字、《现代汉语常用字表》《现代汉语通用字表》对应的差异字称为前2 500 差异字、前 3 500 差异字及前 7 000 差异字。比较的结果见表 1-24。

表 1-24　2005—2009 年度用字与现行规范字表差异字比较

数据＼年度	差异字共用情况						差异字独用情况					
	前 2 500 差异字		前 3 500 差异字		前 7 000 差异字		前 2 500 差异字		前 3 500 差异字		前 7 000 差异字	
	字种数	比例(%)	字种数	比例(%)	字种数	比例(%)	字种数	比例(%)	字种数	比例(%)	字种数	比例(%)
2009 年		83.92		78.55		29.10	6	1.75	12	2.99	185	25.52
2008 年		83.43		79.35		34.65	17	4.94	11	2.77	103	16.91
2007 年	287	85.93	315	79.55	211	32.26	8	2.40	10	2.53	125	19.11
2006 年		86.71		81.19		40.81	7	2.11	18	4.64	58	11.22
2005 年		80.39		79.15		41.70	31	8.68	21	5.28	92	18.18

从表 1-24 可以看出，每一个年度用字与现行规范字表的差异字之间，在前 3 500个字中，具有较高的一致性，这说明媒体的高频用字在五年中具有较大的稳定性。随着汉字使用频率的降低，其年度用字与现行规范字表的差异字之间的共用字减少，低频偶用的汉字没有规律。总的来说，从表中可以看出在不同范围(前 2 500 字、前 3 500 字、前 7 000 字)内五年媒体语料用字与现行规范字表的差异具有相似性，因此五年的媒体语料用字的相同性要大于媒体用字与现行规范字表之间的相同性。

此外，我们将五年用字总表中的共用汉字(共计 7 257 个，见表 1-19)与现行规范字表进行了比较，五年共用字与现行规范字表的差异情况见表 1-25。其中五年共用的汉字有 661 个没有在《现代汉语通用字表》中出现，这些汉字在五年的时间内都被媒体使用，说明其在语言生活中有一定的稳定性，但相对于《现代汉语通用字表》，这 661 个汉字又有其时代性与动态性，具体的使用情况有待于我们进一步监测与分析。

表 1-25　2005—2009 年度共用字与现行规范字表比较

类型 / 差异	前 2 500 字与一级常用字的差异字	前 3 500 字与《现代汉语常用字表》的差异字	前 7 000 字与《现代汉语通用字表》的差异字	未出现在《现代汉语通用字表》中的字
差异字	345	396	523	661

五年共用汉字与现行规范字表的差异字见附表 2。

五年三种媒体的全部用字种数是 12 622 个(见表 1-17)，将其与《现代汉语通用字表》进行比较，《现代汉语通用字表》中共有 47 个字在五年的语料中都没有出现。这 47 个汉字是：

鞁 鳊 袯 䅟 犨 饳 韨 馉 鳍 潢 穮 鲃 浕 腒 湨 桊 菩 悢 飗 腡 礳 狉 鲏 帲 鳈
阛 啴 鳂 郚 侬 墈 滃 艽 戾 馌 綮 庨 勚 憋 蜎 篮 溠 痔 瘃 繇 疭 檇

6. 年度用字特点

频率比值可以体现年度用字的特点。将 2005—2009 年度各用字总表的前 3 500 字与五年共用字表的对应汉字进行比较，计算其频率比值。按照频率比值的降序排列，可以找出五年中各年度使用频率相对较高的汉字。表 1-26 中列出了频率比值排列在前的 20 个字。

表 1-26　2005—2009 年度部分高频字频率比值比较

年度	频率比值在前的 20 个字
2009 年	鸠 卦 淄 铁 旱 碳 描 沂 悍 洙 喆 匿 锂 伽 槐 蒜 麒 帖 俑 危
2008 年	憔 悴 橘 羌 祛 痘 媲 氰 炬 斡 骡 赈 邡 汶 寞 寨 堰 灾 墟 舰
2007 年	萸 嫦 筱 娥 洱 窑 蜘 藻 扒 蕉 郸 蛛 峪 窥 锌 茄 猪 沫 淼 饺
2006 年	郅 氓 铀 赂 贱 耻 妓 馒 扁 嫩 绅 辱 狐 冥 犬 芯 嫖 狗 奸 靖
2005 年	偻 佝 瞥 瓒 寰 诡 蜀 缤 鏖 惦 铎 琛 页 闻 版 彗 忱 圳 飓 砂

从表 1-26 可以看出，频率比值排在前面的部分汉字体现了年度用字的特点。如 2009 年日本鸠山由纪夫当选日本首相、我国西南部的干旱、低碳生活、悍马被收购、甲流引起的大蒜涨价、后金融危机等；2008 年蛆橘、羌族文化、三聚氰胺、奥运火炬、汶川赈灾、山寨文化、堰塞湖、地震废墟、护航舰队等；2007 年的郑筱萸案件、嫦娥一号卫星、黑砖窑、蜘蛛侠、太湖蓝藻、猪肉涨价、年底的中日毒饺子事件等；2006 年王治郅归国、铀浓缩问题、商业贿赂遭严查、八荣八耻的社会主义荣辱观等；2005 年卡特里娜飓风等。

可见，通过汉字年度使用频率变化的对比，可以得到年度的特色用字。这些字在一定程度上反映了当年的社会生活与重大事件,记录了社会生活的发展轨迹。

(二) 2005－2009 年度词语使用情况比较

五年的词语调查使用的是同一个切分软件,以分词单位作为调查对象。

1. 词种数

表 1-27　2005－2009 年度词种数比较

年度	总数	共用		独用	
		词种数	比例(%)	词种数	比例(%)
2009 年	2 348 100	330 422	14.07	1 291 640	55.01
2008 年	2 261 272		14.61	1 167 881	51.65
2007 年	2 301 553		14.36	1 207 635	52.47
2006 年	2 022 273		16.34	1 031 612	51.01
2005 年	1 651 749		20.00	817 087	49.47
全部语料	7 183 440		4.60	5 515 855	76.79

五年全部语料的总词种数为 7 183 440 个,分年度的数据及比较见表 1-27。从中可以看出,与五年用字的情况不同,五年的用词情况差别很大,共用词种数最多的一年也只占当年全部词种数的 20%。词种数的多少与语料规模有很大的关系,理论上语料规模越大,词种数会越多,但也不是绝对如此。比如,五年中语料量最多的是 2007 年度,共计 1 007 053 180 字次(见表 1-17),其词种数为 2 301 553个,而 2009 年度的语料量为 1 007 019 960 字次,比 2007 年度少了 33 220字次,但其词种数为2 348 100 个,比 2007 年度的词种数多了 46 547 个。两年的语料量级都在 10 亿字次,差别并不是很大。语料量达到一定规模后,词种的多少与语料的内容相关,年度间词语使用的不断变化是语言生活的一个特点。

对于五年都出现的 330 422 条词语,按照其五年的使用频率降序排列,选择排列在前的 10 万条词语,与北京大学计算语言学研究所研制的《现代汉语语法信息词典》、国家语委 2008 年发布的《现代汉语常用词表(草案)》以及由董振东、董强研制的"知网"①中的所有词条进行比对,共有 52 190 条出现于这三部词典中。

① 见 http://www.keenage.com。

2. 词语的覆盖率

表 1-28　2005—2009 年度不同覆盖率词种数比较

覆盖率＼词种＼年度		2009 年	2008 年	2007 年	2006 年	2005 年
达到 80%的词种	数量	4 636	4 640	4 658	4 478	4 179
	比例(%)	0.20	0.21	0.20	0.22	0.25
达到 90%的词种	数量	12 517	12 490	12 676	12 207	11 213
	比例(%)	0.53	0.55	0.55	0.60	0.68
达到 99%的词种	数量	172 263	169 448	170 274	150 193	134 664
	比例(%)	7.34	7.49	7.40	7.43	8.15
达到 100%的词种	数量	2 348 100	2 261 272	2 301 553	2 022 273	1 651 749

从表 1-28 可以看出，五年的调查数据中词种数的突变发生在覆盖率达到 90%之后，特别是覆盖率达到 99%之后，词种数急剧上升。排在覆盖率达到 90%之后的词语，虽然使用频率相对较低，但词种数巨大。而覆盖整个语料 80%、90%的词种数相对比较稳定。五年的数据调查中词种数最多的一年是 2009 年度的 2 348 100 个，最少的是 2005 年度的 1 651 749 个，虽然其差别将近 70 万个词语，但覆盖整个语料 80%的词种个数稳定在 4 500 个左右，覆盖率达到 90%的词种个数稳定在 12 000 个左右。可见，高频常用词语的数量相对稳定。

3. 高频词语的词种数

表 1-29　2005—2009 年度高频词语词种数比较

年度	高频词语种数	共用词种数		独用词种数	
		词种数	比例(%)	词种数	比例(%)
2009 年	12 517	9 933	79.36	400	3.20
2008 年	12 490		79.53	475	3.80
2007 年	12 676		78.36	359	2.83
2006 年	12 207		81.37	378	3.10
2005 年	11 213		88.58	421	3.75
全部语料	15 013		66.16	2 033	13.54

高频词语是语言生活中使用稳定的部分，而高频词语的年度共用部分，则呈现出高稳态的特征，这些词语多为语言使用中的必需词语，同时也是构成其他词

组或短语的基础成分,可为汉语教学、词典编纂提供借鉴。

高频词语的年度独用部分,并非年度的独用词语,而往往是其他年度高频词语中没有出现的词语。这部分词语因为在当年的语言生活中得到大众的特别关注而使用较多,从一定程度上可以反映年度用词的特点。

通过五年的调查,我们发现高频词语独用部分中占绝对优势的是名词与动词,连词、介词、助词等功能类词语几乎没有独用的情况。

表 1-30 列出了 2005—2009 年度高频独用词语前 100 个词语中具有年度特色的词语。

表 1-30　2005—2009 年度高频独用词语中的特色词

年度	前 100 个高频独用词语中具有年度特色的词语举例
2009 年	甲型[①]　阅兵　世博　假币　抗旱　哥本哈根　低俗　日全食　贝卢斯科尼　水价　献礼　编队　钱学森　奥巴马政府　工信部　钓鱼　惠民　挂号　旱情　迈克尔·杰克逊　二人转　鸠山由纪夫　华诞　彩车　酒井法子　梯队　大典　中铝　检阅　天安门广场　季羡林　国庆节　魔术师
2008 年	增兵　山寨　羌　试航　堰塞湖　余震　雪灾　奥运村　抗灾　冰冻　赈灾　祥云　航站楼　抗震　款物　震灾　汶川县　夺金　健儿　众志成城　打砸抢烧
2007 年	郑筱萸　砖窑　慰安妇　渎职　核反应堆　特奥会　贝·布托　男声　达尔富尔　一国两制　香港特别行政区
2006 年	真主党　荣辱观　丛飞　李亚鹏　试射　政变　何洁　窦唯　注射液　八荣八耻　沙尘暴　周笔畅　二奶　厉娜
2005 年	抗日战争胜利 60 周年　赖昌星　核弹　法西斯　疫　否决权　反战　印度洋　转基因　常任　甲醛　农业税　侵华

4. 高频词语频率比值

比较每一年高频词语中前 5 000 词语和五年共用词语,计算其频率比值,并按照频率比值的降序排列,排列在前的词语反映出年度使用频率的增加,体现了年度用词用语特色。表 1-31 列出了频率比值排在前 20 位的词语。

表 1-31　2005—2009 年高频词语频率比值排在前 20 位的词语

年度	频率比值在前的 20 个(前 5 000)词语
2009 年	甲型　阅兵　流感　世博　复苏　60 年　经济危机　全运会　购置税　奥巴马　下乡　回暖　确诊　世博会　病例　护航　国庆　碳　内需　杰克逊

① 在 2009 年,“甲型”高频出现是由于“甲型 H1N1 流感”的高频使用,但切分软件将“甲型 H1N1 流感”切分为甲型/ H1N1/ 流感而造成。

（续表）

2008 年	瓦良格　麦凯恩　羌　加沙城　过冬　堰塞湖　抗震救灾　圣火　增兵　山寨　雪灾　残奥会　灾区　三聚氰胺　北川　汶川　余震　火炬　三鹿　帐篷
2007 年	嫦娥　安倍　十七　物权法　国奥队　炒股　牛市　开户　猪肉　生猪　易建联　参股　股民　蓝筹股　减排　封闭式　雄鹿　申购　探测　廉租
2006 年	真主党　荣辱观　长征　中非　青藏　参拜　冬奥会　黎巴嫩　小泉　靖国神社　郭德纲　王治郅　红军　李宇春　多哈　世界杯　贿赂　哈马斯　萨达姆　亚运会
2005 年	赖昌星　缉枭　宋楚瑜　核弹　台独　禽流感　抗日战争　先进性　养路费　乱收费　飓风　海啸　萨达姆　防汛　国债　航天员　个人所得税　凭证式　京华烟云

从表 1-31 可以看出，年度高频的前 5 000 词语中，频率比值较高的词语与高频词语的年度独用词有较大共性，独用词语是从出现与否的角度考察的，频率比值则进一步体现了使用频率的变化。

五年字词语调查，积累了媒体的用字用语数据，从中可以看出五年内稳定使用的词语，也可以看出年度间词语使用的变化情况。五年的用字用语数据将予以汇总、统计，并以单行本发布。

附表 1

报纸、广播电视、网络(新闻)频率比值前 20 字比较

附表 1-1　报纸用字频率比值前 20 字

汉字	总频率	总位序	报纸频率	报纸位序	广播电视频率	广播电视位序	网络(新闻)频率	网络(新闻)位序
墅	0.0051	1644	0.0085	1366	0.0011	6338	0.0016	2303
龄	0.0228	841	0.0364	647	0.0087	5051	0.0088	1312
粤	0.0053	1626	0.0083	1381	0.0013	6214	0.0024	2058
腺	0.0019	2270	0.0030	2022	0.0009	6419	0.0007	2750
圳	0.0371	629	0.0579	442	0.0124	4866	0.0164	1011
荔	0.0013	2498	0.0021	2253	0.0014	6139	0.0003	3255
践	0.0096	1292	0.0149	1057	0.0117	4898	0.0023	2080
禺	0.0014	2479	0.0021	2246	0.0010	6385	0.0005	2939
塘	0.0038	1811	0.0057	1582	0.0031	5637	0.0014	2386
废	0.0113	1199	0.0172	977	0.0074	5133	0.0047	1656
瘤	0.0021	2212	0.0032	1981	0.0014	6162	0.0009	2653
绣	0.0016	2404	0.0023	2172	0.0014	6140	0.0006	2898
穗	0.0014	2456	0.0021	2231	0.0007	6551	0.0007	2789
尿	0.0033	1929	0.0048	1699	0.0021	5888	0.0015	2335
晴	0.0036	1844	0.0054	1626	0.0025	5779	0.0016	2292
肠	0.0026	2079	0.0038	1849	0.0019	5953	0.0011	2510
幢	0.0016	2365	0.0024	2150	0.0009	6449	0.0008	2690
厨	0.0037	1830	0.0054	1617	0.0024	5809	0.0018	2237
胃	0.0028	2025	0.0041	1802	0.0018	6014	0.0014	2391
奴	0.0018	2313	0.0026	2102	0.0014	6178	0.0008	2694

附表 1-2　广播电视用字频率比值前 20 字

汉字	总频率	总位序	报纸频率	报纸位序	广播电视频率	广播电视位序	网络(新闻)频率	网络(新闻)位序
伽	0.0017	2341	0.0009	2810	0.0108	4945	0.0004	3113
窦	0.0017	2328	0.0010	2732	0.0106	4956	0.0004	3138
咱	0.0039	1793	0.0020	2257	0.0230	4589	0.0014	2395
嘛	0.0029	1992	0.0021	2234	0.0110	4930	0.0019	2207

（续表）

呢	0.0246	815	0.0172	978	0.0921	4038	0.0165	1006
扁	0.0031	1957	0.0019	2309	0.0109	4940	0.0027	1992
您	0.0153	1049	0.0117	1181	0.0510	4235	0.0107	1217
殖	0.0035	1874	0.0033	1953	0.0115	4904	0.0017	2290
饲	0.0015	2441	0.0012	2582	0.0047	5381	0.0009	2625
啊	0.0110	1216	0.0094	1307	0.0327	4443	0.0076	1395
邢	0.0016	2372	0.0013	2543	0.0048	5373	0.0013	2453
呀	0.0029	2006	0.0028	2064	0.0084	5067	0.0016	2312
它	0.0452	540	0.0363	648	0.1197	3971	0.0372	621
么	0.1114	210	0.0880	292	0.2658	3839	0.1016	240
旱	0.0040	1782	0.0035	1917	0.0095	5008	0.0033	1862
猪	0.0094	1304	0.0083	1376	0.0221	4603	0.0074	1411
吗	0.0173	986	0.0139	1093	0.0405	4338	0.0157	1035
怎	0.0257	807	0.0216	867	0.0600	4186	0.0221	854
你	0.0891	284	0.0768	342	0.2062	3870	0.0744	340
徽	0.0054	1608	0.0048	1708	0.0124	4868	0.0043	1713

附表 1-3　网络(新闻)用字频率比值前 20 字

汉字	总频率	总位序	报纸频率	报纸位序	广播电视频率	广播电视位序	网络（新闻）频率	网络（新闻）位序
卦	0.0044	1738	0.0008	2830	0.0006	1029	0.0099	1258
浪	0.0540	474	0.0119	1172	0.0079	5101	0.1210	193
匿	0.0036	1837	0.0011	2658	0.0008	6524	0.0077	1382
描	0.0101	1267	0.0045	1743	0.0033	5603	0.0192	931
页	0.0082	1377	0.0038	1859	0.0025	5792	0.0153	1051
寸	0.0073	1443	0.0035	1903	0.0018	5978	0.0135	1111
蒂	0.0113	1201	0.0056	1603	0.0027	5721	0.0211	882
娱	0.0188	938	0.0089	1342	0.0076	5123	0.0346	644
踢	0.0044	1734	0.0022	2195	0.0012	6273	0.0080	1363
篮	0.0185	945	0.0104	1244	0.0027	5714	0.0333	667
弗	0.0076	1417	0.0043	1774	0.0016	6076	0.0135	1113
浏	0.0023	2152	0.0012	2584	0.0009	6439	0.0041	1755
球	0.1621	135	0.0910	277	0.0417	4327	0.2864	51
芯	0.0028	2033	0.0015	2455	0.0010	6380	0.0049	1634
杆	0.0090	1324	0.0049	1694	0.0037	5521	0.0157	1036
霆	0.0020	2244	0.0011	2646	0.0007	972	0.0035	1832
扳	0.0016	2364	0.0010	2704	0.0002	1654	0.0029	1955
兹	0.0064	1515	0.0036	1885	0.0027	5726	0.0111	1201

(续表)

玮	0.0020	2236	0.0011	2640	0.0008	6470	0.0034	1835
棋	0.0104	1249	0.0065	1517	0.0014	6182	0.0179	966

附表 2

五年共用字与现行规范字表的差异字

附表 2-1　五年共用字前 2 500 字中未出现在一级常用字中的汉字(计 345 个)

埃 癌 艾 澳 芭 扳 颁 邦 镑 豹 鲍 崩 贬 飙 彬 斌 勃 蔡 曹 巢 澄 宠 醇 茨 瓷 崔
粹 磋 挫 措 歹 邓 迪 蒂 甸 淀 奠 谍 碟 鼎 痘 窦 睹 兑 敦 俄 遏 尔 啡 菲 氛 冯
弗 辐 赋 尬 尴 戈 龚 沽 雇 卦 逛 瑰 郭 函 涵 韩 罕 憾 撼 翰 杭 郝 昊 皓 呵 赫
鹤 亨 弘 鸿 侯 沪 淮 焕 凰 晖 徽 霍 矶 缉 辑 寂 祭 暨 贾 槛 蒋 靓 靖 炬 娟 崛
爵 峻 骏 咖 喀 勘 坎 柯 奎 溃 馈 坤 莱 睐 澜 揽 磊 蕾 莉 荔 聊 廖 琳 赁 玲 凌
菱 浏 瘤 卢 赂 吕 侣 铝 履 伦 逻 裸 洛 玛 嘛 曼 蔓 枚 玫 媒 魅 弥 冕 缅 铭 陌
寞 姆 募 穆 娜 奈 楠 妮 倪 拟 匿 腻 聂 虐 诺 殴 帕 潘 庞 彭 鹏 篷 啤 频 聘 坪
屏 颇 埔 浦 曝 歧 琦 琪 迄 契 倩 羌 钦 秦 卿 擎 琼 邱 祛 蓉 儒 睿 萨 骚 瑟 刹
砂 莎 啥 杉 珊 擅 邵 奢 仕 淑 赎 署 蜀 墅 瞬 硕 讼 遂 隧 胎 汰 谭 潭 碳 藤 廷
婷 霆 凸 拓 莞 腕 薇 韦 帷 惟 玮 萎 谓 蔚 魏 雯 吻 汶 坞 晤 昔 晰 熙 媳 侠 辖
腺 厢 湘 翔 萧 肖 啸 谐 懈 蟹 芯 馨 鑫 邢 旭 轩 炫 薛 勋 逊 涯 讶 衍 彦 堰 姚
耶 伊 怡 抑 绎 奕 逸 溢 裔 殷 淫 尹 瘾 婴 莹 颖 幽 渝 俞 禺 逾 瑜 舆 吁 郁 喻
寓 豫 袁 苑 媛 岳 粤 蕴 砸 噪 诈 詹 湛 彰 账 昭 肇 圳 滞 衷 仲 轴 瞩 撰 妆 幢
坠 卓 兹 咨 综 邹 佐

附表 2-2　五年共用字前 3 500 字中未出现在《现代汉语常用字表》中的汉字(计 396 个)

暧 胺 黯 盎 敖 獒 鳌 阪 坂 镑 煲 葆 鲍 悖 蓓 苯 镖 飙 飚 斌 槟 殡 炳 铂 蔡 璨
岑 诧 禅 娼 嫦 郴 琛 骋 忡 憧 辍 疵 茨 猝 蹿 璀 萃 磋 沓 黛 郸 狄 迪 邸 滇 巅
癫 迭 窦 嘟 渎 炖 铎 娥 峨 厄 鄂 洱 钒 妃 绯 斐 翡 汾 烽 弗 孚 氟 釜 阜 伽 嘎
尬 尴 赣 部 骼 铬 庚 龚 佝 圭 骸 邯 瀚 郝 昊 皓 亨 弘 泓 浒 踝 寰 簧 晖 卉 荟
矶 姬 缉 跻 羁 汲 亟 伎 悸 蓟 暨 骥 戛 槛 跤 佼 婕 睫 藉 瑾 靳 菁 憬 婧 靓 迥
炯 咎 狙 桔 飓 瞿 娟 隽 抉 崛 獗 郡 喀 侃 亢 柯 恪 匡 奎 匮 馈 睐 籁 岚 佬 磊
愣 锂 俪 廖 霖 麟 拎 羚 聆 浏 陇 偻 泸 禄 璐 鹭 麓 榈 纶 嘛 霾 髦 莓 酶 镁 袂

(续表)

魅 森 闵 冥 缪 牟 楠 嗯 妮 倪 黏 涅 镍 妞 哦 啪 琶 裴 抨 毗 媲 嫖 瞥 珀 璞 濮
埔 曝 蹊 祁 岐 淇 琦 琪 祺 麒 绮 茜 倩 羌 锵 惬 沁 氰 邱 酋 裘 祛 诠 醛 冉 任
戎 茹 汝 阮 芮 睿 莎 鲨 姗 煽 汕 缮 韶 邵 佘 慑 晟 仕 孰 舜 朔 厮 祀 嵩 绥 隋
榻 跆 钛 坍 覃 韬 滕 汀 婷 霆 佟 酮 荼 豚 陀 哇 莞 皖 韦 帷 惟 潍 炜 玮 渭 雯
汶 斡 邬 毋 吾 兮 烯 嘻 曦 玺 禧 瑕 娴 襄 逍 潇 霄 筱 亵 昕 馨 鑫 嘘 墟 栩 萱
璇 绚 眩 铉 渲 丫 娅 闫 妍 俨 彦 晏 焱 尧 瑶 耶 烨 漪 沂 怡 贻 颐 矣 驿 弈 轶
裔 熠 荫 寅 尹 瑛 膺 雍 俑 铀 釉 渝 俞 禺 瑜 虞 禹 驭 昱 峪 钰 煜 苑 媛 曰 芸
臧 咋 翟 詹 辗 湛 漳 钊 肇 辄 喆 甄 臻 圳 赈 峥 铮 炙 郅 峙 踵 洙 竺 瞩 拽 孜
兹 淄 梓 粽 邹 佐

附表 2-3　五年共用字前 7 000 字中未出现在《现代汉语通用字表》中的汉字(计 523 个)

吖 捱 愛 瑷 菴 闇 奧 岜 栢 粄 湴 塝 徬 喺 犇 苾 皕 窆 釆 骉 飈 別 邠 昺 並 砵
秡 礴 鎛 钸 佈 步 埗 採 肞 剎 產 锠 長 車 徹 瞰 珵 铖 澂 摛 黐 呎 勅 翀 出 褚
圖 窻 錞 孮 邨 吋 鹾 哒 绐 瘅 噹 飏 嶋 惪 德 啲 頔 玓 槙 癲 電 哋 昳 丟 岽 東
荳 蠹 隊 噁 奀 兒 尓 爾 發 汎 昉 棐 蚡 矙 峯 鄘 市 吪 復 福 荄 江 岡 棡 高 罣
告 羿 槅 個 給 畊 宮 罛 穀 掛 洸 珪 覞 暉 国 腘 猓 粿 過 啫 咁 浛 扞 闬 蠔 晧
澔 皞 郃 蚵 龢 爀 黑 姮 囍 纮 紘 翃 魟 垕 後 鲘 篪 嫭 驩 黄 滉 廻 逥 鮰 恵 缋
鏸 潓 勣 幾 茍 曁 袷 瘕 鳽 見 鑑 將 弶 教 漖 劼 結 馳 褯 湝 瑨 鶄 暻 逕 靚 靜
競 犳 焗 桊 钜 券 噘 決 珺 濬 嘅 冚 炭 磡 剋 峇 堀 袴 唫 勔 況 埊 崑 鴎 壺 砬
蝲 來 騋 蘭 郎 瑯 塱 蓢 埌 崀 樂 簕 纍 脷 嚟 浬 裏 豊 梹 琍 瓅 梿 墚 樑 暸 彜
懍 崚 淩 瑠 鏐 锍 竜 龍 菉 蕗 録 騄 镙 倮 砢 嫲 杩 滿 熳 铓 冇 沒 每 抹 沬 們
濛 矇 瞇 糸 丏 淼 旼 玟 愍 慜 明 麼 麿 妹 昧 乸 呐 納 廼 迺 栯 栂 蟯 垴 内 啱
伲 鲶 孃 嬲 喦 甯 癑 煖 舥 簰 槃 髈 抛 姵 珮 溢 芃 椪 芘 埤 慓 呯 甁 評 蘋 樸
鄴 祇 碁 褀 玘 啟 遷 箝 蒨 強 栞 青 謦 遝 毬 錸 麴 佢 圏 佺 磐 礽 彤 镕 鎔 嫰
叡 婼 蒻 賽 褔 搧 睒 尙 绱 卲 崟 涉 屾 珅 甡 毨 浰 椹 昇 陞 辻 時 栻 筺 艄 糬
唰 謏 説 俬 侶 枱 崧 甦 骕 穂 劏 蹚 坐 醣 弢 匋 縢 鵬 媞 畑 靦 瑱 頫 樋 仝 烔
糰 呑 讬 侘 晩 卍 萬 囗 維 梶 暐 艉 韡 塭 炆 駁 搵 诶 娭 欷 晢 熙 晳 熺 谿 蠵
係 溤 舺 暇 現 虢 儵 畾 篠 咲 絜 謝 瀉 訢 炘 瑆 倖 瞢 谞 歔 氳 嫚 翾 譞 昡 镟
勳 椏 琊 疋 痖 菸 闫 研 嵒 顏 甗 彥 嬿 飏 鸛 垚 嘍 吔 嘢 欹 億 燚 锳 霙 暎 顒
埇 湧 詠 尢 遊 祐 誘 瘀 畬 褕 與 語 淯 喬 負 約 戉 賛 雲 澐 啫 沢 增 吒 砦 霑
張 炤 曌 壘 喆 這 禎 姫 積 踭 時 誌 鋕 锺 塚 踸 莊 荘 裝 佳 準 孖 茲 玆 賫 谘
粢 資 咗

附表 2-4　全部五年共用字中未出现在《现代汉语通用字表》中的汉字(计 661 个,除去上述 523 个,还有下列 138 个)

𬒈 铇 貝 䓬 痺 編 標 併 磻 參 蔵 弨 偁 傳 湊 榱 搭 當 苗 滌 揲 饤 迴 饾 篤 珐
盼 豐 尷 閤 羮 枴 菓 恆 紅 鉷 镮 嘒 機 鍵 彊 節 屆 廑 驚 淨 坰 圧 倶 躹 鈎 晙
作 凱 钶 榼 封 睏 唻 慄 倆 魯 琭 盞 葎 崙 蔴 邁 瞞 袜 門 忞 涽 黙 摯 汸 跐 擗
屛 悽 螓 踡 巻 卻 讓 脊 詩 適 収 瘦 誰 锼 筍 禓 梼 屇 條 渟 託 橢 盌 穏 壘 偓
洿 習 峽 嚇 羨 項 脅 卸 炊 桖 勲 亞 醃 顏 揺 搖 榚 燿 骃 灜 贏 踰 遠 粵 韻 鄭
桭 碁 掟 隻 寘 衆 組 鐏

用字总表

【说明】

1. 覆盖率达到80%的602个汉字给出了所有的统计项目；覆盖率在80%之后且汉字的频次大于1的汉字，给出了汉字的频次、文本数、出现的媒体；频次为1的汉字仅给出了出现的媒体。

2. “共用独用”项目代表汉字出现的媒体。A代表平面媒体，B代表有声媒体，C代表网络媒体。

3. 对用字总表中的繁体字、异体字、不合规范的简化字、旧计量字、旧字形、日本汉字等情况进行了标示，标示符号如下：

①繁体字用“)”表示，并注出对应的简化字（受打印条件限制，某些简化字未能注出）。

②《第一批异体字整理表》的异体字用“]”表示，并注出对应的正体字；《第一批异体字整理表》之外的异体字，不作为异体字标示。

③不合规范的简化字用“§”表示，并注出原字。

④旧计量字用“△”表示。

⑤旧字形用“＞”表示，并注出对应的新字形（受打印条件限制，个别新字形未能注出）。

⑥日本汉字用“○”表示。

覆盖率达到80%的汉字

序号	汉字	共用独用	频次	文本数	频率(%)	累加频率(%)
1	的	ABC	32063664	1141510	3.1840147	3.1840147[①]
2	一	ABC	11184121	1062461	1.1106156	4.2946304
3	在	ABC	9362373	1067471	0.9297108	5.2243411
4	是	ABC	9155636	929269	0.9091812	6.1335223
5	了	ABC	8113069	955193	0.8056513	6.9391736
6	人	ABC	7647704	951555	0.7594392	7.6986127
7	有	ABC	7589757	983224	0.7536849	8.4522976
8	中	ABC	7441194	1008507	0.7389321	9.1912297

① 在计算频率、累加频率时，各截取到小数点后第7位，由于是计算机自动按四舍五入截取，因此从表面看，表中频率、累加频率的两列数字在小数点后的第7位上会有些许误差。

序号	汉字	共用独用	频次	文本数	频率(%)	累加频率(%)
9	不	ABC	7160524	909498	0.7110608	9.9022905
10	国	ABC	6855676	804360	0.6807885	10.5830790
11	大	ABC	6484599	965956	0.6439395	11.2270185
12	上	ABC	5829688	960529	0.5789049	11.8059234
13	年	ABC	5710205	865494	0.5670399	12.3729633
14	为	ABC	5388202	965181	0.5350641	12.9080274
15	这	ABC	5065779	801165	0.5030465	13.4110739
16	个	ABC	4864671	825276	0.4830759	13.8941498
17	和	ABC	4705742	901882	0.4672938	14.3614436
18	到	ABC	4374283	857656	0.4343790	14.7958226
19	时	ABC	4353042	903574	0.4322697	15.2280923
20	会	ABC	4345909	792368	0.4315614	15.6596537
21	出	ABC	4331834	913791	0.4301637	16.0898173
22	我	ABC	4017242	564331	0.3989238	16.4887411
23	来	ABC	3975499	832138	0.3947786	16.8835197
24	发	ABC	3966004	826791	0.3938357	17.2773554
25	以	ABC	3960195	857332	0.3932588	17.6706142
26	对	ABC	3728669	816059	0.3702676	18.0408818
27	业	ABC	3723467	544474	0.3697511	18.4106329
28	行	ABC	3712309	794240	0.3686430	18.7792759
29	他	ABC	3597201	622158	0.3572125	19.1364884
30	生	ABC	3585374	699696	0.3560380	19.4925264
31	家	ABC	3572877	746412	0.3547970	19.8473235
32	市	ABC	3555282	596605	0.3530498	20.2003733
33	日	ABC	3478888	932640	0.3454637	20.5458369
34	新	ABC	3457126	832932	0.3433026	20.8891396
35	要	ABC	3456437	743895	0.3432342	21.2323738
36	地	ABC	3413075	739466	0.3389282	21.5713020
37	成	ABC	3363661	808470	0.3340213	21.9053233
38	后	ABC	3291231	790993	0.3268288	22.2321521
39	公	ABC	3284666	621999	0.3261769	22.5583289
40	经	ABC	3163953	749495	0.3141897	22.8725186
41	多	ABC	3115366	781260	0.3093649	23.1818835
42	能	ABC	3111965	706939	0.3090271	23.4909106
43	们	ABC	3075737	576387	0.3054296	23.7963402
44	就	ABC	3017049	653478	0.2996017	24.0959420
45	作	ABC	3004765	720022	0.2983819	24.3943238
46	现	ABC	2995497	777086	0.2974615	24.6917854

序号	汉字	共用独用	频次	文本数	频率(%)	累加频率(%)
47	者	ABC	2969424	827836	0.2948724	24.9866578
48	场	ABC	2962097	643418	0.2941448	25.2808026
49	下	ABC	2923700	770811	0.2903319	25.5711345
50	于	ABC	2852231	800431	0.2832348	25.8543693
51	也	ABC	2848447	714461	0.2828590	26.1372283
52	前	ABC	2835571	825004	0.2815804	26.4188087
53	月	ABC	2735558	778828	0.2716488	26.6904576
54	方	ABC	2729223	704280	0.2710198	26.9614773
55	学	ABC	2691613	383656	0.2672850	27.2287623
56	本	ABC	2689975	820153	0.2671223	27.4958846
57	过	ABC	2683444	752860	0.2664738	27.7623584
58	开	ABC	2646108	752091	0.2627662	28.0251245
59	分	ABC	2603259	712388	0.2585112	28.2836357
60	高	ABC	2587933	663019	0.2569892	28.5406250
61	工	ABC	2574437	523413	0.2556491	28.7962740
62	说	ABC	2566784	603518	0.2548891	29.0511631
63	可	ABC	2548121	686444	0.2530358	29.3041989
64	天	ABC	2511552	689492	0.2494044	29.5536033
65	将	ABC	2511430	740973	0.2493923	29.8029956
66	部	ABC	2503565	657124	0.2486113	30.0516068
67	动	ABC	2495851	649463	0.2478452	30.2994521
68	进	ABC	2485305	709838	0.2467980	30.5462500
69	全	ABC	2470041	690823	0.2452822	30.7915323
70	自	ABC	2458938	701038	0.2441797	31.0357119
71	车	ABC	2447804	281685	0.2430740	31.2787860
72	主	ABC	2356848	667937	0.2340418	31.5128278
73	机	ABC	2347705	587444	0.2331339	31.7459617
74	得	ABC	2310968	667711	0.2294858	31.9754475
75	用	ABC	2251707	609781	0.2236010	32.1990486
76	都	ABC	2248537	621429	0.2232862	32.4223348
77	实	ABC	2230544	643385	0.2214995	32.6438343
78	报	ABC	2192914	784917	0.2177627	32.8615970
79	最	ABC	2175269	674990	0.2160105	33.0776075
80	同	ABC	2172267	679410	0.2157124	33.2933199
81	还	ABC	2136321	663196	0.2121429	33.5054628
82	小	ABC	2135362	569883	0.2120476	33.7175104
83	民	ABC	2130773	448481	0.2115919	33.9291024
84	金	ABC	2108846	461993	0.2094145	34.1385169

序号	汉字	共用独用	频次	文本数	频率(%)	累加频率(%)
85	元	ABC	2106430	435423	0.2091746	34.3476915
86	而	ABC	2104198	642613	0.2089530	34.5566444
87	长	ABC	2103388	580728	0.2088725	34.7655170
88	力	ABC	2062720	593964	0.2048341	34.9703510
89	子	ABC	2053535	487548	0.2039220	35.1742730
90	面	ABC	2052827	641414	0.2038517	35.3781247
91	资	ABC	2044354	408356	0.2030103	35.5811350
92	关	ABC	2040132	624911	0.2025910	35.7837260
93	法	ABC	2035534	476067	0.2021344	35.9858604
94	员	ABC	2033439	546958	0.2019264	36.1877868
95	比	ABC	2026167	516372	0.2012043	36.3889910
96	理	ABC	2019595	552827	0.2005516	36.5895427
97	事	ABC	2014802	547576	0.2000757	36.7896184
98	体	ABC	2013115	650347	0.1999082	36.9895265
99	产	ABC	1990857	397102	0.1976979	37.1872244
100	之	ABC	1984020	656182	0.1970189	37.3842433
101	电	ABC	1971416	516502	0.1957673	37.5800106
102	重	ABC	1945658	597188	0.1932095	37.7732201
103	定	ABC	1921133	605406	0.1907741	37.9639942
104	与	ABC	1913319	648808	0.1899981	38.1539923
105	其	ABC	1906751	669330	0.1893459	38.3433382
106	等	ABC	1891580	640078	0.1878394	38.5311776
107	记	ABC	1891283	664346	0.1878099	38.7189875
108	名	ABC	1883286	583362	0.1870158	38.9060032
109	区	ABC	1859331	445543	0.1846370	39.0906402
110	美	ABC	1850376	408477	0.1837477	39.2743879
111	加	ABC	1842946	591155	0.1830099	39.4573977
112	当	ABC	1837120	618896	0.1824313	39.6398291
113	表	ABC	1820685	629932	0.1807993	39.8206284
114	次	ABC	1795721	609170	0.1783203	39.9989487
115	好	ABC	1788980	560320	0.1776509	40.1765996
116	合	ABC	1788014	569362	0.1775550	40.3541545
117	点	ABC	1787171	584898	0.1774713	40.5316258
118	通	ABC	1786711	559693	0.1774256	40.7090514
119	内	ABC	1767239	617215	0.1754920	40.8845433
120	赛	ABC	1759058	210328	0.1746796	41.0592229
121	心	ABC	1753949	562672	0.1741722	41.2333951
122	目	ABC	1748449	616026	0.1736261	41.4070212

序号	汉字	共用独用	频次	文本数	频率(%)	累加频率(%)
123	明	ABC	1747958	596004	0.1735773	41.5805985
124	但	ABC	1732212	586649	0.1720137	41.7526121
125	司	ABC	1713872	328938	0.1701925	41.9228046
126	政	ABC	1711800	349272	0.1699867	42.0927913
127	外	ABC	1693909	604505	0.1682101	42.2610014
128	此	ABC	1691295	636824	0.1679505	42.4289519
129	期	ABC	1669528	533469	0.1657890	42.5947408
130	建	ABC	1668016	430752	0.1656388	42.7603796
131	看	ABC	1650788	533280	0.1639280	42.9243077
132	已	ABC	1645047	630981	0.1633579	43.0876656
133	道	ABC	1637814	588520	0.1626397	43.2503053
134	度	ABC	1635415	526534	0.1624014	43.4127067
135	球	ABC	1632753	285120	0.1621371	43.5748438
136	展	ABC	1627199	428363	0.1615856	43.7364294
137	所	ABC	1626071	568358	0.1614736	43.8979030
138	队	ABC	1617773	279244	0.1606495	44.0585525
139	间	ABC	1613144	621046	0.1601899	44.2187424
140	手	ABC	1612224	507817	0.1600985	44.3788409
141	文	ABC	1610390	459860	0.1599164	44.5387573
142	从	ABC	1590495	613046	0.1579408	44.6966981
143	没	ABC	1584943	493117	0.1573894	44.8540875
144	里	ABC	1576546	454133	0.1565556	45.0106431
145	第	ABC	1576206	495457	0.1565218	45.1671649
146	两	ABC	1563257	554235	0.1552359	45.3224009
147	万	ABC	1550008	418698	0.1539203	45.4763211
148	位	ABC	1543338	549762	0.1532579	45.6295791
149	很	ABC	1539906	474663	0.1529171	45.7824962
150	保	ABC	1537587	438753	0.1526868	45.9351831
151	网	ABC	1533048	439472	0.1522361	46.0874192
152	情	ABC	1531588	538551	0.1520911	46.2395103
153	品	ABC	1524586	362213	0.1513958	46.3909061
154	三	ABC	1517402	524000	0.1506824	46.5415885
155	着	ABC	1513399	545996	0.1502849	46.6918734
156	利	ABC	1507206	467063	0.1496699	46.8415433
157	价	ABC	1506521	319204	0.1496019	46.9911452
158	如	ABC	1488157	522998	0.1477783	47.1389235
159	然	ABC	1462586	528924	0.1452390	47.2841626
160	化	ABC	1452104	415567	0.1441981	47.4283607

序号	汉字	共用独用	频次	文本数	频率(%)	累加频率(%)
161	起	ABC	1450751	560624	0.1440638	47.5724245
162	入	ABC	1450457	540485	0.1440346	47.7164591
163	因	ABC	1448900	539537	0.1438800	47.8603390
164	提	ABC	1436856	528630	0.1426840	48.0030230
165	相	ABC	1432107	579719	0.1422124	48.1452354
166	意	ABC	1427010	549218	0.1417062	48.2869416
167	被	ABC	1423246	494591	0.1413325	48.4282741
168	安	ABC	1412033	413090	0.1402190	48.5684930
169	务	ABC	1410653	372047	0.1400819	48.7085750
170	并	ABC	1407200	610306	0.1397390	48.8483140
171	海	ABC	1382952	351432	0.1373311	48.9856451
172	平	ABC	1378801	465121	0.1369189	49.1225641
173	据	ABC	1352246	607938	0.1342819	49.2568460
174	东	ABC	1341675	386291	0.1332322	49.3900782
175	北	ABC	1337685	444993	0.1328360	49.5229142
176	去	ABC	1328994	473301	0.1319730	49.6548872
177	特	ABC	1325670	474100	0.1316429	49.7865301
178	今	ABC	1321788	546138	0.1312574	49.9177874
179	交	ABC	1315238	394569	0.1306069	50.0483944
180	制	ABC	1309703	418564	0.1300573	50.1784517
181	更	ABC	1303848	517056	0.1294759	50.3079276
182	股	ABC	1303430	143501	0.1294344	50.4373619
183	正	ABC	1301402	552928	0.1292330	50.5665949
184	些	ABC	1287092	449965	0.1278120	50.6944069
185	门	ABC	1277163	439082	0.1268260	50.8212329
186	示	ABC	1260037	526148	0.1251253	50.9463582
187	性	ABC	1258617	433185	0.1249843	51.0713425
188	信	ABC	1236156	407703	0.1227539	51.1940964
189	基	ABC	1222322	361594	0.1213801	51.3154765
190	水	ABC	1213068	347094	0.1204612	51.4359377
191	数	ABC	1194576	429030	0.1186249	51.5545625
192	应	ABC	1192936	449332	0.1184620	51.6730245
193	问	ABC	1186623	403123	0.1178351	51.7908596
194	持	ABC	1185766	415887	0.1177500	51.9086096
195	投	ABC	1176970	311705	0.1168765	52.0254862
196	计	ABC	1176700	418897	0.1168497	52.1423359
197	广	ABC	1175573	353161	0.1167378	52.2590737
198	总	ABC	1171669	437329	0.1163501	52.3754238

序号	汉字	共用独用	频次	文本数	频率(%)	累加频率(%)
199	路	ABC	1170152	337479	0.1161995	52.4916233
200	受	ABC	1168784	508568	0.1160636	52.6076869
201	及	ABC	1156038	512582	0.1147979	52.7224849
202	商	ABC	1155867	314959	0.1147809	52.8372658
203	设	ABC	1154818	340370	0.1146768	52.9519426
204	京	ABC	1148941	395235	0.1140932	53.0660358
205	种	ABC	1147087	399546	0.1139091	53.1799448
206	管	ABC	1134983	370984	0.1127071	53.2926519
207	西	ABC	1129206	340239	0.1121334	53.4047853
208	样	ABC	1126182	418618	0.1118331	53.5166185
209	调	ABC	1125126	396077	0.1117283	53.6283468
210	么	ABC	1122275	325895	0.1114452	53.7397919
211	解	ABC	1118889	451476	0.1111089	53.8509008
212	斯	ABC	1117961	231090	0.1110168	53.9619176
213	量	ABC	1115531	401392	0.1107755	54.0726931
214	强	ABC	1108089	416238	0.1100364	54.1827295
215	无	ABC	1103421	467887	0.1095729	54.2923024
216	华	ABC	1102993	413511	0.1095304	54.4018328
217	院	ABC	1100501	286705	0.1092829	54.5111157
218	收	ABC	1094710	340435	0.1087079	54.6198236
219	打	ABC	1092204	422406	0.1084590	54.7282826
220	题	ABC	1079846	392546	0.1072318	54.8355145
221	至	ABC	1077683	503695	0.1070170	54.9425315
222	专	ABC	1077593	379167	0.1070081	55.0495396
223	任	ABC	1076170	423369	0.1068668	55.1564064
224	房	ABC	1074960	185640	0.1067466	55.2631531
225	常	ABC	1074691	433708	0.1067199	55.3698730
226	活	ABC	1074658	383252	0.1067167	55.4765897
227	向	ABC	1074441	468218	0.1066951	55.5832848
228	南	ABC	1072280	308651	0.1064805	55.6897653
229	代	ABC	1070892	370221	0.1063427	55.7961080
230	老	ABC	1069821	309453	0.1062363	55.9023443
231	社	ABC	1066933	345703	0.1059495	56.0082938
232	那	ABC	1064770	334568	0.1057347	56.1140286
233	只	ABC	1064072	441372	0.1056654	56.2196940
234	接	ABC	1061440	475581	0.1054041	56.3250981
235	系	ABC	1059008	411688	0.1051626	56.4302606
236	女	ABC	1051552	259191	0.1044222	56.5346828

序号	汉字	共用独用	频次	文本数	频率(%)	累加频率(%)
237	果	ABC	1051048	436104	0.1043721	56.6390549
238	联	ABC	1043417	360394	0.1036143	56.7426692
239	费	ABC	1041418	289218	0.1034158	56.8460851
240	由	ABC	1035701	498703	0.1028481	56.9489332
241	增	ABC	1035454	298904	0.1028236	57.0517567
242	科	ABC	1034077	279812	0.1026868	57.1544436
243	回	ABC	1031147	411455	0.1023959	57.2568395
244	格	ABC	1030403	356763	0.1023220	57.3591615
245	达	ABC	1016309	422449	0.1009224	57.4600839
246	城	ABC	1015833	285505	0.1008752	57.5609591
247	近	ABC	1010494	495863	0.1003450	57.6613041
248	周	ABC	997933	373631	0.0990976	57.7604017
249	身	ABC	995661	422270	0.0988720	57.8592737
250	证	ABC	991283	334981	0.0984373	57.9577110
251	影	ABC	987940	366799	0.0981053	58.0558163
252	台	ABC	983047	329435	0.0976194	58.1534357
253	二	ABC	982651	409665	0.0975801	58.2510158
254	让	ABC	978893	401010	0.0972069	58.3482227
255	组	ABC	977886	354867	0.0971069	58.4453296
256	认	ABC	976922	412197	0.0970112	58.5423408
257	先	ABC	964640	395546	0.0957915	58.6381324
258	各	ABC	961977	397643	0.0955271	58.7336595
259	该	ABC	957346	423198	0.0950672	58.8287267
260	程	ABC	951241	367711	0.0944610	58.9231877
261	济	ABC	949077	244604	0.0942461	59.0174338
262	己	ABC	946697	352446	0.0940098	59.1114435
263	尔	ABC	945235	231330	0.0938646	59.2053081
264	感	ABC	943413	348704	0.0936836	59.2989917
265	想	ABC	942555	354881	0.0935984	59.3925902
266	运	ABC	937901	311200	0.0931363	59.4857265
267	企	ABC	934642	205026	0.0928127	59.5785391
268	张	ABC	930785	322406	0.0924296	59.6709688
269	少	ABC	929799	405232	0.0923317	59.7633005
270	式	ABC	928858	402585	0.0922383	59.8555388
271	给	ABC	928431	400609	0.0921959	59.9477347
272	结	ABC	923047	414348	0.0916612	60.0393959
273	军	ABC	915570	222697	0.0909188	60.1303147
274	处	ABC	912065	392199	0.0905707	60.2208854

序号	汉字	共用独用	频次	文本数	频率(%)	累加频率(%)
275	物	ABC	911926	293401	0.0905569	60.3114423
276	教	ABC	910767	242176	0.0904418	60.4018841
277	深	ABC	910413	295283	0.0904066	60.4922907
278	规	ABC	909525	319034	0.0903185	60.5826092
279	消	ABC	907950	370862	0.0901621	60.6727713
280	局	ABC	903003	318469	0.0896708	60.7624421
281	马	ABC	901264	278415	0.0894981	60.8519402
282	立	ABC	900261	369670	0.0893985	60.9413387
283	世	ABC	898217	300669	0.0891956	61.0305343
284	你	ABC	897102	203200	0.0890848	61.1196191
285	做	ABC	896774	368080	0.0890523	61.2086714
286	首	ABC	896707	415211	0.0890456	61.2977170
287	视	ABC	891667	323731	0.0885451	61.3862621
288	她	ABC	891625	183149	0.0885409	61.4748030
289	导	ABC	886286	343853	0.0880108	61.5628138
290	流	ABC	883694	318797	0.0877534	61.6505672
291	件	ABC	880332	337596	0.0874195	61.7379867
292	议	ABC	879386	305983	0.0873256	61.8253123
293	乐	ABC	871870	278705	0.0865792	61.9118915
294	山	ABC	868778	241499	0.0862722	61.9981637
295	选	ABC	868647	311403	0.0862592	62.0844228
296	战	ABC	866957	282625	0.0860913	62.1705142
297	口	ABC	862119	320893	0.0856109	62.2561251
298	布	ABC	861963	377147	0.0855954	62.3417205
299	告	ABC	856715	328524	0.0850743	62.4267948
300	查	ABC	856328	314411	0.0850359	62.5118306
301	风	ABC	849997	352763	0.0844072	62.5962378
302	观	ABC	837327	365758	0.0831490	62.6793868
303	指	ABC	833959	331904	0.0828145	62.7622014
304	原	ABC	829409	378399	0.0823627	62.8445641
305	演	ABC	827366	201410	0.0821598	62.9267239
306	别	ABC	826125	400184	0.0820366	63.0087605
307	话	ABC	822112	318788	0.0816381	63.0903986
308	集	ABC	821724	317204	0.0815996	63.1719982
309	节	ABC	814763	315464	0.0809083	63.2529065
310	线	ABC	812897	307932	0.0807230	63.3336296
311	每	ABC	812866	346586	0.0807199	63.4143495
312	办	ABC	811696	303534	0.0806038	63.4949533

序号	汉字	共用独用	频次	文本数	频率(%)	累加频率(%)
313	十	ABC	811260	348583	0.0805605	63.5755137
314	案	ABC	809332	227230	0.0803690	63.6558827
315	求	ABC	808965	354161	0.0803326	63.7362153
316	头	ABC	808350	360842	0.0802715	63.8164868
317	传	ABC	805934	357675	0.0800316	63.8965184
318	王	ABC	804731	258099	0.0799121	63.9764305
319	术	ABC	802905	271349	0.0797308	64.0561613
320	气	ABC	802818	294874	0.0797222	64.1358835
321	项	ABC	795967	278763	0.0790418	64.2149253
322	放	ABC	795215	357385	0.0789672	64.2938924
323	推	ABC	794502	326838	0.0788964	64.3727888
324	息	ABC	792997	363614	0.0787469	64.4515357
325	决	ABC	790594	324112	0.0785083	64.5300440
326	型	ABC	789853	274032	0.0784347	64.6084787
327	改	ABC	784034	279802	0.0778568	64.6863355
328	统	ABC	780652	310918	0.0775210	64.7638565
329	直	ABC	780516	392697	0.0775075	64.8413640
330	非	ABC	776127	349086	0.0770717	64.9184357
331	续	ABC	775169	363404	0.0769765	64.9954122
332	级	ABC	774934	304648	0.0769532	65.0723654
333	州	ABC	774352	231924	0.0768954	65.1492608
334	际	ABC	771778	308018	0.0766398	65.2259006
335	整	ABC	771475	333352	0.0766097	65.3025103
336	再	ABC	770229	388538	0.0764860	65.3789963
337	委	ABC	769013	217711	0.0763652	65.4553615
338	单	ABC	767358	329662	0.0762009	65.5315624
339	参	ABC	764900	357510	0.0759568	65.6075191
340	四	ABC	764051	343560	0.0758725	65.6833916
341	知	ABC	763232	345823	0.0757911	65.7591828
342	共	ABC	762776	334600	0.0757459	65.8349286
343	取	ABC	761480	359387	0.0756172	65.9105458
344	服	ABC	757587	267310	0.0752306	65.9857764
345	创	ABC	756671	254076	0.0751396	66.0609160
346	德	ABC	755702	226224	0.0750434	66.1359594
347	把	ABC	755459	324860	0.0750193	66.2109787
348	省	ABC	753948	212296	0.0748692	66.2858479
349	使	ABC	752326	358437	0.0747082	66.3605561
350	师	ABC	751918	216383	0.0746676	66.4352237

序号	汉字	共用独用	频次	文本数	频率(%)	累加频率(%)
351	团	ABC	750955	238242	0.0745720	66.5097957
352	标	ABC	746585	294399	0.0741381	66.5839337
353	技	ABC	746325	250675	0.0741122	66.6580460
354	变	ABC	745183	324134	0.0739988	66.7320448
355	号	ABC	743367	229370	0.0738185	66.8058633
356	医	ABC	738757	149438	0.0733607	66.8792240
357	领	ABC	738503	313143	0.0733355	66.9525595
358	界	ABC	736118	294509	0.0730987	67.0256582
359	造	ABC	735144	335435	0.0730019	67.0986601
360	亚	ABC	733353	212812	0.0728241	67.1714842
361	考	ABC	732004	271315	0.0726901	67.2441743
362	客	ABC	729898	235902	0.0724810	67.3166553
363	几	ABC	725506	351201	0.0720448	67.3887001
364	克	ABC	721283	212970	0.0716255	67.4603256
365	需	ABC	711747	324957	0.0706785	67.5310042
366	论	ABC	711266	315919	0.0706308	67.6016349
367	李	ABC	709949	211572	0.0705000	67.6721349
368	或	ABC	709141	345560	0.0704198	67.7425547
369	转	ABC	708677	320455	0.0703737	67.8129284
370	众	ABC	705811	280466	0.0700891	67.8830174
371	完	ABC	705081	358276	0.0700166	67.9530340
372	色	ABC	700620	285980	0.0695736	68.0226076
373	难	ABC	693235	324341	0.0688402	68.0914479
374	份	ABC	693225	264163	0.0688393	68.1602871
375	府	ABC	690265	216667	0.0685453	68.2288324
376	拉	ABC	688290	239820	0.0683492	68.2971816
377	带	ABC	683692	344918	0.0678926	68.3650742
378	注	ABC	683405	310858	0.0678641	68.4329383
379	超	ABC	677371	300297	0.0672649	68.5002032
380	走	ABC	675013	307899	0.0670307	68.5672340
381	销	ABC	673176	181831	0.0668483	68.6340823
382	江	ABC	670573	203118	0.0665898	68.7006721
383	育	ABC	670447	236719	0.0665773	68.7672495
384	警	ABC	669639	163114	0.0664971	68.8337466
385	士	ABC	666070	261568	0.0661427	68.8998892
386	支	ABC	663332	288501	0.0658708	68.9657600
387	始	ABC	660861	349494	0.0656254	69.0313854
388	讯	ABC	658655	473516	0.0654064	69.0967918

序号	汉字	共用独用	频次	文本数	频率(%)	累加频率(%)
389	亿	ABC	656874	171374	0.0652295	69.1620213
390	空	ABC	655302	244653	0.0650734	69.2270947
391	反	ABC	653490	299367	0.0648935	69.2919881
392	势	ABC	653075	284095	0.0648522	69.3568404
393	显	ABC	651529	332576	0.0646987	69.4215391
394	见	ABC	650041	322667	0.0645510	69.4860900
395	步	ABC	647037	322041	0.0642526	69.5503427
396	确	ABC	645885	324432	0.0641383	69.6144809
397	未	ABC	644385	336977	0.0639893	69.6784702
398	权	ABC	643653	203019	0.0639166	69.7423868
399	书	ABC	643345	201575	0.0638860	69.8062729
400	称	ABC	643319	334415	0.0638834	69.8701563
401	又	ABC	640892	329540	0.0636424	69.9337987
402	快	ABC	640197	311981	0.0635734	69.9973721
403	图	ABC	639217	293128	0.0634761	70.0608482
404	获	ABC	638244	325683	0.0633795	70.1242277
405	较	ABC	637899	294549	0.0633452	70.1875729
406	约	ABC	636193	290594	0.0631758	70.2507488
407	才	ABC	636025	303428	0.0631591	70.3139079
408	预	ABC	631413	256722	0.0627011	70.3766090
409	责	ABC	631076	303079	0.0626677	70.4392767
410	购	ABC	627811	185567	0.0623435	70.5016201
411	供	ABC	627770	309867	0.0623394	70.5639595
412	友	ABC	624617	252787	0.0620263	70.6259858
413	望	ABC	622185	321994	0.0617848	70.6877706
414	准	ABC	620812	310939	0.0616484	70.7494190
415	户	ABC	620363	188669	0.0616038	70.8110229
416	米	ABC	616998	196137	0.0612697	70.8722925
417	片	ABC	616792	219093	0.0612492	70.9335418
418	款	ABC	611434	175862	0.0607172	70.9942589
419	真	ABC	601106	291629	0.0596916	71.0539505
420	足	ABC	601051	252841	0.0596861	71.1136366
421	备	ABC	600832	296613	0.0596644	71.1733010
422	况	ABC	600708	307581	0.0596520	71.2329530
423	儿	ABC	599510	182543	0.0595331	71.2924861
424	形	ABC	599075	300168	0.0594899	71.3519760
425	校	ABC	595731	125316	0.0591578	71.4111338
426	游	ABC	595641	163583	0.0591489	71.4702827

序号	汉字	共用独用	频次	文本数	频率(%)	累加频率(%)
427	质	ABC	594959	256529	0.0590812	71.5293638
428	易	ABC	594413	235519	0.0590269	71.5883908
429	声	ABC	594135	271481	0.0589993	71.6473901
430	售	ABC	592982	174388	0.0588848	71.7062749
431	施	ABC	592971	235913	0.0588837	71.7651587
432	排	ABC	590592	250018	0.0586475	71.8238062
433	低	ABC	590497	262468	0.0586381	71.8824442
434	条	ABC	589656	276721	0.0585545	71.9409988
435	举	ABC	589538	295458	0.0585428	71.9995416
436	站	ABC	587819	214015	0.0583721	72.0579137
437	营	ABC	585656	209341	0.0581573	72.1160711
438	治	ABC	585528	193765	0.0581446	72.1742157
439	源	ABC	579361	237865	0.0575322	72.2317479
440	光	ABC	577181	256242	0.0573157	72.2890637
441	具	ABC	576458	295526	0.0572439	72.3463076
442	何	ABC	574138	293342	0.0570136	72.4033212
443	花	ABC	573367	213916	0.0569370	72.4602582
444	仅	ABC	573280	321377	0.0569284	72.5171866
445	银	ABC	572395	139685	0.0568405	72.5740270
446	评	ABC	572322	247823	0.0568332	72.6308603
447	连	ABC	571758	282845	0.0567772	72.6876375
448	英	ABC	571623	188861	0.0567638	72.7444013
449	住	ABC	570342	236040	0.0566366	72.8010379
450	环	ABC	569973	232220	0.0566000	72.8576379
451	采	ABC	567296	281503	0.0563341	72.9139720
452	什	ABC	565716	224097	0.0561772	72.9701493
453	季	ABC	564517	176675	0.0560582	73.0262074
454	包	ABC	562932	289093	0.0559008	73.0821082
455	巴	ABC	561518	147567	0.0557604	73.1378686
456	研	ABC	561310	199874	0.0557397	73.1936083
457	热	ABC	559802	273964	0.0555900	73.2491983
458	升	ABC	557525	239733	0.0553638	73.3045621
459	优	ABC	555486	243923	0.0551614	73.3597235
460	农	ABC	554561	121649	0.0550695	73.4147930
461	限	ABC	553226	209888	0.0549369	73.4697299
462	昨	ABC	551039	290680	0.0547198	73.5244497
463	率	ABC	550712	226780	0.0546873	73.5791370
464	岁	ABC	549895	193347	0.0546062	73.6337432

序号	汉字	共用独用	频次	文本数	频率(%)	累加频率(%)
465	星	ABC	549377	222626	0.0545547	73.6882979
466	失	ABC	549306	236300	0.0545477	73.7428456
467	速	ABC	548598	235503	0.0544774	73.7973229
468	村	ABC	547955	122357	0.0544135	73.8517365
469	病	ABC	544985	123791	0.0541186	73.9058551
470	复	ABC	544723	251677	0.0540926	73.9599476
471	奖	ABC	544319	124928	0.0540525	74.0140001
472	引	ABC	543973	302069	0.0540181	74.0680182
473	林	ABC	543937	183822	0.0540145	74.1220327
474	浪	ABC	543748	252399	0.0539958	74.1760284
475	容	ABC	543071	314579	0.0539285	74.2299570
476	则	ABC	539823	302415	0.0536060	74.2835630
477	构	ABC	539214	239455	0.0535455	74.3371085
478	候	ABC	539101	226795	0.0535343	74.3906428
479	划	ABC	538681	225637	0.0534926	74.4441353
480	半	ABC	535850	252304	0.0532115	74.4973468
481	太	ABC	534847	241483	0.0531119	74.5504587
482	票	ABC	532541	135094	0.0528829	74.6033415
483	险	ABC	531569	201606	0.0527863	74.6561279
484	清	ABC	531122	249468	0.0527420	74.7088698
485	装	ABC	530831	190635	0.0527131	74.7615829
486	随	ABC	530323	316883	0.0526626	74.8142455
487	段	ABC	528900	266784	0.0525213	74.8667668
488	助	ABC	527028	243090	0.0523354	74.9191022
489	协	ABC	526824	203507	0.0523151	74.9714173
490	防	ABC	526592	183092	0.0522921	75.0237095
491	爱	ABC	526322	203094	0.0522653	75.0759748
492	五	ABC	524655	253111	0.0520998	75.1280745
493	精	ABC	523469	241774	0.0519820	75.1800565
494	牌	ABC	520682	189948	0.0517052	75.2317617
495	罗	ABC	517784	160726	0.0514175	75.2831792
496	火	ABC	515523	176128	0.0511929	75.3343721
497	根	ABC	515027	285529	0.0511437	75.3855158
498	买	ABC	513197	190514	0.0509619	75.4364777
499	值	ABC	509701	234023	0.0506148	75.4870925
500	汽	ABC	508904	101566	0.0505356	75.5376282
501	响	ABC	505849	273343	0.0502323	75.5878604
502	剧	ABC	504715	120978	0.0501197	75.6379801

序号	汉字	共用独用	频次	文本数	频率(%)	累加频率(%)
503	效	ABC	498819	246656	0.0495342	75.6875143
504	融	ABC	497868	168324	0.0494397	75.7369540
505	男	ABC	496874	160887	0.0493410	75.7862950
506	越	ABC	496558	184366	0.0493096	75.8356047
507	双	ABC	494410	219278	0.0490963	75.8847010
508	即	ABC	493722	308416	0.0490280	75.9337291
509	职	ABC	492148	174339	0.0488717	75.9826008
510	百	ABC	487607	226270	0.0484208	76.0310216
511	策	ABC	486510	183208	0.0483119	76.0793334
512	击	ABC	486497	227885	0.0483106	76.1276440
513	卡	ABC	486417	141391	0.0483026	76.1759466
514	奥	ABC	485739	136750	0.0482353	76.2241819
515	许	ABC	481391	259941	0.0478035	76.2719854
516	刘	ABC	480201	153205	0.0476854	76.3196708
517	边	ABC	479707	217531	0.0476363	76.3673071
518	历	ABC	478352	231204	0.0475017	76.4148088
519	维	ABC	478069	197941	0.0474736	76.4622824
520	终	ABC	477435	272564	0.0474107	76.5096931
521	钱	ABC	477386	164304	0.0474058	76.5570989
522	像	ABC	477079	220719	0.0473753	76.6044743
523	陈	ABC	475396	157906	0.0472082	76.6516825
524	卫	ABC	475035	160618	0.0471724	76.6988548
525	某	ABC	474865	135442	0.0471555	76.7460103
526	居	ABC	474740	188388	0.0471431	76.7931533
527	照	ABC	473731	244474	0.0470429	76.8401962
528	黄	ABC	472691	167199	0.0469396	76.8871358
529	积	ABC	472240	226134	0.0468948	76.9340306
530	负	ABC	471578	252288	0.0468291	76.9808596
531	红	ABC	471032	191531	0.0467748	77.0276345
532	财	ABC	468815	166180	0.0465547	77.0741892
533	往	ABC	468075	243533	0.0464812	77.1206704
534	晚	ABC	465310	229149	0.0462066	77.1668770
535	功	ABC	464825	241027	0.0461585	77.2130355
536	监	ABC	464505	153471	0.0461267	77.2591622
537	楼	ABC	458600	123642	0.0455403	77.3047025
538	类	ABC	457292	223365	0.0454104	77.3501129
539	降	ABC	455950	174608	0.0452772	77.3953901
540	它	ABC	454723	171486	0.0451553	77.4405454

序号	汉字	共用独用	频次	文本数	频率(%)	累加频率(%)
541	争	ABC	454369	229288	0.0451202	77.4856655
542	阿	ABC	453331	120252	0.0450171	77.5306826
543	益	ABC	450862	188070	0.0447719	77.5754545
544	觉	ABC	449799	201819	0.0446663	77.6201209
545	象	ABC	448910	238012	0.0445781	77.6646989
546	究	ABC	447943	198586	0.0444820	77.7091810
547	孩	ABC	446071	118297	0.0442961	77.7534771
548	党	ABC	445976	85325	0.0442867	77.7977638
549	白	ABC	442273	197714	0.0439190	77.8416828
550	言	ABC	438093	240986	0.0435039	77.8851867
551	配	ABC	437439	199267	0.0434390	77.9286257
552	存	ABC	436606	214819	0.0433562	77.9719819
553	义	ABC	436007	181803	0.0432968	78.0152787
554	极	ABC	435158	245442	0.0432125	78.0584911
555	曾	ABC	434883	242225	0.0431851	78.1016763
556	且	ABC	432939	267720	0.0429921	78.1446684
557	却	ABC	431341	245829	0.0428334	78.1875018
558	希	ABC	430692	223869	0.0427690	78.2302707
559	板	ABC	430492	149626	0.0427491	78.2730198
560	满	ABC	430360	248823	0.0427360	78.3157558
561	油	ABC	430124	100396	0.0427126	78.3584684
562	盘	ABC	429929	129185	0.0426932	78.4011616
563	青	ABC	429591	174602	0.0426596	78.4438212
564	态	ABC	429545	232959	0.0426551	78.4864763
565	午	ABC	427925	228377	0.0424942	78.5289705
566	除	ABC	427562	261476	0.0424581	78.5714286
567	置	ABC	427010	210109	0.0424033	78.6138319
568	媒	ABC	424148	236374	0.0421191	78.6559511
569	护	ABC	423867	176674	0.0420912	78.6980423
570	请	ABC	423207	218108	0.0420257	78.7400680
571	底	ABC	422948	243472	0.0420000	78.7820679
572	断	ABC	421694	232838	0.0418754	78.8239434
573	均	ABC	421686	224909	0.0418746	78.8658180
574	落	ABC	421096	231118	0.0418161	78.9076341
575	离	ABC	421031	222841	0.0418096	78.9494437
576	干	ABC	420142	173976	0.0417213	78.9911650
577	检	ABC	418372	134563	0.0415456	79.0327105
578	园	ABC	416005	128258	0.0413105	79.0740210

序号	汉字	共用独用	频次	文本数	频率(%)	累加频率(%)
579	致	ABC	415056	249373	0.0412163	79.1152373
580	访	ABC	414894	191370	0.0412002	79.1564375
581	试	ABC	414037	165575	0.0411151	79.1975525
582	亲	ABC	413709	169377	0.0410825	79.2386351
583	列	ABC	412842	210399	0.0409964	79.2796315
584	境	ABC	410732	194798	0.0407869	79.3204183
585	诉	ABC	409862	189340	0.0407005	79.3611188
586	群	ABC	405328	169075	0.0402502	79.4013691
587	必	ABC	405191	228986	0.0402366	79.4416057
588	模	ABC	404980	193507	0.0402157	79.4818214
589	志	ABC	404967	167744	0.0402144	79.5220358
590	店	ABC	404811	120566	0.0401989	79.5622347
591	控	ABC	403484	175761	0.0400671	79.6023018
592	字	ABC	403447	182189	0.0400635	79.6423653
593	便	ABC	403060	230781	0.0400250	79.6823903
594	继	ABC	399540	238069	0.0396755	79.7220658
595	严	ABC	399345	210099	0.0396561	79.7617219
596	博	ABC	397643	136259	0.0394871	79.8012090
597	音	ABC	396922	135790	0.0394155	79.8406245
598	神	ABC	395989	187134	0.0393229	79.8799474
599	胜	ABC	394245	141636	0.0391497	79.9190970
600	刚	ABC	394148	176266	0.0391400	79.9582371
601	龙	ABC	393348	141987	0.0390606	79.9972977
602	伤	ABC	392735	150718	0.0389997	80.0362974

频次大于1，且累加频率在80%之后的汉字

序号	汉字	共用独用	频次	文本数
603	港	ABC	392536	111912
604	宝	ABC	392530	130610
605	闻	ABC	392470	208365
606	早	ABC	391393	226819
607	石	ABC	391138	121131
608	苏	ABC	390132	139674
609	担	ABC	390117	231925
610	官	ABC	389133	160183
611	录	ABC	388083	173003
612	批	ABC	386870	184283
613	算	ABC	385705	198002

序号	汉字	共用独用	频次	文本数
614	货	ABC	385299	115058
615	景	ABC	385191	186349
616	纪	ABC	384844	178577
617	料	ABC	384756	197442
618	范	ABC	383552	188495
619	突	ABC	383347	221499
620	阳	ABC	383144	146039
621	兰	ABC	382956	123332
622	介	ABC	381754	228733
623	习	ABC	381682	161566
624	河	ABC	379360	130316

序号	汉字	共用独用	频次	文本数
625	春	ABC	379329	146777
626	另	ABC	378668	254041
627	史	ABC	375126	165458
628	普	ABC	374612	187549
629	圳	ABC	373304	71940
630	远	ABC	371028	201636
631	危	ABC	370826	162334
632	夫	ABC	370823	135276
633	富	ABC	370427	163094
634	练	ABC	370277	117872
635	例	ABC	370099	164598
636	破	ABC	370014	192375
637	律	ABC	369578	133669
638	思	ABC	368680	165703
639	涨	ABC	368308	87765
640	验	ABC	366552	183334
641	兴	ABC	365822	186962
642	依	ABC	365804	215924
643	央	ABC	363358	125484
644	织	ABC	361709	157272
645	副	ABC	361397	178483
646	尼	ABC	360278	112776
647	福	ABC	359990	145749
648	初	ABC	359717	216034
649	仍	ABC	358899	217095
650	欧	ABC	358560	109746
651	死	ABC	358466	133382
652	切	ABC	357576	198222
653	找	ABC	356558	183890
654	幅	ABC	354745	137556
655	尽	ABC	354490	234223
656	庆	ABC	354451	126352
657	按	ABC	354203	197604
658	减	ABC	353294	156642
659	额	ABC	353119	153940
660	围	ABC	352093	204193
661	审	ABC	351747	118973
662	班	ABC	351260	141542

序号	汉字	共用独用	频次	文本数
663	版	ABC	349185	136326
664	层	ABC	348970	162605
665	轻	ABC	348960	198739
666	艺	ABC	348931	119084
667	够	ABC	348038	201341
668	留	ABC	347341	189106
669	飞	ABC	346660	128374
670	航	ABC	346034	82988
671	铁	ABC	343631	106742
672	拿	ABC	342682	184101
673	旅	ABC	341990	101975
674	听	ABC	340908	164761
675	停	ABC	340756	157191
676	故	ABC	340697	148314
677	送	ABC	340517	173896
678	温	ABC	339657	133428
679	命	ABC	339445	166074
680	药	ABC	338700	80316
681	县	ABC	338393	92714
682	登	ABC	337981	209714
683	眼	ABC	337151	189654
684	宣	ABC	336784	184580
685	角	ABC	336663	174280
686	识	ABC	336152	176134
687	招	ABC	336033	121006
688	歌	ABC	334515	86555
689	救	ABC	333810	115418
690	冠	ABC	333646	107867
691	食	ABC	333185	99872
692	养	ABC	332915	123579
693	轮	ABC	332839	140069
694	彩	ABC	330126	128039
695	器	ABC	329866	125904
696	谈	ABC	329342	162996
697	拍	ABC	328769	112684
698	属	ABC	328361	186988
699	执	ABC	328349	146695
700	席	ABC	328329	161249

序号	汉字	共用独用	频次	文本数
701	承	ABC	327991	183400
702	播	ABC	326398	115675
703	纳	ABC	325495	137370
704	训	ABC	324590	111234
705	虽	ABC	322993	219565
706	否	ABC	321183	191681
707	卖	ABC	320967	121175
708	域	ABC	319673	146787
709	香	ABC	318602	115997
710	套	ABC	317812	134165
711	酒	ABC	316593	86005
712	疑	ABC	316033	168040
713	补	ABC	316020	139477
714	革	ABC	314101	100140
715	判	ABC	313624	121611
716	稳	ABC	313545	157740
717	状	ABC	312731	185305
718	左	ABC	312522	179609
719	核	ABC	311715	130229
720	健	ABC	311286	138300
721	紧	ABC	311093	185488
722	察	ABC	310723	132792
723	波	ABC	310370	139622
724	讲	ABC	310016	148438
725	辆	ABC	309991	96130
726	洲	ABC	309061	122265
727	露	ABC	309040	192211
728	适	ABC	308776	171953
729	湖	ABC	308443	101328
730	测	ABC	307937	135449
731	土	ABC	307291	113382
732	跟	ABC	307136	150709
733	武	ABC	307128	107852
734	余	ABC	304907	178374
735	待	ABC	304717	191734
736	编	ABC	304334	174108
737	密	ABC	303135	178631
738	厂	ABC	302371	94984

序号	汉字	共用独用	频次	文本数
739	喜	ABC	301429	162157
740	充	ABC	300692	188140
741	频	ABC	300261	152500
742	短	ABC	300049	153542
743	素	ABC	299445	158164
744	右	ABC	298525	174513
745	压	ABC	298417	162353
746	绍	ABC	297939	196894
747	申	ABC	295800	100475
748	届	ABC	295091	138985
749	券	ABC	294401	74955
750	修	ABC	294384	120182
751	室	ABC	292187	138579
752	云	ABC	292146	111391
753	假	ABC	292048	118589
754	善	ABC	289984	151044
755	括	ABC	288690	193887
756	康	ABC	288331	126918
757	临	ABC	287448	170810
758	欢	ABC	286255	161253
759	愿	ABC	285609	151300
760	黑	ABC	285421	121188
761	绩	ABC	284746	125498
762	占	ABC	284278	150580
763	宁	ABC	283734	107872
764	语	ABC	282727	118984
765	六	ABC	282148	159298
766	钟	ABC	281921	130807
767	读	ABC	281778	135159
768	念	ABC	278868	150735
769	坚	ABC	277343	144764
770	税	ABC	276353	55626
771	免	ABC	276285	152537
772	庭	ABC	275392	112896
773	止	ABC	274775	173748
774	八	ABC	274104	162540
775	馆	ABC	273890	97034
776	奇	ABC	273869	132638

序号	汉字	共用独用	频次	文本数
777	街	ABC	273211	108129
778	独	ABC	273178	165691
779	千	ABC	271127	153900
780	古	ABC	270908	98777
781	换	ABC	270036	139610
782	疗	ABC	268582	81458
783	吃	ABC	268492	117409
784	激	ABC	268322	162895
785	族	ABC	267065	84536
786	戏	ABC	267018	96551
787	味	ABC	266657	177559
788	贷	ABC	266425	54724
789	摄	ABC	266328	152602
790	杨	ABC	265727	100718
791	载	ABC	264884	153978
792	威	ABC	264759	125563
793	遇	ABC	264576	162216
794	择	ABC	264341	155922
795	韩	ABC	264147	73742
796	罪	ABC	264024	76690
797	索	ABC	264022	127487
798	写	ABC	263486	123215
799	络	ABC	263325	103817
800	川	ABC	263182	87584
801	乡	ABC	262927	97850
802	绝	ABC	262889	176149
803	帮	ABC	262731	151470
804	令	ABC	261666	163753
805	印	ABC	261284	111428
806	细	ABC	260493	153756
807	怎	ABC	259170	133182
808	差	ABC	257543	155460
809	犯	ABC	255181	90136
810	透	ABC	254432	169758
811	母	ABC	251257	91077
812	派	ABC	249718	127163
813	币	ABC	248509	75426
814	镇	ABC	247693	96127
815	呢	ABC	247379	113287
816	急	ABC	245858	134270
817	章	ABC	245107	140478
818	害	ABC	244972	119682
819	略	ABC	244718	132433
820	退	ABC	244710	119642
821	述	ABC	244368	168286
822	签	ABC	244010	111979
823	伊	ABC	243856	66664
824	亮	ABC	242978	140704
825	甚	ABC	240239	166293
826	冲	ABC	239872	141688
827	块	ABC	239749	106295
828	朝	ABC	238159	76924
829	追	ABC	237460	148230
830	雷	ABC	235110	91473
831	竞	ABC	234696	115741
832	惠	ABC	234025	90742
833	培	ABC	233726	90755
834	乎	ABC	232339	158554
835	良	ABC	231663	138543
836	画	ABC	231653	78860
837	婚	ABC	231391	56796
838	租	ABC	231272	57997
839	佳	ABC	231044	111184
840	促	ABC	229917	122586
841	龄	ABC	229579	60444
842	移	ABC	229255	101672
843	困	ABC	227796	126026
844	兵	ABC	227075	74922
845	田	ABC	226789	79504
846	跌	ABC	225937	69481
847	巨	ABC	225925	138938
848	雨	ABC	225026	79769
849	码	ABC	224858	99545
850	须	ABC	224632	140228
851	尚	ABC	224446	134617
852	遗	ABC	223595	76611

序号	汉字	共用独用	频次	文本数
853	攻	ABC	223521	90017
854	迷	ABC	223312	109641
855	材	ABC	223079	109560
856	征	ABC	222874	112969
857	操	ABC	222253	141017
858	托	ABC	222252	105025
859	父	ABC	222062	79349
860	震	ABC	221468	87975
861	互	ABC	221036	108216
862	似	ABC	219117	150686
863	座	ABC	219073	112770
864	障	ABC	218232	101719
865	津	ABC	217522	68407
866	唱	ABC	217052	59841
867	丽	ABC	217003	99594
868	沙	ABC	216490	81992
869	悉	ABC	216407	171419
870	错	ABC	216345	136937
871	挥	ABC	214649	126571
872	析	ABC	213584	126709
873	毕	ABC	213123	105431
874	秀	ABC	212937	109631
875	付	ABC	212595	105562
876	吸	ABC	212354	126756
877	甲	ABC	212013	65161
878	胡	ABC	210971	74238
879	钢	ABC	210914	55636
880	陆	ABC	210870	101315
881	笑	ABC	210350	111023
882	笔	ABC	209316	103651
883	涉	ABC	209155	114572
884	幕	ABC	209048	120681
885	谢	ABC	208978	85788
886	松	ABC	208543	115863
887	舞	ABC	208346	79214
888	吴	ABC	208344	74783
889	损	ABC	207709	102625
890	启	ABC	207097	125709

序号	汉字	共用独用	频次	文本数
891	丰	ABC	206843	114173
892	诺	ABC	206807	87082
893	湾	ABC	206135	65161
894	汉	ABC	205586	78019
895	血	ABC	204735	82782
896	伟	ABC	204716	88642
897	朋	ABC	204609	106349
898	灾	ABC	204023	55583
899	典	ABC	203438	111030
900	简	ABC	203247	133406
901	缺	ABC	202769	125110
902	泰	ABC	202663	68314
903	藏	ABC	202547	74516
904	迎	ABC	202544	137722
905	弹	ABC	201779	78043
906	措	ABC	201725	112684
907	牛	ABC	201160	74820
908	鲜	ABC	200760	82507
909	峰	ABC	200539	90540
910	迪	ABC	200538	68593
911	桥	ABC	200204	67497
912	纷	ABC	199368	90336
913	哈	ABC	199258	69765
914	背	ABC	198526	132175
915	劳	ABC	197851	84333
916	患	ABC	197089	71263
917	爆	ABC	197017	111700
918	七	ABC	196137	114385
919	顾	ABC	195461	117532
920	顺	ABC	195426	123116
921	束	ABC	195216	139633
922	刻	ABC	195091	130533
923	毒	ABC	194835	51934
924	抢	ABC	194589	100324
925	杰	ABC	194295	72377
926	借	ABC	194262	122244
927	赵	ABC	194146	64262
928	久	ABC	194059	138322

序号	汉字	共用独用	频次	文本数
929	输	ABC	193690	99419
930	扩	ABC	193641	110722
931	倒	ABC	192487	116522
932	遭	ABC	192025	126576
933	违	ABC	191562	78484
934	礼	ABC	191388	89543
935	妈	ABC	191112	39905
936	逐	ABC	190938	131596
937	辑	ABC	189407	123607
938	娱	ABC	189278	92442
939	守	ABC	188951	103180
940	森	ABC	188664	63350
941	拥	ABC	188248	125606
942	阵	ABC	187927	104124
943	叫	ABC	187914	106420
944	孙	ABC	186740	66981
945	篮	ABC	186652	41291
946	汇	ABC	186206	81890
947	鲁	ABC	185769	68072
948	端	ABC	185053	99768
949	抓	ABC	184724	94682
950	库	ABC	184654	74879
951	休	ABC	184036	102643
952	坛	ABC	183864	93196
953	晓	ABC	183372	90670
954	贸	ABC	183346	60363
955	享	ABC	183048	113109
956	永	ABC	182580	89179
957	瑞	ABC	182351	67379
958	驾	ABC	182227	60979
959	贵	ABC	181733	99953
960	综	ABC	180684	103695
961	杀	ABC	180475	82266
962	础	ABC	180331	111329
963	射	ABC	180084	68135
964	脑	ABC	180001	89860
965	锦	ABC	179776	63111
966	厅	ABC	179724	83981

序号	汉字	共用独用	频次	文本数
967	盛	ABC	179216	99630
968	吉	ABC	179087	71150
969	答	ABC	179034	100306
970	荣	ABC	178740	90037
971	烈	ABC	178666	122179
972	微	ABC	177998	97954
973	阶	ABC	177071	108399
974	延	ABC	177054	110006
975	附	ABC	176788	109932
976	俄	ABC	176623	38671
977	败	ABC	176496	89718
978	虑	ABC	176340	122034
979	萨	ABC	176166	57386
980	刑	ABC	175867	53027
981	盟	ABC	175850	70065
982	董	ABC	175838	64920
983	九	ABC	175413	85608
984	般	ABC	175356	122038
985	课	ABC	175265	64337
986	吗	ABC	174264	86750
987	澳	ABC	174210	50869
988	夏	ABC	174208	82265
989	援	ABC	173631	72646
990	哪	ABC	173102	107267
991	曲	ABC	173013	71917
992	皮	ABC	172378	79141
993	竟	ABC	171933	122294
994	雪	ABC	171578	59507
995	债	ABC	171198	39578
996	针	ABC	171046	116051
997	吧	ABC	170766	88787
998	夜	ABC	170477	94938
999	赶	ABC	170389	108292
1000	木	ABC	170156	67045
1001	跑	ABC	170146	91507
1002	亡	ABC	170113	76019
1003	靠	ABC	169661	116730
1004	洋	ABC	169437	77892

序号	汉字	共用独用	频次	文本数	序号	汉字	共用独用	频次	文本数
1005	哥	ABC	168922	64766	1043	徐	ABC	156054	62630
1006	折	ABC	168835	91492	1044	筑	ABC	155623	64582
1007	衣	ABC	168133	79648	1045	授	ABC	155462	81540
1008	坐	ABC	167887	105072	1046	序	ABC	155270	96132
1009	禁	ABC	167247	75832	1047	毛	ABC	155219	65092
1010	贴	ABC	166843	78633	1048	静	ABC	154816	84762
1011	映	ABC	166738	94980	1049	您	ABC	154365	50286
1012	智	ABC	166679	82987	1050	探	ABC	154300	92353
1013	乘	ABC	166517	70775	1051	净	ABC	154233	59939
1014	裁	ABC	166019	73635	1052	朗	ABC	154185	56233
1015	肯	ABC	165757	111206	1053	赞	ABC	154054	121466
1016	暴	ABC	165661	83202	1054	冰	ABC	153970	52158
1017	献	ABC	165358	94747	1055	童	ABC	153634	59185
1018	予	ABC	164738	110036	1056	苦	ABC	153632	96555
1019	梅	ABC	164414	64186	1057	姐	ABC	153493	50274
1020	抗	ABC	164318	80202	1058	穿	ABC	153171	91436
1021	玩	ABC	164063	83377	1059	盖	ABC	153162	90797
1022	惊	ABC	163951	116380	1060	软	ABC	153091	63084
1023	岛	ABC	163713	57766	1061	私	ABC	153057	78392
1024	顶	ABC	163676	98056	1062	玉	ABC	153046	58889
1025	绿	ABC	163134	70309	1063	截	ABC	152641	105715
1026	著	ABC	162037	107377	1064	架	ABC	152232	79361
1027	询	ABC	161853	91095	1065	驶	ABC	150236	55468
1028	订	ABC	161638	85388	1066	键	ABC	149602	100301
1029	夺	ABC	161169	89064	1067	扬	ABC	149394	89594
1030	润	ABC	160770	66347	1068	尤	ABC	149151	102824
1031	谁	ABC	160538	96228	1069	旧	ABC	148921	82970
1032	杯	ABC	160484	61612	1070	距	ABC	148065	98459
1033	塔	ABC	160377	57851	1071	嫌	ABC	148017	63967
1034	齐	ABC	160352	81527	1072	菜	ABC	147561	47529
1035	晨	ABC	160273	94419	1073	怀	ABC	147229	90752
1036	船	ABC	160217	39714	1074	朱	ABC	146404	55054
1037	罚	ABC	159554	59960	1075	呼	ABC	146295	96714
1038	召	ABC	159214	91726	1076	讨	ABC	146173	92152
1039	异	ABC	158700	107664	1077	顿	ABC	145517	76143
1040	树	ABC	158088	67980	1078	冷	ABC	144839	82011
1041	努	ABC	156948	101542	1079	餐	ABC	144819	55470
1042	伦	ABC	156580	70971	1080	豪	ABC	144798	68253

序号	汉字	共用 独用	频次	文本数
1081	秘	ABC	144791	87128
1082	俱	ABC	144561	55862
1083	矿	ABC	144398	30063
1084	归	ABC	144210	93555
1085	挑	ABC	143599	97493
1086	珠	ABC	143533	54046
1087	曼	ABC	143494	48297
1088	幸	ABC	143070	91308
1089	菲	ABC	142815	51978
1090	释	ABC	142550	97979
1091	岗	ABC	142336	58101
1092	草	ABC	142070	62082
1093	脚	ABC	141921	82975
1094	寻	ABC	141010	93847
1095	零	ABC	139805	75925
1096	丹	ABC	139745	53957
1097	聚	ABC	139160	89676
1098	贝	ABC	139075	53841
1099	姆	ABC	138993	51853
1100	熟	ABC	138741	97642
1101	堂	ABC	138411	74301
1102	染	ABC	138306	57143
1103	郑	ABC	137543	50092
1104	坦	ABC	137403	67654
1105	避	ABC	136999	95897
1106	勒	ABC	136915	50543
1107	杂	ABC	136680	87752
1108	估	ABC	136490	79243
1109	掉	ABC	136437	92025
1110	莱	ABC	136165	55804
1111	锋	ABC	136035	62917
1112	麦	ABC	135889	46220
1113	刺	ABC	135527	76611
1114	赢	ABC	135318	87340
1115	封	ABC	135304	74009
1116	饭	ABC	134865	65708
1117	斗	ABC	134833	71626
1118	赔	ABC	134696	36440

序号	汉字	共用 独用	频次	文本数
1119	既	ABC	134367	102826
1120	旗	ABC	134257	75914
1121	雅	ABC	133748	59366
1122	梁	ABC	133675	54896
1123	勇	ABC	133407	71810
1124	督	ABC	133020	56631
1125	灵	ABC	132298	77809
1126	渐	ABC	132157	87095
1127	档	ABC	131604	68735
1128	烟	ABC	131452	43537
1129	含	ABC	131422	80321
1130	洛	ABC	131346	53254
1131	累	ABC	131142	87037
1132	诊	ABC	131004	41111
1133	储	ABC	130650	52855
1134	屋	ABC	130564	56591
1135	偿	ABC	130435	51152
1136	末	ABC	129997	79303
1137	迅	ABC	129995	87755
1138	嘉	ABC	129476	52871
1139	宏	ABC	128726	61980
1140	误	ABC	128702	78794
1141	岸	ABC	127854	45087
1142	郭	ABC	127732	44200
1143	宾	ABC	127568	59182
1144	聘	ABC	127182	35488
1145	滑	ABC	127045	66095
1146	妻	ABC	126889	51964
1147	煤	ABC	126780	26813
1148	跳	ABC	126203	62446
1149	励	ABC	126178	70750
1150	倍	ABC	126169	71107
1151	恩	ABC	126138	59913
1152	姓	ABC	125305	73907
1153	塞	ABC	124964	57886
1154	梦	ABC	124723	67329
1155	鱼	ABC	124682	43377
1156	宽	ABC	124635	77750

序号	汉字	共用独用	频次	文本数
1157	怕	ABC	124531	83637
1158	蓝	ABC	124318	60415
1159	伙	ABC	124234	65564
1160	鼓	ABC	124115	81142
1161	散	ABC	123773	80139
1162	灯	ABC	123236	56829
1163	伍	ABC	123013	60147
1164	妇	ABC	122917	52357
1165	宜	ABC	122564	73844
1166	署	ABC	122428	66700
1167	阅	ABC	122313	63507
1168	递	ABC	121754	96675
1169	弟	ABC	121560	50958
1170	慢	ABC	121163	64663
1171	挂	ABC	120733	70551
1172	洪	ABC	120502	43885
1173	仪	ABC	120138	64967
1174	箭	ABC	119327	27275
1175	吨	ABC	119278	35017
1176	缩	ABC	118078	75412
1177	触	ABC	118037	79943
1178	杭	ABC	118007	41049
1179	概	ABC	117760	73643
1180	肉	ABC	117573	45498
1181	涛	ABC	117490	39398
1182	恐	ABC	117092	65179
1183	瓦	ABC	116953	49852
1184	丁	ABC	116951	44948
1185	腾	ABC	116935	55340
1186	庄	ABC	116906	48507
1187	雄	ABC	116875	61935
1188	途	ABC	116533	80455
1189	佛	ABC	116259	48188
1190	恢	ABC	115962	69191
1191	痛	ABC	115644	66101
1192	饰	ABC	115623	55864
1193	潮	ABC	115565	73096
1194	固	ABC	115525	75861

序号	汉字	共用独用	频次	文本数
1195	翻	ABC	115038	73151
1196	凯	ABC	114793	46539
1197	筹	ABC	114646	68689
1198	莫	ABC	114317	60313
1199	废	ABC	114274	32546
1200	纸	ABC	114203	58429
1201	蒂	ABC	114073	40437
1202	浙	ABC	113898	46166
1203	洗	ABC	113477	52542
1204	焦	ABC	113196	67765
1205	潜	ABC	112970	65502
1206	趋	ABC	112967	72999
1207	疫	ABC	112704	24616
1208	暂	ABC	112685	78377
1209	牙	ABC	112625	48916
1210	晶	ABC	112503	34225
1211	暖	ABC	112143	59122
1212	摩	ABC	111974	50391
1213	宗	ABC	111897	54553
1214	醒	ABC	111574	80501
1215	冬	ABC	111422	51743
1216	啊	ABC	111253	53564
1217	伯	ABC	111208	47903
1218	姚	ABC	110924	28367
1219	偏	ABC	110562	68290
1220	圈	ABC	110303	63851
1221	皇	ABC	110179	41375
1222	野	ABC	109997	54637
1223	振	ABC	109966	56149
1224	驻	ABC	109827	59697
1225	疾	ABC	109762	46960
1226	迹	ABC	109661	76623
1227	返	ABC	109545	64520
1228	缓	ABC	109227	73484
1229	抵	ABC	109125	67149
1230	弱	ABC	108937	77547
1231	遍	ABC	108783	83803
1232	谷	ABC	108049	43338

序号	汉字	共用独用	频次	文本数
1233	诚	ABC	107900	56952
1234	握	ABC	107544	79702
1235	搭	ABC	107461	72148
1236	句	ABC	107405	70241
1237	词	ABC	107059	59732
1238	乱	ABC	106784	68576
1239	秋	ABC	106760	53268
1240	沈	ABC	106163	36328
1241	若	ABC	106048	73157
1242	伴	ABC	105751	72073
1243	蒙	ABC	105704	51147
1244	荐	ABC	105560	46278
1245	账	ABC	105386	47565
1246	符	ABC	105151	74420
1247	忙	ABC	104919	71657
1248	楚	ABC	104829	67692
1249	棋	ABC	104828	14424
1250	戴	ABC	104749	54760
1251	洁	ABC	103970	52302
1252	叶	ABC	103940	45285
1253	骨	ABC	103929	50590
1254	饮	ABC	103682	46875
1255	趣	ABC	103559	74413
1256	枪	ABC	103512	34876
1257	症	ABC	103378	43124
1258	掌	ABC	103305	75807
1259	辉	ABC	103196	53410
1260	祖	ABC	103039	43261
1261	脱	ABC	102926	73314
1262	污	ABC	102364	35800
1263	逃	ABC	102306	51667
1264	厚	ABC	102255	72284
1265	脸	ABC	101902	65784
1266	箱	ABC	101814	49919
1267	描	ABC	101758	89492
1268	液	ABC	101607	37993
1269	骗	ABC	101593	30700
1270	漫	ABC	101420	52237

序号	汉字	共用独用	频次	文本数
1271	唐	ABC	101192	42687
1272	弃	ABC	100765	68333
1273	薪	ABC	100638	32555
1274	镜	ABC	100412	52334
1275	帅	ABC	100354	46820
1276	硬	ABC	100349	65596
1277	册	ABC	100328	48396
1278	坏	ABC	99999	67291
1279	虎	ABC	99929	38349
1280	侧	ABC	99592	58059
1281	仓	ABC	99573	33733
1282	榜	ABC	99565	49073
1283	彻	ABC	99428	64575
1284	扎	ABC	99059	54998
1285	盗	ABC	99033	27796
1286	恶	ABC	98499	62922
1287	谓	ABC	98492	74657
1288	撞	ABC	98394	40434
1289	旦	ABC	98334	70619
1290	巡	ABC	98334	46120
1291	乌	ABC	97971	37508
1292	践	ABC	97163	38457
1293	奋	ABC	97020	65057
1294	敏	ABC	96786	53735
1295	贯	ABC	96278	55307
1296	隐	ABC	95899	60133
1297	宇	ABC	95848	42751
1298	奶	ABC	95624	23661
1299	替	ABC	95598	63737
1300	丝	ABC	95473	58129
1301	闭	ABC	95396	59303
1302	杜	ABC	95386	44192
1303	繁	ABC	94888	66434
1304	猪	ABC	94338	17909
1305	咨	ABC	94196	51396
1306	燃	ABC	94000	42744
1307	泽	ABC	93412	39750
1308	搞	ABC	93328	59791

序号	汉字	共用独用	频次	文本数
1309	扣	ABC	92683	49649
1310	毫	ABC	92009	68485
1311	邮	ABC	91767	40646
1312	床	ABC	91481	45994
1313	祝	ABC	91280	51790
1314	凌	ABC	91193	59170
1315	搜	ABC	91161	43781
1316	盈	ABC	91078	41496
1317	览	ABC	91021	49668
1318	麻	ABC	90871	49337
1319	俊	ABC	90848	35175
1320	邀	ABC	90664	63953
1321	凭	ABC	90653	68161
1322	拓	ABC	90513	47889
1323	粉	ABC	90434	43002
1324	杆	ABC	90198	30380
1325	敢	ABC	90123	61648
1326	隆	ABC	89429	46866
1327	宅	ABC	89422	33998
1328	烧	ABC	89378	42253
1329	沃	ABC	88750	29709
1330	拆	ABC	88527	32327
1331	残	ABC	88360	41796
1332	刊	ABC	88066	45675
1333	唯	ABC	87967	67979
1334	劲	ABC	87943	66142
1335	魔	ABC	87519	31235
1336	摆	ABC	87179	64110
1337	纯	ABC	87074	59166
1338	旁	ABC	87032	59554
1339	舒	ABC	86997	49181
1340	井	ABC	86827	32933
1341	衡	ABC	86757	54965
1342	宫	ABC	86751	35443
1343	沉	ABC	86699	60821
1344	鉴	ABC	86698	53497
1345	袭	ABC	86689	38975
1346	跃	ABC	86629	58519

序号	汉字	共用独用	频次	文本数
1347	爸	ABC	86529	21345
1348	迁	ABC	86074	34336
1349	滨	ABC	85900	36083
1350	卢	ABC	85847	31292
1351	籍	ABC	85673	45442
1352	狂	ABC	85332	55768
1353	沿	ABC	85214	53281
1354	稿	ABC	85097	59470
1355	隔	ABC	85037	54873
1356	兼	ABC	85012	57536
1357	欣	ABC	84972	55026
1358	默	ABC	84889	49475
1359	屏	ABC	84828	41154
1360	炸	ABC	84682	29500
1361	呈	ABC	84321	65050
1362	宋	ABC	84298	32708
1363	刀	ABC	83603	41771
1364	娜	ABC	83454	29731
1365	混	ABC	83259	52175
1366	诗	ABC	83205	30050
1367	羊	ABC	83187	34773
1368	赴	ABC	83149	56368
1369	埃	ABC	83053	35423
1370	圆	ABC	82962	45228
1371	抽	ABC	82925	48919
1372	跨	ABC	82711	47887
1373	泉	ABC	82536	32803
1374	迈	ABC	82369	46308
1375	昌	ABC	82320	33304
1376	珍	ABC	82164	44061
1377	页	ABC	82082	47547
1378	贡	ABC	82017	54585
1379	纽	ABC	81813	42212
1380	亏	ABC	81500	38682
1381	圣	ABC	81432	40115
1382	虚	ABC	81257	48850
1383	尾	ABC	81112	49516
1384	沟	ABC	80971	50723

序号	汉字	共用独用	频次	文本数
1385	喝	ABC	80958	42147
1386	熊	ABC	80747	27074
1387	誉	ABC	80322	55834
1388	忆	ABC	80211	50650
1389	铺	ABC	80000	39691
1390	谋	ABC	79538	48360
1391	详	ABC	79475	59750
1392	窗	ABC	79471	45071
1393	妹	ABC	79233	28098
1394	秒	ABC	79202	33848
1395	址	ABC	79014	34055
1396	尊	ABC	78892	49958
1397	拒	ABC	78883	54551
1398	殊	ABC	78853	59238
1399	锁	ABC	78585	49064
1400	廉	ABC	78565	34421
1401	洞	ABC	78510	32083
1402	迫	ABC	78463	59693
1403	陷	ABC	77762	55481
1404	拟	ABC	77737	47322
1405	植	ABC	77732	33168
1406	邓	ABC	77504	29638
1407	沪	ABC	77310	35585
1408	偷	ABC	77207	32385
1409	奔	ABC	77204	45370
1410	横	ABC	77196	50970
1411	苗	ABC	77008	25473
1412	阻	ABC	76924	53871
1413	捕	ABC	76774	38302
1414	泛	ABC	76773	58255
1415	池	ABC	76745	32084
1416	捐	ABC	76646	23902
1417	弗	ABC	76444	30222
1418	忠	ABC	76398	35137
1419	荡	ABC	76348	41856
1420	抱	ABC	76306	54832
1421	拜	ABC	76016	34863
1422	惯	ABC	75932	56473

序号	汉字	共用独用	频次	文本数
1423	耳	ABC	75893	45183
1424	艾	ABC	75616	27730
1425	鹏	ABC	75420	32625
1426	冒	ABC	75095	45818
1427	剩	ABC	75066	51620
1428	坡	ABC	74801	36437
1429	琳	ABC	74718	24524
1430	芳	ABC	74693	32935
1431	黎	ABC	74649	32558
1432	墙	ABC	74551	37718
1433	疆	ABC	74467	22809
1434	揭	ABC	74146	50455
1435	睡	ABC	74089	37571
1436	蔡	ABC	73865	26884
1437	粮	ABC	73779	22394
1438	徒	ABC	73650	35569
1439	斤	ABC	73367	28995
1440	挺	ABC	73182	48070
1441	缴	ABC	73178	31165
1442	径	ABC	73120	52494
1443	寸	ABC	73077	30939
1444	闲	ABC	72775	45328
1445	侵	ABC	72707	37163
1446	邦	ABC	72666	32883
1447	祥	ABC	72635	32323
1448	君	ABC	72625	32295
1449	乏	ABC	72417	56270
1450	猫	ABC	72340	22572
1451	舍	ABC	72095	39506
1452	孔	ABC	72075	31706
1453	辛	ABC	72029	42760
1454	茶	ABC	71960	25518
1455	携	ABC	71946	50406
1456	贾	ABC	71946	28109
1457	厦	ABC	71898	30233
1458	缘	ABC	71871	53220
1459	忘	ABC	71704	52983
1460	冯	ABC	71420	25190

序号	汉字	共用独用	频次	文本数
1461	浦	ABC	71343	27073
1462	绕	ABC	71228	51317
1463	卷	ABC	70986	41965
1464	捷	ABC	70967	40055
1465	佩	ABC	70833	32397
1466	凡	ABC	70646	48792
1467	翔	ABC	70557	21010
1468	番	ABC	70355	50960
1469	押	ABC	70329	26171
1470	敬	ABC	70167	43404
1471	篇	ABC	69888	40775
1472	勤	ABC	69766	39582
1473	踪	ABC	69607	43520
1474	倾	ABC	69576	48533
1475	斌	ABC	69466	27389
1476	豆	ABC	69220	19389
1477	舰	ABC	69102	18871
1478	畅	ABC	69061	48680
1479	燕	ABC	69050	32536
1480	栏	ABC	68996	40993
1481	谐	ABC	68842	40099
1482	阴	ABC	68760	40647
1483	忧	ABC	68675	51519
1484	仁	ABC	68585	32542
1485	鸡	ABC	68454	26869
1486	怪	ABC	68391	47024
1487	恋	ABC	68359	33553
1488	拨	ABC	68082	46054
1489	巧	ABC	68063	48527
1490	俗	ABC	67838	42614
1491	炒	ABC	67745	32454
1492	暗	ABC	67644	47064
1493	扶	ABC	67562	37455
1494	偶	ABC	67484	44528
1495	赖	ABC	67211	36027
1496	逊	ABC	67162	24002
1497	慧	ABC	67116	38598
1498	淡	ABC	66995	45460

序号	汉字	共用独用	频次	文本数
1499	盾	ABC	66734	40889
1500	恒	ABC	66474	28981
1501	凤	ABC	66424	29816
1502	撑	ABC	66423	44002
1503	纠	ABC	66404	38208
1504	猛	ABC	66321	46259
1505	渠	ABC	66218	40928
1506	墨	ABC	65992	27832
1507	赏	ABC	65729	45197
1508	艰	ABC	65664	49234
1509	幼	ABC	65577	27941
1510	婆	ABC	65536	22930
1511	链	ABC	65511	42506
1512	寒	ABC	65429	38918
1513	轿	ABC	65237	27542
1514	敌	ABC	64807	39060
1515	兹	ABC	64729	25431
1516	披	ABC	64647	37700
1517	赌	ABC	64545	15946
1518	覆	ABC	64407	44152
1519	耗	ABC	64391	39497
1520	拼	ABC	64316	44097
1521	泥	ABC	64235	30948
1522	帕	ABC	63959	25699
1523	肥	ABC	63530	25759
1524	甘	ABC	63389	36237
1525	拔	ABC	63143	37200
1526	闹	ABC	63079	45263
1527	欲	ABC	62906	51021
1528	赠	ABC	62876	32597
1529	迟	ABC	62793	39364
1530	汗	ABC	62746	26699
1531	曹	ABC	62729	24094
1532	贫	ABC	62720	29863
1533	塑	ABC	62399	33851
1534	乔	ABC	62299	27277
1535	穆	ABC	62071	22334
1536	浓	ABC	61971	41451

序号	汉字	共用独用	频次	文本数
1537	蛋	ABC	61497	27264
1538	敦	ABC	61029	33617
1539	泳	ABC	60987	17017
1540	晋	ABC	60691	29722
1541	拖	ABC	60676	40384
1542	胎	ABC	60660	20833
1543	淘	ABC	60622	31194
1544	绪	ABC	60554	41837
1545	剑	ABC	60513	30478
1546	昆	ABC	60484	23244
1547	侦	ABC	60454	24944
1548	桑	ABC	60382	28588
1549	娘	ABC	60361	29360
1550	赫	ABC	59955	28549
1551	赚	ABC	59824	35777
1552	潘	ABC	59614	23379
1553	辞	ABC	59458	35161
1554	糖	ABC	59373	17989
1555	丈	ABC	59367	27460
1556	娃	ABC	59353	16319
1557	摇	ABC	59339	35944
1558	兄	ABC	59315	32833
1559	宿	ABC	59177	31226
1560	秦	ABC	59111	23600
1561	矛	ABC	59023	37373
1562	诸	ABC	58989	46879
1563	搬	ABC	58929	33203
1564	扮	ABC	58672	38449
1565	琴	ABC	58629	21468
1566	腐	ABC	58526	21784
1567	傅	ABC	57752	20502
1568	扰	ABC	57564	41371
1569	奏	ABC	57518	34276
1570	鸟	ABC	57487	22462
1571	狗	ABC	57457	16267
1572	尝	ABC	57358	43680
1573	轨	ABC	57237	30974
1574	爷	ABC	57230	18364
1575	胞	ABC	57223	22532
1576	劫	ABC	57042	20248
1577	壮	ABC	56952	40522
1578	仔	ABC	56833	35811
1579	辽	ABC	56820	22415
1580	贺	ABC	56783	28279
1581	肖	ABC	56722	27392
1582	帝	ABC	56699	25662
1583	汤	ABC	56599	23990
1584	铜	ABC	56488	21688
1585	鞋	ABC	56327	23388
1586	艳	ABC	56065	33132
1587	邻	ABC	56043	34841
1588	骑	ABC	55890	25217
1589	碰	ABC	55723	39858
1590	诞	ABC	55636	34335
1591	募	ABC	55628	21294
1592	刷	ABC	55625	27992
1593	玲	ABC	55399	21556
1594	慎	ABC	55275	41438
1595	炼	ABC	55247	31426
1596	伏	ABC	55177	31978
1597	曝	ABC	55031	36732
1598	薄	ABC	54916	35103
1599	瓶	ABC	54877	28351
1600	悬	ABC	54604	37219
1601	耀	ABC	54589	28361
1602	陶	ABC	54463	24036
1603	孟	ABC	54451	21376
1604	蒋	ABC	54402	19651
1605	悦	ABC	54382	27217
1606	梯	ABC	54358	22650
1607	役	ABC	54120	29955
1608	徽	ABC	54037	23446
1609	垃	ABC	54022	16192
1610	圾	ABC	53996	16184
1611	挡	ABC	53963	33555
1612	聊	ABC	53961	32428

序号	汉字	共用独用	频次	文本数
1613	腿	ABC	53959	31512
1614	莞	ABC	53828	16282
1615	寿	ABC	53626	23991
1616	旺	ABC	53621	31078
1617	惜	ABC	53561	42489
1618	袋	ABC	53497	29670
1619	欠	ABC	53496	29631
1620	紫	ABC	53470	24779
1621	霍	ABC	53430	23137
1622	锡	ABC	53375	19497
1623	彭	ABC	53352	21413
1624	撤	ABC	53326	29860
1625	泡	ABC	53309	27676
1626	粤	ABC	52986	19028
1627	陪	ABC	52982	36490
1628	姜	ABC	52979	20907
1629	添	ABC	52970	37369
1630	栋	ABC	52912	25477
1631	颁	ABC	52788	32056
1632	灰	ABC	52743	29972
1633	剂	ABC	52552	23009
1634	恰	ABC	52461	33215
1635	仿	ABC	52139	35078
1636	荷	ABC	52061	27046
1637	毁	ABC	51889	32280
1638	颇	ABC	51819	45338
1639	氛	ABC	51777	41742
1640	韦	ABC	51690	19997
1641	忽	ABC	51470	40072
1642	柏	ABC	51104	20916
1643	胁	ABC	51074	34860
1644	墅	ABC	50960	12548
1645	兑	ABC	50911	20873
1646	炮	ABC	50857	25219
1647	漏	ABC	50841	28189
1648	狱	ABC	50757	15693
1649	扫	ABC	50410	30517
1650	帖	ABC	50364	18023

序号	汉字	共用独用	频次	文本数
1651	妙	ABC	50333	39024
1652	驱	ABC	50280	31428
1653	烦	ABC	50277	38652
1654	牵	ABC	50071	38937
1655	裂	ABC	50060	29187
1656	亦	ABC	50049	34094
1657	颜	ABC	50041	31730
1658	浩	ABC	49953	24639
1659	嘴	ABC	49920	34333
1660	悲	ABC	49908	33750
1661	磨	ABC	49861	36715
1662	戈	ABC	49804	21821
1663	漂	ABC	49754	33738
1664	郎	ABC	49673	21096
1665	渡	ABC	49662	28255
1666	酷	ABC	49522	29181
1667	挖	ABC	49339	29671
1668	桂	ABC	49227	23611
1669	逼	ABC	49119	37296
1670	奈	ABC	49087	37060
1671	亩	ABC	49030	18852
1672	浮	ABC	49017	32409
1673	堵	ABC	48984	27969
1674	灭	ABC	48904	29633
1675	懂	ABC	48870	33937
1676	炎	ABC	48566	21670
1677	喊	ABC	48556	34477
1678	械	ABC	48549	26238
1679	涵	ABC	48495	32376
1680	芬	ABC	48338	20232
1681	诈	ABC	48264	17396
1682	酸	ABC	48202	22932
1683	堡	ABC	48189	23160
1684	摸	ABC	47994	33766
1685	毅	ABC	47862	25189
1686	旬	ABC	47810	36604
1687	裕	ABC	47684	25253
1688	竹	ABC	47571	21396

序号	汉字	共用独用	频次	文本数
1689	掘	ABC	47472	25526
1690	稍	ABC	47393	35957
1691	霞	ABC	47294	19860
1692	莉	ABC	46965	19302
1693	陕	ABC	46833	19724
1694	碍	ABC	46729	34451
1695	岭	ABC	46691	21755
1696	丢	ABC	46687	31092
1697	拘	ABC	46632	25874
1698	瓜	ABC	46520	19298
1699	汪	ABC	46516	18384
1700	戒	ABC	46495	22348
1701	驰	ABC	46344	20625
1702	忍	ABC	46266	34346
1703	柜	ABC	46174	21053
1704	胆	ABC	46129	32161
1705	腰	ABC	46064	28652
1706	耐	ABC	45979	33621
1707	辅	ABC	45969	27849
1708	盐	ABC	45916	16341
1709	孕	ABC	45803	17102
1710	泪	ABC	45615	29004
1711	哭	ABC	45554	26517
1712	氏	ABC	45541	21823
1713	纵	ABC	45513	30397
1714	肤	ABC	45384	17289
1715	吕	ABC	45374	17728
1716	胶	ABC	45325	20071
1717	逆	ABC	45242	31954
1718	慈	ABC	45227	18350
1719	袁	ABC	45222	18052
1720	摊	ABC	45203	19866
1721	胀	ABC	45147	19911
1722	疯	ABC	45069	29842
1723	钻	ABC	45008	22618
1724	允	ABC	44979	33973
1725	壁	ABC	44955	27523
1726	滚	ABC	44838	25187
1727	填	ABC	44773	26732
1728	酬	ABC	44494	19728
1729	枚	ABC	44472	21639
1730	桌	ABC	44397	27609
1731	岩	ABC	44394	17861
1732	柱	ABC	44215	25704
1733	窃	ABC	44103	16534
1734	踢	ABC	44088	23578
1735	颖	ABC	43962	27485
1736	鸿	ABC	43945	18122
1737	寨	ABC	43906	13755
1738	卦	ABC	43859	40413
1739	脏	ABC	43818	22646
1740	炭	ABC	43796	15535
1741	鸣	ABC	43773	28149
1742	貌	ABC	43754	33615
1743	闪	ABC	43724	30916
1744	尖	ABC	43551	32911
1745	寄	ABC	43393	29612
1746	伸	ABC	43369	34617
1747	履	ABC	43314	28431
1748	锐	ABC	43270	26667
1749	弄	ABC	43263	32095
1750	谨	ABC	43248	34048
1751	愈	ABC	42986	27242
1752	肃	ABC	42830	27786
1753	涌	ABC	42749	30429
1754	艇	ABC	42621	10550
1755	玛	ABC	42608	19385
1756	尺	ABC	42551	27831
1757	循	ABC	42425	30430
1758	魏	ABC	42324	17836
1759	踏	ABC	42250	31437
1760	慰	ABC	42205	29242
1761	抛	ABC	42185	30600
1762	旋	ABC	42159	29371
1763	堆	ABC	42095	27953
1764	猜	ABC	41989	27800

序号	汉字	共用独用	频次	文本数
1765	讼	ABC	41818	17245
1766	墓	ABC	41716	8378
1767	辈	ABC	41662	29242
1768	捧	ABC	41595	33625
1769	堪	ABC	41316	35940
1770	柳	ABC	41293	18538
1771	惨	ABC	41226	31219
1772	湿	ABC	41168	21510
1773	哲	ABC	41142	18676
1774	谊	ABC	40866	21920
1775	衰	ABC	40833	26750
1776	奉	ABC	40673	29969
1777	玻	ABC	40670	21407
1778	崇	ABC	40669	25244
1779	羽	ABC	40593	16105
1780	牢	ABC	40583	25293
1781	崔	ABC	40453	16038
1782	旱	ABC	40434	8577
1783	乳	ABC	40297	12716
1784	厉	ABC	39964	31578
1785	涯	ABC	39846	27403
1786	翼	ABC	39842	18594
1787	甜	ABC	39717	23056
1788	谭	ABC	39679	15610
1789	碑	ABC	39620	21852
1790	鹿	ABC	39605	13000
1791	插	ABC	39603	28303
1792	癌	ABC	39513	11374
1793	咱	ABC	39488	16603
1794	辩	ABC	39333	21998
1795	硕	ABC	39305	21560
1796	扑	ABC	39272	24916
1797	译	ABC	39253	19122
1798	挤	ABC	39020	28877
1799	纲	ABC	38990	18792
1800	卓	ABC	38963	21375
1801	峡	ABC	38953	15328
1802	胸	ABC	38837	24219
1803	蓄	ABC	38812	23998
1804	贩	ABC	38666	13756
1805	乃	ABC	38561	29432
1806	凉	ABC	38477	23073
1807	幻	ABC	38457	25962
1808	虹	ABC	38430	18382
1809	俩	ABC	38296	23994
1810	睛	ABC	38214	27061
1811	塘	ABC	38144	16407
1812	滋	ABC	37973	20092
1813	侯	ABC	37924	14683
1814	喷	ABC	37885	22366
1815	桃	ABC	37719	16547
1816	璃	ABC	37694	20615
1817	朴	ABC	37682	21961
1818	芝	ABC	37621	16647
1819	扭	ABC	37525	27872
1820	姑	ABC	37444	20554
1821	廷	ABC	37424	15672
1822	铭	ABC	37370	16298
1823	倡	ABC	37360	25184
1824	肝	ABC	37340	9350
1825	郁	ABC	37296	23399
1826	吁	ABC	37285	27003
1827	肇	ABC	37213	13078
1828	宴	ABC	37152	20869
1829	桶	ABC	37143	16073
1830	厨	ABC	37106	17047
1831	憾	ABC	37060	29415
1832	炉	ABC	36820	22991
1833	稀	ABC	36802	24164
1834	颗	ABC	36796	23077
1835	轰	ABC	36794	24863
1836	姻	ABC	36793	16290
1837	匿	ABC	36678	23427
1838	萍	ABC	36676	15216
1839	攀	ABC	36663	24424
1840	寓	ABC	36603	18973

序号	汉字	共用独用	频次	文本数
1841	叹	ABC	36601	31314
1842	暑	ABC	36537	18057
1843	贿	ABC	36512	9798
1844	晴	ABC	36464	15543
1845	醉	ABC	36433	17812
1846	苹	ABC	36354	11856
1847	疏	ABC	36342	24948
1848	寺	ABC	36334	12400
1849	耶	ABC	36302	16768
1850	砸	ABC	36267	18464
1851	赤	ABC	36258	18524
1852	阁	ABC	36213	15621
1853	犹	ABC	36185	28827
1854	昂	ABC	36152	23072
1855	吊	ABC	36121	20148
1856	怡	ABC	36081	14758
1857	乒	ABC	36007	8450
1858	旭	ABC	36001	16687
1859	莲	ABC	35946	16123
1860	怒	ABC	35930	26045
1861	凶	ABC	35925	21134
1862	孤	ABC	35886	22247
1863	拳	ABC	35847	18609
1864	诱	ABC	35842	26653
1865	陵	ABC	35607	14231
1866	霸	ABC	35581	21797
1867	疼	ABC	35556	23022
1868	脉	ABC	35524	22939
1869	婴	ABC	35516	13019
1870	埋	ABC	35448	24419
1871	悄	ABC	35432	20096
1872	彼	ABC	35420	26784
1873	姿	ABC	35400	24896
1874	殖	ABC	35395	13370
1875	坊	ABC	35277	18704
1876	狼	ABC	35258	15691
1877	惑	ABC	35247	28326
1878	塌	ABC	35206	15210
1879	敲	ABC	35198	24497
1880	肩	ABC	35187	26727
1881	柔	ABC	35155	22205
1882	吹	ABC	35150	25346
1883	淮	ABC	35148	12388
1884	摘	ABC	35070	22796
1885	茨	ABC	34959	14794
1886	厢	ABC	34952	15277
1887	疲	ABC	34948	27578
1888	詹	ABC	34909	14033
1889	晖	ABC	34904	10845
1890	锅	ABC	34889	15984
1891	渔	ABC	34822	11616
1892	溪	ABC	34806	15741
1893	碎	ABC	34799	23365
1894	穷	ABC	34762	24742
1895	碳	ABC	34577	11620
1896	峻	ABC	34505	25997
1897	雕	ABC	34474	15858
1898	汰	ABC	34286	21202
1899	磊	ABC	34261	15452
1900	辖	ABC	34246	22596
1901	闯	ABC	33976	22673
1902	冻	ABC	33946	18101
1903	绘	ABC	33907	18993
1904	庞	ABC	33897	24232
1905	抑	ABC	33894	23505
1906	妮	ABC	33892	12893
1907	妆	ABC	33887	15475
1908	秩	ABC	33750	23490
1909	劝	ABC	33692	22746
1910	尘	ABC	33688	20421
1911	粗	ABC	33658	25658
1912	仙	ABC	33475	15471
1913	莎	ABC	33466	13234
1914	伪	ABC	33442	17553
1915	契	ABC	33434	24899
1916	棒	ABC	33408	20877

序号	汉字	共用 独用	频次	文本数
1917	鑫	ABC	33377	14016
1918	帆	ABC	33341	13968
1919	劣	ABC	33340	25461
1920	茂	ABC	33287	16119
1921	屡	ABC	33272	21299
1922	凝	ABC	33228	23146
1923	椅	ABC	33225	19101
1924	怖	ABC	33098	15517
1925	阔	ABC	33012	27222
1926	柴	ABC	32984	14430
1927	镑	ABC	32979	11576
1928	御	ABC	32935	20695
1929	尿	ABC	32893	11798
1930	匹	ABC	32751	20568
1931	鬼	ABC	32732	18447
1932	荒	ABC	32623	20853
1933	逢	ABC	32536	26673
1934	宪	ABC	32482	12498
1935	翰	ABC	32468	16908
1936	遥	ABC	32406	21969
1937	氧	ABC	32339	15447
1938	蹈	ABC	32180	16303
1939	砖	ABC	32179	15309
1940	瓷	ABC	32131	10055
1941	魅	ABC	32069	24627
1942	怨	ABC	32040	24739
1943	舆	ABC	32024	19749
1944	柯	ABC	31964	12649
1945	烂	ABC	31928	23332
1946	苑	ABC	31827	13938
1947	肌	ABC	31759	14801
1948	绑	ABC	31747	15086
1949	蕾	ABC	31680	13494
1950	艘	ABC	31673	11788
1951	贪	ABC	31639	15815
1952	贤	ABC	31608	15549
1953	岳	ABC	31531	13930
1954	晰	ABC	31489	26557

序号	汉字	共用 独用	频次	文本数
1955	伐	ABC	31473	23445
1956	雯	ABC	31429	10526
1957	扁	ABC	31417	6237
1958	拦	ABC	31381	18443
1959	歉	ABC	31370	17082
1960	丧	ABC	31284	24498
1961	尸	ABC	31218	12635
1962	铝	ABC	31159	10428
1963	框	ABC	31155	21511
1964	腹	ABC	30951	18099
1965	妥	ABC	30854	24670
1966	煌	ABC	30798	20878
1967	擦	ABC	30755	21601
1968	串	ABC	30698	22373
1969	湘	ABC	30647	11701
1970	涂	ABC	30601	18720
1971	厘	ABC	30590	19085
1972	祸	ABC	30577	19845
1973	肺	ABC	30569	12986
1974	虫	ABC	30527	11781
1975	帽	ABC	30514	19936
1976	娟	ABC	30452	13686
1977	衔	ABC	30447	22699
1978	抬	ABC	30420	23274
1979	泄	ABC	30286	18949
1980	爬	ABC	30150	18830
1981	骂	ABC	30140	17544
1982	琼	ABC	30034	14957
1983	侨	ABC	29972	11713
1984	鼻	ABC	29951	16625
1985	割	ABC	29871	18875
1986	逻	ABC	29715	18959
1987	雾	ABC	29705	16160
1988	鹰	ABC	29694	13039
1989	躲	ABC	29621	20428
1990	遵	ABC	29620	23362
1991	逸	ABC	29607	15831
1992	嘛	ABC	29552	16710

序号	汉字	共用独用	频次	文本数
1993	盒	ABC	29552	14169
1994	鼠	ABC	29528	12248
1995	鼎	ABC	29424	18737
1996	逾	ABC	29401	21851
1997	汶	ABC	29231	14385
1998	囊	ABC	29188	18600
1999	锻	ABC	29132	18620
2000	臣	ABC	29126	15756
2001	牧	ABC	29086	11922
2002	乙	ABC	29083	10712
2003	吓	ABC	29010	21432
2004	菌	ABC	29005	9814
2005	棉	ABC	29002	12125
2006	呀	ABC	28999	17326
2007	薇	ABC	28947	11718
2008	夹	ABC	28927	19604
2009	垫	ABC	28898	16570
2010	巷	ABC	28803	15933
2011	歧	ABC	28791	18323
2012	坤	ABC	28791	11814
2013	糕	ABC	28775	20168
2014	葡	ABC	28775	10778
2015	兽	ABC	28699	11834
2016	肿	ABC	28669	12898
2017	夕	ABC	28620	21439
2018	昊	ABC	28605	10523
2019	砍	ABC	28572	13801
2020	悠	ABC	28529	20740
2021	舟	ABC	28528	14308
2022	骏	ABC	28493	9525
2023	邱	ABC	28443	11241
2024	婷	ABC	28436	10419
2025	胃	ABC	28430	12611
2026	吐	ABC	28265	18782
2027	愤	ABC	28211	20969
2028	旨	ABC	28188	24830
2029	郊	ABC	28144	18339
2030	娇	ABC	28112	10791
2031	饱	ABC	28103	23539
2032	滞	ABC	28069	20080
2033	芯	ABC	28065	10566
2034	翠	ABC	28015	12219
2035	兆	ABC	28003	14924
2036	盲	ABC	27990	17514
2037	蔬	ABC	27966	11880
2038	滩	ABC	27924	14512
2039	脂	ABC	27895	10786
2040	赋	ABC	27833	21573
2041	卧	ABC	27757	16357
2042	丑	ABC	27712	15920
2043	掩	ABC	27693	22279
2044	挣	ABC	27608	19955
2045	爽	ABC	27557	20037
2046	飘	ABC	27546	19889
2047	辨	ABC	27525	20789
2048	淑	ABC	27439	10392
2049	枝	ABC	27435	16158
2050	糊	ABC	27396	20825
2051	缝	ABC	27314	17549
2052	谱	ABC	27300	17902
2053	聪	ABC	27291	17096
2054	葬	ABC	27262	9723
2055	叔	ABC	27121	9223
2056	杉	ABC	27087	14638
2057	绎	ABC	27026	22160
2058	邵	ABC	26995	10815
2059	裤	ABC	26894	15369
2060	蓉	ABC	26832	13002
2061	抄	ABC	26832	12729
2062	膜	ABC	26804	12882
2063	抚	ABC	26777	16378
2064	弯	ABC	26705	17043
2065	袖	ABC	26659	17761
2066	浴	ABC	26650	12304
2067	纹	ABC	26629	13974
2068	坑	ABC	26509	11540

序号	汉字	共用独用	频次	文本数
2069	庙	ABC	26490	10947
2070	蜜	ABC	26448	13993
2071	剪	ABC	26435	14902
2072	饼	ABC	26387	9386
2073	彰	ABC	26352	18741
2074	屈	ABC	26289	19745
2075	朵	ABC	26275	15053
2076	弥	ABC	26215	22417
2077	棚	ABC	26137	12287
2078	惩	ABC	26129	17122
2079	肠	ABC	26068	12443
2080	萄	ABC	26028	10062
2081	窝	ABC	26021	14523
2082	罕	ABC	25997	20573
2083	雇	ABC	25995	14352
2084	耕	ABC	25993	12391
2085	绵	ABC	25988	14660
2086	尹	ABC	25970	10913
2087	眉	ABC	25965	17392
2088	幽	ABC	25963	17450
2089	颈	ABC	25937	15152
2090	脆	ABC	25926	21331
2091	琪	ABC	25802	10629
2092	薛	ABC	25754	11157
2093	勃	ABC	25718	14974
2094	坠	ABC	25699	12132
2095	斑	ABC	25661	14269
2096	孝	ABC	25596	12698
2097	蜂	ABC	25580	11174
2098	彦	ABC	25555	10744
2099	垄	ABC	25507	11058
2100	纺	ABC	25504	10459
2101	弘	ABC	25466	14909
2102	轴	ABC	25406	16071
2103	瘦	ABC	25319	14839
2104	淀	ABC	25315	15175
2105	削	ABC	25313	17067
2106	衷	ABC	25308	22552
2107	揽	ABC	25174	18616
2108	皆	ABC	25161	21849
2109	葛	ABC	25144	12240
2110	仲	ABC	25088	11104
2111	巩	ABC	24997	16236
2112	巢	ABC	24987	10075
2113	啦	ABC	24954	16340
2114	闷	ABC	24821	19453
2115	侠	ABC	24812	11042
2116	翁	ABC	24792	13329
2117	掀	ABC	24696	21435
2118	奢	ABC	24554	14768
2119	慌	ABC	24503	18870
2120	暨	ABC	24493	17457
2121	眠	ABC	24488	12062
2122	辣	ABC	24450	13118
2123	仰	ABC	24397	15461
2124	挫	ABC	24300	18310
2125	瘾	ABC	24298	11193
2126	溢	ABC	24175	17337
2127	傲	ABC	24119	18517
2128	萧	ABC	24113	11580
2129	沫	ABC	24110	12776
2130	摔	ABC	24072	14239
2131	嫁	ABC	24061	14896
2132	催	ABC	23971	17916
2133	盆	ABC	23957	13118
2134	壳	ABC	23938	13315
2135	罢	ABC	23868	16890
2136	慕	ABC	23835	16602
2137	狠	ABC	23788	16243
2138	盼	ABC	23765	18059
2139	夸	ABC	23727	18160
2140	腔	ABC	23681	13339
2141	弊	ABC	23676	12497
2142	楠	ABC	23634	9972
2143	鲍	ABC	23458	10313
2144	坝	ABC	23392	9896

序号	汉字	共用独用	频次	文本数
2145	浅	ABC	23320	17543
2146	趁	ABC	23314	20303
2147	碧	ABC	23309	12590
2148	悔	ABC	23186	16224
2149	呆	ABC	23157	18056
2150	拐	ABC	23107	11889
2151	逮	ABC	23092	14808
2152	浏	ABC	23087	14988
2153	斜	ABC	23045	16456
2154	撒	ABC	23028	15344
2155	赁	ABC	22933	9006
2156	擅	ABC	22794	18287
2157	尬	ABC	22771	18476
2158	尴	ABC	22753	18459
2159	瞬	ABC	22669	18950
2160	亭	ABC	22667	10741
2161	牲	ABC	22632	15284
2162	灌	ABC	22614	12845
2163	飙	ABC	22580	15485
2164	谦	ABC	22501	10567
2165	茅	ABC	22486	11314
2166	欺	ABC	22455	14822
2167	豫	ABC	22381	15847
2168	吵	ABC	22359	13444
2169	妨	ABC	22358	19055
2170	戚	ABC	22336	14747
2171	痕	ABC	22279	16096
2172	胖	ABC	22216	10644
2173	挪	ABC	22126	12976
2174	笼	ABC	22116	14480
2175	狮	ABC	22091	10248
2176	斥	ABC	22043	18827
2177	菱	ABC	22040	7687
2178	亨	ABC	22021	9847
2179	铃	ABC	22014	10086
2180	罩	ABC	21988	13559
2181	慨	ABC	21986	19588
2182	厕	ABC	21966	8327
2183	糟	ABC	21958	17702
2184	撰	ABC	21946	18691
2185	彬	ABC	21914	10502
2186	坪	ABC	21868	10572
2187	宠	ABC	21854	12778
2188	渴	ABC	21851	18063
2189	渝	ABC	21840	10155
2190	卿	ABC	21785	10395
2191	刮	ABC	21720	12559
2192	殷	ABC	21716	10816
2193	廖	ABC	21716	10018
2194	犬	ABC	21617	5443
2195	咬	ABC	21606	12884
2196	魂	ABC	21560	15699
2197	恨	ABC	21530	15633
2198	奠	ABC	21480	16966
2199	睿	ABC	21456	9302
2200	澄	ABC	21392	12793
2201	爵	ABC	21367	9142
2202	粒	ABC	21313	12194
2203	澜	ABC	21308	12963
2204	蛇	ABC	21271	8393
2205	馨	ABC	21268	14332
2206	珊	ABC	21206	8460
2207	酿	ABC	21204	16370
2208	匆	ABC	21196	10996
2209	泊	ABC	21191	11448
2210	佐	ABC	21174	11828
2211	卜	ABC	21140	10129
2212	瘤	ABC	21076	6848
2213	滴	ABC	21057	13772
2214	坎	ABC	20994	12923
2215	臂	ABC	20940	14664
2216	邹	ABC	20876	8246
2217	躺	ABC	20875	16172
2218	勘	ABC	20839	12662
2219	姨	ABC	20837	7877
2220	碗	ABC	20824	12713

序号	汉字	共用独用	频次	文本数
2221	洽	ABC	20802	13416
2222	廊	ABC	20748	12204
2223	擎	ABC	20739	11887
2224	吞	ABC	20563	13529
2225	肚	ABC	20551	14007
2226	祭	ABC	20518	8346
2227	晒	ABC	20511	11372
2228	裸	ABC	20495	9553
2229	轩	ABC	20489	11020
2230	窄	ABC	20430	15074
2231	纤	ABC	20291	10506
2232	叉	ABC	20270	13586
2233	纱	ABC	20265	11540
2234	熙	ABC	20184	9522
2235	搏	ABC	20162	15488
2236	玮	ABC	20142	7207
2237	辟	ABC	20125	16845
2238	啤	ABC	20096	7214
2239	挽	ABC	20090	16571
2240	凰	ABC	20081	10524
2241	矶	ABC	20060	12021
2242	悍	ABC	20051	10028
2243	淫	ABC	20000	5791
2244	霆	ABC	19942	6977
2245	奎	ABC	19931	9262
2246	啥	ABC	19849	13452
2247	呵	ABC	19838	11708
2248	嫩	ABC	19822	10849
2249	陌	ABC	19741	15476
2250	韵	ABC	19729	12652
2251	逝	ABC	19713	13721
2252	钞	ABC	19679	6426
2253	蔓	ABC	19542	15288
2254	靓	ABC	19492	11705
2255	牺	ABC	19480	13340
2256	掏	ABC	19465	15230
2257	扔	ABC	19458	13429
2258	槛	ABC	19442	13690
2259	腊	ABC	19400	8671
2260	萎	ABC	19369	14749
2261	辰	ABC	19358	10707
2262	遂	ABC	19348	13723
2263	啸	ABC	19274	12076
2264	昏	ABC	19256	13356
2265	歇	ABC	19204	12413
2266	撼	ABC	19191	16052
2267	滥	ABC	19116	13843
2268	烤	ABC	19105	8970
2269	捞	ABC	19020	9186
2270	腺	ABC	18996	5548
2271	汁	ABC	18994	9815
2272	冈	ABC	18974	8736
2273	遮	ABC	18948	13536
2274	馈	ABC	18940	14877
2275	猎	ABC	18878	8703
2276	肾	ABC	18865	6438
2277	恼	ABC	18843	15756
2278	凑	ABC	18828	15280
2279	鸭	ABC	18770	8134
2280	匪	ABC	18762	9494
2281	忌	ABC	18748	12947
2282	骄	ABC	18700	15471
2283	赎	ABC	18675	7452
2284	倩	ABC	18662	7203
2285	坞	ABC	18650	10434
2286	帐	ABC	18644	10309
2287	稻	ABC	18619	7385
2288	仇	ABC	18575	11938
2289	凸	ABC	18557	16040
2290	逛	ABC	18535	11900
2291	衫	ABC	18533	10255
2292	磁	ABC	18529	9169
2293	刹	ABC	18513	11378
2294	垂	ABC	18498	13891
2295	裙	ABC	18447	10370
2296	淋	ABC	18439	12848

序号	汉字	共用独用	频次	文本数
2297	鹅	ABC	18406	6772
2298	顽	ABC	18354	15254
2299	辱	ABC	18339	13185
2300	俞	ABC	18313	7028
2301	悟	ABC	18296	13580
2302	眯	ABC	18277	16262
2303	踩	ABC	18204	12800
2304	拾	ABC	18167	14072
2305	萌	ABC	18143	9570
2306	漠	ABC	18100	10454
2307	龚	ABC	18095	6595
2308	叙	ABC	18051	10000
2309	冕	ABC	18041	12382
2310	皙	ABC	18016	12096
2311	唤	ABC	17951	14759
2312	焕	ABC	17913	9503
2313	奴	ABC	17908	5115
2314	漆	ABC	17905	9788
2315	媛	ABC	17888	7655
2316	驳	ABC	17816	12786
2317	奕	ABC	17746	6935
2318	殴	ABC	17730	8905
2319	惧	ABC	17711	13689
2320	蕴	ABC	17697	13765
2321	潭	ABC	17684	9484
2322	玫	ABC	17635	8252
2323	蔚	ABC	17612	8921
2324	罐	ABC	17598	8138
2325	吻	ABC	17583	11565
2326	喻	ABC	17575	13493
2327	咖	ABC	17566	8516
2328	窦	ABC	17482	4252
2329	瑜	ABC	17457	7555
2330	绳	ABC	17454	10091
2331	禽	ABC	17415	6059
2332	叠	ABC	17410	12591
2333	筋	ABC	17354	12353
2334	剥	ABC	17327	12063

序号	汉字	共用独用	频次	文本数
2335	矩	ABC	17313	12158
2336	勾	ABC	17307	13744
2337	莹	ABC	17302	8936
2338	侣	ABC	17203	9869
2339	株	ABC	17176	7841
2340	丛	ABC	17162	10635
2341	伽	ABC	17120	2498
2342	卸	ABC	17027	11855
2343	郝	ABC	17001	7038
2344	骤	ABC	16946	14393
2345	钩	ABC	16942	10494
2346	芭	ABC	16907	5445
2347	缅	ABC	16883	5892
2348	谍	ABC	16837	6261
2349	衍	ABC	16835	9979
2350	骚	ABC	16825	10492
2351	辐	ABC	16825	9531
2352	鹤	ABC	16802	8311
2353	腕	ABC	16800	11368
2354	啡	ABC	16798	8369
2355	昔	ABC	16791	13703
2356	屠	ABC	16790	7901
2357	瑰	ABC	16691	8813
2358	哀	ABC	16689	11912
2359	灿	ABC	16672	11470
2360	棵	ABC	16669	8746
2361	抖	ABC	16589	10658
2362	伞	ABC	16585	7616
2363	钓	ABC	16572	5951
2364	扳	ABC	16564	11578
2365	幢	ABC	16564	8583
2366	螺	ABC	16545	8456
2367	甸	ABC	16526	6158
2368	瑟	ABC	16515	8823
2369	巾	ABC	16514	9984
2370	仕	ABC	16490	7403
2371	靖	ABC	16480	8464
2372	邢	ABC	16441	5361

序号	汉字	共用独用	频次	文本数
2373	肢	ABC	16440	9809
2374	盯	ABC	16419	13884
2375	隧	ABC	16393	5783
2376	羡	ABC	16391	10162
2377	麟	ABC	16385	7482
2378	奸	ABC	16373	7012
2379	迄	ABC	16363	14754
2380	钦	ABC	16299	9188
2381	惹	ABC	16292	14253
2382	舱	ABC	16282	7770
2383	崛	ABC	16276	11821
2384	谜	ABC	16270	9989
2385	函	ABC	16266	9434
2386	乓	ABC	16242	6781
2387	膝	ABC	16191	10072
2388	贼	ABC	16185	7373
2389	捡	ABC	16175	9103
2390	缠	ABC	16151	13370
2391	贬	ABC	16133	9393
2392	沸	ABC	16132	10000
2393	遣	ABC	16123	10086
2394	趟	ABC	16081	11544
2395	倪	ABC	16062	7829
2396	捉	ABC	16059	13112
2397	玄	ABC	15987	8567
2398	惟	ABC	15943	11993
2399	埔	ABC	15939	6482
2400	咏	ABC	15906	7095
2401	晕	ABC	15790	11110
2402	扇	ABC	15781	10048
2403	敞	ABC	15716	11769
2404	绣	ABC	15693	6801
2405	噪	ABC	15681	9089
2406	蝶	ABC	15677	6942
2407	晤	ABC	15631	9153
2408	蒸	ABC	15627	9485
2409	愉	ABC	15570	12860
2410	庸	ABC	15505	10239

序号	汉字	共用独用	频次	文本数
2411	溃	ABC	15501	11252
2412	闫	ABC	15477	6437
2413	遏	ABC	15461	12313
2414	娅	ABC	15456	5146
2415	苍	ABC	15444	10457
2416	崩	ABC	15435	11230
2417	闸	ABC	15387	8309
2418	仗	ABC	15378	11686
2419	粹	ABC	15350	11519
2420	菊	ABC	15315	6629
2421	殿	ABC	15306	8290
2422	堰	ABC	15288	5941
2423	壤	ABC	15218	9952
2424	洒	ABC	15172	11832
2425	秉	ABC	15127	10944
2426	贞	ABC	15094	5882
2427	溜	ABC	15061	9290
2428	媳	ABC	15039	7574
2429	吾	ABC	15024	6659
2430	晃	ABC	15018	10147
2431	傻	ABC	14970	10189
2432	膨	ABC	14965	9264
2433	勋	ABC	14948	7605
2434	齿	ABC	14945	8624
2435	宵	ABC	14934	7435
2436	臭	ABC	14914	8353
2437	寂	ABC	14896	11378
2438	谎	ABC	14845	8551
2439	懈	ABC	14803	12850
2440	愁	ABC	14792	11896
2441	饲	ABC	14773	5948
2442	碟	ABC	14766	8082
2443	惕	ABC	14704	12324
2444	泼	ABC	14696	11620
2445	脾	ABC	14695	9382
2446	睹	ABC	14686	13497
2447	颠	ABC	14673	11634
2448	虾	ABC	14619	4563

序号	汉字	共用独用	频次	文本数
2449	瞩	ABC	14590	13471
2450	腻	ABC	14580	12094
2451	抹	ABC	14579	11502
2452	冶	ABC	14516	7160
2453	萝	ABC	14427	6570
2454	缉	ABC	14425	6193
2455	浆	ABC	14412	5682
2456	穗	ABC	14363	8697
2457	枢	ABC	14360	8346
2458	浸	ABC	14357	10913
2459	湛	ABC	14346	9201
2460	哨	ABC	14340	9163
2461	煮	ABC	14333	7800
2462	扯	ABC	14290	11715
2463	藤	ABC	14269	6583
2464	筒	ABC	14242	9226
2465	聂	ABC	14217	4782
2466	蟹	ABC	14166	4186
2467	炫	ABC	14148	10001
2468	挨	ABC	14058	10701
2469	皓	ABC	14032	5260
2470	耍	ABC	14005	10756
2471	谣	ABC	13988	8096
2472	僵	ABC	13975	11246
2473	傍	ABC	13929	11861
2474	蓬	ABC	13826	9395
2475	厌	ABC	13812	10830
2476	歹	ABC	13769	5398
2477	杠	ABC	13742	8295
2478	蔽	ABC	13739	9576
2479	禺	ABC	13726	5472
2480	肆	ABC	13694	12067
2481	豹	ABC	13691	5054
2482	潇	ABC	13688	7064
2483	讶	ABC	13682	12362
2484	喀	ABC	13671	6121
2485	丘	ABC	13655	7147
2486	硅	ABC	13649	4860
2487	舌	ABC	13626	10180
2488	喂	ABC	13626	7580
2489	钉	ABC	13592	7734
2490	渗	ABC	13584	10256
2491	茫	ABC	13573	9679
2492	竭	ABC	13562	11363
2493	匙	ABC	13526	8154
2494	裔	ABC	13519	6903
2495	炜	ABC	13378	5763
2496	桐	ABC	13350	6453
2497	帷	ABC	13336	12474
2498	荔	ABC	13335	5505
2499	儒	ABC	13321	6317
2500	浑	ABC	13309	11451
2501	渤	ABC	13302	5901
2502	悼	ABC	13267	6450
2503	猴	ABC	13263	4369
2504	叛	ABC	13196	7472
2505	霜	ABC	13182	8325
2506	咸	ABC	13129	7036
2507	沧	ABC	13084	8483
2508	碌	ABC	13062	10798
2509	蛮	ABC	12995	9250
2510	舶	ABC	12990	5756
2511	昭	ABC	12981	7853
2512	涅	ABC	12972	6235
2513	篷	ABC	12880	6310
2514	删	ABC	12859	7563
2515	砂	ABC	12855	5683
2516	雀	ABC	12852	6718
2517	芒	ABC	12813	8568
2518	铅	ABC	12731	5039
2519	毯	ABC	12718	7604
2520	狐	ABC	12691	6727
2521	宙	ABC	12690	5808
2522	汕	ABC	12679	5754
2523	躁	ABC	12676	10483
2524	钥	ABC	12622	7654

序号	汉字	共用独用	频次	文本数
2525	杏	ABC	12620	5335
2526	衬	ABC	12599	9959
2527	甩	ABC	12594	9887
2528	饶	ABC	12594	8135
2529	咽	ABC	12573	8618
2530	侈	ABC	12572	7113
2531	禅	ABC	12499	5704
2532	佣	ABC	12455	6336
2533	婉	ABC	12453	9493
2534	丸	ABC	12449	5865
2535	膀	ABC	12437	9131
2536	韶	ABC	12433	5139
2537	鸠	ABC	12427	2527
2538	咳	ABC	12419	6021
2539	帜	ABC	12415	9640
2540	畏	ABC	12369	9763
2541	冤	ABC	12369	9154
2542	阐	ABC	12341	9875
2543	裹	ABC	12335	9074
2544	洙	ABC	12293	3162
2545	棍	ABC	12290	7162
2546	拯	ABC	12254	8733
2547	兔	ABC	12249	4834
2548	沽	ABC	12209	5502
2549	熬	ABC	12198	9538
2550	畜	ABC	12148	6314
2551	淇	ABC	12144	4311
2552	穴	ABC	12135	5731
2553	嘱	ABC	12116	8089
2554	勉	ABC	12109	10567
2555	羞	ABC	12102	9915
2556	颂	ABC	12082	7490
2557	铉	ABC	12058	1570
2558	辜	ABC	12056	8426
2559	堤	ABC	12051	6051
2560	赃	ABC	12049	6311
2561	耿	ABC	12036	6250
2562	昕	ABC	12014	5932

序号	汉字	共用独用	频次	文本数
2563	愧	ABC	11998	10249
2564	渣	ABC	11981	5790
2565	缆	ABC	11972	4962
2566	狭	ABC	11966	10243
2567	骆	ABC	11937	4905
2568	兜	ABC	11931	7492
2569	竣	ABC	11903	8014
2570	瑶	ABC	11888	4835
2571	桩	ABC	11882	7529
2572	荆	ABC	11873	6610
2573	谅	ABC	11847	8432
2574	垮	ABC	11838	7372
2575	弈	ABC	11835	7699
2576	琦	ABC	11826	5511
2577	橡	ABC	11813	5865
2578	舜	ABC	11807	3897
2579	夷	ABC	11786	7848
2580	彪	ABC	11631	5706
2581	枯	ABC	11604	8181
2582	彤	ABC	11566	5525
2583	汛	ABC	11531	4462
2584	酝	ABC	11528	9742
2585	宰	ABC	11511	6077
2586	壶	ABC	11496	4444
2587	樊	ABC	11493	4932
2588	斩	ABC	11470	9724
2589	栽	ABC	11449	7374
2590	妍	ABC	11449	5220
2591	燥	ABC	11444	7703
2592	栖	ABC	11436	6408
2593	瘫	ABC	11392	6786
2594	渊	ABC	11383	7988
2595	缔	ABC	11360	8270
2596	瞒	ABC	11354	8098
2597	巅	ABC	11346	8631
2598	茵	ABC	11310	5076
2599	恤	ABC	11242	7428
2600	巍	ABC	11242	6156

序号	汉字	共用独用	频次	文本数
2601	脖	ABC	11215	7802
2602	霖	ABC	11202	4993
2603	磋	ABC	11199	7808
2604	筛	ABC	11179	7998
2605	浇	ABC	11137	6677
2606	肪	ABC	11120	4229
2607	喘	ABC	11113	7166
2608	逗	ABC	11053	8551
2609	焚	ABC	10962	5315
2610	泌	ABC	10955	5589
2611	芦	ABC	10949	5470
2612	虐	ABC	10912	6891
2613	朔	ABC	10887	5349
2614	哦	ABC	10864	8842
2615	痴	ABC	10853	7787
2616	怜	ABC	10852	9222
2617	焰	ABC	10842	6120
2618	槽	ABC	10792	6542
2619	磅	ABC	10756	8400
2620	凳	ABC	10748	7860
2621	缸	ABC	10746	6309
2622	鞭	ABC	10738	7095
2623	乾	ABC	10709	5370
2624	撕	ABC	10702	8054
2625	铲	ABC	10702	6791
2626	垒	ABC	10693	7164
2627	梳	ABC	10688	8423
2628	沛	ABC	10676	7491
2629	侃	ABC	10667	7196
2630	醇	ABC	10667	5127
2631	祈	ABC	10651	6596
2632	粘	ABC	10646	7147
2633	瞄	ABC	10615	9103
2634	匆	ABC	10608	7486
2635	绒	ABC	10574	4976
2636	曙	ABC	10547	6696
2637	闵	ABC	10535	4188
2638	畔	ABC	10528	7103
2639	丙	ABC	10447	4271
2640	讳	ABC	10430	9713
2641	绯	ABC	10388	6061
2642	鄂	ABC	10327	4659
2643	炳	ABC	10277	4796
2644	澡	ABC	10254	6127
2645	崖	ABC	10253	4927
2646	铸	ABC	10234	6996
2647	弦	ABC	10230	7372
2648	盎	ABC	10229	5205
2649	秽	ABC	10223	2809
2650	乖	ABC	10200	5986
2651	喉	ABC	10183	6645
2652	赂	ABC	10183	4735
2653	璐	ABC	10170	5195
2654	仑	ABC	10169	4695
2655	搁	ABC	10164	7951
2656	椒	ABC	10148	4485
2657	椎	ABC	10136	3665
2658	饿	ABC	10133	6783
2659	诠	ABC	10104	8872
2660	珀	ABC	10090	4142
2661	龟	ABC	10041	3817
2662	崭	ABC	10031	9171
2663	膏	ABC	10025	4723
2664	淳	ABC	10013	4890
2665	懒	ABC	9966	7197
2666	稽	ABC	9953	5656
2667	脊	ABC	9929	5720
2668	厄	ABC	9919	5392
2669	荧	ABC	9891	7085
2670	邪	ABC	9883	6295
2671	裴	ABC	9863	4055
2672	媚	ABC	9833	7111
2673	卉	ABC	9802	4856
2674	竖	ABC	9783	7495
2675	牡	ABC	9783	3786
2676	谴	ABC	9771	6863

序号	汉字	共用独用	频次	文本数
2677	耻	ABC	9770	7003
2678	酱	ABC	9764	4658
2679	窑	ABC	9761	3715
2680	茜	ABC	9756	3608
2681	唇	ABC	9750	5938
2682	滤	ABC	9730	4895
2683	韧	ABC	9691	7338
2684	胺	ABC	9663	3678
2685	迭	ABC	9649	6597
2686	锌	ABC	9646	3459
2687	帘	ABC	9643	6436
2688	翅	ABC	9638	6109
2689	矮	ABC	9625	6532
2690	枫	ABC	9617	5100
2691	沾	ABC	9575	7588
2692	霉	ABC	9533	6162
2693	冀	ABC	9526	5416
2694	蹲	ABC	9512	7187
2695	甄	ABC	9505	4726
2696	囚	ABC	9490	3894
2697	锣	ABC	9473	7655
2698	佑	ABC	9472	5268
2699	梨	ABC	9467	4661
2700	炬	ABC	9464	4446
2701	鞍	ABC	9444	4666
2702	灶	ABC	9412	5134
2703	郡	ABC	9393	5173
2704	卵	ABC	9375	3463
2705	俐	ABC	9359	4309
2706	轶	ABC	9351	3595
2707	顷	ABC	9348	5397
2708	沦	ABC	9290	7906
2709	芽	ABC	9290	5595
2710	剖	ABC	9289	6700
2711	讽	ABC	9283	7436
2712	烫	ABC	9282	6098
2713	剔	ABC	9279	7869
2714	窜	ABC	9246	6337
2715	魁	ABC	9219	5892
2716	烨	ABC	9214	3308
2717	尧	ABC	9207	4200
2718	阮	ABC	9188	3880
2719	俭	ABC	9186	5956
2720	枣	ABC	9176	3921
2721	歼	ABC	9162	2800
2722	捏	ABC	9131	6893
2723	娇	ABC	9125	4504
2724	阎	ABC	9124	4013
2725	诵	ABC	9118	4949
2726	牟	ABC	9113	5680
2727	晏	ABC	9101	2757
2728	髓	ABC	9096	6081
2729	捆	ABC	9076	6238
2730	橙	ABC	9070	5222
2731	殡	ABC	9067	3227
2732	歪	ABC	9037	6347
2733	雁	ABC	9025	5002
2734	隙	ABC	9020	7705
2735	涡	ABC	9014	5772
2736	淹	ABC	9012	5912
2737	睁	ABC	8993	6342
2738	粥	ABC	8993	3897
2739	黛	ABC	8985	3682
2740	锤	ABC	8950	5344
2741	墟	ABC	8943	4667
2742	淄	ABC	8941	1745
2743	喇	ABC	8929	4369
2744	禄	ABC	8898	4129
2745	寞	ABC	8883	6441
2746	屯	ABC	8845	4327
2747	滕	ABC	8845	4162
2748	焊	ABC	8834	4007
2749	魄	ABC	8803	7881
2750	摧	ABC	8776	7237
2751	钧	ABC	8747	4403
2752	蒜	ABC	8736	2722

序号	汉字	共用独用	频次	文本数
2753	匠	ABC	8734	5839
2754	嫂	ABC	8734	3961
2755	鸽	ABC	8733	3123
2756	哄	ABC	8728	6725
2757	僧	ABC	8727	3879
2758	俏	ABC	8719	7060
2759	拢	ABC	8711	7744
2760	驭	ABC	8687	4880
2761	跪	ABC	8650	4897
2762	舅	ABC	8635	2770
2763	樱	ABC	8628	3767
2764	阜	ABC	8626	3589
2765	纬	ABC	8622	4953
2766	瞻	ABC	8596	7233
2767	葱	ABC	8550	4735
2768	妃	ABC	8532	3226
2769	岚	ABC	8530	4291
2770	鲨	ABC	8495	3177
2771	溯	ABC	8453	7193
2772	嗽	ABC	8439	4943
2773	恭	ABC	8428	6359
2774	愚	ABC	8418	5706
2775	拱	ABC	8391	5550
2776	佟	ABC	8383	2892
2777	羌	ABC	8350	2502
2778	乞	ABC	8331	3088
2779	袍	ABC	8318	5192
2780	璇	ABC	8302	3570
2781	绸	ABC	8284	5366
2782	烹	ABC	8249	4928
2783	哗	ABC	8248	5983
2784	瑛	ABC	8248	2592
2785	跻	ABC	8230	7118
2786	圭	ABC	8228	3471
2787	捂	ABC	8224	5591
2788	琢	ABC	8220	6608
2789	搅	ABC	8209	5916
2790	祁	ABC	8205	3865
2791	硫	ABC	8201	4130
2792	沂	ABC	8153	2640
2793	蜡	ABC	8147	4054
2794	咋	ABC	8144	6475
2795	寥	ABC	8131	4026
2796	攒	ABC	8082	6700
2797	茄	ABC	8073	3480
2798	嗓	ABC	8069	6256
2799	菁	ABC	8045	3679
2800	颐	ABC	8037	4511
2801	萃	ABC	8024	5230
2802	涩	ABC	8013	6777
2803	茹	ABC	7991	3371
2804	甫	ABC	7983	4484
2805	刃	ABC	7960	6997
2806	娶	ABC	7959	5512
2807	瞧	ABC	7959	5389
2808	哑	ABC	7930	5625
2809	酋	ABC	7919	3819
2810	梭	ABC	7914	6195
2811	耽	ABC	7907	6932
2812	恳	ABC	7905	6309
2813	煎	ABC	7851	5163
2814	扒	ABC	7845	3428
2815	靡	ABC	7834	7091
2816	窟	ABC	7820	3550
2817	闽	ABC	7817	3570
2818	寡	ABC	7796	6056
2819	觅	ABC	7781	6449
2820	隶	ABC	7766	5508
2821	蒲	ABC	7717	3594
2822	枕	ABC	7714	4912
2823	崎	ABC	7713	4028
2824	扛	ABC	7709	6362
2825	嘲	ABC	7705	6540
2826	匈	ABC	7692	3604
2827	俑	ABC	7692	1896
2828	毙	ABC	7668	4617

序号	汉字	共用 独用	频次	文本数
2829	筝	ABC	7667	2791
2830	挚	ABC	7654	6786
2831	诀	ABC	7646	6033
2832	肋	ABC	7631	6004
2833	榄	ABC	7627	4653
2834	曦	ABC	7621	4281
2835	橘	ABC	7553	3050
2836	熏	ABC	7537	5793
2837	泻	ABC	7537	4789
2838	蚁	ABC	7530	2461
2839	敛	ABC	7527	6174
2840	莓	ABC	7504	2739
2841	戛	ABC	7497	3419
2842	绽	ABC	7464	6260
2843	笨	ABC	7459	3875
2844	锈	ABC	7445	4781
2845	漓	ABC	7438	6680
2846	捅	ABC	7432	4556
2847	匀	ABC	7402	5358
2848	荫	ABC	7392	4522
2849	拎	ABC	7389	4690
2850	粪	ABC	7377	3291
2851	巫	ABC	7366	3223
2852	陋	ABC	7361	6079
2853	蝴	ABC	7360	3677
2854	籁	ABC	7323	3039
2855	芙	ABC	7314	4122
2856	笛	ABC	7311	4477
2857	柬	ABC	7310	1882
2858	栅	ABC	7296	4757
2859	坍	ABC	7285	3459
2860	宛	ABC	7282	5019
2861	嵌	ABC	7267	5301
2862	翟	ABC	7262	3206
2863	弧	ABC	7248	5550
2864	屁	ABC	7247	5159
2865	饥	ABC	7227	5065
2866	粽	ABC	7226	1304

序号	汉字	共用 独用	频次	文本数
2867	嚣	ABC	7210	6385
2868	禹	ABC	7199	3120
2869	锂	ABC	7195	3928
2870	栗	ABC	7165	3738
2871	汀	ABC	7165	3699
2872	驴	ABC	7152	2852
2873	皱	ABC	7148	4955
2874	喆]哲	AC	7142	2891
2875	晦	ABC	7140	6161
2876	斋	ABC	7125	3714
2877	镐	ABC	7104	1958
2878	棕	ABC	7101	4093
2879	妖	ABC	7084	4537
2880	阱	ABC	7078	4718
2881	冉	ABC	7062	2924
2882	羁	ABC	7059	3948
2883	臻	ABC	7057	3653
2884	擂	ABC	7045	3865
2885	洼	ABC	7029	4424
2886	掷	ABC	7012	5309
2887	孜	ABC	6988	3193
2888	翘	ABC	6970	5687
2889	琐	ABC	6965	6059
2890	擒	ABC	6954	5461
2891	溶	ABC	6953	3998
2892	徊	ABC	6952	6329
2893	叮	ABC	6950	5347
2894	汝	ABC	6947	2973
2895	墩	ABC	6940	3451
2896	俯	ABC	6931	5618
2897	徘	ABC	6919	6290
2898	泣	ABC	6902	5843
2899	卑	ABC	6897	5152
2900	岂	ABC	6893	6275
2901	姬	ABC	6874	3776
2902	翩	ABC	6850	3734
2903	薯	ABC	6831	2555
2904	撬	ABC	6827	4329

序号	汉字	共用 独用	频次	文本数
2905	阋	ABC	6826	3970
2906	蜀	ABC	6817	3356
2907	芸	ABC	6804	2859
2908	猩	ABC	6798	1292
2909	慑	ABC	6792	5175
2910	溺	ABC	6784	4066
2911	碱	ABC	6762	3321
2912	蚀	ABC	6745	5093
2913	橱	ABC	6745	3561
2914	霄	ABC	6744	3305
2915	氨	ABC	6744	3255
2916	揣	ABC	6736	6162
2917	麒	ABC	6724	2557
2918	樟	ABC	6723	2543
2919	禾	ABC	6719	3531
2920	痒	ABC	6712	4074
2921	踊	ABC	6699	6096
2922	拌	ABC	6696	3595
2923	庚	ABC	6680	3542
2924	泵	ABC	6674	3369
2925	娥	ABC	6671	2622
2926	苛	ABC	6633	5866
2927	镀	ABC	6633	4170
2928	笋	ABC	6597	3624
2929	祠	ABC	6579	2741
2930	菇	ABC	6565	2282
2931	襄	ABC	6552	2630
2932	囤	ABC	6529	3389
2933	鸦	ABC	6524	3734
2934	嵩	ABC	6502	2458
2935	汾	ABC	6501	2245
2936	爹	ABC	6491	3096
2937	钰	ABC	6487	2635
2938	凿	ABC	6480	4414
2939	蚊	ABC	6477	2481
2940	蛙	ABC	6464	2678
2941	橄	ABC	6456	4125
2942	鳄	ABC	6453	2676
2943	嘘	ABC	6446	5158
2944	铂	ABC	6426	2343
2945	挠	ABC	6408	5160
2946	鞠	ABC	6392	4311
2947	哎	ABC	6391	4410
2948	沐	ABC	6388	4205
2949	濒	ABC	6361	4739
2950	峨	ABC	6361	2789
2951	泸	ABC	6353	2524
2952	梗	ABC	6352	3034
2953	犀	ABC	6339	4360
2954	蛛	ABC	6323	3400
2955	芜	ABC	6319	3063
2956	暇	ABC	6313	5742
2957	倦	ABC	6313	5555
2958	噩	ABC	6289	5022
2959	惫	ABC	6288	5683
2960	衅	ABC	6282	4314
2961	狄	ABC	6246	3264
2962	滔	ABC	6245	3119
2963	痪	ABC	6242	4054
2964	虞	ABC	6236	3588
2965	铮	ABC	6224	3385
2966	肘	ABC	6200	4596
2967	筐	ABC	6187	4331
2968	葵	ABC	6186	2979
2969	壹	ABC	6175	2578
2970	昧	ABC	6168	4645
2971	坟	ABC	6158	2919
2972	翡	ABC	6157	2296
2973	斐	ABC	6156	3892
2974	镶	ABC	6155	4314
2975	氰	ABC	6154	2292
2976	娄	ABC	6146	2929
2977	呐	ABC	6130	4752
2978	聋	ABC	6120	2986
2979	颤	ABC	6119	4460
2980	钙	ABC	6116	2621

序号	汉字	共用 独用	频次	文本数
2981	醋	ABC	6113	3318
2982	烛	ABC	6109	3832
2983	绰	ABC	6093	4445
2984	楷	ABC	6087	3611
2985	拭	ABC	6082	5338
2986	簿	ABC	6069	4237
2987	滩	ABC	6064	2326
2988	沥	ABC	6057	3390
2989	袱	ABC	6052	4657
2990	瀚	ABC	6036	3426
2991	睦	ABC	6008	4448
2992	槐	ABC	6000	2285
2993	聆	ABC	5998	4675
2994	辙	ABC	5993	5520
2995	豁	ABC	5990	4426
2996	鲸	ABC	5989	1895
2997	佼	ABC	5988	2789
2998	郅	ABC	5987	1921
2999	峥	ABC	5971	2890
3000	抒	ABC	5969	4952
3001	俺	ABC	5962	2095
3002	诫	ABC	5949	5121
3003	靴	ABC	5949	3699
3004	姥	ABC	5946	1400
3005	婕	ABC	5932	2301
3006	亟	ABC	5930	5337
3007	孵	ABC	5926	2779
3008	汹	ABC	5885	4032
3009	熄	ABC	5882	4010
3010	吟	ABC	5877	4590
3011	喧	ABC	5875	5328
3012	雍	ABC	5865	2929
3013	瀑	ABC	5865	2656
3014	庐	ABC	5862	3779
3015	咒	ABC	5856	3915
3016	陡	ABC	5853	4911
3017	芹	ABC	5843	2382
3018	僻	ABC	5837	4891

序号	汉字	共用 独用	频次	文本数
3019	蠢	ABC	5830	3862
3020	辗	ABC	5823	5344
3021	趴	ABC	5809	4732
3022	绚	ABC	5792	4989
3023	蕊	ABC	5788	2134
3024	郜	ABC	5785	1740
3025	钮	ABC	5774	3931
3026	屹	ABC	5754	3076
3027	掠	ABC	5747	4041
3028	稚	ABC	5737	4857
3029	蹦	ABC	5735	3928
3030	凹	ABC	5731	3912
3031	呕	ABC	5721	4318
3032	钊	ABC	5698	2933
3033	捣	ABC	5685	4507
3034	膊	ABC	5670	4559
3035	吼	ABC	5669	4262
3036	婧	ABC	5669	3325
3037	丫	ABC	5668	2987
3038	榆	ABC	5653	2800
3039	岐	ABC	5651	2921
3040	绅	ABC	5642	3397
3041	譬	ABC	5635	4519
3042	俨	ABC	5626	5276
3043	缪	ABC	5614	3675
3044	鹭	ABC	5611	2174
3045	侄	ABC	5603	3303
3046	饺	ABC	5589	2407
3047	隋	ABC	5567	2716
3048	屑	ABC	5558	4368
3049	捍	ABC	5554	4486
3050	棠	ABC	5539	2639
3051	蕉	ABC	5539	2397
3052	豚	ABC	5535	1722
3053	赣	ABC	5528	2743
3054	敷	ABC	5527	3923
3055	屿	ABC	5517	3117
3056	剿	ABC	5493	3394

序号	汉字	共用独用	频次	文本数
3057	榨	ABC	5484	2618
3058	蜗	ABC	5478	2396
3059	硝	ABC	5468	3583
3060	婿	ABC	5462	3234
3061	蹄	ABC	5458	4345
3062	袜	ABC	5457	3009
3063	畸	ABC	5453	3530
3064	猝	ABC	5452	3097
3065	峙	ABC	5446	3664
3066	皖	ABC	5442	2947
3067	陇	ABC	5440	2084
3068	蓓	ABC	5424	2912
3069	磷	ABC	5402	2453
3070	栩	ABC	5400	2613
3071	苟	ABC	5399	4079
3072	咪	ABC	5393	2574
3073	佬	ABC	5389	3416
3074	淤	ABC	5385	3300
3075	梓	ABC	5384	3015
3076	栓	ABC	5380	2674
3077	煲	ABC	5366	2659
3078	蝉	ABC	5365	4050
3079	兢	ABC	5347	2693
3080	沼	ABC	5346	2471
3081	袂	ABC	5332	4804
3082	氢	ABC	5330	2561
3083	氯	ABC	5324	2487
3084	钾	ABC	5315	1874
3085	馅	ABC	5307	3162
3086	礁	ABC	5297	2097
3087	渎	ABC	5272	2996
3088	胳	ABC	5269	4266
3089	竿	ABC	5255	3934
3090	陀	ABC	5246	2918
3091	孚	ABC	5240	2817
3092	岑	ABC	5239	2446
3093	锯	ABC	5238	3704
3094	弓	ABC	5237	3248
3095	黏	ABC	5227	3389
3096	嫖	ABC	5221	1789
3097	焱	ABC	5215	3081
3098	霾	ABC	5192	3364
3099	炙	ABC	5190	4840
3100	盏	ABC	5188	3179
3101	瞎	ABC	5173	4068
3102	匡	ABC	5172	1979
3103	跷	ABC	5166	3668
3104	枉	ABC	5148	4379
3105	棺	ABC	5147	1987
3106	煽	ABC	5145	3655
3107	圃	ABC	5139	2098
3108	乍	ABC	5124	4417
3109	碘	ABC	5124	728
3110	曰	ABC	5121	3468
3111	辄	ABC	5099	4775
3112	镍	ABC	5095	1589
3113	缤	ABC	5088	3893
3114	俘	ABC	5074	2750
3115	挟	ABC	5071	3826
3116	拇	ABC	5065	3728
3117	颅	ABC	5059	3111
3118	埠	ABC	5051	2932
3119	骸	ABC	5014	2379
3120	绮	ABC	5001	2599
3121	絮	ABC	5000	3497
3122	磕	ABC	5000	3270
3123	寝	ABC	4996	3177
3124	沁	ABC	4990	2730
3125	旷	ABC	4980	4164
3126	铀	ABC	4968	1443
3127	榴	ABC	4964	2786
3128	蹭	ABC	4961	2604
3129	臧	ABC	4961	1379
3130	榕	ABC	4960	2618
3131	矢	ABC	4952	4184
3132	葫	ABC	4951	2447

序号	汉字	共用独用	频次	文本数
3133	麓	ABC	4948	2502
3134	娴	ABC	4940	3657
3135	藉	ABC	4937	4464
3136	妄	ABC	4931	4182
3137	腥	ABC	4924	3722
3138	苯	ABC	4921	1997
3139	刁	ABC	4920	3426
3140	疤	ABC	4913	2828
3141	叽	ABC	4908	3322
3142	垦	ABC	4907	2415
3143	拽	ABC	4900	3745
3144	荟	ABC	4896	3393
3145	哇	ABC	4895	3267
3146	憬	ABC	4885	4413
3147	禧	ABC	4885	2485
3148	坯	ABC	4878	2273
3149	蹿	ABC	4870	4219
3150	阪	ABC	4868	2422
3151	揪	ABC	4861	4228
3152	侮	ABC	4859	3523
3153	葆	ABC	4854	2440
3154	憧	ABC	4810	4365
3155	窘	ABC	4808	4437
3156	烘	ABC	4806	3289
3157	疮	ABC	4805	2850
3158	躬	ABC	4803	3648
3159	漪	ABC	4792	2870
3160	淼]渺	ABC	4777	2385
3161	掐	ABC	4761	3465
3162	黔	ABC	4759	2342
3163	琅	ABC	4757	3134
3164	韬	ABC	4749	2550
3165	僚	ABC	4747	3176
3166	澎	ABC	4729	3524
3167	昼	ABC	4712	3939
3168	沮	ABC	4711	4253
3169	爪	ABC	4706	3102
3170	煞	ABC	4698	4197
3171	轧	ABC	4689	2575
3172	鳌	ABC	4675	2294
3173	溉	ABC	4671	2315
3174	黯	ABC	4664	4282
3175	赐	ABC	4663	3597
3176	瑕	ABC	4663	3356
3177	绊	ABC	4658	3442
3178	烁	ABC	4647	3859
3179	蚕	ABC	4632	2267
3180	倘	ABC	4631	4062
3181	愣	ABC	4631	3857
3182	嘟	ABC	4629	2376
3183	缀	ABC	4628	4038
3184	肴	ABC	4622	3126
3185	憋	ABC	4612	3891
3186	瓣	ABC	4590	2690
3187	琶	ABC	4577	2299
3188	诡	ABC	4576	3916
3189	怠	ABC	4576	3775
3190	疹	ABC	4575	1799
3191	毋	ABC	4555	4265
3192	寅	ABC	4547	2211
3193	桦	ABC	4538	2460
3194	饪	ABC	4532	2679
3195	窥	ABC	4521	3662
3196	梧	ABC	4516	2537
3197	伺	ABC	4490	4003
3198	恍	ABC	4480	4134
3199	瞪	ABC	4476	4050
3200	叨	ABC	4469	3143
3201	倚	ABC	4462	3685
3202	姗	ABC	4459	1893
3203	蹊	ABC	4455	3923
3204	痰	ABC	4443	2214
3205	雌	ABC	4439	2269
3206	柿	ABC	4436	2248
3207	竺	ABC	4429	1915
3208	铬	ABC	4421	2068

序号	汉字	共用独用	频次	文本数
3209	斧	ABC	4418	3112
3210	驿	ABC	4418	2489
3211	驼	ABC	4411	2279
3212	柄	ABC	4400	3395
3213	郴	ABC	4395	1397
3214	踝	ABC	4391	3048
3215	窍	ABC	4385	3594
3216	仆	ABC	4369	2815
3217	钛	ABC	4360	1890
3218	廓	ABC	4355	3503
3219	夯	ABC	4349	3588
3220	渺	ABC	4341	3599
3221	妞	ABC	4338	1374
3222	隽	ABC	4334	2876
3223	膳	ABC	4331	2538
3224	耸	ABC	4330	3608
3225	哮	ABC	4330	2428
3226	酌	ABC	4327	3729
3227	痘	ABC	4320	1142
3228	酵	ABC	4314	2405
3229	邯	ABC	4303	1775
3230	媳	ABC	4287	3953
3231	隅	ABC	4279	2123
3232	尉	ABC	4268	2825
3233	蜘	ABC	4267	1952
3234	嘻	ABC	4260	2141
3235	谤	ABC	4259	1870
3236	侥	ABC	4258	3712
3237	颓	ABC	4256	3854
3238	炯	ABC	4256	1962
3239	胚	ABC	4252	1358
3240	溧	ABC	4251	1765
3241	绞	ABC	4237	3092
3242	邑	ABC	4230	2033
3243	眷	ABC	4210	3113
3244	腆	ABC	4203	1520
3245	诽	ABC	4202	1859
3246	缚	ABC	4198	3705

序号	汉字	共用独用	频次	文本数
3247	躯	ABC	4194	3542
3248	璀	ABC	4192	3488
3249	卒	ABC	4188	2406
3250	熠	ABC	4187	2059
3251	蚂	ABC	4174	1885
3252	紊	ABC	4147	3596
3253	糙	ABC	4147	3534
3254	嗅	ABC	4144	3183
3255	嚼	ABC	4142	2692
3256	螃	ABC	4125	2009
3257	棘	ABC	4124	3636
3258	哺	ABC	4110	2856
3259	堕	ABC	4107	2764
3260	筷	ABC	4106	2376
3261	窖	ABC	4105	1903
3262	炖	ABC	4103	2171
3263	襟	ABC	4102	3605
3264	嚷	ABC	4101	2678
3265	撇	ABC	4100	3264
3266	晟	ABC	4098	2122
3267	烯	ABC	4097	1848
3268	匮	ABC	4095	3645
3269	璨	ABC	4084	3402
3270	蒿	ABC	4081	1685
3271	咕	ABC	4071	2960
3272	猖	ABC	4064	3385
3273	藻	ABC	4056	1791
3274	绷	ABC	4050	3559
3275	蝇	ABC	4036	2276
3276	灼	ABC	4034	3169
3277	碁]棋	ABC	4029	1427
3278	兮	ABC	4027	1910
3279	髦	ABC	4021	3398
3280	闺	ABC	4014	2762
3281	扼	ABC	4011	3618
3282	琛	ABC	4003	2101
3283	喑	ABC	3998	1283
3284	缮	ABC	3997	2217

序号	汉字	共用独用	频次	文本数
3285	狙	ABC	3997	1962
3286	贱	ABC	3994	2802
3287	恪	ABC	3985	2979
3288	嬉	ABC	3984	3366
3289	暧	ABC	3978	2929
3290	暮	ABC	3971	2516
3291	拷	ABC	3970	2986
3292	峪	ABC	3968	2095
3293	涝	ABC	3964	2383
3294	毗	ABC	3959	3361
3295	缕	ABC	3957	3228
3296	镖	ABC	3947	2419
3297	邸	ABC	3933	2299
3298	桓	ABC	3927	1924
3299	咎	ABC	3926	3394
3300	郸	ABC	3924	1676
3301	抉	ABC	3919	3441
3302	驯	ABC	3916	2094
3303	亢	ABC	3910	3113
3304	釜	ABC	3905	2199
3305	铐	ABC	3902	1913
3306	憨	ABC	3898	2991
3307	惬	ABC	3877	3532
3308	慷	ABC	3877	3478
3309	坷	ABC	3871	3407
3310	嘎	ABC	3855	1884
3311	檀	ABC	3855	1854
3312	淌	ABC	3853	3453
3313	沓	ABC	3840	3194
3314	涤	ABC	3837	2264
3315	荼	ABC	3823	3644
3316	瞿	ABC	3820	1336
3317	敖	ABC	3819	1474
3318	篪	ABC	3814	1517
3319	砌	ABC	3809	2837
3320	萱	ABC	3808	1419
3321	祀	ABC	3802	1752
3322	酶	ABC	3794	1840

序号	汉字	共用独用	频次	文本数
3323	雒	ABC	3776	2817
3324	浒	ABC	3767	1464
3325	簇	ABC	3742	3104
3326	醛	ABC	3742	1294
3327	祺	ABC	3738	2137
3328	啃	ABC	3731	2627
3329	惶	ABC	3731	2477
3330	睫	ABC	3730	2654
3331	夭	ABC	3719	2502
3332	祛	ABC	3717	2005
3333	痊	ABC	3714	3183
3334	抨	ABC	3702	3187
3335	岔	ABC	3701	2460
3336	诟	ABC	3696	3507
3337	劈	ABC	3695	2798
3338	籽	ABC	3689	1714
3339	皂	ABC	3687	2540
3340	忡	ABC	3684	1773
3341	瑾	ABC	3682	1951
3342	逍	ABC	3679	2284
3343	凄	ABC	3672	3122
3344	檬	ABC	3671	1882
3345	玖	ABC	3666	1308
3346	盔	ABC	3659	2407
3347	佘	ABC	3647	1387
3348	寇	ABC	3640	2021
3349	搓	ABC	3639	2238
3350	煜	ABC	3636	2356
3351	馒	ABC	3633	1881
3352	嵘	ABC	3632	1861
3353	俪	ABC	3628	1532
3354	泓	ABC	3622	1782
3355	稼	ABC	3610	2180
3356	勺	ABC	3596	2445
3357	榈	ABC	3595	1688
3358	檐	ABC	3590	2714
3359	跤	ABC	3590	2191
3360	璧	ABC	3568	2645

序号	汉字	共用 独用	频次	文本数
3361	噱	ABC	3563	3018
3362	秧	ABC	3562	1956
3363	晾	ABC	3558	2350
3364	祷	ABC	3557	2750
3365	揉	ABC	3554	2318
3366	烙	ABC	3544	2741
3367	骥	ABC	3541	1932
3368	罄	ABC	3540	2861
3369	殉	ABC	3525	2673
3370	匣	ABC	3524	1822
3371	裘	ABC	3521	1697
3372	缭	ABC	3517	3357
3373	铎	ABC	3511	1518
3374	辍	ABC	3506	2568
3375	莽	ABC	3506	2117
3376	鹃	ABC	3503	1524
3377	庇	ABC	3502	2525
3378	咧	ABC	3499	2109
3379	朽	ABC	3498	2968
3380	钳	ABC	3498	2308
3381	琉	ABC	3491	1660
3382	臀	ABC	3486	2257
3383	榻	ABC	3481	2818
3384	汲	ABC	3458	3063
3385	悖	ABC	3458	3019
3386	疚	ABC	3447	2909
3387	纶	ABC	3441	1546
3388	氟	ABC	3432	1366
3389	秃	ABC	3407	1752
3390	邡	ABC	3404	1023
3391	濮	ABC	3399	1502
3392	棱	ABC	3398	2765
3393	澈	ABC	3397	2823
3394	褒	ABC	3391	2994
3395	脐	ABC	3390	1161
3396	秤	ABC	3384	1830
3397	咐	ABC	3383	3158
3398	碾	ABC	3383	2213

序号	汉字	共用 独用	频次	文本数
3399	滇	ABC	3381	1499
3400	镁	ABC	3372	2142
3401	杖	ABC	3368	2252
3402	蓟	ABC	3365	1581
3403	疵	ABC	3362	2666
3404	眶	ABC	3361	2985
3405	癫	ABC	3359	1708
3406	戳	ABC	3348	2468
3407	忻	ABC	3335	1361
3408	惋	ABC	3334	2994
3409	掺	ABC	3334	2615
3410	漳	ABC	3330	1400
3411	甬	ABC	3324	1958
3412	遴	ABC	3317	2315
3413	狡	ABC	3316	2875
3414	赟	ABC	3309	1883
3415	靶	ABC	3301	1980
3416	嘿	ABC	3296	1959
3417	伶	ABC	3280	2018
3418	坂	ABC	3278	1525
3419	膺	ABC	3274	2888
3420	戎	ABC	3273	2218
3421	邬	ABC	3271	1420
3422	秆	ABC	3264	1021
3423	踵	ABC	3263	3149
3424	眩	ABC	3263	2325
3425	覃	ABC	3260	1441
3426	枭	ABC	3255	1214
3427	窒	ABC	3247	2540
3428	丐	ABC	3244	1344
3429	啪	ABC	3243	2085
3430	珑	ABC	3235	2067
3431	赦	ABC	3232	1435
3432	妒	ABC	3228	2479
3433	涕	ABC	3225	2507
3434	獗	ABC	3224	2698
3435	剃	ABC	3217	1886
3436	诧	ABC	3214	3025

序号	汉字	共用独用	频次	文本数
3437	跆	ABC	3197	1131
3438	湃	ABC	3193	2751
3439	靳	ABC	3192	1485
3440	迥	ABC	3189	3034
3441	哼	ABC	3189	2257
3442	玺	ABC	3179	1458
3443	匾	ABC	3172	1872
3444	罹	ABC	3163	2391
3445	嗯	ABC	3162	2221
3446	呱	ABC	3162	1106
3447	瑙	ABC	3161	1413
3448	亥	ABC	3158	2081
3449	嗜	ABC	3157	2512
3450	锵	ABC	3154	2048
3451	漩	ABC	3152	2377
3452	氮	ABC	3152	1739
3453	鸥	ABC	3150	1561
3454	嫣	ABC	3147	1591
3455	拧	ABC	3144	2394
3456	侍	ABC	3143	2257
3457	矣	ABC	3140	2661
3458	骼	ABC	3137	1821
3459	杞	ABC	3125	1445
3460	砚	ABC	3124	1251
3461	赈	ABC	3117	1810
3462	柠	ABC	3115	1460
3463	悸	ABC	3104	2903
3464	逞	ABC	3101	2730
3465	孰	ABC	3099	1903
3466	溅	ABC	3098	2604
3467	宕	ABC	3095	2788
3468	泗	ABC	3095	1458
3469	浊	ABC	3086	2219
3470	哉	ABC	3081	1705
3471	烽	ABC	3071	1987
3472	酣	ABC	3065	2895
3473	秸	ABC	3058	870
3474	嫦	ABC	3056	967
3475	粟	ABC	3055	1204
3476	蝠	ABC	3054	1565
3477	厮	ABC	3027	2708
3478	栾	ABC	3027	1340
3479	渲	ABC	3018	2608
3480	蜕	ABC	3018	2500
3481	雹	ABC	3011	1184
3482	绥	ABC	3009	1247
3483	苇	ABC	3008	1354
3484	跋	ABC	3006	2595
3485	拣	ABC	2998	2100
3486	椰	ABC	2998	1525
3487	珂	ABC	2992	1592
3488	踞	ABC	2990	2647
3489	冥	ABC	2990	1780
3490	骁	ABC	2983	1910
3491	吆	ABC	2977	2339
3492	犁	ABC	2974	1473
3493	皋	ABC	2973	1439
3494	槟	ABC	2968	1779
3495	茉	ABC	2967	1608
3496	攘	ABC	2961	1706
3497	伎	ABC	2959	2282
3498	拙	ABC	2955	2463
3499	饽	ABC	2955	1310
3500	灸	ABC	2951	1230
3501	笃	ABC	2943	2035
3502	簧	ABC	2943	2032
3503	嫉	ABC	2942	2327
3504	悚	ABC	2933	1948
3505	妓	ABC	2929	1371
3506	焉	ABC	2922	2541
3507	褐	ABC	2922	2089
3508	桔	ABC	2922	1409
3509	羹	ABC	2919	2521
3510	姝	ABC	2915	1795
3511	饵	ABC	2914	2124
3512	梵	ABC	2914	1404

序号	汉字	共用 独用	频次	文本数
3513	眨	ABC	2910	2195
3514	懵	ABC	2897	2424
3515	狸	ABC	2894	1348
3516	谬	ABC	2893	2326
3517	晔	ABC	2890	1920
3518	陨	ABC	2887	1135
3519	璞	ABC	2877	1808
3520	瞭	ABC	2873	1499
3521	飚	ABC	2861	1862
3522	眯	ABC	2860	1716
3523	菠	ABC	2851	1522
3524	刨	ABC	2849	2080
3525	亵	ABC	2846	1532
3526	蝙	ABC	2842	1495
3527	褪	ABC	2839	2396
3528	炽	ABC	2839	1835
3529	吝	ABC	2836	2578
3530	酥	ABC	2832	1653
3531	薰	ABC	2832	1223
3532	蘑	ABC	2825	1337
3533	舵	ABC	2823	2143
3534	骋	ABC	2820	2225
3535	璋	ABC	2813	1371
3536	灏	ABC	2810	889
3537	潢	ABC	2803	1944
3538	帼	ABC	2803	1460
3539	衢	ABC	2797	1381
3540	昱	ABC	2785	1466
3541	啼	ABC	2784	2217
3542	怯	ABC	2781	2376
3543	唉	ABC	2780	2494
3544	氓	ABC	2775	1594
3545	簸	ABC	2758	2304
3546	噬	ABC	2754	2236
3547	骇	ABC	2753	2426
3548	漾	ABC	2743	2242
3549	搀	ABC	2740	2330
3550	寰	ABC	2737	2062

序号	汉字	共用 独用	频次	文本数
3551	蔗	ABC	2736	1069
3552	芋	ABC	2734	1489
3553	谙	ABC	2732	2658
3554	讴	ABC	2731	1743
3555	鹊	ABC	2729	1698
3556	踹	ABC	2721	1756
3557	婪	ABC	2716	2063
3558	佰	ABC	2715	1322
3559	夔	ABC	2709	406
3560	遛	ABC	2699	1583
3561	灞	ABC	2696	493
3562	莘	ABC	2687	1379
3563	屉	ABC	2683	1826
3564	茬	ABC	2678	1885
3565	倔	ABC	2671	2068
3566	弛	ABC	2671	2007
3567	哽	ABC	2669	2353
3568	酮	ABC	2667	1275
3569	沱	ABC	2662	1373
3570	帧	ABC	2660	1531
3571	肛	ABC	2644	753
3572	趾	ABC	2643	1615
3573	彝	ABC	2641	1348
3574	蚌	ABC	2639	1368
3575	珺	AC	2636	1609
3576	峭	ABC	2627	2102
3577	蹬	ABC	2626	2015
3578	娩	ABC	2624	1329
3579	缶	ABC	2623	390
3580	湄	ABC	2621	1512
3581	炊	ABC	2618	2007
3582	贻	ABC	2618	1733
3583	毂	ABC	2617	1652
3584	拂	ABC	2616	2305
3585	呛	ABC	2615	2132
3586	瞅	ABC	2614	2031
3587	赡	ABC	2606	1468
3588	茸	ABC	2602	1088

序号	汉字	共用独用	频次	文本数
3589	殇	ABC	2599	1284
3590	卞	ABC	2596	1266
3591	藩	ABC	2594	1136
3592	殃	ABC	2593	2333
3593	娓	ABC	2588	1270
3594	芮	ABC	2584	1077
3595	砰	ABC	2583	1779
3596	砺	ABC	2582	2268
3597	荃	ABC	2581	1107
3598	玥	AC	2574	1055
3599	毓	ABC	2565	1363
3600	腌	ABC	2564	1365
3601	哟	ABC	2563	2069
3602	栈	ABC	2553	1561
3603	迸	ABC	2550	2364
3604	棣	ABC	2546	983
3605	摒	ABC	2540	2408
3606	涮	ABC	2539	1514
3607	咫	ABC	2538	2300
3608	钠	ABC	2537	1370
3609	垣	ABC	2534	1451
3610	祚	ABC	2527	1039
3611	暄	ABC	2524	2249
3612	熔	ABC	2517	1685
3613	徙	ABC	2514	1513
3614	戟	ABC	2513	1892
3615	浐	AC	2512	413
3616	懿	ABC	2499	1154
3617	耘	ABC	2498	2075
3618	蚝	ABC	2496	591
3619	烷	ABC	2495	900
3620	釉	ABC	2492	944
3621	淆	ABC	2491	2191
3622	遐	ABC	2489	2280
3623	矗	ABC	2473	2139
3624	鄙	ABC	2472	2059
3625	晗	ABC	2467	1564
3626	奚	ABC	2465	1345
3627	咀	ABC	2462	1813
3628	岌	ABC	2461	1182
3629	惦	ABC	2459	2145
3630	辫	ABC	2449	1674
3631	抠	ABC	2448	1588
3632	挎	ABC	2447	1674
3633	钝	ABC	2446	2039
3634	唾	ABC	2445	1931
3635	邺	ABC	2444	1307
3636	洱	ABC	2438	777
3637	钒	ABC	2434	868
3638	蟒	ABC	2433	672
3639	觑	ABC	2431	2357
3640	懊	ABC	2429	2235
3641	囧	AC	2420	1198
3642	恺	ABC	2419	1231
3643	凛	ABC	2417	1798
3644	猥	ABC	2417	1193
3645	唠	ABC	2401	1707
3646	圻	ABC	2401	865
3647	搂	ABC	2397	1939
3648	岷	ABC	2387	1185
3649	眺	ABC	2386	2112
3650	颊	ABC	2386	1928
3651	幌	ABC	2383	2009
3652	剽	ABC	2373	1167
3653	稠	ABC	2372	1837
3654	厥	ABC	2361	1575
3655	匝	ABC	2361	1078
3656	恬	ABC	2351	1542
3657	褚	ABC	2351	888
3658	锟	ABC	2351	530
3659	茧	ABC	2349	1725
3660	咯	ABC	2348	1554
3661	漱	ABC	2343	1559
3662	燎	ABC	2338	1688
3663	冼	ABC	2331	1056
3664	琨	ABC	2330	1451

序号	汉字	共用 独用	频次	文本数
3665	泾	ABC	2328	1437
3666	涟	ABC	2328	1414
3667	忱	ABC	2321	1819
3668	铿	ABC	2321	1756
3669	漯	ABC	2316	1043
3670	桨	ABC	2306	1429
3671	锚	ABC	2304	1520
3672	瑚	ABC	2302	1154
3673	嘀	ABC	2297	1738
3674	钵	ABC	2296	1914
3675	掰	ABC	2296	1774
3676	咙	ABC	2292	1862
3677	恕	ABC	2287	1721
3678	痹	ABC	2286	1905
3679	阙	ABC	2285	1330
3680	妊	ABC	2281	1132
3681	鲤	ABC	2277	1129
3682	昵	ABC	2273	1967
3683	锏	ABC	2262	1929
3684	酯	ABC	2262	1256
3685	妩	ABC	2261	1888
3686	瓮	ABC	2260	992
3687	涪	ABC	2252	933
3688	粕	ABC	2246	916
3689	鳞	ABC	2242	1680
3690	瑄	AC	2235	642
3691	卤	ABC	2234	1175
3692	婶	ABC	2227	879
3693	瞰	ABC	2226	1934
3694	羚	ABC	2222	1015
3695	蔷	ABC	2221	1137
3696	屎	ABC	2215	1450
3697	梢	ABC	2214	1856
3698	蕙	ABC	2213	869
3699	娠	ABC	2212	1124
3700	茎	ABC	2210	1060
3701	穹	ABC	2202	1387
3702	茗	ABC	2196	1393
3703	羲	ABC	2195	843
3704	琰	ABC	2192	1118
3705	斡	ABC	2187	1703
3706	岱	ABC	2184	1205
3707	娼	ABC	2184	1080
3708	芥	ABC	2177	1359
3709	柑	ABC	2175	865
3710	祉	ABC	2162	1863
3711	缨	ABC	2161	1417
3712	荞	ABC	2159	667
3713	咄	ABC	2158	1048
3714	筱	ABC	2149	1286
3715	奄	ABC	2148	999
3716	猿	ABC	2144	914
3717	篡	ABC	2143	1427
3718	庚	ABC	2131	759
3719	彧	AC	2125	1393
3720	苓	ABC	2114	902
3721	腱	ABC	2113	1161
3722	邝	ABC	2113	1081
3723	缜	ABC	2111	1971
3724	呗	ABC	2110	1873
3725	殆	ABC	2107	1968
3726	礴	ABC	2106	1972
3727	朦	ABC	2105	1644
3728	姊	ABC	2100	1551
3729	霓	ABC	2099	1465
3730	涧	ABC	2098	1196
3731	诙	ABC	2093	1869
3732	砷	ABC	2093	539
3733	幺	ABC	2092	857
3734	唏	ABC	2091	2002
3735	腆	ABC	2086	1900
3736	拴	ABC	2084	1532
3737	莺	ABC	2083	1274
3738	熹	ABC	2076	1155
3739	锥	ABC	2066	1455
3740	酪	ABC	2059	1214

序号	汉字	共用独用	频次	文本数
3741	糯	ABC	2059	1117
3742	腑	ABC	2058	1763
3743	翎	ABC	2057	1088
3744	弋	ABC	2051	1332
3745	撮	ABC	2050	1716
3746	飓	ABC	2046	1134
3747	奂	ABC	2040	1597
3748	垢	ABC	2037	1515
3749	咚	ABC	2037	1064
3750	喃	ABC	2035	1054
3751	苔	ABC	2032	1098
3752	珞	ABC	2026	692
3753	[illegible]londo	ABC	2022	1071
3754	槌	ABC	2019	1548
3755	酗	ABC	2017	1373
3756	螂	ABC	2017	897
3757	潞	ABC	2011	1122
3758	嚏	ABC	2007	1204
3759	柚	ABC	2005	908
3760	蜓	ABC	2004	1849
3761	霏	ABC	2003	753
3762	惮	ABC	1996	1890
3763	匕	ABC	1996	1330
3764	啧	ABC	1994	982
3765	郸	ABC	1992	766
3766	崽	ABC	1990	792
3767	濠	ABC	1988	850
3768	猾	ABC	1987	1743
3769	簸	ABC	1981	1408
3770	腼	ABC	1979	1799
3771	菏	ABC	1978	736
3772	蜿	ABC	1977	1850
3773	忐	ABC	1972	1838
3774	疙	ABC	1972	1463
3775	蝎	ABC	1971	963
3776	痢	ABC	1969	721
3777	忑	ABC	1965	1833
3778	鏖	ABC	1962	1806

序号	汉字	共用独用	频次	文本数
3779	濛）蒙	AC	1961	580
3780	胧	ABC	1957	1566
3781	恙	ABC	1956	1787
3782	陂	ABC	1956	987
3783	圩	ABC	1953	1139
3784	瘩	ABC	1948	1456
3785	弩	ABC	1948	1145
3786	扉	ABC	1942	1592
3787	虔	ABC	1941	1505
3788	寐	ABC	1939	1873
3789	篆	ABC	1939	1079
3790	粱	ABC	1932	1106
3791	癣	ABC	1932	726
3792	笈	ABC	1930	1378
3793	锄	ABC	1925	1285
3794	斓	ABC	1914	1724
3795	纂	ABC	1914	1020
3796	摁	ABC	1911	1556
3797	晦	ABC	1910	1710
3798	胥	ABC	1907	865
3799	埂	ABC	1901	1154
3800	赘	ABC	1900	1669
3801	骐	ABC	1900	925
3802	蛰	ABC	1899	1475
3803	瀛	ABC	1899	1242
3804	铛	ABC	1895	911
3805	鸨	ABC	1894	928
3806	惺	ABC	1893	1025
3807	贮	ABC	1892	1305
3808	丞	ABC	1889	720
3809	裳	ABC	1885	1412
3810	湄	ABC	1884	728
3811	徕	ABC	1883	1023
3812	砝	ABC	1882	1739
3813	麾	ABC	1877	1769
3814	迢	ABC	1877	897
3815	蔑	ABC	1869	1654
3816	逅	ABC	1866	1637

序号	汉字	共用独用	频次	文本数
3817	邂	ABC	1866	1637
3818	聿	ABC	1865	1237
3819	趸	ABC	1864	1605
3820	吏	ABC	1861	1152
3821	睾	ABC	1860	678
3822	祯	ABC	1859	885
3823	菩	ABC	1855	1125
3824	萤	ABC	1851	678
3825	眸	ABC	1849	1634
3826	浜	ABC	1849	1016
3827	纫	ABC	1847	1219
3828	浚	ABC	1847	861
3829	篱	ABC	1845	1457
3830	掂	ABC	1843	1500
3831	娣	ABC	1842	904
3832	鲲	ABC	1842	601
3833	窿	ABC	1841	1327
3834	睬	ABC	1836	1717
3835	侬	ABC	1836	1052
3836	嬅)	AC	1829	483
3837	挝	ABC	1828	810
3838	镯	ABC	1827	971
3839	钗	ABC	1819	921
3840	藕	ABC	1819	919
3841	忏	ABC	1817	1189
3842	珏	ABC	1814	1188
3843	衙	ABC	1814	1144
3844	臼	ABC	1812	856
3845	炕	ABC	1805	1018
3846	榷	ABC	1798	1647
3847	迦	ABC	1794	970
3848	妤	ABC	1791	591
3849	玟	ABC	1784	467
3850	诬	ABC	1777	1338
3851	鄞	ABC	1776	777
3852	瓢	ABC	1774	1446
3853	庵	ABC	1774	979
3854	眈	ABC	1773	851

序号	汉字	共用独用	频次	文本数
3855	斟	ABC	1772	1606
3856	虏	ABC	1772	1246
3857	缄	ABC	1771	1613
3858	堃]坤	AC	1769	1287
3859	渍	ABC	1769	1256
3860	隼	ABC	1765	689
3861	霹	ABC	1764	1338
3862	脓	ABC	1764	1143
3863	轼	ABC	1763	721
3864	兖	ABC	1762	705
3865	玘	AC	1761	589
3866	垚	AC	1760	688
3867	诃	ABC	1759	639
3868	纭	ABC	1757	1676
3869	酚	ABC	1753	823
3870	谛	ABC	1750	1563
3871	哆	ABC	1750	1148
3872	琵	ABC	1748	1171
3873	嘶	ABC	1746	1465
3874	腮	ABC	1743	1231
3875	槭	ABC	1743	966
3876	囱	ABC	1743	916
3877	昙	ABC	1739	1415
3878	嗦	ABC	1739	1406
3879	痞	ABC	1729	916
3880	邃	ABC	1725	1605
3881	癖	ABC	1724	1164
3882	瞠	ABC	1722	1646
3883	孽	ABC	1721	1140
3884	峦	ABC	1720	1133
3885	旻	AC	1720	1003
3886	袒	ABC	1719	1522
3887	雳	ABC	1715	1311
3888	璟	AC	1715	1049
3889	邛	ABC	1710	644
3890	吱	ABC	1707	1032
3891	韭	ABC	1707	763
3892	茱	ABC	1703	737

序号	汉字	共用独用	频次	文本数
3893	滘	AC	1702	813
3894	膛	ABC	1701	1336
3895	褥	ABC	1701	1292
3896	樵	ABC	1688	618
3897	谩	ABC	1682	1364
3898	呜	ABC	1681	1028
3899	铤	ABC	1680	1474
3900	祟	ABC	1674	1231
3901	荤	ABC	1670	1177
3902	唬	ABC	1666	1304
3903	摞	ABC	1664	1325
3904	翀	ABC	1663	886
3905	窨	ABC	1663	450
3906	隘	ABC	1658	1332
3907	磐	ABC	1658	1095
3908	萦	ABC	1653	1362
3909	粂	AC	1653	621
3910	溥	ABC	1653	468
3911	脍	ABC	1649	1578
3912	骊	ABC	1649	847
3913	筐	ABC	1649	794
3914	宸	ABC	1649	769
3915	镕	ABC	1649	523
3916	甥	ABC	1647	1024
3917	鸳	ABC	1641	1138
3918	啬	ABC	1637	1481
3919	驹	ABC	1636	944
3920	悴	ABC	1634	1471
3921	憔	ABC	1633	1471
3922	曳	ABC	1630	1366
3923	椿	ABC	1630	727
3924	戳	ABC	1628	1499
3925	蠕	ABC	1628	1055
3926	撩	ABC	1627	1463
3927	唆	ABC	1623	1171
3928	惚	ABC	1621	1434
3929	吭	ABC	1621	1425
3930	惰	ABC	1621	1288
3931	愕	ABC	1620	1536
3932	嗡	ABC	1611	768
3933	盱	ABC	1610	389
3934	谚	ABC	1602	1260
3935	谌	ABC	1600	727
3936	彗	ABC	1600	436
3937	捺	ABC	1595	1464
3938	燮	ABC	1595	800
3939	拮	ABC	1593	1476
3940	眙	ABC	1588	380
3941	炅	ABC	1586	930
3942	鸯	ABC	1585	1091
3943	霁	ABC	1580	1059
3944	狈	ABC	1576	1442
3945	椭	ABC	1576	1277
3946	滦	ABC	1574	769
3947	蟑	ABC	1571	467
3948	砥	ABC	1569	1435
3949	饕	ABC	1567	1372
3950	绢	ABC	1562	898
3951	桢	ABC	1562	715
3952	嘈	ABC	1560	1398
3953	莆	ABC	1554	642
3954	枸	ABC	1553	692
3955	兀	ABC	1552	1397
3956	噜	ABC	1549	727
3957	懋	ABC	1548	585
3958	瞌	ABC	1546	1010
3959	瘟	ABC	1546	957
3960	惭	ABC	1543	1370
3961	叩	ABC	1543	1248
3962	叱	ABC	1542	1313
3963	渚	ABC	1542	575
3964	廿	ABC	1540	1225
3965	诣	ABC	1537	1451
3966	讪	ABC	1535	1124
3967	诿	ABC	1529	1346
3968	漕	ABC	1529	651

序号	汉字	共用 独用	频次	文本数
3969	珉	ABC	1528	666
3970	鹦	ABC	1528	615
3971	谧	ABC	1522	1400
3972	塾	ABC	1517	618
3973	蓦	ABC	1515	1152
3974	睽	ABC	1515	790
3975	痔	ABC	1509	450
3976	哩	ABC	1508	996
3977	讥	ABC	1506	1377
3978	罡	ABC	1503	947
3979	鳖	ABC	1503	498
3980	昶	ABC	1501	775
3981	姣	ABC	1499	1050
3982	偌	ABC	1497	1449
3983	瘸	ABC	1496	1085
3984	濡	ABC	1494	1387
3985	讷	ABC	1487	1067
3986	札	ABC	1478	825
3987	鹉	ABC	1478	579
3988	舷	ABC	1476	952
3989	憩	ABC	1466	1290
3990	冢	ABC	1464	654
3991	孢	ABC	1462	591
3992	睢	ABC	1461	422
3993	腩	ABC	1458	1091
3994	蘸	ABC	1455	1113
3995	莅	ABC	1453	1344
3996	蔼	ABC	1448	1260
3997	孪	ABC	1446	970
3998	榭	ABC	1446	902
3999	缎	ABC	1437	1079
4000	咔	ABC	1437	888
4001	涓	ABC	1435	851
4002	咤	ABC	1426	1202
4003	箔	ABC	1424	706
4004	碉	ABC	1424	629
4005	潺	ABC	1421	728
4006	诛	ABC	1418	1126
4007	铧	ABC	1414	676
4008	搡	ABC	1411	1129
4009	喋	ABC	1411	757
4010	淞	ABC	1409	816
4011	颌	ABC	1409	732
4012	胱	ABC	1408	671
4013	蚤	ABC	1407	660
4014	飒	ABC	1406	1173
4015	坻	ABC	1406	771
4016	蟠	ABC	1405	885
4017	涸	ABC	1404	1030
4018	憎	ABC	1402	1204
4019	褂	ABC	1401	999
4020	瞳	ABC	1399	969
4021	凋	ABC	1391	1201
4022	拄	ABC	1391	1126
4023	狩	ABC	1391	748
4024	悯	ABC	1389	1124
4025	翌	ABC	1388	1235
4026	濂	ABC	1387	410
4027	犷	ABC	1385	1256
4028	阕	ABC	1384	1247
4029	庶	ABC	1379	1005
4030	荇	ABC	1379	718
4031	鸶	ABC	1378	1308
4032	榔	ABC	1377	737
4033	泞	ABC	1375	1190
4034	汞	ABC	1374	582
4035	芊	ABC	1372	388
4036	迁	ABC	1367	1156
4037	苗	ABC	1365	1172
4038	讹	ABC	1364	810
4039	蜥	ABC	1363	518
4040	甬	ABC	1361	1234
4041	貳	ABC	1361	879
4042	蛊	ABC	1358	1026
4043	偃	ABC	1355	911
4044	翱	ABC	1354	997

序号	汉字	共用独用	频次	文本数
4045	钼	ABC	1354	671
4046	傣	ABC	1354	578
4047	冗	ABC	1351	1199
4048	铆	ABC	1351	1016
4049	拗	ABC	1350	1214
4050	箴	ABC	1345	900
4051	铣	ABC	1342	838
4052	猕	ABC	1341	478
4053	岖	ABC	1339	1236
4054	锹	ABC	1338	969
4055	箩	ABC	1337	994
4056	褶	ABC	1336	1011
4057	銮	ABC	1336	815
4058	亘	ABC	1325	1192
4059	焯	ABC	1324	903
4060	阑	ABC	1324	858
4061	掣	ABC	1322	1207
4062	馋	ABC	1322	1083
4063	嚎	ABC	1322	1044
4064	瓒	ABC	1321	275
4065	彷	ABC	1318	1216
4066	琥	ABC	1314	734
4067	芷	ABC	1312	694
4068	骅	ABC	1312	629
4069	袄	ABC	1311	1040
4070	蛾	ABC	1309	552
4071	涎	ABC	1307	1228
4072	禀	ABC	1306	1038
4073	脯	ABC	1304	1098
4074	镂	ABC	1304	971
4075	淅	ABC	1304	659
4076	黝	ABC	1301	1148
4077	攸	ABC	1301	1069
4078	跚	ABC	1300	1203
4079	砾	ABC	1300	985
4080	逯	ABC	1298	504
4081	疟	ABC	1297	477
4082	噢	ABC	1295	1087
4083	丕	ABC	1293	589
4084	捎	ABC	1287	1126
4085	瘀	ABC	1286	757
4086	鳝	ABC	1285	388
4087	蹒	ABC	1284	1195
4088	戌	ABC	1283	847
4089	坨	ABC	1279	657
4090	潼	ABC	1276	676
4091	搪	ABC	1275	1102
4092	苞	ABC	1275	827
4093	鱿	ABC	1274	859
4094	胫	ABC	1270	1155
4095	浣	ABC	1270	727
4096	窈	ABC	1268	723
4097	窕	ABC	1266	734
4098	楂	ABC	1265	628
4099	锭	ABC	1264	572
4100	蛤	ABC	1262	618
4101	崃	ABC	1261	515
4102	琏	ABC	1259	660
4103	氙	ABC	1257	924
4104	寮	ABC	1252	708
4105	锰	ABC	1249	672
4106	蛟	ABC	1247	637
4107	痉	ABC	1244	885
4108	偕	ABC	1242	1114
4109	叽	ABC	1239	682
4110	撂	ABC	1238	1076
4111	疱	ABC	1235	531
4112	瘪	ABC	1233	1032
4113	诏	ABC	1231	588
4114	饕	ABC	1230	1096
4115	貂	ABC	1230	495
4116	婺	ABC	1225	407
4117	麋	ABC	1224	330
4118	臆	ABC	1223	1099
4119	焖	ABC	1223	740
4120	犊	ABC	1222	962

序号	汉字	共用 独用	频次	文本数
4121	昀	ABC	1222	905
4122	鲟	ABC	1221	210
4123	攥	ABC	1216	1095
4124	肮	ABC	1215	1014
4125	珩	ABC	1211	822
4126	亳	ABC	1209	514
4127	卯	ABC	1206	820
4128	胭	ABC	1206	805
4129	錾	ABC	1201	1046
4130	舸	ABC	1200	877
4131	锴	ABC	1199	658
4132	娆	ABC	1197	828
4133	搐	ABC	1192	951
4134	珈	ABC	1192	540
4135	垠	ABC	1191	790
4136	熨	ABC	1190	754
4137	蜷	ABC	1189	1102
4138	咆	ABC	1187	1000
4139	崴	ABC	1182	614
4140	婵	ABC	1181	713
4141	峤	ABC	1180	893
4142	皑	ABC	1180	535
4143	戮	ABC	1179	997
4144	辕	ABC	1179	871
4145	孪	ABC	1179	838
4146	扈	ABC	1178	738
4147	滁	ABC	1175	641
4148	骡	ABC	1175	631
4149	懦	ABC	1174	1020
4150	喽	ABC	1170	1038
4151	铠	ABC	1170	924
4152	碚	ABC	1166	499
4153	蠡	ABC	1165	468
4154	枇	ABC	1160	341
4155	袅	ABC	1157	589
4156	瞥	ABC	1152	1057
4157	笠	ABC	1150	704
4158	喱	ABC	1149	491

序号	汉字	共用 独用	频次	文本数
4159	躇	ABC	1147	1116
4160	杷	ABC	1147	325
4161	睇	ABC	1145	989
4162	掬	ABC	1144	1091
4163	镉	ABC	1144	355
4164	钣	ABC	1143	648
4165	仨	ABC	1140	902
4166	捶	ABC	1140	859
4167	徇	ABC	1139	923
4168	缇	ABC	1139	465
4169	歆	ABC	1137	416
4170	踌	ABC	1136	1105
4171	镳	ABC	1136	1045
4172	腋	ABC	1135	837
4173	鄱	ABC	1135	378
4174	梆	ABC	1133	527
4175	镌	ABC	1131	1009
4176	嗨	ABC	1129	821
4177	蛀	ABC	1127	702
4178	町	ABC	1125	628
4179	艄	ABC	1125	378
4180	舔	ABC	1124	759
4181	瓯	ABC	1122	525
4182	皙	ABC	1120	956
4183	於	ABC	1118	480
4184	嘹	ABC	1116	1004
4185	帚	ABC	1116	768
4186	矜	ABC	1115	1012
4187	恃	ABC	1115	1005
4188	蝗	ABC	1113	255
4189	泱	ABC	1112	504
4190	蜚	ABC	1111	1053
4191	荀	ABC	1109	465
4192	嗣	ABC	1107	613
4193	铨	ABC	1107	536
4194	勐	ABC	1105	453
4195	牒	ABC	1097	831
4196	羿	ABC	1096	848

序号	汉字	共用独用	频次	文本数
4197	拈	ABC	1093	956
4198	珲	ABC	1093	762
4199	蜓	ABC	1091	695
4200	磺	ABC	1091	586
4201	壕	ABC	1083	666
4202	糜	ABC	1083	584
4203	蔻	ABC	1081	569
4204	嗷	ABC	1080	530
4205	泯	ABC	1076	995
4206	龈	ABC	1076	525
4207	鄢	ABC	1075	564
4208	馁	ABC	1074	1022
4209	皎	ABC	1066	643
4210	樽	ABC	1064	604
4211	呻	ABC	1063	960
4212	诲	ABC	1061	953
4213	墒	ABC	1059	586
4214	莠	ABC	1058	997
4215	毡	ABC	1057	796
4216	喳	ABC	1057	494
4217	胤	ABC	1050	370
4218	蜇	ABC	1049	368
4219	哒	ABC	1047	802
4220	觊	ABC	1045	987
4221	谑	ABC	1044	955
4222	啰	AC	1044	821
4223	渥	ABC	1043	796
4224	诅	ABC	1043	762
4225	徉	ABC	1042	1002
4226	觎	ABC	1040	982
4227	讧	ABC	1036	790
4228	亵	ABC	1034	958
4229	宥	ABC	1033	285
4230	徜	ABC	1032	995
4231	幡	ABC	1030	689
4232	漉	ABC	1030	497
4233	仟	ABC	1028	632
4234	掖	ABC	1027	671
4235	夙	ABC	1020	921
4236	偎	ABC	1020	907
4237	叼	ABC	1020	789
4238	镳	ABC	1020	631
4239	旸	AC	1018	545
4240	唔	ABC	1017	714
4241	诋	ABC	1016	833
4242	浔	ABC	1016	557
4243	啄	ABC	1014	575
4244	揍	ABC	1012	812
4245	冽	ABC	1011	928
4246	坳	ABC	1010	681
4247	楞	ABC	1010	611
4248	佯	ABC	1009	912
4249	嫡	ABC	1008	794
4250	毽	ABC	1005	488
4251	鳅	ABC	1005	274
4252	剁	ABC	1004	686
4253	硒	ABC	1004	453
4254	嚓	ABC	1002	672
4255	罔	ABC	1001	940
4256	颖	ABC	999	351
4257	谏	ABC	998	723
4258	徨	ABC	997	912
4259	遁	ABC	997	884
4260	孀	ABC	993	702
4261	沌	ABC	992	819
4262	珐	ABC	990	368
4263	纾	ABC	987	728
4264	裱	ABC	987	709
4265	蜻	ABC	987	613
4266	蔺	ABC	981	521
4267	汐	ABC	979	708
4268	噼	ABC	972	733
4269	盹	ABC	970	779
4270	戊	ABC	970	618
4271	皿	ABC	967	741
4272	舫	ABC	967	556

序号	汉字	共用独用	频次	文本数
4273	旎	ABC	961	768
4274	湍	ABC	960	785
4275	瘙	ABC	959	581
4276	铢	ABC	959	561
4277	怅	ABC	955	890
4278	烬	ABC	954	765
4279	岔	ABC	954	607
4280	儋	ABC	951	274
4281	蟾	ABC	949	312
4282	糅	ABC	946	880
4283	篓	ABC	946	609
4284	羔	ABC	946	600
4285	蜢	ABC	945	273
4286	桀	ABC	944	834
4287	濑	ABC	944	423
4288	牦	ABC	941	383
4289	髻	ABC	939	572
4290	臃	ABC	938	861
4291	籼	ABC	938	268
4292	抡	ABC	937	796
4293	怂	ABC	936	855
4294	溴	ABC	934	258
4295	怦	ABC	932	708
4296	阖	ABC	931	764
4297	逵	ABC	931	505
4298	钻	ABC	930	512
4299	劾	ABC	930	426
4300	枷	ABC	928	716
4301	卿	ABC	926	543
4302	鳍	ABC	925	440
4303	旖	ABC	923	795
4304	藁	ABC	920	367
4305	肽	ABC	918	459
4306	綦	ABC	917	356
4307	掳	ABC	915	521
4308	痔	ABC	914	810
4309	醚	ABC	914	373
4310	篑	ABC	912	870
4311	旌	ABC	912	689
4312	筏	ABC	910	553
4313	惘	ABC	908	804
4314	嘭	ABC	905	615
4315	撒	ABC	904	873
4316	槎	ABC	903	514
4317	蚓	ABC	896	237
4318	妾	ABC	895	604
4319	芃	ABC	893	435
4320	侗	ABC	890	414
4321	溱	ABC	890	270
4322	蚯	ABC	887	232
4323	鬓	ABC	886	819
4324	嗒	ABC	886	443
4325	祎	ABC	885	441
4326	煦	ABC	884	758
4327	泮	ABC	881	317
4328	裨	ABC	879	866
4329	蚰	ABC	879	133
4330	潦	ABC	873	796
4331	恿	ABC	871	812
4332	嵊	ABC	870	353
4333	楹	ABC	869	380
4334	耄	ABC	868	736
4335	焙	ABC	868	505
4336	喔	ABC	864	678
4337	碣	ABC	862	260
4338	馍	ABC	856	428
4339	镭	ABC	855	446
4340	镰	ABC	854	553
4341	罂	ABC	853	293
4342	畿	ABC	852	545
4343	愫	ABC	851	800
4344	噶	ABC	851	425
4345	骰	ABC	848	317
4346	珮	AC	847	349
4347	烩	ABC	845	668
4348	鸵	ABC	845	378

序号	汉字	共用独用	频次	文本数
4349	檄	ABC	844	517
4350	啕	ABC	843	779
4351	痼	ABC	842	769
4352	戌	ABC	838	445
4353	酰	ABC	838	421
4354	杳	ABC	835	793
4355	粲	AC	835	698
4356	犸	ABC	833	205
4357	缢	ABC	832	386
4358	攫	ABC	831	765
4359	唧	ABC	829	412
4360	婀	ABC	828	787
4361	赊	ABC	828	512
4362	粼	ABC	828	416
4363	腭	ABC	828	340
4364	赝	ABC	826	434
4365	茆	ABC	826	306
4366	魇	ABC	824	737
4367	嗤	ABC	823	756
4368	搴	ABC	823	618
4369	稣	ABC	823	508
4370	翊	ABC	823	478
4371	噎	ABC	820	707
4372	湮	ABC	819	716
4373	吩	ABC	818	770
4374	阚	ABC	818	295
4375	剐	ABC	816	556
4376	醺	ABC	815	459
4377	陲	ABC	814	713
4378	锢	ABC	813	690
4379	楣	ABC	812	611
4380	钯	ABC	812	380
4381	汩	ABC	811	405
4382	涣	ABC	810	708
4383	瘁	ABC	809	750
4384	甾	ABC	809	164
4385	悻	ABC	806	400
4386	笆	ABC	805	599

序号	汉字	共用独用	频次	文本数
4387	馏	ABC	804	556
4388	俾	ABC	804	367
4389	蹶	ABC	802	775
4390	琍]璃	AC	802	253
4391	蹋	ABC	797	701
4392	慵	ABC	790	708
4393	犒	ABC	789	676
4394	鞘	ABC	788	493
4395	吠	ABC	787	556
4396	惴	ABC	787	389
4397	蛊	ABC	786	539
4398	驮	ABC	784	623
4399	咣	ABC	784	488
4400	谆	ABC	784	387
4401	迩	ABC	783	710
4402	跄	ABC	780	562
4403	踉	ABC	779	563
4404	郦	ABC	778	350
4405	篝	ABC	777	566
4406	楔	ABC	776	493
4407	阊	ABC	776	397
4408	鲈	ABC	775	340
4409	淖	ABC	774	487
4410	呦	ABC	773	532
4411	阆	ABC	773	254
4412	跺	ABC	772	618
4413	钇	ABC	772	407
4414	菅	ABC	772	402
4415	殓	ABC	771	369
4416	溥	ABC	767	273
4417	宦	ABC	766	545
4418	髋	ABC	766	438
4419	孺	ABC	765	648
4420	吋△	AC	765	388
4421	囡	ABC	765	314
4422	璜	ABC	764	421
4423	耋	ABC	763	688
4424	葳	ABC	763	307

序号	汉字	共用独用	频次	文本数
4425	侏	ABC	761	502
4426	晞	AC	761	318
4427	诩	ABC	759	686
4428	螳	ABC	759	469
4429	蜴	ABC	759	382
4430	碴	ABC	756	640
4431	轲	ABC	756	480
4432	裆	ABC	753	576
4433	邋	ABC	753	570
4434	帛	ABC	753	510
4435	糠	ABC	753	501
4436	蔫	ABC	751	570
4437	陉	ABC	751	324
4438	崧	ABC	750	267
4439	箕	ABC	748	502
4440	铱	ABC	748	213
4441	豌	ABC	744	427
4442	踱	ABC	743	644
4443	粳	ABC	743	370
4444	阡	ABC	741	263
4445	钜§鉅	ABC	739	467
4446	馥	ABC	738	488
4447	箫	ABC	738	485
4448	骜	ABC	735	558
4449	绛	ABC	735	400
4450	獐	ABC	734	367
4451	缰	ABC	733	619
4452	昇]升	AC	729	354
4453	赓	ABC	729	312
4454	鳗	ABC	729	244
4455	枢	ABC	727	424
4456	葩	ABC	725	667
4457	遢	ABC	724	572
4458	簪	ABC	723	366
4459	舛	ABC	722	653
4460	伫	ABC	719	679
4461	骛	ABC	718	686
4462	锑	ABC	717	310
4463	崚	AC	717	201
4464	睑	ABC	714	414
4465	嗑	ABC	712	552
4466	琮	ABC	711	511
4467	藿	ABC	711	388
4468	沅	ABC	710	363
4469	泠	ABC	710	231
4470	稷	ABC	707	422
4471	岿	ABC	706	525
4472	潸	ABC	704	662
4473	赍	ABC	704	480
4474	猬	ABC	704	331
4475	飧	ABC	703	663
4476	焗	AC	703	410
4477	恣	ABC	702	666
4478	闾	ABC	700	332
4479	芪	ABC	699	364
4480	钚	ABC	698	289
4481	淦	ABC	697	355
4482	煊	ABC	697	297
4483	锲	ABC	696	662
4484	螟	ABC	696	349
4485	阉	ABC	694	286
4486	邳	ABC	694	281
4487	卅	ABC	692	483
4488	唧	ABC	691	380
4489	垛	ABC	690	450
4490	纣	ABC	687	371
4491	羯	ABC	686	429
4492	磡	ABC	685	388
4493	觐	ABC	685	346
4494	蜈	ABC	681	327
4495	椁	ABC	675	222
4496	芍	ABC	674	326
4497	獭	ABC	673	209
4498	藐	ABC	672	553
4499	滢	ABC	672	416
4500	榛	ABC	672	278

序号	汉字	共用独用	频次	文本数
4501	闰	ABC	670	347
4502	稔	ABC	669	507
4503	焜	AC	668	487
4504	谒	ABC	668	439
4505	弢	AC	667	441
4506	邀	ABC	666	610
4507	硚	ABC	666	278
4508	耙	ABC	664	411
4509	瞑	ABC	662	426
4510	嚷	ABC	661	561
4511	栎	ABC	661	294
4512	牍	ABC	659	480
4513	唏	ABC	659	432
4514	颢	ABC	659	362
4515	堑	ABC	658	585
4516	糗	ABC	658	515
4517	怵	ABC	657	602
4518	哆	ABC	657	410
4519	涿	ABC	657	360
4520	郜	ABC	657	246
4521	挞	ABC	656	486
4522	隍	ABC	655	317
4523	昉	AC	654	429
4524	嗖	ABC	654	417
4525	蝈	ABC	654	81
4526	擘	ABC	653	567
4527	橹	ABC	653	293
4528	盂	ABC	652	370
4529	铵	ABC	652	337
4530	镣	ABC	651	427
4531	苒	ABC	649	491
4532	吮	ABC	648	473
4533	痢	ABC	647	421
4534	澍	ABC	647	302
4535	砒	ABC	646	269
4536	殇	ABC	645	490
4537	掸	ABC	644	307
4538	酉	ABC	643	366
4539	绫	ABC	642	307
4540	蚣	ABC	642	290
4541	祐	ABC	641	324
4542	玑	ABC	640	388
4543	崂	ABC	640	324
4544	崮	ABC	639	305
4545	菉	ABC	639	187
4546	捻	ABC	638	437
4547	仃	ABC	638	322
4548	胯	ABC	637	498
4549	蓦	ABC	635	594
4550	舀	ABC	635	479
4551	缙	ABC	635	309
4552	鳎	ABC	635	247
4553	弼	ABC	634	366
4554	薏	ABC	633	336
4555	蹂	ABC	632	564
4556	搔	ABC	628	545
4557	遑	ABC	627	614
4558	蹒	ABC	627	559
4559	秣	ABC	627	496
4560	馗	ABC	627	222
4561	裟	ABC	626	211
4562	锷	ABC	626	190
4563	夯	ABC	624	571
4564	腓	ABC	624	431
4565	豉	ABC	624	360
4566	铄	ABC	622	601
4567	烊	ABC	622	488
4568	湟	ABC	622	317
4569	踮	ABC	619	490
4570	幄	ABC	618	564
4571	袈	ABC	618	205
4572	雯	ABC	617	603
4573	倭	ABC	612	259
4574	痣	ABC	611	292
4575	怔	ABC	610	457
4576	惆	ABC	609	570

序号	汉字	共用独用	频次	文本数
4577	啻	ABC	608	592
4578	揄	ABC	605	572
4579	馄	ABC	605	320
4580	晌	ABC	604	578
4581	骞	ABC	603	286
4582	粑	ABC	600	273
4583	孱	ABC	599	554
4584	揾	AC	598	425
4585	柁	ABC	597	330
4586	耒	ABC	597	256
4587	捋	ABC	596	477
4588	饨	ABC	596	314
4589	茸	ABC	595	528
4590	虱	ABC	595	323
4591	噁)恶	AC	594	91
4592	诘	ABC	593	481
4593	谕	ABC	593	414
4594	锗	ABC	593	345
4595	娈	ABC	592	256
4596	仝]同	ABC	591	338
4597	衩	ABC	590	403
4598	蛹	ABC	589	236
4599	揶	ABC	588	555
4600	咂	ABC	588	509
4601	苷	ABC	588	337
4602	绀	ABC	586	231
4603	唢	ABC	584	419
4604	沭	ABC	584	293
4605	宓	ABC	584	179
4606	叁	ABC	583	426
4607	跛	ABC	583	398
4608	鎏	ABC	582	262
4609	狒	ABC	582	100
4610	娑	ABC	581	489
4611	玷	ABC	580	476
4612	湔	ABC	580	98
4613	铩	ABC	579	558
4614	庹	ABC	578	208

序号	汉字	共用独用	频次	文本数
4615	镛	ABC	577	320
4616	痤	ABC	577	279
4617	杈	ABC	576	345
4618	洮	ABC	576	305
4619	荨	ABC	574	296
4620	唑	ABC	574	261
4621	墉	ABC	574	178
4622	纰	ABC	573	522
4623	璠	AC	573	373
4624	橇	ABC	573	354
4625	掴	ABC	572	368
4626	梏	ABC	571	537
4627	筵	ABC	571	474
4628	荪	ABC	568	242
4629	儆	ABC	567	492
4630	弑	ABC	567	360
4631	咦	ABC	566	534
4632	焘	ABC	566	335
4633	倌	ABC	566	330
4634	钽	ABC	566	329
4635	艮	ABC	565	343
4636	浃	ABC	562	531
4637	箐	ABC	561	212
4638	矍	ABC	560	548
4639	佚	ABC	560	348
4640	蕃	ABC	560	299
4641	桎	ABC	559	528
4642	砂	ABC	559	224
4643	犷	ABC	556	512
4644	啖	ABC	556	454
4645	遒	ABC	554	433
4646	茯	ABC	554	258
4647	蘅	ABC	553	410
4648	柘	ABC	551	294
4649	蓥	ABC	551	290
4650	赳	ABC	551	268
4651	抿	ABC	550	488
4652	笺	ABC	547	421

序号	汉字	共用独用	频次	文本数
4653	孖	AC	547	238
4654	殒	ABC	546	489
4655	妪	ABC	546	337
4656	嶂	ABC	545	461
4657	噔	ABC	544	358
4658	茴	ABC	544	282
4659	囿	ABC	543	508
4660	恻	ABC	540	490
4661	鲶	ABC	540	297
4662	猷	ABC	538	266
4663	弭	ABC	536	507
4664	诨	ABC	535	492
4665	枰	ABC	534	384
4666	痍	ABC	533	499
4667	擀	ABC	533	281
4668	菘	ABC	533	226
4669	佤	ABC	533	177
4670	傀	ABC	532	377
4671	芩	ABC	530	282
4672	𨚕村	ABC	528	210
4673	偪	ABC	527	375
4674	羸	ABC	526	495
4675	菀	ABC	526	162
4676	珅	AC	525	182
4677	栉	ABC	523	505
4678	荠	ABC	521	245
4679	恸	ABC	520	457
4680	噌	ABC	520	297
4681	驷	ABC	520	256
4682	蝌	ABC	520	237
4683	汩	ABC	520	234
4684	恽	ABC	520	232
4685	膘	ABC	519	302
4686	饷	ABC	518	313
4687	鞅	ABC	516	130
4688	髅	ABC	515	337
4689	蜍	ABC	515	137
4690	骷	ABC	514	337
4691	鹈	ABC	514	217
4692	蚪	ABC	513	235
4693	蛹	ABC	513	224
4694	狰	ABC	511	475
4695	桅	ABC	511	346
4696	鳕	ABC	510	190
4697	蛎	ABC	509	230
4698	怆	ABC	508	466
4699	咿	ABC	507	291
4700	颚	ABC	506	370
4701	荪	ABC	505	321
4702	疝	ABC	505	261
4703	赅	ABC	504	481
4704	喇	ABC	504	277
4705	岘	ABC	503	243
4706	颉	ABC	502	287
4707	哐	ABC	499	315
4708	鲢	ABC	497	269
4709	硼	ABC	497	227
4710	煨	ABC	489	331
4711	氦	ABC	489	252
4712	撷	ABC	488	470
4713	褓	ABC	486	442
4714	醴	ABC	486	226
4715	绌	ABC	485	471
4716	饯	ABC	484	324
4717	孳	ABC	483	381
4718	鬃	ABC	482	261
4719	襁	ABC	481	438
4720	镝	ABC	481	408
4721	茼	ABC	481	281
4722	奘	ABC	480	251
4723	庖	ABC	479	404
4724	茏	ABC	477	452
4725	谟	ABC	477	269
4726	桉	ABC	477	168
4727	鳖	ABC	476	434
4728	砑	ABC	476	224

序号	汉字	共用独用	频次	文本数
4729	痨	ABC	476	173
4730	鸾	ABC	475	283
4731	侑	AC	473	186
4732	蛳	ABC	471	163
4733	尕	ABC	470	302
4734	暐)	AC	470	245
4735	澧	ABC	469	441
4736	殚	ABC	468	454
4737	垭	ABC	468	270
4738	溟	ABC	468	215
4739	敝	ABC	467	407
4740	萸	ABC	467	237
4741	佗	ABC	467	224
4742	吒]咤	ABC	466	266
4743	壅	ABC	465	204
4744	琬	ABC	464	217
4745	嬗	ABC	463	408
4746	仄	ABC	461	376
4747	倖	ABC	461	269
4748	厝	ABC	460	181
4749	甪	ABC	459	423
4750	汊	ABC	457	315
4751	烃	ABC	457	270
4752	鹳	ABC	457	167
4753	伉	ABC	456	388
4754	锒	ABC	455	431
4755	畲	ABC	454	186
4756	峁	ABC	452	82
4757	癫	ABC	451	247
4758	秭	ABC	451	175
4759	鹏	ABC	450	274
4760	摈	ABC	449	420
4761	匐	ABC	448	416
4762	颧	ABC	448	342
4763	苋	ABC	448	251
4764	黠	ABC	447	384
4765	缥	ABC	445	420
4766	嗝	ABC	444	269
4767	蟀	ABC	443	207
4768	稞	ABC	441	256
4769	蛆	ABC	441	171
4770	暹	ABC	440	354
4771	眭	ABC	440	147
4772	溏	ABC	439	338
4773	鹌	ABC	439	197
4774	酩	ABC	438	348
4775	谲	ABC	436	419
4776	驸	ABC	436	257
4777	囹	ABC	435	403
4778	栀	ABC	435	204
4779	缈	ABC	433	410
4780	咛	ABC	433	388
4781	俚	ABC	433	306
4782	痿	ABC	433	295
4783	皈	ABC	432	299
4784	蓿	ABC	432	251
4785	圄	ABC	431	399
4786	陛	ABC	431	293
4787	哏	ABC	431	234
4788	岫	ABC	430	281
4789	龛	ABC	430	269
4790	瞟	ABC	427	391
4791	戾	ABC	425	353
4792	溆	ABC	424	115
4793	霰	ABC	423	229
4794	晁	ABC	422	247
4795	喙	ABC	421	255
4796	涞	ABC	421	220
4797	俎	ABC	420	370
4798	迤	ABC	419	385
4799	郄	ABC	417	326
4800	瘴	ABC	415	362
4801	羟	ABC	414	189
4802	芫	ABC	413	266
4803	鹭	ABC	413	194
4804	弶○	AC	413	59

序号	汉字	共用独用	频次	文本数
4805	唳	ABC	412	400
4806	嗔	ABC	411	359
4807	桧	ABC	411	197
4808	锆	ABC	410	241
4809	钿	ABC	410	218
4810	蟋	ABC	410	203
4811	娲	ABC	410	193
4812	胄	ABC	409	228
4813	霭	ABC	408	294
4814	幔	ABC	407	342
4815	嵇	ABC	407	181
4816	刽	ABC	406	275
4817	铰	ABC	406	257
4818	捱	ABC	405	367
4819	塬	ABC	405	179
4820	飕	ABC	402	196
4821	淞	ABC	402	150
4822	柒	ABC	401	230
4823	滂	ABC	400	365
4824	謇	ABC	400	81
4825	姹	ABC	399	377
4826	腴	ABC	398	362
4827	砻	ABC	398	286
4828	曜	ABC	397	281
4829	鬓	ABC	397	234
4830	玚	AC	396	379
4831	砼	ABC	396	351
4832	瓴	ABC	393	346
4833	癞	ABC	393	205
4834	撅	ABC	391	351
4835	讣	ABC	391	259
4836	忒	ABC	389	328
4837	芡	ABC	389	259
4838	扪	ABC	388	367
4839	樨	ABC	388	269
4840	伢	ABC	388	252
4841	後)后	ABC	388	238
4842	鞶	ABC	386	364
4843	舢	ABC	386	233
4844	痂	ABC	385	272
4845	倜	ABC	384	322
4846	唛	ABC	384	206
4847	埭	ABC	384	195
4848	荏	ABC	383	367
4849	呃	ABC	383	325
4850	呤	ABC	383	171
4851	菖	ABC	382	197
4852	轫	ABC	381	273
4853	酊	ABC	380	342
4854	嶙	ABC	379	354
4855	餍	ABC	379	264
4856	聩	ABC	377	372
4857	掇	ABC	376	328
4858	埗	AC	376	176
4859	莴	ABC	374	261
4860	肓	ABC	371	326
4861	矾	ABC	370	213
4862	仞	ABC	369	313
4863	桁	ABC	369	263
4864	汴	ABC	369	241
4865	悭	ABC	368	265
4866	褛	ABC	367	328
4867	杓	ABC	367	194
4868	疽	ABC	365	214
4869	刍	ABC	365	194
4870	市	AC	364	230
4871	揖	ABC	363	305
4872	滓	ABC	363	221
4873	蕨	ABC	363	181
4874	铟	ABC	362	199
4875	轱	ABC	361	291
4876	垡	ABC	361	214
4877	炀	ABC	361	208
4878	坭	ABC	361	202
4879	峋	ABC	359	343
4880	琊	ABC	359	191

序号	汉字	共用独用	频次	文本数
4881	窠	ABC	358	340
4882	嵋	ABC	358	245
4883	沣	ABC	358	191
4884	犟	ABC	357	289
4885	胛	ABC	357	265
4886	耦	ABC	357	243
4887	澧	ABC	357	231
4888	篪	ABC	356	178
4889	嫔	ABC	356	177
4890	炷	ABC	354	241
4891	脲	ABC	354	165
4892	洹	ABC	353	135
4893	麝	ABC	352	236
4894	馊	ABC	351	272
4895	滟	ABC	350	267
4896	洵	ABC	349	236
4897	劼	AC	349	205
4898	噗	ABC	349	189
4899	氩	ABC	348	262
4900	璩	ABC	348	244
4901	疸	ABC	348	224
4902	叻	ABC	348	204
4903	嗡	ABC	347	333
4904	蚜	ABC	346	95
4905	鸰	ABC	345	153
4906	肱	ABC	343	228
4907	朕	ABC	343	177
4908	佝	ABC	342	287
4909	屾	AC	342	215
4910	滓	ABC	341	278
4911	朮	AC	341	98
4912	倏	ABC	340	324
4913	偻	ABC	339	285
4914	嘌	ABC	339	148
4915	幂	ABC	339	101
4916	锃	ABC	338	315
4917	揩	ABC	338	273
4918	纨	ABC	338	238
4919	蹑	ABC	337	176
4920	沏	ABC	336	285
4921	搴	ABC	336	193
4922	鲵	ABC	336	52
4923	嘞	ABC	335	199
4924	塚]冢	AC	335	141
4925	啮	ABC	334	231
4926	犄	ABC	333	264
4927	莒	ABC	332	186
4928	囍	AC	331	166
4929	碜	ABC	330	295
4930	旮	ABC	329	289
4931	龌	ABC	328	282
4932	垩	ABC	328	182
4933	捐	ABC	328	164
4934	郧	ABC	328	126
4935	鹈	ABC	328	57
4936	傥	ABC	327	310
4937	阉	ABC	327	166
4938	龊	ABC	326	280
4939	啜	ABC	325	303
4940	亓	ABC	325	175
4941	龅	ABC	325	163
4942	趄	ABC	322	249
4943	蓁	ABC	322	150
4944	鲅	ABC	321	181
4945	莢	ABC	321	170
4946	昴	ABC	321	138
4947	氤	ABC	320	309
4948	氲	ABC	319	308
4949	饬	ABC	319	260
4950	钎	ABC	319	196
4951	郈	ABC	319	93
4952	搽	ABC	318	241
4953	菡	ABC	316	179
4954	桦	ABC	315	177
4955	樑]梁	AC	315	170
4956	茭	ABC	315	147

序号	汉字	共用 独用	频次	文本数
4957	蚬	ABC	315	137
4958	膦	ABC	315	114
4959	噻	ABC	314	239
4960	镊	ABC	314	229
4961	镂	ABC	314	213
4962	郇	ABC	312	117
4963	抻	ABC	311	235
4964	苡	ABC	311	184
4965	罄	ABC	310	223
4966	瓤	ABC	310	219
4967	铡	ABC	310	209
4968	逄	ABC	309	190
4969	壬	ABC	308	191
4970	诒	ABC	308	128
4971	瘕	ABC	307	189
4972	倬	ABC	307	105
4973	旯	ABC	306	271
4974	忖	ABC	305	298
4975	靛	ABC	305	186
4976	枧	ABC	305	144
4977	氡	ABC	304	149
4978	蚱	ABC	303	202
4979	髌	ABC	303	151
4980	啫	AC	303	143
4981	鹖	ABC	303	63
4982	枥	ABC	302	263
4983	泷	ABC	302	134
4984	蹉	ABC	301	280
4985	拚	ABC	301	233
4986	篙	ABC	300	153
4987	骢	ABC	299	151
4988	巽	ABC	299	144
4989	傩	ABC	299	117
4990	雉	ABC	298	148
4991	斛	ABC	298	145
4992	獾	ABC	298	104
4993	暻	AC	297	131
4994	戉	AC	296	281

序号	汉字	共用 独用	频次	文本数
4995	砧	ABC	296	196
4996	鲑	ABC	296	156
4997	麸	ABC	295	195
4998	疣	ABC	295	157
4999	谯	ABC	295	143
5000	犇]奔	AC	295	127
5001	趵	ABC	294	137
5002	绶	ABC	292	224
5003	锨	ABC	292	222
5004	鋆	ABC	291	127
5005	霈	ABC	289	164
5006	葚	ABC	289	109
5007	褴	ABC	287	268
5008	糍	ABC	287	149
5009	蛭	ABC	287	49
5010	蠡	ABC	286	187
5011	琚	ABC	286	166
5012	藜	ABC	285	187
5013	敕	ABC	285	187
5014	鲩	ABC	285	92
5015	诤	ABC	284	188
5016	邕	ABC	284	113
5017	喵	ABC	284	109
5018	醍	ABC	283	220
5019	靥	ABC	282	270
5020	訾	ABC	282	187
5021	跎	ABC	280	264
5022	忝	ABC	279	156
5023	颛	ABC	279	153
5024	黜	ABC	278	243
5025	尻	ABC	278	69
5026	铊	ABC	278	36
5027	噤	ABC	277	258
5028	叟	ABC	277	213
5029	嘣	ABC	277	168
5030	颞	ABC	277	163
5031	谶	ABC	276	249
5032	骺	ABC	276	115

序号	汉字	共用独用	频次	文本数
5033	赍	ABC	276	111
5034	鳟	ABC	276	98
5035	鸢	ABC	274	196
5036	啶	ABC	274	136
5037	叵	ABC	273	266
5038	锺§鍾	ABC	273	169
5039	耆	ABC	272	171
5040	鸩	ABC	271	242
5041	龇	ABC	271	231
5042	砀	ABC	271	138
5043	淙	ABC	271	126
5044	朐	ABC	271	123
5045	钕	ABC	271	80
5046	戕	ABC	270	233
5047	嘢	AC	270	191
5048	觥	ABC	269	257
5049	怿	ABC	269	154
5050	嗟	ABC	268	228
5051	虢	ABC	268	113
5052	忪	ABC	267	263
5053	竽	ABC	267	239
5054	鲮	ABC	267	133
5055	莜	ABC	267	108
5056	悱	ABC	266	253
5057	腷	ABC	266	196
5058	佃	ABC	265	175
5059	偲	AC	265	171
5060	邗	ABC	265	134
5061	枇§梿	ABC	264	199
5062	膻	ABC	264	197
5063	珣	AC	263	205
5064	痱	ABC	263	115
5065	苫	ABC	261	161
5066	犍	ABC	261	118
5067	戬	ABC	261	114
5068	俶	AC	260	164
5069	嬷	ABC	260	102
5070	玹	AC	260	87
5071	讫	ABC	259	173
5072	德〇	AC	259	150
5073	珙	ABC	257	127
5074	嫵	AC	257	120
5075	蒡	ABC	257	92
5076	绛	ABC	257	62
5077	忾	ABC	256	249
5078	薜	ABC	256	188
5079	捌	ABC	255	172
5080	迳§逕	ABC	255	135
5081	畦	ABC	254	139
5082	燧	ABC	253	135
5083	湎	ABC	252	231
5084	巳	ABC	252	188
5085	鳃	ABC	251	156
5086	苕	ABC	250	127
5087	煸	ABC	249	168
5088	砣	ABC	248	180
5089	孬	ABC	248	167
5090	鹞	ABC	248	152
5091	癀	ABC	247	162
5092	吡	ABC	247	113
5093	屐	ABC	246	152
5094	鳜	ABC	245	99
5095	簌	ABC	244	127
5096	郏	ABC	244	121
5097	臊	ABC	243	202
5098	蚨	ABC	243	118
5099	瘘	ABC	242	128
5100	孛	AC	240	106
5101	雒	ABC	239	109
5102	铳	ABC	239	75
5103	舫	ABC	238	200
5104	呷	ABC	238	154
5105	啾	ABC	238	142
5106	歙	ABC	237	126
5107	瓅)	AC	237	61
5108	揆	ABC	236	146

序号	汉字	共用独用	频次	文本数
5109	睽	ABC	235	227
5110	盥	ABC	235	194
5111	剌	ABC	235	170
5112	麽	ABC	235	137
5113	喹	ABC	235	100
5114	蟥	ABC	235	91
5115	棂	ABC	234	206
5116	骶	ABC	234	168
5117	徵	ABC	234	167
5118	鼬	ABC	234	75
5119	睒	ABC	233	51
5120	鼋	ABC	232	89
5121	杵	ABC	231	190
5122	浠	ABC	230	138
5123	樯	ABC	229	197
5124	绉	ABC	229	124
5125	喏	ABC	228	181
5126	钲	AC	228	93
5127	麂	ABC	227	102
5128	虻	ABC	227	80
5129	硐	ABC	227	60
5130	孑	ABC	226	208
5131	篾	ABC	226	128
5132	蕲	ABC	226	94
5133	挹	ABC	225	165
5134	鞣	ABC	225	151
5135	馕	ABC	225	143
5136	骧	ABC	225	106
5137	猗	ABC	225	83
5138	券]券	AC	224	156
5139	茱	AC	224	104
5140	碛	ABC	224	89
5141	貔	ABC	224	87
5142	簕	ABC	224	69
5143	溦	AC	223	204
5144	黍	ABC	223	136
5145	馔	ABC	222	162
5146	锉	ABC	222	147
5147	铌	ABC	222	135
5148	锶	ABC	221	135
5149	喟	ABC	220	216
5150	臾	ABC	220	209
5151	鹄	ABC	220	143
5152	谔	ABC	220	80
5153	杼	ABC	219	182
5154	祜	ABC	219	135
5155	孳	ABC	219	116
5156	畈	ABC	218	144
5157	貅	ABC	218	80
5158	遽	ABC	217	201
5159	肄	ABC	217	162
5160	桷	ABC	217	132
5161	炔	ABC	217	114
5162	爻	ABC	217	68
5163	傈	ABC	216	142
5164	僳	ABC	216	141
5165	桡	ABC	215	117
5166	诰	ABC	214	117
5167	鸨	ABC	214	115
5168	鬣	ABC	214	94
5169	峄	ABC	214	43
5170	疴	ABC	213	200
5171	痨	ABC	213	178
5172	钺	ABC	213	125
5173	饴	ABC	212	188
5174	绔	ABC	212	184
5175	鹗	ABC	212	76
5176	炆	AC	212	69
5177	鲥	ABC	212	53
5178	夔	ABC	211	133
5179	咩	ABC	211	132
5180	嘀	ABC	211	125
5181	哝	ABC	210	189
5182	髯	ABC	210	170
5183	邈	ABC	210	157
5184	厩	ABC	210	141

序号	汉字	共用独用	频次	文本数
5185	枞	ABC	210	120
5186	铑	AC	210	116
5187	龑)	AC	208	165
5188	苣	ABC	208	164
5189	蛏	ABC	208	53
5190	赧	ABC	207	175
5191	婢	ABC	207	160
5192	闳	ABC	207	118
5193	獠	ABC	206	177
5194	镗	ABC	206	137
5195	怏	ABC	206	101
5196	爰	ABC	206	79
5197	峯]峰	AC	206	38
5198	虬	ABC	205	167
5199	谘	ABC	204	155
5200	咁	AC	204	131
5201	螯	ABC	204	117
5202	峣	AC	203	116
5203	岬	ABC	203	110
5204	羸	ABC	203	104
5205	郯	ABC	203	89
5206	駮)	ABC	203	62
5207	蜊	ABC	202	86
5208	擢	ABC	201	166
5209	剜	ABC	200	182
5210	氹	AC	200	111
5211	浈	ABC	200	104
5212	峒	ABC	200	99
5213	沆	ABC	199	160
5214	呲	ABC	199	149
5215	爨	ABC	199	61
5216	赭	ABC	198	163
5217	嗪	ABC	198	97
5218	埙	ABC	198	77
5219	萋	ABC	197	99
5220	訇	ABC	196	116
5221	劭	ABC	196	104
5222	礤	ABC	196	54

序号	汉字	共用独用	频次	文本数
5223	蛉	ABC	196	47
5224	葶	ABC	195	132
5225	砟	ABC	195	104
5226	鲎	ABC	195	48
5227	侪	ABC	194	189
5228	薮	ABC	194	150
5229	谧	ABC	194	128
5230	鳙	ABC	194	112
5231	诂	ABC	193	111
5232	趄	ABC	192	178
5233	蔀	ABC	192	79
5234	郢	ABC	192	73
5235	醐	ABC	191	185
5236	捭	ABC	191	180
5237	跫	ABC	191	176
5238	钏	ABC	191	138
5239	癸	ABC	191	136
5240	烜	AC	190	167
5241	甦]苏	AC	190	136
5242	辊	ABC	190	129
5243	趔	ABC	189	175
5244	逶	ABC	188	183
5245	撸	ABC	188	156
5246	莳	ABC	188	112
5247	糌	ABC	188	110
5248	這)这	ABC	188	36
5249	椽	ABC	187	159
5250	椋	ABC	187	67
5251	塊	ABC	186	146
5252	谡	ABC	186	128
5253	恁	ABC	186	127
5254	鹂	ABC	186	111
5255	僮	ABC	186	91
5256	玭	AC	186	78
5257	筚	ABC	185	173
5258	恫	ABC	185	171
5259	囫	ABC	185	169
5260	豇	ABC	185	132

序号	汉字	共用独用	频次	文本数
5261	舐	ABC	184	170
5262	怄	ABC	184	158
5263	跖	ABC	184	103
5264	娌	ABC	184	95
5265	缛	ABC	183	173
5266	囵	ABC	183	167
5267	佻	ABC	183	161
5268	牯	ABC	183	103
5269	黟	ABC	183	98
5270	莼	ABC	183	70
5271	畹	ABC	182	112
5272	駿	ABC	182	100
5273	躄	ABC	181	171
5274	铖	AC	181	130
5275	鼐	ABC	181	75
5276	葭	ABC	179	126
5277	妯	ABC	179	94
5278	箅	ABC	179	71
5279	潋	ABC	178	170
5280	舂	ABC	178	93
5281	佶	ABC	177	103
5282	誊	ABC	176	147
5283	糨	ABC	176	124
5284	洄	ABC	176	113
5285	疃	ABC	176	103
5286	泔	ABC	176	101
5287	蓑	ABC	175	137
5288	酐	ABC	174	113
5289	殁	ABC	174	111
5290	蛔	ABC	174	87
5291	堀	ABC	174	79
5292	嘅]慨	AC	174	65
5293	洺	AC	174	33
5294	谄	ABC	173	156
5295	阈	ABC	173	126
5296	筲	ABC	173	121
5297	暎]映	AC	173	117
5298	鄄	ABC	173	75
5299	愠	ABC	172	167
5300	龃	ABC	172	155
5301	豢	ABC	172	152
5302	陟	ABC	172	100
5303	悌	ABC	172	92
5304	妲	ABC	172	78
5305	罂	AC	172	66
5306	蹼	ABC	171	117
5307	篦	ABC	171	98
5308	哌	ABC	170	96
5309	肏	ABC	170	95
5310	郓	ABC	170	87
5311	鸪	ABC	170	69
5312	冇	AC	169	125
5313	绦	ABC	169	118
5314	蘖	ABC	169	99
5315	甪	AC	169	65
5316	仡	AC	169	43
5317	颔	ABC	168	160
5318	筧	ABC	168	64
5319	菰	ABC	168	35
5320	趼	ABC	167	161
5321	辋	ABC	167	147
5322	豺	ABC	167	121
5323	枳	ABC	167	114
5324	邛	ABC	167	78
5325	楸	ABC	167	63
5326	璘	AC	166	93
5327	鼹	ABC	166	90
5328	疍	AC	166	81
5329	逦	ABC	165	161
5330	泅	ABC	165	128
5331	芾	ABC	165	111
5332	缗	ABC	165	94
5333	蠹	ABC	165	89
5334	鹧	ABC	165	68
5335	鸸	ABC	165	33
5336	鹋	ABC	165	33

序号	汉字	共用 独用	频次	文本数
5337	挈	ABC	164	161
5338	龉	ABC	164	154
5339	呸	ABC	164	120
5340	砼	ABC	164	112
5341	铋	ABC	163	146
5342	钤	ABC	163	122
5343	萘	ABC	163	71
5344	锝	ABC	162	135
5345	姘	ABC	162	111
5346	笕	ABC	162	100
5347	镞	ABC	162	76
5348	鲠	ABC	161	155
5349	氽	ABC	160	104
5350	荽	ABC	160	85
5351	槿	ABC	159	84
5352	溴	AC	159	48
5353	箬	ABC	159	41
5354	珥	ABC	158	90
5355	恹	ABC	158	77
5356	茔	ABC	157	127
5357	铍	ABC	157	72
5358	锜	AC	157	61
5359	楝	ABC	157	53
5360	苁	ABC	157	50
5361	圜	ABC	156	124
5362	钡	ABC	156	113
5363	凫	ABC	156	101
5364	柞	ABC	156	74
5365	聒	ABC	155	150
5366	瑁	ABC	155	88
5367	妫	AC	155	88
5368	稹	ABC	155	67
5369	臬	ABC	154	150
5370	甙	ABC	153	120
5371	芎	ABC	153	102
5372	诶	ABC	153	101
5373	炤]照	AC	153	99
5374	癔	ABC	153	90
5375	颀	ABC	152	140
5376	呋	ABC	152	87
5377	硌	ABC	151	130
5378	榉	ABC	151	129
5379	蕤	ABC	151	121
5380	濯	ABC	151	107
5381	鲇	ABC	151	90
5382	蒯	ABC	151	74
5383	郗	ABC	151	70
5384	乜	ABC	150	135
5385	咗	AC	150	112
5386	禚	ABC	150	40
5387	滏	ABC	149	148
5388	吔	ABC	149	141
5389	嚅	AC	149	139
5390	垅	ABC	149	94
5391	嵬	ABC	149	92
5392	萜	ABC	149	51
5393	逑	ABC	148	133
5394	昨	AC	147	62
5395	镏	ABC	146	143
5396	谀	ABC	146	137
5397	筶	ABC	146	124
5398	镔	ABC	146	57
5399	渑	ABC	146	53
5400	枋	ABC	145	111
5401	鸬	ABC	145	72
5402	哞	ABC	145	71
5403	堇	ABC	145	66
5404	個)个	AC	145	34
5405	烎	A	145	30
5406	鳏	ABC	144	125
5407	镳	ABC	144	124
5408	骎	ABC	144	99
5409	恂	ABC	144	72
5410	霑]沾	AC	144	44
5411	潴	ABC	143	108
5412	椤	ABC	143	81

序号	汉字	共用 独用	频次	文本数
5413	衮	ABC	143	72
5414	鋬	ABC	143	68
5415	侩	ABC	142	128
5416	赟	ABC	142	90
5417	埕	ABC	142	84
5418	脘	ABC	141	107
5419	泺	ABC	141	88
5420	鸫	ABC	141	81
5421	仵	ABC	141	64
5422	甯]宁	ABC	141	44
5423	炝	ABC	140	97
5424	螭	ABC	140	79
5425	崆	ABC	140	78
5426	昝	ABC	140	77
5427	湧]涌	AC	140	58
5428	琤	AC	139	89
5429	芈	AC	139	60
5430	會)会	AC	139	46
5431	蓖	ABC	139	37
5432	還)还	BC	139	34
5433	焐	ABC	138	117
5434	楫	ABC	138	113
5435	蚩	ABC	138	55
5436	嶝	ABC	138	26
5437	戗	ABC	137	120
5438	鳊	ABC	137	77
5439	疥	ABC	137	63
5440	蜱	ABC	137	42
5441	勢)势	C	137	22
5442	煳	ABC	136	108
5443	崑]昆	AC	136	86
5444	睆	ABC	135	127
5445	痈	ABC	135	105
5446	馀	ABC	135	97
5447	甑	ABC	135	81
5448	旼	AC	135	77
5449	扦	ABC	135	70
5450	槭	ABC	135	57

序号	汉字	共用 独用	频次	文本数
5451	箸	ABC	134	101
5452	莪	ABC	134	70
5453	俳	ABC	134	49
5454	呎△	AC	133	80
5455	蠲	ABC	133	76
5456	闩	ABC	133	76
5457	桫	ABC	133	72
5458	瘗	ABC	133	30
5459	嗫	ABC	132	123
5460	玳	ABC	132	82
5461	吵	AC	132	57
5462	俟	ABC	131	125
5463	撺	ABC	131	123
5464	缱	ABC	131	116
5465	炘	AC	131	81
5466	笹○	ABC	131	53
5467	點)点	ABC	131	32
5468	埼	AC	130	100
5469	疖	ABC	130	96
5470	腈	ABC	130	94
5471	鞑	ABC	130	90
5472	氪	ABC	130	67
5473	碶	ABC	130	61
5474	绻	ABC	129	115
5475	姮	AC	129	104
5476	篁	ABC	129	85
5477	笪	ABC	129	77
5478	沒〉没	AC	128	62
5479	琇	AC	128	41
5480	鲆	ABC	128	31
5481	稗	ABC	127	95
5482	伥	ABC	127	84
5483	胍	AC	127	58
5484	鲛	ABC	127	57
5485	辒	ABC	126	76
5486	咻	ABC	126	70
5487	滙	ABC	126	68
5488	鹚	ABC	126	65

序号	汉字	共用 独用	频次	文本数
5489	鹘	ABC	126	49
5490	揨]撑	AC	126	24
5491	憷	ABC	125	120
5492	娉	ABC	125	105
5493	粲	ABC	125	100
5494	飚	ABC	125	94
5495	顼	ABC	125	46
5496	阌	ABC	124	85
5497	榘]矩	ABC	124	51
5498	苾	ABC	124	50
5499	媔	AC	123	54
5500	帏	ABC	122	114
5501	愎	ABC	122	107
5502	帙	ABC	122	95
5503	菟	ABC	122	92
5504	刎	ABC	122	88
5505	蝮	ABC	122	55
5506	膑	ABC	121	85
5507	踯	ABC	120	114
5508	胴	ABC	120	79
5509	姵	AC	120	67
5510	讦	ABC	119	115
5511	沤	ABC	119	100
5512	嗳	ABC	119	96
5513	褫	ABC	119	81
5514	嗞	AC	119	62
5515	廪	ABC	118	95
5516	鲳	ABC	118	80
5517	妳]你	AC	118	72
5518	圪	ABC	118	67
5519	涔	ABC	118	63
5520	贇)赟	ABC	118	58
5521	龢]和	ABC	118	57
5522	瑷	ABC	118	55
5523	哙	ABC	118	52
5524	蠲	ABC	117	111
5525	诓	ABC	117	102
5526	蹚]趟	ABC	117	93
5527	塱	AC	117	75
5528	骠	ABC	116	104
5529	隗	ABC	116	89
5530	忤	ABC	116	87
5531	帑	ABC	115	103
5532	翳	ABC	115	87
5533	谪	ABC	115	84
5534	镏	ABC	115	79
5535	垌	ABC	115	68
5536	陞]升	ABC	115	59
5537	襁	ABC	115	57
5538	仫	ABC	115	49
5539	俣	ABC	115	48
5540	榧	AC	115	27
5541	娭	AC	115	19
5542	埒	ABC	114	81
5543	皲	ABC	114	79
5544	煅	ABC	114	79
5545	庳	ABC	114	77
5546	湔	ABC	114	72
5547	璎	ABC	114	59
5548	庥	ABC	114	51
5549	媾	ABC	113	98
5550	喑	ABC	112	110
5551	闹	ABC	112	81
5552	擤	ABC	112	77
5553	蒴	ABC	112	72
5554	黃〉黄	ABC	112	67
5555	蘼	ABC	112	55
5556	鬲	ABC	112	48
5557	睥	ABC	111	104
5558	檩	ABC	111	84
5559	薹	ABC	111	70
5560	瑢	AC	111	48
5561	磴	ABC	111	45
5562	旃	ABC	111	43
5563	燸	AC	111	20
5564	驰	AC	111	17

序号	汉字	共用独用	频次	文本数
5565	內〉内	AC	110	85
5566	馑	ABC	110	69
5567	隰	ABC	110	48
5568	暾	ABC	110	39
5569	踽	ABC	109	50
5570	湉	AC	109	48
5571	氘	ABC	109	38
5572	佞	ABC	108	88
5573	栢]柏	AC	108	66
5574	査]查	AC	108	60
5575	畊]耕	AC	108	54
5576	贠	ABC	108	51
5577	杲	ABC	108	49
5578	昽	ABC	107	100
5579	谗	ABC	107	97
5580	栌	ABC	107	75
5581	礅	ABC	107	60
5582	艋	ABC	107	54
5583	茛	ABC	107	44
5584	槁	ABC	106	101
5585	殄	ABC	106	92
5586	骈	ABC	106	76
5587	晷	ABC	106	71
5588	芊	ABC	106	56
5589	蝰	ABC	106	39
5590	啉	ABC	105	77
5591	缫	ABC	105	37
5592	菽	ABC	104	78
5593	钹	ABC	104	74
5594	澮	ABC	104	69
5595	茇	ABC	104	59
5596	垸	ABC	104	55
5597	苎	ABC	104	37
5598	澔	AC	104	32
5599	鳔	ABC	104	30
5600	粝	ABC	103	100
5601	倨	ABC	103	90
5602	來〉来	AC	103	69
5603	衲	ABC	103	59
5604	螟	ABC	103	54
5605	澖	AC	103	45
5606	翚	ABC	103	37
5607	粿	AB	103	21
5608	溘	ABC	102	100
5609	崧	ABC	102	94
5610	僭	ABC	102	93
5611	皴	ABC	102	89
5612	郎	ABC	102	59
5613	缃	ABC	102	42
5614	線]线	AC	102	27
5615	洇	ABC	101	92
5616	婊	ABC	101	78
5617	誌]志	ABC	101	77
5618	塍	ABC	101	73
5619	谳	ABC	100	72
5620	戡	ABC	100	60
5621	髹	ABC	100	55
5622	瑱	AC	99	90
5623	琎	AC	99	82
5624	瑀	AC	99	73
5625	潟	AC	99	61
5626	醪	ABC	99	61
5627	闇]暗	ABC	99	56
5628	嘤	AC	99	47
5629	魈	ABC	99	24
5630	茼	ABC	98	65
5631	掼	ABC	98	60
5632	詠]咏	ABC	98	43
5633	腚	ABC	97	61
5634	窣	ABC	97	60
5635	瑄	AC	97	55
5636	芗	ABC	96	62
5637	潡	A	96	49
5638	洸	AC	96	44
5639	轸	ABC	96	44
5640	荏	ABC	96	40

序号	汉字	共用 独用	频次	文本数
5641	逡	ABC	95	94
5642	偈	ABC	95	73
5643	罘	ABC	95	57
5644	廼]乃	AC	95	22
5645	洌	ABC	94	86
5646	裾	ABC	94	85
5647	墀	ABC	94	74
5648	辎	ABC	94	73
5649	湜	AC	94	64
5650	髂	ABC	94	60
5651	笫	ABC	94	59
5652	嗵	ABC	94	58
5653	鳇	ABC	94	55
5654	舺	ABC	94	46
5655	艄	ABC	93	75
5656	砦]寨	ABC	93	62
5657	镱	AC	93	35
5658	嶷	ABC	93	28
5659	阊	ABC	93	26
5660	髭	ABC	93	22
5661	揠	ABC	92	78
5662	栊	ABC	92	53
5663	姒	ABC	92	40
5664	壓)压	C	92	24
5665	娸	AC	92	14
5666	绾	ABC	91	87
5667	蒴	ABC	91	64
5668	耙	ABC	91	64
5669	祗	ABC	91	58
5670	啵	ABC	91	58
5671	窸	ABC	91	55
5672	魍	ABC	91	50
5673	魉	ABC	91	50
5674	蚧	ABC	91	40
5675	現)现	AC	91	39
5676	飑	ABC	91	38
5677	楹	AC	91	30
5678	猁	AC	91	18
5679	猞	AC	91	18
5680	氐	ABC	90	54
5681	惇	AC	90	51
5682	辻〇	ABC	90	41
5683	祢	ABC	90	25
5684	别〉别	AC	89	74
5685	庑	ABC	89	72
5686	謝)谢	AC	89	40
5687	垧	ABC	89	27
5688	時)时	AC	88	47
5689	鲷	ABC	88	41
5690	铯	ABC	88	37
5691	犰	ABC	88	31
5692	踟	ABC	87	86
5693	哂	AC	87	82
5694	燚	AC	87	60
5695	侉	ABC	87	50
5696	椹	ABC	87	50
5697	褚	ABC	87	44
5698	狳	ABC	87	30
5699	颟	ABC	87	17
5700	鲌	ABC	87	11
5701	幛	ABC	86	72
5702	翥	ABC	86	57
5703	螈	ABC	86	28
5704	谄	ABC	85	76
5705	頫]俯	ABC	85	57
5706	镒	ABC	85	56
5707	镢	ABC	85	54
5708	係)系	AC	85	51
5709	猢	ABC	84	68
5710	碓	ABC	83	66
5711	爿	ABC	83	64
5712	孅	AC	83	48
5713	埇	AC	83	42
5714	鹈	ABC	83	42
5715	蝾	ABC	83	28
5716	铫	AC	83	20

序号	汉字	共用独用	频次	文本数
5717	棹	ABC	82	73
5718	轳	ABC	82	67
5719	揸	ABC	82	62
5720	[illegible]	ABC	82	61
5721	颏	ABC	82	59
5722	嫒	ABC	82	50
5723	高⟩高	ABC	82	47
5724	冪	AC	82	36
5725	蘋)苹	ABC	82	32
5726	狍	ABC	81	68
5727	猻	ABC	81	66
5728	厶	AC	81	65
5729	阗	ABC	81	59
5730	椟	ABC	81	58
5731	鲭	ABC	81	55
5732	镓	ABC	81	47
5733	郾	ABC	81	46
5734	萁	ABC	81	46
5735	醮	ABC	81	42
5736	茳	ABC	81	22
5737	鲹	AC	81	18
5738	鬻	ABC	80	68
5739	狷	ABC	80	58
5740	蚵	ABC	80	55
5741	犇	ABC	80	53
5742	迺]乃	ABC	80	48
5743	刈	ABC	80	45
5744	茀	AC	80	40
5745	匏	ABC	80	40
5746	垟	AC	80	32
5747	纮	ABC	80	31
5748	蚶	ABC	80	26
5749	锬	AC	80	6
5750	怩	ABC	79	73
5751	帔	ABC	79	73
5752	忸	ABC	79	73
5753	魑	AC	79	61
5754	雎	ABC	79	52

序号	汉字	共用独用	频次	文本数
5755	埝	ABC	79	50
5756	鲔	ABC	79	37
5757	跶	ABC	78	64
5758	妁	ABC	78	63
5759	峋)	ABC	78	51
5760	佢	AC	78	49
5761	锎	ABC	78	43
5762	鹕	ABC	78	38
5763	塝	AC	78	34
5764	蒗	ABC	78	31
5765	泫	ABC	78	30
5766	轺	AC	78	7
5767	吡	ABC	77	61
5768	蓊	ABC	77	57
5769	胪	ABC	77	51
5770	尔〇	AC	77	49
5771	褡	ABC	77	48
5772	橼	ABC	77	44
5773	瑗	ABC	77	43
5774	姳	AC	77	34
5775	戆	ABC	77	34
5776	繇	ABC	77	29
5777	镠	ABC	77	29
5778	褙	ABC	77	28
5779	鲼	ABC	77	19
5780	�	ABC	77	8
5781	罅	ABC	76	74
5782	熘	ABC	76	58
5783	祼	ABC	76	38
5784	咲]笑	AC	76	38
5785	嘬	ABC	75	62
5786	骝	ABC	75	52
5787	薅	ABC	75	46
5788	跬	ABC	74	71
5789	徭	ABC	74	62
5790	狎	ABC	74	56
5791	湫	ABC	74	56
5792	镲	ABC	74	55

序号	汉字	共用独用	频次	文本数
5793	竑	ABC	74	51
5794	锛	ABC	74	50
5795	诹	ABC	74	42
5796	豸	ABC	74	39
5797	沄	AC	74	23
5798	孃]娘	AC	74	16
5799	蝼	ABC	73	59
5800	嘧	AC	73	56
5801	堠	ABC	73	36
5802	氚	ABC	73	31
5803	為〉爲	C	73	29
5804	腡	ABC	73	25
5805	洩]泄	AC	73	15
5806	殳	AC	72	65
5807	筲	ABC	72	54
5808	吔	AC	72	45
5809	俅	ABC	72	37
5810	呦	ABC	72	37
5811	鲽	ABC	72	28
5812	璥	AC	72	25
5813	螆	A	72	22
5814	棘	AC	72	15
5815	蹰	ABC	71	71
5816	阌	ABC	71	69
5817	鞧	ABC	71	58
5818	搧	AC	71	56
5819	玎	ABC	71	52
5820	箜	ABC	71	39
5821	雩	AC	71	27
5822	跸	ABC	70	52
5823	嵯	ABC	70	34
5824	痟	ABC	70	33
5825	凃	AC	70	33
5826	牤	AC	70	12
5827	胝	ABC	69	57
5828	福	ABC	69	56
5829	锘	ABC	69	54
5830	屙	ABC	69	43
5831	國)国	AC	69	35
5832	盤)盘	AC	69	28
5833	蝓	AC	69	20
5834	駃	ABC	68	59
5835	豕	ABC	68	52
5836	蓼	ABC	68	47
5837	瘿	ABC	68	42
5838	槑]梅	AC	68	41
5839	蚴	ABC	68	27
5840	笄	ABC	68	25
5841	鸮	ABC	68	24
5842	調)调	ABC	68	23
5843	關)关	AC	68	20
5844	鼩	ABC	68	11
5845	薷	ABC	67	57
5846	腁	ABC	67	56
5847	吶〉呐	AC	67	52
5848	嚯	ABC	67	49
5849	荦	ABC	67	45
5850	渌	ABC	67	42
5851	缦	ABC	67	38
5852	鲱	AC	67	30
5853	間)间	C	67	26
5854	卟	AC	67	22
5855	忝	ABC	66	59
5856	芘	ABC	66	48
5857	哔	ABC	66	42
5858	胼	ABC	66	41
5859	聃	AC	66	38
5860	縻	ABC	66	29
5861	價)价	AC	66	23
5862	訢)䜣	AB	66	17
5863	噘]撅	ABC	65	56
5864	佡	AC	65	46
5865	衿	ABC	65	44
5866	镫	ABC	65	40
5867	郗	ABC	65	39
5868	樘	AB	65	33

序号	汉字	共用独用	频次	文本数
5869	踅	ABC	64	58
5870	弩	ABC	64	58
5871	羧	ABC	64	46
5872	苴	ABC	64	34
5873	翕	ABC	63	56
5874	勍	AC	63	54
5875	酽	AC	63	45
5876	裢	ABC	63	39
5877	臺)台	ABC	63	39
5878	師)师	AC	63	38
5879	剡	ABC	63	38
5880	岢	ABC	63	38
5881	篌	ABC	63	35
5882	續)续	BC	63	24
5883	鳎	AB	63	24
5884	蟮	ABC	63	23
5885	屣	ABC	62	59
5886	揿	ABC	62	52
5887	噫	ABC	62	48
5888	呼	AC	62	47
5889	酞	ABC	62	44
5890	媞	AC	62	26
5891	鮰)	AB	62	24
5892	話)话	AC	62	16
5893	盼	ABC	62	7
5894	艄	ABC	61	45
5895	颞	ABC	61	31
5896	涑	ABC	61	29
5897	邶	ABC	61	10
5898	炣	AC	60	58
5899	荜	ABC	60	53
5900	夥	ABC	60	49
5901	啟]启	AC	60	47
5902	鹍	ABC	60	43
5903	哟	AC	60	28
5904	茕	AC	60	26
5905	滏	ABC	60	24
5906	仉	ABC	60	19

序号	汉字	共用独用	频次	文本数
5907	晳	AC	60	18
5908	迴)回	ABC	59	45
5909	莳	ABC	59	32
5910	將)将	AC	59	32
5911	疠	ABC	59	32
5912	蛱	ABC	59	25
5913	狨	ABC	59	13
5914	嶺)岭	AC	59	10
5915	啁	ABC	58	54
5916	斫	ABC	58	50
5917	垦	AC	58	45
5918	僖	ABC	58	44
5919	镪	ABC	58	42
5920	膢	AC	58	42
5921	虒	ABC	58	38
5922	蕈	ABC	58	34
5923	過)过	ABC	58	31
5924	砬	ABC	58	23
5925	癯	AC	57	55
5926	給)给	ABC	57	49
5927	诳	ABC	57	47
5928	萎	ABC	57	45
5929	�	AC	57	43
5930	淝	ABC	57	38
5931	祇	ABC	57	36
5932	涠	ABC	57	31
5933	峇	AC	57	31
5934	徹	ABC	57	30
5935	買)买	ABC	57	29
5936	嫲	AC	57	15
5937	鳢	ABC	57	10
5938	嗄	ABC	57	9
5939	趿	ABC	56	55
5940	蒹	ABC	56	49
5941	鳐	ABC	56	36
5942	艿	ABC	56	36
5943	锫	AC	56	32
5944	驩]欢	ABC	56	27

序号	汉字	共用独用	频次	文本数
5945	嫘	ABC	56	27
5946	觇	ABC	56	24
5947	趨)趋	C	56	15
5948	椗]碇	A	56	6
5949	岕	AC	56	5
5950	瘆	AC	55	53
5951	啐	ABC	55	52
5952	穑	ABC	55	42
5953	哓	ABC	55	40
5954	劬	AC	55	39
5955	沩	ABC	55	36
5956	蜉	ABC	55	35
5957	絜]洁	ABC	55	30
5958	楯	AC	55	27
5959	柽	ABC	55	15
5960	鵐)	AC	55	8
5961	縏	AC	54	52
5962	纡	ABC	54	47
5963	咭	ABC	54	47
5964	辔	ABC	54	44
5965	喊	ABC	54	41
5966	汭	AC	54	36
5967	卣	ABC	54	34
5968	蘧	AC	54	29
5969	髁	ABC	54	27
5970	坣	AC	54	21
5971	鑫	AC	54	11
5972	篔	ABC	54	7
5973	剎)刹	AC	53	49
5974	沔	ABC	53	42
5975	硖	ABC	53	35
5976	繼)继	BC	53	20
5977	叡]睿	AC	53	18
5978	觀)观	C	53	18
5979	蛞	AC	53	13
5980	罍	ABC	53	11
5981	唷	ABC	52	45
5982	佀]似	AC	52	38

序号	汉字	共用独用	频次	文本数
5983	氽	ABC	52	36
5984	菴]庵	AC	52	33
5985	碇	ABC	52	28
5986	粄	A	52	8
5987	屺	ABC	51	43
5988	貉	ABC	51	42
5989	笏	ABC	51	41
5990	弁	ABC	51	39
5991	徹)彻	AC	51	39
5992	巉	AC	51	36
5993	珪	AC	51	36
5994	璨]璃	AC	51	28
5995	進)进	AC	51	27
5996	萬)万	ABC	51	24
5997	柰	ABC	51	17
5998	馃	A	51	14
5999	謦	AC	50	32
6000	烟○	AC	50	32
6001	晧	AC	50	29
6002	鑑]鉴	ABC	50	29
6003	睩	AC	50	25
6004	嫚	AC	50	15
6005	荩	ABC	50	15
6006	翮	AC	49	45
6007	铙	ABC	49	32
6008	缬	ABC	49	27
6009	鸶	ABC	49	24
6010	粈	AB	49	23
6011	鼯	ABC	49	16
6012	硎	ABC	49	16
6013	煖]暖	A	49	9
6014	殍	ABC	48	48
6015	佥	ABC	48	42
6016	摺	ABC	48	41
6017	筶	ABC	48	40
6018	嚓	AC	48	39
6019	澥	AC	48	37
6020	麽○	ABC	48	37

序号	汉字	共用独用	频次	文本数
6021	爀	AC	48	30
6022	漲）涨	C	48	23
6023	沢〇	AC	48	21
6024	碲	AC	48	19
6025	業）业	AC	48	18
6026	啓）启	AC	48	12
6027	丂	AC	48	8
6028	欹	ABC	47	47
6029	鬈	AC	47	41
6030	歃	ABC	47	38
6031	艉	ABC	47	38
6032	圹	ABC	47	37
6033	舻	ABC	47	34
6034	坜	ABC	47	33
6035	薜	ABC	47	33
6036	堺	AC	47	29
6037	溌	AC	47	26
6038	莳	ABC	47	24
6039	鸥	ABC	47	23
6040	糖	ABC	47	21
6041	搵〉揾	AC	46	38
6042	玠	AC	46	36
6043	禳	ABC	46	34
6044	穗〇	AC	46	31
6045	長）长	ABC	46	27
6046	轭	ABC	46	27
6047	說〉説	AC	46	24
6048	機）机	AC	46	22
6049	磉	AC	46	18
6050	魃	AC	46	18
6051	鮀）	AC	46	14
6052	骟	AC	46	13
6053	嵎	AC	46	12
6054	酢	ABC	45	34
6055	棰	ABC	45	34
6056	題）题	ABC	45	31
6057	抟	ABC	45	29
6058	肫	ABC	45	26
6059	黉	AC	45	25
6060	锔	ABC	45	23
6061	槊	ABC	45	23
6062	隈	ABC	45	22
6063	熺	AC	45	21
6064	貘	ABC	45	21
6065	硃）朱	ABC	45	17
6066	菈	ABC	45	13
6067	恵〇	AC	44	34
6068	捯	AC	44	31
6069	秫	ABC	44	29
6070	場）场	C	44	28
6071	沨	AC	44	28
6072	瑭	AC	44	27
6073	愛）爱	AC	44	24
6074	笥	ABC	44	20
6075	龚	AC	44	12
6076	虒	AC	43	43
6077	牾	ABC	43	42
6078	髫	ABC	43	41
6079	箄	ABC	43	39
6080	嗥	ABC	43	38
6081	欤	ABC	43	37
6082	梃	AC	43	35
6083	祛	ABC	43	30
6084	秕	ABC	43	28
6085	蠓	ABC	43	27
6086	椴	AB	43	26
6087	玦	AC	43	26
6088	楮	ABC	43	23
6089	嵛	ABC	43	20
6090	镨	ABC	43	20
6091	桤	ABC	43	18
6092	醯	ABC	43	16
6093	鳖	AC	43	10
6094	鹈	AC	43	9
6095	呙	AC	43	9
6096	氆	ABC	42	35

序号	汉字	共用独用	频次	文本数
6097	穞	ABC	42	35
6098	潆	ABC	42	29
6099	鲉	ABC	42	24
6100	珧	AB	42	22
6101	經)经	BC	42	21
6102	宮〉宫	AC	42	15
6103	牲	AC	42	15
6104	关	AC	42	11
6105	醜)丑	ABC	42	11
6106	抔	AC	41	37
6107	彀	ABC	41	35
6108	抛	AC	41	32
6109	醣	AC	41	32
6110	浯	ABC	41	25
6111	怼	ABC	40	40
6112	圮	ABC	40	38
6113	衾	AC	40	37
6114	谵	AC	40	37
6115	穰	ABC	40	29
6116	啱	AC	40	28
6117	侔	ABC	40	24
6118	砗	AC	40	23
6119	磲	AC	40	23
6120	丏	AC	40	22
6121	莙	ABC	40	19
6122	橛	ABC	40	16
6123	礴	ABC	39	39
6124	倥	ABC	39	38
6125	逋	ABC	39	33
6126	氍	AC	39	26
6127	趺	ABC	39	25
6128	嫱	ABC	39	25
6129	佺	AC	39	23
6130	湑	ABC	39	21
6131	礮]炮	ABC	39	21
6132	覺)觉	AC	39	20
6133	蠊	ABC	39	18
6134	螻	ABC	39	18

序号	汉字	共用独用	频次	文本数
6135	辚	ABC	39	16
6136	筮	ABC	39	16
6137	栞]琴	AC	39	14
6138	皃	A	39	1
6139	偬	ABC	38	38
6140	缟	ABC	38	36
6141	谠	ABC	38	34
6142	顸	ABC	38	33
6143	冏	AC	38	32
6144	宬	AC	38	31
6145	楦	ABC	38	29
6146	夼	ABC	38	28
6147	裡]里	ABC	38	28
6148	蒨	AC	38	27
6149	坩	ABC	38	27
6150	疔	ABC	38	26
6151	開)开	ABC	38	23
6152	奁	ABC	38	21
6153	尜	ABC	38	19
6154	勖	ABC	38	15
6155	醌	ABC	37	32
6156	柢	ABC	37	29
6157	吖	AC	37	28
6158	強]强	AC	37	25
6159	缑	ABC	37	22
6160	佾	ABC	37	22
6161	喁	AC	37	20
6162	蒺	ABC	37	20
6163	婺)	AC	37	19
6164	噏	AC	37	19
6165	硗	AC	37	18
6166	洎	ABC	37	16
6167	偶	AC	37	16
6168	棐	A	37	13
6169	笤	ABC	37	4
6170	鲉)	A	37	3
6171	墁	AB	36	36
6172	蹁	ABC	36	35

序号	汉字	共用独用	频次	文本数
6173	瓠	ABC	36	32
6174	玙	AC	36	31
6175	矬	ABC	36	29
6176	腘	AC	36	27
6177	蒽	ABC	36	27
6178	苌	ABC	36	26
6179	請）请	BC	36	26
6180	粦]磷	AB	36	26
6181	囝	AC	36	25
6182	兩）两	AC	36	23
6183	眣	AC	36	23
6184	資）资	ABC	36	21
6185	鳛	ABC	36	21
6186	腧	ABC	36	19
6187	洳	ABC	36	18
6188	戢	ABC	36	18
6189	堉	AC	36	16
6190	疰	A	36	15
6191	澉	ABC	36	12
6192	樸）朴	C	36	12
6193	锐	A	36	12
6194	璁	ABC	36	12
6195	態）态	C	36	11
6196	蕹	ABC	36	11
6197	鮋）鲉	AC	36	7
6198	鹛	ABC	36	7
6199	豯	AC	35	35
6200	溽	AC	35	34
6201	哚	ABC	35	34
6202	吲	AC	35	31
6203	绡	AC	35	27
6204	啾	ABC	35	26
6205	嵴	ABC	35	25
6206	黾	ABC	35	23
6207	毹	AC	35	22
6208	槲	AC	35	21
6209	幾）几	AC	35	19
6210	觚	ABC	35	18

序号	汉字	共用独用	频次	文本数
6211	襦	ABC	35	18
6212	袯	ABC	35	17
6213	蟒	ABC	35	16
6214	蘭）兰	ABC	35	15
6215	宧	AC	35	11
6216	薤	AC	35	10
6217	鲞）	AC	35	9
6218	睚	AC	34	33
6219	褊	ABC	34	30
6220	椐	ABC	34	30
6221	槠	AC	34	29
6222	垓	ABC	34	28
6223	杪	AC	34	27
6224	镧	ABC	34	25
6225	桄	ABC	34	25
6226	該）该	ABC	34	25
6227	曈	AC	34	22
6228	彥〉彦	AC	34	22
6229	黻	ABC	34	19
6230	釐]厘	ABC	34	19
6231	較）较	BC	34	18
6232	诔	ABC	34	15
6233	鲀	ABC	34	15
6234	诉	ABC	34	13
6235	埏	ABC	34	10
6236	鳖	ABC	33	31
6237	颟	ABC	33	30
6238	氖	ABC	33	29
6239	謦	ABC	33	28
6240	傧	ABC	33	27
6241	髈]膀	AC	33	25
6242	冚	AC	33	23
6243	勳]勋	AC	33	22
6244	燦）灿	AC	33	22
6245	岜	ABC	33	21
6246	滗	ABC	33	21
6247	钭	ABC	33	21
6248	螅	ABC	33	20

序号	汉字	共用 独用	频次	文本数
6249	祎	ABC	33	17
6250	珖	AC	33	17
6251	濞	ABC	33	16
6252	硇	AC	33	12
6253	譞)	AC	33	12
6254	佴	AC	33	11
6255	篩	A	33	6
6256	蔺	ABC	32	30
6257	鸷	ABC	32	29
6258	見)见	ABC	32	28
6259	衽	ABC	32	28
6260	矇)蒙	ABC	32	28
6261	畚	ABC	32	26
6262	嗎)吗	C	32	25
6263	礽	ABC	32	24
6264	钍	ABC	32	23
6265	劢	ABC	32	23
6266	傢)家	AC	32	23
6267	篑	A	32	21
6268	對)对	AC	32	20
6269	發)发	AC	32	20
6270	沓	ABC	32	19
6271	烺	AC	32	17
6272	滯	AC	32	15
6273	變)变	AC	32	15
6274	媪	AC	32	15
6275	郚	AC	32	15
6276	垕	AC	32	12
6277	甗	AC	32	8
6278	岈	AC	32	6
6279	菌	AC	32	3
6280	俦	ABC	31	29
6281	摭	AC	31	26
6282	呔	ABC	31	26
6283	磙	ABC	31	25
6284	铽	AC	31	25
6285	搛	AC	31	23
6286	禛	ABC	31	20

序号	汉字	共用 独用	频次	文本数
6287	倮	ABC	31	20
6288	秈]籼	ABC	31	18
6289	踺	ABC	31	17
6290	矻	A	31	16
6291	嘚	AC	31	15
6292	垴	ABC	31	15
6293	廒	ABC	31	15
6294	熵	AC	31	15
6295	卍	AC	31	13
6296	魟)	AC	31	13
6297	眺	AC	31	11
6298	掊	ABC	31	11
6299	昉	AC	31	8
6300	糬	ABC	31	7
6301	鹡	ABC	31	7
6302	鹛	A	31	7
6303	赪	ABC	31	7
6304	渼	A	31	6
6305	嵖	AC	31	5
6306	聱	AC	30	30
6307	滤	AC	30	29
6308	牠]它	AC	30	25
6309	眕	ABC	30	23
6310	鞾]靴	ABC	30	23
6311	問)问	AC	30	22
6312	梶	AC	30	21
6313	澂]澄	AC	30	19
6314	蛄	ABC	30	19
6315	雠	AC	30	19
6316	罟	AB	30	16
6317	鲂	A	30	16
6318	簟	AC	30	16
6319	區)区	AC	30	13
6320	們)们	AC	30	13
6321	崀	AC	30	13
6322	菹	ABC	30	12
6323	嚞	AC	30	12
6324	騄)	AC	30	10

序号	汉字	共用独用	频次	文本数
6325	肜	ABC	30	7
6326	鹛	A	30	6
6327	媗	C	30	5
6328	诮	ABC	29	28
6329	辏	AB	29	27
6330	瑩)莹	AC	29	27
6331	玢	AC	29	24
6332	篋	ABC	29	24
6333	並]并	AC	29	23
6334	堞	ABC	29	22
6335	涉○	AC	29	22
6336	製)制	BC	29	21
6337	黐	ABC	29	21
6338	鲞	AC	29	21
6339	鵲)鹊	AC	29	20
6340	逖	ABC	29	19
6341	毳	ABC	29	19
6342	樗	AC	29	18
6343	盉	ABC	29	17
6344	鐏)	AC	29	17
6345	嵒]岩	AC	29	16
6346	鲧	AB	29	15
6347	蜞	AC	29	14
6348	漭	AC	29	14
6349	鹇	ABC	29	13
6350	羑	ABC	29	13
6351	鳡	ABC	29	8
6352	悝	AC	29	8
6353	倖]幸	AC	29	6
6354	裝)装	AC	28	26
6355	廛	ABC	28	24
6356	绂	ABC	28	22
6357	镟§鏇	ABC	28	22
6358	柏	ABC	28	21
6359	滠	ABC	28	21
6360	奧〉奥	AC	28	20
6361	動)动	AC	28	20
6362	耧	ABC	28	19

序号	汉字	共用独用	频次	文本数
6363	缵	ABC	28	18
6364	崤	ABC	28	17
6365	泖	ABC	28	17
6366	钫	ABC	28	17
6367	蕖	AC	28	16
6368	罾	ABC	28	16
6369	浬△	AC	28	15
6370	砦	AC	28	15
6371	熙	AC	28	15
6372	檎	AC	28	15
6373	抲	A	28	15
6374	徵	AC	28	11
6375	攵	AC	28	9
6376	藥)药	ABC	28	8
6377	筢	A	28	4
6378	礌	ABC	28	4
6379	昡	A	28	2
6380	怍	ABC	27	26
6381	佈]布	AC	27	25
6382	妣	ABC	27	25
6383	黒○	ABC	27	25
6384	菑	A	27	23
6385	晳]晰	AC	27	23
6386	榀	ABC	27	21
6387	竦	ABC	27	21
6388	溴	AC	27	18
6389	[illegible]	ABC	27	16
6390	預)预	BC	27	16
6391	鸲	ABC	27	15
6392	洑	AC	27	13
6393	圙	AC	27	13
6394	挌	AC	27	13
6395	鲚	AB	27	12
6396	訾	ABC	27	12
6397	鵬)鹏	A	27	6
6398	蛯○	AC	27	4
6399	欷	ABC	26	26
6400	江	AC	26	25

序号	汉字	共用 独用	频次	文本数
6401	桴	ABC	26	22
6402	皮	ABC	26	21
6403	奭	AC	26	21
6404	獬	ABC	26	20
6405	氽	AC	26	19
6406	嗦○	A	26	19
6407	衄	ABC	26	19
6408	钋	AC	26	19
6409	明	ABC	26	19
6410	滚〉滚	AC	26	17
6411	柗	AC	26	17
6412	錸)	AC	26	17
6413	頭)头	AC	26	13
6414	猄	AC	26	13
6415	珵	AC	26	11
6416	濎	AC	26	9
6417	顫)	AB	26	6
6418	蓮	A	26	5
6419	芶	AC	26	3
6420	扤	AB	26	2
6421	歔	AC	25	25
6422	怙	AC	25	24
6423	檗	ABC	25	22
6424	陬	ABC	25	21
6425	耑]专	AC	25	21
6426	薨	ABC	25	21
6427	籀	ABC	25	20
6428	榊○	AC	25	18
6429	朊	AC	25	18
6430	诜	ABC	25	18
6431	湇	AC	25	17
6432	伧	AC	25	17
6433	應)应	C	25	16
6434	彘	ABC	25	16
6435	澥	AC	25	16
6436	競)竞	AB	25	15
6437	裥	AC	25	15
6438	纥	ABC	25	14
6439	顏)颜	ABC	25	12
6440	舣	A	25	12
6441	橦	AC	25	12
6442	岽	ABC	25	9
6443	暉)晖	AC	25	7
6444	黇	A	25	3
6445	啭	ABC	24	24
6446	�	AC	24	24
6447	迨	ABC	24	24
6448	鄗	AC	24	23
6449	捩	ABC	24	23
6450	镥	AC	24	20
6451	胗	AB	24	20
6452	嫫	ABC	24	20
6453	襞	ABC	24	19
6454	秾	AC	24	18
6455	楢	AC	24	17
6456	缯	ABC	24	17
6457	埚	ABC	24	17
6458	數)数	C	24	15
6459	東)东	AC	24	15
6460	鞲)	AC	24	15
6461	賾	AC	24	14
6462	曽	AC	24	14
6463	郮	AC	24	14
6464	横〉横	AC	24	13
6465	聍	ABC	24	12
6466	弨	AC	24	12
6467	暫)暂	C	24	12
6468	錞)	AB	24	11
6469	蠔]蚝	AB	24	11
6470	蒴	AC	24	11
6471	荖	ABC	24	10
6472	躄	AC	24	9
6473	绨	ABC	24	9
6474	蟛	A	24	9
6475	鄚	AB	24	8
6476	勣]绩	AC	24	8

序号	汉字	共用 独用	频次	文本数
6477	沋	AC	24	7
6478	裒	AB	24	6
6479	鷳）	A	24	4
6480	潑）	A	24	4
6481	晱	A	24	1
6482	瘼	ABC	23	23
6483	袢	ABC	23	21
6484	铼	ABC	23	21
6485	肟	ABC	23	20
6486	瘰	AC	23	19
6487	苄	B	23	19
6488	翃	ABC	23	18
6489	濬]浚	AC	23	18
6490	嶋）	AC	23	18
6491	牖	AC	23	18
6492	鞲	ABC	23	16
6493	說）说	ABC	23	16
6494	卲	AC	23	15
6495	澎	AC	23	14
6496	龍）龙	AC	23	14
6497	猴	AC	23	14
6498	燔	AC	23	14
6499	荇	ABC	23	13
6500	脩]修	ABC	23	13
6501	塊）块	AC	23	13
6502	琮	A	23	13
6503	铷	AC	23	12
6504	姫	AC	23	12
6505	鋐）	ABC	23	10
6506	痦	ABC	23	10
6507	闬	AC	23	10
6508	奴	AC	23	10
6509	靚）靓	ABC	23	9
6510	睍）	AC	23	8
6511	嬢○	AC	23	5
6512	罖	AC	22	22
6513	舾	ABC	22	20
6514	畀	ABC	22	20
6515	荄	ABC	22	19
6516	昺	AC	22	19
6517	菉]绿	ABC	22	18
6518	況]况	AC	22	18
6519	疬	AC	22	18
6520	囟	ABC	22	17
6521	钐	ABC	22	17
6522	橐	AC	22	17
6523	吔	AC	22	16
6524	畚	AC	22	16
6525	枬	A	22	16
6526	菔	ABC	22	15
6527	舨	AB	22	15
6528	砵	AC	22	15
6529	铈	ABC	22	15
6530	結）结	ABC	22	15
6531	鲣	AC	22	15
6532	嗉	AB	22	13
6533	嵒]岩	AC	22	13
6534	婥	AC	22	13
6535	艽	ABC	22	12
6536	雲）云	ABC	22	12
6537	艨	AC	22	12
6538	遊]游	AC	22	12
6539	攮	ABC	22	11
6540	勔	A	22	11
6541	沖	AC	22	11
6542	蛲	AC	22	10
6543	玎	ABC	22	10
6544	犽	AC	22	10
6545	辂	C	22	10
6546	範）范	ABC	22	9
6547	焌	AC	22	9
6548	篠）筿	AC	22	8
6549	娒	AC	22	4
6550	拊	ABC	21	20
6551	赀	AC	21	20
6552	暝	AC	21	20

序号	汉字	共用独用	频次	文本数
6553	髀	AB	21	19
6554	墈	AC	21	19
6555	戥	ABC	21	19
6556	曷	ABC	21	17
6557	磔	ABC	21	17
6558	塭	AC	21	17
6559	孓	ABC	21	16
6560	廻]回	AC	21	16
6561	剋)克	AC	21	16
6562	莊)庄	ABC	21	15
6563	風)风	AC	21	14
6564	瓻	AC	21	14
6565	洧	ABC	21	14
6566	蓍	ABC	21	14
6567	鍊]炼	ABC	21	13
6568	乩	AC	21	13
6569	騋)	ABC	21	12
6570	彈)弹	C	21	12
6571	慮)虑	AC	21	11
6572	績)绩	BC	21	11
6573	骓	AB	21	8
6574	荊	ABC	21	6
6575	涼]凉	AC	21	6
6576	録)录	ABC	21	4
6577	眛	AC	21	4
6578	蓧)	A	21	3
6579	殈	AC	21	3
6580	蒐]搜	ABC	20	20
6581	韓	ABC	20	20
6582	蚍	ABC	20	19
6583	黧	AC	20	19
6584	抱	ABC	20	19
6585	囗	AC	20	19
6586	谿]溪	ABC	20	19
6587	徼	ABC	20	18
6588	跣	ABC	20	17
6589	紘)纮	AC	20	17
6590	莼	AC	20	16
6591	鲴	ABC	20	16
6592	昃	ABC	20	16
6593	莨	AC	20	16
6594	楔	ABC	20	16
6595	谂	AC	20	16
6596	赑	ABC	20	15
6597	徂	ABC	20	15
6598	萩	ABC	20	15
6599	筌	A	20	15
6600	枭	ABC	20	14
6601	栻	A	20	14
6602	俵	AC	20	14
6603	栲	ABC	20	13
6604	児	AC	20	12
6605	磚	A	20	12
6606	茉	AC	20	11
6607	岑	AC	20	11
6608	砢	ABC	20	10
6609	鬱)郁	AC	20	10
6610	垲	ABC	20	10
6611	澶	ABC	20	10
6612	畠	AC	20	7
6613	熄	AC	20	7
6614	谞	AC	20	7
6615	髎	ABC	20	5
6616	鲊	AB	20	4
6617	堙	AC	19	19
6618	爝	AC	19	19
6619	离	ABC	19	18
6620	谰	AC	19	18
6621	屌	C	19	17
6622	猊	AC	19	17
6623	豋	AC	19	16
6624	坼	ABC	19	16
6625	浥	AC	19	16
6626	出	AC	19	16
6627	萁	AC	19	15
6628	瘌	ABC	19	15

序号	汉字	共用 独用	频次	文本数
6629	绗	ABC	19	15
6630	霂	ABC	19	15
6631	樋	AC	19	14
6632	讚]赞	AC	19	13
6633	厍	AB	19	13
6634	钌	AC	19	13
6635	議)议	BC	19	13
6636	鹲	AC	19	13
6637	怗	A	19	13
6638	骕	ABC	19	13
6639	旎	ABC	19	13
6640	盨)	ABC	19	13
6641	姝	AC	19	13
6642	痖	ABC	19	12
6643	埸	ABC	19	12
6644	損)损	C	19	12
6645	崟	AC	19	12
6646	餸)	AC	19	12
6647	怍	ABC	19	12
6648	箓	ABC	19	12
6649	天	AC	19	11
6650	彳	AC	19	11
6651	柿	AC	19	11
6652	圉	ABC	19	10
6653	瘊	AB	19	10
6654	祧	AC	19	10
6655	颋	A	19	10
6656	旒	ABC	19	10
6657	篧	A	19	9
6658	坵]丘	AC	19	9
6659	鸈)	AC	19	9
6660	糺	C	19	8
6661	卮	ABC	19	8
6662	鷘)	ABC	19	8
6663	夯	AC	19	8
6664	翙	AC	19	7
6665	鬻	ABC	19	6
6666	犳	AC	19	4

序号	汉字	共用 独用	频次	文本数
6667	柭	A	19	1
6668	缋	A	19	1
6669	膂	ABC	18	18
6670	蒽	ABC	18	18
6671	蝨	AC	18	18
6672	铥	AC	18	17
6673	醅	AC	18	17
6674	餍	AC	18	17
6675	馬)马	ABC	18	17
6676	無)无	AC	18	17
6677	柝	AC	18	17
6678	豳	AC	18	16
6679	沬	AC	18	16
6680	詈	AC	18	16
6681	糁	ABC	18	16
6682	瑯	AC	18	15
6683	歷)历	C	18	15
6684	铕	ABC	18	15
6685	皕	AC	18	15
6686	跗	ABC	18	15
6687	欻	AC	18	15
6688	盪]荡	ABC	18	14
6689	廸	AC	18	14
6690	荭	AC	18	13
6691	險)险	C	18	13
6692	槅	AC	18	12
6693	語)语	AC	18	12
6694	閤]阁	AC	18	12
6695	浡	AC	18	12
6696	鬯	AB	18	11
6697	胙	AC	18	11
6698	锠	ABC	18	10
6699	銀)银	ABC	18	10
6700	褆	A	18	10
6701	璔	AC	18	9
6702	昞	AC	18	9
6703	億)亿	AC	18	9
6704	篁	ABC	18	8

序号	汉字	共用 独用	频次	文本数
6705	瘳	ABC	18	8
6706	繆)缪	ABC	18	7
6707	劁	ABC	18	6
6708	詷)	AC	18	4
6709	馇	A	18	1
6710	轾	AC	17	17
6711	記)记	AC	17	15
6712	霙	AC	17	15
6713	曁〉暨	AC	17	15
6714	鸹	A	17	15
6715	傑]杰	AC	17	14
6716	拃	AC	17	14
6717	苟〉苟	AC	17	14
6718	钬	ABC	17	14
6719	鄣	ABC	17	14
6720	埤	ABC	17	14
6721	饧	ABC	17	14
6722	產〉産	C	17	14
6723	罴	ABC	17	13
6724	镙	ABC	17	13
6725	锾	ABC	17	13
6726	絉〉�	AC	17	13
6727	車)车	ABC	17	13
6728	垆	ABC	17	13
6729	刿	ABC	17	12
6730	從)从	AC	17	12
6731	蒴	AB	17	11
6732	蚋	AC	17	11
6733	囯	AC	17	11
6734	覂	A	17	10
6735	枥○	AC	17	10
6736	認)认	BC	17	10
6737	疋]匹	AB	17	10
6738	毬]球	AC	17	10
6739	椑	A	17	9
6740	庋	AC	17	9
6741	穀)谷	AB	17	9
6742	杌	AB	17	8

序号	汉字	共用 独用	频次	文本数
6743	鋈	ABC	17	8
6744	劄]札	AC	17	7
6745	堽	AC	17	6
6746	鰯)	AC	17	5
6747	岍	C	17	5
6748	瀉)泻	AC	17	4
6749	書)书	AC	17	4
6750	犰	AC	17	4
6751	侂	A	17	4
6752	塙	A	17	2
6753	樣)样	C	16	16
6754	睱	ABC	16	16
6755	羸	ABC	16	16
6756	廨	AC	16	15
6757	鳌	ABC	16	15
6758	瘔	ABC	16	15
6759	橑	ABC	16	15
6760	徬	AC	16	15
6761	痄	AC	16	15
6762	褰	ABC	16	14
6763	狻	AC	16	14
6764	瘢	AB	16	14
6765	麇	ABC	16	14
6766	碻)确	BC	16	13
6767	洓	AC	16	12
6768	晅	AC	16	12
6769	璆	AC	16	12
6770	屃	AC	16	12
6771	蹪	A	16	12
6772	錯)错	C	16	11
6773	奬)奖	C	16	11
6774	訇	AC	16	11
6775	報)报	AC	16	11
6776	蚋	AC	16	11
6777	枨	AC	16	11
6778	蛲	AC	16	10
6779	牝	A	16	10
6780	樂)乐	AC	16	10

序号	汉字	共用独用	频次	文本数
6781	學)学	AC	16	10
6782	玆〉兹	AC	16	10
6783	槙	AC	16	9
6784	佷	AC	16	9
6785	愔	AC	16	8
6786	島)岛	C	16	8
6787	暸	AC	16	8
6788	咵	AC	16	8
6789	阏	ABC	16	8
6790	揎	AB	16	7
6791	绠	AB	16	7
6792	郤	AC	16	7
6793	冋	C	16	5
6794	烔]炯	AC	16	5
6795	費)费	ABC	16	5
6796	鳊	A	16	5
6797	鱤)鳡	ABC	16	4
6798	餘)余	AC	16	4
6799	鴞)鸮	AC	16	3
6800	彫]雕	AC	16	3
6801	垤	C	16	2
6802	孫)孙	A	16	1
6803	騉)	AC	15	15
6804	盰	ABC	15	15
6805	迓	AC	15	15
6806	參)参	AC	15	14
6807	悒	AC	15	14
6808	準)准	AC	15	13
6809	湲	AC	15	13
6810	燠	AC	15	13
6811	華)华	ABC	15	13
6812	钖	AB	15	13
6813	箝	ABC	15	13
6814	猇	AC	15	12
6815	楗	AC	15	12
6816	舲	AC	15	12
6817	實)实	C	15	12
6818	鴝	ABC	15	12

序号	汉字	共用独用	频次	文本数
6819	週]周	ABC	15	12
6820	舳	AC	15	11
6821	鄸	ABC	15	11
6822	髮)发	ABC	15	11
6823	髫	AC	15	11
6824	勝)胜	AC	15	11
6825	貊	ABC	15	10
6826	嫪	AC	15	9
6827	岡)冈	AC	15	9
6828	箇]个	ABC	15	9
6829	夳	AC	15	8
6830	稅〉税	ABC	15	8
6831	嫚	A	15	7
6832	皞	AC	15	7
6833	侇	AC	15	6
6834	蕺	A	15	5
6835	哿	AC	15	5
6836	祺	C	15	5
6837	菸]烟	ABC	15	5
6838	蔻	ABC	15	4
6839	锕	AC	15	4
6840	墘	AC	15	3
6841	螭	A	15	1
6842	蟧)	A	15	1
6843	墫	A	15	1
6844	笊	ABC	14	14
6845	踔	AC	14	14
6846	恏	AC	14	14
6847	櫜	AC	14	14
6848	饹	A	14	13
6849	連)连	BC	14	13
6850	沚	AC	14	13
6851	缁	AB	14	12
6852	锎	AC	14	12
6853	螯	ABC	14	12
6854	吣	AB	14	11
6855	抹	AC	14	11
6856	兹○	ABC	14	11

序号	汉字	共用独用	频次	文本数
6857	襞	AC	14	11
6858	圯	AC	14	11
6859	級)级	ABC	14	10
6860	梠	AC	14	10
6861	缣	AB	14	10
6862	瀨)	C	14	10
6863	當)当	AC	14	10
6864	鱓]鳝	AC	14	10
6865	義)义	ABC	14	10
6866	篯	AB	14	10
6867	伲	ABC	14	10
6868	測)测	C	14	10
6869	达	AC	14	9
6870	忞	AC	14	9
6871	昪	AC	14	9
6872	桬	AC	14	9
6873	饾	AB	14	9
6874	荳]豆	AC	14	9
6875	嬛	AC	14	9
6876	滘	AC	14	9
6877	呖	ABC	14	9
6878	咡	AC	14	9
6879	浀 § 澛	AB	14	8
6880	毐	AC	14	8
6881	毵	AC	14	8
6882	約)约	ABC	14	8
6883	篚	ABC	14	8
6884	卬	AC	14	7
6885	睍)	ABC	14	7
6886	榎	AC	14	7
6887	狃	AC	14	7
6888	肶	A	14	7
6889	妗	A	14	6
6890	塆	AC	14	6
6891	負)负	AC	14	6
6892	篺	ABC	14	6
6893	蟳)	ABC	14	6
6894	瀼	AC	14	6
6895	篪	ABC	14	6
6896	唿	A	14	5
6897	怛	AC	14	5
6898	铈	BC	14	5
6899	杩	A	14	4
6900	詝)	AC	14	4
6901	碪]砧	AC	14	4
6902	瓴	ABC	14	3
6903	隞	B	14	1
6904	赍	AC	13	13
6905	畠	AC	13	13
6906	啨	AC	13	13
6907	镦	AC	13	13
6908	貎○	ABC	13	13
6909	儁]俊	AC	13	13
6910	丟〉丢	AC	13	13
6911	臜	A	13	13
6912	酹	ABC	13	12
6913	裎	AC	13	12
6914	芃	ABC	13	12
6915	夤	AC	13	12
6916	忮	ABC	13	12
6917	酡	AC	13	12
6918	懔	AC	13	12
6919	崙]仑	AC	13	12
6920	陽)阳	AC	13	12
6921	採]采	AC	13	12
6922	猡	ABC	13	11
6923	巯	ABC	13	11
6924	増○	AC	13	11
6925	扞]捍	AC	13	11
6926	響)响	BC	13	11
6927	體)体	BC	13	10
6928	寶)宝	AC	13	10
6929	黥	AC	13	10
6930	鹏	AC	13	10
6931	殭]僵	C	13	10
6932	刳	AB	13	10

序号	汉字	共用独用	频次	文本数
6933	豊	ABC	13	10
6934	窻]窗	AC	13	10
6935	電)电	BC	13	10
6936	決]决	AC	13	10
6937	賣)卖	AC	13	10
6938	隨)随	AC	13	9
6939	僜	A	13	9
6940	隻)只	ABC	13	9
6941	蛴	AC	13	9
6942	優)优	AC	13	8
6943	繻)	AC	13	8
6944	崐]昆	AC	13	8
6945	椇	ABC	13	8
6946	鹎	AC	13	8
6947	鸸	ABC	13	7
6948	墚	AB	13	7
6949	烀	ABC	13	7
6950	陸)陆	ABC	13	7
6951	蝽	ABC	13	7
6952	凱)凯	AC	13	7
6953	甥	A	13	6
6954	劓	AC	13	6
6955	线§綫	AC	13	6
6956	泂	AC	13	5
6957	牂	AC	13	5
6958	慥	AC	13	4
6959	両	C	13	3
6960	筅	AB	13	3
6961	砢	AC	13	3
6962	浲	A	13	2
6963	洢	A	13	2
6964	吿)告	AC	12	12
6965	銘)铭	ABC	12	12
6966	骀	AC	12	12
6967	絕)绝	ABC	12	12
6968	芰	ABC	12	12
6969	崞	ABC	12	12
6970	砜	ABC	12	11
6971	鲐	AC	12	11
6972	張)张	AC	12	11
6973	饸	A	12	11
6974	玕	A	12	11
6975	黼	ABC	12	11
6976	戶)户	AC	12	11
6977	蹓	AC	12	11
6978	倉)仓	C	12	10
6979	樹)树	AC	12	10
6980	鸷	AC	12	10
6981	溲	AB	12	10
6982	珰	AC	12	10
6983	懿	AC	12	10
6984	幷)并	AC	12	10
6985	滈	C	12	10
6986	門)门	ABC	12	10
6987	難)难	ABC	12	10
6988	敫	AC	12	10
6989	湳	AC	12	9
6990	總)总	C	12	9
6991	砯	AC	12	9
6992	復)复	C	12	9
6993	曌	A	12	9
6994	耪	AC	12	9
6995	漈	A	12	9
6996	類)类	C	12	9
6997	妗	ABC	12	8
6998	箌	ABC	12	8
6999	幹)干	AC	12	8
7000	玊	AC	12	8
7001	晛)	AC	12	8
7002	靜)静	AC	12	8
7003	聖)圣	ABC	12	8
7004	漼	AC	12	8
7005	鈜)	AC	12	8
7006	佚	AC	12	8
7007	溇	AC	12	8
7008	鞣	A	12	8

序号	汉字	共用独用	频次	文本数
7009	莊〇	ABC	12	7
7010	貴)贵	C	12	7
7011	抃	A	12	7
7012	塄	ABC	12	6
7013	稜]棱	AC	12	6
7014	鵷)鹓	BC	12	5
7015	鎔)镕	BC	12	5
7016	稢	AC	12	5
7017	姃	C	12	4
7018	鲃)	A	12	4
7019	煙]烟	A	12	4
7020	沕	AC	12	4
7021	玗	AC	12	4
7022	嶒	AC	12	4
7023	佡	AC	12	3
7024	丌	AC	12	3
7025	侪	AC	12	3
7026	壿	A	12	3
7027	莶	A	12	3
7028	鏸)	C	12	2
7029	裔	AC	12	2
7030	絏]绁	A	12	2
7031	鈿)钿	AC	12	2
7032	禪〇	B	12	1
7033	[illegible]	A	12	1
7034	崦	A	11	11
7035	蕞	ABC	11	11
7036	颀	A	11	11
7037	糸	AC	11	11
7038	戽	AC	11	11
7039	粥	AC	11	11
7040	瑠]琉	C	11	11
7041	瘐	AC	11	10
7042	評)评	BC	11	10
7043	陔	AC	11	10
7044	罱	AC	11	10
7045	彿]佛	AC	11	10
7046	溫)温	AC	11	10
7047	隹	AC	11	10
7048	亍	AC	11	10
7049	達)达	ABC	11	10
7050	婕	AC	11	10
7051	芰	ABC	11	10
7052	媸	AC	11	10
7053	饫	A	11	10
7054	搖〇	AC	11	9
7055	埌	AC	11	9
7056	踬	A	11	9
7057	踋	AC	11	9
7058	盍	ABC	11	9
7059	澐)沄	AC	11	9
7060	瀍	AC	11	9
7061	剞	A	11	9
7062	酺	A	11	9
7063	毎〇	AC	11	9
7064	烝	AC	11	9
7065	扽	AC	11	9
7066	椠	AB	11	9
7067	蒟	ABC	11	8
7068	垞	AC	11	8
7069	缗	AC	11	8
7070	習)习	AC	11	8
7071	歡)欢	AC	11	8
7072	鲙	AB	11	8
7073	辂	AC	11	8
7074	葶	AC	11	8
7075	廑	AC	11	8
7076	標)标	AC	11	8
7077	镦	AC	11	8
7078	蒴	ABC	11	8
7079	歐)欧	C	11	8
7080	枵	AC	11	7
7081	減]减	AC	11	7
7082	倞	AC	11	7
7083	卹	ABC	11	7
7084	鍊〇	ABC	11	7

序号	汉字	共用独用	频次	文本数
7085	陝)陕	ABC	11	7
7086	陳)陈	ABC	11	6
7087	豙	ABC	11	6
7088	熗	C	11	6
7089	崝	AC	11	6
7090	傆	AC	11	6
7091	節)节	C	11	6
7092	醿)醸	ABC	11	6
7093	锇	AC	11	5
7094	秝	A	11	5
7095	畐	AC	11	5
7096	哂	AC	11	5
7097	裏)里	ABC	11	5
7098	奐〉奂	C	11	4
7099	鞬	A	11	4
7100	坫	AC	11	4
7101	粞	AB	11	4
7102	巔)巅	AC	11	3
7103	颮	AB	11	3
7104	綺)绮	BC	11	3
7105	碽)	A	11	2
7106	偲	A	11	1
7107	琁	AC	10	10
7108	钆	ABC	10	10
7109	則)则	AC	10	10
7110	钪	ABC	10	10
7111	鞥	C	10	10
7112	獉	AC	10	10
7113	勑]敕	AC	10	10
7114	洣	AC	10	10
7115	剀	AC	10	10
7116	圈〇	AC	10	10
7117	茑	AC	10	10
7118	尙〉尚	AC	10	10
7119	穏)稳	BC	10	9
7120	咾	AC	10	9
7121	欅	AC	10	9
7122	種)种	C	10	9
7123	睏)困	AB	10	9
7124	鸰	ABC	10	9
7125	汎]泛	A	10	9
7126	閒]闲	BC	10	9
7127	與)与	AC	10	9
7128	龠	A	10	9
7129	阒	AC	10	9
7130	眇	AC	10	9
7131	俩	AC	10	8
7132	皤	A	10	8
7133	棪	C	10	8
7134	蝥	ABC	10	8
7135	荼	AC	10	8
7136	罣	AC	10	8
7137	愍	AB	10	8
7138	瘕	A	10	8
7139	兖	A	10	8
7140	嵚	AC	10	8
7141	鵰]雕	C	10	8
7142	飕	AC	10	8
7143	焜	AC	10	7
7144	鞨	A	10	7
7145	晩〉晚	AC	10	7
7146	浍	BC	10	7
7147	錢)钱	C	10	7
7148	盦	A	10	7
7149	苈	ABC	10	7
7150	锘	AC	10	7
7151	吽	A	10	7
7152	畋	AB	10	7
7153	氾]泛	AC	10	7
7154	困	AC	10	7
7155	垱	AC	10	7
7156	踭	ABC	10	7
7157	畯	AC	10	7
7158	裒	AC	10	6
7159	螽	ABC	10	6
7160	婼	AC	10	6

序号	汉字	共用 独用	频次	文本数
7161	鞠	A	10	6
7162	骙	ABC	10	6
7163	瞇]眯	BC	10	6
7164	聯)联	AC	10	6
7165	垵	AC	10	6
7166	榣	C	10	6
7167	訊)讯	ABC	10	6
7168	娫	AC	10	6
7169	罣]挂	AC	10	6
7170	颎	AC	10	5
7171	咼)	AC	10	5
7172	脇]胁	AC	10	5
7173	觌	AC	10	5
7174	蹀	A	10	5
7175	盌]碗	AC	10	5
7176	塍	AC	10	5
7177	賽)赛	ABC	10	5
7178	朓	A	10	5
7179	賺)赚	C	10	5
7180	膝	AB	10	5
7181	壸	AC	10	5
7182	韘)	ABC	10	4
7183	羕	A	10	4
7184	淛]浙	AC	10	4
7185	膀)痨	A	10	4
7186	鳸	A	10	4
7187	汸	A	10	3
7188	椇	A	10	3
7189	鞔	AB	10	3
7190	封	A	10	3
7191	瀜	A	10	3
7192	慼]戚	A	10	2
7193	阬]坑	A	10	1
7194	瀵	C	10	1
7195	昍	A	10	1
7196	遄	AC	9	9
7197	掾	A	9	9
7198	贏)赢	AC	9	9

序号	汉字	共用 独用	频次	文本数
7199	呑〉吞	AC	9	9
7200	彊]强	AC	9	9
7201	均	AC	9	9
7202	愆	A	9	9
7203	步〇	AC	9	9
7204	滿)满	AC	9	9
7205	藍)蓝	C	9	9
7206	笐	AC	9	9
7207	跏	ABC	9	9
7208	曩	A	9	9
7209	撙	AC	9	9
7210	羹	ABC	9	8
7211	處)处	BC	9	8
7212	宍	AC	9	8
7213	艟	AC	9	8
7214	熳	AC	9	8
7215	硷	ABC	9	8
7216	戶〉户	AC	9	8
7217	耨	AC	9	8
7218	旆	AB	9	8
7219	誰)谁	AC	9	8
7220	奓	AC	9	8
7221	裉	AB	9	8
7222	瞋]嗔	ABC	9	8
7223	缡	ABC	9	8
7224	俆	A	9	7
7225	鎊)镑	C	9	7
7226	剛)刚	AC	9	7
7227	瀍	AC	9	7
7228	刖	AC	9	7
7229	墣	C	9	7
7230	舰	A	9	7
7231	號)号	ABC	9	7
7232	袖	AB	9	7
7233	蜮	AC	9	7
7234	镈	AB	9	7
7235	術)术	AC	9	7
7236	葯)药	BC	9	7

序号	汉字	共用独用	频次	文本数
7237	癃	AC	9	7
7238	骃	A	9	7
7239	祕]秘	AC	9	7
7240	飛)飞	ABC	9	7
7241	尅]克	AC	9	7
7242	顯)显	BC	9	7
7243	創)创	C	9	7
7244	葉)叶	AC	9	7
7245	弶	A	9	6
7246	鹁	A	9	6
7247	跐	ABC	9	6
7248	親)亲	A	9	6
7249	鬆)松	AC	9	6
7250	猓	AC	9	6
7251	洵	A	9	6
7252	歙	A	9	6
7253	桖	C	9	6
7254	罱	AB	9	6
7255	偓	A	9	6
7256	鬏	AC	9	6
7257	嗌	C	9	6
7258	魚)鱼	AC	9	6
7259	爲)为	AC	9	6
7260	溹	C	9	5
7261	湝	AC	9	5
7262	骍	ABC	9	5
7263	棬	AC	9	5
7264	秔]粳	ABC	9	5
7265	昽	AC	9	5
7266	鈺)钰	A	9	5
7267	帀]匝	AC	9	5
7268	粢	A	9	5
7269	耔	ABC	9	5
7270	婓	AC	9	5
7271	鈊)	AC	9	5
7272	螬	AC	9	5
7273	鋕)	AC	9	5
7274	氣)气	C	9	5
7275	禟	A	9	5
7276	唵	AC	9	5
7277	铚	A	9	4
7278	纻	ABC	9	4
7279	嵝	AC	9	4
7280	鏄)镈	AC	9	4
7281	鰟)	ABC	9	4
7282	阇	AC	9	4
7283	鬱]郁	AB	9	4
7284	甁〉瓶	AC	9	4
7285	昪	A	9	3
7286	牴]抵	AC	9	3
7287	鳚	AC	9	3
7288	掟	AC	9	3
7289	髭	AC	9	3
7290	秴	A	9	3
7291	槤)	A	9	3
7292	攽	A	9	2
7293	磜	A	9	2
7294	旮	C	9	2
7295	鳳)凤	C	9	1
7296	穮	A	9	1
7297	荛	ABC	8	8
7298	玾	AC	8	8
7299	轉)转	BC	8	8
7300	蹾	A	8	8
7301	眾]众	ABC	8	8
7302	顔〉颜	ABC	8	8
7303	補)补	C	8	8
7304	蓐	AC	8	8
7305	谫	AB	8	8
7306	姽	AC	8	8
7307	維)维	BC	8	8
7308	鲇	ABC	8	8
7309	魇	AC	8	8
7310	汈	AC	8	8
7311	毀〉毁	AC	8	8
7312	廣)广	AC	8	8

序号	汉字	共用独用	频次	文本数
7313	棆)	AC	8	8
7314	網)网	ABC	8	8
7315	采	ABC	8	8
7316	麗)丽	AC	8	8
7317	埫	AC	8	8
7318	兕	AC	8	8
7319	偱	AC	8	8
7320	栝	ABC	8	8
7321	缧	AC	8	8
7322	薨	AB	8	8
7323	汔	A	8	8
7324	豋	AC	8	7
7325	羨〉羡	AC	8	7
7326	嵫	AC	8	7
7327	掛]挂	AC	8	7
7328	踸	ABC	8	7
7329	禔	ABC	8	7
7330	峑	AC	8	7
7331	铗	AB	8	7
7332	悛	AC	8	7
7333	铪	ABC	8	7
7334	聲)声	ABC	8	7
7335	郊	ABC	8	7
7336	遠)远	ABC	8	7
7337	袓	ABC	8	7
7338	壎]埙	AC	8	7
7339	論)论	ABC	8	7
7340	熱)热	C	8	7
7341	妍〉妍	AC	8	7
7342	珵	AC	8	7
7343	瑕	AC	8	6
7344	对〇	AC	8	6
7345	劮	ABC	8	6
7346	鲗	AC	8	6
7347	蔟	ABC	8	6
7348	祓	A	8	6
7349	菑	C	8	6
7350	僅)仅	AC	8	6
7351	骀	AB	8	6
7352	莛	AC	8	6
7353	剉]锉	AC	8	6
7354	棼	A	8	6
7355	袄	ABC	8	6
7356	浉	AC	8	6
7357	鲃	AB	8	5
7358	愷)恺	AC	8	5
7359	勔	AC	8	5
7360	寯	A	8	5
7361	萡	AC	8	5
7362	倓	A	8	5
7363	鄘	AC	8	5
7364	罔	AC	8	5
7365	喈	A	8	5
7366	弇	AC	8	5
7367	圙	AC	8	5
7368	搋	A	8	5
7369	瘴)瘴	AC	8	4
7370	袴]裤	AC	8	4
7371	簃	AB	8	4
7372	訪)访	BC	8	4
7373	顒)颙	AC	8	4
7374	蟲)虫	A	8	4
7375	縠	AC	8	4
7376	詅)	AB	8	4
7377	蝲	AC	8	4
7378	嘡	A	8	4
7379	絃]弦	ABC	8	4
7380	鉻)铬	AB	8	4
7381	灋]法	A	8	4
7382	咴	A	8	3
7383	暭	AC	8	3
7384	渟	A	8	3
7385	侘	AC	8	3
7386	捥	AC	8	3
7387	峋	AC	8	3
7388	輅)辂	AC	8	2

序号	汉字	共用独用	频次	文本数
7389	悳〉惪	AC	8	2
7390	杕	A	8	2
7391	褭	C	8	2
7392	麃	A	8	2
7393	缲	A	8	2
7394	礓	AB	8	2
7395	窸	A	8	1
7396	撖	B	8	1
7397	湣	A	8	1
7398	颿）帆	B	8	1
7399	闼	AB	7	7
7400	卻］却	AC	7	7
7401	財）财	BC	7	7
7402	泝］溯	A	7	7
7403	掎	AC	7	7
7404	煺	ABC	7	7
7405	恚	ABC	7	7
7406	绁	AC	7	7
7407	盧）卢	AC	7	7
7408	臌	AC	7	7
7409	慓	AC	7	7
7410	瞀	AB	7	7
7411	莓	AC	7	7
7412	輗）	AC	7	7
7413	穀	AC	7	7
7414	純）纯	BC	7	7
7415	睨	ABC	7	7
7416	钶	AC	7	7
7417	郿	AB	7	7
7418	硭	ABC	7	7
7419	佔］占	AC	7	7
7420	麵	AC	7	7
7421	談）谈	C	7	7
7422	帶）带	AC	7	7
7423	攞）	AC	7	7
7424	锸	ABC	7	7
7425	蛸	AB	7	7
7426	亞）亚	AC	7	7

序号	汉字	共用独用	频次	文本数
7427	眴	AC	7	7
7428	狝	AC	7	7
7429	鍵）键	BC	7	7
7430	嫩］嫩	AC	7	7
7431	蓠	ABC	7	7
7432	窅	AC	7	7
7433	氅	AC	7	7
7434	朁	AC	7	7
7435	嫄	A	7	6
7436	麴］曲	ABC	7	6
7437	媄	AC	7	6
7438	計）计	C	7	6
7439	兒）儿	AC	7	6
7440	傺	AC	7	6
7441	偾	AC	7	6
7442	璲	AC	7	6
7443	稂	A	7	6
7444	環）环	AC	7	6
7445	珹	AC	7	6
7446	溻	ABC	7	6
7447	袷］夹	ABC	7	6
7448	籠）笼	AC	7	6
7449	屦	AC	7	6
7450	蕩）荡	AC	7	6
7451	祃	AB	7	6
7452	換〉换	AC	7	6
7453	鲋	ABC	7	6
7454	灝）灏	AC	7	6
7455	嘎］嘎	AC	7	6
7456	夠］够	AC	7	6
7457	絺）	AC	7	6
7458	衝）冲	AC	7	6
7459	髡	ABC	7	6
7460	拏	ABC	7	6
7461	飯）饭	C	7	5
7462	燿］耀	AC	7	5
7463	爾）尔	AC	7	5
7464	勑］敕	AC	7	5

序号	汉字	共用独用	频次	文本数
7465	喇	AC	7	5
7466	衪	AC	7	5
7467	栱	A	7	5
7468	曝	AC	7	5
7469	讓)让	AC	7	5
7470	旡	AC	7	5
7471	據)据	C	7	5
7472	佉	AC	7	5
7473	徤	AC	7	5
7474	虺	AC	7	5
7475	鋼)钢	AC	7	5
7476	铒	AC	7	5
7477	嚇)吓	AC	7	5
7478	寀]采	AC	7	5
7479	烔	AC	7	5
7480	覼	A	7	5
7481	砲]炮	AC	7	5
7482	遹	A	7	5
7483	碱	AB	7	5
7484	挚	C	7	5
7485	锞	AC	7	5
7486	啋	C	7	5
7487	癥)症	A	7	5
7488	壇)坛	A	7	5
7489	革	A	7	5
7490	鐵)铁	BC	7	5
7491	頂)顶	C	7	5
7492	愢	A	7	5
7493	眏	AC	7	5
7494	荚	A	7	5
7495	浏	C	7	5
7496	鴃	A	7	4
7497	舖]铺	ABC	7	4
7498	缏	AC	7	4
7499	遷)迁	A	7	4
7500	偍	A	7	4
7501	戣	AC	7	4
7502	溇	A	7	4
7503	莜	AC	7	4
7504	墻)墙	AC	7	4
7505	興)兴	AC	7	4
7506	莛	AC	7	4
7507	糰)团	A	7	4
7508	暘)旸	AC	7	4
7509	舄	ABC	7	4
7510	編)编	C	7	4
7511	屴	AC	7	4
7512	忼	AC	7	4
7513	撆〇	C	7	4
7514	枏]楠	AC	7	4
7515	禮)礼	AC	7	3
7516	姪]侄	C	7	3
7517	炝	AC	7	3
7518	煋	A	7	3
7519	笱	A	7	3
7520	窪)洼	A	7	3
7521	錦)锦	C	7	3
7522	虧)亏	C	7	3
7523	粬	A	7	3
7524	菻	AC	7	3
7525	鬑	AB	7	3
7526	躞	A	7	3
7527	醩)	AC	7	3
7528	旂]旗	A	7	3
7529	衹)只	AC	7	3
7530	鮫)	AC	7	3
7531	鉨)玺	A	7	2
7532	鷖)	AC	7	2
7533	揹	AC	7	2
7534	閔)闵	B	7	2
7535	幞	A	7	2
7536	筀	A	7	1
7537	乍	C	7	1
7538	柎	A	7	1
7539	鲰	A	7	1
7540	抰	A	7	1

序号	汉字	共用独用	频次	文本数
7541	覍〇	A	7	1
7542	琭	C	7	1
7543	鏃)镞	B	7	1
7544	脢	A	7	1
7545	梿	AC	6	6
7546	伋	AC	6	6
7547	瑫	AC	6	6
7548	瑄	C	6	6
7549	慊	AC	6	6
7550	櫺	AC	6	6
7551	镩	A	6	6
7552	際)际	BC	6	6
7553	麈	A	6	6
7554	倂]并	AC	6	6
7555	猱	AC	6	6
7556	載)载	BC	6	6
7557	嶔)嵚	AC	6	6
7558	汏	AC	6	6
7559	欬]咳	A	6	6
7560	蛩	AC	6	6
7561	镆	AC	6	6
7562	鲦	AC	6	6
7563	甓	ABC	6	6
7564	飧	ABC	6	6
7565	撄	AC	6	6
7566	砺	ABC	6	6
7567	屛)屏	C	6	6
7568	涴	AC	6	6
7569	燉	AC	6	6
7570	貞)贞	C	6	6
7571	绱	A	6	6
7572	変〇	AC	6	6
7573	骦	A	6	6
7574	瓘	A	6	6
7575	芑	ABC	6	6
7576	鷟)	AC	6	6
7577	鹝	AC	6	6
7578	惝	AB	6	6
7579	忼	A	6	6
7580	築)筑	BC	6	6
7581	毦	A	6	6
7582	筇	A	6	6
7583	鞫	ABC	6	6
7584	悃	AC	6	6
7585	嚆	A	6	6
7586	證)证	BC	6	6
7587	柟]楠	AC	6	6
7588	耥	A	6	6
7589	納)纳	ABC	6	6
7590	跂	AB	6	6
7591	剣	C	6	6
7592	彿	AB	6	6
7593	獐	A	6	6
7594	罨	A	6	6
7595	許)许	AC	6	6
7596	亶	A	6	6
7597	祘	C	6	5
7598	瞢	ABC	6	5
7599	狴	AC	6	5
7600	泐	A	6	5
7601	終)终	C	6	5
7602	殂	AC	6	5
7603	呡	AC	6	5
7604	氿	AC	6	5
7605	茛	A	6	5
7606	揳	AC	6	5
7607	硼	AC	6	5
7608	帻	AC	6	5
7609	瞓)	AC	6	5
7610	谝	AC	6	5
7611	犴	AC	6	5
7612	尢	ABC	6	5
7613	飲)饮	AC	6	5
7614	楊)杨	AC	6	5
7615	嚐]尝	AC	6	5
7616	镘	AC	6	5

序号	汉字	共用 独用	频次	文本数
7617	棡)	AC	6	5
7618	郛	ABC	6	5
7619	構)构	AC	6	5
7620	枘	AC	6	5
7621	忈	A	6	5
7622	螵	AC	6	5
7623	篤)笃	AC	6	5
7624	園)园	AC	6	5
7625	栳	ABC	6	5
7626	擗	A	6	5
7627	雫	C	6	5
7628	輔)辅	AC	6	5
7629	挺	AC	6	5
7630	雙)双	AC	6	5
7631	觽	A	6	4
7632	洫	A	6	4
7633	勲〇	AC	6	4
7634	矅	AC	6	4
7635	權)权	AC	6	4
7636	驚)惊	AC	6	4
7637	昰]是	AC	6	4
7638	豨	AC	6	4
7639	劉)刘	AC	6	4
7640	磾)	AC	6	4
7641	櫈]凳	AC	6	4
7642	旲	C	6	4
7643	夻	AC	6	4
7644	磻	AC	6	4
7645	鉷)	AC	6	4
7646	秡	AC	6	4
7647	辺〇	C	6	4
7648	瑊	AC	6	4
7649	鹹	A	6	4
7650	姁	AC	6	4
7651	梗	A	6	4
7652	歸)归	AC	6	4
7653	鋈	AC	6	4
7654	麿〇	AC	6	4

序号	汉字	共用 独用	频次	文本数
7655	镡	AC	6	4
7656	獻)献	AC	6	4
7657	瓛)	A	6	4
7658	鳳)凤	AC	6	4
7659	諒)	A	6	3
7660	誩	A	6	3
7661	柲	AC	6	3
7662	倶	C	6	3
7663	鄫	AC	6	3
7664	鏐) 镠	A	6	3
7665	钖	AB	6	3
7666	戀)恋	AC	6	3
7667	圊	AB	6	3
7668	轹	A	6	3
7669	蘇)苏	AC	6	3
7670	葯	AC	6	3
7671	炻	ABC	6	3
7672	垍	A	6	3
7673	筊	AC	6	3
7674	隄]堤	A	6	3
7675	垓	AC	6	3
7676	狺	A	6	3
7677	乂	A	6	3
7678	兑〉兑	C	6	3
7679	苘	A	6	3
7680	晹	C	6	3
7681	条	AC	6	3
7682	镙	C	6	2
7683	総)总	C	6	2
7684	踒	A	6	2
7685	峘	A	6	2
7686	嚴)严	C	6	2
7687	呪]咒	AC	6	2
7688	鰆〇	A	6	2
7689	纖)纤	A	6	2
7690	篠	C	6	2
7691	蓦	A	6	2
7692	旼	AC	6	2

序号	汉字	共用 独用	频次	文本数
7693	亼	A	6	2
7694	猶)犹	AC	6	2
7695	騰)腾	A	6	2
7696	鄚	C	6	2
7697	蘸)	A	6	1
7698	酎	A	6	1
7699	狓	C	6	1
7700	澪	C	6	1
7701	羓	A	6	1
7702	儀)仪	A	6	1
7703	蓬	A	6	1
7704	妋	A	6	1
7705	咥	C	6	1
7706	坌	AC	5	5
7707	獴	AC	5	5
7708	躹	A	5	5
7709	澙	AC	5	5
7710	跡]迹	C	5	5
7711	麐]麟	A	5	5
7712	搴	A	5	5
7713	趑	AB	5	5
7714	槲	A	5	5
7715	鲒	AC	5	5
7716	瘥	A	5	5
7717	鳊	ABC	5	5
7718	噹)当	C	5	5
7719	斅)	A	5	5
7720	髪	A	5	5
7721	夢)梦	AC	5	5
7722	凖	AC	5	5
7723	鉅]巨	AB	5	5
7724	桜○	C	5	5
7725	桿]杆	AC	5	5
7726	諸)诸	C	5	5
7727	紀)纪	BC	5	5
7728	骖	AC	5	5
7729	湣	A	5	5
7730	軻)轲	AC	5	5

序号	汉字	共用 独用	频次	文本数
7731	輕)轻	ABC	5	5
7732	鸸	AC	5	5
7733	離)离	ABC	5	5
7734	厥	AC	5	5
7735	研〉研	AC	5	5
7736	捨)舍	C	5	5
7737	觯	AB	5	5
7738	胨	AC	5	5
7739	薫○	C	5	5
7740	駿)骏	C	5	5
7741	旼	AC	5	5
7742	鄹	BC	5	5
7743	脎	AC	5	5
7744	潽	AC	5	5
7745	鼍	AB	5	5
7746	鍾)钟	AC	5	5
7747	瞵	ABC	5	5
7748	摽	AC	5	5
7749	紅)红	AC	5	5
7750	購)购	BC	5	5
7751	殛	A	5	5
7752	彧	AC	5	5
7753	砉	A	5	5
7754	順)顺	ABC	5	5
7755	歲]岁	C	5	5
7756	潤)润	C	5	5
7757	複)复	C	5	5
7758	脣	ABC	5	5
7759	憇]憩	AC	5	5
7760	員)员	AC	5	5
7761	圬	A	5	5
7762	須)须	AC	5	5
7763	兪〉俞	C	5	5
7764	缍	AC	5	5
7765	綷)	ABC	5	5
7766	凵	AC	5	5
7767	碥	AB	5	5
7768	缒	AB	5	5

序号	汉字	共用独用	频次	文本数
7769	雖)虽	BC	5	5
7770	耩	AB	5	5
7771	緣)缘	AC	5	5
7772	櫄	A	5	5
7773	綫)线	B	5	5
7774	癲)癫	A	5	5
7775	绐	AC	5	5
7776	鄉)	AC	5	5
7777	坬	AC	5	5
7778	柺]拐	AC	5	4
7779	爊	AC	5	4
7780	寧)宁	AC	5	4
7781	盜〉盗	A	5	4
7782	軏)	AC	5	4
7783	敭]扬	AC	5	4
7784	層)层	AC	5	4
7785	屆]届	AC	5	4
7786	垈	A	5	4
7787	犺	AB	5	4
7788	抵	AC	5	4
7789	軟)软	C	5	4
7790	厐	AC	5	4
7791	涘	AC	5	4
7792	钜	AC	5	4
7793	團)团	C	5	4
7794	虛〉虚	AC	5	4
7795	埽	AB	5	4
7796	韻]韵	ABC	5	4
7797	濩	A	5	4
7798	練)练	AC	5	4
7799	鉄)铁	ABC	5	4
7800	瘮)瘆	AC	5	4
7801	霪	A	5	4
7802	檠	A	5	4
7803	營)营	C	5	4
7804	翾	A	5	4
7805	�	AB	5	4
7806	頓)顿	AC	5	4

序号	汉字	共用独用	频次	文本数
7807	粯	C	5	4
7808	嗰	A	5	4
7809	篚	A	5	4
7810	茈	AC	5	4
7811	菥	AC	5	4
7812	瘉]愈	AC	5	4
7813	僾	AC	5	4
7814	璿]璇	AC	5	4
7815	淩	C	5	4
7816	醢	A	5	4
7817	玤	A	5	4
7818	哕	AC	5	4
7819	蕨	A	5	4
7820	袜	AB	5	4
7821	叚]假	A	5	4
7822	偉)伟	AC	5	4
7823	赕	AB	5	4
7824	鈴)铃	C	5	4
7825	碞)	AB	5	4
7826	阃	A	5	4
7827	踰]逾	AB	5	4
7828	瑮	A	5	4
7829	鲹	AC	5	4
7830	猃	AB	5	4
7831	湊]凑	AC	5	4
7832	埮	AC	5	3
7833	粂	AB	5	3
7834	厓	A	5	3
7835	莀	AC	5	3
7836	胄	A	5	3
7837	虘	AC	5	3
7838	堔	AC	5	3
7839	緋)绯	C	5	3
7840	罈]坛	AB	5	3
7841	單)单	AC	5	3
7842	鳑	A	5	3
7843	羖	A	5	3
7844	砮	A	5	3

序号	汉字	共用独用	频次	文本数
7845	藴	AB	5	3
7846	铗	AC	5	3
7847	儉)俭	AC	5	3
7848	镅	AC	5	3
7849	搌	AC	5	3
7850	驪)	C	5	3
7851	瓌	A	5	3
7852	鏡)镜	AB	5	3
7853	溗	C	5	3
7854	靰	A	5	3
7855	鞡	A	5	3
7856	搜	AC	5	3
7857	篸)	A	5	3
7858	溢	C	5	3
7859	焅	AC	5	3
7860	鄖)	A	5	3
7861	葠]参	C	5	3
7862	铇 § 鉋	A	5	3
7863	梘)	AC	5	3
7864	柃	AC	5	3
7865	薩)萨	AC	5	3
7866	註]注	ABC	5	3
7867	茼	AB	5	3
7868	扤	A	5	2
7869	鄜	A	5	2
7870	崘]仑	A	5	2
7871	驍)	AC	5	2
7872	邵	A	5	2
7873	灴	A	5	2
7874	鸹	A	5	2
7875	蹞)	C	5	2
7876	琄	C	5	2
7877	蔕]蒂	C	5	2
7878	萮	A	5	2
7879	踀	C	5	2
7880	鰕)	A	5	2
7881	鎚]锤	AB	5	2
7882	鏈)	B	5	2

序号	汉字	共用独用	频次	文本数
7883	爟	A	5	1
7884	裬	A	5	1
7885	鉒)	C	5	1
7886	嫮	A	5	1
7887	哭	C	5	1
7888	铔	A	5	1
7889	鋻)鉴	A	5	1
7890	襳	A	5	1
7891	偦	C	5	1
7892	窼	A	5	1
7893	玷	C	5	1
7894	跐	A	5	1
7895	溘	A	5	1
7896	潕)	A	5	1
7897	憐)怜	C	5	1
7898	槐	A	5	1
7899	円○	A	5	1
7900	褦	A	5	1
7901	竹	A	4	4
7902	屬)属	AC	4	4
7903	窳	AB	4	4
7904	踬	ABC	4	4
7905	揚)扬	AC	4	4
7906	祊	AB	4	4
7907	導)导	AC	4	4
7908	貨)货	BC	4	4
7909	鶘)	A	4	4
7910	額)额	BC	4	4
7911	広○	A	4	4
7912	脹)胀	AC	4	4
7913	铘	AC	4	4
7914	鬓	A	4	4
7915	伛	AC	4	4
7916	簦	AB	4	4
7917	項)项	BC	4	4
7918	浛	A	4	4
7919	嫜	AC	4	4
7920	猛	AC	4	4

序号	汉字	共用独用	频次	文本数
7921	挢	AC	4	4
7922	塅	C	4	4
7923	掲○	AC	4	4
7924	灣)湾	AC	4	4
7925	擔)担	C	4	4
7926	瑥	A	4	4
7927	抷	AC	4	4
7928	慾]欲	AC	4	4
7929	蝴	AB	4	4
7930	寶]宝	AC	4	4
7931	愀	AC	4	4
7932	浼	AC	4	4
7933	宄	AC	4	4
7934	適)适	AC	4	4
7935	傳)传	AC	4	4
7936	溷	A	4	4
7937	屄	AC	4	4
7938	閑)闲	C	4	4
7939	唪	A	4	4
7940	襕	AC	4	4
7941	迕	AC	4	4
7942	搦	AC	4	4
7943	蹱	AC	4	4
7944	鋩)铓	ABC	4	4
7945	潤)	C	4	4
7946	淸〉清	AC	4	4
7947	統)统	BC	4	4
7948	羅)罗	BC	4	4
7949	枊	C	4	4
7950	阍	AC	4	4
7951	慶)庆	C	4	4
7952	焓	AC	4	4
7953	埴	A	4	4
7954	敎	AC	4	4
7955	織)织	C	4	4
7956	睃	A	4	4
7957	帥)帅	C	4	4
7958	撚]拈	A	4	4

序号	汉字	共用独用	频次	文本数
7959	鸂)	A	4	4
7960	焾	A	4	4
7961	選)选	C	4	4
7962	筯]箸	AC	4	4
7963	濟)济	C	4	4
7964	犕	A	4	4
7965	畢)毕	C	4	4
7966	檔)档	C	4	4
7967	帱	AB	4	4
7968	慄]栗	A	4	4
7969	頸)颈	C	4	4
7970	尪	AC	4	4
7971	抭	AC	4	4
7972	芧	A	4	4
7973	劏)	AC	4	4
7974	趼	AB	4	4
7975	搭○	C	4	4
7976	褕	C	4	4
7977	籌)筹	C	4	4
7978	砑	A	4	4
7979	诎	AC	4	4
7980	噀	AC	4	4
7981	峽)峡	AC	4	4
7982	蓁	A	4	4
7983	湑	C	4	4
7984	醫)医	BC	4	4
7985	谮	A	4	4
7986	祔	AC	4	4
7987	皖	AB	4	4
7988	匜	AC	4	4
7989	麯)曲	AB	4	4
7990	斉	C	4	4
7991	粵〉粤	AB	4	4
7992	廈]厦	AC	4	4
7993	艚	AC	4	4
7994	锖	ABC	4	4
7995	樱)樱	AC	4	4
7996	刭	A	4	4

序号	汉字	共用独用	频次	文本数
7997	吅	A	4	4
7998	渫	A	4	4
7999	劇)剧	AC	4	4
8000	組)组	ABC	4	4
8001	莩	AB	4	4
8002	眄	A	4	4
8003	蠛	AC	4	4
8004	錘)锤	AC	4	4
8005	睜)睁	AB	4	4
8006	蛸	A	4	4
8007	遘	AB	4	4
8008	設)设	C	4	4
8009	唽	A	4	4
8010	带〇	AC	4	4
8011	姗]姗	AC	4	4
8012	焠	AC	4	4
8013	踣	AB	4	4
8014	嫽	AC	4	4
8015	輪)轮	AC	4	4
8016	扃	AB	4	4
8017	冊]册	AC	4	3
8018	舡	AC	4	3
8019	擊)击	C	4	3
8020	绋	A	4	3
8021	寖	AC	4	3
8022	憙	C	4	3
8023	慜	A	4	3
8024	瀛)	AC	4	3
8025	嶕	A	4	3
8026	螯	AC	4	3
8027	挓	A	4	3
8028	亂)乱	AC	4	3
8029	菓]果	A	4	3
8030	吔]咿	AC	4	3
8031	嗙	C	4	3
8032	謨)谟	A	4	3
8033	縷)缕	AC	4	3
8034	鮸)	AB	4	3
8035	賈)贾	AB	4	3
8036	镤	C	4	3
8037	犏	AC	4	3
8038	狳	A	4	3
8039	鈞)钧	B	4	3
8040	醭	AB	4	3
8041	鹳	AC	4	3
8042	搥]捶	AC	4	3
8043	陝)陕	BC	4	3
8044	刓	A	4	3
8045	覩]睹	AB	4	3
8046	桴	AC	4	3
8047	農)农	C	4	3
8048	暠]皓	AC	4	3
8049	禔	AC	4	3
8050	澌	A	4	3
8051	箓	AB	4	3
8052	鍪	ABC	4	3
8053	榼	A	4	3
8054	郄	AC	4	3
8055	紐)纽	B	4	3
8056	谖	A	4	3
8057	梽	A	4	3
8058	薢	A	4	3
8059	欐)	AC	4	3
8060	絲)丝	C	4	3
8061	锼	A	4	3
8062	庢	AC	4	3
8063	務)务	AC	4	3
8064	識)识	BC	4	3
8065	罤	AC	4	3
8066	鎗]枪	C	4	3
8067	気〇	AC	4	3
8068	铻	A	4	3
8069	椀]碗	A	4	3
8070	盼	C	4	3
8071	趼	AC	4	3
8072	蓡)	AC	4	3

序号	汉字	共用独用	频次	文本数
8073	臨)临	C	4	3
8074	膪	A	4	3
8075	鷴)鹇	AC	4	3
8076	薙]剃	AC	4	3
8077	彙)汇	A	4	3
8078	渫	AC	4	3
8079	舍	C	4	3
8080	質)质	BC	4	3
8081	辯)辩	AC	4	3
8082	締)缔	C	4	2
8083	緋	BC	4	2
8084	錡)锜	AC	4	2
8085	鍱)	A	4	2
8086	堅)坚	C	4	2
8087	勻〉匀	A	4	2
8088	洨	AC	4	2
8089	榮)荣	C	4	2
8090	徦	AC	4	2
8091	侻	A	4	2
8092	礦)矿	BC	4	2
8093	閣)阁	C	4	2
8094	澸)	AC	4	2
8095	働]动	C	4	2
8096	纔)才	A	4	2
8097	魆	A	4	2
8098	蕢)	A	4	2
8099	專)专	C	4	2
8100	競	A	4	2
8101	濤)涛	C	4	2
8102	魭)	A	4	2
8103	襡	A	4	2
8104	响	AC	4	2
8105	発○	C	4	2
8106	齋)斋	A	4	2
8107	禩]祀	A	4	2
8108	険	C	4	2
8109	傺	A	4	2
8110	茂	AC	4	2

序号	汉字	共用独用	频次	文本数
8111	飈)	AB	4	2
8112	鯷	AC	4	2
8113	盝	A	4	2
8114	噯)嗳	A	4	2
8115	砎	AC	4	2
8116	迺	BC	4	2
8117	琩	AC	4	2
8118	豐)丰	AB	4	2
8119	豟	A	4	2
8120	鮍)鲏	A	4	2
8121	鈫)钕	C	4	2
8122	睗	A	4	2
8123	酘	A	4	2
8124	臥〉卧	AC	4	2
8125	萊)莱	AC	4	2
8126	俛]俯	A	4	2
8127	珽	A	4	2
8128	洴	A	4	2
8129	楉	A	4	2
8130	玱	AC	4	2
8131	鱣)鳣	A	4	2
8132	儭)	A	4	2
8133	脳○	C	4	2
8134	紙)纸	B	4	2
8135	昕	C	4	2
8136	訔	A	4	1
8137	蘔	C	4	1
8138	鏶)	C	4	1
8139	矴]碇	A	4	1
8140	伾	C	4	1
8141	騮)骝	B	4	1
8142	銃)	A	4	1
8143	媎	C	4	1
8144	舠	C	4	1
8145	臅	A	4	1
8146	飆)	A	4	1
8147	玒	B	4	1
8148	鈃)	A	4	1

序号	汉字	共用独用	频次	文本数
8149	賦	A	4	1
8150	俙	A	4	1
8151	鑨）	A	4	1
8152	亏	C	4	1
8153	毜	A	4	1
8154	僕）仆	A	4	1
8155	翽）	A	4	1
8156	嶀	A	4	1
8157	窭	A	4	1
8158	瀨）濑	C	3	3
8159	甕］瓮	A	3	3
8160	淨）净	AC	3	3
8161	趙）赵	AC	3	3
8162	纍）累	AB	3	3
8163	寮	AC	3	3
8164	諒）谅	C	3	3
8165	麢	A	3	3
8166	淨］净	AC	3	3
8167	鬜	A	3	3
8168	讵	A	3	3
8169	斿	AC	3	3
8170	穏〇	ABC	3	3
8171	岧	A	3	3
8172	顧）顾	BC	3	3
8173	讬§託	A	3	3
8174	瑝	C	3	3
8175	輶）輶	A	3	3
8176	滢	C	3	3
8177	盃］杯	AC	3	3
8178	簫）箫	C	3	3
8179	茾	A	3	3
8180	茜	ABC	3	3
8181	銈）	A	3	3
8182	効］效	AC	3	3
8183	澣］浣	A	3	3
8184	髻	A	3	3
8185	賚）赉	A	3	3
8186	蜩	A	3	3
8187	乗］乘	AC	3	3
8188	碻	AC	3	3
8189	暾］咳	A	3	3
8190	覩〇	AC	3	3
8191	揲	AC	3	3
8192	蟯）蛲	AC	3	3
8193	氾	AB	3	3
8194	褩	A	3	3
8195	榊	A	3	3
8196	癮）瘾	AC	3	3
8197	镘	A	3	3
8198	稘	C	3	3
8199	岵	AC	3	3
8200	耩	ABC	3	3
8201	璪	AC	3	3
8202	鲖	A	3	3
8203	砘	AB	3	3
8204	寮	AB	3	3
8205	齉	A	3	3
8206	僊］仙	C	3	3
8207	曺	C	3	3
8208	甴	AC	3	3
8209	臢	A	3	3
8210	礿	A	3	3
8211	褫	AB	3	3
8212	唸］念	AC	3	3
8213	鎬）镐	C	3	3
8214	壆	A	3	3
8215	倆）俩	AC	3	3
8216	珐］法	C	3	3
8217	貓］猫	AC	3	3
8218	飆）飙	C	3	3
8219	鱲）	AC	3	3
8220	筳	AC	3	3
8221	躐	A	3	3
8222	鲄	A	3	3
8223	珷	AC	3	3
8224	轪	B	3	3

序号	汉字	共用 独用	频次	文本数
8225	阼	A	3	3
8226	纈)	BC	3	3
8227	貳)贰	C	3	3
8228	脫〉脱	A	3	3
8229	簾)帘	AB	3	3
8230	嘘〉嘘	AC	3	3
8231	蔴]麻	AB	3	3
8232	聆	C	3	3
8233	韔)	C	3	3
8234	珝	AC	3	3
8235	褙	AB	3	3
8236	嬬	AC	3	3
8237	條)条	AC	3	3
8238	虋	A	3	3
8239	錄)录	BC	3	3
8240	鮁)鲅	C	3	3
8241	閭	A	3	3
8242	鍀)锝	AC	3	3
8243	頁)页	C	3	3
8244	羈)羁	AC	3	3
8245	嘌	AB	3	3
8246	趲	AC	3	3
8247	鵂	AB	3	3
8248	滙)汇	C	3	3
8249	飽)饱	AC	3	3
8250	纏)	C	3	3
8251	掃)扫	A	3	3
8252	罛	A	3	3
8253	悪	A	3	3
8254	簣)	AC	3	3
8255	吥	AC	3	3
8256	鄩)	AB	3	3
8257	唻)	A	3	3
8258	鋈	ABC	3	3
8259	瘋)疯	C	3	3
8260	傜	A	3	3
8261	酾	A	3	3
8262	揹]背	A	3	3

序号	汉字	共用 独用	频次	文本数
8263	踼)	AC	3	3
8264	岞	AC	3	3
8265	跞	A	3	3
8266	鱻]鲜	A	3	3
8267	靑〉青	AC	3	3
8268	讀)读	AC	3	3
8269	繫)系	AB	3	3
8270	辦)办	C	3	3
8271	聞)闻	C	3	3
8272	溧]栗	A	3	3
8273	儇	A	3	3
8274	圖)图	C	3	3
8275	軨)	C	3	3
8276	拏]拿	A	3	3
8277	圍)围	C	3	3
8278	針)针	C	3	3
8279	嘍	A	3	3
8280	厨	A	3	3
8281	蹠]跖	A	3	3
8282	済	C	3	3
8283	籐]藤	A	3	3
8284	禓	C	3	3
8285	埯	AC	3	3
8286	螢)萤	AC	3	3
8287	斎	AC	3	3
8288	觔]斤	AC	3	3
8289	叄)叁	C	3	3
8290	胩	A	3	3
8291	陧	BC	3	3
8292	磄	AC	3	3
8293	緻)致	C	3	3
8294	館)馆	AC	3	3
8295	顆)颗	C	3	3
8296	託]托	AC	3	3
8297	桲	A	3	3
8298	稱)称	AB	3	3
8299	梼	AC	3	3
8300	搨	A	3	3

序号	汉字	共用独用	频次	文本数
8301	崌	AC	3	3
8302	樓)楼	AC	3	3
8303	卽)即	AC	3	3
8304	異]异	C	3	3
8305	潛]潜	AC	3	3
8306	絕)绝	C	3	3
8307	麹§麴	A	3	3
8308	絵○	C	3	3
8309	護)护	ABC	3	3
8310	鲬	A	3	3
8311	鳆	A	3	3
8312	韓)韩	BC	3	3
8313	牆]墙	C	3	3
8314	堃	AC	3	3
8315	殼)壳	A	3	3
8316	苧	A	3	3
8317	頎)颀	AC	3	3
8318	晡	A	3	3
8319	蓸	C	3	3
8320	負)负	C	3	3
8321	硃	AC	3	3
8322	麤]粗	A	3	3
8323	、锓	AC	3	3
8324	朿	AC	3	3
8325	屟	A	3	3
8326	剩○	AC	3	3
8327	槑	A	3	3
8328	榱	AC	3	3
8329	蛴	A	3	3
8330	浧	AC	3	3
8331	原	AC	3	3
8332	緊)紧	BC	3	3
8333	寔]实	A	3	3
8334	逨)	ABC	3	3
8335	袼	A	3	3
8336	蹯	AB	3	3
8337	杻	AC	3	3
8338	鎮)镇	AC	3	3
8339	裰	A	3	3
8340	舴	A	3	3
8341	迈	A	3	3
8342	餗)	A	3	3
8343	朘	A	3	3
8344	缳	AC	3	3
8345	殺	A	3	3
8346	跣	A	3	3
8347	規)规	BC	3	3
8348	尋)寻	C	3	3
8349	闢)辟	AC	3	3
8350	殺)杀	C	3	2
8351	鳣	AC	3	2
8352	艦)舰	C	3	2
8353	睎	AC	3	2
8354	莜]荞	A	3	2
8355	洵	A	3	2
8356	瑖	AC	3	2
8357	凊	C	3	2
8358	鈡)钟	AB	3	2
8359	琻	A	3	2
8360	鮈)	AB	3	2
8361	詧]察	AC	3	2
8362	磌	AC	3	2
8363	酭	A	3	2
8364	鮮)鲜	AC	3	2
8365	蓈	A	3	2
8366	擇)择	C	3	2
8367	鉨)	A	3	2
8368	癡]痴	A	3	2
8369	惛	A	3	2
8370	巃)	AC	3	2
8371	鬧)闹	BC	3	2
8372	芏	BC	3	2
8373	鈤)	AC	3	2
8374	溤	A	3	2
8375	昚]慎	A	3	2
8376	亶	A	3	2

序号	汉字	共用独用	频次	文本数
8377	楽○	A	3	2
8378	擩	AC	3	2
8379	袝	AC	3	2
8380	啑]喋	AC	3	2
8381	訏)	A	3	2
8382	挷	A	3	2
8383	洐	A	3	2
8384	浞	AC	3	2
8385	備)备	C	3	2
8386	瑂	A	3	2
8387	�星	A	3	2
8388	麵)面	C	3	2
8389	説)	C	3	2
8390	狀)状	AC	3	2
8391	眿	A	3	2
8392	鐺)铛	AB	3	2
8393	衞○	B	3	2
8394	衆)众	AB	3	2
8395	邽	A	3	2
8396	搣	A	3	2
8397	紛)纷	C	3	2
8398	痲〉痳	C	3	2
8399	傒	A	3	2
8400	猰	A	3	2
8401	犧)牺	C	3	2
8402	偹	A	3	2
8403	戰)战	AC	3	2
8404	琀	A	3	2
8405	佇]伫	A	3	2
8406	蛑	B	3	2
8407	錶)表	AC	3	2
8408	鰌]鳅	A	3	2
8409	鄭)郑	C	3	2
8410	腆)	A	3	2
8411	堪	C	3	2
8412	贛)赣	AB	3	2
8413	雝]雍	A	3	2
8414	閭)	C	3	2
8415	喫]吃	AC	3	2
8416	軑)	BC	3	2
8417	鯡)	A	3	2
8418	鮀)	A	3	2
8419	罖	A	3	2
8420	嶕	AC	3	2
8421	黙○	AB	3	2
8422	圧○	AC	3	2
8423	雱	A	3	2
8424	牸	A	3	2
8425	咈	A	3	2
8426	廠)厂	A	3	2
8427	傭)佣	A	3	2
8428	軍)军	AC	3	2
8429	燐]磷	A	3	2
8430	銷)销	BC	3	2
8431	劦	A	3	2
8432	祿〉禄	AB	3	2
8433	鬓	A	3	2
8434	鬥)斗	A	3	2
8435	瞞)瞒	AC	3	2
8436	砇	A	3	2
8437	鷺)	A	3	2
8438	絣)	A	3	2
8439	視)视	C	3	2
8440	虁	BC	3	2
8441	鑿)凿	A	3	2
8442	職)职	C	3	2
8443	牐]闸	AC	3	2
8444	旴	C	3	2
8445	販)贩	A	3	1
8446	悰	A	3	1
8447	姞	C	3	1
8448	塨	A	3	1
8449	箰	A	3	1
8450	鉼)饼	A	3	1
8451	箏〉筝	C	3	1
8452	赝	C	3	1

序号	汉字	共用独用	频次	文本数
8453	衚]胡	A	3	1
8454	栭	A	3	1
8455	炆	A	3	1
8456	鈄)钭	A	3	1
8457	鶺)	B	3	1
8458	躚	A	3	1
8459	莽	A	3	1
8460	梜)	A	3	1
8461	暢)畅	C	3	1
8462	爛)烂	A	3	1
8463	蟓	C	3	1
8464	頣○	A	3	1
8465	埈	A	3	1
8466	昑	A	3	1
8467	锍	A	3	1
8468	鈁)钫	B	3	1
8469	洤	A	3	1
8470	峩]峨	A	3	1
8471	葑	A	3	1
8472	柊	A	3	1
8473	篔)筼	A	3	1
8474	姖	C	3	1
8475	棁	A	3	1
8476	嵺	A	3	1
8477	愬]诉	A	3	1
8478	竜○	C	3	1
8479	衕]同	A	3	1
8480	霨	A	3	1
8481	鴮)	A	3	1
8482	纙)	A	3	1
8483	榖	C	3	1
8484	菰	A	3	1
8485	镃	A	3	1
8486	諺)	C	3	1
8487	秏	B	3	1
8488	骱	A	3	1
8489	焨	A	3	1
8490	喲)哟	A	3	1

序号	汉字	共用独用	频次	文本数
8491	覲)觐	A	3	1
8492	篚	A	3	1
8493	酙	A	2	2
8494	釪)	A	2	2
8495	鲙	AC	2	2
8496	澤)泽	C	2	2
8497	僑)侨	C	2	2
8498	逌	A	2	2
8499	惣	A	2	2
8500	輴)	C	2	2
8501	惯	AB	2	2
8502	枣	AC	2	2
8503	苗	A	2	2
8504	乹]干	C	2	2
8505	豖	A	2	2
8506	仫	A	2	2
8507	嬾]懒	A	2	2
8508	脰	A	2	2
8509	茌	C	2	2
8510	鬨]哄	C	2	2
8511	栴	C	2	2
8512	靦)觍	A	2	2
8513	锊	AC	2	2
8514	膠)胶	A	2	2
8515	懸)悬	AC	2	2
8516	滻)浐	AC	2	2
8517	訴)诉	C	2	2
8518	敌	AC	2	2
8519	鶵)	A	2	2
8520	庫	AC	2	2
8521	翽	A	2	2
8522	懷)怀	AC	2	2
8523	袗	C	2	2
8524	箨	A	2	2
8525	鍑)	BC	2	2
8526	殘)残	AC	2	2
8527	睞)睐	AC	2	2
8528	鈩)	A	2	2

序号	汉字	共用独用	频次	文本数
8529	姦]奸	AC	2	2
8530	齭	A	2	2
8531	卷〇	AC	2	2
8532	蠹	A	2	2
8533	礞	A	2	2
8534	袎	A	2	2
8535	牗	AC	2	2
8536	傷)伤	AC	2	2
8537	瑒)玚	A	2	2
8538	搠	AC	2	2
8539	鄚	A	2	2
8540	踘	A	2	2
8541	玶	C	2	2
8542	敩	A	2	2
8543	歅	A	2	2
8544	膃	AC	2	2
8545	屦	AC	2	2
8546	任	AC	2	2
8547	槓]杠	C	2	2
8548	磏	BC	2	2
8549	嵐)岚	C	2	2
8550	炁	A	2	2
8551	锔	A	2	2
8552	詮)诠	C	2	2
8553	庵	A	2	2
8554	睺	B	2	2
8555	蛹	B	2	2
8556	唼	A	2	2
8557	虼	B	2	2
8558	診)诊	BC	2	2
8559	呣	AC	2	2
8560	禡)	AC	2	2
8561	埶	AC	2	2
8562	琋	C	2	2
8563	�	A	2	2
8564	耪	A	2	2
8565	潔)洁	AC	2	2
8566	蓰	A	2	2
8567	辭)辞	C	2	2
8568	枹	A	2	2
8569	熑	C	2	2
8570	囉)啰	C	2	2
8571	螓	AB	2	2
8572	朣	AC	2	2
8573	潋	AC	2	2
8574	蝪)	A	2	2
8575	踫]碰	BC	2	2
8576	睆	AC	2	2
8577	諴)	AC	2	2
8578	缌	A	2	2
8579	颾)	A	2	2
8580	臛	AB	2	2
8581	滎)荥	AC	2	2
8582	梳	C	2	2
8583	欓)	A	2	2
8584	貝)贝	A	2	2
8585	弹〇	AC	2	2
8586	覎)	C	2	2
8587	絅)	AC	2	2
8588	檏	A	2	2
8589	冦	C	2	2
8590	溥)	A	2	2
8591	愓	AC	2	2
8592	羝	A	2	2
8593	柷	C	2	2
8594	縷)缕	C	2	2
8595	陰)阴	AC	2	2
8596	鉞)钺	AC	2	2
8597	铏	A	2	2
8598	齡)龄	B	2	2
8599	玡	A	2	2
8600	愢	A	2	2
8601	玓	A	2	2
8602	饔	BC	2	2
8603	昄	C	2	2
8604	鉢)钵	AC	2	2

序号	汉字	共用独用	频次	文本数
8605	輝)辉	C	2	2
8606	咢	A	2	2
8607	戦○	C	2	2
8608	藝)艺	C	2	2
8609	韄	AC	2	2
8610	鑽]钻	C	2	2
8611	梱	A	2	2
8612	伬	A	2	2
8613	蛺	A	2	2
8614	蝕)蚀	C	2	2
8615	雜)杂	C	2	2
8616	醃]腌	A	2	2
8617	猧)	A	2	2
8618	恢	A	2	2
8619	詩)诗	AC	2	2
8620	橢)椭	AC	2	2
8621	擁)拥	C	2	2
8622	洿	A	2	2
8623	刧]劫	A	2	2
8624	俥	A	2	2
8625	稟]禀	AC	2	2
8626	側)侧	C	2	2
8627	愰	AC	2	2
8628	厲)厉	C	2	2
8629	邁)迈	A	2	2
8630	時	A	2	2
8631	糈	A	2	2
8632	禘	A	2	2
8633	厰	C	2	2
8634	氳)氲	A	2	2
8635	澧	AC	2	2
8636	劒]剑	AC	2	2
8637	飖	A	2	2
8638	賴)赖	C	2	2
8639	菫	C	2	2
8640	趯	A	2	2
8641	栄	C	2	2
8642	胲	A	2	2

序号	汉字	共用独用	频次	文本数
8643	擴)扩	AC	2	2
8644	釵)	C	2	2
8645	骯)肮	C	2	2
8646	偪]逼	A	2	2
8647	耋	A	2	2
8648	壺)壶	C	2	2
8649	脍	A	2	2
8650	糞)粪	BC	2	2
8651	峃	A	2	2
8652	燿)	AC	2	2
8653	泚	A	2	2
8654	杶	A	2	2
8655	瑧	AC	2	2
8656	鹾	BC	2	2
8657	胈	A	2	2
8658	筐	A	2	2
8659	姟	A	2	2
8660	櫂]棹	A	2	2
8661	驌)骕	A	2	2
8662	倶○	A	2	2
8663	鄒)邹	C	2	2
8664	筴]策	A	2	2
8665	扢	C	2	2
8666	蠢	AC	2	2
8667	漸)渐	C	2	2
8668	窀	A	2	2
8669	辂	AC	2	2
8670	菝	C	2	2
8671	娍	AC	2	2
8672	兇]凶	C	2	2
8673	銅)铜	BC	2	2
8674	歲○	C	2	2
8675	滃	AC	2	2
8676	縮)缩	BC	2	2
8677	芻)刍	AB	2	2
8678	瘰	A	2	2
8679	跕	A	2	2
8680	煙)	C	2	2

序号	汉字	共用独用	频次	文本数
8681	餽]馈	AC	2	2
8682	蠵	B	2	2
8683	憘	A	2	2
8684	[illegible]London§頴	AC	2	2
8685	痩○	A	2	2
8686	潒	C	2	2
8687	蒧	AC	2	2
8688	傛	AC	2	2
8689	蚌	AB	2	2
8690	篛]箬	AC	2	2
8691	違)违	C	2	2
8692	嚄	A	2	2
8693	诼	A	2	2
8694	隣]邻	C	2	2
8695	踠	A	2	2
8696	眚	A	2	2
8697	謎)谜	BC	2	2
8698	圫	AC	2	2
8699	虁	AC	2	2
8700	礎)础	AB	2	2
8701	燻]熏	C	2	2
8702	蓀)荪	BC	2	2
8703	魠)	C	2	2
8704	闌)阑	C	2	2
8705	棲]栖	AC	2	2
8706	貙)	A	2	2
8707	窠○	A	2	2
8708	墮)堕	C	2	2
8709	菑]灾	A	2	2
8710	迸)迸	AB	2	2
8711	禪)	BC	2	2
8712	塗	A	2	2
8713	竫	C	2	2
8714	獸)兽	A	2	2
8715	蹽	A	2	2
8716	課)课	B	2	2
8717	螗	A	2	2
8718	碼)码	C	2	2
8719	偳	A	2	2
8720	縵)缦	AC	2	2
8721	祼	A	2	2
8722	鵮)	A	2	2
8723	芰	C	2	2
8724	黨)党	A	2	2
8725	埒	A	2	2
8726	贔)屃	AC	2	2
8727	轵	A	2	2
8728	嚜	AC	2	2
8729	澨	A	2	2
8730	鳒	C	2	2
8731	蜾	A	2	2
8732	痾]疴	AC	2	2
8733	鎏)	A	2	2
8734	斷)断	C	2	2
8735	娛)娱	C	2	2
8736	恥]耻	C	2	2
8737	葽	AC	2	2
8738	箈	AB	2	2
8739	鄔)邬	AC	2	2
8740	積)积	C	2	2
8741	驤)骧	A	2	2
8742	溓	A	2	2
8743	紝)	A	2	2
8744	簡)简	BC	2	2
8745	熥	A	2	2
8746	炟	AC	2	2
8747	浾	AC	2	2
8748	脤	C	2	2
8749	罄	B	2	2
8750	泜	AC	2	2
8751	娸	C	2	2
8752	甭	C	2	2
8753	紹)绍	C	2	2
8754	庬	C	2	2
8755	榦]干	A	2	2
8756	籥	A	2	2

序号	汉字	共用独用	频次	文本数	序号	汉字	共用独用	频次	文本数
8757	缽]钵	AB	2	2	8795	飼)饲	A	2	2
8758	収〇	C	2	2	8796	搨)	A	2	2
8759	湯)汤	A	2	2	8797	頃)顷	AC	2	2
8760	賸]剩	A	2	2	8798	壈	A	2	2
8761	嚱	A	2	2	8799	猺	A	2	2
8762	赩	A	2	2	8800	罥	A	2	2
8763	吳)吴	C	2	2	8801	訸)和	A	2	2
8764	錐)	AB	2	2	8802	阯]址	A	2	2
8765	綌)绤	A	2	2	8803	枌	AC	2	2
8766	�	C	2	2	8804	欽)钦	A	2	2
8767	勠]戮	A	2	2	8805	経)	C	2	2
8768	奝	A	2	2	8806	韂	AB	2	2
8769	裨	A	2	2	8807	倫)伦	AC	2	2
8770	曳〇	AC	2	2	8808	試)试	C	2	2
8771	鄠	A	2	2	8809	篦	A	2	2
8772	悪	C	2	2	8810	菁	A	2	2
8773	穄	AB	2	2	8811	領)领	BC	2	2
8774	侎	AC	2	2	8812	磬	C	2	2
8775	棄]弃	C	2	2	8813	擇)择	C	2	2
8776	窩)窝	C	2	2	8814	曚	A	2	2
8777	蛋	AB	2	2	8815	笁	AC	2	2
8778	蓋)盖	BC	2	2	8816	睛	C	2	2
8779	貿)贸	BC	2	2	8817	蘧	AB	2	2
8780	鯽)	AC	2	2	8818	隱)隐	C	2	2
8781	鐵)铁	AB	2	2	8819	奷	A	2	2
8782	羴]膻	A	2	2	8820	津	AC	2	2
8783	琙	A	2	2	8821	圧	AC	2	2
8784	罄	C	2	2	8822	醒	A	2	2
8785	觫	A	2	2	8823	樎)	AC	2	2
8786	細)细	C	2	2	8824	滲)渗	A	2	2
8787	騙)骗	C	2	2	8825	騫)骞	AC	2	2
8788	緑)绿	C	2	2	8826	椊	C	2	2
8789	荅	AB	2	2	8827	梾	C	2	2
8790	呤	C	2	2	8828	輯)辑	C	2	2
8791	災]灾	AC	2	2	8829	拶	C	2	2
8792	夬	A	2	2	8830	燈)灯	C	2	2
8793	閧]哄	AC	2	2	8831	堦]阶	C	2	2
8794	誘)诱	A	2	2	8832	賭)赌	C	2	2

序号	汉字	共用独用	频次	文本数
8833	爭〉争	AC	2	2
8834	鮠)	A	2	2
8835	輛○	C	2	2
8836	塽	C	2	2
8837	柙	BC	2	2
8838	睹	AC	2	2
8839	尹	AC	2	2
8840	跖	A	2	2
8841	幫)帮	C	2	2
8842	獲)获	C	2	2
8843	搾]榨	C	2	2
8844	錫)锡	AC	2	2
8845	羃	C	2	2
8846	稙	C	2	2
8847	熢	C	2	2
8848	塗)涂	A	2	2
8849	儲)储	C	2	2
8850	袀	AC	2	2
8851	隊)队	BC	2	2
8852	遯]遁	A	2	2
8853	捃	A	2	2
8854	韝)	A	2	2
8855	董	AC	2	2
8856	療)疗	AC	2	2
8857	逮	C	2	2
8858	猋	A	2	2
8859	薊)蓟	A	2	2
8860	紗)纱	C	2	2
8861	捲)卷	C	2	2
8862	棒	AC	2	2
8863	擬)拟	AC	2	2
8864	沲	AC	2	2
8865	纜)缆	AB	2	2
8866	壞)坏	C	2	2
8867	芏	AC	2	2
8868	団○	A	2	2
8869	颭	AC	2	2
8870	譚)谭	C	2	2

序号	汉字	共用独用	频次	文本数
8871	鏿	A	2	2
8872	餹]糖	AC	2	2
8873	攝)摄	AC	2	2
8874	酟	AC	2	2
8875	僗)	AC	2	2
8876	浸	A	2	2
8877	衖]弄	A	2	2
8878	萫	A	2	2
8879	禓	A	2	2
8880	蚡	A	2	2
8881	讟)	AC	2	2
8882	鞚	A	2	2
8883	曖)暧	AC	2	2
8884	鐘)钟	AB	2	2
8885	昴○	AC	2	2
8886	迻]移	A	2	2
8887	岭	A	2	2
8888	殪	AC	2	2
8889	鉩)玺	A	2	2
8890	渏	C	2	1
8891	踈]疏	A	2	1
8892	肆	C	2	1
8893	貊	A	2	1
8894	覍)弁	A	2	1
8895	輸)输	C	2	1
8896	鰜)	C	2	1
8897	湝	A	2	1
8898	笐	A	2	1
8899	蒎	A	2	1
8900	瞞)	C	2	1
8901	雰]氛	A	2	1
8902	幣)币	C	2	1
8903	莛	A	2	1
8904	魋	A	2	1
8905	楝	A	2	1
8906	絙)	A	2	1
8907	弍	A	2	1
8908	懔	C	2	1

序号	汉字	共用独用	频次	文本数
8909	轂）毂	C	2	1
8910	銙）	A	2	1
8911	嘍）哰	A	2	1
8912	蠱）蛊	A	2	1
8913	牾]忤	A	2	1
8914	襢	A	2	1
8915	棓	A	2	1
8916	皜]皓	A	2	1
8917	枓	C	2	1
8918	鶡）	B	2	1
8919	疊]叠	A	2	1
8920	睖	A	2	1
8921	猸	A	2	1
8922	臛	A	2	1
8923	瞷）	C	2	1
8924	礐）砉	A	2	1
8925	鯷）鳀	B	2	1
8926	髒）脏	C	2	1
8927	茘]荔	C	2	1
8928	豬]猪	A	2	1
8929	秞	A	2	1
8930	縣）县	A	2	1
8931	褷）	A	2	1
8932	牳	A	2	1
8933	吜	A	2	1
8934	嘷]嗥	A	2	1
8935	暍	A	2	1
8936	壝）	A	2	1
8937	畫）画	C	2	1
8938	鞧	B	2	1
8939	醻]酬	A	2	1
8940	暤	A	2	1
8941	擢	A	2	1
8942	竝]并	A	2	1
8943	摐）	A	2	1
8944	蕵	A	2	1
8945	綑]捆	B	2	1
8946	爊）	A	2	1
8947	紾）	A	2	1
8948	苅	A	2	1
8949	璊）	A	2	1
8950	訞）	A	2	1
8951	愘	A	2	1
8952	磵）	C	2	1
8953	呞	A	2	1
8954	蒨	A	2	1
8955	燂	A	2	1
8956	鮊）鲌	A	2	1
8957	謹）谨	C	2	1
8958	煩）烦	C	2	1
8959	瑱	A	2	1
8960	劊	A	2	1
8961	穭）穞	B	2	1
8962	灗	A	2	1
8963	崿	A	2	1
8964	蝥）蝥	A	2	1
8965	鰑）	A	2	1
8966	僈	C	2	1
8967	秃〉秃	B	2	1
8968	犎	A	2	1
8969	嫠	A	2	1
8970	椂	A	2	1
8971	悽]凄	C	2	1
8972	涳	A	2	1
8973	戣	A	2	1
8974	矼	C	2	1
8975	黵	A	2	1
8976	碕	A	2	1
8977	贅）赘	A	2	1
8978	挐]拿	A	2	1
8979	燶）	C	2	1
8980	虵]蛇	A	2	1
8981	唶	A	2	1
8982	敗）败	A	2	1
8983	�	A	2	1
8984	蓆]席	A	2	1

序号	汉字	共用 独用	频次	文本数
8985	偭	A	2	1
8986	媜	A	2	1
8987	硿	A	2	1
8988	鐈)	A	2	1
8989	悤]匆	A	2	1
8990	鱵)	A	2	1
8991	胬○	A	2	1
8992	鬘	A	2	1
8993	鹓	C	2	1
8994	貐	A	2	1
8995	扊	A	2	1
8996	馄	B	2	1
8997	実○	A	2	1
8998	汧	C	2	1
8999	琭	A	2	1
9000	煠	A	2	1
9001	緜]绵	A	2	1
9002	鐏○	A	2	1
9003	喤	A	2	1
9004	槼]规	A	2	1
9005	珫	A	2	1
9006	顥)颢	A	2	1
9007	誃)	A	2	1
9008	挹	A	2	1
9009	繫)系	A	2	1
9010	鐗)锏	B	2	1
9011	溚	A	2	1
9012	抃	C	2	1
9013	呤	A	2	1
9014	仂	A	2	1
9015	犗	A	2	1
9016	姤	A	2	1
9017	瀋)沈	A	2	1
9018	朩	A	2	1
9019	笩	A	2	1
9020	晈	A	2	1
9021	㛀)㜽	C	2	1
9022	颮)颭	C	2	1
9023	禦)御	A	2	1
9024	麥)麦	C	2	1
9025	僤	A	2	1
9026	㜽	A	2	1
9027	玒	C	2	1
9028	簽)佥	A	2	1
9029	娬	A	2	1
9030	戞]戛	A	2	1
9031	槼§槼	A	2	1
9032	桾	A	2	1
9033	龘)龖	A	2	1
9034	媛	C	2	1
9035	枬	A	2	1
9036	軓	A	2	1
9037	瀇)	A	2	1
9038	垜]垛	A	2	1
9039	饩	A	2	1
9040	葖	A	2	1
9041	澱)淀	A	2	1
9042	暅	A	2	1
9043	辤]辞	A	2	1
9044	蔦)茑	C	2	1
9045	蘼	A	2	1
9046	徧]遍	A	2	1
9047	斆)敩	A	2	1
9048	鴻)鸿	C	2	1
9049	牷	A	2	1
9050	瓎	A	2	1
9051	諽	A	2	1
9052	滙]汇	C	2	1
9053	呿	A	2	1
9054	盻	A	2	1
9055	僔	A	2	1
9056	綅)	C	2	1
9057	剟	A	2	1
9058	霏	A	2	1
9059	耖	A	2	1
9060	蓰	A	2	1

序号	汉字	共用 独用	频次	文本数
9061	坰	A	2	1
9062	誕)诞	C	2	1
9063	坶	C	2	1
9064	奩	A	2	1
9065	粨△	B	2	1
9066	噇	A	2	1
9067	拵	A	2	1
9068	紋)纹	A	2	1
9069	�	C	2	1
9070	衝	C	2	1
9071	艞	C	2	1
9072	歜	A	2	1
9073	脤	A	2	1
9074	臘)腊	B	2	1
9075	寫)写	C	2	1
9076	涢	C	2	1
9077	栿	A	2	1
9078	峃	A	2	1

频次为 1 的汉字

序号	汉字	独用
9079	滅)灭	A
9080	荎	A
9081	堒	A
9082	夆	A
9083	貆	A
9084	摛	A
9085	銓)铨	C
9086	篴	C
9087	伓	A
9088	繟)	A
9089	遺)遗	A
9090	椣	A
9091	瞱)	B
9092	閑)闲	A
9093	搮	C
9094	扜	A
9095	祂	C
9096	緡)缗	B
9097	縱)	C
9098	篋)箧	A
9099	滳	A
9100	夨	A
9101	聶)聂	A
9102	訓)训	B
9103	鍒)	A
9104	祅	A
9105	欵)	A
9106	琊	A
9107	痎	A
9108	玼	B
9109	檵	A
9110	禓	C
9111	閦)	C
9112	祐	B
9113	猒〇	C
9114	悤]匆	A
9115	鞁	A
9116	軌)轨	C
9117	諧)谐	C
9118	綀)	C
9119	蜆)蚬	B
9120	皀	C
9121	�	C
9122	洴	A
9123	詫)诧	B
9124	鑝)	A
9125	曆)历	C
9126	鞮	A
9127	飱]飧	A
9128	瞔	A
9129	闥)	A
9130	獯	C
9131	簜)	A
9132	瞶)瞆	A
9133	靇	A
9134	鶗)	A
9135	郲	A
9136	稃	A
9137	臿	A
9138	誇)夸	A
9139	啤	A
9140	蛄	A
9141	槍)枪	A
9142	綜)综	B
9143	敝	B
9144	糾)纠	C
9145	倕	A
9146	旆	A
9147	蹐	A
9148	堅	A
9149	碶	A
9150	禂	A

序号	汉字	独用
9151	喎)	C
9152	萑	A
9153	闒)	A
9154	耡]锄	A
9155	盼	A
9156	亾]亡	A
9157	腫)肿	B
9158	擴	A
9159	迟	A
9160	爁)	A
9161	鮨)	A
9162	掭	C
9163	焦	C
9164	洞	A
9165	蓺)	A
9166	篗	A
9167	鞓	A
9168	贛]赣	A
9169	愜)惬	A
9170	刦]劫	A
9171	驟)骤	A
9172	瘖	C
9173	羥)羟	A
9174	窨	C
9175	叄)	A
9176	涮	C
9177	窊	B
9178	啍	A
9179	寗]宁	C
9180	椸	A
9181	邱	C
9182	紘)	A
9183	埗	A
9184	寘]置	A
9185	峷	A
9186	曭)	A
9187	荃	A
9188	菣	A

序号	汉字	独用
9189	胕	A
9190	倖	C
9191	柮	C
9192	鳴)	C
9193	垗	A
9194	㶈	A
9195	裯	A
9196	吘	A
9197	謊◯	A
9198	毪	B
9199	梃	A
9200	潳	A
9201	餔)	B
9202	煑]煮	C
9203	瘲	A
9204	栟	A
9205	鑲)镶	C
9206	傕	A
9207	廙	A
9208	譜)谱	C
9209	冊	A
9210	稒	A
9211	逥]回	B
9212	獳	A
9213	咀	A
9214	皪)	A
9215	霌	A
9216	蠙)	A
9217	藪)薮	A
9218	郎	A
9219	垝	A
9220	厝	C
9221	鶻)鹘	A
9222	鷃)	A
9223	蚰	A
9224	葎	A
9225	眛	C
9226	韫	A

序号	汉字	独用
9227	劃)划	C
9228	柑	A
9229	艅	A
9230	暍)	A
9231	娚	C
9232	伹	C
9233	璽)玺	A
9234	靷	A
9235	昑	C
9236	燄]焰	A
9237	鰂)鲗	A
9238	衜]衔	C
9239	伈	C
9240	伒	A
9241	郙	A
9242	刬	A
9243	緁)	A
9244	炡	C
9245	敍]叙	C
9246	錩)锠	A
9247	燀)	A
9248	肭	A
9249	燓	A
9250	飢)饥	C
9251	榶	A
9252	鯮)	A
9253	佱	C
9254	瞟	A
9255	臀	A
9256	昀	A
9257	攩]挡	A
9258	梦	A
9259	荗	A
9260	褐	C
9261	堰)	C
9262	组	A
9263	峪	C
9264	賓)宾	C

序号	汉字	独用
9265	栨	A
9266	侑	A
9267	佅	A
9268	陴	A
9269	钃)	C
9270	鍗)	C
9271	磳	C
9272	呂〉吕	C
9273	傾)倾	C
9274	剨	C
9275	徎	C
9276	鑰)钥	A
9277	嗄	A
9278	櫟)栎	A
9279	豔]艳	A
9280	踖	A
9281	礙)碍	A
9282	僱]雇	A
9283	鹨	A
9284	焞	A
9285	凬○	C
9286	膡)誊	A
9287	悕	A
9288	寑)寝	A
9289	陿]狭	A
9290	搒	C
9291	侅	A
9292	詈	A
9293	鋰)锂	C
9294	喥	A
9295	裪	C
9296	鹮	A
9297	跱	A
9298	畓	A
9299	釵)钗	C
9300	[illegible])	C
9301	鄧)邓	A
9302	讱	A

序号	汉字	独用
9303	飭)饬	A
9304	衜	A
9305	胠	A
9306	藴〉蕴	C
9307	鈀)钯	C
9308	鼕)冬	A
9309	鏢)镖	B
9310	痺]痹	A
9311	蝃	C
9312	蠏	A
9313	蠋	A
9314	焬)	C
9315	纊)纩	C
9316	餈]糍	A
9317	絫	A
9318	鉽)	A
9319	肷	A
9320	艋)	A
9321	鯡)鲱	A
9322	丄	A
9323	龔)龚	A
9324	鶊)	A
9325	饗)飨	B
9326	抦	A
9327	厭)厌	A
9328	璩	A
9329	崊	A
9330	軓	A
9331	沯	B
9332	菵)	A
9333	蛩	A
9334	燮	A
9335	扣	C
9336	浤	C
9337	蕷)蓣	A
9338	婧	A
9339	斠	A
9340	烑	A

序号	汉字	独用
9341	旐	A
9342	鈕)钮	C
9343	譾)谫	C
9344	浻	A
9345	釪)	A
9346	焴	A
9347	玥	A
9348	尛	A
9349	惨)掺	C
9350	淒]凄	C
9351	鹽)盐	A
9352	甞)尝	A
9353	芐	B
9354	肤	C
9355	辿	B
9356	瓊)琼	C
9357	壤○	A
9358	靈)灵	C
9359	睟	A
9360	噂	A
9361	謤	B
9362	唅	A
9363	菲	A
9364	遼)辽	A
9365	絢)绚	A
9366	嬰)婴	A
9367	壴	A
9368	殦	A
9369	簵	A
9370	寉	C
9371	帩	C
9372	寮	A
9373	荟	A
9374	樛	A
9375	豥	C
9376	璁	C
9377	盡)尽	A
9378	艱)艰	B

序号	汉字	独用
9379	儹)	A
9380	鼪	A
9381	箄	A
9382	籐)	B
9383	遙〉遥	C
9384	獚	A
9385	狑	C
9386	眵	A
9387	狆	A
9388	窯]窑	A
9389	猈	A
9390	鎰)镒	C
9391	臟)脏	B
9392	綠〉绿	C
9393	枒]丫	C
9394	塹〉堑	A
9395	挒	A
9396	鍺)	B
9397	冾	C
9398	襬)摆	C
9399	誼)谊	C
9400	驥)	B
9401	膄	A
9402	鱖)鳜	A
9403	傷)	A
9404	郛	C
9405	塥	B
9406	箣	C
9407	櫨)	A
9408	缾]瓶	A
9409	咷	A
9410	璵)玙	A
9411	羣]群	A
9412	垸	C
9413	欻	A
9414	愢	A
9415	嘆)叹	C
9416	褒]褒	A

序号	汉字	独用
9417	鶴)鹤	C
9418	鬚)须	A
9419	娉	A
9420	產)产	A
9421	仳	A
9422	庱	A
9423	軒)轩	C
9424	玏	A
9425	磚)砖	C
9426	禎)祯	C
9427	旳	A
9428	苿	A
9429	啩	A
9430	憣	C
9431	禍)祸	A
9432	龜)龟	A
9433	倗	A
9434	獍	A
9435	懟)怼	A
9436	柆	C
9437	簒]篡	A
9438	丼	A
9439	桭	A
9440	梜	A
9441	勬	A
9442	眺	A
9443	颱)台	B
9444	蔭)荫	A
9445	嫛)	C
9446	莿	A
9447	婭)	A
9448	勛)勋	C
9449	筦]管	A
9450	綵]彩	A
9451	搢	A
9452	荸	A
9453	弫	C
9454	噭	A

序号	汉字	独用
9455	瑋)玮	C
9456	蔍	B
9457	鏙)	C
9458	螗	A
9459	濵	A
9460	熲)颎	A
9461	萇)苌	A
9462	杅	A
9463	憭	A
9464	[illegible]	C
9465	鬠	C
9466	智	A
9467	鹛	B
9468	湝	A
9469	樫)	C
9470	烇	C
9471	稄	A
9472	鋈	A
9473	頹)颓	C
9474	棣	C
9475	墺	C
9476	桯	A
9477	廁)厕	A
9478	賔)	A
9479	饌)馔	A
9480	詼)诙	C
9481	鄌	A
9482	暈)晕	A
9483	薆)	A
9484	艻	A
9485	亀〇	C
9486	懐	C
9487	[illegible]	A
9488	檳)槟	C
9489	忳	A
9490	孭)	A
9491	憶)忆	C
9492	叆	A

序号	汉字	独用	序号	汉字	独用	序号	汉字	独用
9493	达	A	9531	碚	C	9569	恆]恒	C
9494	矘)	A	9532	皋	C	9570	篌	A
9495	緑)缘	A	9533	賦)赋	C	9571	苧	A
9496	儘)尽	A	9534	鴈]雁	A	9572	腈	A
9497	豔	A	9535	逊	A	9573	垌	A
9498	雖)虽	A	9536	巘)	A	9574	蒨	A
9499	羶]膻	A	9537	浒	A	9575	劬	A
9500	顛)颠	C	9538	遡]溯	A	9576	咹	A
9501	姶	C	9539	砯	A	9577	醨	A
9502	愽]博	A	9540	僯	A	9578	觸)触	C
9503	洊	A	9541	筎	A	9579	釞)	A
9504	珙	C	9542	寘)	A	9580	膅	A
9505	爣)	A	9543	湮	A	9581	寳)宝	A
9506	鉦)钲	B	9544	廰○	A	9582	臝]裸	A
9507	侷]局	C	9545	輠)	A	9583	闅	A
9508	綷)	A	9546	濕)湿	C	9584	筆)笔	A
9509	艎	A	9547	弆	A	9585	梮	A
9510	菹	A	9548	朾	A	9586	鷹)鹰	C
9511	玊	A	9549	鍚)钖	A	9587	暱]昵	C
9512	苊	A	9550	酫	B	9588	釖)	C
9513	憝	A	9551	咔	C	9589	朓)朓	A
9514	鍘)铡	A	9552	磟	A	9590	弎	A
9515	惙	A	9553	賫)	B	9591	滛]淫	C
9516	缇	A	9554	燒)烧	C	9592	墜)坠	A
9517	捽	C	9555	坮	A	9593	滑	C
9518	搖)摇	C	9556	傘)伞	A	9594	舤	A
9519	肇	A	9557	溝)	A	9595	駿]鬃	A
9520	踮	A	9558	溻)	A	9596	耞	C
9521	晼	A	9559	皰]疱	C	9597	乾]干	A
9522	蔆	A	9560	褅	A	9598	熩	A
9523	鑾)銮	A	9561	襛)	A	9599	剞	C
9524	萸	C	9562	纴	A	9600	杄	A
9525	癖)	A	9563	紝)纴	A	9601	県	C
9526	糉	A	9564	赇	A	9602	筥	C
9527	抚	A	9565	僝	A	9603	屇	C
9528	棗)枣	A	9566	諡	A	9604	爏)	C
9529	薈)荟	C	9567	鴿)鸽	A	9605	圞)	A
9530	撝)	A	9568	铦	A	9606	吣	A

序号	汉字	独用
9607	曏]向	A
9608	啤)	A
9609	遞)递	A
9610	鎶)	A
9611	暲	A
9612	燋	A
9613	潄]漱	A
9614	鎕)	A
9615	噴)喷	C
9616	贊)赞	C
9617	鵩)	A
9618	囊	A
9619	蜺	A
9620	馳)驰	C
9621	駬)	C
9622	鯇)鲩	A
9623	檮)梼	A
9624	釡	A
9625	賑)赈	C
9626	筍]笋	B
9627	遬	A
9628	迂	B
9629	貢)贡	C
9630	庝	A
9631	踩]跺	A
9632	珓	A
9633	豐)	A
9634	掤	A
9635	肅)肃	A
9636	膢	A
9637	邊)	A
9638	柵]栅	C
9639	邅	B
9640	錫)钖	A
9641	颼)飕	C
9642	唎	A
9643	講)讲	C
9644	蔣)蒋	A

序号	汉字	独用
9645	毘]毗	C
9646	鑼)锣	A
9647	衹	C
9648	梱	A
9649	綴)缀	C
9650	勡	A
9651	爛)烂	A
9652	豔	A
9653	嶼)屿	C
9654	甲	A
9655	犢)犊	A
9656	藴)蕴	B
9657	鶇)鹅	A
9658	軑)轪	B
9659	専	A
9660	耇	A
9661	硪	A
9662	峬	A
9663	楨)桢	C
9664	貶)贬	B
9665	憎	A
9666	醆)	A
9667	窐	C
9668	栟	C
9669	憝	C
9670	鏰)镚	C
9671	笮	A
9672	麃	A
9673	蕣	A
9674	賜)赐	A
9675	甐	A
9676	勗]勖	A
9677	滢	A
9678	搔	A
9679	鞎	C
9680	裎	B
9681	鄺)邝	C
9682	糯	A

序号	汉字	独用
9683	醞)酝	A
9684	炓	A
9685	恸	A
9686	埵	A
9687	饈)馐	A
9688	鉆)钻	C
9689	鲕	A
9690	煹	C
9691	鍋)锅	C
9692	烒	A
9693	腈	C
9694	銹)锈	A
9695	眞〉真	A
9696	搣	A
9697	巔〉巅	C
9698	紮]扎	B
9699	臓	A
9700	鉈)铊	C
9701	晙	C
9702	婁)娄	A
9703	哄	A
9704	貸)贷	B
9705	檛)	A
9706	琲	A
9707	侶〉侣	A
9708	鼜	A
9709	佊	A
9710	潩	A
9711	肐]胳	B
9712	煇]辉	A
9713	鑽)钻	A
9714	鋪)铺	A
9715	釬]焊	A
9716	扨	C
9717	莛	C
9718	蚔	A
9719	鏜)镗	A
9720	傣	A

序号	汉字	独用	序号	汉字	独用	序号	汉字	独用
9721	娜	A	9759	吉	A	9797	匄]丐	A
9722	即）	A	9760	雪	A	9798	銖）	A
9723	筊	A	9761	皀	C	9799	蟖	C
9724	觋	A	9762	貼）贴	C	9800	陷○	B
9725	咜	C	9763	潘	C	9801	蝨	A
9726	晻]暗	A	9764	執）执	C	9802	貲]资	A
9727	肧]胚	C	9765	緼）缊	A	9803	餅〉饼	A
9728	紃）	A	9766	葢	A	9804	擐	A
9729	辁	A	9767	靐	A	9805	鋹）	A
9730	玧	C	9768	鎌]镰	A	9806	郖	A
9731	鰲）鳌	A	9769	桮]杯	A	9807	娍	A
9732	聰）聪	A	9770	伱	A	9808	籣）	A
9733	鋒）锋	C	9771	噞）	A	9809	歓○	A
9734	蒉	A	9772	鵴）	A	9810	蹎	C
9735	檦	A	9773	經）经	B	9811	苢	A
9736	岅]坂	A	9774	釭）	C	9812	喪）丧	C
9737	硈	A	9775	寫	A	9813	掍	A
9738	憛	A	9776	朏〉朏	C	9814	滌）涤	A
9739	畋	A	9777	欗）	C	9815	西	C
9740	戃）	A	9778	溻	C	9816	責）责	C
9741	美	C	9779	翫]玩	A	9817	舥	A
9742	弫	A	9780	雞]鸡	A	9818	毌	C
9743	迮	A	9781	瓏）珑	A	9819	戚	A
9744	顳）颞	A	9782	脊	A	9820	劧	A
9745	蘪）	A	9783	鄌	A	9821	銅）铜	A
9746	逷	A	9784	溷	C	9822	瞜	C
9747	舘]馆	C	9785	脬	A	9823	抅	A
9748	犂]犁	C	9786	姉]姊	A	9824	悳]德	A
9749	諫）	B	9787	佁	A	9825	幍	A
9750	廝]厮	C	9788	虮	B	9826	扠	C
9751	鋭）锐	A	9789	鲇）鲇	A	9827	謥）	A
9752	囥	A	9790	呫	C	9828	峧	A
9753	玭	A	9791	鄰）邻	B	9829	国	C
9754	蕗	A	9792	蟫	A	9830	廎	A
9755	梘）枧	A	9793	劍）剑	C	9831	贳	A
9756	寃]冤	A	9794	钘	A	9832	磓	A
9757	煴	A	9795	睄	A	9833	骫	A
9758	鷁）	A	9796	幨	A	9834	櫬）榇	C

序号	汉字	独用
9835	肦	C
9836	琜	C
9837	稌	A
9838	絧)𬘩	C
9839	襚	B
9840	鎡)镃	C
9841	運)运	A
9842	肞○	A
9843	魨)鲀	B
9844	竤	A
9845	笏	A
9846	聤	A
9847	窆	A
9848	蝂	A
9849	伃	A
9850	睉	C
9851	襆	A
9852	煻	A
9853	榠	A
9854	穸	A
9855	餲)	C
9856	碹	A
9857	畣	A
9858	燙)烫	C
9859	矙	A
9860	眍	B
9861	癈]废	C
9862	摢	C
9863	扡	C
9864	鑜)锐	A
9865	苳	C
9866	骣	A
9867	鷄)鸡	A
9868	箵	A
9869	抜○	C
9870	猯	C
9871	鹙	A
9872	琱]雕	A

序号	汉字	独用
9873	鞵]鞋	A
9874	繸)	A
9875	丗	C
9876	屰	A
9877	醩	A
9878	椛○	C
9879	暉)晖	A
9880	觽	A
9881	瓸	C
9882	茋	A
9883	潀	A
9884	譀)	C
9885	渘	A
9886	钠	A
9887	糖	A
9888	梟)枭	C
9889	衸	C
9890	藴)蕴	A
9891	雋]隽	A
9892	癥	A
9893	爟	C
9894	岎	B
9895	僯	A
9896	謔)谑	B
9897	誤)误	C
9898	鐓)镦	A
9899	鎊)	A
9900	姒	A
9901	疊]叠	A
9902	溝)沟	A
9903	髚)	C
9904	敉	A
9905	浄]净	A
9906	聽)听	A
9907	冃	A
9908	喚)唤	A
9909	丱	A
9910	箄	A

序号	汉字	独用
9911	酵	A
9912	瀰)弥	C
9913	滽	A
9914	作	C
9915	悅)悦	A
9916	萅]春	C
9917	歁	C
9918	頪)	A
9919	神	A
9920	趯	A
9921	討)讨	C
9922	擱)搁	C
9923	彝	A
9924	嫛	B
9925	粗	A
9926	蹵]蹴	C
9927	痐	A
9928	蟏	A
9929	[illegible]	A
9930	埘	A
9931	螽	A
9932	鈔)钞	C
9933	鸲	A
9934	嘒	A
9935	虆	A
9936	砇	A
9937	迵	C
9938	偰	A
9939	醞)酝	C
9940	弻	A
9941	繳)缴	A
9942	单○	C
9943	僤)	A
9944	惡)恶	C
9945	絬)	B
9946	茄	A
9947	醁	A
9948	襹)	A

序号	汉字	独用
9949	衜)衜	C
9950	跼]局	A
9951	偲	A
9952	葳	A
9953	嚮)向	A
9954	棫	A
9955	痤	A
9956	椮	A
9957	閱)阅	B
9958	糃)	A
9959	鏊	C
9960	埕	A
9961	嗼	A
9962	厔	A
9963	鞄	A
9964	旖	A
9965	譏)	A
9966	璹)	A
9967	棍	A
9968	荁	C
9969	劑)剂	C
9970	鵾)	A
9971	鹋	A
9972	勵)励	C
9973	闋)	A
9974	羗]羌	A
9975	嬰	C
9976	誃)	A
9977	池	A
9978	藋	A
9979	頮)颒	A
9980	莾	A
9981	駃)	A
9982	鲳	B
9983	另	C
9984	羂)	C
9985	朢]望	C
9986	畺	A
9987	蒼)苍	A
9988	堐	C
9989	鶩)	C
9990	綾)绫	C
9991	潚)	C
9992	怊	A
9993	貤)	A
9994	躭]耽	A
9995	証)证	C
9996	醸○	A
9997	夌	A
9998	鰼)	A
9999	藋	A
10000	筦	A
10001	商	C
10002	罶	A
10003	軒	A
10004	樵	A
10005	硐	B
10006	烏)乌	C
10007	堧	A
10008	喒]咱	A
10009	儻)傥	A
10010	铹	B
10011	矙]瞰	C
10012	轅)辕	C
10013	饄)	A
10014	跿	A
10015	禨)	A
10016	厳	A
10017	噣	A
10018	鐟)	A
10019	墼	A
10020	鯛)鲖	A
10021	礥)	A
10022	鑣)镳	A
10023	穰	C
10024	殢)	A
10025	慗)	A
10026	稭	A
10027	獅)狮	C
10028	獎)奖	A
10029	酔	C
10030	鯢)鲵	A
10031	鶡	A
10032	杔	C
10033	藁	B
10034	鏽]锈	B
10035	隍	A
10036	芢	B
10037	鷺)鹭	A
10038	硾	C
10039	絳)绛	A
10040	捋	A
10041	蕐	C
10042	癩)癞	A
10043	詨)	C
10044	鮬)	A
10045	寛)	C
10046	擛	A
10047	魷)鱿	C
10048	閣)阁	A
10049	觧	C
10050	鵗)	A
10051	遲)迟	A
10052	萷	B
10053	脣]唇	B
10054	腬	C
10055	豁)	C
10056	糇	C
10057	裡	A
10058	臬	A
10059	摅	A
10060	栦	C
10061	譌]讹	A
10062	篊	C

序号	汉字	独用
10063	袑	A
10064	淍	C
10065	淺)浅	A
10066	詳)详	C
10067	綿)绵	A
10068	騷)	C
10069	鑛]矿	A
10070	溴	C
10071	嘲	A
10072	眲	A
10073	尠]鲜	A
10074	賀)贺	A
10075	鎸)镌	A
10076	窯	A
10077	嘯)啸	C
10078	茾	B
10079	粂	A
10080	蘯)荡	A
10081	斵]斫	A
10082	殼)壳	C
10083	菽	B
10084	齕	A
10085	葼	A
10086	鈦)钛	C
10087	趍	C
10088	婀	C
10089	鐩)鐆	A
10090	驲	A
10091	璅	A
10092	蔀	A
10093	截	A
10094	迍	A
10095	荚	C
10096	坋	A
10097	纇)颣	A
10098	甿	C
10099	鼓	B
10100	堌	C

序号	汉字	独用
10101	淦	A
10102	饋)馈	A
10103	瑤)瑶	A
10104	揑]捏	C
10105	諻)	C
10106	啙	C
10107	墎	A
10108	銚)铫	C
10109	尌	A
10110	蝦)虾	A
10111	涚	A
10112	懱	A
10113	囫	C
10114	颸	A
10115	銖)铢	C
10116	護)	B
10117	颮)飑	A
10118	鎧)铠	B
10119	妬]妒	A
10120	浮	C
10121	撲)扑	A
10122	麨)	A
10123	窋	B
10124	箽	C
10125	塵)尘	A
10126	踆	A
10127	跔	A
10128	邤	A
10129	呬	A
10130	覜)眺	A
10131	嵁	A
10132	謂)谓	C
10133	摶)抟	A
10134	榲	A
10135	賻	A
10136	諶)谌	C
10137	溈)沩	A
10138	梀	A

序号	汉字	独用
10139	娧	A
10140	鯛)鲷	A
10141	踶	A
10142	婍	A
10143	藙	A
10144	鬸	A
10145	穎)颖	A
10146	衎	A
10147	硝	A
10148	顣)	C
10149	熝	A
10150	箄	A
10151	鶵	C
10152	趖	A
10153	滯)滞	C
10154	楤	A
10155	醌)	A
10156	獨)独	C
10157	橔	A
10158	窺)窥	A
10159	嗴	A
10160	顣)	A
10161	筧)笕	B
10162	骒	A
10163	噩	A
10164	聝	A
10165	蘄	C
10166	協)协	A
10167	貽)贻	C
10168	媲	A
10169	淚○	C
10170	硅	A
10171	榚	C
10172	譚)	C
10173	啀	A
10174	熾)炽	C
10175	佂	C
10176	慚)惭	A

序号	汉字	独用
10177	澍	A
10178	鳬）	A
10179	煀	A
10180	錑）	A
10181	薚）	A
10182	鐮）	A
10183	罫	A
10184	渃	A
10185	諭）谕	C

序号	汉字	独用
10186	済	C
10187	窬	A
10188	髑	C
10189	淪	A
10190	荛	C
10191	挩	A
10192	鴅）	A
10193	灕）漓	A
10194	麠	B

序号	汉字	独用
10195	魯）鲁	A
10196	漴	A
10197	磃	C
10198	贖）赎	A
10199	偸〉偷	A
10200	蘘	A
10201	睙	A
10202	蚆	B
10203	刋〉刊	A
10204	糧）粮	C

高频词语表

【说明】

本表中收录的词语，是在自动分词的结果上进行的，即以分词单位为对象进行统计、计算、分析。自动分词单位中包括了人名、地名、组织机构名、数字、时间表达式等言语词，根据《中国语言生活状况报告(2005)》下编[①]中确定的收词原则，我们对高频词语表进行了人工校对，从 12 517 个高频词语中筛选了 11 635 个词语，形成高频词语表。

高频词语表原则上不收录人名、地名、组织机构名、时间、数字类等分词单位，但每类词语中又有些特殊需要收录的，为此制订以下原则。

(1) 人名

保留历史人物名称，如"曹操"。一般人名不收录，如"奥巴马、奥沙利文、季羡林、陈某"等。另有"阿里巴巴、雷诺"这类既可作人名也可作为企业名的，以人名计。共删除 247 条。

(2) 地名

保留以下三类：①国名和地区名，如"牙买加、柬埔寨、津巴布韦"等；②概指性的地名，如"北侧、东南部、亚太地区"等；③重要事件发生地，如"哥本哈根、圆明园"。其他地名不收录，共删除 162 条。

(3) 组织名、企业名、品牌名、体育运动团队名等

保留以下两类：①国际机构，如"联合国安理会、国际货币基金组织"；②重要机构名，如"中共中央、国务院、奥组委、民盟"。其他专名不收录，共删除 223 条。在这些专名词语中，有些词语是具有普通意义的，如表示企业或组织名的"联想、光大、东风、小天鹅"，表示车辆品牌名的"吉利、金杯、奔驰"，表示团队名的"爵士、山猫、步行者"等。对于这些词语，我们逐个考察了其具体的语境，发现其之所以高频出现，都是用于企业、组织名、车辆品牌名或团队名，因此在统计时按专名处理。

(4) 时间词语

保留语文类的时间词语，如"今天、当日、多日、月初、月末"等。表具体时间

---

① 见国家语言资源监测与研究中心编《中国语言生活状况报告(2005)》下编第 14 页，商务印书馆 2006 年版。

的时间词语不收录，如“06 年、10 时、4 年、4 月 1 日”等，共删除 182 条。

（5）数字

保留基数词、数位词、序数词、意义概指或泛指的数字词，如“一、二、三、四、五、六、七、八、九、十、百、千、万、亿、第一、第二、上千、四分之三”等。表具体数量的数字不收录，如“八十、一万”等，共删除 68 条。

对于高频词语表中收录的词语，给出了最基本的统计数据，即词语在全部语料中出现的次数、文本数及媒体。这些数据的统计完全基于词种。

高频词语中较长的词语通常是表达机构的，在删除了一般的企业、组织机构名后，高频词语表中所保留的长词是“国际货币基金组织、中共中央政治局、全国人大常委会、中国人民银行”等。

序号	词语	频次	文本数
1	的	31506130	1140151
2	在	7856354	1046334
3	了	7297855	919357
4	是	6688951	890221
5	和	4295848	878361
6	一	4028941	863058
7	不	3482366	721473
8	有	3165762	767753
9	也	2729985	707532
10	人	2408221	590785
11	他	2407695	440093
12	这	2340597	659755
13	上	2314810	722867
14	中	2301829	718171
15	我	2272366	364033
16	将	2224202	697233
17	对	2190193	668005
18	为	2164930	719063
19	到	2125270	658175
20	就	2051559	565827
21	都	1861672	562387
22	说	1836310	508218
23	大	1775655	610060
24	个	1774291	593539
25	与	1629872	595096
26	多	1586450	599191

序号	词语	频次	文本数
27	等	1562992	590068
28	一个	1472480	467058
29	要	1453952	474862
30	我们	1398702	333874
31	会	1393801	470211
32	后	1382016	557116
33	中国	1371743	323171
34	记者	1368505	568152
35	而	1296327	519562
36	还	1283271	547191
37	被	1278666	477342
38	但	1261511	504344
39	从	1222372	533614
40	两	1159202	465763
41	并	1133520	554129
42	新	1108500	409390
43	很	1095260	403082
44	元	1091459	259121
45	最	1079416	451007
46	没有	1061688	416353
47	以	1035184	472004
48	来	985499	421940
49	更	933444	434182
50	下	931321	454168
51	自己	927863	346260
52	地	924466	399051

序号	词语	频次	文本数
53	能	914655	402211
54	着	913420	357919
55	时	898943	438214
56	名	898910	362107
57	工作	896416	302346
58	让	887796	381701
59	公司	873336	190657
60	好	864128	372693
61	次	862420	377541
62	他们	859412	306319
63	出	847391	417349
64	市场	836291	223306
65	她	829430	173015
66	发展	828215	227336
67	万	822623	265251
68	已经	794193	378102
69	你	792300	182822
70	这个	778676	274559
71	进行	771596	378902
72	可以	771349	342004
73	已	755437	401877
74	给	750029	344154
75	表示	744398	355927
76	问题	733470	282069
77	企业	730832	170194
78	高	726674	325082
79	经济	705738	192586
80	把	689204	301281
81	其	684582	328618
82	时间	680171	369302
83	目前	679421	350701
84	于	675785	369296
85	看	673818	315035
86	三	654348	316957
87	位	653060	308516
88	得	648053	306757
89	小	642654	273599
90	过	640856	313833
91	之	639948	334761

序号	词语	频次	文本数
92	又	635729	328272
93	向	635696	335745
94	前	594585	335870
95	今年	581346	290990
96	可	571352	287138
97	可能	570466	274103
98	据	567256	370424
99	亿	566159	153385
100	做	562340	257188
101	现在	551947	244959
102	去	551499	237258
103	因为	545789	274008
104	开始	538160	300418
105	美国	533810	154089
106	就是	533040	247294
107	用	531670	276501
108	比赛	526749	131412
109	本报	526145	407208
110	北京	506644	268247
111	岁	503425	174813
112	比	502951	230802
113	通过	501200	268321
114	人员	498061	207847
115	认为	497172	251447
116	如果	496418	255387
117	里	494844	235585
118	第一	493563	268816
119	家	491904	214881
120	起	488468	283988
121	这样	484669	239044
122	该	482122	253777
123	情况	479659	259187
124	投资	478898	159618
125	一些	477969	241668
126	成为	477957	274738
127	国家	477809	192906
128	讯	477803	404513
129	由	473253	285461
130	至	470311	254001

序号	词语	频次	文本数
131	活动	469146	181376
132	车	466335	117766
133	想	463955	222641
134	号	454850	123535
135	或	451699	256887
136	社会	445037	165676
137	再	442745	263066
138	及	439892	244543
139	这些	439738	234884
140	内	438199	256581
141	所	436047	250767
142	出现	435476	236148
143	没	429092	208656
144	场	428238	190298
145	建设	427293	127270
146	同时	426184	280944
147	价格	424291	129041
148	却	420447	241252
149	但是	418375	192968
150	打	418328	198175
151	股	417856	78106
152	国际	412971	169954
153	还是	405981	233859
154	们	401496	190877
155	世界	398644	169824
156	只	398292	223584
157	服务	388639	133281
158	产品	388347	125076
159	以上	385174	127169
160	对于	380479	224164
161	方面	379694	214277
162	相关	379474	227950
163	走	379144	209637
164	时候	377877	171014
165	非常	376990	200448
166	种	375097	187370
167	才	374792	232073
168	项目	373876	123100
169	那	373073	170526

序号	词语	频次	文本数
170	发现	370972	198734
171	其中	370525	252210
172	很多	370318	194904
173	需要	369301	212940
174	部门	368610	162712
175	生活	368553	172189
176	主要	366890	218878
177	称	364304	207619
178	媒体	362318	216180
179	作为	361675	230656
180	它	361294	135582
181	首	361170	205275
182	影响	360764	202846
183	要求	359061	196862
184	报道	358040	225369
185	政府	357328	133529
186	重要	354827	201880
187	成	354712	218909
188	则	348955	224592
189	由于	348046	227474
190	以及	347843	233246
191	什么	347476	165028
192	管理	344918	135078
193	万元	341297	116779
194	增长	338168	108006
195	全国	338070	160489
196	合作	333681	145579
197	发生	332959	177163
198	美元	332133	83846
199	几	331134	209508
200	希望	330621	197571
201	政策	330543	120057
202	自	330113	200970
203	较	329506	179458
204	之后	326613	195371
205	技术	325652	136927
206	汽车	325027	78836
207	金融	324565	112139
208	了解	320705	211678

序号	词语	频次	文本数
209	提供	320670	186655
210	副	318847	160329
211	月	317114	173285
212	文化	316408	94668
213	孩子	315667	82031
214	开	314909	171021
215	此	308145	221930
216	今天	307672	161557
217	当	305369	186727
218	像	304377	169097
219	网	303908	125186
220	太	303427	178739
221	信息	302744	162470
222	昨天	300644	173944
223	学生	300006	77762
224	一直	298875	199572
225	不过	298345	188587
226	这种	297384	164007
227	现场	296250	146808
228	安全	293497	117055
229	钱	291884	111674
230	城市	291575	109889
231	所以	290095	152335
232	有关	288910	171591
233	四	288598	169007
234	还有	285099	185262
235	去年	284519	162573
236	条	283856	161761
237	二	283718	163652
238	美	283672	116493
239	虽然	280472	195619
240	继续	279330	175344
241	球	279303	69953
242	消息	279253	199959
243	点	279033	165019
244	各	274998	168934
245	图	274961	159236
246	包括	274790	186256
247	应该	274144	151239

序号	词语	频次	文本数
248	介绍	272343	188417
249	看到	270861	166597
250	手机	268597	105225
251	参加	268012	154027
252	曾	267059	174277
253	调查	265064	123658
254	银行	265002	66659
255	近	264189	181943
256	第	263738	103127
257	进入	263396	175199
258	第二	263156	154241
259	获得	262769	158994
260	为了	262273	174570
261	其他	259544	180236
262	因	259448	172236
263	计划	258884	132542
264	大家	258609	134512
265	特别	256450	163369
266	方式	256033	156173
267	关系	255524	119995
268	机构	254979	109006
269	上海	254198	99523
270	仅	253657	189244
271	销售	253237	95215
272	资金	252887	98215
273	先生	252132	77973
274	比较	251596	140508
275	知道	251317	139843
276	而且	251235	166318
277	基金	250575	42220
278	关注	249562	155695
279	买	249512	113473
280	国内	249038	129859
281	达	248561	157708
282	一定	246724	164253
283	最后	246681	158710
284	实现	246520	134038
285	组织	245741	123379
286	仍	245598	161179

序号	词语	频次	文本数
287	因此	245530	170425
288	根据	245481	169100
289	呢	244034	112066
290	本	243628	124530
291	当时	243406	127750
292	专家	241851	122165
293	行业	240853	93789
294	接受	240618	165389
295	提高	239550	131816
296	达到	238700	150272
297	长	237809	152720
298	能够	237763	143160
299	教育	235952	79349
300	规定	234886	103565
301	每	234886	139986
302	选择	234843	142810
303	使	234679	153647
304	表现	234407	141283
305	部分	233067	150585
306	张	233016	108457
307	支持	232063	127666
308	电	230723	168156
309	正在	230645	161951
310	无	230136	147850
311	使用	230093	126073
312	能力	229987	129688
313	约	229690	133989
314	均	229579	152762
315	产业	227597	67249
316	市	227539	109933
317	网络	227189	84233
318	增加	225815	128234
319	新闻	225208	121958
320	以来	225169	153515
321	带	225020	141838
322	国	224994	81736
323	进	223787	138190
324	应	223554	133324
325	得到	223045	156957
326	受	223009	153657
327	历史	222993	115106
328	跟	222576	103792
329	米	222019	92166
330	那么	221689	123776
331	单位	221643	99059
332	老	221570	108842
333	超过	221434	139658
334	显示	221167	140306
335	外	220944	157765
336	告诉	220460	135081
337	所有	220117	154930
338	研究	219997	103767
339	低	219588	124461
340	全球	218814	102080
341	地方	217839	116042
342	危机	217816	91643
343	品牌	217569	79099
344	结果	217435	138468
345	觉得	216541	100565
346	正	216263	157420
347	不同	215249	140277
348	调整	214941	105606
349	甚至	214221	151166
350	我国	213733	89756
351	一起	213575	142528
352	生产	213400	86744
353	电话	212749	93306
354	设计	212477	92067
355	环境	212469	113519
356	强	212462	129297
357	提出	211889	128830
358	解决	211751	113280
359	完成	211594	128433
360	改革	211547	66871
361	总	209596	131391
362	建议	209287	137941
363	代表	209178	114685
364	拿	208960	128887

序号	词语	频次	文本数
365	未	208880	138501
366	举行	208830	134199
367	内容	206256	148117
368	责任	205773	132982
369	地区	205130	100468
370	学校	205076	63764
371	水平	204879	118009
372	进一步	204413	128992
373	上市	204383	70119
374	不少	204322	139601
375	只有	203986	148003
376	机会	203571	127098
377	会议	202536	76493
378	款	201747	76938
379	女	201689	89661
380	系统	199902	91744
381	原因	199852	137849
382	数据	199512	98332
383	加强	198133	94093
384	实施	197980	105665
385	全	197870	123952
386	未来	197733	117388
387	个人	197312	117374
388	基本	196247	114469
389	决定	196217	129529
390	套	195599	84660
391	如	195461	135996
392	成功	194707	125276
393	市民	194665	80548
394	不能	194538	131170
395	事	194425	118744
396	水	194291	81858
397	辆	194266	73073
398	最终	193632	137358
399	昨日	192870	118422
400	房	192801	52265
401	样	191653	128851
402	分钟	190981	87504
403	学习	190714	74448
404	采访	190085	110897
405	过程	189926	127422
406	风险	189493	105644
407	发	189454	114261
408	事件	189405	88023
409	经过	189401	141013
410	球员	188937	60849
411	必须	188869	121243
412	投资者	188697	90529
413	五	188562	114190
414	球队	188418	58311
415	起来	188387	125860
416	报告	188066	80458
417	不断	187197	122837
418	难	186962	125556
419	线	186632	82628
420	赛季	186402	56196
421	其实	185822	112998
422	声明	185508	97387
423	吃	185395	82319
424	人民	185296	69568
425	工程	185240	67158
426	行为	184665	94492
427	积极	184440	111423
428	业务	184197	67167
429	专业	184064	95896
430	下午	183388	123990
431	群众	182625	65428
432	存在	182403	117680
433	小时	181869	107065
434	标准	181392	92079
435	年龄	180952	36980
436	这次	180889	115050
437	电影	180824	54290
438	日本	180371	62380
439	快	179689	114239
440	来说	179629	120852
441	如何	179458	118740
442	造成	179445	116729

序号	词语	频次	文本数
443	准备	179175	126241
444	人们	178307	108371
445	项	177987	110989
446	出来	177430	116071
447	送	177233	101298
448	重点	176114	98634
449	交通	175988	67456
450	医院	175074	63243
451	或者	174444	99516
452	领导	174071	80426
453	电视	173770	86758
454	推出	173749	101486
455	带来	173701	125470
456	份	173553	110139
457	冠军	173205	67814
458	人士	172871	102441
459	轮	172357	83963
460	是否	172208	113524
461	消费	172196	63820
462	中心	172080	91872
463	正式	171745	124362
464	吗	171662	85858
465	届	171534	89929
466	分别	171203	121832
467	另	171195	132468
468	占	171056	90860
469	明显	170575	115915
470	之前	170132	126308
471	真	170128	105695
472	住	169901	103804
473	全部	169653	124485
474	按照	169596	116155
475	来自	169196	121647
476	基础	169023	106699
477	期间	168818	114102
478	体育	168684	96514
479	卡	168516	51410
480	回	168359	113638
481	站	167836	95393

序号	词语	频次	文本数
482	之间	167605	117528
483	当地	167573	101092
484	消费者	166830	63396
485	这里	166822	90968
486	台	166815	77698
487	法律	166678	67737
488	关于	166625	95679
489	制度	166620	61406
490	问	166558	84183
491	少	166514	113489
492	直接	166399	118898
493	段	166093	108228
494	共	165516	116616
495	不仅	165020	125885
496	结束	164978	120698
497	娱乐	164793	86717
498	只是	164278	122287
499	连	163886	110347
500	保持	163588	111283
501	路	163416	77508
502	左右	163354	107422
503	评论	162740	94055
504	除了	162537	127989
505	变	162455	108164
506	另外	161883	121542
507	取得	161675	108788
508	目标	161635	96853
509	需求	161541	87088
510	经	161226	106440
511	件	161054	92368
512	警方	160663	55642
513	找	160302	94191
514	参与	160095	103023
515	开展	160017	88425
516	具有	159988	111255
517	交易	159937	57333
518	收入	159817	69905
519	稳定	159796	92588
520	措施	159412	89813

序号	词语	频次	文本数
521	网友	159247	70273
522	居民	158260	59659
523	精神	158248	81747
524	公布	158222	100061
525	爱	158217	79478
526	上午	158151	107362
527	者	157107	91258
528	下降	156941	70621
529	卖	156766	73975
530	创新	156592	66319
531	部	156591	82606
532	全面	156271	98976
533	过去	155806	108807
534	负责人	155685	98642
535	作用	155461	99917
536	严重	155328	101527
537	此次	155324	107108
538	日	155210	78344
539	朋友	154507	85851
540	观众	154146	64819
541	大学	153894	47628
542	共同	153886	96117
543	余	153723	93954
544	同	153515	95914
545	香港	153348	60246
546	分	153226	92758
547	处	153108	102013
548	变化	152588	91354
549	请	152416	102716
550	形成	152316	99043
551	双方	152303	78805
552	第三	152294	100825
553	报	152113	91441
554	谁	151979	90874
555	完全	151676	114755
556	手	151576	96218
557	分析	151504	101980
558	科技	151360	71232
559	随着	151207	116055

序号	词语	频次	文本数
560	资源	151018	74688
561	发布	150846	102090
562	处理	150831	89725
563	透露	150734	109067
564	建立	150663	85583
565	金	150470	72577
566	规划	150401	61585
567	就业	150373	41282
568	任何	149801	110268
569	持续	149334	98665
570	您	149213	49714
571	这么	148893	89463
572	队	148712	69829
573	系列	148168	96073
574	成立	148114	88362
575	帮助	148053	101003
576	受到	148051	113949
577	超	148003	79428
578	条件	147925	92877
579	节目	147824	76330
580	事情	147694	89073
581	月份	147601	69606
582	某	147285	74162
583	网站	147092	63623
584	早	146885	107999
585	重	146546	94552
586	贷款	146355	34876
587	考虑	145977	103871
588	年	145931	93727
累加频率达到 50%			
589	家庭	145517	72199
590	天	145127	81484
591	楼	144710	57568
592	十	144663	94163
593	双	144312	75001
594	怎么	144283	81698
595	期	143964	70973
596	周	143901	83036
597	无法	143503	105665

序号	词语	频次	文本数
598	优势	142986	87452
599	最高	141954	95416
600	努力	141951	95248
601	许多	141820	101595
602	健康	141545	74714
603	创业	141483	30180
604	指出	141276	94993
605	保护	141157	71206
606	再次	140818	106951
607	区	140452	72980
608	花	140436	82734
609	上涨	140379	49598
610	拥有	140112	97375
611	科学	139944	57841
612	导致	139794	97499
613	之一	138923	111058
614	吧	138744	79446
615	组	138327	79023
616	压力	138271	85147
617	有些	138162	98686
618	预计	138154	83099
619	老师	137783	42484
620	感觉	137773	89556
621	奖	137676	41398
622	购买	137600	76209
623	更加	137315	97581
624	方案	137194	65987
625	令	136796	100966
626	旅游	136635	46620
627	先	136290	95647
628	经营	136182	67961
629	男子	135883	49160
630	保障	135701	66952
631	便	134865	92815
632	类	134705	74454
633	深	133837	73120
634	传统	133671	80496
635	此外	133364	109848
636	成绩	132887	68077

序号	词语	频次	文本数
637	推动	132876	74385
638	按	132820	87039
639	行动	132735	73842
640	操作	132544	99577
641	利用	132394	89689
642	整个	131747	94709
643	写	131536	67155
644	重大	131372	73659
645	意见	131142	67234
646	尽管	131003	100931
647	价值	130611	77221
648	连续	130421	89935
649	开发	130253	63433
650	新华社	130209	105976
651	版	130116	64847
652	以后	129800	78851
653	坚持	129726	74965
654	即	129706	93005
655	喜欢	128868	77449
656	社区	128830	41762
657	资产	128821	44291
658	省	128727	69371
659	采取	128692	89002
660	联系	128666	81277
661	主席	127717	60032
662	行	127711	77616
663	农村	127673	41022
664	面对	127559	95037
665	一点	127274	87374
666	非	127166	75066
667	头	126848	82845
668	联赛	126818	42430
669	公开	126815	71844
670	促进	126550	68654
671	主任	126502	72038
672	控制	126348	80875
673	训练	126269	48163
674	入	126176	89074
675	功能	125918	64188

序号	词语	频次	文本数
676	集团	125821	53678
677	晚	125492	79908
678	推进	125363	59915
679	批	125267	73128
680	平方米	125097	45515
681	事故	125075	40598
682	拍	124779	59504
683	近日	124768	104994
684	一下	124759	78317
685	一般	124691	88689
686	单	124687	69084
687	指数	124633	36350
688	用户	124232	44320
689	宣布	124052	83653
690	明星	124035	74458
691	随后	124029	93759
692	听	124012	75090
693	目的	124009	107974
694	产生	123212	88267
695	保险	123017	30848
696	供	122815	107017
697	转	122797	72747
698	持	122779	51796
699	领域	122738	69890
700	最近	122678	91710
701	盘	122615	45276
702	编辑	122545	98011
703	总统	122520	41990
704	阶段	122155	78473
705	犯罪	121816	41452
706	质量	121745	65470
707	干部	121701	35730
708	日前	121578	103006
709	叫	121454	71584
710	各种	121340	91569
711	发行	121289	39298
712	对手	121251	62541
713	作品	120984	53165
714	意味着	120680	103146

序号	词语	频次	文本数
715	收	120534	62971
716	状态	120490	81782
717	具体	120344	88809
718	片	120335	71624
719	以下	120194	68484
720	发挥	120141	79635
721	间	120139	84148
722	英国	120020	54426
723	有效	120000	84492
724	见	119284	88601
725	肯定	118980	87426
726	困难	118737	72374
727	空间	118624	73432
728	停	118568	65601
729	有人	118538	81183
730	红	118323	63291
731	不会	118051	90342
732	半	118031	76003
733	真正	118022	87189
734	车型	117761	27677
735	来到	117726	82099
736	经验	117694	76836
737	台湾	117670	35382
738	流感	117498	19481
739	成本	117360	60297
740	减少	117212	73222
741	范围	116965	82883
742	战略	116911	55690
743	换	116512	64938
744	门	116458	67556
745	股票	116444	37701
746	系	116443	87709
747	一家	116211	81872
748	客户	116074	44002
749	然后	116069	73655
750	的话	116009	72581
751	提升	116007	77032
752	医疗	115681	38363
753	数	115607	68650

序号	词语	频次	文本数
754	民警	115155	35043
755	每天	114983	73531
756	吨	114964	34064
757	信	114870	52023
758	文章	114816	87951
759	支	114622	66718
760	检查	114591	56572
761	性	114407	68418
762	当然	114249	81892
763	办法	114010	68905
764	明确	113964	78927
765	选	113899	60281
766	如此	113888	88521
767	中央	113458	53418
768	加	113216	67762
769	实际	113166	76903
770	音乐	113077	40909
771	热	113029	70504
772	东西	112865	63566
773	越	112786	46682
774	召开	112657	67538
775	同样	112653	88761
776	关键	112631	82653
777	网上	112454	57242
778	死	112194	63178
779	车辆	112045	44512
780	越来越	111998	78970
781	统计	111934	74897
782	只要	111810	86948
783	规模	111712	68188
784	同比	111570	38697
785	综合	111530	71608
786	发表	111491	81787
787	韩国	111354	39282
788	啊	111214	54011
789	马	111144	40850
790	负责	111022	77286
791	道	111011	73426
792	保	111000	44079

序号	词语	频次	文本数
793	案件	110934	43398
794	反	110819	52898
795	板	110741	34595
796	申请	110567	49848
797	执行	110522	60222
798	多年	110497	83819
799	跑	110377	66066
800	安排	110355	75998
801	充分	110343	78675
802	几乎	110330	87455
803	恢复	110270	65447
804	大量	110256	81554
805	合同	110207	41740
806	六	110200	69328
807	附近	110198	71156
808	任务	110139	63669
809	建筑	110129	45862
810	十分	110037	85804
811	城	110000	50495
812	区域	109901	57070
813	启动	109798	73918
814	人民币	109535	44237
815	找到	109478	78420
816	采用	109449	67535
817	型	109431	56033
818	股东	109252	24927
819	投入	109096	70423
820	观点	108630	90360
821	体系	108589	54095
822	同期	108555	36210
823	座	108492	59283
824	确定	108474	80023
825	胜	108404	39212
826	机关	108367	48195
827	百	108325	64490
828	主持人	108229	23259
829	广告	108193	36413
830	声	108162	50056
831	倍	108147	59261

序号	词语	频次	文本数
832	近期	108048	74722
833	协议	107918	50157
834	商业	107849	53187
835	放	107799	75085
836	死亡	107772	49663
837	完	107711	80928
838	集中	107609	75623
839	拉	107359	69889
840	大专	107314	3837
841	优惠	107311	41458
842	当天	107062	75831
843	为什么	107055	64872
844	针对	106900	81962
845	结构	106865	58493
846	只能	106784	83493
847	模式	106278	56207
848	队员	105978	41741
849	时代	105910	61178
850	预期	105702	50797
851	讲	105624	58626
852	扩大	105549	66990
853	级	105437	51887
854	依然	105405	79210
855	赛	105366	46871
856	改变	104941	75437
857	因素	104817	69849
858	女士	104666	32153
859	坐	104599	70439
860	仍然	104375	79291
861	需	104341	78266
862	办	104335	57303
863	平均	104317	60959
864	涨	104196	41859
865	利益	103804	56427
866	引起	103769	79933
867	此前	103549	80814
868	举办	103512	69007
869	学	103474	57196
870	不要	103458	70382
871	机制	103446	50858
872	正常	103413	72855
873	党	103372	29475
874	程度	103323	81216
875	证券	103238	38137
876	价	102990	44259
877	视频	102863	53399
878	构成	102649	88948
879	比如	102269	69627
880	政治	101940	44589
881	治疗	101908	42547
882	强调	101537	70425
883	节	101369	38685
884	生	101270	61410
885	后来	100849	66593
886	电子	100839	46027
887	突然	100823	73054
888	年度	100815	41726
889	注意	100810	74067
890	曾经	100731	74588
891	培训	100729	38674
892	作	100681	77402
893	下来	100566	73529
894	土地	100460	32154
895	原	100378	63047
896	人才	100361	39084
897	儿子	100325	39201
898	职业	100322	51071
899	行政	100319	38697
900	口	100260	59155
901	证实	100176	89734
902	资料	100159	64044
903	往	100151	68696
904	论坛	100080	50114
905	位置	100031	68721
906	整体	99835	70707
907	那些	99794	69499
908	每个	99696	73800
909	联合	99443	68551

序号	词语	频次	文本数
910	选手	99190	34801
911	保证	99134	73880
912	然而	99101	73250
913	男	99093	49656
914	奥	99076	27406
915	足球	99019	28398
916	尤其	98983	80963
917	代	98971	41667
918	明年	98777	54688
919	面临	98416	72541
920	故事	98408	55841
921	首先	98203	77980
922	容易	98186	72078
923	享受	98142	64032
924	落实	98069	47792
925	那个	97999	50803
926	短	97980	58388
927	患者	97917	28072
928	最新	97879	77627
929	公里	97862	48941
930	图片	97558	57176
931	王	97508	43637
932	大型	97500	64944
933	客	97421	44481
934	而是	97382	80053
935	案	97350	44010
936	经理	97324	34706
937	黑	97285	43932
938	能源	97156	33783
939	交流	97131	56804
940	面积	97057	47126
941	房地产	96803	33559
942	既	96737	76443
943	文	96591	72785
944	升	96320	48832
945	获	96253	67854
946	竞争	96225	58309
947	接	96134	70848
948	出口	95958	36247

序号	词语	频次	文本数
949	据悉	95702	82694
950	有的	95691	59398
951	心	95673	66126
952	开放	95628	52140
953	相比	95576	76124
954	演出	95554	36431
955	及时	95544	67343
956	经历	95383	71532
957	长期	95043	68200
958	突破	94994	62521
959	管	94738	47365
960	黄金	94684	32865
961	刚	94611	73995
962	位于	94580	69347
963	根本	94499	70680
964	相对	94471	69890
965	每年	94435	65922
966	现象	94424	63994
967	宣传	94328	53506
968	本次	94150	55334
969	重新	94062	71714
970	事业	93937	50893
971	公共	93905	45814
972	投	93890	43799
973	完善	93886	56477
974	导演	93866	36674
975	法	93832	50385
976	形势	93819	60293
977	参考	93812	82709
978	率	93627	51191
979	量	93450	57620
980	当前	93371	62492
981	度	93334	57686
982	艺术	93035	39160
983	意义	92812	69480
984	效果	92780	66695
985	靠	92740	67723
986	实力	92708	60634
987	指	92569	61525

序号	词语	频次	文本数
988	上升	92505	56944
989	大学生	92450	30459
990	女儿	92419	33896
991	商	92398	40761
992	免费	92296	47140
993	普通	92208	62377
994	年前	92207	68663
995	巨大	92173	71695
996	迅速	92121	72234
997	平台	92078	51701
998	财政	92054	37707
999	力	91760	58148
1000	战	91749	51834
1001	官员	91701	46071
1002	民	91576	41602
1003	欧洲	91499	44744
1004	并且	91353	73232
1005	属于	91291	70253
1006	世纪	91242	57057
1007	力量	91180	62131
1008	书	91148	41149
1009	掉	91093	64515
1010	相信	91037	70352
1011	身体	90903	58283
1012	自然	90899	66267
1013	书记	90600	40804
1014	频道	90551	57568
1015	远	90547	71282
1016	信心	90257	59190
1017	推荐	90133	41715
1018	以前	89927	65867
1019	终于	89910	70056
1020	多少	89859	61053
1021	民族	89607	31592
1022	建	89595	53056
1023	卫生	89536	35982
1024	股份	89532	25719
1025	反映	89324	62807
1026	父亲	89320	35601

序号	词语	频次	文本数
1027	作出	89294	63492
1028	如今	89137	68551
1029	店	89071	38301
1030	业绩	89045	36505
1031	核心	88941	57675
1032	设施	88893	49364
1033	拍摄	88850	43326
1034	设备	88833	46652
1035	动	88797	51113
1036	联	88760	29996
1037	道路	88642	49456
1038	运动	88578	44449
1039	结合	88541	59650
1040	实践	88460	34139
1041	截至	88370	65596
1042	费用	88283	49695
1043	西	88257	44048
1044	年轻	88253	59392
1045	原来	88124	66302
1046	阿	87931	26654
1047	改	87861	51104
1048	特色	87806	49609
1049	医生	87776	37199
1050	农民	87608	29949
1051	快速	87589	62233
1052	相	87125	65816
1053	法院	86978	33453
1054	员工	86964	36402
1055	统一	86954	51463
1056	值	86914	42273
1057	演员	86831	37797
1058	机	86751	40041
1059	加大	86405	58568
1060	一切	86326	67270
1061	比例	86286	50244
1062	晚上	86233	59061
1063	即将	86180	71972
1064	家长	86148	28864
1065	歌	86135	34927

序号	词语	频次	文本数
1066	电脑	86134	38368
1067	收购	86047	28410
1068	处于	85881	68216
1069	于是	85861	64220
1070	层	85785	45077
1071	话	85769	60432
1072	游戏	85754	30957
1073	现代	85479	48935
1074	良好	85438	66396
1075	股市	85432	30586
1076	心理	85405	47328
1077	平	85334	35272
1078	式	85298	54668
1079	你们	85287	42413
1080	高度	85238	63480
1081	至少	85174	66834
1082	俄罗斯	85130	28598
1083	经常	85117	64402
1084	速度	85030	58500
1085	食品	84861	27320
1086	司机	84775	29295
1087	大幅	84734	54668
1088	通知	84730	47586
1089	著名	84646	63231
1090	人物	84592	50675
1091	加快	84374	45557
1092	深入	84331	52225
1093	球迷	84322	31193
1094	排	84265	53695
1095	查	84140	67886
1096	吸引	84038	65886
1097	击	83990	53520
1098	对方	83970	50455
1099	各地	83927	58580
1100	出台	83912	52313
1101	字	83813	46796
1102	注	83672	17087
1103	证明	83552	57847
1104	科	83017	34778

序号	词语	频次	文本数
1105	教授	82997	40970
1106	住房	82974	23699
1107	确实	82768	62196
1108	刚刚	82692	68932
1109	相当	82622	66081
1110	形式	82620	61301
1111	移动	82605	28162
1112	老人	82518	30567
1113	局	82508	30658
1114	离开	82447	58594
1115	感到	82331	64734
1116	父母	82203	37954
1117	创造	82170	60184
1118	不错	82151	63065
1119	展开	82087	66941
1120	公告	82028	30695
1121	票	81904	32147
1122	正是	81842	67376
1123	俱乐部	81835	30345
1124	戏	81567	31599
1125	方向	81442	58067
1126	博	81376	38346
1127	笑	81325	52680
1128	主题	81291	53117
1129	且	81163	66789
1130	算	81156	60582
1131	咨询	81042	45863
1132	谈	80884	54377
1133	更是	80856	68295
1134	数量	80850	54566
1135	火箭	80787	16083
1136	办理	80757	37333
1137	清	80432	46815
1138	符合	80408	59049
1139	监督	80290	35769
1140	工业	80211	36871
1141	描述	80078	75098
累加频率达到60%			
1142	总理	80024	31348

序号	词语	频次	文本数
1143	母亲	79868	33669
1144	知识	79816	44108
1145	甲	79727	29343
1146	满	79585	55852
1147	穿	79556	48511
1148	现	79445	50225
1149	方法	79242	52116
1150	状况	79226	59870
1151	想到	79098	60014
1152	似乎	79083	62540
1153	体现	79004	58702
1154	广大	78990	54451
1155	还要	78907	64760
1156	出于	78888	75266
1157	指导	78838	49482
1158	表演	78822	41609
1159	可是	78803	49338
1160	排名	78712	40422
1161	提前	78671	54645
1162	运营	78605	35494
1163	年代	78491	47563
1164	干	78391	47122
1165	牌	78166	37019
1166	确保	78152	53194
1167	主场	78132	31784
1168	步	78093	54798
1169	担心	78070	58272
1170	专门	78004	61916
1171	今日	77900	50840
1172	足	77853	36408
1173	大会	77835	31875
1174	简单	77707	61359
1175	趋势	77642	50689
1176	天津	77580	32207
1177	传递	77577	72286
1178	制定	77549	51629
1179	天气	77537	35323
1180	八	77512	50832
1181	立即	77408	57904

序号	词语	频次	文本数
1182	优秀	77238	49829
1183	重视	77235	58677
1184	有所	77120	60652
1185	差	76975	54778
1186	时尚	76941	39596
1187	货币	76919	25089
1188	女子	76886	32307
1189	派	76844	45423
1190	时期	76833	54504
1191	周年	76806	45188
1192	形象	76798	51238
1193	说明	76791	57763
1194	挑战	76650	53761
1195	通	76639	40302
1196	律师	76539	26166
1197	涉及	76534	56417
1198	监管	76399	33456
1199	应对	76334	48488
1200	贸易	76228	27412
1201	第四	76149	53623
1202	总经理	76124	45144
1203	方	76111	44643
1204	主	76091	44911
1205	面	75989	50363
1206	青年	75837	34288
1207	认识	75602	54394
1208	七	75557	48494
1209	朝鲜	75545	11661
1210	解释	75528	57030
1211	飞机	75506	25992
1212	妈妈	75500	27909
1213	高校	75482	25491
1214	来看	75463	55802
1215	众多	75429	62828
1216	加上	75416	64723
1217	地震	75395	24740
1218	补贴	75188	24363
1219	彩	75166	22307
1220	欢迎	75140	55580

序号	词语	频次	文本数
1221	年底	75007	55286
1222	降低	74983	52926
1223	领先	74811	43336
1224	最佳	74806	41563
1225	商品	74722	34858
1226	收益	74719	30453
1227	里面	74637	43727
1228	伤	74630	47250
1229	法国	74615	33119
1230	实行	74572	47761
1231	突出	74553	51860
1232	来源	74415	60893
1233	玩	74248	43640
1234	愿意	74193	55601
1235	南	74086	36844
1236	力度	74021	51186
1237	推	73888	50444
1238	装	73807	38486
1239	老板	73783	34115
1240	改善	73717	49262
1241	值得	73715	60463
1242	违法	73554	32787
1243	搞	73528	48620
1244	照片	73468	37780
1245	多次	73462	59800
1246	做出	73428	57868
1247	受伤	73388	44527
1248	京	73370	38831
1249	房子	73356	31138
1250	出席	73223	47861
1251	生命	73187	44473
1252	摄	73182	61156
1253	子	73117	41025
1254	号码	73005	20381
1255	户	72980	33679
1256	成员	72977	46487
1257	维护	72911	43628
1258	自主	72891	32948
1259	给予	72836	53640

序号	词语	频次	文本数
1260	村民	72770	20699
1261	交	72748	42538
1262	配置	72725	35847
1263	决赛	72712	31625
1264	本科	72692	10195
1265	亚洲	72674	37113
1266	身	72572	56659
1267	公安	72547	35227
1268	圈	72473	42692
1269	光	72449	45999
1270	销量	72431	27850
1271	小区	72417	24780
1272	当年	72340	49785
1273	队伍	72266	43044
1274	跌	72231	33905
1275	包	72207	36908
1276	全市	72100	36613
1277	刺激	72093	43555
1278	动力	72084	41813
1279	化	71974	45273
1280	块	71754	38807
1281	思想	71747	37442
1282	下跌	71686	30550
1283	证	71673	27880
1284	极	71519	58237
1285	句	71398	49961
1286	数字	71393	42226
1287	回到	71377	55755
1288	冲	71322	47295
1289	风	71301	44635
1290	奥运会	71215	29799
1291	展示	71169	48998
1292	丰富	71117	57004
1293	严格	71093	50202
1294	环	71067	32456
1295	制造	71021	46084
1296	资本	70858	32322
1297	同学	70694	29500
1298	重庆	70647	28095

序号	词语	频次	文本数
1299	端	70545	41635
1300	主动	70484	52699
1301	教师	70367	23729
1302	身份	70323	50088
1303	降	70225	43889
1304	帮	70041	47422
1305	增	70034	39363
1306	通讯员	69931	62032
1307	游客	69927	25550
1308	广	69885	38578
1309	减	69819	32516
1310	妻子	69816	32433
1311	环保	69810	32550
1312	先后	69755	55875
1313	态度	69744	53361
1314	负	69599	34021
1315	引发	69523	54003
1316	季度	69468	27519
1317	距离	69427	51434
1318	唱	69414	31526
1319	行情	69307	35245
1320	人数	69245	42504
1321	气	69165	43149
1322	赢	69023	45407
1323	重组	68949	20347
1324	损失	68945	42656
1325	工资	68941	26785
1326	转载	68928	67063
1327	改造	68926	32007
1328	意识	68915	48011
1329	身上	68894	53879
1330	上述	68864	47955
1331	东	68856	36056
1332	调	68747	44890
1333	北	68714	37047
1334	村	68689	30651
1335	规范	68528	39529
1336	例	68512	32573
1337	县	68443	35107

序号	词语	频次	文本数
1338	做好	68419	48234
1339	合理	68401	48658
1340	基地	68389	33726
1341	任	68370	40858
1342	教练	68224	31731
1343	逐渐	68170	55421
1344	除	68146	54718
1345	传	67986	41298
1346	执法	67911	22747
1347	不足	67795	52968
1348	据此	67791	66486
1349	贡献	67757	48151
1350	纷纷	67748	56974
1351	感受	67617	51363
1352	满足	67538	53594
1353	原则	67495	46738
1354	注册	67376	30864
1355	德国	67365	33591
1356	担	67307	66006
1357	公众	67286	38263
1358	九	67242	37382
1359	当中	67207	38762
1360	杯	67179	32993
1361	特点	67145	51802
1362	儿童	66932	26647
1363	培养	66857	35785
1364	飞	66822	39494
1365	边	66763	39609
1366	即使	66749	55645
1367	不好	66727	51158
1368	增强	66704	45590
1369	支付	66594	34425
1370	权	66580	35479
1371	遗失	66513	2394
1372	打造	66486	46852
1373	定	66480	49105
1374	认真	66385	46051
1375	欧	66360	32795
1376	有望	66311	45355

序号	词语	频次	文本数
1377	赞同	66227	64773
1378	看来	66175	53801
1379	倒	66097	46527
1380	嫌疑人	65962	23522
1381	现实	65901	48389
1382	春节	65857	32578
1383	毕业生	65851	18840
1384	考试	65757	20810
1385	理解	65690	48951
1386	难以	65559	54188
1387	特	65515	40253
1388	班	65501	32722
1389	别人	65455	43886
1390	很快	65448	54010
1391	评价	65400	43344
1392	程序	65347	39753
1393	局长	65331	35324
1394	打击	65196	39949
1395	实际上	65135	46177
1396	此文	65117	64036
1397	海外	65000	32358
1398	担任	64976	44560
1399	敢	64964	46692
1400	股权	64955	18644
1401	制作	64911	39911
1402	内地	64887	29699
1403	背景	64870	50570
1404	旧	64798	31222
1405	国外	64772	47744
1406	板块	64720	24932
1407	风格	64690	42347
1408	一旦	64593	53207
1409	接到	64523	48896
1410	利润	64508	32028
1411	内部	64459	45616
1412	使得	64387	51371
1413	演	64327	30846
1414	售	64319	28960
1415	影片	64216	22615

序号	词语	频次	文本数
1416	仓	64215	18971
1417	提	64104	47684
1418	唯一	63989	53777
1419	成长	63985	41658
1420	获悉	63901	58962
1421	配合	63877	50935
1422	清楚	63868	51116
1423	工程师	63842	9367
1424	留	63833	48517
1425	流	63783	33334
1426	提醒	63746	48429
1427	逐步	63733	46609
1428	上网	63728	26336
1429	到底	63713	46352
1430	页	63664	38167
1431	招	63625	35624
1432	委员	63569	27115
1433	国务院	63555	33867
1434	星	63542	34343
1435	家里	63421	40539
1436	费	63377	33179
1437	讨论	63368	44721
1438	和谐	63347	36030
1439	地位	63301	46265
1440	普遍	63207	51086
1441	遭遇	63191	49870
1442	走势	63133	29811
1443	大部分	63072	52839
1444	角色	62978	36974
1445	施工	62871	23746
1446	假	62861	30847
1447	软件	62852	21685
1448	员	62837	23962
1449	病	62806	31378
1450	复苏	62800	30207
1451	运行	62759	40215
1452	前往	62461	47260
1453	进攻	62444	28847
1454	基层	62383	23849

序号	词语	频次	文本数
1455	印度	62355	19164
1456	方便	62352	45861
1457	顺利	62332	50663
1458	依法	62271	35231
1459	材料	62255	37107
1460	反弹	62214	28454
1461	特殊	62199	47120
1462	鼓励	62093	42965
1463	变成	62057	47833
1464	季	62024	28644
1465	具	61929	47223
1466	甲型	61870	14688
1467	女性	61832	28023
1468	白	61727	34237
1469	遇到	61727	49592
1470	应当	61634	31627
1471	手段	61609	45807
1472	港	61581	27631
1473	遭	61505	45583
1474	酒店	61245	24872
1475	从而	61212	50897
1476	跳	61188	35193
1477	地产	61135	23374
1478	不再	61101	49823
1479	期待	61076	48104
1480	今后	61068	49543
1481	团	61036	30440
1482	承担	60972	41742
1483	自身	60952	48165
1484	读	60871	34861
1485	报名	60822	26816
1486	考生	60814	11760
1487	始终	60741	46793
1488	合	60739	38719
1489	先进	60667	38013
1490	绝对	60611	48665
1491	海	60558	30939
1492	抓	60515	35635
1493	借	60469	41023

序号	词语	频次	文本数
1494	人口	60440	29286
1495	空	60394	34337
1496	体制	60356	27450
1497	也许	60188	45185
1498	事实	60169	45624
1499	破	60135	37560
1500	同意	59973	39803
1501	牛	59969	26507
1502	短期	59905	35417
1503	家电	59904	15348
1504	指标	59896	30312
1505	现金	59884	32277
1506	有着	59828	49195
1507	用于	59800	43138
1508	回家	59666	39401
1509	回来	59664	40881
1510	自由	59601	36166
1511	为主	59585	46544
1512	充满	59565	49048
1513	体验	59536	35386
1514	查看	59399	42906
1515	它们	59397	35348
1516	紧张	59355	44868
1517	协调	59351	39370
1518	游	59327	24813
1519	登载	59237	59101
1520	离	59232	46810
1521	生态	59213	23672
1522	升级	59148	37041
1523	酒	59113	23251
1524	组成	59083	47452
1525	上半年	59027	29943
1526	组合	58999	31337
1527	感	58799	44431
1528	之外	58779	50251
1529	房屋	58776	24679
1530	而言	58765	46555
1531	控	58751	35482
1532	维持	58750	40467

序号	词语	频次	文本数
1533	仪式	58733	36407
1534	情	58702	41600
1535	寻找	58700	44391
1536	药	58691	22900
1537	企	58683	27621
1538	加入	58658	43698
1539	高考	58621	14563
1540	房价	58599	16892
1541	涨幅	58569	25510
1542	毕业	58525	34533
1543	登记	58249	25406
1544	避免	58207	47079
1545	手术	58201	20070
1546	凌晨	58200	40942
1547	追	58196	38822
1548	亚	58147	24341
1549	抢	58065	37527
1550	业主	58042	15742
1551	所谓	57994	43086
1552	理论	57944	27327
1553	表明	57909	46852
1554	开发商	57859	17560
1555	杆	57832	15386
1556	观察	57782	38314
1557	本周	57778	31903
1558	偏	57698	35796
1559	农业	57611	23161
1560	发布会	57557	38192
1561	处罚	57546	27169
1562	她们	57497	27110
1563	显然	57474	46796
1564	成果	57438	36901
1565	精彩	57409	44858
1566	阅读	57345	39994
1567	文明	57251	23717
1568	别	57207	43306
1569	初	57167	44217
1570	喝	57029	30167
1571	收费	57014	20420

序号	词语	频次	文本数
1572	舞台	56982	32137
1573	全新	56966	35544
1574	记录	56942	38442
1575	购	56933	28101
1576	创作	56831	28486
1577	有点	56791	43896
1578	集	56754	33467
1579	奖金	56665	21647
1580	司法	56635	19654
1581	经典	56605	36457
1582	研发	56563	29552
1583	国庆	56482	21991
1584	各项	56478	39132
1585	往往	56476	43840
1586	说法	56433	42703
1587	小姐	56402	20012
1588	德	56398	27460
1589	部队	56393	20830
1590	公	56384	29294
1591	非法	56330	24676
1592	乘客	56281	19668
1593	金额	56262	34465
1594	持有	56233	26509
1595	限制	56210	38688
1596	接触	56202	38821
1597	独立	56139	36508
1598	理念	56113	38328
1599	董事长	56097	31861
1600	放弃	56041	41934
1601	设立	56015	38661
1602	纪录	55956	30827
1603	影	55887	46959
1604	赔偿	55867	20978
1605	适合	55859	41387
1606	在于	55839	44282
1607	社会主义	55817	16479
1608	中国队	55812	14814
1609	胜利	55803	36291
1610	邀请	55795	43018

序号	词语	频次	文本数
1611	全省	55727	24597
1612	临时	55725	29418
1613	驾驶	55692	25714
1614	类似	55669	46832
1615	职工	55591	21009
1616	主管	55584	27234
1617	成交	55552	20951
1618	东方	55527	29364
1619	防	55419	31997
1620	最低	55418	37768
1621	发出	55377	44723
1622	融资	55319	21994
1623	预测	55252	33497
1624	工人	55163	26450
1625	军事	55108	20897
1626	两岸	55084	12637
1627	高速	55045	28488
1628	才能	55012	45937
1629	油	55009	24817
1630	至今	54968	46950
1631	读者	54901	28439
1632	拒绝	54899	41250
1633	亮相	54884	40236
1634	表达	54871	41574
1635	角度	54719	41899
1636	广泛	54681	44654
1637	互联网	54587	21339
1638	集体	54573	35680
1639	意外	54538	40536
1640	湖	54513	18099
1641	空调	54476	15195
1642	退	54467	29843
1643	底	54463	36992
1644	留下	54421	45052
1645	警察	54304	25324
1646	冲击	54303	41079
1647	累计	54177	34841
1648	哪	54112	41231
1649	大盘	54095	18922

序号	词语	频次	文本数
1650	物业	54091	15846
1651	些	54090	44783
1652	女孩	54080	25576
1653	岗位	54055	27508
1654	下滑	53834	32075
1655	本市	53824	25419
1656	发动机	53803	18683
1657	通用	53784	13760
1658	宝	53730	23673
1659	大力	53716	37259
1660	取消	53632	30386
1661	蓝	53593	25596
1662	病例	53584	12952
1663	显得	53533	45939
1664	补	53498	31826
1665	作者	53479	35311
1666	运	53464	28310
1667	部长	53450	33462
1668	接近	53448	44624
1669	伊朗	53442	9893
1670	赴	53424	34943
1671	具备	53423	42429
1672	达成	53285	36677
1673	推广	53277	33998
1674	总是	53262	41896
1675	承认	53238	40316
1676	矛盾	53216	33627
1677	防守	53136	23828
1678	谈判	53135	22918
1679	轿车	53069	23338
1680	铁路	53036	17938
1681	主力	52978	31574
1682	进口	52945	22918
1683	文件	52917	29613
1684	李	52912	20584
1685	赢得	52896	40436
1686	石油	52885	18681
1687	看看	52855	40415
1688	那样	52852	43441

序号	词语	频次	文本数
1689	本身	52845	41675
1690	怎样	52786	40243
1691	批准	52652	35791
1692	大约	52634	40906
1693	病毒	52629	13356
1694	直	52620	37627
1695	输	52530	31993
1696	山	52499	28282
1697	回答	52477	39021
1698	高中	52463	15994
1699	应用	52389	28451
1700	沪	52388	27969
1701	家人	52356	35225
1702	强烈	52336	43346
1703	从事	52304	38811
1704	详细	52260	37564
1705	许	52241	33552
1706	创	52237	33650
1707	反应	52208	37360
1708	关心	52208	40587
1709	秀	52183	27752
1710	渠道	52133	33675
1711	笔	52082	36383
1712	名字	51963	36502
1713	愿	51929	39154
1714	一边	51879	26995
1715	过来	51840	39133
1716	承诺	51825	34308
1717	动作	51741	32858
1718	呈现	51708	42162
1719	黄	51693	26235
1720	年内	51636	38865
1721	结婚	51612	24875
1722	尚	51587	41068
1723	撞	51551	24650
1724	丈夫	51534	22417
1725	挺	51482	33851
1726	及其	51419	38750
1727	做到	51398	40963

序号	词语	频次	文本数
1728	涉嫌	51394	31369
1729	千	51389	34602
1730	配套	51316	28864
1731	腾	51312	22408
1732	质疑	51251	34067
1733	名单	51222	30611
1734	签	51200	29550
1735	女人	51149	23188
1736	地点	51132	34911
1737	冠	51130	24151
1738	人生	51086	32509
1739	团队	51059	31523
1740	快乐	50988	29414
1741	资格	50983	31684
1742	实	50977	28218
1743	罪	50948	21887
1744	支撑	50894	33142
1745	架	50864	25135
1746	总体	50740	38126
1747	密切	50735	36660
1748	航空	50719	15853
1749	客场	50666	22421
1750	脚	50555	32091
1751	初步	50421	39625
1752	狗	50396	13472
1753	色	50349	25711
1754	真实	50341	37123
1755	折	50308	20878
1756	发言人	50302	33694
1757	马上	50187	39628
1758	银	50107	23086
1759	华	50055	25562
1760	危险	50035	34941
1761	共有	49981	42298
1762	作废	49979	1690
1763	检测	49919	22626
1764	声音	49861	34905
1765	下去	49821	39567
1766	盈利	49772	24816

序号	词语	频次	文本数
1767	春	49755	18269
1768	记	49724	31090
1769	同志	49687	21381
1770	理由	49598	36545
1771	各类	49581	37110
1772	乐	49565	26616
1773	能否	49565	38729
1774	高级	49529	31813
1775	一致	49505	40741
1776	大众	49428	23139
1777	尽快	49338	39365
1778	对象	49336	36022
1779	沟通	49294	35846
1780	试	49274	28574
1781	菜	49199	21611
1782	情绪	49142	34459
1783	居	49134	31187
1784	确认	49072	35309
1785	货	49044	25464
1786	师	49023	25263
1787	驻	48996	29858
1788	绿色	48942	26588
1789	落	48912	39318
1790	赶到	48906	36719
1791	采购	48890	20484
1792	不得	48845	32269
1793	近年来	48819	41520
1794	收到	48812	35536
1795	赛事	48795	24682
1796	尽	48766	41900
1797	和平	48747	23318
1798	出色	48733	37287
1799	品质	48661	27118
1800	低于	48646	34523
1801	披露	48605	26995
1802	自动	48486	27649
1803	笔记本	48479	11197
1804	就要	48461	40452
1805	环节	48425	34577

序号	词语	频次	文本数
1806	计算	48317	30910
1807	月底	48307	38163
1808	群	48297	31562
1809	利率	48285	14835
1810	判断	48274	35504
1811	出版	48256	22880
1812	商务	48251	21822
1813	各级	48243	28837
1814	轻松	48242	39137
1815	时刻	48191	38120
1816	大赛	48176	23413
1817	出去	48163	34751
1818	电信	48126	13869
1819	疾病	48123	23392
1820	楼盘	48119	14512
1821	事实上	48085	40217
1822	人类	48060	24311
1823	发放	48045	26848
1824	在内	48027	42710
1825	若	47993	36157
1826	剧	47935	20008
1827	一部分	47898	38410
1828	委员会	47868	24881
1829	央视	47863	19217
1830	等等	47792	37488
1831	缺乏	47772	37203
1832	挂	47752	33757
1833	节能	47742	19621
1834	劳动	47703	21640
1835	领导人	47666	23958
1836	男人	47641	21192
1837	为此	47607	42726
1838	失去	47554	37742
1839	民生	47547	21817
1840	满意	47545	35327
1841	租	47542	19907
1842	规则	47487	25923
1843	习惯	47436	35222
1844	国有	47424	19953

序号	词语	频次	文本数
1845	身份证	47411	14551
1846	强大	47400	37654
1847	易	47399	30781
1848	农民工	47389	11477
1849	国家队	47344	18631
1850	地铁	47342	15315
1851	直到	47336	41074
1852	取	47321	33329
1853	热情	47315	38360
1854	信贷	47302	18342
1855	意大利	47298	23045
1856	业	47264	24469
1857	建成	47259	30380
1858	威胁	47217	32960
1859	局面	47185	38150
1860	画	47166	22374
1861	兴趣	47160	36664
1862	小组	47147	26911
1863	关	47122	29486
1864	引进	47095	28673
1865	活	47055	30570
1866	库	47014	22604
1867	久	47008	39140
1868	感谢	46978	32363
1869	周边	46903	31694
1870	成熟	46814	36395
1871	夜	46801	31460
1872	访问	46776	26077
1873	做法	46760	36016
1874	财务	46758	19931
1875	总裁	46713	28718
1876	住宅	46706	19599
1877	领	46675	32488
1878	韩	46598	20639
1879	人群	46543	30346
1880	并非	46489	40311
1881	幸福	46470	27981
1882	转移	46437	27965
1883	各个	46424	38501

序号	词语	频次	文本数
1884	部署	46414	28455
1885	爱情	46394	21890
1886	大陆	46356	17054
1887	猪	46348	11382
1888	民众	46338	25351
1889	至于	46299	40017
1890	毕竟	46227	39197
1891	街	46192	27125
1892	俄	46171	13172
1893	含	46159	27662
1894	话题	46139	36337
1895	更为	46136	39138
1896	比分	46122	22745
1897	之中	46112	38612
1898	高兴	46079	34649
1899	欧元	46060	16624
1900	选举	45973	13940
1901	复杂	45971	36823
1902	追求	45941	34360
1903	配	45939	31804
1904	上周	45920	28602
1905	或许	45874	36287
1906	罗	45874	16683
1907	流行	45835	28819
1908	龙	45803	23098
1909	公交	45796	15931
1910	心里	45718	33315
1911	鱼	45716	18226
1912	等待	45517	36867
1913	那里	45514	35657
1914	设置	45503	32740
1915	平时	45493	35931
1916	刀	45488	23646
1917	理财	45473	11278
1918	必要	45469	37535
1919	期货	45440	11392
1920	一度	45393	38634
1921	首都	45379	28150
1922	楼市	45303	14723

序号	词语	频次	文本数
1923	适应	45275	34161
1924	供应	45261	25327
1925	不得不	45234	39375
1926	购物	45232	19798
1927	奥运	45213	21173
1928	电视剧	45156	20315
1929	压	45133	33164
1930	听到	45107	36479
1931	不管	45011	36833
1932	无论	44999	39316
1933	多种	44945	37255
1934	此时	44900	35608
1935	火	44890	29984
1936	回升	44856	25587
1937	尚未	44840	37990
1938	神	44807	24814
1939	签订	44708	28575
1940	西部	44660	21833
1941	各国	44658	26372
1942	祖国	44590	20413
1943	垃圾	44566	13728
1944	物	44545	24739
1945	下半年	44534	27289
1946	贯彻	44526	22981
1947	顶	44486	30217
1948	仅仅	44486	38101
1949	相应	44460	36562
1950	知名	44347	35867
1951	榜	44291	20203
1952	摄影	44262	33100
1953	招生	44254	12290
1954	新增	44246	26187
1955	篇	44234	26144
1956	概念	44197	27849
1957	掌握	44193	35735
1958	亩	44192	17941
1959	实在	44191	37655
1960	出售	44097	24575
1961	克	44028	19427

序号	词语	频次	文本数
1962	云	44022	17145
1963	制	43994	27287
1964	参赛	43965	25002
1965	眼	43925	29631
1966	属	43916	36951
1967	转变	43910	29749
1968	朝	43902	22285
1969	封	43887	26835
1970	无疑	43861	37956
1971	进步	43849	31239
1972	感情	43844	29450
1973	登录	43767	40013
1974	求	43698	30966
1975	究竟	43689	34117
1976	兄弟	43633	24448
1977	瑞	43594	15490
1978	对话	43583	24648
1979	完美	43531	31394
1980	认定	43475	26321
1981	专项	43454	24637
1982	迎来	43441	36677
1983	策略	43427	28346
1984	消防	43403	14988
1985	股价	43386	18645
1986	不够	43382	36067
1987	手续	43369	24503
1988	以往	43362	37259
1989	曼	43309	10292
1990	测试	43293	20713
1991	档	43253	20494
1992	阵容	43206	27620
1993	年初	43198	34576
1994	养	43194	21300
1995	反对	43170	28553
1996	错	43126	29918
1997	袭击	43111	18173
1998	枚	43088	20683
1999	气候	43068	16505
2000	旅客	43057	13423

序号	词语	频次	文本数
2001	再度	43044	34342
2002	限	43038	19621
2003	表	43021	23417
2004	断	43010	30339
2005	主持	42996	28009
2006	面前	42979	36793
2007	投票	42931	16853
2008	明天	42904	30350
2009	市长	42904	22209
2010	一方面	42894	34174
2011	交警	42874	15103
2012	紧急	42865	29859
2013	权益	42843	23979
2014	幅度	42802	28577
2015	进展	42729	31399
2016	的确	42714	35312
2017	民间	42713	23500
2018	别墅	42712	10705
2019	工	42699	20848
2020	稳	42692	30240
2021	线路	42659	18970
2022	校长	42656	15950
2023	料	42655	30785
2024	办公室	42598	27792
2025	素质	42521	26307
2026	血	42513	23075
2027	脸	42496	30905
2028	引导	42467	29534
2029	身边	42432	34220
2030	营销	42429	20373
2031	致	42420	32044
2032	战争	42409	19330
2033	亏损	42363	18770
2034	阳光	42358	26317
2035	本人	42346	32684
2036	准	42329	32120
2037	旗	42255	30061
2038	控股	42249	15219
2039	背后	42195	34024

序号	词语	频次	文本数
2040	以为	42178	35681
2041	品种	42165	23223
2042	官方	42141	31335
2043	洗	42104	23689
2044	招聘	42084	13622
2045	最好	42077	34409
2046	一块	42074	31541
2047	佳	42061	29575
2048	装备	42049	19468
2049	人家	42016	25505
2050	带动	41995	30915
2051	探索	41842	27380
2052	高层	41833	27627
2053	热线	41804	24763
2054	每股	41783	10789
2055	乘	41745	25398
2056	八卦	41734	39503
2057	贴	41712	27374
2058	分析师	41698	23669
2059	正确	41672	30782
2060	彻底	41666	34364
2061	居住	41656	27117
2062	分配	41625	19550
2063	标志	41581	30013
2064	密码	41525	33275
2065	教学	41493	18098
2066	估计	41492	34495
2067	本月	41481	33412
2068	整治	41453	17006
2069	桥	41435	18208
2070	签署	41412	24850
2071	播出	41378	25277
2072	不可	41353	35334
2073	财产	41310	20299
2074	每次	41305	33319
2075	率先	41298	33018
2076	竟然	41292	33869
2077	转让	41278	12880
2078	都会	41229	36545

序号	词语	频次	文本数
2079	驾	41200	19699
2080	讲话	41199	24234
2081	细节	41181	31893
2082	焦点	41140	33589
2083	试点	41131	17696
2084	争议	41124	27409
2085	零	41097	26522
2086	造型	41081	24203
2087	运输	41078	22345
2088	老百姓	41059	23905
2089	船	41040	16362
2090	雨	41034	23457
2091	本来	41033	35164
2092	大规模	41033	31997
2093	打开	40957	32223
2094	衣服	40954	25290
2095	震荡	40870	18022
2096	陆续	40842	35306
2097	贷	40717	13546
2098	澳大利亚	40654	20152
2099	污染	40513	17660
2100	整合	40502	22753
2101	考察	40482	23212
2102	动物	40466	16140
2103	理想	40401	31007
2104	重建	40352	16655
2105	接下来	40330	33140
2106	切实	40303	25396
2107	灾区	40298	14118
2108	流通	40293	15262
2109	差距	40271	28726
2110	权利	40243	23157
2111	录播	40241	1756
2112	观看	40232	30984
2113	超级	40230	23957
2114	机场	40216	18882
2115	铁	40147	21895
2116	怕	40125	29465
2117	永远	40081	30350

序号	词语	频次	文本数
2118	装修	40062	16444
2119	年轻人	40058	27114
2120	一半	39993	31888
2121	公园	39984	17167
2122	右	39958	27599
2123	体	39948	24645
2124	志愿者	39946	12773
2125	定位	39928	28094
2126	素	39913	17372
2127	印象	39911	31546
2128	随	39898	32613
2129	围绕	39892	30400
2130	产	39888	20921
2131	周末	39882	24917
2132	陈	39859	16968
2133	无论是	39841	35125
2134	证据	39839	23657
2135	欧盟	39834	11440
2136	急	39822	27043
2137	落后	39811	28313
2138	教	39758	24917
2139	本届	39729	24343
2140	账户	39729	15495
2141	激烈	39728	33647
2142	中奖	39708	8352
2143	传播	39695	22238
2144	战胜	39675	28051
2145	伟大	39670	22662
2146	利	39665	25092
2147	城乡	39638	18428
2148	嘉宾	39556	16704
2149	创意	39470	19251
2150	中午	39467	31194
2151	钢铁	39436	14940
2152	运动员	39419	18481
2153	把握	39418	30512
2154	凭借	39398	33239
2155	梦	39372	23508
2156	车主	39336	14919

序号	词语	频次	文本数
2157	休息	39319	30082
2158	解说	39308	4747
2159	加盟	39307	23592
2160	英语	39283	15286
2161	开心	39280	25269
2162	大多数	39269	33954
2163	服装	39225	20823
2164	败	39215	22688
2165	业内人士	39202	28948
2166	语言	39184	23929
2167	调研	39116	21194
2168	停止	39096	29780
2169	这部	39069	22658
2170	有利于	38986	28083
2171	安装	38962	21597
2172	忙	38950	29406
2173	中小企业	38949	12685
2174	日子	38948	30746
2175	曝光	38944	26287
2176	纠纷	38932	19223
2177	金牌	38893	16117
2178	税	38889	12814
2179	疫苗	38872	6890
2180	评估	38849	21426
2181	翻	38829	28058
2182	英	38825	20477
2183	性能	38775	22475
2184	争取	38770	31961
2185	亦	38736	27426
2186	院长	38696	22848
累加频率达到70%			
2187	西方	38691	20534
2188	戴	38689	25699
2189	可能性	38641	29917
2190	原本	38597	33704
2191	深刻	38576	31345
2192	军	38561	16795
2193	钢	38498	12796
2194	夺冠	38440	22150

序号	词语	频次	文本数
2195	公斤	38431	16400
2196	彩票	38398	7949
2197	储备	38367	17646
2198	公交车	38353	14027
2199	救援	38348	16570
2200	放在	38341	32507
2201	条例	38330	14990
2202	巴	38325	16316
2203	室	38293	19576
2204	感染	38290	17519
2205	根	38266	26195
2206	紧	38247	32715
2207	称为	38238	32694
2208	摆	38206	30173
2209	见到	38166	31410
2210	宏观	38144	22388
2211	相互	38142	27533
2212	防止	38119	30367
2213	回应	38111	28593
2214	哪里	38106	28798
2215	昨晚	38071	26399
2216	液晶	38069	10113
2217	熟悉	38062	31518
2218	药物	38038	13599
2219	允许	38031	30028
2220	左	38025	26567
2221	打电话	38014	27958
2222	后卫	37967	16872
2223	有限	37931	30022
2224	富	37928	19845
2225	此后	37926	31043
2226	继	37924	34728
2227	此事	37873	28803
2228	专辑	37847	10580
2229	乱	37829	25795
2230	联盟	37820	19352
2231	助理	37817	17167
2232	为何	37808	30992
2233	主教练	37743	22610

序号	词语	频次	文本数
2234	延续	37719	31316
2235	杀	37713	23705
2236	通道	37694	23768
2237	家属	37673	17809
2238	打算	37671	31505
2239	日报	37659	29434
2240	平稳	37651	25988
2241	梦想	37647	24889
2242	得知	37628	32184
2243	暂时	37626	31969
2244	杂志	37624	22462
2245	公平	37600	23970
2246	相机	37587	11051
2247	不但	37571	32908
2248	总额	37565	24515
2249	拟	37552	24188
2250	精	37528	21515
2251	民主	37506	14370
2252	另一方面	37479	33614
2253	工具	37467	27184
2254	遭到	37444	31383
2255	经销商	37443	15096
2256	核	37437	14623
2257	想法	37425	29785
2258	全场	37424	24581
2259	看好	37398	25319
2260	乐观	37377	27824
2261	显	37332	25504
2262	广场	37316	20668
2263	我市	37309	12288
2264	火爆	37296	32153
2265	回忆	37284	28500
2266	最为	37246	32569
2267	财富	37238	20907
2268	列	37196	27646
2269	前景	37185	29372
2270	肉	37182	18204
2271	古	37177	17230
2272	常	37175	28717

序号	词语	频次	文本数
2273	财经	37168	23125
2274	赛场	37166	22291
2275	现有	37164	29770
2276	依据	37164	28874
2277	得分	37158	19075
2278	药品	37149	11454
2279	设	37147	28019
2280	厂商	37132	18446
2281	报警	37129	23861
2282	债券	37121	11969
2283	知	37118	30509
2284	气温	37090	16089
2285	进球	37082	16047
2286	油价	37057	9562
2287	文物	37040	8963
2288	所在	36999	31995
2289	英雄	36928	19734
2290	小学	36895	20007
2291	予以	36894	29176
2292	官	36869	22314
2293	病人	36839	15117
2294	主角	36829	24754
2295	地址	36817	16243
2296	一季度	36780	15280
2297	南方	36743	20078
2298	工厂	36725	19784
2299	轻	36666	26350
2300	全年	36656	24143
2301	上面	36656	28448
2302	事发	36654	23152
2303	手中	36640	31315
2304	革命	36637	17162
2305	猫	36635	12323
2306	市委	36601	14932
2307	群体	36591	25278
2308	平衡	36546	25071
2309	上演	36519	29958
2310	大概	36516	26983
2311	独特	36498	30180

序号	词语	频次	文本数
2312	未能	36454	30339
2313	判决	36435	17556
2314	公路	36407	17879
2315	法规	36377	22663
2316	维修	36348	15451
2317	录取	36346	10607
2318	党员	36335	11017
2319	篮	36330	11112
2320	家中	36279	26510
2321	学术	36273	13769
2322	产权	36248	15770
2323	品	36215	21677
2324	学者	36214	22516
2325	刑事	36213	20889
2326	展	36205	19377
2327	这项	36205	27158
2328	点评	36170	21434
2329	多数	36156	29821
2330	赔	36141	9811
2331	不用	36119	30015
2332	全力	36113	29280
2333	北京市	36098	20091
2334	主流	36087	25262
2335	预算	36084	15477
2336	洞	36075	10236
2337	电力	36051	15630
2338	皇	36049	9245
2339	镜头	36042	21173
2340	尊重	36042	25595
2341	合法	36039	24409
2342	格局	36029	25835
2343	武装	36015	14763
2344	促销	36002	17757
2345	澳	35935	15517
2346	物质	35933	20582
2347	剧场	35897	6312
2348	导弹	35864	8097
2349	售价	35831	21706
2350	疫情	35808	10368

序号	词语	频次	文本数
2351	签约	35772	20912
2352	带领	35749	28614
2353	爆炸	35747	12964
2354	今	35713	29053
2355	青少年	35712	16090
2356	展现	35705	29702
2357	专题	35694	29213
2358	击败	35685	23377
2359	豪华	35681	19056
2360	审批	35681	17733
2361	出租车	35678	11822
2362	待	35677	29866
2363	对外	35660	26400
2364	第五	35638	26982
2365	刘	35618	14643
2366	走向	35594	28234
2367	超市	35578	15865
2368	盖	35550	22797
2369	净利润	35542	11705
2370	强化	35498	25148
2371	树	35494	17309
2372	批评	35456	23006
2373	应急	35450	17189
2374	审议	35441	11788
2375	冷	35437	21821
2376	赚	35428	23440
2377	热点	35403	24864
2378	总结	35387	27538
2379	爸爸	35382	15855
2380	虽	35376	31399
2381	一路	35374	28624
2382	抓获	35367	20948
2383	考	35322	16242
2384	成就	35292	26736
2385	心情	35280	28277
2386	答	35271	11794
2387	抱	35253	26146
2388	亮	35237	26903
2389	覆盖	35214	24295

序号	词语	频次	文本数
2390	直播	35194	15857
2391	反而	35184	31079
2392	预防	35171	19668
2393	适用	35158	17193
2394	通报	35146	24037
2395	服	35131	20676
2396	红色	35127	22650
2397	报价	35122	17561
2398	颇	35114	31990
2399	家具	35109	9595
2400	高于	35105	27509
2401	师傅	35082	11432
2402	歌曲	35072	17258
2403	足够	35066	30294
2404	坏	35064	26285
2405	意	35036	22493
2406	救	34999	22032
2407	不久	34965	31186
2408	决策	34930	21174
2409	团结	34903	16730
2410	藏	34890	20227
2411	法官	34870	11837
2412	举报	34857	14932
2413	雅	34837	13250
2414	中方	34819	13913
2415	权力	34796	17606
2416	主体	34792	23405
2417	陷入	34774	29618
2418	中间	34771	27264
2419	审理	34767	21490
2420	较为	34762	28742
2421	美丽	34758	24050
2422	商家	34756	18254
2423	兼	34751	26982
2424	雪	34725	15510
2425	爆	34710	23486
2426	当日	34709	28414
2427	公民	34702	17091
2428	内需	34677	19821

序号	词语	频次	文本数
2429	首席	34665	25146
2430	之所以	34661	31367
2431	退出	34638	21749
2432	自我	34627	25503
2433	评选	34565	16669
2434	拼	34556	23669
2435	略	34555	28159
2436	提到	34540	28016
2437	相同	34510	27702
2438	怀疑	34503	27534
2439	印	34492	19006
2440	前期	34456	25136
2441	拍卖	34447	10592
2442	早上	34425	26463
2443	演唱会	34419	11075
2444	眼睛	34396	24209
2445	违规	34394	18335
2446	首发	34380	20169
2447	床	34365	19565
2448	症状	34363	16761
2449	下乡	34359	9270
2450	每日	34355	27081
2451	园	34328	16118
2452	幅	34272	20829
2453	大大	34240	30450
2454	通信	34217	16377
2455	好像	34203	24814
2456	与此同时	34166	31356
2457	搜索	34159	17095
2458	晚报	34144	20337
2459	遗憾	34091	27271
2460	回归	34082	22528
2461	诉讼	34080	15169
2462	指挥	34076	20651
2463	其它	34073	27316
2464	监控	34071	19511
2465	挡	34061	18690
2466	场所	34058	21771
2467	贵	34047	23223

序号	词语	频次	文本数	序号	词语	频次	文本数
2468	香	34024	18683	2507	无奈	33237	28431
2469	行驶	34005	20275	2508	监测	33184	18588
2470	冲突	33963	20777	2509	他人	33169	23035
2471	提示	33957	24606	2510	极大	33166	29674
2472	到来	33955	29544	2511	每月	33160	21797
2473	门口	33940	24339	2512	英寸	33121	14343
2474	生意	33901	21406	2513	呼吁	33112	25096
2475	讲述	33833	27317	2514	禁止	33112	21413
2476	估	33821	16125	2515	照	33100	22196
2477	明	33817	21292	2516	以色列	33096	7972
2478	患	33816	21839	2517	竞争力	33071	23443
2479	纪念	33796	21262	2518	那种	33058	23555
2480	争	33792	25518	2519	速	33055	17036
2481	庆祝	33780	22572	2520	鉴定	33050	15134
2482	发展观	33768	15352	2521	发射	33047	10189
2483	常委	33751	21088	2522	出发	33034	26447
2484	峰会	33727	11351	2523	厂	33015	17083
2485	旅	33708	20627	2524	中华	33006	16914
2486	齐	33697	21890	2525	即便	33004	28111
2487	纸	33689	20199	2526	补充	33001	23662
2488	净	33658	17754	2527	文学	32991	11225
2489	否则	33652	30304	2528	注重	32988	23840
2490	尝试	33610	27222	2529	市政府	32987	18861
2491	爆发	33556	25857	2530	主帅	32986	20139
2492	半年	33555	25896	2531	否认	32927	26024
2493	治理	33535	17163	2532	史	32921	22623
2494	基本上	33506	26801	2533	平安	32905	15142
2495	职务	33441	18233	2534	出场	32904	21687
2496	伤害	33438	22640	2535	之下	32904	28611
2497	巴西	33431	15014	2536	跨	32894	19403
2498	竟	33417	28716	2537	难度	32882	25262
2499	心态	33396	24727	2538	询问	32862	26807
2500	街道	33387	18433	2539	煤	32839	8553
2501	份额	33371	19163	2540	哪些	32824	23617
2502	出生	33345	22528	2541	券	32824	8322
2503	存	33328	24248	2542	坚决	32802	24400
2504	拿到	33325	27170	2543	大师	32795	17186
2505	西班牙	33290	17411	2544	同事	32762	20368
2506	开通	33247	19637	2545	占据	32753	27299

序号	词语	频次	文本数
2546	本场	32736	17251
2547	一线	32678	24064
2548	各自	32660	28225
2549	会上	32652	27117
2550	异常	32645	24863
2551	打破	32628	25815
2552	通常	32587	26791
2553	留学	32572	10128
2554	秩序	32561	22712
2555	休闲	32547	19079
2556	煤炭	32523	10794
2557	加工	32515	17782
2558	外界	32510	26057
2559	纳入	32460	22896
2560	多元	32454	24131
2561	外援	32436	11597
2562	赌	32428	9998
2563	链	32404	24796
2564	生涯	32398	23226
2565	法庭	32394	16856
2566	石	32373	16116
2567	援助	32363	15291
2568	日常	32350	26290
2569	宽	32347	23873
2570	儿	32340	17541
2571	文字	32332	22914
2572	履行	32306	21098
2573	镇	32297	19223
2574	秘密	32269	21117
2575	什么样	32262	21928
2576	医药	32262	14387
2577	转型	32249	18189
2578	伙伴	32247	20969
2579	空气	32227	18449
2580	明白	32213	26094
2581	夫妻	32157	17273
2582	背	32150	22016
2583	深化	32119	19586
2584	厂房	32097	6126

序号	词语	频次	文本数
2585	疯狂	32094	22059
2586	退休	32077	17139
2587	外国	32070	20915
2588	周围	32064	26087
2589	拿下	32034	21271
2590	夫妇	32026	16151
2591	地下	32020	17329
2592	主演	32012	20519
2593	队友	31988	20644
2594	赛后	31986	22518
2595	何	31985	21351
2596	独家	31971	26863
2597	播	31965	17513
2598	厂家	31962	16820
2599	器	31960	17140
2600	这家	31951	22225
2601	歌手	31949	15282
2602	栋	31948	16345
2603	派出所	31940	17010
2604	前来	31936	26965
2605	扮演	31934	21875
2606	友	31930	17453
2607	认可	31924	26644
2608	真是	31922	26747
2609	道德	31912	14849
2610	阿富汗	31901	7742
2611	确诊	31893	11747
2612	伦敦	31867	18198
2613	顾客	31865	16265
2614	粤	31814	11171
2615	机遇	31806	21428
2616	届时	31803	28561
2617	进程	31794	24215
2618	协商	31790	19905
2619	说话	31779	23551
2620	婚姻	31758	13667
2621	感动	31732	21538
2622	增速	31714	14408
2623	事项	31706	13292

序号	词语	频次	文本数
2624	国产	31695	15235
2625	在线	31685	18291
2626	各界	31681	24082
2627	配备	31677	22175
2628	独	31662	19218
2629	支出	31645	16069
2630	高峰	31634	20660
2631	物流	31611	12412
2632	错误	31610	22309
2633	私	31609	15809
2634	救助	31606	13965
2635	绿	31583	18472
2636	世锦赛	31577	10782
2637	营业	31561	16818
2638	工商	31559	17121
2639	生存	31551	22575
2640	武器	31541	16254
2641	抓住	31511	26086
2642	房产	31508	14745
2643	围	31506	21138
2644	太阳	31494	16033
2645	公益	31474	16332
2646	不良	31472	18648
2647	整	31472	24974
2648	爱心	31464	13846
2649	董事会	31453	8221
2650	登	31429	21359
2651	大多	31383	27708
2652	课程	31380	13700
2653	漂亮	31374	24280
2654	听说	31358	25695
2655	医	31357	12107
2656	魔术	31337	8216
2657	偷	31319	16236
2658	作战	31318	16829
2659	安	31309	19022
2660	议案	31298	4833
2661	舞	31292	14373
2662	效率	31291	23035
2663	修改	31284	18094
2664	投诉	31275	14874
2665	类型	31256	22197
2666	言	31241	24793
2667	皮	31239	17130
2668	院	31222	18331
2669	活跃	31143	24655
2670	艘	31114	11634
2671	运用	31107	24043
2672	电器	31102	12670
2673	妇女	31094	15082
2674	票房	31082	10593
2675	列车	31060	9457
2676	前锋	31060	16082
2677	东部	31056	16659
2678	判	31054	20644
2679	篮板	31041	11811
2680	抵达	31022	22163
2681	新型	31008	18887
2682	主办	30996	26910
2683	中介	30993	10982
2684	加速	30992	23487
2685	踢	30970	18433
2686	会见	30957	14505
2687	千万	30957	23829
2688	争夺	30936	24409
2689	人大	30919	14875
2690	担保	30916	10176
2691	破坏	30900	21889
2692	开工	30895	18101
2693	英镑	30892	11296
2694	待遇	30890	17889
2695	禁区	30877	9610
2696	暴力	30860	15124
2697	考核	30860	14121
2698	百分点	30858	15138
2699	加拿大	30817	15207
2700	早已	30800	27673
2701	参观	30793	19675

序号	词语	频次	文本数
2702	播放	30782	20382
2703	拆迁	30757	8766
2704	必然	30745	25218
2705	失误	30738	18776
2706	读书	30735	15335
2707	委	30720	16192
2708	人次	30719	17203
2709	小说	30714	12383
2710	互动	30689	21611
2711	热门	30662	23925
2712	军队	30658	13324
2713	依靠	30635	25561
2714	思考	30603	22625
2715	睡	30555	19058
2716	作家	30547	14142
2717	犯	30538	21026
2718	适当	30525	23916
2719	想象	30519	25471
2720	看法	30481	25353
2721	效应	30478	22881
2722	实习生	30447	27582
2723	便宜	30434	21916
2724	美好	30417	24092
2725	申报	30416	12741
2726	路上	30389	24185
2727	迹象	30384	24454
2728	信号	30372	19834
2729	准确	30349	25815
2730	黑色	30344	22063
2731	世界杯	30340	11579
2732	苹果	30330	9403
2733	河	30294	14611
2734	复出	30290	14828
2735	库存	30280	12313
2736	债	30277	10652
2737	上班	30257	20908
2738	颗	30244	19418
2739	固定	30220	22223
2740	食	30212	16345
2741	球场	30206	16346
2742	抗	30196	17465
2743	解	30172	22098
2744	运作	30164	22258
2745	灯	30158	16374
2746	城镇	30157	13856
2747	秘书长	30155	22069
2748	保安	30141	12874
2749	般	30137	25655
2750	博士	30136	16267
2751	联合国	30131	13647
2752	澳门	30125	7493
2753	斤	30110	12322
2754	中学	30105	15518
2755	砸	30088	16155
2756	弱	30050	23436
2757	生物	30026	14826
2758	微	30006	17893
2759	后面	30003	24403
2760	够	29991	24589
2761	欲	29982	25606
2762	凭	29951	23994
2763	原油	29944	9198
2764	屏幕	29917	17348
2765	失败	29912	21591
2766	联通	29909	7953
2767	思路	29893	22874
2768	职	29893	16861
2769	智能	29882	14174
2770	优质	29839	21532
2771	由此	29818	26698
2772	特征	29817	22279
2773	失	29814	22322
2774	刺	29802	15480
2775	房间	29784	18885
2776	关闭	29774	18638
2777	魔	29756	12969
2778	举措	29748	23560
2779	时报	29723	21649

序号	词语	频次	文本数
2780	产能	29698	12869
2781	合适	29691	24649
2782	到达	29679	22941
2783	音	29645	20228
2784	淘汰	29643	18474
2785	流动性	29628	14793
2786	匿名	29628	18063
2787	晚会	29627	13528
2788	其次	29619	27022
2789	从来	29590	25118
2790	烟	29538	13079
2791	强势	29533	21036
2792	审查	29531	17947
2793	校园	29529	15340
2794	薪	29529	11345
2795	照顾	29488	20724
2796	缓解	29481	23104
2797	懂	29471	21025
2798	保留	29464	23473
2799	破产	29442	11569
2800	报纸	29435	18346
2801	科研	29423	15305
2802	自行车	29408	12058
2803	拉动	29405	19219
2804	弄	29381	22222
2805	优化	29380	20302
2806	不满	29375	23196
2807	同一	29367	23409
2808	地面	29360	18949
2809	公务员	29353	10444
2810	攻击	29352	17453
2811	级别	29267	20151
2812	开幕	29259	20974
2813	外观	29259	18754
2814	喊	29231	21979
2815	现代化	29231	17446
2816	岛	29230	13665
2817	依旧	29226	24156
2818	百姓	29220	19522

序号	词语	频次	文本数
2819	舆论	29210	18607
2820	抢救	29208	17564
2821	振兴	29183	14134
2822	吃饭	29141	20957
2823	当事人	29137	15929
2824	打工	29136	17228
2825	营	29112	14143
2826	算是	29099	25538
2827	释放	29092	20983
2828	会谈	29086	11872
2829	天然气	29085	6821
2830	大小	29068	20827
2831	订单	29061	14486
2832	养老	29059	8178
2833	俩	29048	18264
2834	离婚	29034	10635
2835	优先	29034	17408
2836	可谓	29010	26473
2837	标	29006	18257
2838	亲自	28994	24475
2839	将来	28979	23820
2840	政协	28975	9789
2841	影响力	28973	22061
2842	子女	28966	14850
2843	尽量	28923	23763
2844	降价	28921	13177
2845	日益	28908	24744
2846	航班	28895	11030
2847	各方	28878	21748
2848	决议	28816	8400
2849	官兵	28803	11285
2850	医学	28757	14944
2851	民营	28749	12198
2852	布局	28740	20502
2853	兴奋	28734	24171
2854	界	28733	19346
2855	本地	28721	19841
2856	毛	28699	14400
2857	电视台	28695	17604

序号	词语	频次	文本数
2858	港元	28679	7878
2859	股指	28648	11243
2860	信用卡	28631	6345
2861	疑	28595	18943
2862	慢慢	28571	23322
2863	归	28563	21269
2864	义务	28530	18232
2865	魅力	28498	22594
2866	并未	28495	25445
2867	面向	28492	22137
2868	题材	28486	17038
2869	攻	28475	18826
2870	笔者	28470	17485
2871	机械	28464	15930
2872	治	28443	17831
2873	超越	28404	21678
2874	江	28400	14770
2875	典型	28362	23480
2876	排除	28361	23216
2877	反复	28285	23551
2878	前后	28278	24344
2879	难题	28268	22285
2880	代理	28252	15257
2881	回落	28244	17159
2882	记得	28212	21621
2883	周刊	28199	15543
2884	世	28191	16549
2885	恐怖	28177	13706
2886	哭	28148	16687
2887	考验	28147	22641
2888	券商	28131	8796
2889	二手	28116	9879
2890	回暖	28079	16985
2891	裁判	28071	11383
2892	卫星	28071	8768
2893	检验	28064	17828
2894	拉开	28063	24463
2895	汇	28061	14052
2896	收藏	28041	15751

序号	词语	频次	文本数
2897	谨慎	28031	22095
2898	观念	28029	19723
2899	潜力	27991	22459
2900	成交量	27984	13602
2901	玻璃	27969	15894
2902	搭	27964	21733
2903	驾车	27956	13892
2904	到位	27952	21803
2905	整理	27943	21429
2906	补偿	27933	13427
2907	枪	27927	13605
2908	夏天	27913	20072
2909	调解	27904	8443
2910	立法	27889	11027
2911	修	27873	16170
2912	查处	27864	16322
2913	货车	27853	9893
2914	节日	27851	16416
2915	办公	27850	15813
2916	林	27838	13760
2917	态势	27831	21904
2918	喜	27811	16290
2919	试图	27767	23763
2920	酷	27760	12553
2921	烧	27752	15992
2922	中小	27752	14066
2923	新华网	27744	26442
2924	不如	27727	23968
2925	羊	27721	8972
2926	答案	27717	20404
2927	姓	27673	18906
2928	基	27660	12367
2929	威	27659	12010
2930	传媒	27647	13571
2931	首批	27619	18997
2932	大奖	27608	15321
2933	有时	27594	21825
2934	诸多	27576	24751
2935	立	27569	18203

序号	词语	频次	文本数
2936	波动	27559	17716
2937	高尔夫	27539	7706
2938	视	27534	19475
2939	新加坡	27526	13769
2940	故意	27505	17337
2941	转会	27502	9774
2942	语	27488	19036
2943	市区	27487	18948
2944	顾问	27473	18314
2945	有力	27456	23553
2946	景区	27447	10571
2947	违反	27424	19196
2948	扶持	27400	17181
2949	提交	27394	19382
2950	无线	27383	12164
2951	看见	27380	21192
2952	景观	27367	13415
2953	当晚	27365	21134
2954	扣	27348	16603
2955	新兴	27340	16606
2956	这时	27335	22196
2957	兑	27323	7979
2958	出行	27302	16359
2959	强劲	27294	22247
2960	总量	27290	19054
2961	兵	27259	15989
2962	商场	27259	14012
2963	境内	27250	17928
2964	赶	27230	22605
2965	显著	27219	22826
2966	世博会	27199	6874
2967	损害	27177	18276
2968	题	27157	15072
2969	篮球	27148	13206
2970	总监	27146	17478
2971	线索	27139	18747
2972	记忆	27130	17909
2973	罚款	27117	12957
2974	必	27110	17784
2975	例如	27105	21755
2976	情感	27073	18068
2977	泰国	27027	9258
2978	判处	27024	14667
2979	清理	27018	16835
2980	随时	27017	23102
2981	罚	27015	16263
2982	刚才	26995	12805
2983	电池	26977	10008
2984	产量	26968	13462
2985	下面	26959	21599
2986	飞行	26954	10760
2987	涉	26954	13328
2988	似	26907	18782
2989	中场	26907	11927
2990	自杀	26895	11584
2991	旁	26894	18342
2992	外交	26892	12559
2993	小孩	26877	16523
2994	川	26870	13551
2995	心中	26859	22354
2996	完整	26844	22019
2997	大批	26841	22939
2998	礼	26841	15743
2999	途径	26823	22390
3000	剩下	26802	23082
3001	画面	26790	18096
3002	治安	26788	12845
3003	收获	26784	21664
3004	车队	26763	8139
3005	神秘	26754	18730
3006	气氛	26751	22729
3007	锻炼	26742	17120
3008	生日	26733	13997
3009	物品	26710	16498
3010	当场	26709	21661
3011	分子	26708	13542
3012	布	26677	13978
3013	期限	26629	15995

序号	词语	频次	文本数
3014	奖励	26615	14115
3015	腿	26604	17411
3016	外资	26604	11777
3017	起诉	26602	15688
3018	审计	26601	6648
3019	拓展	26595	20045
3020	望	26586	20141
3021	命运	26579	19845
3022	出租	26570	11256
3023	付	26569	15271
3024	委托	26557	18085
3025	东北	26552	14508
3026	福	26546	13382
3027	场上	26528	19084
3028	后者	26525	23312
3029	负担	26524	19780
3030	晋级	26518	14570
3031	激情	26510	19463
3032	远远	26508	24021
3033	课	26505	14164
3034	跌幅	26494	13016
3035	见面	26473	20960
3036	合格	26471	15199
3037	距	26462	19890
3038	机动车	26453	10004
3039	随即	26442	23551
3040	数码	26441	11813
3041	技能	26429	14102
3042	比如说	26414	12643
3043	粮食	26411	9312
3044	私人	26388	17187
3045	慢	26372	20132
3046	词	26371	17614
3047	前提	26369	23184
3048	颜色	26333	17534
3049	全世界	26312	20741
3050	其余	26282	23172
3051	海军	26240	7561
3052	路段	26223	14493

序号	词语	频次	文本数
3053	举	26179	20582
3054	团伙	26164	8831
3055	旁边	26163	21594
3056	骗	26159	13600
3057	层面	26146	19736
3058	优	26118	13363
3059	当初	26089	21256
3060	友好	26074	13787
3061	色彩	26069	19546
3062	人均	26046	15714
3063	流动	26034	14806
3064	逼	26026	20540
3065	性格	26025	18780
3066	科学家	26017	11776
3067	接待	26012	17063
3068	恐怕	26006	21776
3069	门票	25989	11613
3070	地球	25987	12428
3071	练	25978	15301
3072	设计师	25974	11710
3073	新人	25971	14826
3074	遗产	25964	10288
3075	引	25952	21302
3076	空中	25950	14696
3077	个性	25928	18629
3078	失业	25895	12493
3079	夺得	25874	17793
3080	饭	25856	17151
3081	本土	25845	17061
3082	嘛	25818	15827
3083	影视	25813	13937
3084	周期	25777	16826
3085	呀	25768	15829
3086	元素	25767	19019
3087	激动	25759	20691
3088	评	25743	17011
3089	搬	25719	19026
3090	零售	25704	14447
3091	意思	25704	20185

序号	词语	频次	文本数
3092	信用	25693	10140
3093	乘坐	25686	18452
3094	全体	25670	19877
3095	省委	25658	9795
3096	炒	25649	14202
3097	二级	25609	15825
3098	软	25600	17516
3099	专	25600	19345
3100	拖	25596	19279
3101	慈善	25574	9958
3102	常常	25563	21256
3103	定期	25557	18048
3104	不知	25536	22478
3105	丢	25536	17635
3106	相当于	25514	21229
3107	观	25507	15485
3108	改进	25486	18199
3109	伊	25482	10637
3110	央行	25471	11238
3111	某些	25449	21205
3112	博物馆	25421	10194
3113	来讲	25409	16679
3114	活力	25407	20226
3115	荣誉	25396	17636
3116	家居	25391	7759
3117	工艺	25385	15538
3118	协助	25385	19429
3119	食物	25360	12711
3120	计	25355	17896
3121	隐患	25338	16350
3122	返回	25320	20308
3123	作业	25307	13393
3124	之际	25291	23045
3125	美女	25280	14055
3126	青	25280	15178
3127	上调	25280	10967
3128	清晰	25274	21954
3129	骑	25262	14807
3130	苏	25221	11647

序号	词语	频次	文本数
3131	存款	25219	10687
3132	债务	25208	11930
3133	严峻	25205	20794
3134	基于	25191	20897
3135	艰难	25179	21399
3136	户型	25177	8565
3137	收盘	25175	13153
3138	简称	25150	19010
3139	爬	25146	15992
3140	即可	25134	20548
3141	男性	25128	12521
3142	工地	25127	11524
3143	既然	25124	21769
3144	精心	25114	21931
3145	尾	25098	14411
3146	学院	25091	12075
3147	职责	25073	17056
3148	战术	25059	15912
3149	我省	25039	10253
3150	射	25035	13001
3151	助攻	25030	12287
3152	购房	25028	10409
3153	女友	25027	12169
3154	志愿	25017	6930
3155	人体	24992	13962
3156	狼	24987	10007
3157	山寨	24983	6068
3158	公开赛	24954	10849
3159	光明	24947	19206
3160	舞蹈	24942	12258
3161	颁奖	24914	13295
3162	时机	24901	20567
3163	月初	24895	21803
3164	展览	24864	12527
3165	那时	24861	19465
3166	评级	24861	8086
3167	造	24856	17213
3168	制造业	24824	13222
3169	不仅仅	24823	21873

序号	词语	频次	文本数
3170	墙	24794	14777
3171	性质	24794	17836
3172	外地	24788	17490
3173	氛围	24777	20818
3174	介入	24764	18064
3175	团体	24750	16448
3176	男孩	24743	12981
3177	会员	24736	12077
3178	咱们	24716	11272
3179	国债	24713	5923
3180	权威	24709	19178
3181	开盘	24701	11490
3182	味	24701	15878
3183	常务	24695	18363
3184	源	24676	14440
3185	涨价	24674	9209
3186	茶	24664	9438
3187	授权	24660	17927
3188	查询	24652	15527
3189	收取	24652	14354
3190	着力	24650	15028
3191	拘留	24615	14571
3192	组建	24600	17910
3193	百万	24599	16690
3194	信任	24598	18464
3195	摩托车	24573	9938
3196	被告人	24567	7279
3197	场面	24567	20021
3198	通胀	24559	9774
3199	硬	24551	18019
3200	智慧	24543	17760
3201	被告	24532	9416
3202	财	24509	13812
3203	回报	24508	18154
3204	花园	24492	11078
3205	顶级	24482	17431
3206	高速公路	24477	11257
3207	醉	24450	10095
3208	栏目	24449	16902

序号	词语	频次	文本数
3209	好好	24445	20611
3210	欣赏	24434	20048
3211	坚定	24430	19499
3212	缺	24405	18535
3213	众	24400	18007
3214	分为	24397	21840
3215	分享	24393	19323
3216	前面	24392	19944
3217	呈	24386	20464
3218	路线	24379	17777
3219	令人	24376	22272
3220	炒作	24374	13971
3221	奇	24374	12192
3222	防控	24369	9039
3223	一道	24366	21168
3224	积累	24362	20414
3225	告	24354	17404
3226	势头	24343	20767
3227	仔细	24342	21648
3228	挖	24323	14345
3229	杨	24310	10715
3230	续	24306	15634
3231	诈骗	24305	8025
3232	结	24296	16529
3233	指定	24289	17615
3234	日期	24284	17149
3235	青春	24280	14912
3236	危害	24267	14970
3237	轨道	24259	12580
3238	天下	24254	16185
3239	排放	24238	11302
3240	死者	24225	11284
3241	波	24219	14562
3242	风暴	24210	14945
3243	立刻	24187	20753
3244	付出	24172	20377
3245	场地	24154	16109
3246	预	24140	14225
3247	税收	24132	11462

序号	词语	频次	文本数
3248	须	24108	18771
3249	拆	24092	13410
3250	海域	24092	9583
3251	毒	24081	12355
3252	校	24071	12944
3253	寻求	24061	20295
3254	客观	24024	19636
3255	艺人	24021	12583
3256	国内外	24015	20244
3257	招商	24013	12336
3258	美军	23991	7533
3259	轮胎	23936	7074
3260	草案	23927	7475
3261	透	23924	16129
3262	防范	23923	16785
3263	热烈	23915	20331
3264	幸运	23914	18560
3265	策划	23913	16901
3266	哥	23907	12282
3267	家族	23905	12636
3268	腐败	23890	9837
3269	鸡	23888	9935
3270	森林	23883	11198
3271	下调	23862	13021
3272	为止	23844	21137
3273	车展	23840	7287
3274	沙	23822	12009
3275	排量	23813	9560
3276	得以	23799	21607
3277	聚集	23794	18606
3278	一番	23794	21740
3279	携带	23787	16503
3280	车市	23771	8775
3281	鞋	23763	10475
3282	发起	23760	19865
3283	险	23756	9316
3284	解放	23753	11760
3285	漫	23740	8438
3286	角	23712	16053

序号	词语	频次	文本数
3287	火灾	23710	8211
3288	健全	23689	15580
3289	少年	23682	13141
3290	湾	23682	10977
3291	院校	23668	9876
3292	种种	23663	21305
3293	麻烦	23656	19837
3294	城管	23655	5770
3295	南部	23654	12515
3296	顺	23652	14613
3297	作风	23602	12712
3298	蔬菜	23597	10282
3299	上证	23584	11839
3300	情节	23578	16261
3301	吹	23567	16522
3302	主导	23544	18349
3303	经济危机	23542	16345
3304	节奏	23526	18632
3305	职能	23522	14871
3306	营养	23514	12207
3307	过后	23510	20735
3308	移民	23507	7605
3309	邻居	23505	13433
3310	白色	23472	17165
3311	派出	23451	18836
3312	健身	23449	9292
3313	陪	23429	16189
3314	自从	23420	21675
3315	抽	23416	15323
3316	福利	23401	12547
3317	买卖	23398	13724
3318	精品	23356	15118
3319	以外	23335	20704
3320	传奇	23330	15451
3321	一级	23327	15755
3322	居然	23326	19432
3323	痛	23324	16026
3324	繁荣	23309	16223
3325	收益率	23281	7370

序号	词语	频次	文本数
3326	遇	23281	19267
3327	阅兵	23249	6004
3328	创下	23239	18627
3329	第六	23227	17195
3330	新年	23218	12911
3331	温	23207	11441
3332	非洲	23199	10004
3333	怎么样	23199	16238
3334	演绎	23194	18733
3335	交易日	23187	12587
3336	看起来	23179	19928
3337	外汇	23171	8668
3338	担忧	23141	19151
3339	迷	23135	15188
3340	规律	23132	17219
3341	计算机	23112	12205
3342	营造	23112	19117
3343	定价	23098	12327
3344	安置	23077	11176
3345	屏	23066	12430
3346	差异	23060	17083
3347	止	23050	16332
3348	巴基斯坦	23047	6802
3349	砍	23046	11471
3350	文艺	23041	13415
3351	地上	23029	17971
3352	暂	23023	18116
3353	名称	23013	15065
3354	合约	23005	9621
3355	协会	22992	13656
3356	好转	22985	17868
3357	瓶	22984	11974
3358	辉煌	22979	17610
3359	气象	22959	9866
3360	当代	22953	13078
3361	总部	22951	14637
3362	刑	22939	14307
3363	障碍	22937	16490
3364	区别	22931	19389

序号	词语	频次	文本数
3365	融合	22864	16587
3366	汤	22860	10008
3367	厘米	22854	13826
3368	中专	22850	2473
3369	草	22844	12205
3370	审核	22844	13377
3371	滑	22821	15161
3372	今晚	22821	14644
3373	屋	22807	12925
3374	共识	22794	16766
3375	受益	22792	16544
3376	半决赛	22785	12636
3377	坦言	22770	19905
3378	对阵	22762	15731
3379	也就是说	22758	19397
3380	增幅	22743	13858
3381	队长	22733	13971
3382	巨头	22722	14409
3383	内心	22707	17638
3384	经纪人	22699	11942
3385	为期	22698	20458
3386	战绩	22690	14844
3387	尴尬	22689	18411
3388	不行	22688	17480
3389	猛	22646	16429
3390	60年	22639	11130
3391	申购	22639	6074
3392	经费	22635	12657
3393	亮点	22634	17791
3394	提起	22629	17932
3395	欠	22624	14109
3396	赶紧	22613	18346
3397	公积金	22608	4724
3398	总决赛	22607	10653
3399	创建	22603	13183
3400	事务	22592	16574
3401	嘴	22590	16711
3402	开车	22589	14762
3403	放心	22587	17930

序号	词语	频次	文本数
3404	自信	22585	17646
3405	乃至	22579	20134
3406	稿	22564	14688
3407	募	22545	7903
3408	亲	22516	16007
3409	人气	22516	17330
3410	战斗	22508	14141
3411	低价	22498	14396
3412	构建	22488	16505
3413	请求	22487	16123
3414	探	22487	15224
3415	一代	22480	14921
3416	会长	22453	15345
3417	五一	22450	9344
3418	录音	22445	6997
3419	美术	22437	17843
3420	境外	22436	10964
3421	人力	22429	14131
3422	粉丝	22402	12681
3423	稍	22398	19782
3424	婚礼	22388	8082
3425	铜	22387	9183
3426	上场	22383	15137
3427	对比	22382	18665
3428	接着	22381	19727
3429	妈	22373	10927
3430	谈到	22372	19458
3431	遍	22371	17680
3432	检	22355	11927
3433	备受	22352	20972
3434	女生	22336	11046
3435	男女	22334	15171
3436	相继	22322	20008
3437	衰退	22306	14196
3438	便利	22301	17014
3439	征求	22295	12090
3440	宝宝	22293	7059
3441	薪酬	22293	6165
3442	种子	22284	9813

序号	词语	频次	文本数
3443	证书	22275	11837
3444	冰	22269	11520
3445	士兵	22259	10212
3446	失踪	22226	10270
3447	诞生	22219	18113
3448	舒适	22214	15740
3449	惊	22164	18926
3450	发动	22129	16503
3451	敌	22123	15931
3452	都市	22114	14932
3453	一等奖	22104	8940
3454	最初	22102	19282
3455	海盗	22090	3496
3456	登陆	22071	16033
3457	样子	22066	17561
3458	切	22028	14014
3459	客车	22025	7903
3460	互相	22021	17891
3461	格	22014	12385
3462	个别	22009	18251
3463	演唱	21976	12294
3464	饰演	21970	12364
3465	降幅	21965	12749
3466	首轮	21962	12482
3467	姓名	21959	17749
3468	上下	21955	19165
3469	斯	21949	11982
3470	现状	21942	18869
3471	痛苦	21926	16413
3472	拨打	21919	17082
3473	一期	21916	15404
3474	灾	21900	10753
3475	牙	21896	10424
3476	捧	21892	18653
3477	档案	21891	10806
3478	两会	21888	10100
3479	消失	21864	17404
3480	用地	21860	8584
3481	区间	21859	12726

序号	词语	频次	文本数
3482	可爱	21855	16343
3483	人大代表	21853	10132
3484	一生	21845	16023
3485	淘	21835	7724
3486	伊拉克	21833	6556
3487	追究	21811	15741
3488	礼物	21799	13606
3489	木	21799	11755
3490	暖	21799	14511
3491	通讯	21792	12992
3492	献	21791	16188
3493	上映	21781	12052
3494	塔	21781	9122
3495	哪个	21774	17521
3496	公正	21772	15147
3497	谷	21736	9066
3498	成效	21734	16634
3499	装饰	21727	12267
3500	土	21720	12346
3501	歌迷	21714	8048
3502	景	21712	12754
3503	长城	21711	8395
3504	包装	21708	12718
3505	汶川	21704	12522
3506	额	21678	13466
3507	眼下	21677	17849
3508	截止	21674	16780
3509	幼儿园	21670	8197
3510	受理	21665	13064
3511	车上	21658	15191
3512	累	21658	16196
3513	电梯	21637	7107
3514	订	21625	13818
3515	总数	21623	16185
3516	码	21622	7980
3517	皮肤	21616	10547
3518	焦	21613	8812
3519	门前	21603	14871
3520	大门	21602	16990

序号	词语	频次	文本数
3521	挑	21599	16705
3522	闹	21587	16846
3523	外面	21580	17416
3524	检察	21579	8808
3525	频繁	21576	18569
3526	农	21554	10904
3527	差不多	21551	18607
3528	曲	21540	13613
3529	苦	21539	16675
3530	去世	21539	13713
3531	中期	21535	13357
3532	论	21529	15101
3533	维	21529	11027
3534	走访	21522	15713
3535	紧密	21520	17454
3536	并购	21514	8160
3537	发票	21513	5906
3538	承受	21510	18056
3539	录像	21503	11493
3540	图书	21496	8381
3541	传闻	21491	14976
3542	或是	21487	17511
3543	温暖	21480	15555
3544	之内	21474	18896
3545	一面	21473	16946
3546	老婆	21467	11151
3547	垄断	21460	9987
3548	温度	21422	11896
3549	此案	21412	15683
3550	海洋	21411	9845
3551	隔离	21406	9520
3552	智	21406	9774
3553	外贸	21405	8021
3554	试验	21400	11350
3555	偶像	21398	12790
3556	纯	21395	14239
3557	新鲜	21386	17675
3558	周六	21386	14240
3559	拨	21375	15083

序号	词语	频次	文本数
3560	诗	21372	9671
3561	州	21362	12421
3562	托	21355	13132
3563	演讲	21344	11747
3564	珠三角	21344	8351
3565	族	21330	11779
3566	天天	21329	15959
3567	纳	21322	11216
3568	剧组	21309	10348
3569	暨	21308	15773
3570	宽松	21297	13847
3571	理性	21288	15233
3572	无数	21270	18540
3573	表面	21268	16515
3574	学历	21268	10654
3575	路边	21262	15265
3576	贫困	21255	12011
3577	论文	21244	6193
3578	开设	21228	15397
3579	停车	21228	10123
3580	进去	21224	16670
3581	解读	21205	15950
3582	出国	21198	10890
3583	形	21197	15110
3584	搭配	21195	14213
3585	交给	21188	17610
3586	年级	21170	12648
3587	百年	21169	14226
3588	共计	21153	17503
3589	放松	21151	16734
3590	回国	21141	12477
3591	有时候	21129	15935
3592	惊喜	21127	17353
3593	北部	21120	11484
3594	作案	21120	10809
3595	激励	21108	13728
3596	主编	21098	18468
3597	狂	21096	15616
3598	只好	21085	18382

序号	词语	频次	文本数
3599	梅	21073	8851
3600	过于	21068	18412
3601	汇率	21055	8012
3602	统筹	21037	12386
3603	息	21036	9052
3604	隔	21010	17744
3605	怪	21007	14467
3606	龙头	21007	13801
3607	客人	21004	12277
3608	剧中	21001	12202
3609	上去	20990	17416
3610	从未	20983	18468
3611	暂停	20983	12834
3612	铺	20970	11692
3613	整改	20960	9164
3614	中国政府	20957	13303
3615	财政部	20955	11733
3616	卫	20952	10578
3617	培育	20951	14285
3618	企业家	20951	10437
3619	看出	20950	19180
3620	导航	20946	14650
3621	忘	20936	17627
3622	正好	20923	18606
3623	身高	20918	13262
3624	全民	20904	10764
3625	弹	20903	13719
3626	更换	20896	14065
3627	潮	20888	14176
3628	守	20887	16217
3629	条款	20887	11314
3630	家乡	20885	14481
3631	框架	20882	14776
3632	研究生	20881	9881
3633	眼前	20878	18517
3634	资	20871	11908
3635	中旬	20850	17879
3636	祝福	20847	13234
3637	宜	20843	11698

序号	词语	频次	文本数
3638	别的	20823	17670
3639	减排	20820	9020
3640	警告	20811	14813
3641	赛车	20809	7130
3642	逾	20802	16157
3643	酒后	20800	6788
3644	婚	20796	10989
3645	面试	20796	7327
3646	迎接	20792	17636
3647	约定	20789	12594
3648	有期徒刑	20786	11296
3649	上半场	20780	8969
3650	携手	20779	17322
3651	新高	20778	14557
3652	啦	20772	14386
3653	不利	20753	18021
3654	版权	20750	9145
3655	碳	20737	6227
3656	低迷	20729	16655
3657	终端	20728	9838
3658	免	20725	12808
3659	消除	20722	17070
3660	发达国家	20698	11778
3661	白天	20689	14523
3662	跟踪	20679	15261
3663	喜爱	20679	17670
3664	接种	20662	3683
3665	对抗	20660	15216
3666	病情	20655	12827
3667	车身	20652	11050
3668	逃	20643	15569
3669	街头	20635	14877
3670	浪漫	20631	12901
3671	利好	20628	14330
3672	示范	20628	13718
3673	缺少	20620	17655
3674	当选	20611	12554
3675	扩张	20596	14025
3676	棒	20595	13890

序号	词语	频次	文本数
3677	海上	20590	8905
3678	领取	20585	13956
3679	刷	20574	9250
3680	推行	20570	15334
3681	可惜	20568	17397
3682	替补	20559	12724
3683	传出	20538	18022
3684	场景	20536	16172
3685	积分	20528	9728
3686	大厅	20513	13250
3687	假期	20505	12986
3688	抛	20505	15859
3689	津	20504	10744
3690	聚	20504	16105
3691	那天	20494	15850
3692	人文	20493	13222
3693	增多	20485	17421
3694	炉	20481	15380
3695	水泥	20480	10111
3696	毒品	20456	6064
3697	发言	20456	13293
3698	版本	20441	13079
3699	常委会	20426	8927
3700	三季度	20419	8879
3701	董事	20416	9564
3702	走进	20415	17545
3703	诊断	20414	12972
3704	选拔	20401	10478
3705	丝	20397	14171
3706	租赁	20381	8349
3707	金价	20373	4034
3708	环球	20372	11743
3709	命	20370	14641
3710	侦查	20366	11686
3711	写字楼	20362	5378
3712	铁矿石	20352	3150
3713	佛	20350	7886
3714	北方	20338	13052
3715	上年	20337	9688

序号	词语	频次	文本数
3716	所长	20332	13673
3717	诉	20325	13965
3718	转向	20316	15819
3719	载	20311	15794
3720	墨西哥	20302	7678
3721	谢谢	20294	10042
3722	卫生部	20271	9917
3723	罗马	20269	9474
3724	闻	20269	17267
3725	矿	20268	6771
3726	商标	20265	5493
3727	锁定	20263	16955
3728	净资产	20262	3983
3729	对待	20253	16858
3730	动态	20252	15611
3731	树立	20243	16127
3732	补助	20242	9680
3733	回收	20240	8460
3734	馆	20220	10223
3735	艺术家	20206	10948
3736	案例	20205	13754
3737	上来	20191	17114
3738	获取	20185	16497
3739	驾驶员	20180	9991
3740	尺寸	20179	12435
3741	男友	20161	9923
3742	信息化	20160	9366
3743	征集	20156	11438
3744	泰	20131	9334
3745	成品油	20116	4684
3746	分布	20111	15766
3747	处置	20074	13030
3748	火车	20073	10960
3749	末	20055	14222
3750	下半场	20043	9477
3751	本期	20042	11661
3752	过度	20042	15046
3753	解除	20034	11748
3754	某种	20033	16977
3755	长江	20030	10321
3756	金属	20030	12467
3757	一体化	20025	10679
3758	后果	20011	16499
3759	帅	20011	13076
3760	告知	20010	15885
3761	入选	19999	12595
3762	预案	19996	10490
3763	长远	19994	16373
3764	卷	19977	11446
3765	乡镇	19958	11028
3766	初中	19946	10228
3767	乡	19944	12689
3768	视为	19940	17399
3769	老虎	19938	5738
3770	绝	19921	16529
3771	游泳	19915	8831
3772	结论	19914	14477
3773	广播	19913	10923
3774	处在	19910	17629
3775	回顾	19907	15431
3776	测	19902	10033
3777	步伐	19900	17268
3778	获奖	19896	12494
3779	聊	19893	13677
3780	据说	19892	16640
3781	遭受	19888	17055
3782	听取	19883	13982
3783	外出	19880	15021
3784	兽	19858	6783
3785	前天	19855	15745
3786	冒	19822	16429
3787	乐队	19807	6352
3788	指责	19800	15155
3789	锁	19797	11808
3790	有利	19780	17230
3791	同步	19773	15628
3792	腰	19770	13309
3793	吸收	19761	13489

序号	词语	频次	文本数
3794	地块	19754	6151
3795	相似	19750	16785
3796	城区	19748	12143
3797	困	19742	11319
3798	困境	19738	16099
3799	扎	19731	10500
3800	称号	19721	14162
3801	躺	19714	15428
3802	惊人	19713	17634
3803	桶	19706	9097
3804	导	19682	11277
3805	警	19681	12219
3806	灵活	19672	15613
3807	强制	19672	11779
3808	发展中国家	19671	8180
3809	华人	19671	10118
3810	日元	19670	6669
3811	延长	19649	13700
3812	出手	19643	14637
3813	堂	19640	12165
3814	风云	19639	6701
3815	果	19634	11688
3816	主张	19634	13922
3817	宗	19634	10667
3818	电动	19598	7365
3819	窗口	19590	12520
3820	责	19565	9587
3821	饮食	19558	11793
3822	访	19532	12675
3823	糖	19531	7268
3824	早就	19514	17896
3825	每人	19480	14227
3826	赚钱	19470	14246
3827	高效	19469	14310
3828	商品房	19444	8489
3829	敏感	19441	15998
3830	跟着	19439	16468
3831	一流	19439	13874
3832	室内	19438	12676

序号	词语	频次	文本数
3833	煤矿	19433	4984
3834	减轻	19427	15817
3835	响	19405	15271
3836	引入	19394	15063
3837	锦标赛	19382	10991
3838	买家	19379	9884
3839	怎么办	19375	15226
3840	愿望	19359	16339
3841	录	19349	12283
3842	犯规	19334	9151
3843	超出	19325	16525
3844	高档	19306	13067
3845	名义	19300	14925
3846	资助	19299	10576
3847	事宜	19285	14632
3848	瑞士	19284	10472
3849	国民党	19283	6207
3850	势力	19283	10970
3851	道理	19278	16175
3852	表态	19277	15578
3853	宿舍	19276	9931
3854	议	19273	13665
3855	从此	19265	16838
3856	决心	19265	16933
3857	特意	19248	17349
3858	空军	19241	5781
3859	不见	19230	16444
3860	脱	19227	13207
3861	积	19220	9625
3862	知情	19211	14230
3863	含量	19201	12493
3864	征收	19185	8132
3865	电影节	19175	6111
3866	太阳能	19175	6193
3867	公寓	19167	9008
3868	循环	19167	12529
3869	打出	19165	14421
3870	社保	19153	6791
3871	住院	19151	11715

序号	词语	频次	文本数
3872	延伸	19142	15960
3873	服务业	19141	10017
3874	收集	19141	14496
3875	裁员	19138	8033
3876	棋手	19126	4099
3877	门槛	19108	13476
3878	资深	19107	15714
3879	党委	19100	11012
3880	退役	19091	10188
3881	伤病	19088	10701
3882	业内	19086	15855
3883	机器	19062	11421
3884	射门	19060	7920
3885	灰	19059	9677
3886	参数	19058	10412
3887	足协	19055	6301
3888	买房	19050	9365
3889	实验	19050	10411
3890	监	19048	9708
3891	骂	19039	11429
3892	事后	19039	16725
3893	一体	19039	14891
3894	注入	19037	13970
3895	路面	19034	11018
3896	污水	19028	6610
3897	大使	19025	9997
3898	康复	19022	10328
3899	质	19013	13686
3900	若干	19012	14012
3901	思维	19009	13319
3902	新建	19009	13000
3903	征	19006	10549
3904	编	19004	13727
3905	募集	19001	8400
3906	军人	18993	9464
3907	结算	18992	8307
3908	道歉	18981	10312
3909	抢劫	18981	8002
3910	一审	18980	10420
3911	音乐会	18973	6976
3912	奶	18969	5953
3913	化工	18953	10042
3914	下周	18937	11971
3915	会计	18932	6981
3916	主队	18932	5200
3917	分红	18924	5997
3918	教育部	18913	9702
3919	解禁	18908	4502
3920	列入	18889	15314
3921	十足	18885	16821
3922	携	18884	13412
3923	餐饮	18873	10155
3924	顿	18857	13984
3925	购置税	18834	4888
3926	替	18826	14196
3927	学员	18825	7117
3928	不幸	18817	15809
3929	就此	18815	17573
3930	泡沫	18807	9388
3931	恐	18803	11433
3932	户口	18799	7001
3933	赠送	18797	13242
3934	中信	18797	7312
3935	中华人民共和国	18790	11521
3936	吸	18787	11800
3937	宁	18774	10692
3938	帮忙	18763	14815
3939	捐赠	18757	8392
3940	小型	18748	13351
3941	短线	18741	9028
3942	本轮	18737	11581
3943	挂牌	18732	10876
3944	混合	18728	9873
3945	目光	18728	17024
3946	塞	18720	12403
3947	拆除	18707	9199
3948	变更	18693	7988

序号	词语	频次	文本数
3949	复	18677	10650
3950	姐	18666	9172
3951	业界	18666	14914
3952	同胞	18665	9507
3953	失望	18648	15814
3954	籍	18640	12957
3955	上学	18640	12688
3956	人选	18639	12613
3957	研究员	18634	13219
3958	猜测	18632	15301
3959	埋	18632	13262
3960	塔利班	18627	3960
3961	座谈会	18614	10755
3962	护	18610	11757
3963	虎	18608	9433
3964	用人	18607	8910
3965	审判	18602	8621
3966	主人	18593	11367
3967	马路	18592	11325
3968	联手	18581	15745
3969	专利	18578	8537
3970	触	18566	12786
3971	侧	18561	12370
3972	一下子	18559	16192
3973	普及	18557	14262
3974	通行	18548	10837
3975	巨额	18545	14176
3976	庞大	18543	16021
3977	合并	18536	9815
3978	周五	18534	11953
3979	手里	18529	15901
3980	氏	18526	8707
3981	专访	18521	14373
3982	执政	18518	9489
3983	一句话	18517	15905
3984	味道	18512	13972
3985	证监会	18504	7812
3986	阳	18501	11555
3987	法治	18497	6591

序号	词语	频次	文本数
3988	该剧	18487	10214
3989	商铺	18483	6227
3990	诚信	18455	9504
3991	星期	18450	15324
3992	地带	18449	10687
3993	深度	18448	14956
3994	没什么	18432	16345
3995	寄	18426	13316
3996	旅行社	18420	5958
3997	市值	18418	8954
3998	好几	18417	16588
3999	鸟	18410	8979
4000	在家	18410	15108
4001	村里	18400	9273
4002	逮捕	18399	11768
4003	混	18399	12493
4004	法制	18389	9529
4005	新品	18380	11081
4006	交往	18379	12582
4007	力争	18359	14932
4008	提名	18359	7247
4009	弟弟	18352	9521
4010	帖	18344	9444
4011	井	18342	7183
4012	寻	18342	12817
4013	情人	18326	8057
4014	名人	18318	10590
4015	象	18292	10348
4016	毫无	18287	16782
4017	用品	18287	11899
4018	赵	18285	7298
4019	车手	18282	4935
4020	家园	18278	11530
4021	成分	18277	11494
4022	捐款	18266	7727
4023	评委	18262	7573
4024	排队	18259	11486
4025	功夫	18257	11222
4026	经济学家	18257	10269

序号	词语	频次	文本数
4027	稿件	18251	17498
4028	立场	18241	13305
4029	绝不	18233	15944
4030	探讨	18228	15224
4031	无限	18224	14489
4032	央	18214	6326
4033	种植	18213	9026
4034	比重	18211	12097
4035	圆	18207	12508
4036	指控	18202	10834
4037	依赖	18199	14102
4038	更新	18196	13013
4039	融入	18195	15520
4040	主办方	18195	12500
4041	皆	18191	15558
4042	严肃	18182	14547
4043	奋斗	18181	12466
4044	调控	18175	10569
4045	邮件	18172	11034
4046	开业	18170	9831
4047	职位	18168	9660
4048	发达	18160	14067
4049	研制	18157	10139
4050	难道	18152	15209
4051	全程	18150	14839
4052	有意	18145	15659
4053	直升机	18144	7006
4054	罕见	18138	15164
4055	合资	18134	9010
4056	少数	18134	15492
4057	聊天	18121	13055
4058	学会	18112	13686
4059	战士	18103	8857
4060	恶	18098	9977
4061	摆脱	18093	15945
4062	精英	18076	11733
4063	效力	18065	13038
4064	摸	18056	13061
4065	自行	18055	14423

序号	词语	频次	文本数
4066	蔓延	18050	14367
4067	中文	18035	10978
4068	奇迹	18024	13291
4069	商务部	18024	8270
4070	刮	18011	9551
4071	机型	18010	9356
4072	剧本	18004	9859
4073	临床	18001	9801
4074	后市	18000	10593
4075	凡	17984	14107
4076	户籍	17984	7516
4077	开幕式	17973	10015
4078	一时	17969	16405
4079	精力	17961	15876
4080	摄像	17959	11601
4081	救治	17952	11997
4082	好友	17940	12263
4083	额度	17929	9691
4084	汽油	17927	7542
4085	伤亡	17927	12840
4086	实惠	17921	13861
4087	迎	17919	13358
4088	剩	17916	13051
4089	小将	17893	11788
4090	购房者	17884	7297
4091	投放	17872	10870
4092	招租	17870	1249
4093	残疾人	17865	5629
4094	美国政府	17855	10947
4095	吴	17842	7392
4096	预约	17839	6863
4097	姑娘	17838	10718
4098	两地	17837	10394
4099	姐妹	17834	9658
4100	度过	17809	15918
4101	旺	17795	10493
4102	实体	17784	11716
4103	登场	17776	15025
4104	喜剧	17766	8430

序号	词语	频次	文本数
4105	自觉	17765	13493
4106	箱	17763	10364
4107	连接	17761	13646
4108	好处	17755	15057
4109	内线	17753	8166
4110	变动	17747	12469
4111	一行	17746	13191
4112	倾向	17744	14073
4113	数十	17718	15510
4114	原有	17711	15358
4115	监狱	17708	5932
4116	斗争	17706	11162
4117	回去	17705	13941
4118	交换	17693	12554
4119	犬	17692	3887
4120	分类	17687	10655
4121	本文	17686	17111
4122	学科	17676	8359
4123	浪费	17672	13894
4124	参展	17670	8452
4125	竞赛	17654	9695
4126	脸上	17654	14805
4127	接口	17640	6456
4128	体检	17640	7498
4129	躲	17637	11896
4130	粉	17637	8874
4131	到期	17636	11778
4132	期望	17629	15105
4133	细	17627	14293
4134	气质	17625	13475
4135	夏季	17619	11768
4136	灾害	17618	9039
4137	而已	17614	15923
4138	台北	17614	9683
4139	往年	17611	13332
4140	挤	17600	13764
4141	青睐	17590	15671
4142	充足	17586	14778
4143	赛前	17576	13492

序号	词语	频次	文本数
4144	花费	17574	14591
4145	加沙	17569	2819
4146	看上去	17550	15446
4147	阿根廷	17549	7592
4148	汇报	17548	13431
4149	效益	17542	13010
4150	有助于	17532	14867
4151	虚假	17531	9324
4152	肇事	17515	6634
4153	股本	17511	6255
4154	被迫	17500	15048
4155	缴纳	17490	10734
4156	恋爱	17487	9683
4157	短短	17482	16218
4158	一次性	17477	12694
4159	思	17473	9006
4160	建国	17466	8743
4161	军方	17465	8317
4162	口碑	17462	9765
4163	外形	17450	13406
4164	麦	17449	7388
4165	管道	17448	7695
4166	带有	17430	15343
4167	秋	17426	9798
4168	抵押	17424	6646
4169	症	17422	9207
4170	认同	17417	14487
4171	候选人	17410	8244
4172	包含	17404	15212
4173	开拓	17399	13792
4174	转换	17398	12111
4175	代表团	17393	9553
4176	新区	17383	6090
4177	恋	17369	10715
4178	姐姐	17367	9191
4179	呼吸	17361	11145
4180	体会	17360	15193
4181	透明	17357	12786
4182	突发	17340	12717

序号	词语	频次	文本数
4183	正面	17331	14761
4184	隆重	17330	15241
4185	化解	17322	12320
4186	将近	17320	15473
4187	困扰	17320	15448
4188	暗	17314	12535
4189	经贸	17314	8580
4190	自称	17300	14360
4191	哥哥	17290	9351
4192	实习	17289	8913
4193	掌	17284	14035
4194	牺牲	17282	11759
4195	旅行	17266	10701
4196	性价比	17264	12078
4197	低调	17263	13516
4198	乡村	17257	9850
4199	用车	17247	8169
4200	真相	17246	11709
4201	路口	17243	9464
4202	清洁	17228	10416
4203	巩固	17218	13348
4204	临近	17210	15426
4205	卫视	17192	8999
4206	共享	17188	12627
4207	欢乐	17170	10775
4208	分歧	17169	12312
4209	看病	17162	7932
4210	投注	17157	5779
4211	镜	17156	10775
4212	议员	17145	7778
4213	掀起	17143	15432
4214	早晨	17140	13740
4215	番	17127	14691
4216	插	17109	12698
4217	情报	17109	8207
4218	局部	17106	12125
4219	见证	17091	13939
4220	逆转	17089	11790
4221	华盛顿	17084	12029

序号	词语	频次	文本数
4222	鉴于	17084	15603
4223	借助	17074	15246
4224	毫米	17071	8448
4225	高温	17068	8323
4226	翻译	17063	8538
4227	奇怪	17062	14524
4228	太空	17055	5790
4229	首相	17051	8459
4230	辞职	17046	8896
4231	形容	17046	15490
4232	父	17040	10945
4233	厢	17037	5719
4234	热爱	17036	13265
4235	办案	17028	9052
4236	传球	17028	9148
4237	蓝色	17022	12081
4238	帖子	17017	8091
4239	疑问	17008	14238
4240	穿着	16996	14058
4241	享	16995	12814
4242	袋	16994	9514
4243	奉献	16985	13377
4244	唱片	16976	7438
4245	恒	16975	5571
4246	政府部门	16973	12823
4247	利息	16971	8506
4248	领袖	16963	10899
4249	误	16963	12555
4250	聘	16961	4504
4251	负面	16958	13564
4252	下发	16953	13782
4253	骨	16945	9142
4254	春天	16938	11160
4255	小朋友	16910	9437
4256	大战	16908	12667
4257	餐厅	16906	8999
4258	省级	16906	10857
4259	高位	16896	12158
4260	装置	16895	10104

序号	词语	频次	文本数
4261	侵权	16888	6111
4262	致力	16885	14575
4263	置业	16877	7342
4264	返	16867	10418
4265	大幅度	16865	14112
4266	巴黎	16858	10234
4267	这笔	16856	12747
4268	提问	16852	12750
4269	重返	16852	12461
4270	夺	16849	13765
4271	相反	16846	15537
4272	农产品	16836	6874
4273	发球	16835	5925
4274	各位	16830	10933
4275	辖区	16827	11054
4276	大片	16821	11539
4277	话剧	16821	5811
4278	输入	16821	10756
4279	随时随地	16818	16296
4280	势	16815	14435
4281	滨海	16803	6823
4282	买入	16802	8662
4283	大楼	16801	9396
4284	盛大	16801	9560
4285	消化	16797	11955
4286	冬季	16796	10285
4287	阴	16790	9442
4288	英文	16789	11323
4289	年间	16780	14154
4290	以此	16769	15845
4291	航	16762	7174
4292	棋	16754	6448
4293	许可证	16730	7218
4294	送给	16729	13714
4295	前进	16715	13266
4296	极为	16712	15074
4297	饮料	16709	8340
4298	节约	16702	11644
4299	依	16702	11611
4300	子公司	16698	7322
4301	机身	16685	8777
4302	国际化	16675	9816
4303	名将	16644	11103
4304	一同	16640	15087
4305	频频	16637	15052
4306	徐	16635	7532
4307	局势	16629	11559
4308	中华民族	16627	9150
4309	挑选	16626	14195
4310	萎缩	16622	12568
4311	剑	16621	9990
4312	公示	16619	8110
4313	总书记	16619	7634
4314	停车场	16608	7407
4315	意愿	16606	13663
4316	脑	16588	10269
4317	如下	16582	11919
4318	好事	16573	14022
4319	告别	16572	12510
4320	奖项	16563	10484
4321	平静	16562	13987
4322	借鉴	16559	13970
4323	上月	16557	12049
4324	厅	16554	9055
4325	网吧	16547	5028
4326	上门	16545	11168
4327	一方	16545	11435
4328	机票	16544	5736
4329	长假	16524	9000
4330	瞬间	16518	14040
4331	水果	16510	8895
4332	认	16509	11384
4333	咬	16505	9033
4334	横	16498	12419
4335	死刑	16498	5409
4336	有趣	16490	14492
4337	大国	16486	10531
4338	忘记	16478	13853

序号	词语	频次	文本数
4339	衣	16475	9983
4340	历程	16472	13786
4341	饭店	16446	8518
4342	本书	16444	8639
4343	辛苦	16440	13534
4344	出任	16433	12119
4345	女排	16432	4548
4346	吓	16431	13380
4347	酸	16427	8561
4348	内涵	16421	13202
4349	备战	16416	12392
4350	日产	16413	4967
4351	后期	16412	12897
4352	从小	16410	13837
4353	从中	16409	15197
4354	向上	16406	12309
4355	与其	16404	15203
4356	拓	16393	4276
4357	表情	16390	13361
4358	钟	16387	10895
4359	大胆	16383	14096
4360	学位	16374	8161
4361	开支	16367	10785
4362	足以	16361	15040
4363	同行	16356	13219
4364	吉	16353	7318
4365	网球	16345	7643
4366	浏览	16340	12850
4367	第七	16339	12849
4368	总共	16339	14640
4369	攀升	16334	13054
4370	下载	16334	8323
4371	等于	16330	13466
4372	一刻	16328	13838
4373	显现	16322	14477
4374	散	16321	13284
4375	世博	16319	4467
4376	绿化	16314	7649
4377	堆	16307	11916
4378	中医	16307	5650
4379	民意	16306	9375
4380	调节	16292	12085
4381	昨	16289	14587
4382	爱好者	16281	11908
4383	使命	16281	11314
4384	门诊	16275	6746
4385	抵	16273	12616
4386	招标	16271	7238
4387	典礼	16270	9549
4388	厨房	16264	8833
4389	玩具	16263	7528
4390	劲	16255	12708
4391	仃	16252	7176
4392	汉	16242	8785
4393	省市	16242	12610
4394	盗窃	16239	7324
4395	美食	16239	8383
4396	代价	16226	13777
4397	获利	16226	11599
4398	此举	16216	14588
4399	白领	16215	9616
4400	修复	16202	9866
4401	客运	16195	7297
4402	抓好	16188	9547
4403	完毕	16182	13454
4404	西南	16182	10761
4405	堪称	16180	15002
4406	富豪	16173	5944
4407	身材	16168	12233
4408	等级	16167	9883
4409	巡	16163	6826
4410	平等	16159	10664
4411	行人	16159	9089
4412	美容	16148	6631
4413	重复	16147	12683
4414	崛起	16141	11724
4415	坚强	16140	11884
4416	动画	16138	5947

序号	词语	频次	文本数
4417	故	16137	12582
4418	一幕	16136	14080
4419	声称	16130	13920
4420	讲座	16126	9430
4421	网点	16119	8725
4422	可见	16115	14696
4423	省长	16084	8732
4424	看待	16080	13164
4425	燃油	16078	7769
4426	妹妹	16075	8254
4427	转化	16069	12416
4428	豪	16061	8543
4429	因而	16051	13895
4430	认购	16038	6574
4431	协	16020	6337
4432	现行	16015	11951
4433	无效	16013	12292
4434	实用	15987	12686
4435	流程	15984	11936
4436	维权	15984	7114
4437	周日	15983	10469
4438	省政府	15982	8980
4439	难得	15982	14694
4440	潮流	15978	12113
4441	发送	15974	10405
4442	化名	15971	12675
4443	缩小	15969	12740
4444	演习	15964	4320
4445	获胜	15963	12296
4446	原告	15952	5098
4447	冬	15947	8775
4448	少数民族	15928	5502
4449	踩	15924	11733
4450	老家	15913	11997
4451	亲切	15905	12549
4452	到处	15903	14028
4453	临	15900	11358
4454	名叫	15893	13956
4455	出资	15890	10456

序号	词语	频次	文本数
4456	车祸	15888	8397
4457	原创	15884	10101
4458	亚军	15874	10991
4459	大宗	15870	8099
4460	必将	15866	14250
4461	制约	15863	12695
4462	助	15859	12894
4463	蛋	15859	7991
4464	东亚	15858	6671
4465	平米	15852	7311
4466	亏	15850	10436
4467	民事	15849	8157
4468	哈	15842	8124
4469	正规	15839	10755
4470	正当	15837	12951
4471	各族	15833	5899
4472	立案	15833	9368
4473	感冒	15832	8448
4474	白宫	15830	7213
4475	捐	15826	7859
4476	情形	15809	12419
4477	未经	15808	13899
4478	绝大多数	15803	14439
4479	现身	15794	12790
4480	票价	15792	7233
4481	害怕	15792	12600
4482	货物	15792	8433
4483	专用	15788	11162
4484	生长	15787	9937
4485	身亡	15786	10596
4486	漫画	15781	7613
4487	门将	15778	8040
4488	冰箱	15773	5934
4489	原料	15766	9850
4490	故障	15765	8068
4491	防治	15762	8460
4492	院士	15757	5875
4493	互	15754	10960
4494	封闭	15737	10909

序号	词语	频次	文本数
4495	开庭	15735	9646
4496	此处	15721	12198
4497	开启	15720	13171
4498	熟	15718	11526
累加频率达到 80%			
4499	彼此	15716	12993
4500	单纯	15712	13769
4501	新一代	15712	9806
4502	植物	15707	7415
4503	扔	15707	10920
4504	胸	15705	8561
4505	交代	15701	12054
4506	硕士	15693	8351
4507	产业链	15692	9856
4508	心灵	15692	11319
4509	说道	15687	11376
4510	纲要	15686	6379
4511	房源	15677	5727
4512	初期	15673	13196
4513	园区	15669	7841
4514	幢	15617	8233
4515	挖掘	15616	12495
4516	巨	15613	10614
4517	婴儿	15610	7026
4518	啥	15604	10771
4519	兴	15599	9657
4520	合计	15577	11088
4521	提案	15567	5458
4522	年报	15560	6868
4523	景点	15557	9264
4524	蒙	15552	9932
4525	该片	15552	9826
4526	筹备	15543	12474
4527	时段	15542	11114
4528	预警	15539	8912
4529	血液	15536	9763
4530	混乱	15526	12766
4531	潜在	15525	12919
4532	车子	15522	9071

序号	词语	频次	文本数
4533	销售额	15522	9208
4534	堵	15518	10110
4535	不时	15516	14232
4536	不大	15510	14291
4537	体重	15507	8756
4538	严厉	15503	12662
4539	套餐	15497	5172
4540	趟	15495	11294
4541	一手	15491	10192
4542	搭载	15490	11715
4543	有限公司	15477	8890
4544	租金	15477	7068
4545	国民	15465	9343
4546	编制	15458	8879
4547	扎实	15456	12124
4548	密集	15450	13027
4549	曝	15448	12238
4550	到场	15448	12929
4551	嫁	15446	9352
4552	头发	15445	9608
4553	母	15437	9068
4554	旨在	15435	14574
4555	促	15431	11432
4556	化学	15431	9120
4557	视野	15429	13090
4558	章	15419	7535
4559	购车	15417	7709
4560	暴露	15416	13041
4561	钻	15415	9507
4562	摘	15411	11269
4563	豪宅	15410	5914
4564	首日	15401	8104
4565	关联	15390	9025
4566	国企	15389	7260
4567	起点	15386	12495
4568	加剧	15376	13296
4569	小心	15374	13335
4570	南非	15373	7145
4571	每周	15364	11865

序号	词语	频次	文本数
4572	签名	15359	9824
4573	编剧	15357	8373
4574	反击	15352	10722
4575	青年报	15347	11731
4576	尸体	15346	8042
4577	岗	15336	8914
4578	竞技	15336	9606
4579	饰	15328	8091
4580	过年	15328	8847
4581	错过	15324	13206
4582	老将	15321	10711
4583	为由	15320	13313
4584	春运	15315	4358
4585	投篮	15313	8228
4586	练习	15311	9705
4587	传承	15305	9987
4588	视觉	15303	11719
4589	怀孕	15299	7597
4590	命中	15297	7532
4591	暴	15286	8995
4592	民主党	15281	4529
4593	置	15277	10694
4594	胶	15274	7557
4595	一共	15271	13619
4596	就是说	15265	6855
4597	特大	15262	10379
4598	账	15262	11107
4599	高潮	15260	12920
4600	冬天	15259	11037
4601	沿	15252	11496
4602	人事	15250	8253
4603	骑士	15244	5595
4604	碰到	15234	13119
4605	强度	15231	11252
4606	学费	15225	7846
4607	渐渐	15225	13770
4608	展出	15215	10092
4609	国防	15213	6148
4610	理	15208	11817

序号	词语	频次	文本数
4611	核实	15205	11691
4612	启	15204	8655
4613	物资	15196	8919
4614	紧紧	15190	12831
4615	外来	15186	9456
4616	南北	15168	8201
4617	基本面	15167	10150
4618	公安部	15155	8268
4619	动员	15147	10792
4620	胡	15143	7148
4621	就算	15137	13583
4622	上扬	15137	11189
4623	过剩	15135	7677
4624	涉案	15124	9662
4625	移	15119	11959
4626	样	15112	11178
4627	富有	15112	13456
4628	数百	15109	13197
4629	日均	15109	8838
4630	取胜	15109	11243
4631	扩	15104	10518
4632	也好	15097	8410
4633	新城	15096	6830
4634	露	15085	11064
4635	鲜明	15081	13594
4636	好多	15070	11981
4637	教训	15070	12297
4638	出门	15069	12355
4639	君	15068	6131
4640	加油	15064	9806
4641	侵犯	15062	9851
4642	抗议	15052	8987
4643	有序	15048	12530
4644	鬼	15046	7950
4645	大局	15043	10392
4646	老年人	15038	7588
4647	涌	15036	9313
4648	高手	15022	11237
4649	银行卡	15021	5789

序号	词语	频次	文本数
4650	一身	15018	13495
4651	业余	15010	8925
4652	晚间	15005	12634
4653	小幅	14983	11022
4654	齐全	14981	9624
4655	巡逻	14975	9144
4656	组委会	14975	8919
4657	季节	14972	11903
4658	如同	14968	13334
4659	答应	14963	12586
4660	想起	14963	13046
4661	推迟	14948	10525
4662	袭	14937	11888
4663	进来	14931	12565
4664	执教	14928	8475
4665	东京	14919	9411
4666	猪肉	14918	4827
4667	确立	14914	12383
4668	微笑	14914	11158
4669	层次	14911	12059
4670	拍照	14904	10554
4671	舰	14900	4070
4672	规	14898	9422
4673	车站	14893	7830
4674	随意	14881	12643
4675	处理器	14880	6545
4676	精装	14880	2135
4677	建造	14874	9623
4678	风情	14867	10415
4679	睡觉	14862	11392
4680	高价	14862	10027
4681	孙	14847	6891
4682	糟糕	14845	12363
4683	不妨	14844	13003
4684	仓库	14840	6149
4685	阻止	14835	12560
4686	此类	14834	12268
4687	振	14831	11104
4688	仿佛	14831	12782

序号	词语	频次	文本数
4689	掌声	14827	11609
4690	人工	14824	9123
4691	资讯	14816	11364
4692	含有	14812	9514
4693	对面	14810	10828
4694	基因	14796	6242
4695	吸引力	14791	12796
4696	庭	14786	8126
4697	中年	14783	9885
4698	薄	14779	9289
4699	克服	14776	12738
4700	单独	14770	12392
4701	贝	14770	6447
4702	珠	14765	8050
4703	好莱坞	14763	8723
4704	郑	14761	5817
4705	一带	14752	10833
4706	输出	14728	9683
4707	连胜	14724	8761
4708	证件	14718	8792
4709	年薪	14708	6516
4710	恶化	14701	11935
4711	鲁	14698	7420
4712	神经	14692	10174
4713	满贯	14688	6095
4714	上诉	14684	7687
4715	党中央	14681	9521
4716	针对性	14675	12694
4717	抑制	14674	10843
4718	神奇	14670	11370
4719	占地	14663	11190
4720	甚	14661	13406
4721	双边	14657	8113
4722	格外	14655	13509
4723	大道	14653	9158
4724	热闹	14644	12570
4725	抱怨	14642	11871
4726	变形	14639	7490
4727	客机	14639	3745

序号	词语	频次	文本数
4728	当今	14633	12782
4729	娇	14632	4534
4730	渴望	14630	12521
4731	保存	14629	10628
4732	法定	14628	10189
4733	组长	14624	8864
4734	盒	14621	7661
4735	工作者	14615	9257
4736	添	14613	11903
4737	玉米	14611	4819
4738	打球	14610	9231
4739	常见	14599	12642
4740	电动车	14596	4643
4741	熊	14574	6658
4742	伤者	14548	7570
4743	瘾	14548	5009
4744	决	14542	10746
4745	砖	14536	7556
4746	震撼	14534	12168
4747	不必	14529	12712
4748	技巧	14523	11258
4749	耐心	14518	12517
4750	尔	14515	7802
4751	剂	14515	7378
4752	高新技术	14513	7706
4753	现任	14511	11490
4754	丝毫	14505	13579
4755	何时	14504	12771
4756	特价	14498	5596
4757	熊猫	14495	4439
4758	适度	14493	10332
4759	赠	14486	9628
4760	替代	14483	11762
4761	缴费	14476	4833
4762	刊登	14467	11342
4763	之上	14461	12428
4764	连续剧	14456	3183
4765	修订	14454	8009
4766	中国共产党	14451	7391

序号	词语	频次	文本数
4767	奶粉	14448	4028
4768	致使	14439	12738
4769	沿海	14437	8060
4770	终	14437	12628
4771	闯	14436	10168
4772	捡	14428	8261
4773	摔	14419	9249
4774	全队	14417	10581
4775	皇帝	14413	7083
4776	备	14412	11193
4777	雷	14407	8350
4778	先行	14388	10633
4779	状	14386	10935
4780	审	14376	9077
4781	升值	14374	7481
4782	出演	14371	10028
4783	节省	14366	11447
4784	早期	14360	10112
4785	庆典	14347	8155
4786	荷兰	14344	8395
4787	用来	14344	12611
4788	中共中央政治局	14342	9128
4789	后续	14330	11892
4790	该校	14321	8320
4791	航线	14321	5446
4792	干净	14317	11306
4793	答复	14315	10430
4794	全线	14308	10417
4795	个体	14307	9297
4796	宾馆	14304	8696
4797	石头	14302	7593
4798	保养	14290	7458
4799	搭档	14280	10048
4800	简直	14278	13082
4801	暴雨	14278	6404
4802	注明	14276	13337
4803	过多	14275	12899
4804	风景	14269	10951

序号	词语	频次	文本数
4805	许可	14265	9098
4806	商用	14265	6785
4807	锅	14265	7697
4808	厕所	14257	6831
4809	信访	14254	3777
4810	奶奶	14253	5929
4811	宗教	14247	6924
4812	地理	14247	10155
4813	电网	14244	4907
4814	认证	14243	8076
4815	体能	14242	8783
4816	团长	14240	6827
4817	逛	14238	9998
4818	留学生	14237	5884
4819	这块	14236	10209
4820	数学	14233	6327
4821	亲人	14232	9966
4822	夜间	14231	10015
4823	连锁	14226	8064
4824	听众	14221	5947
4825	社	14220	7766
4826	运动会	14218	7637
4827	言论	14210	9969
4828	少女	14209	8154
4829	胜负	14206	9032
4830	市场经济	14202	8512
4831	硬件	14202	9822
4832	数额	14198	10624
4833	夏	14195	8044
4834	钢材	14194	4814
4835	现年	14192	12373
4836	陪同	14189	12028
4837	护航	14182	4735
4838	办学	14182	6093
4839	资质	14178	8604
4840	摇	14166	8083
4841	片中	14160	9079
4842	促使	14160	12904
4843	弃	14148	10085
4844	手法	14146	11186
4845	供应商	14144	8085
4846	落户	14143	9095
4847	长大	14141	11588
4848	放大	14138	11490
4849	渐	14132	11035
4850	闭	14128	11153
4851	来临	14128	12742
4852	外部	14125	11188
4853	弥补	14115	12660
4854	上级	14109	10516
4855	观望	14104	10736
4856	优雅	14092	9552
4857	身后	14082	11927
4858	受灾	14077	6525
4859	缺席	14076	10405
4860	拒	14072	10507
4861	航天	14053	6273
4862	行程	14050	9799
4863	禁	14046	8218
4864	传言	14044	10500
4865	图书馆	14042	5812
4866	友谊	14042	9147
4867	工会	14036	5056
4868	起步	14035	11340
4869	实验室	14029	8083
4870	援引	14027	11911
4871	要么	14025	6951
4872	美联储	14011	5037
4873	专员	14011	2457
4874	二季度	14002	7375
4875	影像	14002	8740
4876	体坛	13996	6478
4877	一向	13995	13076
4878	球星	13992	9769
4879	承办	13983	10803
4880	任命	13981	8656
4881	泡	13977	9042
4882	擦	13976	9674

序号	词语	频次	文本数
4883	中小学	13962	7648
4884	抬	13957	10954
4885	叶	13953	7297
4886	能量	13945	9779
4887	瘦	13945	8551
4888	这儿	13942	8929
4889	途中	13942	11563
4890	阻力	13938	7640
4891	遏制	13936	11063
4892	关爱	13936	8999
4893	摊	13933	7451
4894	夫人	13931	7795
4895	警惕	13929	11729
4896	预订	13926	7657
4897	增发	13920	5307
4898	以便	13919	13074
4899	有机	13915	9479
4900	咱	13915	7425
4901	阵	13913	10670
4902	扩展	13905	11658
4903	艳	13904	9933
4904	便是	13903	12176
4905	宝贵	13902	12293
4906	吊	13898	9143
4907	国资委	13889	5091
4908	人人	13886	10738
4909	取代	13881	11865
4910	石化	13880	6984
4911	开场	13880	11354
4912	管理层	13879	9340
4913	发电	13875	6340
4914	阿姨	13860	5288
4915	天然	13859	9365
4916	以内	13855	11160
4917	古代	13854	8667
4918	索马里	13849	3600
4919	案发	13828	9309
4920	模拟	13826	8332
4921	悬	13818	9743

序号	词语	频次	文本数
4922	报销	13817	5519
4923	南海	13799	5141
4924	模特	13792	6379
4925	见习	13780	6404
4926	唐	13778	6192
4927	名额	13777	9575
4928	从业	13773	8876
4929	庆	13772	7906
4930	激发	13770	12026
4931	不已	13762	12841
4932	接收	13762	9231
4933	净值	13749	4793
4934	招聘会	13748	4871
4935	年纪	13748	11870
4936	恶劣	13743	11321
4937	幽默	13741	10312
4938	上课	13738	8696
4939	大豆	13737	2492
4940	两者	13732	12195
4941	应届	13729	6506
4942	轴	13725	8777
4943	预报	13725	8292
4944	乌鲁木齐	13716	5620
4945	授予	13705	9553
4946	劳动力	13703	7615
4947	常规	13699	11074
4948	度假	13694	7830
4949	举动	13693	11891
4950	上任	13688	10450
4951	名校	13686	6087
4952	邀	13682	11966
4953	象征	13680	11212
4954	响应	13680	10925
4955	艺	13671	9038
4956	户外	13668	8041
4957	削减	13659	8343
4958	赌博	13658	5334
4959	演练	13651	5936
4960	戏剧	13651	6732

序号	词语	频次	文本数
4961	礼品	13641	8456
4962	晴	13638	4895
4963	相声	13635	3590
4964	增长率	13623	8107
4965	首选	13622	10967
4966	全方位	13621	12003
4967	淡	13617	10520
4968	头部	13617	9680
4969	精选	13617	7922
4970	宝贝	13616	7664
4971	卫冕	13615	9346
4972	抓紧	13608	11270
4973	绑架	13607	5405
4974	搭建	13606	11131
4975	容量	13605	9374
4976	致电	13601	11582
4977	华夏	13601	6264
4978	剧情	13597	8811
4979	盐	13596	6079
4980	小伙子	13588	8744
4981	受损	13586	10389
4982	钢琴	13586	6231
4983	热销	13583	9445
4984	菲律宾	13582	5983
4985	例子	13581	11535
4986	意向	13580	10378
4987	第八	13569	9877
4988	大厦	13568	7567
4989	芯片	13567	6536
4990	导语	13563	2113
4991	感慨	13560	12451
4992	代言	13547	5563
4993	兰	13547	6683
4994	碗	13544	7955
4995	集训	13542	7020
4996	近来	13541	12336
4997	增值	13535	8846
4998	玩家	13523	4472
4999	银行业	13523	6674

序号	词语	频次	文本数
5000	解放军	13513	6466
5001	陌生	13500	11524
5002	引来	13497	12517
5003	重量	13486	9948
5004	生动	13480	11467
5005	围棋	13473	4157
5006	灾难	13470	8521
5007	发帖	13468	7832
5008	大事	13464	11593
5009	脱离	13459	11337
5010	亲属	13459	8607
5011	舒服	13459	11379
5012	珠宝	13457	5401
5013	综	13452	7945
5014	誉为	13450	12285
5015	细胞	13449	5784
5016	开创	13448	11251
5017	浮	13440	10087
5018	二期	13434	7828
5019	享有	13434	10939
5020	亲戚	13433	10021
5021	惊讶	13431	12139
5022	眼中	13429	11828
5023	遗体	13428	6160
5024	碰	13424	9965
5025	艰苦	13411	11175
5026	模	13396	6487
5027	一举	13392	12251
5028	啤酒	13380	5542
5029	国会	13379	7315
5030	家住	13377	12010
5031	形态	13376	9495
5032	直至	13373	12299
5033	课题	13371	9397
5034	划	13370	10116
5035	供水	13369	5850
5036	底线	13366	9011
5037	色情	13364	3588
5038	填	13363	8985

序号	词语	频次	文本数
5039	对接	13360	8185
5040	乐趣	13360	10964
5041	失利	13356	10347
5042	返乡	13355	5796
5043	模范	13350	6437
5044	引领	13346	11261
5045	该机	13345	5393
5046	市盈率	13338	5768
5047	只不过	13337	12269
5048	湿	13334	8718
5049	变革	13332	9236
5050	回复	13330	9655
5051	裸	13328	5543
5052	珍贵	13318	10106
5053	特定	13316	10373
5054	绕	13315	9645
5055	批发	13314	7897
5056	赋予	13307	11475
5057	炸弹	13295	6531
5058	牵	13291	10141
5059	看望	13283	9374
5060	大队	13283	7866
5061	签证	13282	5045
5062	碰撞	13280	8693
5063	孔子	13275	3014
5064	师生	13274	8254
5065	酒吧	13273	6361
5066	松	13270	9174
5067	方针	13267	9514
5068	遂	13267	10384
5069	京剧	13264	4823
5070	加以	13257	11871
5071	逢	13254	10099
5072	一阵	13254	11715
5073	极其	13250	12105
5074	中央电视台	13248	7020
5075	终身	13243	9379
5076	新股	13243	5543
5077	创办	13240	9937

序号	词语	频次	文本数
5078	迎战	13237	10908
5079	位居	13231	10866
5080	平方公里	13228	8454
5081	印尼	13226	5370
5082	次数	13221	10194
5083	大气	13217	9808
5084	京城	13217	8941
5085	骨干	13212	9864
5086	至此	13210	12391
5087	天空	13210	9587
5088	拔	13209	7438
5089	保健	13199	8118
5090	中锋	13195	7593
5091	双重	13189	11192
5092	指示	13185	10058
5093	当下	13177	11170
5094	庭审	13173	6640
5095	缓慢	13173	11238
5096	钻石	13164	5211
5097	乌克兰	13161	4390
5098	折扣	13159	7330
5099	书面	13158	9640
5100	操控	13158	8519
5101	报案	13148	9292
5102	地板	13145	5290
5103	扑	13142	9263
5104	党组织	13140	4326
5105	本质	13140	10593
5106	稳健	13138	9886
5107	多么	13130	11023
5108	厉害	13125	11157
5109	型号	13120	9241
5110	入学	13119	7217
5111	颁发	13118	10470
5112	捷	13116	4429
5113	浪	13115	7779
5114	办事	13105	9822
5115	先是	13104	12493
5116	自家	13103	10741

序号	词语	频次	文本数
5117	玉	13096	6163
5118	冷静	13095	11104
5119	厚	13084	10016
5120	传来	13082	11943
5121	回合	13068	6731
5122	窗	13067	8866
5123	下车	13066	9535
5124	干扰	13062	9942
5125	二等奖	13052	6843
5126	肺	13049	5739
5127	上行	13046	8310
5128	复制	13045	8607
5129	扣除	13044	6398
5130	客流	13036	5261
5131	晒	13036	7659
5132	归属	13034	6766
5133	出战	13031	9971
5134	上方	13021	9558
5135	水准	13020	11287
5136	极端	13018	9954
5137	进而	13017	11933
5138	莫	13016	8582
5139	严	13004	9315
5140	营运	12994	6782
5141	公安局	12993	8167
5142	联邦	12992	7584
5143	预告	12991	7650
5144	盘中	12984	8541
5145	水面	12980	9971
5146	高达	12974	11762
5147	呆	12963	10857
5148	震惊	12955	11067
5149	某某	12953	4682
5150	尽可能	12952	11686
5151	瑞典	12950	7033
5152	流失	12948	7300
5153	洋	12946	7386
5154	拜	12944	7825
5155	口号	12941	9908

序号	词语	频次	文本数
5156	表彰	12940	7583
5157	密	12938	8510
5158	紫	12937	7388
5159	流量	12931	6298
5160	越南	12930	5593
5161	慰问	12929	8084
5162	被动	12929	10832
5163	未成年人	12928	4578
5164	接连	12923	11615
5165	斗	12922	8752
5166	靠近	12922	11103
5167	排行榜	12920	7626
5168	惹	12919	11515
5169	部位	12917	9888
5170	采	12915	7681
5171	继承	12915	9478
5172	夹	12913	9240
5173	着手	12912	12068
5174	圆满	12897	10840
5175	手动	12894	7298
5176	竞	12894	6963
5177	柴油	12891	5240
5178	悬念	12887	10448
5179	忽视	12880	11489
5180	园林	12880	6732
5181	终止	12880	8454
5182	全身	12879	10357
5183	限度	12878	11326
5184	修建	12870	8927
5185	摩	12869	6179
5186	双手	12865	10313
5187	报考	12858	5590
5188	与会	12854	9697
5189	扩散	12843	8427
5190	较量	12838	10746
5191	倡导	12831	10745
5192	事儿	12829	8403
5193	夫	12827	6621
5194	立方米	12819	5559

序号	词语	频次	文本数
5195	迈	12813	8445
5196	不久前	12807	12075
5197	救灾	12802	5863
5198	专区	12798	4232
5199	开局	12797	9630
5200	三级	12795	8897
5201	坑	12793	5793
5202	马来西亚	12792	6864
5203	东盟	12791	2847
5204	瓦	12790	6963
5205	埃及	12789	4909
5206	一头	12788	10046
5207	金刚	12787	4414
5208	情景	12781	11146
5209	应有	12773	11787
5210	点球	12767	5685
5211	缺陷	12764	8832
5212	保守	12763	10324
5213	其后	12758	11597
5214	榜首	12758	10033
5215	积极性	12756	10588
5216	奠定	12755	11762
5217	特约	12752	11172
5218	率领	12738	10866
5219	鲜	12735	8147
5220	性感	12735	7508
5221	跳水	12728	6739
5222	马克思主义	12719	3043
5223	课堂	12712	7545
5224	发掘	12712	5693
5225	奔	12710	8311
5226	进军	12708	10051
5227	模仿	12707	8348
5228	针	12707	7359
5229	小组赛	12705	7211
5230	勇气	12705	10476
5231	受害者	12702	8171
5232	业务员	12700	3053
5233	调动	12699	10361

序号	词语	频次	文本数
5234	秘书	12699	7153
5235	轻易	12696	11542
5236	边缘	12692	9831
5237	进度	12679	9748
5238	在场	12673	11331
5239	唱歌	12670	8430
5240	巨星	12668	9033
5241	权重	12668	6081
5242	大桥	12663	5207
5243	合影	12654	10031
5244	西北	12649	8823
5245	依托	12636	10553
5246	哲学	12634	5664
5247	肝	12626	4637
5248	下属	12615	9901
5249	滚	12610	8541
5250	国家级	12610	9167
5251	聪明	12608	10079
5252	单一	12606	10532
5253	元旦	12597	7231
5254	一个个	12595	11141
5255	爱国	12590	6999
5256	潜	12589	6622
5257	撤销	12582	7418
5258	分手	12557	7001
5259	肯	12556	10508
5260	中外	12554	9496
5261	帷幕	12550	11787
5262	百货	12539	5847
5263	虚拟	12539	6387
5264	地段	12538	8455
5265	中部	12538	8106
5266	这边	12532	9448
5267	未必	12527	10871
5268	昔日	12521	10721
5269	识别	12507	8152
5270	前所未有	12499	11080
5271	话语	12497	9844
5272	命名	12497	9043

序号	词语	频次	文本数
5273	医改	12493	3448
5274	讨	12490	8885
5275	游行	12490	5502
5276	拐	12487	7519
5277	宣判	12483	7975
5278	边境	12481	6345
5279	追踪	12481	10323
5280	栏	12475	7060
5281	行长	12474	6912
5282	尸	12471	5718
5283	出线	12468	5926
5284	胎	12457	6082
5285	海啸	12457	7643
5286	岁月	12448	9834
5287	写作	12445	6413
5288	价位	12445	8891
5289	妥善	12442	10130
5290	值得一提的是	12435	12020
5291	娱	12435	8185
5292	头球	12434	5587
5293	首要	12427	11126
5294	恩	12419	7540
5295	现货	12415	5183
5296	销	12409	8656
5297	身影	12402	11276
5298	花钱	12401	9662
5299	所得	12400	7817
5300	王子	12396	6575
5301	突	12389	8588
5302	抄	12388	7199
5303	稳步	12388	10343
5304	疼痛	12384	6943
5305	税务	12383	5585
5306	契机	12382	10902
5307	机器人	12372	3699
5308	受害人	12368	5955
5309	今晨	12360	8618
5310	么	12348	8645

序号	词语	频次	文本数
5311	整整	12347	11350
5312	事先	12344	10863
5313	碎	12342	9235
5314	盲目	12334	10142
5315	心脏	12334	6703
5316	大火	12331	5956
5317	赶来	12330	10868
5318	烟花	12326	3650
5319	跟随	12317	10945
5320	剩余	12315	9751
5321	喷	12313	7904
5322	爷爷	12312	5527
5323	虚	12311	7870
5324	休	12305	8144
5325	燃烧	12301	7587
5326	驱动	12299	8767
5327	降雨	12299	6015
5328	承包	12298	6402
5329	等候	12289	9399
5330	气息	12288	10719
5331	看似	12288	11346
5332	市场化	12285	7942
5333	圣	12281	6328
5334	朱	12281	5191
5335	和解	12279	5391
5336	专场	12277	7137
5337	胃	12276	5456
5338	随之	12274	11648
5339	住户	12270	6378
5340	弘扬	12269	8704
5341	深深	12268	10826
5342	那边	12267	9233
5343	江南	12259	6684
5344	一家人	12258	9576
5345	无缘	12256	9813
5346	阁	12238	4431
5347	亚运会	12238	5412
5348	四季度	12237	6938
5349	杀人	12237	6969

序号	词语	频次	文本数
5350	短暂	12234	11146
5351	搬迁	12218	5939
5352	消耗	12214	9529
5353	宪法	12210	5561
5354	拿出	12209	11380
5355	排列	12209	6169
5356	保护主义	12195	5352
5357	目击者	12187	8872
5358	内外	12183	10574
5359	劝	12176	9608
5360	肌肉	12176	7495
5361	中共中央	12168	7214
5362	跨越	12163	9564
5363	暑期	12162	6558
5364	改编	12161	8442
5365	静	12147	8304
5366	善	12146	8122
5367	莫斯科	12145	6807
5368	股民	12142	4661
5369	多方	12135	10909
5370	对应	12134	8405
5371	展会	12129	5487
5372	参保	12125	3102
5373	绩效	12123	4755
5374	教材	12117	5484
5375	做客	12107	9017
5376	干脆	12105	11197
5377	再现	12103	10344
5378	懂得	12101	9919
5379	自愿	12095	9058
5380	辅导	12090	7029
5381	多久	12089	10829
5382	面板	12087	4295
5383	笑容	12082	10224
5384	大哥	12082	5248
5385	假如	12079	9313
5386	自治区	12076	7422
5387	多元化	12075	9382
5388	志	12073	8040

序号	词语	频次	文本数
5389	正如	12073	11244
5390	推介	12070	6573
5391	飞行员	12069	3962
5392	遵守	12062	9956
5393	有待	12054	10863
5394	主权	12053	6041
5395	细则	12051	7217
5396	念	12049	9357
5397	塑造	12041	9702
5398	骄傲	12029	10015
5399	大爷	12026	3972
5400	耳	12019	7018
5401	手上	12019	10569
5402	假币	12012	1614
5403	凸显	12009	10932
5404	备案	12005	6660
5405	商户	12002	4847
5406	平板	12000	4147
5407	重要性	12000	10782
5408	虫	11995	5717
5409	牛年	11988	6800
5410	生前	11987	8143
5411	鸟巢	11984	4097
5412	鸡蛋	11981	5591
5413	建材	11981	6641
5414	召回	11979	3548
5415	发明	11976	7040
5416	大姐	11970	3946
5417	大城市	11967	9468
5418	谈话	11964	9056
5419	流入	11960	7536
5420	苏联	11955	5470
5421	筹	11951	7883
5422	窄	11937	8874
5423	惠	11936	6396
5424	商量	11928	10309
5425	差别	11926	9796
5426	操作系统	11923	6495
5427	强行	11917	9352

序号	词语	频次	文本数
5428	人为	11916	9960
5429	揭晓	11910	9643
5430	伴随着	11910	11058
5431	澄清	11908	8981
5432	得主	11905	8237
5433	养殖	11902	4752
5434	地图	11896	5806
5435	油耗	11890	5872
5436	前不久	11883	11250
5437	一贯	11882	11003
5438	名牌	11881	7963
5439	标识	11880	6877
5440	便捷	11876	10064
5441	炸	11875	7419
5442	华尔街	11869	6061
5443	百分之	11864	7503
5444	膜	11862	6346
5445	布置	11859	9557
5446	盯	11858	10357
5447	时光	11854	9809
5448	掘	11851	5161
5449	延	11851	7258
5450	飘	11850	9522
5451	值班	11850	8494
5452	辐射	11847	7759
5453	感叹	11847	10900
5454	武警	11843	6144
5455	海峡	11843	5526
5456	充	11842	5376
5457	投产	11839	7590
5458	经济学	11834	5656
5459	挣	11833	8583
5460	除此之外	11831	11282
5461	约束	11831	9150
5462	规格	11830	8972
5463	开辟	11828	10280
5464	祝贺	11821	9399
5465	恰恰	11818	10549
5466	眼光	11816	10457

序号	词语	频次	文本数
5467	炮	11815	6734
5468	牌照	11811	6539
5469	果然	11811	10915
5470	北约	11809	2975
5471	不明	11803	9102
5472	安保	11802	6293
5473	任意球	11802	4745
5474	隧道	11795	4617
5475	留言	11793	8152
5476	风采	11787	10055
5477	明日	11787	7647
5478	刻	11786	7108
5479	彩电	11782	4222
5480	土耳其	11781	5454
5481	可怕	11777	9569
5482	诚	11775	6397
5483	进出口	11772	6860
5484	确	11764	10254
5485	烂	11761	8083
5486	宣称	11760	10038
5487	野生	11760	4813
5488	交锋	11759	7700
5489	肾	11758	4444
5490	儿女	11755	7955
5491	新生	11744	6738
5492	倾	11740	9684
5493	凉	11740	7298
5494	华侨	11739	5875
5495	食用	11739	6825
5496	停留	11739	10523
5497	不止	11735	10921
5498	站点	11734	6935
5499	悦	11733	4941
5500	执导	11730	8865
5501	有意思	11729	10154
5502	傍晚	11728	10205
5503	贬值	11724	5965
5504	港口	11714	6718
5505	水电	11711	4783

序号	词语	频次	文本数
5506	眼里	11710	10435
5507	设定	11709	9586
5508	缴	11706	6807
5509	优良	11705	9444
5510	之类	11705	10557
5511	温馨	11704	9722
5512	一再	11704	10732
5513	伤势	11700	9021
5514	引擎	11684	7340
5515	哪儿	11680	8496
5516	月球	11680	2340
5517	大选	11676	5399
5518	动感	11666	8007
5519	闷	11665	9618
5520	菲	11664	5627
5521	车牌	11662	5704
5522	涵盖	11660	10757
5523	船员	11658	3670
5524	拯救	11658	8370
5525	入围	11653	7093
5526	教室	11646	6726
5527	漏洞	11644	7845
5528	缩短	11644	9212
5529	缩水	11640	8097
5530	竞选	11639	6209
5531	趁	11639	10404
5532	物价	11639	6739
5533	煮	11639	6547
5534	铝	11632	5052
5535	步入	11631	10522
5536	车道	11628	5886
5537	题目	11624	5787
5538	幕后	11623	9286
5539	歹徒	11621	3482
5540	出局	11617	8431
5541	经济体	11615	6870
5542	车厢	11608	5807
5543	上海市	11606	7058
5544	钥匙	11600	7066

序号	词语	频次	文本数
5545	风光	11600	9528
5546	早报	11599	7936
5547	悍	11595	2912
5548	首场	11595	9375
5549	入住	11593	7836
5550	传说	11586	8305
5551	生产线	11586	6632
5552	叫做	11585	8745
5553	截	11583	8833
5554	姿态	11579	10107
5555	预选赛	11577	6196
5556	处处	11576	10199
5557	交易所	11573	8140
5558	上报	11572	8852
5559	服务员	11570	5911
5560	分数	11569	6994
5561	场馆	11567	5976
5562	发热	11566	6286
5563	走过	11559	10170
5564	寸	11553	6331
5565	交付	11552	7613
5566	遇难	11547	6742
5567	条约	11547	3880
5568	列为	11545	10078
5569	省份	11544	8320
5570	议题	11539	7747
5571	精致	11536	9361
5572	干预	11534	7553
5573	争论	11533	8981
5574	会晤	11533	6154
5575	梁	11530	5342
5576	垫	11530	6236
5577	概率	11523	7737
5578	开学	11521	6543
5579	古典	11521	7104
5580	病房	11520	6350
5581	流传	11520	9946
5582	首度	11518	9731
5583	定制	11516	6892

序号	词语	频次	文本数
5584	体内	11515	7221
5585	支援	11512	7772
5586	老总	11512	7447
5587	白酒	11511	2982
5588	开户	11501	4126
5589	四处	11500	10346
5590	内置	11498	7098
5591	药业	11498	4536
5592	毫不	11494	10905
5593	一会儿	11492	8463
5594	战机	11480	3734
5595	桥梁	11473	7992
5596	撑	11470	9125
5597	反响	11470	10401
5598	均衡	11465	8304
5599	酝酿	11461	9686
5600	美方	11459	5462
5601	罪名	11455	7320
5602	监察	11453	5247
5603	雾	11451	6678
5604	上台	11449	8860
5605	海关	11447	5483
5606	其间	11447	10751
5607	复兴	11440	6245
5608	帐	11440	6562
5609	供给	11437	7873
5610	沉重	11433	10270
5611	评审	11431	6536
5612	竣工	11430	7702
5613	向前	11427	9806
5614	提议	11425	8999
5615	求职	11425	5171
5616	前夕	11424	10424
5617	两侧	11419	8987
5618	目录	11412	5220
5619	命令	11412	8305
5620	研讨会	11406	7353
5621	座位	11402	8015
5622	澳元	11400	3153

序号	词语	频次	文本数
5623	评为	11399	8659
5624	眼镜	11397	6621
5625	储	11396	5514
5626	武	11387	5464
5627	众人	11386	9991
5628	先前	11385	9620
5629	务实	11382	8349
5630	金钱	11381	8427
5631	减肥	11379	4395
5632	好看	11379	9107
5633	中药	11379	4499
5634	失业率	11378	6161
5635	历时	11376	10500
5636	编号	11375	5318
5637	完工	11370	8267
5638	起码	11369	10075
5639	议会	11368	5812
5640	图案	11365	7231
5641	粒	11360	7009
5642	着急	11358	9573
5643	广阔	11357	10255
5644	愤怒	11351	8973
5645	援建	11343	4379
5646	零部件	11341	5758
5647	普	11330	7585
5648	尼	11324	5422
5649	田	11321	6211
5650	余额	11319	6390
5651	颇为	11317	10646
5652	塑料	11312	7232
5653	立足	11303	9626
5654	分散	11302	9584
5655	精美	11301	9290
5656	大于	11299	9488
5657	还款	11299	4304
5658	场合	11295	9829
5659	漏	11286	7824
5660	东南	11285	7370
5661	阵雨	11282	3745

序号	词语	频次	文本数
5662	封面	11277	6052
5663	席	11276	7755
5664	一律	11272	8223
5665	台风	11270	4423
5666	成人	11270	7343
5667	灯光	11270	8088
5668	破门	11263	6725
5669	牛市	11261	5993
5670	不便	11259	10142
5671	婆婆	11257	3880
5672	上前	11252	9734
5673	下旬	11251	9725
5674	哪怕	11251	10136
5675	粗	11245	8049
5676	追捧	11244	9949
5677	映	11241	6385
5678	快报	11240	8359
5679	灵	11237	6834
5680	池	11234	6260
5681	查明	11221	9549
5682	纪律	11218	7350
5683	专案组	11218	4746
5684	年末	11218	7844
5685	渝	11209	5162
5686	被盗	11194	5644
5687	二手车	11186	2503
5688	第九	11182	8610
5689	县级	11179	6434
5690	太太	11178	5877
5691	车间	11174	6237
5692	处分	11169	5358
5693	训	11168	5939
5694	附	11167	9392
5695	润	11165	6060
5696	国王	11165	5567
5697	小麦	11158	3469
5698	人权	11149	4059
5699	访谈	11147	7687
5700	成员国	11144	5242

序号	词语	频次	文本数
5701	按揭	11140	4145
5702	上百	11139	9723
5703	专电	11138	10837
5704	实地	11137	9234
5705	当成	11132	9774
5706	锐	11132	4331
5707	跑车	11129	4887
5708	壳	11128	5877
5709	情侣	11119	6202
5710	制订	11116	9078
5711	联动	11114	7634
5712	出动	11108	9189
5713	该车	11104	6616
5714	融	11104	6726
5715	身为	11096	10331
5716	原价	11091	3343
5717	任职	11090	7829
5718	上游	11089	7191
5719	开会	11088	8860
5720	老年	11085	6228
5721	澳洲	11083	5744
5722	商人	11075	6890
5723	邮箱	11069	8525
5724	回避	11067	9283
5725	晨报	11066	8505
5726	选购	11064	8235
5727	黄色	11063	8234
5728	爸	11060	6031
5729	日记	11059	4840
5730	船舶	11056	4788
5731	沙发	11054	5807
5732	代码	11053	4896
5733	大地	11052	8130
5734	柏林	11052	5291
5735	急救	11050	6449
5736	避	11047	8837
5737	相撞	11042	5321
5738	海报	11040	7046
5739	反思	11028	8468

序号	词语	频次	文本数
5740	所属	11025	9076
5741	发售	11024	6742
5742	清醒	11023	9521
5743	大风	11022	5791
5744	增添	11019	10341
5745	敌人	11019	6580
5746	出院	11016	6596
5747	原材料	11014	7688
5748	制造商	11013	7617
5749	出事	11012	8217
5750	公主	11008	5270
5751	产业化	11008	6672
5752	头号	11005	8564
5753	关键词	11002	6090
5754	国土	10998	6643
5755	顽强	10997	9396
5756	天地	10996	7586
5757	借款	10995	4500
5758	平民	10989	6800
5759	恐慌	10988	8115
5760	签字	10987	7736
5761	预赛	10986	5776
5762	消毒	10985	5551
5763	刑法	10985	5137
5764	睡眠	10985	4865
5765	大奖赛	10976	5953
5766	楼房	10976	6493
5767	塘	10972	5869
5768	记载	10969	7200
5769	浴	10968	6326
5770	赶赴	10960	9578
5771	警示	10959	7648
5772	平常	10957	9542
5773	投资人	10957	6615
5774	倒是	10953	10172
5775	糖尿病	10951	4131
5776	原先	10949	9586
5777	双双	10947	9627
5778	远离	10946	9482

序号	词语	频次	文本数
5779	剪	10946	6670
5780	盛	10939	7398
5781	北美	10936	7188
5782	后悔	10935	7985
5783	露出	10935	9874
5784	分辨率	10933	7921
5785	难免	10933	10188
5786	存储	10933	7142
5787	通车	10932	6002
5788	月饼	10929	1766
5789	窗户	10926	7574
5790	当作	10926	9688
5791	神话	10923	7272
5792	行列	10922	9955
5793	吸毒	10918	4305
5794	掏	10912	8813
5795	观测	10912	4111
5796	细致	10907	10001
5797	座椅	10903	5820
5798	转身	10899	9000
5799	独自	10893	9411
5800	鼓	10893	7710
5801	抗旱	10891	2281
5802	开拓者	10890	4270
5803	当局	10882	7198
5804	随便	10882	9566
5805	递交	10879	8577
5806	出让	10878	4769
5807	卡车	10871	5639
5808	出身	10871	9318
5809	踏	10871	9376
5810	收回	10870	8168
5811	敲	10865	8589
5812	隐私	10859	5748
5813	公立	10859	3846
5814	研	10850	7294
5815	协作	10849	7528
5816	男生	10848	6535
5817	善于	10838	8726

序号	词语	频次	文本数
5818	县城	10838	5957
5819	源于	10837	9845
5820	伞	10835	7379
5821	取决于	10830	9231
5822	偶然	10827	9593
5823	悲剧	10825	7843
5824	抓捕	10825	6591
5825	丧失	10824	9311
5826	整车	10821	6403
5827	小学生	10819	6606
5828	检察院	10818	5737
5829	关怀	10816	8232
5830	觉	10816	9134
5831	小车	10812	5920
5832	中断	10812	8083
5833	清洗	10806	6191
5834	出具	10804	7477
5835	义务教育	10803	4338
5836	赞助	10801	6543
5837	哦	10801	8792
5838	尿	10798	4406
5839	眼泪	10795	8507
5840	检察官	10795	5090
5841	管制	10793	6547
5842	单元	10790	6174
5843	反正	10788	8801
5844	牛奶	10787	4785
5845	士	10777	7023
5846	聘请	10771	8844
5847	依照	10767	8576
5848	即日	10767	9259
5849	保姆	10766	3667
5850	悬挂	10763	7714
5851	程	10763	6345
5852	外交部	10760	6282
5853	执	10758	8510
5854	农户	10756	5170
5855	实质	10756	9345
5856	江淮	10749	3571

序号	词语	频次	文本数
5857	宽带	10749	4071
5858	资费	10747	3137
5859	可靠	10740	9427
5860	洗衣机	10738	4033
5861	有钱	10737	8186
5862	忙碌	10731	9531
5863	再生	10727	5958
5864	闪	10722	7750
5865	衍生	10720	5630
5866	索	10716	6637
5867	其他人	10715	9878
5868	艾滋病	10715	2251
5869	伪造	10714	5543
5870	嘉	10713	5642
5871	被害人	10708	4618
5872	爱好	10705	8724
5873	定于	10698	8125
5874	中共	10697	5183
5875	聚会	10691	7949
5876	印刷	10691	5256
5877	提取	10691	6304
5878	验	10690	4961
5879	所在地	10687	8288
5880	登上	10683	9398
5881	行走	10683	7555
5882	片区	10679	4741
5883	打入	10675	7922
5884	早日	10674	9411
5885	身价	10673	7189
5886	政	10672	6653
5887	援	10672	6898
5888	劫持	10671	3804
5889	快递	10670	3390
5890	真诚	10669	8862
5891	沈	10669	4613
5892	感恩	10668	6107
5893	乒乓球	10667	5283
5894	餐	10666	6635
5895	票据	10665	4660

序号	词语	频次	文本数
5896	人间	10665	7536
5897	空白	10665	8939
5898	无关	10663	9287
5899	看重	10662	9374
5900	价值观	10658	6702
5901	处长	10657	6674
5902	过分	10657	9390
5903	高端	10654	8110
5904	各区	10653	7454
5905	浓	10650	8702
5906	偿还	10649	6792
5907	受贿	10648	4773
5908	次日	10640	9132
5909	当即	10639	9485
5910	经营者	10637	6181
5911	偶尔	10636	9637
5912	燃料	10628	5674
5913	深厚	10624	9765
5914	服用	10624	5538
5915	适宜	10622	7277
5916	反馈	10619	8574
5917	纳税人	10615	4752
5918	纺织	10614	5476
5919	贼	10601	5223
5920	鲜花	10598	7151
5921	台上	10593	8586
5922	豆	10593	4616
5923	面貌	10586	9045
5924	乌	10584	4011
5925	翼	10581	4370
5926	肚子	10581	8043
5927	体温	10574	4998
5928	半球	10573	1166
5929	弱势	10568	8066
5930	内存	10567	5812
5931	女单	10566	5288
5932	前一天	10564	9703
5933	增资	10562	3612
5934	被捕	10558	7067

序号	词语	频次	文本数
5935	宅	10558	5093
5936	制裁	10551	5548
5937	帽	10550	7074
5938	内幕	10550	5731
5939	就读	10550	7997
5940	论证	10543	7841
5941	中东	10542	5880
5942	亲密	10542	8289
5943	化妆品	10541	5178
5944	赛区	10536	5112
5945	影院	10535	5559
5946	市政	10534	6522
5947	行使	10530	6936
5948	颁布	10528	8395
5949	门店	10520	5271
5950	粮	10517	5094
5951	大雨	10517	6778
5952	保级	10515	4528
5953	热身赛	10511	6228
5954	暑假	10510	6583
5955	防御	10508	5964
5956	多媒体	10507	7708
5957	全区	10505	5865
5958	大面积	10500	8895
5959	勒	10496	5536
5960	杰出	10492	7877
5961	分成	10487	8760
5962	圣诞	10485	4330
5963	中国市场	10483	7328
5964	开玩笑	10480	9372
5965	排查	10477	7128
5966	异地	10476	5737
5967	眼球	10475	9222
5968	得出	10475	9451
5969	安静	10471	8865
5970	警车	10471	5786
5971	册	10461	6259
5972	清晨	10459	8571
5973	下游	10459	6857

序号	词语	频次	文本数
5974	容	10458	8122
5975	阳台	10458	5536
5976	丑	10458	5794
5977	外围	10456	7861
5978	内饰	10456	5931
5979	睿	10453	3208
5980	加重	10451	8596
5981	战场	10448	6913
5982	竹	10446	5265
5983	一辈子	10445	8362
5984	放缓	10438	8200
5985	电视机	10437	6539
5986	丹麦	10435	5824
5987	早早	10435	9423
5988	没收	10434	6522
5989	省会	10431	3447
5990	搜救	10427	4266
5991	运气	10425	8152
5992	天价	10418	5847
5993	前列	10418	8941
5994	好评	10415	9437
5995	持平	10411	8451
5996	痕迹	10408	8395
5997	实时	10407	7166
5998	没法	10406	9147
5999	妆	10406	5025
6000	功	10406	8039
6001	盆	10405	6883
6002	体力	10403	8324
6003	进驻	10397	7877
6004	安全性	10396	7812
6005	店铺	10388	6205
6006	日后	10386	9207
6007	热心	10384	8540
6008	占有	10383	8628
6009	模型	10379	6081
6010	九段	10372	2308
6011	分离	10367	6915
6012	全都	10366	9390
6013	液	10366	5767
6014	专线	10365	4794
6015	患儿	10362	2910
6016	教练组	10357	6409
6017	寒	10357	6839
6018	坠	10355	5383
6019	逻辑	10353	7712
6020	护士	10352	5406
6021	降温	10351	6809
6022	讲究	10351	8721
6023	小品	10350	4843
6024	高额	10350	7997
6025	蛇	10348	3407
6026	储蓄	10347	5322
6027	缺口	10346	6764
6028	扫	10339	7244
6029	定义	10338	8362
6030	盗版	10336	2746
6031	擅长	10335	8954
6032	优异	10334	9301
6033	下班	10329	8142
6034	发病	10328	6326
6035	右侧	10324	6622
6036	大巴	10323	5241
6037	诱惑	10319	8330
6038	提及	10319	9432
6039	查获	10317	6560
6040	下行	10316	7373
6041	宏	10315	4602
6042	索赔	10314	5947
6043	顾	10313	6605
6044	劳动者	10312	4510
6045	过渡	10312	7947
6046	出击	10310	8679
6047	就诊	10307	6494
6048	事迹	10306	6068
6049	有色金属	10303	5474
6050	异	10301	7445
6051	小雨	10300	4313

序号	词语	频次	文本数
6052	倾斜	10296	7925
6053	工伤	10293	2612
6054	术	10291	5998
6055	远程	10289	6070
6056	增大	10284	9114
6057	趋	10279	8859
6058	侠	10276	4931
6059	角逐	10273	8916
6060	疲劳	10271	7789
6061	热潮	10269	8862
6062	周岁	10268	6278
6063	沪指	10265	5126
6064	源头	10261	7944
6065	往来	10259	8309
6066	地价	10258	3592
6067	恨	10257	7732
6068	中央台	10256	5486
6069	娃娃	10256	5162
6070	抗震救灾	10251	5127
6071	测算	10248	8157
6072	代表大会	10247	5051
6073	黄河	10243	4282
6074	搜	10243	6906
6075	带走	10243	7892
6076	墓	10242	2657
6077	导向	10240	8042
6078	自豪	10240	8753
6079	新春	10237	5666
6080	送到	10236	9230
6081	疼	10232	7100
6082	前者	10217	9495
6083	胖	10213	6231
6084	通知书	10209	5638
6085	主打	10207	8576
6086	荣获	10203	7758
6087	厨	10198	5213
6088	中级	10197	5814
6089	沿线	10196	6615
6090	内阁	10193	4990
6091	求助	10191	7840
6092	难忘	10187	8654
6093	暗示	10185	8642
6094	刹车	10183	6071
6095	不怕	10181	8347
6096	冷空气	10181	4908
6097	村官	10180	2130
6098	预售	10180	4528
6099	造假	10175	4229
6100	体彩	10175	3691
6101	历经	10174	9471
6102	书法	10174	4303
6103	春季	10173	6900
6104	保密	10172	6683
6105	邮政	10172	3685
6106	注射	10171	4042
6107	入境	10170	5339
6108	脚步	10169	9177
6109	康	10169	5089
6110	深受	10167	9539
6111	亚运	10166	3379
6112	侦	10163	4639
6113	载体	10157	7974
6114	赤字	10154	4184
6115	天安门	10150	4208
6116	骨折	10149	6043
6117	妻	10148	6716
6118	长期以来	10147	9467
6119	特区	10146	4611
6120	生死	10141	7722
6121	欲望	10138	8127
6122	实质性	10138	8869
6123	操纵	10137	5739
6124	宠物	10136	3802
6125	主板	10126	4854
6126	用途	10126	7616
6127	写道	10125	8584
6128	法人	10125	6711
6129	暴跌	10122	6491

序号	词语	频次	文本数
6130	凤凰	10120	5447
6131	销售量	10119	5934
6132	原定	10118	8966
6133	玫瑰	10111	5113
6134	嫌疑	10110	8408
6135	常规赛	10109	5957
6136	终结	10108	8243
6137	阴影	10108	8833
6138	组成部分	10108	9316
6139	损	10105	6705
6140	气体	10104	5364
6141	台阶	10102	8385
6142	分开	10096	7579
6143	商店	10095	6803
6144	船只	10095	5131
6145	优美	10091	8628
6146	操	10091	7286
6147	夺取	10090	7718
6148	擅自	10089	7599
6149	地质	10088	5009
6150	信念	10088	7757
6151	电气	10088	4799
6152	加之	10083	9522
6153	民办	10076	3517
6154	毁	10070	8059
6155	添加	10067	6517
6156	飙	10063	5889
6157	配音	10062	2372
6158	生育	10058	4323
6159	天使	10056	5049
6160	哥本哈根	10054	3751
6161	左侧	10039	6178
6162	考古	10037	2859
6163	固	10036	5642
6164	仙	10034	4216
6165	人性化	10032	8194
6166	新秀	10031	6293
6167	呼	10028	7898
6168	传销	10027	1441

序号	词语	频次	文本数
6169	风波	10027	7601
6170	水库	10023	3988
6171	怀	10023	7637
6172	再说	10023	9111
6173	忽略	10020	9024
6174	民俗	10016	5733
6175	要素	10015	7481
6176	凝聚	10012	8044
6177	就职	10012	4986
6178	殴打	10011	5775
6179	大部	10006	2803
6180	席位	10004	6489
6181	肩	10003	7006
6182	结局	10001	7270
6183	难关	9999	7705
6184	中长期	9996	7330
6185	顶尖	9994	8134
6186	中标	9991	4112
6187	重伤	9990	7540
6188	大都	9990	9068
6189	单打	9988	5553
6190	衡量	9988	8574
6191	不当	9987	8089
6192	法案	9985	3731
6193	硬盘	9984	5088
6194	改制	9981	4482
6195	面包车	9972	4158
6196	信托	9970	3407
6197	评论员	9965	6376
6198	分裂	9965	5438
6199	防护	9962	6554
6200	种类	9957	8496
6201	嫌	9957	8606
6202	残	9957	6445
6203	制品	9956	5836
6204	起飞	9937	6204
6205	不乏	9932	9471
6206	命中率	9930	5585
6207	恶意	9929	6066

序号	词语	频次	文本数
6208	方队	9929	1697
6209	某个	9928	8782
6210	专栏	9927	6856
6211	数千	9925	8656
6212	听证会	9917	4176
6213	奥斯卡	9916	4303
6214	诠释	9915	8737
6215	谋	9912	7670
6216	烤	9909	5003
6217	揭开	9908	8911
6218	穿越	9908	7082
6219	绯闻	9905	5798
6220	年终	9904	5480
6221	冻结	9901	5265
6222	定向	9900	5544
6223	总局	9900	5653
6224	格式	9896	4868
6225	完了	9895	8044
6226	消	9893	6866
6227	核准	9892	4969
6228	足坛	9892	5659
6229	看不到	9892	8907
6230	前场	9891	5613
6231	宣告	9890	8645
6232	衫	9887	5459
6233	重症	9883	5096
6234	拳	9880	6316
6235	工行	9878	4171
6236	经纪	9877	5510
6237	珍惜	9876	8239
6238	穷	9873	6726
6239	手指	9871	6922
6240	尝	9869	8288
6241	创始人	9866	7180
6242	壮大	9860	8573
6243	温泉	9856	2846
6244	株	9853	4925
6245	按摩	9851	4796
6246	中等	9850	6998

序号	词语	频次	文本数
6247	相差	9849	8495
6248	留给	9848	8820
6249	加油站	9844	3333
6250	盈	9839	4638
6251	山区	9838	6752
6252	撤离	9837	6463
6253	出处	9837	9522
6254	书籍	9837	6768
6255	运转	9830	8397
6256	吐	9830	7089
6257	奖杯	9829	6592
6258	本国	9819	7504
6259	八一	9818	4358
6260	残疾	9811	5383
6261	漫长	9802	8892
6262	卓越	9799	7297
6263	长达	9796	9213
6264	电价	9791	1896
6265	照明	9787	4943
6266	大脑	9785	4961
6267	网页	9783	6256
6268	同年	9775	7736
6269	帽子	9775	7133
6270	劫	9775	6215
6271	贿赂	9772	4640
6272	责任感	9769	8211
6273	脂肪	9768	3912
6274	吸烟	9763	2968
6275	固定资产	9758	5986
6276	野	9756	4935
6277	绑	9756	5801
6278	驱	9755	5534
6279	升温	9754	8117
6280	伴	9754	7401
6281	严禁	9753	5518
6282	秒	9753	5091
6283	大声	9743	8587
6284	减弱	9742	8215
6285	老大	9741	6598

序号	词语	频次	文本数
6286	廉政	9736	3706
6287	国民经济	9729	6765
6288	关口	9728	7553
6289	景象	9725	8754
6290	扁	9721	3326
6291	视线	9719	8508
6292	四强	9717	5836
6293	过往	9716	8167
6294	肿瘤	9715	3400
6295	在意	9714	8369
6296	车票	9709	3755
6297	中毒	9708	4264
6298	那场	9707	7933
6299	原始	9705	7329
6300	报复	9702	6588
6301	急需	9702	8597
6302	楼下	9701	7126
6303	将军	9700	5384
6304	江湖	9698	6635
6305	生猪	9698	2451
6306	设有	9697	8529
6307	古老	9696	7402
6308	天才	9694	7268
6309	迫切	9693	8735
6310	你好	9690	5239
6311	导师	9688	5299
6312	纯粹	9687	8534
6313	发育	9686	5506
6314	搞笑	9685	7013
6315	上千	9684	8462
6316	握	9681	8280
6317	代替	9681	8357
6318	缩	9680	6453
6319	帮扶	9680	5320
6320	行李	9679	6026
6321	想想	9678	8569
6322	华丽	9676	7882
6323	抖	9673	5334
6324	坊	9673	6758

序号	词语	频次	文本数
6325	打折	9670	5809
6326	拥堵	9666	5508
6327	飙升	9665	8125
6328	稍微	9664	8648
6329	重播	9662	1901
6330	正义	9661	6351
6331	放下	9661	8499
6332	沿着	9656	8457
6333	生产总值	9656	6566
6334	画家	9653	4782
6335	孕妇	9652	3980
6336	字样	9651	8105
6337	基准	9650	5896
6338	制止	9649	7350
6339	航母	9649	2263
6340	赏	9648	6188
6341	谴责	9643	6781
6342	小时候	9640	7607
6343	政权	9638	5477
6344	波兰	9638	4617
6345	个性化	9634	6941
6346	划分	9631	7735
6347	透过	9628	8242
6348	图像	9628	6021
6349	摇滚	9627	4468
6350	剧院	9624	4740
6351	任何人	9616	8774
6352	往返	9613	6186
6353	技术员	9608	2855
6354	批次	9603	4241
6355	内在	9601	7930
6356	醒	9595	7527
6357	桌	9593	6106
6358	浓厚	9593	8987
6359	官司	9591	6005
6360	塌	9591	5468
6361	移植	9591	3833
6362	聚焦	9587	8536
6363	增进	9586	7356

序号	词语	频次	文本数
6364	主线	9582	7087
6365	无力	9582	8554
6366	甜	9580	6033
6367	天堂	9576	6294
6368	取证	9575	6300
6369	不确定性	9562	7150
6370	电台	9561	5918
6371	扇	9561	6742
6372	显示屏	9560	7126
6373	演奏	9560	5122
6374	刷新	9559	7719
6375	踢球	9558	6127
6376	汗	9558	6580
6377	皇家	9558	5597
6378	溜	9557	5442
6379	生效	9554	6753
6380	口罩	9553	4163
6381	人性	9552	6643
6382	底部	9550	7075
6383	倒塌	9550	4973
6384	希腊	9547	4594
6385	洪	9542	4624
6386	新政	9538	5423
6387	忧	9537	7655
6388	不停	9536	8587
6389	六十	9532	7337
6390	肥	9530	5299
6391	国情	9529	6815
6392	本版	9528	8708
6393	摆放	9528	7574
6394	马德里	9526	4823
6395	疾	9525	5492
6396	心目	9523	8472
6397	人身	9522	6928
6398	频率	9520	7406
6399	双向	9519	6520
6400	公务	9518	5048
6401	不俗	9516	8658
6402	医护	9515	6256

序号	词语	频次	文本数
6403	一类	9509	7217
6404	辅助	9506	7588
6405	长途	9506	5807
6406	售后服务	9505	5611
6407	标题	9503	7507
6408	低俗	9500	2608
6409	黑客	9494	2540
6410	总计	9493	8295
6411	辽	9487	2872
6412	发自	9486	9133
6413	保障性	9486	4241
6414	充裕	9478	7558
6415	头脑	9474	8362
6416	衔接	9465	7045
6417	大牌	9465	7177
6418	旗舰	9463	6619
6419	地域	9461	7790
6420	人质	9459	3242
6421	免疫	9448	4777
6422	全家	9448	7589
6423	淫秽	9446	2113
6424	不禁	9440	8860
6425	交谈	9438	8224
6426	勇敢	9437	7848
6427	谱	9427	6820
6428	征战	9427	7960
6429	陆	9426	4594
6430	服饰	9426	6414
6431	遵循	9424	8531
6432	养老金	9421	3232
6433	限量	9420	5715
6434	扬	9420	6794
6435	拍戏	9418	6191
6436	下达	9416	7304
6437	展望	9415	8172
6438	用水	9412	4511
6439	动手	9411	7765
6440	兑现	9406	7401
6441	频	9406	7441

序号	词语	频次	文本数
6442	卖出	9404	6376
6443	执行官	9404	7071
6444	首映	9404	4921
6445	债权人	9403	3022
6446	自来水	9401	3923
6447	代表性	9400	8345
6448	磋商	9400	6227
6449	观光	9397	6097
6450	基金会	9395	4484
6451	会场	9394	6297
6452	售票	9393	4295
6453	表决	9393	4896
6454	磨	9383	6840
6455	悄然	9380	8488
6456	愉快	9380	8296
6457	彰显	9374	8459
6458	试行	9370	6382
6459	请问	9368	5534
6460	人民法院	9368	4405
6461	时装	9366	4632
6462	共和国	9366	5849
6463	地处	9364	8559
6464	勿	9360	6473
6465	国旗	9359	4755
6466	沉默	9358	7420
6467	咖啡	9357	4803
6468	新房	9356	5406
6469	男篮	9355	4313
6470	在校	9355	7065
6471	菌	9355	3617
6472	指南	9354	5712
6473	弯	9350	6445
6474	古巴	9350	2592
6475	从不	9350	8215
6476	绿城	9348	2690
6477	千瓦	9346	4231
6478	皮球	9345	4944
6479	启用	9343	7323
6480	谈及	9341	8588
6481	外国人	9340	5966
6482	台词	9340	5960
6483	验收	9338	5220
6484	出游	9337	5042
6485	第十	9337	7340
6486	上车	9334	6661
6487	鼠	9334	4343
6488	尤	9332	6612
6489	冲动	9331	7687
6490	喝酒	9329	6063
6491	新西兰	9327	4776
6492	赞助商	9324	4964
6493	开办	9322	7336
6494	创出	9322	7128
6495	恐惧	9322	7016
6496	天王	9319	6037
6497	巡演	9319	4889
6498	重申	9313	7694
6499	违纪	9310	5208
6500	部委	9308	6592
6501	施	9308	6420
6502	伤员	9304	4560
6503	起火	9304	4757
6504	坚实	9301	8614
6505	舍	9300	5828
6506	不宜	9296	7120
6507	邮	9294	4697
6508	旗帜	9292	7013
6509	立体	9288	6761
6510	并列	9288	5326
6511	新版	9287	4824
6512	裁定	9285	5291
6513	时空	9283	5677
6514	富裕	9282	7017
6515	不论	9281	8322
6516	深夜	9279	7724
6517	光荣	9278	7367
6518	纠正	9275	7248
6519	兼并	9275	4260

序号	词语	频次	文本数
6520	渡	9272	5715
6521	阶段性	9270	7533
6522	额外	9268	7886
6523	知名度	9266	8077
6524	号召	9265	8038
6525	缘	9265	6311
6526	拾	9264	7076
6527	穗	9264	6096
6528	桩	9262	6367
6529	攻势	9258	7086
6530	收视	9257	4486
6531	领衔	9257	7888
6532	去年底	9254	8243
6533	公诉	9251	5511
6534	押	9251	6179
6535	国脚	9250	5466
6536	商报	9245	7241
6537	稳定性	9242	7787
6538	只见	9235	8293
6539	益	9233	4989
6540	夸张	9233	7932
6541	验证	9231	7230
6542	注定	9228	8221
6543	光学	9227	4135
6544	大妈	9224	3518
6545	记住	9224	7695
6546	迟迟	9216	8402
6547	谜	9210	6199
6548	半天	9210	7797
6549	超标	9209	4476
6550	拦截	9209	5101
6551	酒精	9208	4377
6552	癌症	9208	4835
6553	水质	9208	4104
6554	尊	9205	5523
6555	违章	9198	4675
6556	身着	9192	8138
6557	燃气	9187	3564
6558	联网	9185	3740

序号	词语	频次	文本数
6559	乙肝	9184	1417
6560	第三方	9183	6005
6561	党委书记	9180	6577
6562	推向	9177	8463
6563	机组	9176	4593
6564	脖子	9176	6754
6565	开机	9173	6166
6566	消费品	9171	6114
6567	三分之一	9166	7888
6568	开门	9165	6901
6569	侵害	9160	6403
6570	减免	9160	6265
6571	北川	9159	2484
6572	警力	9158	6532
6573	模糊	9156	7856
6574	谢	9153	5188
6575	自首	9153	4466
6576	忽然	9153	7706
6577	省内	9151	6677
6578	披	9151	5512
6579	先锋	9149	6476
6580	走私	9147	3211
6581	学期	9146	5753
6582	日全食	9142	1382
6583	各家	9140	7083
6584	意志	9139	7506
6585	损伤	9139	6471
6586	新片	9135	6181
6587	改装	9131	4362
6588	结构性	9130	6104
6589	男单	9125	4718
6590	时速	9124	5773
6591	潜艇	9124	1935
6592	好奇	9123	8188
6593	分钱	9122	6916
6594	大致	9119	8339
6595	季报	9119	4392
6596	隐藏	9118	7979
6597	示	9118	7906

序号	词语	频次	文本数
6598	低收入	9118	4958
6599	繁华	9117	7321
6600	著	9117	6426
6601	改为	9113	7770
6602	丰	9109	6530
6603	安慰	9106	7936
6604	惯例	9102	7675
6605	锦	9101	4773
6606	一口气	9098	8489
6607	特地	9098	8366
6608	同一个	9097	8040
6609	骗子	9096	4085
6610	迁	9093	6064
6611	势必	9089	8369
6612	上个月	9087	8320
6613	快捷	9081	7549
6614	傻	9076	6312
6615	疯	9072	6885
6616	材	9068	5312
6617	政党	9065	4200
6618	泛	9063	5740
6619	烦恼	9063	7465
6620	轻微	9059	7104
6621	责令	9055	6290
6622	视角	9052	7465
6623	保费	9050	3077
6624	司	9047	6021
6625	汉字	9047	2478
6626	枢纽	9045	5166
6627	工作日	9042	5940
6628	压缩	9039	6765
6629	戒	9037	4563
6630	适时	9034	8040
6631	老乡	9034	5521
6632	以免	9031	8245
6633	急剧	9029	8021
6634	考场	9029	3157
6635	录制	9029	6372
6636	胆	9027	4905

序号	词语	频次	文本数
6637	预定	9026	6984
6638	集合	9026	6146
6639	国道	9025	4586
6640	问及	9023	8297
6641	整顿	9023	5949
6642	进场	9019	6615
6643	外籍	9016	5245
6644	相处	9016	7509
6645	瓶颈	9016	7307
6646	巅峰	9014	6822
6647	顿时	9013	8368
6648	监管部门	9011	6171
6649	重心	9011	7716
6650	近年	9008	8344
6651	质押	9008	1757
6652	拦	9008	6621
6653	灵魂	9007	7054
6654	秋季	8999	6091
6655	得益于	8998	8019
6656	挂钩	8997	5876
6657	追加	8993	5561
6658	倒闭	8992	5652
6659	舟	8992	4767
6660	检方	8988	4571
6661	妹	8983	4241
6662	赛程	8982	5666
6663	打法	8979	6339
6664	返还	8976	5043
6665	招收	8975	5391
6666	可疑	8972	6572
6667	低谷	8972	7512
6668	纪检	8964	3949
6669	打响	8963	8105
6670	乘车	8962	6340
6671	传达	8959	7623
6672	目的地	8946	6984
6673	维生素	8944	3597
6674	贯穿	8944	7745
6675	摄氏度	8943	5521

序号	词语	频次	文本数
6676	领队	8943	6114
6677	媒	8939	6601
6678	生气	8938	7188
6679	村庄	8938	5830
6680	上空	8936	6764
6681	担当	8936	7628
6682	瓜	8935	3673
6683	牵头	8935	7518
6684	间接	8935	7523
6685	赛道	8931	3819
6686	羽毛球	8931	4475
6687	节后	8930	4763
6688	老太太	8930	3511
6689	少儿	8928	4435
6690	撒	8927	6543
6691	车门	8926	5694
6692	作文	8919	2681
6693	歌舞	8915	5441
6694	毫无疑问	8914	8411
6695	为首	8913	7858
6696	畅	8912	6731
6697	班主任	8912	4167
6698	凡是	8911	7903
6699	分工	8903	7150
6700	海岸	8902	5424
6701	尤为	8898	8529
6702	三国	8897	4258
6703	太平洋	8897	5684
6704	沉	8889	6345
6705	喂	8887	5544
6706	无比	8886	8139
6707	遗址	8875	3105
6708	女孩子	8873	6199
6709	客厅	8872	5557
6710	现阶段	8872	7654
6711	护理	8871	4955
6712	租房	8870	4555
6713	红军	8869	3657
6714	住宿	8866	6114

序号	词语	频次	文本数
6715	社交	8865	4542
6716	限价	8864	2989
6717	抄袭	8862	2666
6718	蛋糕	8857	5480
6719	定点	8851	5435
6720	变速箱	8849	4734
6721	天津市	8846	5247
6722	廉租	8844	2942
6723	跨国	8844	5931
6724	畅通	8842	6901
6725	盗	8842	5197
6726	边界	8837	4328
6727	企图	8834	7475
6728	拓宽	8834	7223
6729	名家	8832	5907
6730	公款	8830	3439
6731	小偷	8828	3391
6732	直言	8826	7927
6733	小小的	8826	7978
6734	该院	8825	6060
6735	码头	8822	5354
6736	歌剧	8821	2716
6737	督促	8821	7283
6738	上岗	8819	5677
6739	注意力	8817	7406
6740	调价	8817	3585
6741	科长	8813	5075
6742	不适	8812	7155
6743	公认	8811	8015
6744	凯	8805	3992
6745	那儿	8803	6056
6746	似的	8793	7614
6747	明朗	8792	7813
6748	宗旨	8787	7652
6749	红利	8782	3736
6750	点燃	8782	7031
6751	田径	8780	3980
6752	特性	8773	7486
6753	抹	8772	7288

序号	词语	频次	文本数
6754	常年	8769	7376
6755	芯	8758	3914
6756	瓷	8757	2378
6757	该市	8755	6516
6758	出示	8750	7078
6759	银河	8745	5216
6760	政法	8745	2791
6761	通话	8743	5514
6762	不顾	8740	7926
6763	变频	8740	1494
6764	标志性	8739	6914
6765	响起	8738	7806
6766	新款	8738	5767
6767	实物	8735	5832
6768	水价	8735	1289
6769	高涨	8734	7950
6770	老鼠	8733	3651
6771	面对面	8732	7212
6772	泥	8730	5327
6773	就医	8727	5444
6774	高调	8727	7322
6775	绝大部分	8726	8197
6776	战役	8723	5361
6777	郭	8719	3847
6778	逃跑	8717	6303
6779	姚	8716	3700
6780	默契	8715	7226
6781	公约	8715	4018
6782	浅	8714	6940
6783	抢险	8705	4763
6784	空前	8704	7749
6785	动用	8700	7290
6786	访华	8699	4548
6787	豪门	8697	5372
6788	水位	8694	3509
6789	墨	8692	4503
6790	责任人	8690	5909
6791	培训班	8687	5066
6792	迄今	8683	7846

序号	词语	频次	文本数
6793	兼职	8681	4549
6794	幕	8680	6456
6795	收看	8678	6541
6796	上限	8677	5798
6797	谍	8676	3803
6798	丑闻	8676	5200
6799	行车	8675	5697
6800	不易	8673	8021
6801	棵	8667	4704
6802	中路	8667	4996
6803	降水	8660	4367
6804	来电	8658	6377
6805	无需	8656	7609
6806	收视率	8653	4534
6807	火星	8653	2339
6808	状元	8652	3560
6809	讲解	8651	7126
6810	币	8649	4409
6811	侧面	8648	7670
6812	诸如	8646	8008
6813	演艺	8643	5976
6814	爽	8640	6250
6815	留意	8635	7387
6816	联络	8633	6995
6817	回头	8632	7411
6818	集成	8632	6044
6819	全球化	8629	5621
6820	特有	8627	7793
6821	检疫	8623	3802
6822	炫	8621	5529
6823	亲友	8616	6523
6824	赞成	8615	6843
6825	专家组	8611	5249
6826	忍不住	8608	7923
6827	委员长	8608	4897
6828	称赞	8608	7878
6829	拖欠	8603	4899
6830	手工	8601	5756
6831	妙	8601	6623

序号	词语	频次	文本数
6832	鼓舞	8600	7530
6833	加深	8597	7678
6834	投机	8596	5463
6835	敢于	8596	7125
6836	大熊猫	8596	1919
6837	贴近	8594	6366
6838	极限	8592	6167
6839	浙	8589	4659
6840	配件	8587	6027
6841	前途	8582	7123
6842	高等教育	8581	4250
6843	标签	8581	5771
6844	中学生	8581	5373
6845	核武器	8579	3362
6846	债权	8575	3159
6847	场次	8570	6405
6848	休假	8566	4460
6849	清算	8564	3207
6850	专注	8561	7341
6851	归来	8561	7125
6852	出版社	8559	4592
6853	呼声	8557	7675
6854	这时候	8555	6942
6855	丢失	8554	5903
6856	集资	8554	3169
6857	放假	8552	5841
6858	头奖	8552	2672
6859	平凡	8551	6364
6860	秦	8547	3537
6861	离去	8545	7420
6862	果断	8543	7662
6863	歌声	8541	6168
6864	柜台	8534	5253
6865	国泰	8533	4123
6866	吃惊	8531	7830
6867	纳税	8530	3809
6868	赶往	8530	7721
6869	大街	8529	6487
6870	序幕	8529	7979

序号	词语	频次	文本数
6871	洛	8526	4420
6872	孔	8519	4899
6873	标的	8514	4577
6874	锋	8514	4796
6875	在建	8514	6184
6876	指引	8512	6227
6877	账号	8511	4516
6878	党政	8509	4534
6879	猜	8508	5829
6880	周报	8507	4489
6881	路透社	8505	6500
6882	薄弱	8500	7421
6883	高管	8498	5205
6884	矿业	8497	3864
6885	花样	8497	5677
6886	回购	8497	3483
6887	注销	8495	3025
6888	材质	8494	6439
6889	献礼	8489	5631
6890	测量	8488	5069
6891	博弈	8487	5961
6892	赶上	8486	7706
6893	填写	8485	6232
6894	撤	8485	6081
6895	真实性	8483	7648
6896	强硬	8482	6595
6897	中高级	8479	3668
6898	综艺	8479	4409
6899	同类	8479	7373
6900	不光	8477	7489
6901	商机	8476	6379
6902	旅游业	8475	4687
6903	支柱	8473	7082
6904	贪污	8473	4480
6905	短片	8473	4550
6906	小镇	8472	4956
6907	水中	8471	5772
6908	眼神	8469	7013
6909	赎回	8468	3114

序号	词语	频次	文本数
6910	施行	8467	6646
6911	统治	8467	6276
6912	涌现	8466	7637
6913	坚守	8465	6748
6914	支持者	8462	5569
6915	泪	8457	6689
6916	简	8452	3947
6917	组团	8450	5370
6918	意图	8450	7412
6919	养生	8450	4084
6920	永	8445	5436
6921	交叉	8445	6502
6922	除非	8442	7923
6923	温和	8439	6910
6924	互利	8437	5807
6925	集结	8434	6152
6926	当期	8433	3645
6927	交会	8430	2728
6928	编队	8428	2533
6929	司长	8426	5956
6930	霸	8424	4451
6931	参	8424	5401
6932	吸纳	8406	6673
6933	全国政协	8405	5519
6934	天赋	8404	6537
6935	陪伴	8403	7301
6936	以人为本	8397	6537
6937	出面	8395	7355
6938	增收	8394	5194
6939	热水器	8393	2601
6940	阶层	8392	5752
6941	屡	8391	7263
6942	扭转	8391	7584
6943	变为	8391	7581
6944	执勤	8390	5160
6945	转发	8387	7732
6946	那段	8385	7173
6947	杜绝	8384	7257
6948	逃离	8379	6858
6949	绘画	8377	4945
6950	苑	8376	4413
6951	单身	8376	5035
6952	停产	8375	5307
6953	门外	8372	7228
6954	火热	8372	7542
6955	提倡	8371	7078
6956	我家	8370	6441
6957	中央军委	8370	4136
6958	输给	8369	6947
6959	鼻	8369	4555
6960	字幕	8367	3221
6961	亲身	8367	7709
6962	不惜	8366	7696
6963	心愿	8366	6490
6964	档次	8365	6949
6965	修正	8365	5585
6966	功效	8365	5509
6967	重庆市	8364	4686
6968	邦	8364	4100
6969	打动	8364	7357
6970	灿烂	8363	7296
6971	弟子	8362	5558
6972	低位	8360	6554
6973	一旁	8359	7635
6974	清新	8359	7035
6975	共产党	8357	4728
6976	焦虑	8356	5593
6977	否定	8355	6989
6978	火车站	8352	5235
6979	乳	8351	3824
6980	差点	8350	7382
6981	市中心	8350	6284
6982	至关重要	8349	7874
6983	致命	8349	7160
6984	咳嗽	8348	4898
6985	离不开	8344	7250
6986	付款	8343	5111
6987	御	8341	4615

序号	词语	频次	文本数
6988	历史性	8340	6711
6989	阅	8338	3524
6990	重重	8337	7623
6991	依次	8335	7179
6992	餐馆	8331	4726
6993	带头	8330	6174
6994	自发	8323	6870
6995	爆出	8322	7357
6996	首例	8318	5542
6997	唯	8315	5762
6998	柜	8309	4286
6999	税费	8309	5178
7000	娘	8309	4380
7001	推销	8306	5667
7002	突击	8306	5470
7003	接手	8305	6311
7004	汉语	8303	3913
7005	价钱	8300	6685
7006	演变	8297	7273
7007	扶	8297	6097
7008	强力	8290	7139
7009	散发	8290	7155
7010	盛宴	8289	6764
7011	前卫	8289	5517
7012	设想	8280	7024
7013	刻意	8278	7388
7014	线条	8277	6178
7015	认知	8274	6517
7016	展厅	8272	5161
7017	走路	8270	6445
7018	否	8264	6483
7019	专程	8261	7606
7020	片子	8259	5073
7021	追问	8259	7239
7022	家门口	8251	6943
7023	刚好	8250	7636
7024	总之	8250	7880
7025	灵感	8250	6460
7026	趋于	8250	7360

序号	词语	频次	文本数
7027	从来不	8249	7410
7028	滥用	8243	5606
7029	垮	8240	4539
7030	仍旧	8239	7098
7031	下月	8239	7050
7032	运送	8237	6222
7033	转入	8237	6554
7034	流畅	8236	7343
7035	通货膨胀	8236	4719
7036	纪录片	8233	3861
7037	崭新	8232	7469
7038	倾销	8232	2061
7039	球手	8228	3455
7040	医务	8228	5121
7041	中秋	8226	4125
7042	残酷	8223	6858
7043	中考	8216	3160
7044	看守所	8215	3203
7045	综合性	8215	6952
7046	有害	8215	5700
7047	门户	8214	5976
7048	吞	8214	5460
7049	战友	8213	4539
7050	健	8210	4667
7051	科目	8208	4112
7052	占用	8204	5780
7053	饮水	8203	4323
7054	出自	8203	7361
7055	图表	8202	7750
7056	人心	8199	6932
7057	注资	8199	4646
7058	瞄准	8198	7119
7059	服务器	8198	3532
7060	细腻	8197	7334
7061	随身	8195	7009
7062	雄	8193	5645
7063	悄悄	8191	7497
7064	本案	8191	5137
7065	杀手	8190	5721

序号	词语	频次	文本数
7066	简历	8189	4073
7067	转为	8188	7092
7068	蒂	8188	3810
7069	填报	8185	2753
7070	涂	8185	5194
7071	招募	8185	5133
7072	一点点	8184	7157
7073	增至	8184	6505
7074	人格	8179	5345
7075	碟	8179	5147
7076	对不起	8178	6249
7077	该案	8176	6300
7078	主义	8174	4967
7079	晶	8172	3992
7080	闲置	8172	4578
7081	巴勒斯坦	8168	3335
7082	高压	8166	5247
7083	查出	8162	6640
7084	语文	8158	4063
7085	号称	8157	7496
7086	下岗	8156	5716
7087	智力	8156	5683
7088	塑	8152	3910
7089	大戏	8148	6229
7090	爱人	8147	5729
7091	岸	8144	4979
7092	子弹	8143	4205
7093	供电	8142	4515
7094	牢牢	8141	7425
7095	恤	8140	5543
7096	学业	8137	5709
7097	有益	8134	7158
7098	各种各样	8131	7223
7099	尊严	8131	5950
7100	精确	8131	6267
7101	诗人	8129	4357
7102	批复	8129	5067
7103	阻碍	8129	7281
7104	眼看	8128	7530

序号	词语	频次	文本数
7105	应付	8128	7203
7106	例外	8125	7719
7107	爱国主义	8124	3935
7108	收紧	8124	5194
7109	境界	8124	6288
7110	路人	8124	6187
7111	串	8122	6027
7112	景气	8121	4813
7113	陶瓷	8121	3520
7114	诚聘	8120	993
7115	跻身	8119	7029
7116	干什么	8117	6628
7117	站台	8117	3863
7118	该行	8117	4236
7119	游览	8115	5486
7120	事务所	8114	4390
7121	拘	8113	5912
7122	务	8111	4942
7123	解答	8108	6737
7124	得手	8106	5821
7125	水源	8102	4279
7126	气势	8095	7202
7127	匹配	8094	6648
7128	申办	8092	2941
7129	下方	8090	6218
7130	甜蜜	8086	6021
7131	小康	8085	5138
7132	域名	8085	1662
7133	领导班子	8082	4297
7134	关税	8077	3304
7135	困惑	8075	6737
7136	灰色	8072	5758
7137	准则	8065	5087
7138	榜样	8063	5963
7139	丰厚	8063	7358
7140	外包	8061	3064
7141	瞩目	8058	7575
7142	伸	8055	6687
7143	客队	8054	3428

序号	词语	频次	文本数
7144	山水	8054	5003
7145	牌子	8050	5950
7146	东南亚	8049	5534
7147	日渐	8045	7492
7148	少量	8040	6872
7149	承载	8039	6871
7150	夜晚	8039	6780
7151	战斗机	8037	2927
7152	破解	8031	6040
7153	审讯	8031	5035
7154	总价	8029	5327
7155	打扮	8027	6589
7156	渗透	8024	6612
7157	特派	8022	6767
7158	拼命	8021	6973
7159	陆军	8021	4068
7160	物理	8021	4941
7161	墙上	8020	6640
7162	购置	8018	6303
7163	港股	8014	2973
7164	追逐	8012	6975
7165	拥	8010	6862
7166	仪	8009	4232
7167	防线	8008	5937
7168	阐述	8006	6723
7169	逸	8004	3852
7170	名列	8001	6626
7171	看台	8001	5440
7172	耕地	7999	3466
7173	寿命	7997	5288
7174	深处	7993	6776
7175	农历	7991	6188
7176	典	7991	5426
7177	汽车业	7990	4065
7178	下课	7983	4652
7179	孤独	7977	5263
7180	横扫	7969	6118
7181	童	7965	4197
7182	三分球	7962	4455

序号	词语	频次	文本数
7183	剥夺	7961	5655
7184	争执	7961	6349
7185	丁	7959	4877
7186	斩	7959	6650
7187	星光	7958	5216
7188	使用权	7956	4152
7189	喜悦	7955	7133
7190	找回	7953	6733
7191	不利于	7953	6923
7192	厅长	7952	5350
7193	审美	7951	5528
7194	惩罚	7949	6097
7195	报废	7945	3398
7196	肌肤	7940	2531
7197	观赏	7939	6065
7198	奢华	7935	5330
7199	提价	7935	3933
7200	预料	7932	7253
7201	优点	7931	6451
7202	巧	7930	5998
7203	查找	7930	6171
7204	信仰	7929	4777
7205	祭	7927	4513
7206	尽早	7927	7021
7207	带队	7926	6387
7208	随机	7923	6891
7209	旺季	7921	6059
7210	底下	7919	6695
7211	歌词	7919	4602
7212	富翁	7919	4359
7213	银幕	7912	5480
7214	传染病	7909	4259
7215	窝	7908	5309
7216	仪器	7907	5284
7217	犹豫	7906	7059
7218	义	7905	4901
7219	患有	7903	6501
7220	时任	7901	6173
7221	包围	7896	6732

序号	词语	频次	文本数
7222	大运	7896	2091
7223	创立	7894	6740
7224	邮报	7894	6287
7225	漆	7892	4555
7226	冒险	7892	6308
7227	破获	7890	5492
7228	国家统计局	7886	4996
7229	时常	7884	7366
7230	前方	7884	6435
7231	移交	7882	5845
7232	撰写	7882	6788
7233	合唱	7880	4621
7234	巡回赛	7880	4556
7235	降级	7878	4153
7236	洽谈	7875	6166
7237	核查	7875	5237
7238	财物	7872	5489
7239	深情	7872	6594
7240	流出	7865	4128
7241	奖学金	7864	3506
7242	逼近	7863	6758
7243	宋	7859	3850
7244	即时	7858	5461
7245	遗漏	7856	2098
7246	名誉	7855	5723
7247	面子	7854	6286
7248	赞赏	7852	7054
7249	心脏病	7850	4639
7250	手续费	7850	3350
7251	巨人	7849	4324
7252	理赔	7848	2602
7253	狠	7848	6647
7254	上访	7847	3124
7255	损坏	7846	6075
7256	合力	7846	6700
7257	市政协	7844	3282
7258	建筑物	7841	5186
7259	看中	7839	7125
7260	面孔	7839	6628

序号	词语	频次	文本数
7261	高血压	7838	4046
7262	全球性	7834	6286
7263	刚性	7832	5588
7264	投向	7829	6545
7265	医师	7829	3961
7266	器官	7829	3920
7267	党内	7827	3284
7268	音乐节	7826	1928
7269	密度	7825	5731
7270	洲	7824	4133
7271	输送	7823	5740
7272	键盘	7821	4670
7273	口岸	7821	4024
7274	丹	7819	4237
7275	问候	7817	6321
7276	解救	7817	4497
7277	营救	7816	4602
7278	招牌	7815	6195
7279	筹集	7812	6253
7280	打捞	7800	2836
7281	致富	7796	5360
7282	通风	7796	5212
7283	对策	7792	6178
7284	主创	7790	5384
7285	忍	7787	5873
7286	概括	7787	5909
7287	四周	7786	6795
7288	辣	7785	4748
7289	示威	7779	3839
7290	台下	7778	6030
7291	期盼	7778	6938
7292	产销	7775	4089
7293	兑换	7774	3602
7294	路过	7774	6832
7295	大关	7773	6445
7296	上周末	7770	6596
7297	保住	7768	6657
7298	做成	7764	6533
7299	书写	7763	5907

序号	词语	频次	文本数
7300	院子	7760	4694
7301	老伴	7756	4121
7302	舰艇	7755	2545
7303	疏散	7755	4965
7304	宫	7753	4292
7305	鹰	7751	3475
7306	增加值	7748	4089
7307	收盘价	7748	4607
7308	畅销	7745	6063
7309	华南	7745	4367
7310	摄影师	7743	4974
7311	大方	7742	6762
7312	借口	7738	6614
7313	跌破	7735	5378
7314	比利时	7735	4587
7315	报酬	7734	5273
7316	耐	7732	5678
7317	炒股	7732	3557
7318	峰	7731	4349
7319	角落	7728	7066
7320	新娘	7723	3551
7321	大臣	7720	4445
7322	不予	7717	6353
7323	科普	7716	3443
7324	那位	7716	6293
7325	违背	7716	6478
7326	建交	7712	4358
7327	崩溃	7709	6262
7328	入场	7709	5939
7329	国人	7707	6248
7330	谈论	7704	6828
7331	拥抱	7699	5897
7332	交手	7699	5765
7333	遥远	7697	6444
7334	武术	7697	3513
7335	细分	7696	5657
7336	仁	7694	4436
7337	实战	7692	5172
7338	汽	7691	3186

序号	词语	频次	文本数
7339	驾驶证	7690	3086
7340	细心	7686	7051
7341	剧目	7685	3991
7342	寒冷	7684	6110
7343	锌	7684	2964
7344	居家	7683	4424
7345	童年	7682	5380
7346	侦破	7682	5185
7347	召集	7681	6841
7348	搞好	7676	5861
7349	动画片	7674	3829
7350	雕塑	7674	3938
7351	有名	7673	6795
7352	折腾	7670	5630
7353	多样	7670	7038
7354	盔司	7668	2864
7355	人民政府	7667	4168
7356	剧烈	7664	6629
7357	出路	7663	6431
7358	对付	7662	6494
7359	书画	7662	3528
7360	水上	7658	4430
7361	视察	7656	4804
7362	中国银行	7656	4617
7363	挽救	7654	6237
7364	行政部门	7653	4623
7365	学子	7651	4809
7366	保证金	7650	3735
7367	撰文	7650	7053
7368	蚕	7649	5634
7369	女朋友	7649	4994
7370	屡屡	7648	7082
7371	县长	7647	3713
7372	抢眼	7646	7037
7373	凶手	7643	4001
7374	长效	7639	5774
7375	常识	7638	5519
7376	围观	7636	5936
7377	亲情	7636	5484

序号	词语	频次	文本数
7378	案情	7633	5914
7379	阵营	7630	5582
7380	路径	7626	5971
7381	杀害	7626	5133
7382	器材	7624	5006
7383	晨	7623	5237
7384	对口	7621	4206
7385	街上	7620	6411
7386	申请人	7619	3313
7387	发扬	7619	6374
7388	生病	7619	6173
7389	联播	7618	3140
7390	伴随	7617	7049
7391	犹如	7616	7025
7392	人寿	7616	3122
7393	口味	7615	5500
7394	承接	7615	5615
7395	动机	7614	5969
7396	弹性	7614	5538
7397	黑马	7614	5405
7398	薪水	7613	5115
7399	公顷	7610	3930
7400	废墟	7606	4028
7401	工业化	7605	4914
7402	普通人	7605	6360
7403	助手	7605	5692
7404	开采	7602	4016
7405	黑社会	7602	2465
7406	营业执照	7601	3394
7407	建行	7601	3470
7408	中小学生	7600	4921
7409	欣慰	7597	7118
7410	城市化	7595	4323
7411	警官	7594	4677
7412	累积	7593	6211
7413	匹	7590	4351
7414	延期	7589	4557
7415	卧室	7589	4905
7416	危	7586	5117

序号	词语	频次	文本数
7417	正值	7585	7251
7418	自有	7583	6018
7419	译	7583	4197
7420	参照	7579	6745
7421	良性	7579	6553
7422	歧视	7578	3644
7423	自民党	7577	1513
7424	安心	7576	6469
7425	保卫	7574	5515
7426	挣扎	7572	6711
7427	红灯	7565	4432
7428	催	7562	5316
7429	龄	7561	4358
7430	灭	7561	5297
7431	捞	7561	4880
7432	新任	7558	6087
7433	跟进	7558	6498
7434	耳朵	7557	5413
7435	网址	7553	5125
7436	面部	7553	5072
7437	山上	7552	4870
7438	裙	7552	4988
7439	靓	7550	5132
7440	分化	7548	5619
7441	火锅	7547	3002
7442	每当	7546	6894
7443	脚下	7546	6530
7444	无偿	7544	4681
7445	三等奖	7542	5562
7446	转播	7537	4584
7447	清除	7537	5975
7448	女王	7536	3655
7449	每位	7534	6676
7450	达标	7534	5067
7451	放宽	7530	5393
7452	放到	7529	6803
7453	全长	7528	5738
7454	黑暗	7528	5536
7455	铅	7528	2803

序号	词语	频次	文本数
7456	育	7525	4208
7457	存量	7524	4010
7458	供应量	7520	4854
7459	大人	7518	5476
7460	鸣	7515	5200
7461	风电	7514	2072
7462	乐园	7514	4356
7463	世人	7512	6701
7464	上阵	7512	6672
7465	己	7510	6348
7466	噪音	7509	4585
7467	不景气	7507	6446
7468	全国人大常委会	7507	4737
7469	法学	7507	3202
7470	扭矩	7506	4660
7471	感人	7506	6338
7472	成名	7501	5954
7473	捷克	7498	3897
7474	事物	7498	6114
7475	民工	7498	3473
7476	选出	7495	6375
7477	加紧	7494	6714
7478	钱包	7493	4022
7479	个案	7493	5162
7480	赞	7489	6075
7481	闲	7487	6107
7482	为准	7485	7091
7483	震	7481	5428
7484	迄今为止	7481	7059
7485	实录	7481	5643
7486	媳妇	7479	4230
7487	杀死	7476	5186
7488	精华	7476	5052
7489	收缩	7475	5600
7490	款项	7475	5546
7491	长久	7470	6849
7492	外长	7468	4285
7493	滴	7467	5360

序号	词语	频次	文本数
7494	朵	7466	5168
7495	多方面	7465	7120
7496	莲花	7462	3561
7497	入门	7461	4517
7498	脉	7460	5096
7499	出庭	7459	4205
7500	前段	7459	6986
7501	颠覆	7458	5997
7502	满意度	7457	3959
7503	巧妙	7456	6831
7504	打听	7456	6546
7505	艺术品	7454	3893
7506	入市	7452	4950
7507	保值	7450	4439
7508	长度	7450	5880
7509	量刑	7449	2745
7510	停放	7448	4768
7511	月末	7447	5172
7512	办公楼	7446	4356
7513	品位	7441	5706
7514	射手	7441	4970
7515	纪委	7441	3916
7516	租借	7431	3828
7517	忌	7430	4230
7518	越是	7428	5277
7519	遇难者	7428	3884
7520	沟	7427	4404
7521	右手	7423	5533
7522	二氧化碳	7423	3647
7523	博览会	7423	4032
7524	可怜	7420	6473
7525	扛	7419	6105
7526	兼顾	7416	6629
7527	逆	7415	5827
7528	蓝筹股	7415	3936
7529	车位	7415	2876
7530	渔船	7415	2657

序号	词语	频次	文本数
7531	中西部	7412	4651
7532	晕	7410	5729
7533	勾	7410	5693
7534	凤	7407	3575
7535	斜	7404	5424
7536	界定	7401	5352
7537	进出	7398	6073
7538	泉	7397	3720
7539	挪用	7395	3403
7540	蟹	7394	2173
7541	暂行	7393	4637
7542	会同	7392	6205
7543	楼上	7389	5226
7544	产值	7389	4750
7545	抛售	7387	4704
7546	勇士	7386	3744
7547	国学	7379	2062
7548	云集	7379	6757
7549	隆	7379	4163
7550	偷偷	7378	6599
7551	充实	7374	6515
7552	采集	7372	4905
7553	食堂	7371	4232
7554	起草	7370	5063
7555	日军	7369	2400
7556	财年	7367	3505
7557	荒	7366	4128
7558	溢价	7365	3886
7559	扩建	7363	4774
7560	赖	7362	4068
7561	异议	7361	5492
7562	流向	7361	5522
7563	捅	7358	4516
7564	一经	7357	6721
7565	互信	7356	4462
7566	父子	7356	4290
7567	卖淫	7355	1886
7568	凑	7355	6281
7569	麻将	7354	2550

序号	词语	频次	文本数
7570	报收	7352	4748
7571	无意	7351	6651
7572	顺序	7351	5934
7573	案子	7350	4488
7574	忧虑	7347	6355
7575	房地产业	7347	4300
7576	雷达	7345	4023
7577	裤	7345	4707
7578	善良	7345	5983
7579	相比之下	7345	6991
7580	角球	7344	3518
7581	据称	7342	6771
7582	拎	7342	4682
7583	热带	7341	4095
7584	盼	7340	6274
7585	射击	7340	4090
7586	广电	7339	3074
7587	头衔	7339	5818
7588	冯	7337	2890
7589	代理人	7337	3895
7590	境	7335	4012
7591	严密	7334	6504
7592	县委	7332	3437
7593	制药	7332	3761
7594	比起	7331	6848
7595	不料	7326	6779
7596	球衣	7325	3903
7597	动摇	7325	5860
7598	私下	7325	6528
7599	麻	7322	4169
7600	绿地	7322	3758
7601	要	7318	5559
7602	名片	7317	5194
7603	归还	7316	4473
7604	占领	7311	5596
7605	不难	7310	6924
7606	洪水	7309	3451
7607	屋顶	7308	4342
7608	脆弱	7306	6291

序号	词语	频次	文本数
7609	千年	7306	5241
7610	疏导	7305	5583
7611	强奸	7304	3089
7612	交管	7303	4003
7613	国务卿	7303	4686
7614	多头	7301	4557
7615	枪击	7301	2773
7616	熬	7300	5747
7617	封锁	7298	5637
7618	抬头	7298	6391
7619	制片人	7296	4835
7620	倡议	7295	4987
7621	让利	7293	4549
7622	中欧	7288	2283
7623	迈出	7285	6592
7624	药店	7284	2577
7625	卧	7283	4940
7626	收支	7282	4315
7627	杭	7282	4336
7628	分流	7281	5058
7629	图解	7281	4401
7630	办事处	7281	4502
7631	样本	7278	4869
7632	跪	7277	4178
7633	烟草	7275	1890
7634	活泼	7273	6511
7635	羡慕	7273	6338
7636	公益性	7271	4613
7637	供需	7271	5060
7638	卡片	7269	3520
7639	按时	7266	6164
7640	筹划	7266	4869
7641	供暖	7264	1925
7642	抢断	7262	4532
7643	活塞	7261	2970
7644	领土	7260	4315
7645	配售	7260	2710
7646	参与者	7255	5910
7647	救护车	7254	4841
7648	外表	7254	6397
7649	热身	7252	5277
7650	赌场	7252	2044
7651	充电	7249	3944
7652	实实在在	7249	6677
7653	河道	7249	3292
7654	甩	7248	5653
7655	集会	7244	3658
7656	风力	7244	4297
7657	出差	7243	5470
7658	揭秘	7241	6018
7659	发烧	7239	4666
7660	出入	7237	6257
7661	缩减	7235	5924
7662	平手	7232	1794
7663	扯	7231	5957
7664	底盘	7231	4607
7665	煤气	7230	3194
7666	实事	7229	5021
7667	左手	7228	5345
7668	以至于	7226	6822
7669	土壤	7226	4906
7670	水资源	7223	3008
7671	品尝	7223	5744
7672	造就	7221	6373
7673	传真	7221	4808
7674	帝	7220	3604
7675	楼梯	7218	4509
7676	盘点	7218	5710
7677	会所	7216	3979
7678	仲裁	7216	2733
7679	积分榜	7216	5222
7680	派遣	7215	4606
7681	乒	7214	2585
7682	火炬	7213	2890
7683	主攻	7212	4227
7684	预示	7211	6545
7685	念头	7208	6469
7686	怎么会	7208	6462

序号	词语	频次	文本数
7687	居委会	7206	3525
7688	卢	7206	3374
7689	荷	7205	3983
7690	税率	7204	3438
7691	血管	7200	3734
7692	A 股市场	7199	4956
7693	家用	7198	5162
7694	高峰期	7198	6029
7695	开赛	7196	6211
7696	乙	7195	3865
7697	月亮	7195	3422
7698	吵	7193	5253
7699	专科	7192	4111
7700	逃避	7192	5941
7701	不准	7191	5309
7702	小鸟	7190	3131
7703	起伏	7190	6342
7704	自助	7188	3506
7705	供求	7184	5263
7706	有色	7183	4679
7707	店主	7182	3809
7708	位列	7182	6099
7709	东道主	7174	5259
7710	步行	7174	5420
7711	前沿	7173	5794
7712	付费	7172	4004
7713	干旱	7170	3522
7714	最高人民法院	7170	4163
7715	府	7170	4165
7716	模样	7166	6432
7717	安全法	7165	3083
7718	华北	7165	4140
7719	文献	7164	3823
7720	盛典	7162	4238
7721	设在	7159	6496
7722	不然	7156	6799
7723	音响	7155	4980
7724	称之为	7155	6549

序号	词语	频次	文本数
7725	鑫	7155	2873
7726	离职	7155	3933
7727	不可避免	7155	6663
7728	填补	7155	6374
7729	一时间	7154	6840
7730	脱颖而出	7153	6702
7731	加班	7149	4132
7732	道具	7148	4558
7733	伤口	7145	4612
7734	领军	7144	6037
7735	迫使	7142	6589
7736	世乒赛	7141	1959
7737	旺盛	7141	6464
7738	犯罪分子	7141	4180
7739	缅甸	7139	2428
7740	索要	7137	5523
7741	钓鱼	7135	2739
7742	出生于	7134	6471
7743	口袋	7134	5456
7744	偶	7134	4363
7745	默默	7133	6265
7746	技	7132	4797
7747	害	7132	5938
7748	范	7132	3282
7749	货运	7131	3602
7750	充当	7130	6420
7751	时隔	7128	6598
7752	胡同	7126	2526
7753	全会	7124	3112
7754	诺	7123	4328
7755	透支	7122	3836
7756	孟	7120	3395
7757	负债	7119	4660
7758	协定	7119	3650
7759	粥	7116	2752
7760	该国	7113	5493
7761	脾气	7108	5612
7762	化石	7108	1798
7763	午后	7106	5478

序号	词语	频次	文本数
7764	失控	7105	5572
7765	日趋	7099	6597
7766	惠民	7097	4555
7767	连连	7096	6526
7768	台币	7095	3478
7769	中国证监会	7093	4077
7770	树木	7093	4368
7771	短缺	7093	5517
7772	跳舞	7090	4875
7773	渔民	7088	2572
7774	吻	7087	3933
7775	间谍	7086	2787
7776	现已	7086	6358
7777	法网	7085	3568
7778	选用	7082	5639
7779	心思	7081	6461
7780	主观	7081	5385
7781	狮	7079	3277
7782	葡萄牙	7079	3939
7783	连日来	7078	6536
7784	首饰	7078	3787
7785	光伏	7077	1606
7786	郊区	7076	5104
7787	左路	7076	3488
7788	工作室	7072	4117
7789	破裂	7070	5196
7790	原理	7069	5476
7791	俄方	7069	2954
7792	金色	7068	4986
7793	孙子	7066	4260
7794	年限	7066	4516
7795	过关	7064	5823
7796	罚球	7064	4073
7797	话费	7063	2800
7798	臭	7063	4393
7799	首播	7062	3693
7800	议论	7061	6153
7801	连夜	7061	6065
7802	温室	7061	3563
7803	停赛	7060	3183
7804	调度	7060	4833
7805	饮	7058	5087
7806	平局	7058	3873
7807	致辞	7058	4866
7808	净化	7055	4853
7809	闯入	7054	5882
7810	船上	7052	4377
7811	坍塌	7046	3322
7812	军舰	7045	3143
7813	养成	7045	5851
7814	主意	7044	6361
7815	步骤	7044	5972
7816	抽签	7044	3415
7817	心得	7044	5897
7818	天文	7044	2791
7819	地毯	7039	4755
7820	后排	7039	4379
7821	严谨	7038	6134
7822	分局	7038	4412
7823	违约	7035	3842
7824	征地	7035	3420
7825	陷阱	7034	4688
7826	早餐	7034	3735
7827	将要	7034	6653
7828	诗歌	7033	3199
7829	割	7033	4557
7830	宣言	7032	4576
7831	全力以赴	7031	6188
7832	做生意	7031	5738
7833	量化	7026	4498
7834	配送	7024	4180
7835	汇聚	7022	6334
7836	饱	7018	5447
7837	职员	7017	5242
7838	梦幻	7016	4947
7839	服刑	7014	2455
7840	目	7013	5105
7841	捐献	7011	3126

序号	词语	频次	文本数
7842	市级	7007	4876
7843	重任	7007	6441
7844	裁决	7007	3936
7845	鲁迅	7006	2166
7846	天籁	7003	2834
7847	忠诚	7002	5060
7848	搜寻	7001	4582
7849	鸭	7001	3409
7850	六大	6999	5609
7851	停靠	6997	4434
7852	化妆	6997	4673
7853	坦克	6995	2808
7854	乐团	6994	2665
7855	本着	6993	6490
7856	辞	6991	5016
7857	校区	6989	3480
7858	晋	6987	4142
7859	鼻子	6986	5121
7860	置换	6985	3692
7861	尽力	6983	6502
7862	冲刺	6981	5386
7863	亿万	6980	4972
7864	祝	6979	4977
7865	三峡	6979	2620
7866	引爆	6977	5558
7867	锂	6975	3852
7868	作弊	6975	1968
7869	中央政府	6974	4156
7870	代言人	6974	4745
7871	高龄	6973	5637
7872	飞往	6972	5487
7873	甘	6972	4533
7874	逃逸	6972	3242
7875	落地	6970	5734
7876	平日	6969	5972
7877	紧接着	6969	6567
7878	筑	6967	5316
7879	荣	6965	4599
7880	嫌犯	6964	4086

序号	词语	频次	文本数
7881	坡	6963	4378
7882	演技	6963	4888
7883	租售	6961	1559
7884	匆匆	6961	6373
7885	节假日	6960	5183
7886	一眼	6959	6298
7887	全天	6955	5489
7888	寂寞	6954	4816
7889	落幕	6952	6064
7890	落网	6948	5241
7891	外线	6946	4312
7892	超大	6945	5539
7893	凶	6945	4893
7894	初衷	6945	6358
7895	强有力	6944	6475
7896	挂号	6944	1463
7897	指挥部	6944	4338
7898	行贿	6942	2514
7899	万一	6939	6125
7900	多天	6938	6079
7901	排练	6938	4332
7902	同情	6937	5569
7903	巷	6934	4253
7904	节前	6932	4590
7905	细菌	6932	3629
7906	不慎	6931	5787
7907	鼎	6931	4460
7908	救人	6928	4242
7909	不住	6928	6496
7910	中队	6927	3921
7911	认罪	6927	3732
7912	草原	6927	3136
7913	制服	6927	4893
7914	便于	6925	6362
7915	过户	6924	2999
7916	灵通	6924	2544
7917	高原	6924	3883
7918	自治	6921	3044
7919	年会	6919	3593

序号	词语	频次	文本数
7920	永久	6919	4992
7921	奥地利	6919	4157
7922	奉	6917	5962
7923	军官	6916	3882
7924	带到	6914	6420
7925	柱	6913	4378
7926	起床	6912	5766
7927	叔叔	6912	4103
7928	全额	6911	4822
7929	公关	6910	4455
7930	虾	6908	3035
7931	黎	6907	2969
7932	禽流感	6906	2088
7933	直径	6905	5259
7934	无辜	6905	4914
7935	秒钟	6903	5649
7936	徘徊	6902	6282
7937	山体	6901	3113
7938	调查组	6899	3667
7939	校方	6899	4027
7940	金融业	6899	4184
7941	翔	6899	3291
7942	增长点	6895	5781
7943	全文	6894	4924
7944	疲软	6893	5696
7945	纹	6892	3890
7946	取出	6892	5246
7947	耳机	6891	4654
7948	放映	6891	3924
7949	灌	6889	4827
7950	蝴蝶	6889	3518
7951	诊疗	6885	3802
7952	键	6884	4581
7953	高大	6881	5807
7954	著作	6879	4558
7955	递	6875	5420
7956	期末	6875	2345
7957	传输	6870	4761
7958	风貌	6869	5504

序号	词语	频次	文本数
7959	贺岁	6867	3388
7960	铲	6866	4305
7961	冠军杯	6865	2639
7962	电源	6864	4547
7963	繁忙	6862	6066
7964	超额	6859	4632
7965	林业	6856	2684
7966	陈述	6856	4515
7967	应聘	6856	4291
7968	变速器	6855	3399
7969	卖家	6855	2559
7970	慎重	6854	6037
7971	包裹	6849	4730
7972	总会	6849	6269
7973	抛弃	6849	5836
7974	翠	6846	3601
7975	外语	6846	3797
7976	促成	6844	6214
7977	故乡	6843	4856
7978	彩色	6841	4960
7979	供热	6840	1593
7980	风雨	6840	5631
7981	阵地	6839	4890
7982	手感	6835	5681
7983	膝盖	6834	4803
7984	惟一	6830	5898
7985	捂	6829	4484
7986	抵抗	6826	5507
7987	亭	6824	3453
7988	假日	6822	4277
7989	汁	6822	3427
7990	回馈	6821	5283
7991	兴建	6821	5512
7992	入手	6819	6175
7993	闭幕	6819	5094
7994	任期	6815	4661
7995	旱情	6814	2373
7996	质检	6814	3553
7997	两边	6813	5928

序号	词语	频次	文本数
7998	负于	6811	5277
7999	车速	6809	4790
8000	缓	6809	5704
8001	估算	6809	5951
8002	固然	6808	6381
8003	里程	6806	3935
8004	愁	6806	5604
8005	规避	6805	5552
8006	盛会	6797	5337
8007	温柔	6790	5202
8008	全局	6790	5536
8009	巡回	6790	4739
8010	宴	6789	3970
8011	一揽子	6788	4705
8012	撬	6788	4312
8013	登山	6787	2968
8014	小于	6786	5369
8015	枪手	6782	3276
8016	全县	6779	3912
8017	梳理	6778	5975
8018	协同	6777	5414
8019	农家	6777	4027
8020	高点	6776	5192
8021	海内外	6775	5607
8022	全过程	6774	5929
8023	兴起	6774	6069
8024	暴涨	6772	5070
8025	流浪	6771	2968
8026	剧照	6771	4772
8027	滞后	6769	5753
8028	劝说	6769	5508
8029	班子	6767	4782
8030	常态	6767	5533
8031	桌子	6766	5507
8032	当月	6764	5175
8033	范畴	6764	5993
8034	尺	6763	4805
8035	入股	6762	3904
8036	来回	6762	6116
8037	数万	6761	5931
8038	判罚	6759	4019
8039	滑坡	6759	4115
8040	还原	6758	5577
8041	走红	6756	5406
8042	搬家	6752	3305
8043	首家	6752	5729
8044	海拔	6752	4286
8045	撞击	6751	3846
8046	知识分子	6750	3776
8047	黎明	6749	3038
8048	保时	6748	1986
8049	棉	6747	3254
8050	引人注目	6747	6545
8051	脏	6744	4983
8052	主人公	6743	5278
8053	缴获	6743	4302
8054	戒指	6742	3435
8055	往事	6740	5438
8056	伸出	6736	6115
8057	人流	6734	5198
8058	解散	6733	3998
8059	动工	6732	4866
8060	简化	6732	5063
8061	市内	6731	5301
8062	效	6729	5076
8063	贩卖	6726	3556
8064	黄牌	6724	3741
8065	附加	6724	4622
8066	雨水	6719	4387
8067	驳回	6718	4346
8068	烈士	6717	2783
8069	草根	6716	3858
8070	影子	6711	5603
8071	轻薄	6710	3720
8072	悲观	6710	5475
8073	放开	6708	5227
8074	恶性	6706	5216
8075	南极	6705	1706

序号	词语	频次	文本数
8076	歌唱	6700	4746
8077	水利	6698	3959
8078	曲目	6698	4423
8079	争吵	6696	4943
8080	感激	6696	5843
8081	创新型	6696	4117
8082	只得	6694	6115
8083	抵御	6692	5836
8084	爱尔兰	6691	3288
8085	炎	6689	3513
8086	慢性	6689	4017
8087	雄厚	6688	5796
8088	芳	6685	3115
8089	方向盘	6684	4465
8090	板房	6683	2558
8091	轰动	6683	6029
8092	泄露	6679	4201
8093	急于	6675	6108
8094	众所周知	6672	6525
8095	手册	6672	3962
8096	浑身	6669	6029
8097	一角	6669	5853
8098	交出	6667	5529
8099	共建	6666	4540
8100	指向	6666	5901
8101	车头	6665	4681
8102	影迷	6665	4040
8103	逆势	6663	5251
8104	小额	6663	3032
8105	难点	6662	5368
8106	说服	6662	5886
8107	深远	6660	6182
8108	深交所	6660	3166
8109	拼搏	6660	5705
8110	伙	6659	4493
8111	娃	6659	3538
8112	恋情	6659	4277
8113	喜庆	6658	5352
8114	欺诈	6658	3991

序号	词语	频次	文本数
8115	匪	6655	2897
8116	踊跃	6649	6052
8117	脑子	6648	5772
8118	意味	6648	6181
8119	扰	6647	4384
8120	标准化	6647	4294
8121	湿地	6646	2354
8122	社会保险	6645	3363
8123	公牛	6644	2849
8124	一次次	6641	5601
8125	废	6641	4158
8126	岭	6638	3353
8127	人民网	6638	5390
8128	报到	6637	4393
8129	抽奖	6635	4043
8130	终极	6635	4762
8131	伤心	6633	5398
8132	增设	6633	5026
8133	堵塞	6633	4943
8134	遗	6631	3362
8135	亡	6631	5102
8136	删除	6630	4300
8137	艰辛	6627	5870
8138	冻	6625	4501
8139	大户	6625	4787
8140	极度	6623	5933
8141	我军	6620	2627
8142	发型	6619	3222
8143	名气	6615	5783
8144	外科	6612	3727
8145	假设	6612	5122
8146	抵制	6611	5098
8147	通往	6610	5643
8148	好玩	6610	5396
8149	凭证	6608	4207
8150	平面	6608	4346
8151	散户	6604	3243
8152	握手	6604	4983
8153	受访者	6604	2818

序号	词语	频次	文本数
8154	甲级	6603	3388
8155	欧元区	6602	2561
8156	拥挤	6601	5394
8157	发稿	6601	6040
8158	同等	6600	5650
8159	避险	6599	4091
8160	选票	6599	3384
8161	强迫	6599	4515
8162	开发区	6599	3646
8163	宇宙	6595	3300
8164	安检	6594	2785
8165	体质	6589	3970
8166	表述	6589	5361
8167	来源于	6588	5853
8168	出境	6586	3916
8169	专职	6585	4934
8170	抗战	6585	3325
8171	无论如何	6583	6300
8172	少见	6583	6212
8173	类别	6583	5165
8174	违	6581	3051
8175	误解	6581	5329
8176	揭	6577	5417
8177	季节性	6575	4105
8178	小事	6575	5519
8179	怎	6572	5996
8180	诚意	6569	5100
8181	一侧	6569	5209
8182	工作组	6566	4230
8183	女足	6564	2190
8184	干警	6563	3434
8185	考上	6562	4732
8186	扶贫	6562	2678
8187	肠	6561	3405
8188	昂贵	6558	5794
8189	咋	6557	5019
8190	二战	6557	4290
8191	头疼	6555	5947
8192	得不到	6555	6073
8193	柳	6554	3627
8194	筹码	6552	5042
8195	性别	6551	4035
8196	时下	6550	6093
8197	不可思议	6550	6000
8198	隐瞒	6549	4887
8199	架构	6549	4785
8200	礼仪	6544	3958
8201	勉强	6543	6109
8202	善后	6541	4319
8203	追赶	6539	5240
8204	骗取	6536	4408
8205	高薪	6532	3631
8206	向来	6530	6169
8207	扮	6530	4975
8208	全景	6530	4649
8209	仅次于	6529	6067
8210	厨师	6527	3922
8211	机电	6527	3951
8212	良	6526	4405
8213	层层	6524	5872
8214	贵族	6523	4023
8215	向往	6523	5817
8216	助学	6522	2937
8217	去向	6520	5302
8218	逐年	6519	5769
8219	年产	6517	4617
8220	身心	6517	5591
8221	脑袋	6514	5502
8222	判定	6512	5334
8223	语音	6512	3972
8224	华语	6510	3839
8225	微型	6510	3950
8226	故宫	6507	2311
8227	穿过	6507	5765
8228	宿	6506	3657
8229	常用	6505	5560
8230	水晶	6505	3689
8231	变迁	6503	5245

序号	词语	频次	文本数
8232	容纳	6503	5794
8233	准入	6496	4292
8234	接应	6496	3338
8235	财力	6494	5231
8236	来访	6493	5045
8237	蛋白	6492	2941
8238	用电	6491	3265
8239	汇集	6490	6040
8240	稀缺	6488	4761
8241	营业部	6485	2363
8242	交易量	6482	3946
8243	开口	6482	5598
8244	该项	6480	5484
8245	导游	6479	2944
8246	室外	6478	4996
8247	戏曲	6478	3555
8248	劳务	6477	3092
8249	保单	6475	1765
8250	链条	6475	4841
8251	从前	6473	5832
8252	楼价	6473	2846
8253	大米	6472	2759
8254	如期	6470	5654
8255	俊	6468	3419
8256	申诉	6467	3294
8257	陷	6464	5041
8258	滞留	6463	3990
8259	篮下	6461	3872
8260	丽	6461	3505
8261	大跌	6459	4916
8262	高低	6459	5824
8263	大自然	6458	4677
8264	洗澡	6457	4226
8265	浓郁	6457	5756
8266	首脑	6456	4168
8267	战略性	6456	4830
8268	杂	6455	4875
8269	裁	6455	4356
8270	出道	6452	5148

序号	词语	频次	文本数
8271	不仅如此	6449	6162
8272	母公司	6449	3923
8273	倒数	6448	4900
8274	汇款	6447	2924
8275	爱上	6446	5057
8276	积水	6444	3063
8277	球门	6444	4248
8278	郁	6443	5119
8279	永恒	6442	4264
8280	拖累	6442	5408
8281	虽说	6442	5857
8282	输球	6441	5080
8283	细化	6439	5316
8284	文中	6439	5805
8285	羽	6436	3115
8286	星期五	6435	5369
8287	大好	6434	5974
8288	用心	6433	5499
8289	小小	6431	5057
8290	淡季	6428	4368
8291	科学技术	6426	3568
8292	尾声	6424	5859
8293	间隔	6423	3979
8294	双胞胎	6420	2793
8295	逝世	6419	4106
8296	重回	6419	5652
8297	耽误	6416	5661
8298	萧条	6415	4667
8299	支队	6415	3756
8300	场内	6413	5187
8301	二人转	6412	1837
8302	挣钱	6411	5016
8303	退税	6410	2891
8304	双打	6409	3131
8305	难怪	6406	6076
8306	大意	6404	2775
8307	技艺	6403	4116
8308	圣诞节	6403	4031
8309	私家车	6401	4185

序号	词语	频次	文本数
8310	生产商	6401	4782
8311	恰好	6401	6066
8312	立方	6400	2906
8313	曹	6400	2795
8314	蓝天	6400	4418
8315	搜集	6399	5297
8316	冰雪	6399	3624
8317	恐龙	6398	1462
8318	教练员	6396	3928
8319	圆明园	6394	1616
8320	例行	6393	5563
8321	琴	6392	3014
8322	批示	6392	4294
8323	对外开放	6387	4959
8324	枪支	6386	2747
8325	避开	6385	5599
8326	其一	6379	6078
8327	更改	6379	4817
8328	朗	6378	3173
8329	途经	6378	5443
8330	假冒	6377	3447
8331	滋味	6375	5702
8332	多样化	6372	5265
8333	典范	6371	5535
8334	职权	6371	4307
8335	迅猛	6371	5935
8336	压制	6371	5477
8337	诊所	6369	2589
8338	臂	6368	4531
8339	饮用	6367	3651
8340	杠杆	6367	4036
8341	时间表	6364	5281
8342	力求	6363	5892
8343	场外	6359	5148
8344	局限	6358	5854
8345	从容	6355	5617
8346	火车票	6354	2548
8347	荧屏	6353	4732
8348	订购	6350	4861
8349	生源	6350	3289
8350	逾期	6348	3738
8351	普查	6348	2588
8352	印证	6347	6026
8353	缝	6347	4681
8354	愈	6346	3923
8355	光电	6344	2967
8356	经常性	6343	2386
8357	诺贝尔	6343	2970
8358	尽管如此	6341	6169
8359	符号	6340	4464
8360	展区	6338	3130
8361	清明	6333	2864
8362	自制	6331	4339
8363	着重	6329	5845
8364	购票	6327	3702
8365	坝	6327	2749
8366	张贴	6327	4498
8367	地步	6325	5935
8368	情怀	6325	5207
8369	露面	6320	5594
8370	限于	6319	5845
8371	城里	6318	4769
8372	储存	6316	4710
8373	发车	6316	3512
8374	三轮车	6315	2968
8375	他家	6315	5172
8376	生理	6313	4642
8377	遍布	6312	5888
8378	规范化	6309	4671
8379	委内瑞拉	6309	2445
8380	生产能力	6309	4766
8381	指导价	6309	3684
8382	不足以	6306	5875
8383	通告	6306	4142
8384	打下	6303	6014
8385	历来	6301	6001
8386	入驻	6300	4445
8387	国家机关	6298	3989

序号	词语	频次	文本数
8388	激光	6296	3038
8389	赢家	6296	5087
8390	集装箱	6294	2764
8391	重现	6294	5560
8392	监视	6294	3776
8393	当地人	6290	4893
8394	旋律	6290	4662
8395	不能不	6289	5814
8396	高举	6289	5275
8397	互补	6287	5166
8398	总成绩	6286	3014
8399	求职者	6286	2580
8400	构筑	6285	5271
8401	选民	6281	2854
8402	投身	6279	5573
8403	歼	6279	1592
8404	动荡	6278	5286
8405	识	6277	4925
8406	锡	6275	2830
8407	整形	6275	1786
8408	消费税	6272	1998
8409	民用	6269	3940
8410	环卫	6268	2762
8411	交纳	6267	4583
8412	欺骗	6266	4935
8413	管理员	6266	2972
8414	下挫	6263	4791
8415	会面	6260	4423
8416	轰	6257	4459
8417	明明	6256	4704
8418	老汉	6253	1955
8419	不安	6250	5555
8420	卫生间	6249	3859
8421	文化部	6248	3485
8422	升高	6248	5080
8423	手臂	6248	4777
8424	此项	6247	5499
8425	救济	6244	3711
8426	投保	6244	2405

序号	词语	频次	文本数
8427	乐坛	6243	3839
8428	每场	6242	5293
8429	根源	6241	5427
8430	村委会	6239	3043
8431	丰富多彩	6239	5678
8432	详情	6238	5692
8433	笑声	6238	5222
8434	领到	6235	5017
8435	大雪	6235	3543
8436	忽悠	6232	4282
8437	然	6232	5099
8438	航运	6231	3385
8439	整齐	6231	5320
8440	排球	6226	2890
8441	过敏	6225	2562
8442	最先	6225	5795
8443	合成	6224	4266
8444	华诞	6223	4780
8445	文革	6222	3622
8446	捏	6220	4593
8447	折磨	6219	5288
8448	一味	6218	5634
8449	持久	6217	5479
8450	失事	6215	2191
8451	游玩	6214	5031
8452	寺	6212	2930
8453	辩论	6211	3864
8454	事主	6210	2365
8455	高空	6210	4256
8456	标语	6209	4111
8457	烦	6208	4896
8458	源自	6207	5700
8459	彩车	6206	1069
8460	疑惑	6206	5647
8461	绝望	6205	4938
8462	含义	6205	5392
8463	专人	6205	5495
8464	灭火	6205	3598
8465	棉花	6205	2342

序号	词语	频次	文本数
8466	赶快	6204	5381
8467	豆腐	6204	2890
8468	巢	6202	3555
8469	高尔夫球	6201	3082
8470	少有	6200	5949
8471	用工	6199	3201
8472	获救	6197	3940
8473	民心	6196	4224
8474	担负	6196	5419
8475	贪	6194	4136
8476	逐一	6191	5694
8477	接力	6189	3904
8478	看作	6189	5666
8479	托管	6188	2973
8480	老鹰	6188	2853
8481	边上	6187	5471
8482	上当	6187	4817
8483	推测	6187	5192
8484	午餐	6186	3893
8485	可观	6186	5825
8486	瘫痪	6185	4037
8487	笑话	6185	4974
8488	男士	6185	3862
8489	私营	6183	4000
8490	党建	6182	2099
8491	盘面	6180	4663
8492	折射	6179	5469
8493	函	6175	3722
8494	起初	6175	5890
8495	楚	6171	4764
8496	绣	6171	2335
8497	义工	6171	2121
8498	机上	6170	3980
8499	白云	6165	3953
8500	遗留	6165	4781
8501	区长	6161	3580
8502	征服	6158	4912
8503	花卉	6154	2917
8504	途	6154	3449

序号	词语	频次	文本数
8505	矿工	6152	2167
8506	功率	6152	4304
8507	人行道	6148	3496
8508	护栏	6148	3148
8509	大功率	6146	4598
8510	跃	6143	3641
8511	亲手	6141	5411
8512	体操	6141	2754
8513	力气	6139	5547
8514	中行	6137	2794
8515	描绘	6137	5394
8516	地道	6135	4260
8517	娶	6134	4298
8518	逃生	6132	3461
8519	标杆	6131	4716
8520	收费站	6130	2556
8521	击中	6130	4761
8522	勤	6124	4394
8523	水分	6123	4132
8524	帕	6122	3066
8525	委屈	6120	5069
8526	而后	6120	5547
8527	腹	6119	4304
8528	秘	6119	4524
8529	香烟	6118	3110
8530	这天	6118	5146
8531	冒充	6117	3825
8532	就近	6115	5058
8533	饼	6115	2854
8534	染	6114	4872
8535	无不	6114	5700
8536	崇高	6113	4674
8537	出征	6111	4710
8538	大海	6109	4073
8539	款式	6108	4422
8540	廉价	6108	4742
8541	基数	6108	4075
8542	雕	6108	3503
8543	关切	6105	5177

序号	词语	频次	文本数
8544	阻挡	6103	5462
8545	外商	6100	3385
8546	展馆	6098	3254
8547	星级	6098	3561
8548	过错	6097	3587
8549	积蓄	6096	5189
8550	便民	6095	3742
8551	创造性	6095	5173
8552	挥	6094	5208
8553	大师赛	6092	2916
8554	更名	6092	4183
8555	首创	6091	4930
8556	真情	6090	4858
8557	前台	6089	3248
8558	打印	6089	3715
8559	前任	6086	5122
8560	每桶	6085	2945
8561	缸	6084	3876
8562	嘴里	6084	5365
8563	勇于	6084	5152
8564	著称	6081	5848
8565	开拍	6081	4818
8566	车库	6080	2714
8567	越野	6078	2764
8568	奢侈	6077	4439
8569	巧克力	6076	2985
8570	昏迷	6074	4122
8571	红旗	6073	3379
8572	见面会	6072	4066
8573	佣金	6072	2305
8574	省钱	6070	4226
8575	摩擦	6067	4298
8576	公车	6066	1899
8577	听见	6066	5213
8578	五星级	6063	4259
8579	最高法院	6063	2903
8580	世界级	6062	4976
8581	三期	6057	3890
8582	相遇	6056	5076

序号	词语	频次	文本数
8583	水域	6056	3758
8584	扳平	6055	4805
8585	简洁	6055	5253
8586	威力	6053	5081
8587	核电	6053	1779
8588	公办	6052	2486
8589	复合	6052	4012
8590	择	6051	3090
8591	入口	6048	4721
8592	赔付	6048	3087
8593	提速	6048	4724
8594	霜	6048	3340
8595	器械	6047	3650
8596	挽回	6045	5422
8597	抢占	6045	5286
8598	投行	6045	2941
8599	执业	6045	2636
8600	揭示	6044	4930
8601	处以	6043	4712
8602	动物园	6042	2806
8603	农奴	6041	953
8604	曲线	6038	4581
8605	彩排	6038	3216
8606	安理会	6037	2031
8607	多重	6034	5399
8608	入侵	6033	4039
8609	中资	6033	3063
8610	欢	6032	4177
8611	动向	6032	5315
8612	增值税	6028	2905
8613	热火	6027	2552
8614	红包	6025	3071
8615	摧毁	6025	4850
8616	黑人	6023	3147
8617	尊敬	6021	5059
8618	长官	6019	3030
8619	退还	6019	4219
8620	文化节	6018	2814
8621	苗	6018	2924

序号	词语	频次	文本数
8622	饿	6017	4570
8623	代理商	6016	3200
8624	报刊	6015	3840
8625	本色	6015	4727
8626	鲨鱼	6013	2481
8627	资格赛	6011	3038
8628	经受	6011	5576
8629	书店	6010	2960
8630	惊奇	6008	4688
8631	辩护	6008	3860
8632	围墙	6007	3329
8633	章程	6006	2826
8634	悠久	6006	5536
8635	那年	6006	5222
8636	日程	6005	5245
8637	旋转	6004	4419
8638	联欢	6002	3145
8639	所得税	6000	2860
8640	燃放	5998	2077
8641	激活	5998	4377
8642	三方	5997	4166
8643	综合治理	5997	3495
8644	收拾	5997	5191
8645	巡视	5996	2618
8646	海水	5996	3240
8647	完税	5993	779
8648	骗局	5992	3286
8649	直线	5992	5301
8650	使馆	5990	3391
8651	变相	5987	4828
8652	牢	5986	4489
8653	面包	5984	3623
8654	绝杀	5984	3897
8655	集聚	5981	4079
8656	整天	5981	5405
8657	美金	5980	3685
8658	微调	5980	3505
8659	猴	5979	2248
8660	捕捉	5979	5062
8661	进城	5978	3765
8662	房东	5978	2497
8663	前辈	5974	5056
8664	换上	5972	5297
8665	抢走	5972	4610
8666	半岛	5972	3266
8667	难受	5971	5044
8668	证人	5970	3323
8669	蹲	5969	4646
8670	实况	5969	2174
8671	坚定不移	5964	4458
8672	日内	5964	3873
8673	有毒	5964	3689
8674	五星	5963	2502
8675	冷门	5961	3921
8676	年年	5960	4680
8677	矿产	5959	3332
8678	阿拉伯	5958	3066
8679	渤海	5958	3256
8680	堪	5955	5024
8681	不好意思	5954	5304
8682	单价	5953	3965
8683	板凳	5951	4473
8684	魂	5951	4325
8685	巡查	5951	4284
8686	总收入	5950	4236
8687	一大早	5950	5534
8688	打通	5949	4652
8689	修养	5948	4208
8690	护照	5948	3109
8691	禅	5947	3013
8692	急性	5947	3824
8693	极致	5946	4931
8694	分管	5946	4515
8695	降落	5945	3730
8696	重量级	5944	5291
8697	振荡	5944	3087
8698	不论是	5943	5573
8699	政委	5942	3604

序号	词语	频次	文本数
8700	干燥	5942	3927
8701	小企业	5940	2852
8702	战斗力	5940	4368
8703	震动	5938	4806
8704	售出	5937	4775
8705	尽情	5936	5399
8706	包袱	5935	4613
8707	年均	5935	4186
8708	登台	5934	4957
8709	巧合	5934	5150
8710	踏实	5933	5297
8711	个个	5932	5452
8712	高层次	5932	3472
8713	主营业务	5932	4100
8714	体育场	5932	3895
8715	市场占有率	5931	4498
8716	叠	5930	4258
8717	核试验	5929	1689
8718	一般来说	5927	5479
8719	经济效益	5927	4873
8720	陶	5926	2303
8721	借贷	5925	3094
8722	相连	5924	5320
8723	专业化	5924	4618
8724	中原	5922	3726
8725	各省	5920	4635
8726	紧缩	5918	4262
8727	缺点	5914	4608
8728	舱	5913	3022
8729	参股	5911	3680
8730	催生	5911	5109
8731	帐篷	5910	3182
8732	小伙	5909	3926
8733	千方百计	5907	4977
8734	自律	5907	4066
8735	沙滩	5907	3307
8736	饲料	5905	2534
8737	绘	5905	4369
8738	清单	5904	3491

序号	词语	频次	文本数
8739	能耗	5904	3619
8740	指令	5903	4596
8741	半月	5903	4788
8742	电缆	5903	2631
8743	奔腾	5901	2320
8744	摊位	5901	3209
8745	二审	5900	3063
8746	不堪	5900	5438
8747	动人	5899	5289
8748	用药	5899	3219
8749	区分	5898	4966
8750	证照	5898	2331
8751	美景	5897	4661
8752	内衣	5897	2588
8753	华商	5895	1791
8754	三轮	5895	4058
8755	得意	5894	5415
8756	醒目	5892	5435
8757	班长	5892	3404
8758	有的是	5891	3916
8759	挨	5890	5046
8760	特种	5889	2897
8761	何种	5888	5506
8762	增量	5887	4147
8763	名次	5887	4393
8764	实效	5886	4598
8765	烫	5884	4382
8766	浪潮	5883	4167
8767	碎片	5879	3176
8768	艺术节	5876	2476
8769	宽容	5876	4467
8770	奋力	5875	5323
8771	部件	5875	4210
8772	不成	5874	5310
8773	交涉	5873	4628
8774	东家	5873	4514
8775	近乎	5872	5466
8776	口头	5870	4811
8777	触及	5869	4807

序号	词语	频次	文本数
8778	大为	5868	5300
8779	美味	5867	4136
8780	个人所得税	5866	2200
8781	友人	5864	4363
8782	流转	5863	2576
8783	分割	5862	3792
8784	策	5861	4736
8785	一对一	5859	4446
8786	非凡	5858	5091
8787	落下	5857	5368
8788	战平	5856	4148
8789	忍受	5855	5213
8790	区政府	5852	3679
8791	祝愿	5852	4861
8792	非正式	5850	5141
8793	探测	5850	2940
8794	咽	5849	3855
8795	轻轻	5848	5226
8796	生产力	5848	4020
8797	病床	5845	4338
8798	屋内	5844	4303
8799	月薪	5844	3360
8800	低廉	5841	5207
8801	女郎	5841	3578
8802	谋划	5840	4902
8803	断裂	5839	4186
8804	一如既往	5839	5453
8805	旅馆	5839	3290
8806	属实	5838	5029
8807	缺阵	5838	4523
8808	倒计时	5837	4333
8809	望远镜	5837	2106
8810	晃	5835	4396
8811	毛利率	5834	3013
8812	兴奋剂	5833	2131
8813	后备	5831	3745
8814	蔡	5830	2534
8815	梯队	5830	2570
8816	上路	5829	4370
8817	词汇	5828	4056
8818	高尚	5828	4501
8819	白银	5828	2830
8820	竞聘	5821	1698
8821	小孩子	5821	4709
8822	熟练	5820	4679
8823	商贸	5820	4108
8824	确切	5819	5418
8825	端午节	5818	2546
8826	女双	5817	2860
8827	判刑	5817	4510
8828	顺畅	5816	5213
8829	沙漠	5812	2976
8830	地产股	5812	2985
8831	暴发	5810	3462
8832	接入	5808	3159
8833	跑道	5808	3244
8834	佛教	5807	2303
8835	节水	5806	2358
8836	不及	5806	5393
8837	开行	5805	2476
8838	大典	5804	2711
8839	丢掉	5801	5000
8840	农药	5801	2727
8841	前行	5797	5183
8842	椅子	5795	4280
8843	超速	5794	2917
8844	天涯	5793	3261
8845	上届	5793	4335
8846	党风	5793	2456
8847	减产	5792	3252
8848	高职	5792	2108
8849	爆竹	5788	1722
8850	宽敞	5788	5082
8851	纤维	5783	3274
8852	初级	5783	4293
8853	出众	5783	5321
8854	改版	5780	2885
8855	惨	5780	5110

序号	词语	频次	文本数
8856	肤	5777	2757
8857	普通话	5776	3530
8858	粘	5776	4086
8859	口腔	5775	2441
8860	着实	5773	5598
8861	音频	5773	3650
8862	里头	5773	3156
8863	海底	5772	2711
8864	白棋	5771	1287
8865	说明书	5770	3576
8866	中医药	5770	1735
8867	血压	5769	3225
8868	会议室	5768	3578
8869	助阵	5767	4760
8870	罪犯	5765	2950
8871	管理费	5761	3059
8872	省区	5757	4073
8873	卡通	5757	3587
8874	搭乘	5756	4715
8875	井喷	5755	3984
8876	酒楼	5755	2406
8877	停火	5755	1672
8878	城南	5751	2638
8879	主旋律	5750	3908
8880	想不到	5747	5250
8881	分量	5745	5157
8882	劣势	5744	4948
8883	心声	5743	5190
8884	光线	5743	3921
8885	研究所	5742	4163
8886	仿	5739	3112
8887	牢固	5739	5022
8888	长三角	5738	3231
8889	独有	5737	5261
8890	开门红	5736	4314
8891	党组	5736	3725
8892	机动	5735	3461
8893	吸取	5735	5274
8894	关节	5731	2583

序号	词语	频次	文本数
8895	显示器	5731	2735
8896	制作人	5730	4105
8897	数目	5730	5064
8898	做人	5729	4557
8899	溪	5727	3010
8900	制成	5725	4844
8901	难过	5724	4938
8902	受审	5724	3892
8903	家政	5722	1716
8904	店面	5721	3879
8905	屋里	5721	4620
8906	轿	5721	2945
8907	时节	5718	4950
8908	开除	5717	3330
8909	音乐剧	5717	2199
8910	童话	5715	3633
8911	散步	5715	4443
8912	在职	5715	3847
8913	抢修	5713	3002
8914	头痛	5713	4457
8915	来不及	5711	5306
8916	经济区	5711	1986
8917	牙齿	5711	2803
8918	尊贵	5710	4152
8919	搅	5709	4806
8920	政务	5709	3342
8921	备忘录	5708	3402
8922	诸	5706	4690
8923	市面	5706	4950
8924	这样一来	5705	5418
8925	扑灭	5705	4107
8926	牛肉	5703	2591
8927	毛病	5703	4711
8928	开放式	5703	4103
8929	神州	5700	2996
8930	倾听	5698	4832
8931	玩笑	5697	4775
8932	葡萄	5695	2073
8933	中途	5695	5027

序号	词语	频次	文本数
8934	艰巨	5692	5198
8935	治愈	5692	4147
8936	铁道部	5692	2618
8937	反腐倡廉	5691	2241
8938	开阔	5689	5057
8939	出厂	5688	3616
8940	邮票	5688	1497
8941	全资	5688	3400
8942	奢侈品	5687	2781
8943	信赖	5686	4942
8944	中性	5684	3706
8945	抗日	5684	2452
8946	妥协	5683	4481
8947	猜想	5683	3884
8948	终点	5682	4543
8949	视听	5677	3582
8950	奖牌	5677	3561
8951	才华	5676	4897
8952	欠缺	5674	5159
8953	余年	5674	5128
8954	箭	5674	3589
8955	汉族	5670	2839
8956	解放思想	5670	3894
8957	房产证	5669	2467
8958	特此	5668	1748
8959	涨跌	5668	4193
8960	磨合	5666	4694
8961	壮	5666	3617
8962	坚信	5666	5200
8963	豹	5665	2252
8964	阵阵	5664	5375
8965	边防	5663	2683
8966	竞价	5662	2738
8967	匈牙利	5661	3052
8968	扳	5661	4308
8969	署名	5660	4165
8970	该局	5660	4030
8971	管理者	5660	4330
8972	惨败	5660	4359

序号	词语	频次	文本数
8973	手表	5659	2849
8974	乃	5658	4533
8975	接轨	5657	4318
8976	饱受	5654	5334
8977	市容	5652	3099
8978	今年初	5652	5401
8979	电工	5651	2578
8980	肥胖	5650	2526
8981	兔	5648	2409
8982	手足	5648	1508
8983	河流	5646	3636
8984	堵车	5646	3815
8985	做事	5645	4820
8986	引用	5642	4606
8987	手持	5641	4802
8988	数月	5639	5235
8989	丰收	5636	4224
8990	气愤	5635	5119
8991	怒	5635	4665
8992	秋天	5633	4437
8993	怀念	5633	4609
8994	土豆	5628	2265
8995	古城	5627	2936
8996	形状	5627	4654
8997	民航	5625	3294
8998	卖点	5624	4706
8999	肩负	5624	5161
9000	一早	5624	5307
9001	差价	5623	3786
9002	悲	5622	4309
9003	干事	5621	4111
9004	富人	5620	2835
9005	测评	5620	2874
9006	新作	5620	4505
9007	处境	5619	5076
9008	宇航员	5619	1759
9009	惊险	5618	4813
9010	锋线	5615	4063
9011	尖	5615	4130

序号	词语	频次	文本数
9012	印发	5615	4498
9013	铂	5614	2132
9014	新星	5613	3806
9015	座谈	5613	4485
9016	相亲	5612	2221
9017	年收入	5611	4152
9018	胜出	5611	4850
9019	放置	5610	4776
9020	里边	5610	3452
9021	所幸	5609	5162
9022	劳工	5608	2209
9023	军团	5607	3744
9024	同级	5607	4062
9025	迷人	5606	4815
9026	笨	5606	2415
9027	躲避	5605	4878
9028	沙特	5605	2476
9029	婚后	5604	4003
9030	闪电	5604	3952
9031	宣誓	5603	3220
9032	出品	5603	4609
9033	基建	5603	3913
9034	称作	5602	5127
9035	名师	5599	2774
9036	朝阳	5599	4042
9037	鞋子	5598	3747
9038	音乐人	5597	3616
9039	督导	5595	2956
9040	钱财	5594	4437
9041	全美	5591	3984
9042	疲惫	5591	5061
9043	滑雪	5590	1953
9044	高中生	5589	3320
9045	预言	5589	4034
9046	见义勇为	5589	2398
9047	数据库	5588	3501
9048	在即	5587	5224
9049	承	5587	3289
9050	家教	5585	1952

序号	词语	频次	文本数
9051	轨迹	5585	4878
9052	燃	5585	4174
9053	概念股	5584	2962
9054	电线	5583	3367
9055	研讨	5583	4646
9056	总面积	5582	4776
9057	录用	5581	3196
9058	知情人	5579	4210
9059	失衡	5579	3879
9060	致死	5577	4172
9061	涌入	5574	4644
9062	悼念	5573	3111
9063	壁	5571	3877
9064	调侃	5570	4660
9065	组织者	5569	4332
9066	做饭	5568	4260
9067	士气	5568	4854
9068	天生	5567	4840
9069	油画	5566	2726
9070	挪	5566	4645
9071	低估	5564	4518
9072	捕	5564	2911
9073	开播	5564	3976
9074	实业	5562	3385
9075	拍卖会	5562	2763
9076	模具	5562	2442
9077	搏	5562	4339
9078	听证	5560	2362
9079	本周末	5559	4453
9080	国防部长	5559	3928
9081	惊叹	5559	5162
9082	电影院	5558	3588
9083	全能	5557	3415
9084	笔试	5557	2691
9085	本刊	5555	3034
9086	泛滥	5554	4522
9087	茶叶	5553	2354
9088	构	5553	2943
9089	治病	5550	4069

序号	词语	频次	文本数
9090	农场	5549	2533
9091	郎	5549	3181
9092	优越	5548	4930
9093	特惠	5548	3473
9094	钞	5544	2241
9095	洒	5543	4184
9096	出土	5542	2245
9097	梯	5542	3232
9098	务工人员	5540	3417
9099	筛选	5540	4816
9100	解析	5538	4176
9101	美分	5538	2573
9102	平息	5537	4706
9103	奖品	5535	3715
9104	同伴	5534	4071
9105	生于	5533	4922
9106	还给	5533	5124
9107	缺失	5532	4532
9108	岭南	5532	3017
9109	发行价	5531	2725
9110	席卷	5531	5174
9111	发给	5529	4996
9112	要闻	5529	4578
9113	指望	5527	5031
9114	捆绑	5527	3985
9115	农田	5526	3447
9116	触摸	5525	4244
9117	长寿	5524	2912
9118	大盘股	5523	3027
9119	幻想	5522	4293
9120	敦促	5521	4566
9121	商讨	5519	5016
9122	藏族	5519	2471
9123	罩	5518	3805
9124	信誉	5516	4224
9125	爆破	5515	1959
9126	可行	5515	4824
9127	制动	5514	3140
9128	反倒	5514	5207
9129	哨	5513	3724
9130	轨	5513	3283
9131	谈起	5513	5205
9132	探访	5512	4476
9133	猎	5512	2418
9134	误区	5511	3393
9135	受阻	5511	4783
9136	墙壁	5510	4202
9137	资本金	5510	2857
9138	会展	5510	3200
9139	木马	5508	1881
9140	问世	5506	4879
9141	丸	5506	2296
9142	稳固	5503	4978
9143	泄漏	5501	2827
9144	折合	5499	3961
9145	赛中	5497	4526
9146	赎	5497	2709
9147	西侧	5497	4243
9148	新颖	5495	5097
9149	婴幼儿	5494	2613
9150	分组	5490	3978
9151	空地	5490	3718
9152	驰	5488	3010
9153	来得	5487	5089
9154	需求量	5487	4488
9155	该区	5485	3931
9156	华裔	5484	2929
9157	误导	5481	4201
9158	琢磨	5480	4553
9159	挫折	5480	4500
9160	路灯	5479	2694
9161	小子	5479	3904
9162	任意	5478	4529
9163	良机	5478	4915
9164	悉数	5478	5163
9165	翡翠	5477	1983
9166	趣味	5476	4416
9167	壹	5475	2226

序号	词语	频次	文本数
9168	黑白	5473	4143
9169	柏	5473	2453
9170	献血	5473	1215
9171	削弱	5468	4894
9172	乐器	5467	3195
9173	货源	5465	3753
9174	中卫	5465	3193
9175	重创	5464	4886
9176	降息	5462	2721
9177	更衣室	5460	3593
9178	救命	5460	4211
9179	蜂	5458	2004
9180	视力	5457	2716
9181	开枪	5457	3439
9182	招股	5457	2445
9183	东北部	5457	3392
9184	狂欢	5456	3821
9185	槽	5456	3566
9186	出血	5456	3435
9187	评定	5452	3765
9188	言语	5452	4983
9189	缠	5452	4374
9190	游人	5452	3942
9191	保管	5450	3713
9192	政策性	5447	3516
9193	数次	5443	5135
9194	乡亲	5443	3177
9195	忠实	5442	4940
9196	盾	5442	2631
9197	饮酒	5439	3058
9198	葡萄酒	5438	1529
9199	检阅	5436	2423
9200	西装	5436	3819
9201	五四	5434	1899
9202	追溯	5433	4767
9203	行货	5432	2459
9204	应邀	5431	5049
9205	宝钢	5429	1967
9206	绽放	5428	4480

序号	词语	频次	文本数
9207	食用油	5427	1750
9208	予	5427	4384
9209	铜牌	5426	3642
9210	服从	5424	4163
9211	矿山	5423	2619
9212	天安门广场	5423	2699
9213	身穿	5422	4954
9214	评分	5422	2834
9215	的哥	5418	2312
9216	围城	5418	2100
9217	闻名	5418	5126
9218	打架	5417	3799
9219	村子	5416	3570
9220	试训	5416	2347
9221	下令	5416	4559
9222	二线	5416	3472
9223	筒	5415	3146
9224	副本	5414	961
9225	疗	5414	3226
9226	超高	5414	4660
9227	传感器	5413	3259
9228	巨型	5411	3843
9229	谋求	5409	4783
9230	巨资	5408	4888
9231	启示	5407	4486
9232	欣喜	5406	5170
9233	延误	5406	3372
9234	尘	5405	2871
9235	车组	5403	1935
9236	萝卜	5401	2274
9237	听听	5400	4739
9238	启发	5400	4841
9239	曲折	5400	4923
9240	相识	5399	4768
9241	蛋白质	5399	2926
9242	砂	5398	3047
9243	猛烈	5398	4926
9244	接管	5398	3617
9245	专卖店	5397	3531

序号	词语	频次	文本数
9246	跑步	5397	3460
9247	战线	5396	4031
9248	抽查	5396	2951
9249	下期	5395	2803
9250	刑警	5394	2912
9251	本省	5394	1829
9252	并称	5389	5160
9253	生活费	5389	3932
9254	湘	5388	2903
9255	文本	5387	3422
9256	窜	5383	3795
9257	店里	5382	4069
9258	扣押	5379	3207
9259	男朋友	5378	3621
9260	与否	5377	5001
9261	描写	5376	4252
9262	半数	5375	4516
9263	干活	5375	4236
9264	黑棋	5373	1378
9265	准时	5373	4856
9266	八大	5371	4153
9267	减缓	5370	4538
9268	星期一	5370	4476
9269	过半	5368	4732
9270	朝着	5366	5009
9271	奔赴	5366	4876
9272	邪	5366	3106
9273	挫	5366	4274
9274	换乘	5364	2290
9275	大腕	5363	4251
9276	盛世	5363	3601
9277	深层次	5361	4852
9278	戈	5361	2204
9279	博士生	5361	3528
9280	手枪	5358	2925
9281	县政府	5358	3520
9282	境地	5358	5051
9283	纪念馆	5357	2556
9284	裤子	5355	3574
9285	成功率	5355	3975
9286	系数	5355	3220
9287	脂	5353	2544
9288	营业税	5353	2249
9289	总分	5352	2991
9290	文科	5352	2495
9291	西瓜	5352	2300
9292	姿势	5351	4166
9293	干涉	5351	4104
9294	统	5351	3100
9295	客串	5350	3992
9296	域	5349	3443
9297	好吃	5349	3920
9298	红牌	5346	3102
9299	大胜	5345	4376
9300	发作	5343	3534
9301	企事业	5343	4327
9302	管辖	5342	3826
9303	必定	5341	4947
9304	露天	5341	3940
9305	腹部	5339	3623
9306	这话	5338	4846
9307	更何况	5338	5090
9308	挪威	5337	3020
9309	强国	5335	3792
9310	渡过	5334	4762
9311	公映	5333	3917
9312	关门	5332	4131
9313	整场	5332	4795
9314	主任医师	5330	3666
9315	星期六	5328	4305
9316	合一	5327	3694
9317	出走	5326	3400
9318	干细胞	5325	1148
9319	浇	5325	3507
9320	搜索引擎	5324	2450
9321	高发	5323	4183
9322	摄像机	5323	3819
9323	背着	5321	4615

序号	词语	频次	文本数
9324	夸	5320	4015
9325	夏日	5320	3925
9326	间断	5319	4823
9327	老太	5319	2061
9328	争端	5317	3156
9329	不法分子	5317	3576
9330	大夫	5317	2866
9331	婚纱	5315	2312
9332	港币	5315	3031
9333	机密	5314	3368
9334	黎巴嫩	5313	2195
9335	股份制	5311	3366
9336	辗转	5311	4905
9337	神情	5310	4919
9338	勇	5310	3977
9339	该书	5306	3203
9340	呼吸道	5306	3448
9341	上旬	5306	4488
9342	文博	5306	1530
9343	劳	5306	3315
9344	董	5305	2086
9345	批判	5303	3474
9346	兜	5303	2772
9347	熊市	5302	3147
9348	主业	5299	3698
9349	肌	5297	3401
9350	当庭	5295	3653
9351	班级	5294	3365
9352	袁	5294	2413
9353	超强	5294	4799
9354	招呼	5291	4884
9355	银牌	5290	3576
9356	幸好	5290	4965
9357	隐	5290	3659
9358	嫩	5289	3472
9359	帝国	5286	3007
9360	驴	5284	2161
9361	有效期	5283	3521
9362	加固	5283	3263
9363	敬请	5282	4771
9364	四分之一	5281	4458
9365	马力	5281	3487
9366	数字化	5280	2964
9367	没事	5279	4140
9368	春秋	5278	3363
9369	焕	5275	1082
9370	国家标准	5275	3296
9371	师资	5274	3476
9372	压抑	5273	4506
9373	寒冬	5273	4354
9374	出入境	5270	2840
9375	腔	5269	3541
9376	洗钱	5269	2144
9377	系列赛	5268	3218
9378	桃花	5266	2419
9379	农业部	5265	3055
9380	破案	5264	3668
9381	投标	5264	2465
9382	永不	5263	4233
9383	前妻	5263	2677
9384	篮板球	5263	2876
9385	姜	5262	2633
9386	此间	5261	4836
9387	始	5261	4623
9388	广角	5260	2556
9389	后勤	5260	3619
9390	历届	5258	4389
9391	吵架	5257	3431
9392	烧伤	5257	2324
9393	红火	5256	4612
9394	受骗	5255	3962
9395	俗	5254	3536
9396	停电	5254	2615
9397	藏品	5253	2407
9398	津贴	5250	2887
9399	宁静	5249	4298
9400	全国性	5249	4599
9401	可用	5249	4689

序号	词语	频次	文本数
9402	进取	5249	4070
9403	离家	5247	3947
9404	庙会	5244	1468
9405	决战	5244	3937
9406	钞票	5244	3093
9407	鹅	5242	1802
9408	有史以来	5241	4860
9409	家伙	5241	4169
9410	分区	5241	3038
9411	僵局	5240	4433
9412	泪水	5240	4435
9413	口中	5240	4949
9414	出名	5240	4531
9415	老牌	5239	4615
9416	创业者	5239	2511
9417	玩耍	5237	4237
9418	获得者	5236	4102
9419	不通	5234	4617
9420	名下	5234	3859
9421	西岸	5233	2469
9422	回想	5233	4930
9423	与众不同	5231	4865
9424	排行	5230	3847
9425	高贵	5228	4360
9426	纪念日	5225	3858
9427	幼儿	5224	2667
9428	掩盖	5223	4722
9429	精细	5223	4460
9430	天上	5223	4219
9431	取款	5222	2193
9432	回事	5221	4707
9433	过滤	5220	2768
9434	摔倒	5217	3766
9435	空缺	5217	4224
9436	房租	5215	3331
9437	后台	5215	3867
9438	舒适性	5213	3955
9439	疑虑	5212	4678
9440	枝	5212	3464
9441	赔偿金	5212	3129
9442	夜里	5211	4378
9443	空间站	5210	1273
9444	戛	5210	1959
9445	流露	5209	4906
9446	癌	5209	2298
9447	职称	5208	2847
9448	粽子	5208	1120
9449	下一代	5207	3899
9450	半程	5207	2988
9451	奔波	5205	4747
9452	爷	5204	2532
9453	自然灾害	5204	3898
9454	衣物	5203	3634
9455	检察长	5203	3125
9456	做起	5202	4447
9457	城际	5201	2473
9458	包揽	5201	3895
9459	裂	5201	3832
9460	回报率	5199	3233
9461	警报	5199	3267
9462	分解	5198	4046
9463	授信	5198	2241
9464	亲子	5196	2791
9465	走近	5196	4589
9466	存放	5195	3974
9467	修理	5195	3776
9468	膨胀	5195	4039
9469	仰	5194	3083
9470	物种	5194	2287
9471	羁押	5193	2331
9472	警戒	5192	3564
9473	候选	5192	3498
9474	归案	5191	4452
9475	支持率	5190	2777
9476	患病	5189	4137
9477	能效	5188	1670
9478	低温	5187	3692
9479	取缔	5187	3465

序号	词语	频次	文本数
9480	法国人	5187	3366
9481	分公司	5186	3418
9482	骚扰	5186	3144
9483	直通车	5182	2351
9484	窝点	5182	2363
9485	穿梭	5181	4655
9486	面值	5180	3295
9487	陌生人	5180	3795
9488	左边	5180	4099
9489	场边	5179	4209
9490	鸿	5179	3139
9491	配角	5179	3343
9492	公共场所	5179	3465
9493	押金	5177	2132
9494	昌	5176	2822
9495	晚餐	5173	3863
9496	夏令营	5172	1690
9497	对冲	5171	2870
9498	俨然	5170	5013
9499	诚实	5169	3721
9500	叉	5169	3661
9501	生命力	5168	4480
9502	水下	5168	2549
9503	出人意料	5168	4926
9504	沧桑	5167	3866
9505	茅台	5166	1550
9506	成年人	5166	4028
9507	罐	5166	3019
9508	住所	5165	3983
9509	无形	5164	4184
9510	下场	5162	4441
9511	基调	5161	4365
9512	矮	5159	3760
9513	入院	5159	3928
9514	曙光	5158	3613
9515	不算	5157	4836
9516	说实话	5157	4654
9517	联袂	5155	4659
9518	光辉	5155	4352

序号	词语	频次	文本数
9519	祸	5153	4464
9520	打假	5151	2362
9521	未果	5150	4701
9522	元首	5148	3190
9523	睁	5148	4476
9524	年头	5147	4837
9525	讽刺	5146	4238
9526	莲	5146	2756
9527	孤儿	5142	2445
9528	编写	5142	3956
9529	晓	5142	3110
9530	争相	5140	4857
9531	自由泳	5137	1553
9532	季军	5137	3803
9533	悲伤	5135	4034
9534	轮流	5135	4549
9535	有偿	5134	2261
9536	秉承	5134	4831
9537	上帝	5132	3498
9538	张扬	5132	4226
9539	主裁判	5132	3094
9540	迟	5131	4472
9541	反抗	5131	4010
9542	铺设	5130	3808
9543	技工	5130	1837
9544	专户	5130	1645
9545	国庆节	5129	3898
9546	标注	5129	3617
9547	右边	5129	4024
9548	无敌	5128	2814
9549	沿途	5128	4267
9550	参会	5128	3652
9551	魔鬼	5127	3458
9552	不菲	5126	4864
9553	孕	5126	2276
9554	整机	5125	3350
9555	分支	5124	3785
9556	详	5121	4653
9557	预见	5120	4510

序号	词语	频次	文本数
9558	转增	5120	1105
9559	宝座	5120	4279
9560	驻华	5119	2968
9561	罢	5119	3685
9562	激增	5119	4349
9563	高性能	5118	3635
9564	捐助	5117	3560
9565	胸部	5115	3694
9566	美妙	5114	4605
9567	不力	5114	4336
9568	降雪	5113	2111
9569	期刊	5113	2287
9570	州长	5111	2464
9571	入户	5111	3185
9572	鹿	5110	2453
9573	溢	5110	3802
9574	花都	5109	2569
9575	寻常	5107	4634
9576	酱	5106	2430
9577	三聚氰胺	5105	1902
9578	辞去	5105	3691
9579	塑料袋	5104	2480
9580	一年一度	5103	4824
9581	相约	5103	4227
9582	模块	5102	3182
9583	持卡人	5102	1741
9584	弟	5101	3231
9585	拨款	5101	3667
9586	特长	5099	4063
9587	垂直	5098	3549
9588	选址	5097	3479
9589	庄家	5095	1469
9590	命题	5095	3502
9591	辟	5095	4191
9592	风头	5095	4520
9593	光盘	5093	2901
9594	顺应	5092	4597
9595	零时	5091	4017
9596	屋子	5090	4160

序号	词语	频次	文本数
9597	壮观	5090	4428
9598	逐	5089	4237
9599	会后	5089	4568
9600	险些	5089	4506
9601	象棋	5088	1733
9602	订阅	5087	4324
9603	人居	5085	2540
9604	目睹	5083	4727
9605	下雨	5082	4065
9606	航行	5080	3117
9607	塞尔维亚	5080	2944
9608	轩	5077	2613
9609	魔术师	5076	2112
9610	转账	5076	2350
9611	副教授	5074	3767
9612	沸腾	5074	3818
9613	取向	5073	3772
9614	就业率	5071	2356
9615	双人	5071	2907
9616	迈进	5070	4690
9617	不至于	5068	4775
9618	靓丽	5068	4485
9619	演戏	5065	3642
9620	拨通	5065	4509
9621	查阅	5065	4457
9622	涉足	5065	4448
9623	胶囊	5064	1726
9624	品味	5063	4361
9625	出访	5063	3509
9626	端午	5063	2016
9627	储量	5063	2634
9628	寓意	5062	4071
9629	秘诀	5058	4039
9630	妨碍	5058	4467
9631	有用	5057	4490
9632	勤奋	5056	4324
9633	简介	5055	4011
9634	骑车	5053	3376
9635	巨奖	5053	1846

序号	词语	频次	文本数
9636	多点	5053	3854
9637	譬如	5053	4111
9638	路况	5051	3688
9639	民进	5051	1395
9640	求学	5051	3307
9641	留守	5050	2726
9642	再见	5050	3904
9643	装扮	5050	4326
9644	改写	5048	4260
9645	计划生育	5048	2301
9646	元宵	5046	1758
9647	国籍	5046	2965
9648	下次	5045	4511
9649	提请	5044	3576
9650	缓刑	5044	2770
9651	下功夫	5043	3747
9652	片段	5042	3940
9653	谅解	5042	3545
9654	老字号	5042	2284
9655	芬兰	5041	2782
9656	醋	5037	2585
9657	加价	5035	2612
9658	二者	5034	4494
9659	车窗	5033	3381
9660	扑救	5031	3282
9661	侦察	5029	2600
9662	损益	5028	1096
9663	大棚	5027	2089
9664	务工	5027	3185
9665	重整	5026	1627
9666	悉尼	5026	3216
9667	监禁	5025	3278
9668	撤出	5024	3557
9669	俺	5023	1690
9670	装有	5023	4333
9671	氧	5023	3305
9672	事态	5023	4286
9673	贴心	5022	4265
9674	老先生	5022	2511

序号	词语	频次	文本数
9675	示威者	5021	1815
9676	查封	5020	2938
9677	司令	5018	3043
9678	逗	5018	3966
9679	头顶	5018	4300
9680	汇价	5018	1575
9681	您好	5018	2885
9682	棚	5018	2986
9683	道琼斯	5016	3613
9684	哥伦比亚	5015	2269
9685	后代	5014	3171
9686	传染	5013	3269
9687	考量	5012	4496
9688	桂冠	5010	4173
9689	笼罩	5010	4639
9690	饰品	5007	3099
9691	跳出	5007	4020
9692	重灾区	5006	3911
9693	审视	5005	4527
9694	此人	5005	4150
9695	着眼	5003	4349
9696	聘用	5002	3383
9697	大中专	5001	1308
9698	扣篮	5001	2671
9699	社团	5000	2605
9700	没错	5000	3775
9701	史诗	5000	3231
9702	红星	4999	2313
9703	村干部	4999	2353
9704	饲养	4998	2828
9705	倒地	4997	3985
9706	决不	4997	4238
9707	兄	4996	3353
9708	柴	4995	2803
9709	特质	4995	4248
9710	后场	4994	3352
9711	钙	4994	2126
9712	重型	4991	3325
9713	监制	4991	3413

序号	词语	频次	文本数
9714	真人	4989	3399
9715	红楼梦	4988	2043
9716	桃	4987	2797
9717	成交额	4987	2862
9718	贩毒	4987	2032
9719	所有权	4986	3205
9720	斗志	4986	4296
9721	所有者	4985	2261
9722	郡	4984	2833
9723	保洁	4983	2188
9724	歪	4983	3391
9725	足足	4983	4763
9726	伤情	4980	3838
9727	请来	4980	4675
9728	左脚	4979	3145
9729	就任	4979	4165
9730	覆盖率	4976	3517
9731	来往	4975	4449
9732	节油	4975	2136
9733	各市	4974	3745
9734	姨	4972	1891
9735	敲定	4971	4447
9736	焚烧	4970	2246
9737	抚养	4967	3254
9738	入伍	4966	2358
9739	费率	4965	2022
9740	旁听	4964	2773
9741	否决	4962	3482
9742	追捕	4961	3534
9743	邓	4960	2213
9744	后人	4959	3686
9745	新书	4959	3452
9746	驱逐舰	4959	1793
9747	曼谷	4959	2471
9748	卷入	4958	4229
9749	每户	4956	3691
9750	火势	4956	2972
9751	风范	4956	4378
9752	钩	4955	2925
9753	核潜艇	4954	1088
9754	牡丹	4954	1928
9755	阻	4950	3663
9756	蒋	4948	2202
9757	脸色	4947	4417
9758	钉	4946	3339
9759	眉	4946	3605
9760	过瘾	4946	4355
9761	落入	4944	4378
9762	半夜	4944	4120
9763	赃款	4944	3071
9764	束	4943	3398
9765	同名	4943	4021
9766	供不应求	4941	4190
9767	雅典	4941	3223
9768	跨境	4940	1854
9769	扫描	4939	3132
9770	日本政府	4939	2845
9771	收储	4939	1833
9772	讲坛	4938	2886
9773	纯属	4938	4343
9774	启事	4938	2257
9775	限额	4938	3060
9776	走廊	4933	3831
9777	雇主	4932	2134
9778	欢呼	4930	4399
9779	午	4927	3483
9780	肩膀	4926	4164
9781	抢购	4925	3595
9782	关押	4925	3090
9783	首期	4923	3737
9784	防空	4922	1812
9785	其二	4922	4668
9786	百亿	4921	3661
9787	斑马线	4920	1466
9788	竟是	4919	4630
9789	迟到	4918	3240
9790	参演	4914	3588
9791	隔壁	4914	3948

序号	词语	频次	文本数
9792	大洋	4914	3549
9793	选中	4913	4252
9794	居住证	4912	1100
9795	谣言	4911	2843
9796	车险	4911	1118
9797	手下	4910	4170
9798	负有	4909	3989
9799	徒弟	4907	2777
9800	收录	4906	3657
9801	气囊	4906	2639
9802	两度	4905	4309
9803	该县	4905	3375
9804	是非	4902	4293
9805	坐落	4902	4343
9806	用电量	4902	1868
9807	邀请赛	4901	2925
9808	属性	4901	3500
9809	转而	4898	4724
9810	海鲜	4895	2569
9811	消防车	4895	3395
9812	变异	4894	2454
9813	校舍	4892	2263
9814	内销	4890	2384
9815	大肆	4890	4511
9816	轻型	4890	2912
9817	鹏	4890	2485
9818	年检	4889	1619
9819	弥漫	4888	4509
9820	不必要	4888	4561
9821	节点	4887	3668
9822	刻苦	4887	4252
9823	豫	4887	2587
9824	顾虑	4887	4272
9825	海滩	4887	2907
9826	添加剂	4886	1869
9827	为名	4885	4132
9828	小姑娘	4885	3439
9829	精英赛	4884	2455
9830	格鲁吉亚	4884	1614
9831	突破口	4883	4183
9832	连任	4882	3118
9833	务必	4882	4417
9834	开张	4881	3829
9835	耗资	4880	4188
9836	标本	4880	2831
9837	大队长	4877	3058
9838	凭着	4877	4494
9839	选定	4877	4348
9840	扩容	4876	3273
9841	黑车	4876	1471
9842	罢工	4874	2018
9843	字号	4873	3097
9844	好不容易	4873	4623
9845	圈子	4873	3770
9846	敬业	4873	4112
9847	沦为	4872	4351
9848	约会	4872	3275
9849	曹操	4871	896
9850	力克	4871	3988
9851	赛段	4869	1114
9852	揭露	4869	3965
9853	振奋	4868	4359
9854	高官	4867	3813
9855	文书	4865	2846
9856	首演	4865	3547
9857	莞	4860	1867
9858	声誉	4859	4128
9859	狭窄	4858	4165
9860	沾	4856	4266
9861	污染物	4856	2967
9862	同日	4855	4114
9863	打分	4855	2775
9864	普法	4855	1218
9865	骏	4854	1894
9866	咸	4852	2681
9867	平和	4852	4293
9868	东欧	4852	2341
9869	巴士	4850	2588

序号	词语	频次	文本数
9870	署	4850	2983
9871	吉他	4850	2525
9872	厚度	4850	3697
9873	混凝土	4849	2781
9874	大院	4847	2901
9875	伦理	4845	2784
9876	地王	4844	1992
9877	臣	4843	2491
9878	时分	4842	4538
9879	油门	4842	3192
9880	习俗	4839	3458
9881	年龄段	4839	3398
9882	扰乱	4838	3843
9883	区内	4838	4000
9884	成年	4835	3859
9885	风尚	4835	3303
9886	呵护	4834	4116
9887	少林寺	4834	1272
9888	出头	4834	4446
9889	同一天	4833	4335
9890	直辖市	4832	3608
9891	暴利	4832	2979
9892	方言	4832	2427
9893	理科	4832	2161
9894	小吃	4830	2840
9895	无所谓	4829	4277
9896	时而	4829	2535
9897	农机	4828	1941
9898	民歌	4828	2468
9899	英尺	4827	2637
9900	党支部	4827	2581
9901	低点	4825	3721
9902	划算	4824	4105
9903	佳绩	4823	4346
9904	热量	4822	2852
9905	写真	4822	2820
9906	颈	4822	3027
9907	调试	4821	3607
9908	拽	4820	3683

序号	词语	频次	文本数
9909	疗法	4820	2511
9910	标准杆	4820	1786
9911	出发点	4819	4398
9912	胳膊	4819	3917
9913	精神病	4818	2312
9914	丧生	4818	3745
9915	协议书	4818	2943
9916	龙虾	4818	876
9917	遮	4818	3767
9918	感悟	4818	4020
9919	合作社	4817	1618
9920	界面	4816	3290
9921	致敬	4815	3379
9922	公信力	4815	3438
9923	开头	4814	3791
9924	平淡	4813	4158
9925	辩	4813	3231
9926	公报	4813	2893
9927	连带	4810	3060
9928	方阵	4810	2086
9929	封建	4808	2197
9930	接替	4807	4048
9931	落成	4807	3751
9932	轻伤	4807	3845
9933	厘	4804	3620
9934	名副其实	4804	4621
9935	医疗费	4803	3157
9936	韵	4802	3092
9937	共和党	4801	2150
9938	紧缺	4800	3668
9939	语气	4799	4478
9940	来华	4799	3586
9941	掩饰	4798	4427
9942	泳衣	4798	1084
9943	素养	4797	3679
9944	多变	4796	4339
9945	商谈	4796	3960
9946	龟	4795	1700
9947	近代	4795	3153

序号	词语	频次	文本数
9948	排水	4794	2552
9949	洋房	4794	2276
9950	共鸣	4793	4275
9951	复习	4792	2304
9952	授课	4789	3464
9953	民国	4788	2764
9954	雷雨	4788	2375
9955	叙利亚	4787	1947
9956	攀	4786	3308
9957	财长	4786	2706
9958	伊斯兰	4786	2841
9959	浓度	4785	2950
9960	亲生	4784	2579
9961	不肯	4784	4345
9962	浓缩	4783	3313
9963	资本主义	4783	2071
9964	西北部	4783	3256
9965	揭幕	4782	3932
9966	抽烟	4782	2976
9967	颂	4781	2869
9968	现役	4781	3553
9969	肢体	4780	3899
9970	佬	4777	3150
9971	诊	4777	2869
9972	全军	4776	2303
9973	放学	4776	3438
9974	老化	4774	3580
9975	社长	4773	3009
9976	办证	4773	2341
9977	寄托	4771	4248
9978	北平	4770	1828
9979	缓和	4770	4092
9980	如愿	4770	4437
9981	绝非	4770	4481
9982	四季	4768	3266
9983	展位	4766	2709
9984	简约	4765	3663
9985	礼服	4764	2836
9986	收缴	4763	3274

序号	词语	频次	文本数
9987	适	4763	3429
9988	翅膀	4762	3236
9989	飞跃	4761	3818
9990	壶	4761	2037
9991	详见	4761	4281
9992	共产党员	4760	3016
9993	偏好	4760	3599
9994	权限	4760	3418
9995	界限	4758	3834
9996	疑犯	4757	2713
9997	晚宴	4756	2878
9998	供稿	4756	4617
9999	上将	4755	3296
10000	墓地	4754	1834
10001	消防员	4754	2665
10002	东南部	4751	2790
10003	责任制	4750	3341
10004	禁令	4750	2919
10005	传授	4749	4000
10006	质感	4749	4088
10007	高昂	4749	4406
10008	拦网	4746	1481
10009	憧憬	4743	4330
10010	免去	4742	3419
10011	驱车	4741	4166
10012	生机	4741	4221
10013	坠落	4739	3086
10014	火力	4737	3390
10015	外套	4736	3520
10016	明珠	4732	3078
10017	首战	4731	3779
10018	克隆	4731	1752
10019	会诊	4729	3317
10020	雕刻	4728	2892
10021	互助	4728	3183
10022	绕行	4726	2399
10023	透明度	4725	3779
10024	友情	4725	4023
10025	弊	4725	2787

序号	词语	频次	文本数
10026	腕	4723	2563
10027	珍藏	4722	3740
10028	飞船	4722	1796
10029	页面	4721	3292
10030	早晚	4721	3966
10031	攻防	4720	3878
10032	筹建	4720	3615
10033	偏偏	4719	4461
10034	囚犯	4719	1526
10035	婆	4718	2621
10036	领头羊	4718	3950
10037	建房	4718	2328
10038	国防部	4717	2648
10039	会费	4716	2856
10040	掐	4716	3420
10041	规矩	4716	3691
10042	顺着	4715	4237
10043	东侧	4714	3792
10044	苏格兰	4714	2874
10045	加热	4714	2866
10046	勘查	4713	3523
10047	众议院	4713	2444
10048	招商引资	4712	3095
10049	极力	4712	4419
10050	街坊	4712	2858
10051	移送	4711	3540
10052	汪	4710	2123
10053	列出	4710	4293
10054	无非	4708	4388
10055	早年	4708	4333
10056	徒	4706	3414
10057	受害	4703	3408
10058	无聊	4703	3738
10059	碧	4703	2473
10060	反腐败	4701	2002
10061	瓷器	4701	2074
10062	险胜	4700	3797
10063	淮	4700	2360
10064	知晓	4700	4317

序号	词语	频次	文本数
10065	潘	4700	2263
10066	复印件	4700	2777
10067	从没	4700	4398
10068	文凭	4700	2383
10069	放贷	4698	2947
10070	蒸	4698	2660
10071	障	4698	2594
10072	减税	4698	2664
10073	半导体	4698	2046
10074	恰当	4697	4257
10075	趁着	4697	4425
10076	涡轮	4696	2609
10077	自救	4696	3539
10078	橡胶	4695	2507
10079	居多	4694	4332
10080	往常	4694	4450
10081	高山	4693	3394
10082	初次	4693	3914
10083	不容	4692	4416
10084	踪影	4691	4377
10085	话说	4690	4441
10086	坠毁	4690	1915
10087	学问	4689	3332
10088	血糖	4688	1613
10089	贺	4687	2413
10090	老实	4687	4004
10091	废弃	4685	3140
10092	总编辑	4684	2781
10093	接送	4684	3353
10094	餐具	4683	1552
10095	逃犯	4682	1877
10096	惠及	4682	4105
10097	工商局	4681	2895
10098	本科生	4681	2976
10099	集群	4681	2955
10100	封闭式	4680	2604
10101	建设部	4680	2898
10102	越野车	4680	2652
10103	直达	4679	3451

序号	词语	频次	文本数
10104	态	4679	3872
10105	希	4678	2610
10106	着眼于	4678	3666
10107	西班牙人	4677	2986
10108	麦田	4677	1917
10109	数年	4677	4399
10110	特工	4675	2143
10111	炎热	4674	3889
10112	彭	4674	2201
10113	微妙	4674	4240
10114	技战术	4674	3649
10115	罪行	4674	3638
10116	可行性	4673	3784
10117	精湛	4673	4316
10118	果汁	4672	1668
10119	公证	4672	1978
10120	激战	4672	4057
10121	对照	4672	4128
10122	侵占	4672	2827
10123	入主	4671	3702
10124	成长性	4668	3264
10125	超载	4668	2100
10126	农行	4667	1982
10127	强悍	4666	4085
10128	嘴巴	4666	3822
10129	职业病	4665	980
10130	矿泉水	4663	2418
10131	诱人	4663	4274
10132	劫匪	4662	1560
10133	走低	4662	4008
10134	消灭	4662	3556
10135	卖掉	4661	3870
10136	安全感	4661	3517
10137	沮丧	4661	4223
10138	通俗	4660	3814
10139	利空	4660	3254
10140	遗传	4660	2977
10141	标价	4659	3264
10142	除去	4658	4351
10143	样板	4658	2959
10144	熟知	4656	4464
10145	强攻	4654	2596
10146	赶回	4653	4250
10147	老人家	4650	3469
10148	民主改革	4650	1108
10149	大举	4649	3986
10150	无期徒刑	4649	2796
10151	不胜	4648	3555
10152	十佳	4648	2917
10153	路子	4647	3982
10154	足迹	4647	3566
10155	跨国公司	4646	2769
10156	减半	4645	3075
10157	本金	4644	2825
10158	迭	4642	2235
10159	音像	4642	2237
10160	耀眼	4642	4365
10161	清代	4642	2889
10162	衷心	4641	4175
10163	崇拜	4641	3595
10164	踏上	4639	4356
10165	上下班	4638	2939
10166	委会	4637	1787
10167	严惩	4636	3759
10168	最大化	4634	4019
10169	苏丹	4634	1527
10170	高楼	4633	3336
10171	手脚	4633	3967
10172	捍卫	4633	3985
10173	公章	4632	2216
10174	组装	4632	3063
10175	一把手	4631	3065
10176	废旧	4631	2345
10177	理智	4631	3973
10178	楼顶	4631	2420
10179	钢筋	4630	2876
10180	寄予	4629	4412
10181	今夏	4628	3576

序号	词语	频次	文本数
10182	图文	4628	3965
10183	处方	4628	2348
10184	挺进	4626	3882
10185	献给	4626	3885
10186	月度	4625	3473
10187	守候	4625	4051
10188	险情	4625	3156
10189	矫正	4625	1584
10190	考点	4623	1694
10191	比方	4621	3183
10192	屁股	4620	3673
10193	更具	4617	4375
10194	过硬	4617	4019
10195	驶	4615	4012
10196	拖延	4615	3828
10197	家门	4614	4052
10198	还贷	4613	2132
10199	饮用水	4613	2619
10200	换取	4612	4079
10201	王国	4611	3152
10202	定为	4610	4218
10203	斑	4609	2348
10204	各路	4609	4203
10205	会计师	4609	2422
10206	苦战	4608	3799
10207	新郎	4607	2152
10208	群体性	4607	2745
10209	党性	4607	2218
10210	升幅	4606	2837
10211	王者	4604	3597
10212	南美	4603	3006
10213	消极	4603	3865
10214	照样	4601	4200
10215	陵	4601	1971
10216	特许	4601	2208
10217	水稻	4600	1719
10218	发电量	4600	2154
10219	风气	4600	3803
10220	胜局	4598	3995
10221	代办	4598	2556
10222	橘	4598	1700
10223	轮椅	4597	2525
10224	替换	4597	3755
10225	爆冷	4597	3618
10226	理应	4597	4264
10227	限定	4595	3822
10228	直观	4595	4296
10229	制图	4595	4211
10230	工友	4594	2324
10231	保荐	4593	1222
10232	来得及	4592	4346
10233	行凶	4590	2613
10234	环路	4590	2552
10235	游资	4589	2088
10236	领略	4586	4244
10237	实名制	4586	1551
10238	晚饭	4586	4044
10239	华东	4584	3162
10240	误会	4582	3633
10241	肇事者	4582	2519
10242	延迟	4580	3606
10243	赤	4580	2963
10244	冬奥会	4579	1406
10245	院内	4579	3313
10246	毫升	4577	2728
10247	多边	4576	3032
10248	核定	4576	3066
10249	年份	4573	3463
10250	数百万	4572	4061
10251	训练场	4571	3409
10252	租用	4571	3510
10253	阴谋	4570	3177
10254	基站	4569	1533
10255	黄海	4569	2374
10256	鲜活	4567	4009
10257	熏	4566	3291
10258	肚	4564	3084
10259	隐蔽	4562	3665

序号	词语	频次	文本数
10260	启程	4561	3844
10261	三角	4561	2975
10262	货船	4561	1659
10263	抬高	4560	3512
10264	时限	4559	3333
10265	奇特	4559	3810
10266	惨遭	4559	4065
10267	爹	4559	2055
10268	发来	4558	4023
10269	原著	4557	2622
10270	影视剧	4557	3139
10271	济	4557	2746
10272	禁赛	4555	2504
10273	仗	4555	3868
10274	南侧	4555	3603
10275	免除	4553	3608
10276	报告会	4553	2475
10277	封顶	4553	2902
10278	叹	4551	4122
10279	小轿车	4550	2919
10280	落水	4550	2206
10281	午夜	4550	2557
10282	长安街	4550	1973
10283	迁移	4549	2968
10284	汇总	4548	3903
10285	激素	4547	2219
10286	荔	4547	2375
10287	雇员	4545	2770
10288	收受	4545	2848
10289	焦急	4545	4168
10290	真理	4544	3146
10291	样品	4542	2618
10292	真心	4541	3870
10293	蓬勃	4541	4181
10294	头目	4540	2889
10295	评议	4539	2798
10296	功课	4537	3903
10297	趁机	4537	4235
10298	产出	4536	3424
10299	风筝	4536	1380
10300	突围	4536	3310
10301	谁知	4536	4203
10302	挑战赛	4535	2525
10303	聆听	4535	3962
10304	扎堆	4534	3664
10305	不服	4532	3787
10306	祈福	4530	2434
10307	搜查	4530	3129
10308	大额	4530	2827
10309	碍	4529	4071
10310	缓缓	4529	4123
10311	班车	4527	2555
10312	大树	4527	2884
10313	心血	4526	4181
10314	定性	4525	3581
10315	吻合	4524	4065
10316	明亮	4524	3966
10317	体积	4524	3715
10318	中国海军	4524	1802
10319	隐形	4522	2582
10320	珍珠	4520	2541
10321	老兵	4517	2204
10322	探望	4517	3697
10323	前排	4516	3530
10324	玄	4515	2277
10325	中国人民银行	4515	3458
10326	分数线	4515	1942
10327	斥资	4514	3949
10328	闻讯	4514	4252
10329	栽	4513	3321
10330	派发	4511	3219
10331	阳性	4510	2893
10332	放过	4510	4029
10333	空客	4509	1788
10334	投案	4509	2728
10335	大家庭	4508	3659
10336	华尔兹	4507	4213

序号	词语	频次	文本数
10337	神圣	4507	3896
10338	伦	4506	2909
10339	英国人	4505	3158
10340	框	4504	3310
10341	定论	4503	4091
10342	查办	4503	2296
10343	楼层	4502	3189
10344	蹿	4502	3893
10345	恋人	4502	3336
10346	全党	4502	2231
10347	层出不穷	4500	4298
10348	翻身	4500	3461
10349	居民楼	4500	2974
10350	单项	4499	3230
10351	辣椒	4498	2019
10352	吉祥	4498	3145
10353	呕吐	4496	3285
10354	奔跑	4496	3603
10355	竞拍	4496	2178
10356	不约而同	4496	4345
10357	稀土	4495	825
10358	罗马尼亚	4494	2390
10359	气味	4493	3136
10360	成像	4492	3298
10361	举例	4492	4228
10362	防火	4491	2523
10363	女婿	4491	2628
10364	用力	4491	3864
10365	转机	4491	3822
10366	好人	4491	3071
10367	母子	4491	2765
10368	狮子	4490	2474
10369	灌溉	4489	2247
10370	副总	4489	3399
10371	后腰	4489	2896
10372	庄严	4489	3803
10373	最少	4488	4129
10374	赞扬	4487	4149
10375	当家	4485	3855

序号	词语	频次	文本数
10376	混双	4485	2114
10377	谎言	4484	2866
10378	何况	4483	4289
10379	接班人	4483	3102
10380	拐卖	4483	1111
10381	收听	4482	2651
10382	增产	4480	2670
10383	改建	4480	3194
10384	参议院	4480	2382
10385	民兵	4480	2013
10386	意料	4480	4243
10387	潭	4479	2595
10388	摸索	4479	4038
10389	电机	4478	2324
10390	店员	4475	2427
10391	纠缠	4473	4022
10392	演示	4473	3521
10393	捧场	4469	3761
10394	黑名单	4466	2389
10395	贵宾	4466	3189
10396	防汛	4465	1665
10397	来信	4464	3364
10398	血迹	4464	3287
10399	横幅	4463	3184
10400	莓	4463	1618
10401	宁愿	4463	4151
10402	货款	4460	2425
10403	况且	4460	4282
10404	流动资金	4458	2541
10405	入狱	4458	3127
10406	称呼	4458	3661
10407	笑脸	4457	3487
10408	举起	4457	3809
10409	煲	4453	2117
10410	穷人	4452	2568
10411	包机	4451	1881
10412	公安厅	4450	2900
10413	一步步	4449	4211
10414	打招呼	4449	3989

序号	词语	频次	文本数
10415	赛会	4448	3119
10416	草地	4448	3105
10417	高速路	4448	2926
10418	专柜	4448	2722
10419	疗效	4447	2994
10420	他俩	4447	3554
10421	同居	4447	2481
10422	从轻	4447	3045
10423	明知	4445	3620
10424	男足	4445	2399
10425	公职	4445	2669
10426	北风	4444	2607
10427	进化	4442	2531
10428	北极	4442	1438
10429	戒烟	4441	1208
10430	从严	4440	3174
10431	身处	4438	4223
10432	售后	4438	2800
10433	大全	4437	4238
10434	环绕	4433	3862
10435	改观	4432	4077
10436	坛	4429	2977
10437	实事求是	4429	3546
10438	经济性	4428	3413
10439	朝鲜半岛	4427	2634
10440	光环	4427	3776
10441	原谅	4427	3345
10442	造价	4426	3141
10443	增压	4426	2537
10444	题为	4426	4050
10445	空袭	4426	1908
10446	起身	4426	4018
10447	理事长	4425	3479
10448	拜年	4425	2331
10449	教育局	4424	2560
10450	大手笔	4423	3970
10451	情结	4423	3555
10452	图集	4423	4276
10453	沪市	4421	3017

序号	词语	频次	文本数
10454	利润率	4421	2885
10455	车轮	4421	3179
10456	项链	4419	2478
10457	收养	4419	1892
10458	知情权	4418	2967
10459	废品	4416	1921
10460	交战	4416	2353
10461	沃	4416	2195
10462	漫游	4416	2291
10463	水管	4415	2344
10464	饱满	4415	4087
10465	解围	4415	2563
10466	漂流	4415	1590
10467	轮番	4414	4069
10468	忙于	4413	4127
10469	失主	4413	1662
10470	殊荣	4413	3898
10471	傲	4412	3436
10472	防卫	4410	2200
10473	督办	4410	2818
10474	闪亮	4410	3946
10475	报社	4409	2672
10476	历年	4409	3871
10477	艇	4409	1737
10478	每晚	4408	3699
10479	骨头	4408	3084
10480	主题曲	4408	2847
10481	巡航	4407	2502
10482	包容	4406	3574
10483	物体	4406	2805
10484	竖	4406	3127
10485	兼任	4405	3532
10486	浮动	4405	2855
10487	推翻	4404	3659
10488	序	4403	3042
10489	廉	4403	2525
10490	事关	4402	3751
10491	营业额	4401	2977
10492	三类	4400	3538

序号	词语	频次	文本数
10493	没关系	4400	3957
10494	限期	4400	3335
10495	简易	4400	3576
10496	打交道	4399	3795
10497	清凉	4398	3029
10498	触动	4397	3935
10499	勘察	4395	3355
10500	地税	4393	1317
10501	报表	4393	3060
10502	早点	4391	3729
10503	绳	4391	2995
10504	高等	4391	3270
10505	扭曲	4390	3714
10506	鼓掌	4389	3698
10507	漂	4388	2745
10508	繁殖	4388	2585
10509	疆	4388	2533
10510	建设者	4388	2880
10511	收官	4388	3579
10512	法宝	4387	3757
10513	广交会	4387	1312
10514	杜	4387	2007
10515	餐桌	4386	3293
10516	展台	4386	2598
10517	适量	4385	2906
10518	配方	4384	2523
10519	顶替	4383	3616
10520	盏	4382	2793
10521	幻灯	4382	4131
10522	埃	4381	2184
10523	弱点	4381	3621
10524	史料	4381	2900
10525	硅	4380	1982
10526	远洋	4380	2459
10527	抢夺	4379	2940
10528	分泌	4375	2827
10529	配偶	4375	2430
10530	此役	4374	3231
10531	动辄	4374	4144

序号	词语	频次	文本数
10532	受访	4374	3257
10533	罚单	4372	2336
10534	单月	4372	3273
10535	重中之重	4372	4095
10536	哈萨克斯坦	4372	2389
10537	熟人	4370	3488
10538	驾照	4370	2436
10539	作坊	4370	2124
10540	此行	4369	3678
10541	薪金	4369	2663
10542	站长	4367	2685
10543	停下	4367	4030
10544	辉	4366	2242
10545	佳节	4365	3474
10546	馆长	4363	2721
10547	鲜血	4363	3652
10548	不可或缺	4363	4143
10549	管网	4363	2318
10550	小贩	4363	2155
10551	太平	4362	2756
10552	蹭	4361	2234
10553	高架桥	4360	1615
10554	轰炸	4358	2910
10555	抗击	4358	3531
10556	蜜	4357	2439
10557	气象台	4357	3015
10558	英勇	4357	3403
10559	进货	4356	3135
10560	甲骨文	4355	1020
10561	敞开	4352	3997
10562	美人	4352	2976
10563	说不定	4352	4107
10564	此刻	4350	3807
10565	克罗地亚	4350	2261
10566	荐	4349	2742
10567	采摘	4348	2116
10568	警务	4348	2173
10569	停车位	4348	2117
10570	铃	4347	2577

序号	词语	频次	文本数
10571	逃脱	4346	3666
10572	快攻	4345	2848
10573	火花	4345	3383
10574	编辑部	4345	3899
10575	稍稍	4345	3737
10576	深感	4344	4070
10577	波音	4344	1851
10578	特邀	4344	3605
10579	梨	4344	2044
10580	东海	4342	2539
10581	植入	4342	2584
10582	便携	4341	2655
10583	做工	4339	3735
10584	意在	4338	4042
10585	星期四	4337	3673
10586	奋战	4337	3792
10587	恐怖主义	4336	2645
10588	写下	4336	3913
10589	意想不到	4334	4165
10590	大腿	4334	3296
10591	心疼	4334	3757
10592	完备	4332	3933
10593	减速	4331	3324
10594	功臣	4330	3811
10595	财税	4327	2497
10596	如意	4326	3115
10597	试卷	4326	1911
10598	团聚	4326	3359
10599	蕴含	4326	3970
10600	辑	4323	3024
10601	宾	4323	2042
10602	候	4321	2826
10603	撕	4320	3030
10604	运河	4319	1650
10605	热水	4319	2535
10606	迷你	4318	2534
10607	轮换	4317	3239
10608	古人	4317	3201
10609	采纳	4317	3547

序号	词语	频次	文本数
10610	安定	4315	3661
10611	总算	4315	4036
10612	余地	4315	4005
10613	相近	4313	3812
10614	弹道导弹	4312	1920
10615	审慎	4311	3322
10616	天桥	4311	1923
10617	高素质	4311	3397
10618	万分	4311	3847
10619	养猪	4310	1442
10620	里昂	4310	2036
10621	地下室	4309	2126
10622	三线	4308	2720
10623	立项	4307	3138
10624	当做	4306	3890
10625	人民大会堂	4304	3563
10626	河水	4304	2784
10627	廉洁	4303	2579
10628	穴	4303	1875
10629	疑难	4303	2729
10630	停工	4302	2903
10631	执政党	4302	2546
10632	虚构	4301	2971
10633	倒下	4300	3498
10634	交接	4300	3109
10635	表扬	4300	3438
10636	野外	4299	2874
10637	网坛	4298	2385
10638	公厕	4298	1159
10639	留下来	4297	3794
10640	请教	4297	3714
10641	老爸	4296	2453
10642	击毙	4296	2296
10643	台湾地区	4296	2830
10644	光芒	4295	3757
10645	能见度	4295	2575
10646	失眠	4295	2341
10647	分级	4294	2579
10648	著作权	4294	1556

序号	词语	频次	文本数
10649	草坪	4294	2791
10650	容积	4293	2540
10651	山路	4293	3095
10652	离奇	4293	3522
10653	名声	4292	3903
10654	典雅	4290	3686
10655	不法	4290	3249
10656	以南	4289	3465
10657	导购	4289	2972
10658	当红	4288	3791
10659	嫂	4288	1891
10660	切换	4288	3182
10661	偏远	4288	3710
10662	敬	4287	2953
10663	炸药	4286	2309
10664	送达	4286	2612
10665	尾部	4285	3296
10666	取暖	4285	2926
10667	贫穷	4284	3464
10668	不容乐观	4284	3988
10669	住处	4283	3583
10670	顶部	4283	3511
10671	不尽	4282	4069
10672	心理学	4282	3060
10673	铭	4281	2046
10674	新婚	4281	3194
10675	人道主义	4281	2902
10676	脆	4280	2405
10677	把关	4280	3688
10678	海岛	4280	1685
10679	改正	4279	2927
10680	私自	4278	3338
10681	耗	4277	3509
10682	佩戴	4276	3211
10683	何处	4276	3885
10684	受不了	4274	3822
10685	落到实处	4273	3859
10686	旅程	4271	3607
10687	媲美	4271	3936
10688	流域	4271	2236
10689	以致	4269	4027
10690	不符	4269	3777
10691	金曲	4269	2115
10692	开国	4269	2151
10693	终审	4269	2665
10694	产物	4269	3827
10695	零售价	4268	2483
10696	销毁	4268	2493
10697	惯	4267	3863
10698	打包	4267	3302
10699	驱逐	4267	2809
10700	退回	4266	3423
10701	奇才	4266	2279
10702	养殖户	4265	1288
10703	炮轰	4265	3260
10704	王朝	4265	2682
10705	商贩	4264	1968
10706	独一无二	4263	3846
10707	告诫	4262	3825
10708	远射	4262	2661
10709	恐吓	4260	2654
10710	陆地	4259	2872
10711	求证	4257	3793
10712	激起	4257	3987
10713	煎	4256	2253
10714	着火	4256	2765
10715	复式	4255	2298
10716	假钞	4255	841
10717	侥幸	4254	3708
10718	马拉松	4254	1796
10719	留住	4254	3570
10720	招工	4253	1878
10721	封杀	4252	2489
10722	伏	4252	2754
10723	老外	4252	2732
10724	重磅	4252	3822
10725	孕育	4252	3660
10726	变数	4251	3643

序号	词语	频次	文本数
10727	感光	4251	2500
10728	理事	4250	3213
10729	涨势	4250	3440
10730	越发	4249	4000
10731	运力	4249	2429
10732	西站	4248	1924
10733	美观	4247	3661
10734	建设性	4247	3439
10735	客房	4247	2594
10736	过节	4247	3306
10737	前年	4247	3833
10738	心头	4245	3987
10739	生成	4244	3314
10740	专属	4243	3373
10741	跳楼	4243	2050
10742	谈谈	4241	3648
10743	一站式	4241	3352
10744	放行	4241	3149
10745	监理	4241	2165
10746	蝶	4240	2101
10747	直属	4239	3182
10748	口感	4239	2746
10749	参观者	4238	2833
10750	兵力	4237	2647
10751	无线电	4237	2052
10752	如实	4235	3345
10753	低下	4235	3811
10754	母女	4235	2570
10755	刊	4232	3323
10756	开关	4232	2953
10757	高标准	4230	3611
10758	奴	4229	2263
10759	一传	4228	1821
10760	歇	4227	3288
10761	翻新	4227	2361
10762	大蒜	4226	922
10763	降临	4226	3870
10764	附加值	4225	3375
10765	阿联酋	4224	2297
10766	助推	4224	3733
10767	偿	4223	2719
10768	沿海地区	4223	2883
10769	比率	4222	3048
10770	弊端	4221	3645
10771	唯有	4221	3909
10772	肋	4220	3522
10773	送礼	4220	2737
10774	拟定	4220	3737
10775	对称	4220	3207
10776	叙述	4218	3470
10777	转战	4218	3760
10778	后方	4217	3627
10779	脸部	4217	3210
10780	客商	4217	2330
10781	减灾	4216	1606
10782	专版	4214	4048
10783	狂热	4213	3375
10784	征文	4213	1838
10785	驻地	4213	3140
10786	掩	4212	3842
10787	萨	4211	2429
10788	经商	4211	3119
10789	立马	4211	3964
10790	驭	4210	1315
10791	扭	4210	3388
10792	裹	4210	3406
10793	掀	4210	3752
10794	西游记	4209	1806
10795	亮丽	4208	3833
10796	冠名	4208	2480
10797	创造力	4207	3464
10798	大军	4206	3383
10799	醒来	4205	3638
10800	苛刻	4205	3752
10801	宏大	4205	3762
10802	供述	4204	3152
10803	急忙	4204	3731
10804	焰火	4204	1546

序号	词语	频次	文本数
10805	房主	4203	1973
10806	尺度	4203	3332
10807	植	4203	2950
10808	抽出	4203	3830
10809	公用	4202	3024
10810	晚年	4202	3254
10811	单边	4201	3193
10812	代表作	4200	3506
10813	中心区	4200	2362
10814	大大小小	4200	3982
10815	下列	4199	2626
10816	飞人	4198	2702
10817	身子	4198	3698
10818	寿险	4198	1693
10819	工期	4196	3037
10820	抽取	4196	3509
10821	冤	4195	3159
10822	肖	4195	2092
10823	信件	4195	2676
10824	补课	4195	1556
10825	大成	4195	2396
10826	急速	4194	3836
10827	经营权	4194	2213
10828	周期性	4194	2923
10829	有所不同	4192	4056
10830	春风	4192	3082
10831	自动化	4190	2734
10832	显露	4189	3993
10833	徒步	4189	2451
10834	法医	4189	2775
10835	升学	4188	2702
10836	勘探	4188	2285
10837	领奖	4188	2746
10838	攒	4186	3178
10839	政坛	4186	2645
10840	套装	4186	2841
10841	乏力	4185	3800
10842	如是说	4184	3978
10843	服役	4184	2783

序号	词语	频次	文本数
10844	要点	4183	3521
10845	北侧	4182	3310
10846	分明	4182	3921
10847	猝死	4181	2003
10848	电磁	4181	2166
10849	参选	4180	2534
10850	入网	4179	2728
10851	均匀	4179	3252
10852	中止	4176	3170
10853	闭幕式	4175	2598
10854	评判	4175	3506
10855	拉美	4174	2045
10856	貌	4174	3425
10857	饺子	4174	1832
10858	捉	4173	3199
10859	购买力	4173	3193
10860	维和	4173	1443
10861	提早	4173	3589
10862	军用	4172	2889
10863	再三	4171	3990
10864	银色	4171	3433
10865	胎儿	4171	1935
10866	废除	4169	2602
10867	指着	4169	3910
10868	为民	4166	3100
10869	申领	4165	2217
10870	淹没	4165	3409
10871	乾隆	4165	1776
10872	底蕴	4165	3699
10873	激进	4164	3283
10874	恰	4164	3919
10875	下手	4162	3621
10876	摘要	4161	1978
10877	中型	4161	2930
10878	听力	4160	1729
10879	已然	4159	3896
10880	下放	4158	2859
10881	近视	4158	1138
10882	筋	4158	2675

序号	词语	频次	文本数
10883	迎合	4158	3774
10884	剥离	4158	2880
10885	波及	4157	3765
10886	一年多	4157	3811
10887	瞧	4156	3391
10888	切身利益	4155	3733
10889	按钮	4154	2931
10890	政绩	4154	2798
10891	背面	4152	3501
10892	高雅	4152	3276
10893	桂	4151	2286
10894	等离子	4151	1232
10895	提拔	4150	2693
10896	织	4150	2556
10897	杂技	4150	2016
10898	亲临	4150	3842
10899	卡塔尔	4149	2305
10900	践行	4146	3287
10901	炼油	4146	1761
10902	随处可见	4145	3923
10903	直销	4145	2204
10904	掩护	4144	3349
10905	对峙	4144	3133
10906	厂长	4143	2381
10907	排放量	4141	2485
10908	化肥	4141	2198
10909	特权	4140	2443
10910	净流入	4140	1483
10911	诱发	4139	3293
10912	烧烤	4138	2219
10913	雷阵雨	4137	1855
10914	横向	4136	3579
10915	紧迫	4136	3754
10916	失落	4136	3515
10917	潜逃	4134	2675
10918	结识	4134	3771
10919	多余	4132	3660
10920	三维	4131	2746
10921	女婴	4131	1523

序号	词语	频次	文本数
10922	歌唱家	4130	2549
10923	吸食	4129	2045
10924	长征	4129	2365
10925	四级	4128	2894
10926	技师	4127	2374
10927	低头	4127	3692
10928	深切	4127	3625
10929	点儿	4127	3303
10930	碰上	4126	3803
10931	中式	4126	2368
10932	毛巾	4124	2857
10933	爵	4124	1867
10934	女工	4124	2030
10935	驾驶室	4124	2629
10936	箱子	4124	2399
10937	乐意	4123	3774
10938	动静	4122	3778
10939	覆盖面	4121	3461
10940	议长	4121	2598
10941	部落	4121	2282
10942	一派	4120	3724
10943	肺炎	4120	2343
10944	核算	4120	2877
10945	滚动	4119	3451
10946	指点	4119	3601
10947	仿真	4119	2206
10948	佩服	4117	3721
10949	原型	4116	3192
10950	爱护	4115	3468
10951	与时俱进	4113	3552
10952	每家	4113	3680
10953	镍	4113	1285
10954	中非	4112	1072
10955	改名	4110	2804
10956	同伙	4110	2929
10957	间隙	4109	3760
10958	推崇	4108	3819
10959	影星	4108	3302
10960	年货	4107	1735

序号	词语	频次	文本数
10961	火山	4106	1511
10962	单车	4106	2259
10963	星期三	4105	3685
10964	魏	4105	1889
10965	对立	4104	3285
10966	岁末	4103	3274
10967	街区	4103	2651
10968	民企	4102	2179
10969	风潮	4101	3508
10970	附加费	4100	1143
10971	地形	4100	3262
10972	选取	4099	3687
10973	清明节	4098	2091
10974	始于	4098	3900
10975	开花	4097	3193
10976	中将	4097	3480
10977	保监会	4096	1649
10978	连环	4095	2751
10979	葬礼	4094	1923
10980	积雪	4094	1895
10981	光彩	4093	3643
10982	抽调	4092	3664
10983	呼唤	4091	3539
10984	大雾	4090	1597
10985	螃蟹	4089	2002
10986	赞誉	4087	3841
10987	哈哈	4087	3432
10988	俗称	4086	3787
10989	代号	4086	3312
10990	必备	4086	3718
10991	停课	4085	1948
10992	盘整	4085	2870
10993	北京地区	4085	3161
10994	判决书	4084	2265
10995	泼	4084	2927
10996	渔	4083	2377
10997	单曲	4082	1899
10998	浏览器	4082	1407
10999	提成	4081	2141

序号	词语	频次	文本数
11000	后天	4081	3248
11001	千里	4080	3421
11002	曰	4078	2592
11003	方方面面	4078	3853
11004	文人	4077	2523
11005	驾驭	4076	3488
11006	监护	4075	2849
11007	愉悦	4075	3623
11008	手套	4075	2939
11009	里程碑	4074	3586
11010	朴实	4074	3691
11011	栅	4074	2956
11012	交替	4073	3581
11013	带回	4073	3738
11014	多晶硅	4071	1002
11015	接听	4069	2898
11016	候车	4067	2112
11017	精髓	4067	3674
11018	颈部	4065	2734
11019	安抚	4065	3571
11020	价格战	4064	2519
11021	比喻	4064	3594
11022	载人	4062	2059
11023	桑	4062	2652
11024	市场价	4060	2778
11025	裂缝	4060	1952
11026	核对	4059	3244
11027	操场	4058	2555
11028	获准	4058	3539
11029	该队	4058	2875
11030	博彩	4058	1822
11031	反对派	4056	1904
11032	散落	4055	3614
11033	主干道	4055	3030
11034	星座	4054	2150
11035	吃亏	4054	3376
11036	窗外	4053	3356
11037	流行病	4053	2972
11038	美誉	4052	3853

序号	词语	频次	文本数
11039	噩梦	4052	3227
11040	几点	4052	3684
11041	多层次	4052	3559
11042	愈演愈烈	4052	3712
11043	期满	4052	3082
11044	白血病	4052	1618
11045	侮辱	4051	2923
11046	沉浸	4050	3876
11047	稳妥	4050	3556
11048	税款	4049	2145
11049	国宝	4049	2415
11050	翻番	4047	3365
11051	团圆	4047	2142
11052	鲜艳	4047	3552
11053	一条龙	4045	3375
11054	繁重	4044	3600
11055	每逢	4044	3805
11056	门窗	4043	3111
11057	深入人心	4042	3819
11058	防水	4042	2262
11059	烹饪	4041	2481
11060	农作物	4040	2819
11061	短短的	4039	3888
11062	面世	4037	3604
11063	目击	4037	3295
11064	偏离	4037	3060
11065	伤愈	4036	3466
11066	贯通	4036	2781
11067	外星人	4036	1946
11068	底气	4035	3581
11069	淡水	4035	1884
11070	批量	4035	3244
11071	免职	4035	2340
11072	莫过于	4032	3878
11073	前身	4031	3705
11074	灾民	4031	2057
11075	看成	4031	3648
11076	自如	4031	3747
11077	版面	4031	2810
11078	分批	4030	3548
11079	完好	4030	3384
11080	明代	4029	2286
11081	深证	4029	3069
11082	海面	4029	2634
11083	错失	4029	3581
11084	坦承	4027	3722
11085	特效	4027	2361
11086	腿部	4027	3319
11087	行进	4026	3239
11088	损毁	4025	3228
11089	排位	4025	2392
11090	驾驶者	4025	2758
11091	越过	4025	3530
11092	清算组	4024	588
11093	雇	4024	3041
11094	凝聚力	4023	3363
11095	革新	4022	3191
11096	敬意	4022	3673
11097	海边	4021	2894
11098	隶属	4021	3618
11099	见识	4021	3694
11100	乳腺癌	4020	1332
11101	巴格达	4018	1750
11102	猛增	4016	3561
11103	海里	4016	2455
11104	甜美	4015	3256
11105	见报	4015	2140
11106	微弱	4014	3703
11107	灾情	4013	2603
11108	卸	4013	2989
11109	喇叭	4012	2773
11110	怡	4012	2322
11111	出版物	4011	1860
11112	期权	4011	1699
11113	周转	4011	2893
11114	货轮	4011	1513
11115	充斥	4010	3806
11116	腹泻	4010	2263

序号	词语	频次	文本数
11117	顺势	4010	3698
11118	大伙	4009	2760
11119	高等学校	4008	2518
11120	锤	4008	1802
11121	不动产	4007	2104
11122	身家	4007	2587
11123	悲痛	4006	3328
11124	整洁	4006	3466
11125	喜好	4005	3708
11126	车流	4005	2831
11127	奥林匹克	4005	2569
11128	岸边	4004	2860
11129	毯	4004	2159
11130	趣	4003	3193
11131	定金	4003	2045
11132	紫外线	4002	2190
11133	让步	4002	3255
11134	联合国安理会	4002	2587
11135	送货	4001	2529
11136	贪官	3999	1716
11137	党政机关	3998	2436
11138	边路	3998	2666
11139	荣耀	3996	3446
11140	体育馆	3996	2857
11141	鲸	3996	1216
11142	颗粒	3995	2792
11143	乎	3995	2783
11144	邻里	3994	2569
11145	日夜	3994	3682
11146	靴	3993	2513
11147	一连串	3993	3786
11148	编码	3992	1500
11149	黛	3992	1682
11150	主动权	3992	3527
11151	残忍	3991	3274
11152	万里	3990	2758
11153	清水	3990	2636
11154	抢先	3988	3632

序号	词语	频次	文本数
11155	外婆	3987	1906
11156	瓦斯	3987	1353
11157	切断	3986	3243
11158	城中村	3986	1751
11159	邮寄	3985	2920
11160	开具	3985	2837
11161	打扫	3984	3128
11162	转折	3984	3393
11163	推开	3983	3567
11164	胺	3982	1616
11165	郑重	3982	3590
11166	征婚	3982	1495
11167	受贿罪	3981	2322
11168	定居	3981	3024
11169	容忍	3981	3307
11170	排斥	3980	3352
11171	脱落	3978	2962
11172	负荷	3978	2575
11173	成交价	3978	2657
11174	倘若	3977	3554
11175	两头	3976	3025
11176	申	3976	2193
11177	施压	3975	3332
11178	效仿	3975	3566
11179	叔	3974	1700
11180	奇妙	3974	3279
11181	镜子	3974	2935
11182	囤	3974	1837
11183	考评	3973	2147
11184	的士	3973	1964
11185	字母	3972	2723
11186	管线	3972	2149
11187	接纳	3972	3219
11188	囊括	3972	3746
11189	至上	3971	2764
11190	洋溢	3970	3773
11191	军工	3968	2173
11192	可想而知	3968	3853
11193	反差	3967	3539

序号	词语	频次	文本数
11194	大餐	3967	3302
11195	泰山	3966	1954
11196	招待会	3965	2582
11197	虐待	3965	2181
11198	挤压	3965	3303
11199	励志	3961	2980
11200	综治	3961	1058
11201	复仇	3960	2807
11202	崇尚	3960	3485
11203	校内	3959	2639
11204	高明	3959	2614
11205	岛屿	3959	2308
11206	厚重	3958	3579
11207	手头	3957	3578
11208	胃口	3956	3577
11209	惯性	3956	3425
11210	感触	3955	3629
11211	按键	3955	2728
11212	柬埔寨	3953	1342
11213	淋漓尽致	3953	3851
11214	挑衅	3952	2912
11215	少年儿童	3951	1957
11216	苦苦	3951	3722
11217	查验	3950	2534
11218	糟	3949	3159
11219	黏	3949	2694
11220	武林	3949	2290
11221	装配	3949	2707
11222	敦煌	3949	1519
11223	垫付	3947	2501
11224	投资额	3946	3136
11225	存折	3943	1915
11226	膏	3943	1511
11227	执照	3943	2391
11228	六一	3943	2120
11229	名词	3943	3256
11230	修正案	3942	1863
11231	铁矿	3942	1422
11232	观摩	3941	3092
11233	暗访	3940	2365
11234	不远处	3940	3705
11235	收复	3940	3046
11236	关机	3939	3085
11237	首府	3938	3237
11238	帆船	3938	1401
11239	人手	3938	3554
11240	王牌	3938	3255
11241	三中全会	3937	2603
11242	盲人	3937	1378
11243	过早	3935	3440
11244	怀着	3935	3656
11245	舍不得	3934	3450
11246	坐镇	3934	3600
11247	追尾	3933	2125
11248	司令员	3933	2162
11249	外币	3933	1827
11250	死因	3932	2678
11251	炖	3930	2077
11252	零售商	3930	2581
11253	计生	3929	1350
11254	折价	3928	1819
11255	匮乏	3926	3509
11256	新近	3925	3782
11257	垫底	3925	3132
11258	中盘	3923	2101
11259	遗忘	3923	3152
11260	除外	3921	3246
11261	影音	3921	2497
11262	印章	3921	2238
11263	政治权利	3920	2493
11264	仓储	3920	2580
11265	畸形	3918	2636
11266	远在	3918	3643
11267	现代人	3916	3217
11268	总值	3916	2689
11269	交待	3916	3180
11270	伊始	3916	3804
11271	遗嘱	3916	1079

序号	词语	频次	文本数
11272	无情	3915	3527
11273	转弯	3915	2907
11274	金条	3915	1227
11275	时不时	3914	3740
11276	升起	3913	3352
11277	呼叫	3912	2733
11278	疏	3912	2963
11279	置于	3912	3619
11280	谋取	3911	3105
11281	善意	3911	3092
11282	流血	3910	3226
11283	离场	3910	3194
11284	免疫力	3910	2563
11285	修缮	3909	2172
11286	汗水	3909	3486
11287	世家	3907	2724
11288	取景	3907	2554
11289	亲朋好友	3907	3530
11290	营业员	3907	2105
11291	电讯	3906	1845
11292	突如其来	3904	3717
11293	报告期	3902	914
11294	很难说	3902	3723
11295	拿走	3902	3348
11296	液体	3901	2562
11297	星期二	3901	3486
11298	浓烟	3901	2564
11299	初三	3898	2738
11300	乳业	3898	1262
11301	竞猜	3897	1718
11302	外壳	3896	3068
11303	侧重	3895	3338
11304	发病率	3895	2586
11305	必不可少	3894	3736
11306	舞台剧	3894	2221
11307	宣传部	3893	3014
11308	身旁	3891	3620
11309	抉择	3890	3411
11310	升空	3890	2520

序号	词语	频次	文本数
11311	温情	3890	3214
11312	上缴	3890	2578
11313	术后	3890	2429
11314	有幸	3889	3641
11315	共青团	3889	2023
11316	责任心	3889	2865
11317	虹	3889	2201
11318	美学	3889	2485
11319	单日	3889	3025
11320	暧昧	3888	2854
11321	来京	3888	2998
11322	制片	3887	2696
11323	摊贩	3884	1466
11324	畅游	3884	2540
11325	问问	3883	3289
11326	海豚	3883	1266
11327	手腕	3882	2892
11328	经销	3882	2909
11329	正版	3881	2011
11330	请假	3881	2866
11331	筹资	3881	2762
11332	周到	3880	3581
11333	征程	3880	3502
11334	严查	3880	3059
11335	崩	3880	3035
11336	路程	3879	3494
11337	上班族	3879	2608
11338	排污	3879	1905
11339	获释	3878	2347
11340	影帝	3877	2248
11341	预留	3877	3172
11342	遗书	3876	1431
11343	分期	3876	2595
11344	国际货币基金组织	3876	2545
11345	金奖	3876	2584
11346	花生	3875	1938
11347	探亲	3875	2851
11348	继而	3874	3720

序号	词语	频次	文本数
11349	供货	3874	2730
11350	外企	3873	2656
11351	雇佣	3873	2819
11352	不许	3872	3150
11353	色调	3872	3254
11354	送往	3871	3632
11355	喘	3871	2823
11356	楼面	3871	1790
11357	本领	3871	3293
11358	纵观	3870	3770
11359	桌上	3870	3387
11360	船长	3869	1868
11361	家务	3868	2670
11362	打败	3868	3196
11363	智利	3868	2168
11364	回过	3866	3652
11365	莱	3865	2298
11366	定下	3865	3634
11367	膝	3865	2835
11368	小提琴	3864	1779
11369	劝阻	3864	3102
11370	名录	3863	2402
11371	仇	3862	2818
11372	由此可见	3861	3703
11373	婚庆	3861	1628
11374	下线	3861	2390
11375	借用	3860	3328
11376	水货	3859	1948
11377	漫步	3859	3034
11378	星期日	3858	3076
11379	争夺战	3858	3283
11380	良心	3857	2960
11381	一路上	3856	3511
11382	阅兵式	3856	1874
11383	过期	3856	2395
11384	防务	3855	2006
11385	助力	3855	3212
11386	随行	3854	2973
11387	养护	3854	2499

序号	词语	频次	文本数
11388	警戒线	3854	2989
11389	大中城市	3853	3069
11390	创伤	3853	3034
11391	位数	3852	2778
11392	看得出	3852	3595
11393	安居	3851	1702
11394	乔	3851	2135
11395	画质	3850	2412
11396	查实	3849	3336
11397	反感	3849	3348
11398	知青	3849	1193
11399	老朋友	3848	3320
11400	加长	3847	2055
11401	誉	3847	2557
11402	平房	3846	2571
11403	紧凑	3846	3303
11404	感言	3846	2833
11405	欠款	3845	2361
11406	高风险	3844	3138
11407	兆	3843	2228
11408	四轮	3843	2993
11409	木材	3842	2190
11410	大都市	3842	3070
11411	替补席	3842	3071
11412	展品	3842	2527
11413	总和	3841	3300
11414	直通	3841	2539
11415	肯尼亚	3840	1818
11416	剔除	3839	3056
11417	特技	3839	2333
11418	肝脏	3839	1848
11419	逊色	3838	3692
11420	规章	3837	2578
11421	宠	3837	3178
11422	编排	3837	3052
11423	复发	3837	2626
11424	遇上	3836	3540
11425	扭纲	3836	3513
11426	民政部	3836	2328

序号	词语	频次	文本数
11427	商城	3835	2234
11428	沿用	3835	3537
11429	超前	3833	3277
11430	心血管	3833	2243
11431	男双	3832	1937
11432	试用	3832	2657
11433	高地	3832	2737
11434	宣读	3831	3136
11435	海滨	3831	2656
11436	存货	3831	2424
11437	油田	3828	1507
11438	祥和	3828	3226
11439	何以	3828	3375
11440	先驱	3828	2552
11441	敲诈	3828	1827
11442	卫生局	3827	2556
11443	新生儿	3827	1768
11444	呼应	3826	3558
11445	背部	3825	2990
11446	借机	3824	3566
11447	遥控	3824	2581
11448	惬意	3823	3487
11449	不怎么	3822	3602
11450	风味	3822	2978
11451	朴素	3821	3343
11452	庄	3820	2381
11453	坏事	3820	3332
11454	试题	3820	1682
11455	深成指	3818	2872
11456	收治	3817	2473
11457	附属	3817	2941
11458	天窗	3815	2425
11459	沉寂	3814	3500
11460	刑罚	3814	2374
11461	超人	3814	2589
11462	厚厚的	3813	3594
11463	中线	3813	2326
11464	团员	3812	2005
11465	逃亡	3812	2372

序号	词语	频次	文本数
11466	晋升	3811	2760
11467	晚期	3811	2642
11468	首盘	3811	2448
11469	劳模	3810	1670
11470	入室	3810	2186
11471	外交官	3810	2279
11472	现价	3809	2657
11473	夕	3808	1862
11474	当务之急	3807	3593
11475	非机动车	3807	1874
11476	纪实	3807	3122
11477	故事片	3807	1395
11478	寿	3806	2448
11479	表格	3805	2823
11480	祖	3804	1944
11481	本事	3802	3247
11482	狠抓	3802	3126
11483	初一	3802	2845
11484	时间段	3802	3356
11485	受益者	3802	3367
11486	田园	3800	2382
11487	唱响	3798	2602
11488	庆幸	3797	3554
11489	新锐	3796	3043
11490	在逃	3796	2659
11491	指挥官	3796	2612
11492	蜘蛛	3795	1640
11493	伙同	3795	2934
11494	瘦肉	3795	1416
11495	冲击力	3793	3523
11496	称得上	3793	3600
11497	下半时	3792	2756
11498	业态	3791	2500
11499	洁	3791	2284
11500	配股	3791	1417
11501	面上	3790	3443
11502	补给	3789	2061
11503	读卡器	3788	2323
11504	一览	3788	2364

序号	词语	频次	文本数
11505	居高不下	3787	3539
11506	利于	3787	3430
11507	决定性	3787	3485
11508	长相	3786	3300
11509	集团公司	3786	2592
11510	销售员	3785	2028
11511	政府军	3785	1469
11512	弦	3785	2714
11513	危及	3785	3390
11514	招考	3784	1821
11515	外交部长	3783	3110
11516	素有	3783	3639
11517	三角洲	3782	2134
11518	特警	3782	1810
11519	中西	3782	2848
11520	叶子	3781	2311
11521	原件	3781	2260
11522	香蕉	3781	1588
11523	构想	3780	2927
11524	沸沸扬扬	3780	3648
11525	钛	3780	1724
11526	家里人	3779	3219
11527	使用者	3778	2857
11528	职业化	3778	2196
11529	盛行	3777	3441
11530	载有	3775	2998
11531	善款	3775	2361
11532	冠军赛	3775	2150
11533	发光	3774	2475
11534	报送	3774	2661
11535	博文	3772	2125
11536	清白	3772	2751
11537	亚特兰大	3772	2372
11538	充足率	3770	1466
11539	骨灰	3769	1593
11540	子弟	3768	2422
11541	成品	3768	3062
11542	换成	3768	3415
11543	誓言	3768	2654

序号	词语	频次	文本数
11544	好比	3768	3394
11545	衬衫	3767	2638
11546	君子	3765	2752
11547	大王	3765	2547
11548	辨认	3765	3120
11549	压迫	3765	2932
11550	鼠标	3765	2488
11551	城镇化	3765	2233
11552	骚乱	3764	1956
11553	盲	3763	2043
11554	淡化	3762	2957
11555	尖叫	3762	3120
11556	宣讲	3761	2040
11557	牵涉	3760	3346
11558	大堂	3760	2804
11559	换届	3760	1863
11560	齿	3760	2415
11561	老子	3758	1710
11562	领导者	3757	2825
11563	专机	3757	2384
11564	孙女	3756	2144
11565	珍	3756	1946
11566	视点	3756	3475
11567	备用	3755	2640
11568	图形	3755	2537
11569	瑜伽	3755	1145
11570	锦绣	3754	1916
11571	可望	3754	3274
11572	广告牌	3752	2057
11573	五金	3751	2392
11574	女童	3751	1709
11575	亚太地区	3751	2698
11576	代谢	3750	2394
11577	民政部门	3749	2444
11578	整容	3749	1602
11579	缘故	3746	3579
11580	吊销	3745	2357
11581	没用	3745	3410
11582	参议员	3745	2180

序号	词语	频次	文本数
11583	化身	3744	3086
11584	路桥	3744	1548
11585	辈	3743	2970
11586	历	3743	2334
11587	歉意	3743	3198
11588	六十年	3743	2441
11589	绳子	3743	2389
11590	合伙人	3742	2621
11591	发泄	3742	2918
11592	立交	3742	1692
11593	门面	3742	2127
11594	营业厅	3742	1947
11595	开战	3741	3426
11596	经营性	3740	2479
11597	严防	3736	3208
11598	情歌	3736	2231
11599	伤残	3735	2092
11600	效能	3735	2795
11601	印制	3734	2771
11602	投中	3734	2610
11603	国土资源部	3733	1945
11604	鉴	3733	2489
11605	清查	3732	2439
11606	播报	3731	2869
11607	彩虹	3730	2183
11608	菊花	3729	1802
11609	弧	3729	3123
11610	宏伟	3729	3245
11611	旅途	3729	3008
11612	孵化	3728	1953
11613	远处	3728	3397
11614	盼望	3728	3399
11615	追查	3727	3091
11616	危急	3727	3305
11617	用餐	3725	2877
11618	截然不同	3724	3555
11619	首富	3723	2152
11620	顺便	3722	3539
11621	子宫	3722	1428
11622	写信	3722	3035
11623	留念	3722	3429
11624	松动	3722	2974
11625	老是	3721	3382
11626	矿井	3721	1595
11627	全胜	3721	2927
11628	厚望	3720	3563
11629	搬进	3719	3089
11630	开朗	3719	3339
11631	批捕	3719	2519
11632	客源	3717	2536
11633	考证	3717	2733
11634	房门	3717	2883
11635	廊	3717	2291

(杨尔弘、曾小兵、张志平、张勇撰稿;张普、俞士汶审阅;侯敏等提供有声媒体语言数据;何婷婷、张勇提供网络媒体语言数据。)

年度新词语调查

调查报告

新词语是语言监测研究永恒的主题。为了及时了解和把握词语创新与使用的实际情况，也为了记载下 2009 年中国社会变化的历史画卷，国家语言资源监测与研究中心在前三年开展年度新词语专项调查的基础上，对 2009 年度的新词语进行了调查统计，同时跟踪调查了 2006、2007、2008 年度新词语在 2009 年度的使用情况。

一　调查对象

这里的年度新词语，指的是当年新产生并在大众媒体中出现的词语（或词义）。本次调查的对象是 2009 年度产生的新词语，包括新产生的词语和旧词新义，也包括 2008 年 12 月中旬以后产生而在 2008 年度新词语调查中没能及时收录的个别词语。

二　调查语料

调查语料源自国家语言资源监测语料库中平面媒体、有声媒体和网络新闻的语料，在用字用语调查所用语料的基础上，增加了《新民晚报》2009 年全年语料。共计 1 319 704 个文本文件，1 293 514 205 字符次，1 047 831 642 字次。

本次调查的新词语，限于在主流媒体（报纸、广播电视及网络新闻）中出现的，不包括只出现在人们口头或网络 BBS、博客中的。

另外，还利用百度、谷歌等搜索工具，查对了每一个词语最初出现的时间，以核查、确认其新词语的身份。

三　调查方法

本次调查采用的仍是“机器＋人工”的方法，即先利用计算机对调查语料进行新词语候选集的自动提取，再进行人工排查和确认。但在机器自动提取候选集时，除了采用与前两年相同的“全切分对比法”和“特征对比法”①外，还尝试使用先分词、再合并的“切分组合对比法”，该方法可以较大幅度减少垃圾串的数量。几种方法结合使用，目的是取长补短，使新词语的搜获更为全面，减少遗漏。

新词语确认的原则与 2007 年和 2008 年保持一致。② 在新词语提取确认和词表的后期研制工作完成后，像前两年一样，在 3 月 15 日至 5 月 10 日将这些新词语先后放在中国语言文字网、新浪网、有声媒体语言资源网等多家网站上公示，广泛征求意见，网友们对某些词目及释义提出了宝贵意见，也做了一些补充。词表据此做了调整与修改。③ 所以，这份新词语表也凝结着网友们的智慧和心血。

四　调查结果

经过层层筛选和专家审定，共从 2009 年语料中提取出新词语 396 条，见新词语表。下面从词汇学与社会语言学角度分别对这 396 条新词语进行分析。

（一）词汇学分析

1. 词语长度

词语长度是词汇的一个重要特征。统计时一个汉字、一个字母或一个阿拉伯数字，都算一个字长。统计结果显示，数量排前的依次为三字、二字、四字。三字词语占 51.01％，是全部年度新词语的一半多，比 2008 年高出 3.4 个百分点；二字词语占 18.69％，与 2007 年持平，比 2008 年高出 3.3 个百分点；四字词语占 17.42％，比 2007、2008 年回落 10 个百分点。三字词语比例增高，与几个热门造

① 国家语言资源监测与研究中心编《中国语言生活状况报告（2008）》下编第 321 页，商务印书馆 2009 年版。

② 国家语言资源监测与研究中心编《中国语言生活状况报告（2007）》下编第 349—351 页，商务印书馆 2008 年版。国家语言资源监测与研究中心编《中国语言生活状况报告（2008）》下编第 321 页，商务印书馆 2009 年版。

③ 对新词语修改贡献较大的网友的名单，将在《2009 汉语新词语》一书中登出。在此谨向他们表示衷心的感谢。

词格式"被××、楼××""～门、～族"等在 2009 年度特别活跃有关。2009 年度与 2008 年度、2007 年度新词语词长分布比较的具体数据见表 2-1。

表 2-1　2009 年度与 2008 年度、2007 年度新词语词长分布比较

年度 \ 词长(字数)		1	2	3	4	5	6	7	≥8	总计	平均词长
2009 年	数量(条)	3	74	202	69	38	5	3	2	396	3.26
	比例(%)	0.76	18.69	51.01	17.42	9.59	1.26	0.76	0.51	100.00	
2008 年	数量(条)	3	55	171	100	22	4	2	2	359	3.31
	比例(%)	0.84	15.32	47.63	27.85	6.13	1.11	0.56	0.56	100.00	
2007 年	数量(条)	0	47	94	73	27	9	2	2	254	3.50
	比例(%)	0.00	18.50	37.00	28.74	10.63	3.55	0.79	0.79	100.00	

2. 词语构成材料

就构成材料看，396 条新词语以汉字为主体，同时兼有多样。完全由汉字构成的新词语有 390 条，占 98.48%。其余 6 条新词语中，有字母加汉字的，如"E 两会、e 云、G 字头"；有汉字、字母加阿拉伯数字构成的，如"甲型 H1N1 流感"；也有汉字加数字的，如"223 工程"；还有纯数字的，如"12110"。具体分布见表 2-2。

表 2-2　2009 年度新词语构成材料分布

类　型	纯汉字式	非纯汉字式	总计
数量(条)	390	6	396
比例(%)	98.48	1.52	100.00

此外，2009 年度还有 5 条拉丁字母构成的外文缩略形式。它们是"ECFA、CVC、BCCI、CEMS、GQ"。具体数据见表 2-3。

表 2-3　2009 年度 5 条外文缩略词语具体数据

词目	简单释义	原始英文形式	频次	文本数
ECFA	两岸经济合作架构协议	Economic Cooperation Framework Agreement	858	268
CVC	信用卡验证码，即印在信用卡背面的附加码	Card Verification Code	171	62
BCCI	银行卡消费信心指数	Bankcard Consumer Confidence Index	55	15

（续表）

CEMS	一种商用技术理念，包括成本、效率、管理、安全四部分	Cost，Efficiency，Management，Security	26	11
GQ	绿商，指人在环境保护方面的意识、知识及能力	Green Quotient	5	3

值得关注的是，这类外文缩略形式在汉语中已出现滥用的趋势，它们的属性及使用规范还需进一步研究。

3. 结构方式

结构方式指的是词语内部的组织构成方式。词语的构成方式，首先可以分为单纯型和合成型。合成型还可以分为复合式、附加式两种。复合式下分为偏正式、主谓式、动宾式、连动式、并列式、补充式、兼语隐藏式七种；附加式下分为前附加和后附加两种。2009 年度新词语中没有出现并列、补充、兼语三种类型。表 2-4 显示了 396 条新词语结构方式的分布情况。

表 2-4　2009 年度新词语结构方式分布

类　型				数量（条）	比例（%）	样　　例
词语	单纯型		单音节	4	1.01	烎、萌、宅、秒
			多音节	2	0.50	必应、12110
	合成型	复合式	偏正式	212	53.54	动姐、光涂、网秘、牛孩、秀霸
			主谓式	25	6.31	楼歪歪、桥裂裂、居转户、李染染
			动宾式	20	5.05	保八、戒驾、拼爹、晒苦、养牛
			连动式	5	1.26	点听、代秒、开胸验肺、捂地惜建
		附加式	前附加	22	5.56	被就业、被慈善、被网瘾、软裁员
			后附加	106	26.77	钓鱼门、蚁族、脖友、孩奴、贴客
	总　计			396	100.00	——

从表 2-4 可以看出，新词语的结构方式仍以合成型占绝对优势，单纯型只占 1.51%。合成型中偏正式能产性最高，占总词数的 53.54%，其次是后附加式合成词，占 26.77%。类后缀构词仍以这几年居高不下的“～门、～族、～客、～奴、～友”等为主，其中以“族”和“门”为最。2009 年度新词语中，以“族”为后缀的有 47 条，占 11.87%，以“门”为后缀的有 30 条，占 7.58%，两者加在一起占了所有词语的近两成。以“友”为后缀的有 5 条，以“客”为后缀的有 3 条。此外，“～男”和“～女”也有向类词缀发展的趋势，值得关注。其中“～男”的有 6 条，“～女”的有 7 条。

另外，2009 年新词语中叠音方式构成的词明显增多。但与以往“白花花、静悄悄”这种叠音后缀构成的形容词不同，叠音形式不是后缀，而是对词首成分的陈述说明，构成的主要是名词。其中除了“李染染、何逛逛、吕传传”3 条指人的叠音词外，大部分是有关建筑类的“楼××、桥××、墙××”，如“楼歪歪、楼垮垮、桥粘粘、墙脆脆、房漏漏”等，是人们对某些建筑物质量低劣的一种戏谑说法。

另外值得注意的是，“被××”结构的出现。这种格式如何定性，究竟是词，还是短语，还需要进一步研究。根据其中“被”意义的转化和类化，暂且把它们归入前附加中。这类新词语在 2009 年度呈现多产、高频趋势，我们从中选择 22 条列入新词语表，如“被就业、被增长、被股东”等。

表 2-5 显示了 2009 年度与 2008 年度新词语结构方式分布的对比。其中差别较大的有四项，表现为三多一少：主谓式增多，是由于“楼××、桥××”类词语造成；前附加增多，主要是由于“被××”类词语造成；后附加增多，主要是“～族、～门”等词语大量出现；这三者的增加影响到了汉语传统的强势构成方式——偏正式构词所占比例的下降。具体数据见表 2-5。

表 2-5　2009 年度与 2008 年度新词语结构方式分布对比

<table>
<tr><th colspan="4">年度
类型</th><th colspan="2">2009 年</th><th colspan="2">2008 年</th></tr>
<tr><th colspan="4"></th><th>数量(条)</th><th>比例(%)</th><th>数量(条)</th><th>比例(%)</th></tr>
<tr><td rowspan="10">词语</td><td colspan="2" rowspan="2">单纯型</td><td>单音节</td><td>4</td><td>1.01</td><td>3</td><td>0.84</td></tr>
<tr><td>多音节</td><td>2</td><td>0.50</td><td>3</td><td>0.84</td></tr>
<tr><td rowspan="8">合成型</td><td rowspan="6">复合式</td><td>偏正式</td><td>212</td><td>53.54</td><td>239</td><td>66.57</td></tr>
<tr><td>并列式</td><td>0</td><td>0.00</td><td>4</td><td>1.11</td></tr>
<tr><td>主谓式</td><td>25</td><td>6.31</td><td>11</td><td>3.06</td></tr>
<tr><td>动宾式</td><td>20</td><td>5.05</td><td>13</td><td>3.62</td></tr>
<tr><td>补充式</td><td>0</td><td>0.00</td><td>1</td><td>0.28</td></tr>
<tr><td>连动式</td><td>5</td><td>1.26</td><td>1</td><td>0.28</td></tr>
<tr><td rowspan="2">附加式</td><td>前附加</td><td>22</td><td>5.56</td><td>4</td><td>1.11</td></tr>
<tr><td>后附加</td><td>106</td><td>26.77</td><td>80</td><td>22.29</td></tr>
<tr><td colspan="4">总计</td><td>396</td><td>100.00</td><td>359</td><td>100.00</td></tr>
</table>

4. 词性分布

396 条新词语中有 284 条是“词”，其余是短语。这 284 条词分别属于名词、动词、形容词、区别词。其中名词最多，有 231 条，占 81.35%；动词 48 条，占 16.90%；区别词 2 条，占 0.70%；形容词 1 条，为源自网络用语的“萌”。2009 年度与 2008 年度新词词性分布对比状况见表 2-6。

表 2-6 2009 年度与 2008 年度新词词性分布对比

词性		名词	动词	形容词	区别词	量词	名形兼类	名动兼类	动形兼类	总计
2009 年	数量(条)	231	48	1	2	0	0	2	0	284
	比例(%)	81.35	16.90	0.35	0.70	0.00	0.00	0.70	0.00	100.00
2008 年	数量(条)	201	17	4	2	1	1	1	1	228
	比例(%)	88.16	7.45	1.75	0.88	0.44	0.44	0.44	0.44	100.00

5. 领域分布

2009 年度新词语分布在不同领域。把 396 条新词语按生活、时政、经济、文化、科技、教育、环保、体育八个领域进行统计,得出数据如表 2-7。

表 2-7 2009 年度新词语的领域分布

领域	数量(条)	比例(%)	例 词
生活	117	29.55	蚁族、甲流、裸婚、孩奴、乙男、婚活、经适男、杠杆女
时政	86	21.72	E 两会、侠贪、基础四国、养鱼执法、中美国、民生博客
经济	65	16.41	竞彩、点按揭、保八、秒杀、种票、微付、稳岗、迪拜危机
文化	48	12.12	写二代、星二代、晒书节、秀霸、蜜糖体、光涂、围脖、脖主
科技	35	8.84	必应、院仕、e 云、G 字头、碗幕、乐媒、纳米蜂、航天母舰
教育	28	7.07	考奴、牛孩、学租族、刷刷族、项目生、占坑班、被留学
环保	15	3.79	气候门、绿碳、碳强度、气候债、零碳馆、漂绿、沪四标准
体育	2	0.50	听奥会、养狼计划
总计	396	100.00	——

6. 使用频次分布

表 2-8 2009 年度新词语的使用频次分布

频次段	数量(条)	比例(%)	例 词
≥1 000	14	3.53	甲流、躲猫猫、保八、开胸验肺、秒杀、钓鱼执法、甲感
999—300	30	7.58	蚁族、裸奔、被就业、经济适用男、杯具、围脖、楼脆脆
299—100	58	14.65	贫二代、点按揭、乐媒、钓头、楼歪歪、被时代、帖案
99—20	131	33.08	麦兜族、被网瘾、中美国、寂寞党、赖捐、脖友、稳岗
19—10	79	19.95	楼断断、院仕、试衣族、侠贪、动姐、乙男、脖主、牛孩
9—3	74	18.69	桥裂裂、G 字头、比婚女、隐车族、秒友、男漫、飙爱

（续表）

2－1	10	2.52	猎婚吧、哭帖、滞泡、萌女孩、薄食代、虚客族、后备箱族
总计	396	100.00	——

表 2-9　2009 年度与 2008 年度新词语使用频次分布对比

年度 频段	2009 年		2008 年	
	数量(条)	比例(%)	数量(条)	比例(%)
≥1 000	14	3.53	18	5.01
999－300	30	7.58	28	7.80
299－100	58	14.65	43	11.98
99－20	131	33.08	90	25.07
19－10	79	19.95	47	13.09
9－3	74	18.69	95	26.46
2－1	10	2.52	38	10.59
总计	396	100.00	359	100.00

从表 2-8、表 2-9 可以看出，2009 年度新词语出现频次分布状况与 2008 年度差不多，都是两头小，中间较大。这种状态 2009 年度更明显些，特别高频和特别低频的词都不多。频次在 3－99 这个频段的最多，占到 71.72%。这也体现了年度新词语的特点：它们大多还处在慢慢成长、逐渐发育阶段。其中有的词语一旦有合适的土壤，便可能迅速成长，消失新颖色彩，甚至进入汉语词汇的常用词系统；有的词语条件不太好，但还存活着，缓慢成长，总是带有比较高的新颖度；也有的词语在语言生活中很快隐退，成为昙花一现的历史词语。

（二）社会语言学分析

新词语是语言现象，也是社会现象的反映。作为社会变化的放大镜和显微镜，新词语凸显了社会生活中"动"的一面，也凸显了语言的动态变化。从社会语言学角度进行分析，2009 年度新词语至少可以看出如下三个明显特点。

1. 反映社会问题的词语以某些格式为标志形成词语群

2008 年悲喜交集，大事件不断，因此年度新词语中出现了以反映事件为主的词语群，如"5·12 地震"词语群、"北京奥运会"词语群、"金融危机"词语群、"三鹿奶粉事件"词语群等。2009 年度不同，表面看来这一年似乎很平常，除了新中国 60 周年国庆庆典，再没有多少惊天动地的大事件，但历史要发展，社会要前进，各种社会矛盾、思想理念总会显现、纠结、碰撞，在年度新词语中自然也会表现出来。2009年度新词语中也可以看到词语群，但不是以事件为核心，而是以反映社会问题为内容，以词语格式为标志。如“被××”词语群、“楼××”词语群、“～门”词语群、“～执法”词语群等。

(1)“被××”词语群

在2010年2月6日揭晓的“汉语盘点2009——用一个字、一个词描述中国与世界”活动中，“被”当选为年度国内字。“被”本是一个寻常的字，寻常的词，在句子里承担着表被动意义的功能。但2009年的“被”却打破了传统，打破了常规，发生了变异，不是用在及物动词前，而是用在像“就业、自杀”这样的不及物动词前，甚至是用在“股东、网瘾；慈善、高速”这样的名词或形容词、区别词前面，所表达的不仅仅是单纯的被动意义，而是传递出弱势群体对权势强加给他们的种种所表示出的委屈和无奈。可以说，“被”在2009年的历史年轮中刻下了深深的烙印，反映出百姓公民权利意识的觉醒。如一些百姓对“公众的工资增加了多少，幅度多大”的调查结果不认同，称自己的工资“被增长”；某市统计局公布该市恩格尔系数降到33%左右，人均GDP已达到9 000美元，两项指标均已达到上中等国家富裕水平，从而引起不少公众，尤其是网民的强烈质疑，于是不少人认为自己“被小康、被富裕”；某地区举行民主评议机关网上投票活动，可网友投了不满意票后却被系统自动退回，网友表示自己遭遇了“被满意”；“每周上网40小时以上”是某权威部门有望年内出台的网瘾诊断标准，绝大多数网民并不赞成这一标准，称自己“被网瘾”；捐款不是出于自己的意愿，而是领导强制将部分工资扣下来作为捐款，这是“被捐款”；某人没有授权他人代表自己去行使某种权利，而他人却理直气壮地宣称代表某人，这是“被代表”。语言生活中这一系列“被××”频繁出现，以至于人们不由得惊呼“被时代”的到来。一个“被”字，深刻地传递出公众对“强加于人”的某些现象、做法的不认同。值得指出的是，这种“强加于人”久已有之，“被××”词语群的出现恰恰从另一个侧面证明了百姓公民权利意识的觉醒，表现出公众“我的权利我做主”的吁求，同时也是当下社会政治氛围比较宽松、百姓语言创造力得以充分施展的表现。

(2)“楼××”词语群

2009年，有关建筑物质量问题的报道频现报端。也许是2008年“范跑跑”类造词格式的惯性延续，也许是2009年初“躲猫猫”事件的巨大影响，2009年涉及的大部分建筑工程质量问题，人们都以“ABB”格式戏称之。这样的词语共有16条：“楼薄薄、楼脆脆、楼断断、楼高高、楼晃晃、楼靠靠、楼垮垮、楼裂裂、楼酥酥、楼歪歪、墙脆脆、屋漏漏”说的是房屋质量问题；“桥裂裂、桥糊糊、桥塞塞、桥粘粘”说的是桥梁质量问题。

(3) “～门”词语群

自从美国“水门、电话门、拉链门”事件发生后，利用“～门”在汉语中造词说事儿，已经有些年了，但2009年似乎达到了顶峰，以“门”为后缀造出的词语有30条进入新词语表，占新词语总数7.58%。叫“门”的往往是丑闻，至少是事件，是争端；大家都喜欢的，不会叫“门”。各种“门”中，有与政治有关的，如英国议员涉嫌腐败的“骗补门”；美国总统奥巴马涉嫌献媚日本天皇的“鞠躬门”；澳大利亚力拓公司拉拢收买中国钢铁企业内部人员，刺探窃取中国国家机密的“力拓间谍门”。但更多的“门”则是描绘社会众相，集中反映了各种社会矛盾：“安置门、购房门、同名门、差价门、钓鱼门”反映出某些执政、执法部门利用特权搞腐败；“倒塌门”显示了楼市中高房价、低质量的现实；“配方门、砒霜门、添加门、检测门、辐照门”将近几年来一直存在的食品安全问题再次呈现在人们面前；“分红门、秒杀门、遗产门、监视门”反映的是与经济相关的矛盾；“加分门、考试门、职称门”显示的是教育领域中的问题；“尘肺门”讲述的是社会最底层百姓遭受的不公正待遇；“气候门”暴露的是科技殿堂背后的阴影；文化界也不是风平浪静，如“假捐门、诈捐门”。

(4) “～执法”词语群

2009年度新词语中，有关“执法”的词语有三条：钓鱼执法、养鱼执法、眼神执法。其中使用频度最高、影响最大的是“钓鱼执法”。所谓“钓鱼”，是说当事人原本没有违法意图，在执法人员的引诱之下，才从事了违法活动。这是非法执法，是利用了被钓者的善良，在社会上产生了极其恶劣的影响。围绕钓鱼执法，产生了一系列新词语，有“钓鱼式执法、倒钩执法、钓钩执法、钓鱼案、钓头、钓钩”等。“养鱼执法”是一种非法的执法方式，指执法人员对违法事实并不制止，而是纵容，违法者只要缴纳罚款就获得了“违法权”。在执法过程中，违法者如同池塘里放养的鱼，可以源源不断地为执法者提供罚款。同样值得思考的是，这种钓鱼执法、养鱼执法的现象绝不是2009年才出现，被钓，被处罚，被判违法运营，张晖、孙中界不是第一个，然而，描述、概括这种现象的词语却在这一年出现。这说明，百姓公民权利意识觉醒了，并借助网络的传播将其放大，这些新词语的出现，恰恰说明中国民主进程的加快。人们在用语言符号、语言代码呼唤着以控制和规范行政权，保护行政相对人的合法权益为重心的行政法规的出现，呼唤着文明执法、阳光执法。

2. 体现“以人为本”理念，反映多元人群的词语增多

在一个价值取向多元的社会中，人群划分也难免林林总总，各式各样。2009年新词语中，描述各种不同人群的词语特别多，仅以“～族、～客、～友、～男、～女、～派、～党、～二代”为标记的就有 80 条，加上其他表人群分类的，共有 116 条，占新词语总数的 29.29%。相比之下，2007 年有 49 条，占 19.29%；2008 年有 75 条，占 20.89%。2009 年这类词语明显增多，既得益于准词缀造词的便捷，也体现了“以人为本”的理念。不同的人群划分，反映了五光十色的社会生活。下面选择几例做些分析。

（1）～族

2009 年新词语中，以“族”为后缀的词语有 47 条。其中使用频率最高的是“蚁族”。“蚁族”指高智商、低收入的 80 后大学毕业生。他们像蚂蚁一样弱小，不被关注，但却勤勤恳恳工作，过着简单聚居生活。这是中国继“农民、农民工”以后产生的又一个较大规模的弱势群体，值得社会关注。各种各样的“族”也描绘了职场众生相：安于现状的“咸鱼族”，假公济私的“庐舍族、偷菜族、时彩族”，聪明能干的“司马他一族”，承受高压寻机发泄的“捏捏族”和“鬼旋族”。备受争议的年青一代中，有满怀爱心并付诸行动的“飙爱族”；有能够利用有限资源，精打细算，创造完美生活空间的“虾米族”；有踏实可爱的“麦兜族”；有充满阳光的“向日葵族”；有不断学习进取的“午动族、刷刷族、泡泡族”；当然也有经历磨难的“飘摇族、毕漂族”。“悄婚族、裸婚族、草食族、婚活族”反映了他们中部分人的婚恋观。“朝活族、秒杀族、搞手族、智旅族、准老族、车车族、虚客族、闪玩族”则描绘了一幅曼妙多姿的社会生活画卷。

（2）～男、～女

婚恋，事关人类的繁衍，从来都是社会学、文学关注的主题。但不同的社会，会有不同的婚恋观。当下社会生活节奏快、压力大，婚恋甚至婚育矛盾日益突出，人们的婚恋观也在发生变化，因此就出现了许多描述人们不同追求的新词语，主要集中在“～男、～女”上。近几年“～男、～女”的高频造词，使得它们已有了向类词缀靠拢的倾向。2009 年以它们为标记的新词语有 14 条进入新词语表。其中“经济适用型男、经济适用男”的高频使用反映了女性在选择配偶时的求实求稳心理，以至于出现了这两个词的简缩形式“经适男”。同样，“简单方便女、三不女、清汤挂面女”既反映出当代女性对自然、朴素风格的追求，也反映了当代男性选择配偶时的求实心态。“杠杆女、比婚女、肉食女、牛奋男、豪华男、三不男、乙男”则惟妙惟肖地刻画了当代社会男女众生相。

(3) ～二代

家庭是社会的细胞。家庭对孩子的影响不仅是潜移默化的，也是明显的，加上社会公权力的参与，甚至是巨大的。改革开放后国家一系列政策带来的不同家庭的孩子已慢慢进入成年，因此各种“二代”造成的社会矛盾也日益呈现出来。这其中有经济不同的“贫二代、富二代”，有权势不同的“民二代、官二代、权二代”，也有文化圈子的“文二代、写二代、星二代”，还有计划生育政策带来的“独二代”和上世纪末、本世纪初的离婚潮中产生的“单二代”。

3. 网络词语与社会生活词语的迅速融合

2009 年，所有能够产生社会性传播效果的事件几乎都源自互联网的揭示和推动，网络上产生的新词语似乎不再局限于带有游戏、谐谑色彩的“斑竹、囧、槑、雷人、山寨春晚、东东、555”之类，也不再是仅仅满足具有网络传播特点的“顶、沙发、楼主”之类。从年初的“躲猫猫”开始，网络就把对社会公共事件的揭示、调查、监督作为传播的重点，网络词语与社会生活词语迅速融合在一起。大量新词语，如“躲猫猫、被就业、被网瘾、楼脆脆、桥粘粘、钓鱼执法、开胸验肺、寂寞党”等都是先在网络上出现，而后迅速被各种传统媒体引用、传播的，网络和传统媒体相互作用，相互借力，这些词语甚至成为描述 2009 年社会生活的流行语，以至于出现在春节联欢晚会的节目中。新词语中网络词语与社会生活词语迅速融合的现象，从另一个侧面证明，中国的互联网越来越成熟；中国的网民也越来越成熟；2009 年的互联网已经成为了一个公民参与政治的平台，成为公民政治生活里传递民意的不可或缺的渠道，而且是最便捷、最有效的渠道之一。

之所以出现这种现象，跟互联网在中国的特殊地位有关。有人说，“在西方国家，互联网更多地用于电子商务，但是在中国，互联网更多地被作为娱乐和公民表达意见的平台”。互联网上的一篇小新闻也会有众多网民跟帖评论，“这正是中国互联网非常独特的现象”。[①] 中国互联网络信息中心 2010 年 1 月 15 日发布的《第 25 次中国互联网络发展状况统计报告》中的数据显示，截至 2009 年 12 月，我国网民规模已达 3.84 亿，互联网普及率进一步提升，达到 28.9%。这个庞大的群体对政治的影响正在释放，网民们利用网络这一表达渠道的便利和畅通，信息传递的迅捷和高效，迅速沟通汇聚民意，使那些触犯公众道德底线、公权践踏私权的行为迅速成为网络热点事件，成为社会公共事件。而这些描绘民意、表现这些社会公共事

① 见《网民 2009，从坐而论到起而行》，《中国青年报》2009 年 12 月 30 日。

件的新词语，必然会受到各种传统媒体的关注，迅速传播开来。

当然，也必须看到，互联网络作为一个虚拟社区，具有双刃剑的特点。在顺畅表达民意的同时，也会由于某些人的左右或控制，出现一些负面的影响。2009年度新词语中的“网意操盘手”一词，或许就从某种程度上证明了这一点。

《中国语言生活状况报告(2008)》下编的《年度新词语调查》中曾说，2008年，“网络上的公民社会初具雏形”，2008年度的新词语特点之一是彰显了网络词语向传统媒体日益增强的渗透力。[①] 那么，到了2009年，网络已经成为一个公民参与政治的平台，2009年度的新词语就不仅仅是网络词语向传统媒体的“渗透”，而是网络词语直接与社会生活的融合，直接向传统媒体的植入，尽管这些词语也同样带有网民语言的幽默、戏谑、睿智等特点。

五　2006、2007、2008年度新词语的跟踪调查

为了解2006、2007、2008年度新词语目前的使用情况，我们做了跟踪调查。方法是将2006年度的171条新词语、2007年度的254条新词语和2008年度的444条[②]新词语，在国家语言资源监测语料库2009年的语料(包括平面、有声、网络三个媒体)里逐条进行检索统计。

表2-10显示了2006年度171条新词语在2009年国家语言资源监测语料库中使用频次的分布情况。

表2-10　2006年度新词语在2009年语料中使用频次分布

频次段	数量(条)	比例(%)	例　　词
≥1 000	12	7.01	谷歌、交强险、博文、搞怪、剩女、房奴、群租、EMBA
999—300	14	8.19	捂盘惜售、威客、断背、医闹、炫富、跑酷、拼客
299—100	16	9.35	熊猫烧香、寒促、裸考、游戏手、轻熟女、乐活族
99—10	41	23.98	倒扁、晒客、独二代、学术超男、车奴、掘客、奔奔族
9—3	25	14.62	7时代、白奴、笔替、返券黄牛、回购地、装嫩族
2—1	16	9.35	墓奴、年后饭、擒人节、游贿、饭替、福利腐败
0	47	27.48	成考移民、二奶专家、吊瓶族、动能车、飞鱼族
总计	171	100.00	——

① 国家语言资源监测与研究中心编《中国语言生活状况报告(2008)》下编第327—328页，商务印书馆2009年版。

② 本次跟踪调查2008年度的新词语词条是根据侯敏、周荐主编、商务印书馆出版的新词语编年本《2008汉语新词语》所收词目。

表 2-11 显示了 2007 年度 254 条新词语在 2009 年国家语言资源监测语料库中使用频次的分布情况。

表 2-11　2007 年度新词语在 2009 年语料中使用频次分布

频次段	数量(条)	比例(%)	例　　词
≥1 000	9	3.54	动车、次贷、小长假、大小非、定投、道德模范、和谐号
999—300	9	3.54	免费师范生、宅男、宅女、试客、晒黑、职客、去功能化
299—100	18	7.09	非遗节、淘客、牛钉、碳足迹、融洽会、次级贷、裸退
99—10	58	22.84	去核化、排队日、毕婚族、D 字头、考碗族、钝感力
9—3	31	12.20	沽民、绿游、限批令、小洽会、售租比、试客族、微笑贴
2—1	40	15.75	股友会、基盲、绿客、晒友、窑奴、婚奴、御宅文化
0	89	35.04	K 客吧、彩银版、蛋白荒、炒基团、减排点、蕉癌、血奴
总计	254	100.00	——

表 2-12 显示了 2008 年度 444 条新词语在 2009 年国家语言资源监测语料库中使用频次的分布情况。

表 2-12　2008 年度新词语在 2009 年语料中使用频次分布

频次段	数量(条)	比例(%)	例　　词
≥1 000	26	5.86	山寨、上网本、金融海啸、雷人、限塑、两房
999—300	29	6.53	限塑令、云安全、范跑跑、打酱油、街购、劲走
299—100	27	6.08	雷语、裸官、淘客、口红效应、草食男、网政
99—10	100	22.52	鸟巢一代、抢抢族、刷博、吸费、AB 制、三胺
9—3	71	15.99	班奴、炒婚、融火、卧槽族、代购组、肉食男
2—1	57	12.84	奥姐、婚嫂、软课程、娃奴、脑残族、寨友、虫柑
0	134	30.18	朝朝对决、虫橘、观奥点、国宝宴、心碎假、叮客
总计	444	100.00	——

从表 2-10 到表 2-12 的数据可以看出，在 2009 年的语料中，2006 年度新词语使用度最高，2008 年度新词语使用度次之，2007 年度新词语使用度最低。总起来看，这三个年度的新词语，在 2009 年语料中出现频次在 100 以上的占 15%到 25%，为高频词；频次在 10 以下的占 25%左右，为低频词；每年都有 30%左右的词在 2009 年语料库中没有出现，为隐退词。

高频词语中有两种情况：一种情况是该词语在产生当年就是较高频词语，如“次贷危机、交强险、博文、次贷、房奴、大小非、定投、道德模范、快男、和谐号、山寨、上网本、雷人、两房、金融海啸、三聚氰胺、限塑”等，“次贷危机、金融海啸”在有声媒体语料中的使用走势见图 2-1、图 2-2；另一种情况是产生当年词频不是很高，后来使用频次大幅增高的，如"谷歌、小长假、剩女、拼客、秒杀、动车、宅女、宅男、试客、破6、全民健身日、不折腾、云安全"等，图2-3、图2-4显示了"谷歌、小长假"在有声媒体语料中的使用状况。这些词语中有一部分很有可能会在语言生活中慢慢稳定下来，甚至有可能进入常用词语行列。

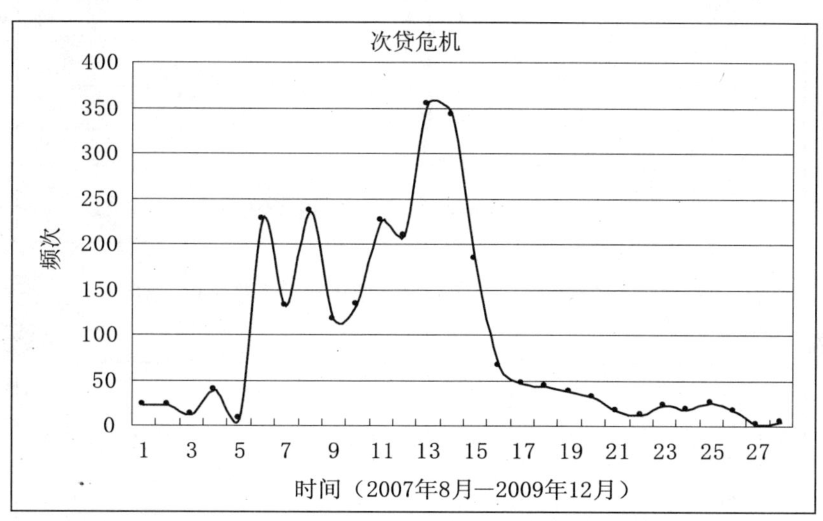

图2-1 "次贷危机"2007年8月—2009年12月使用状况走势图(按月)

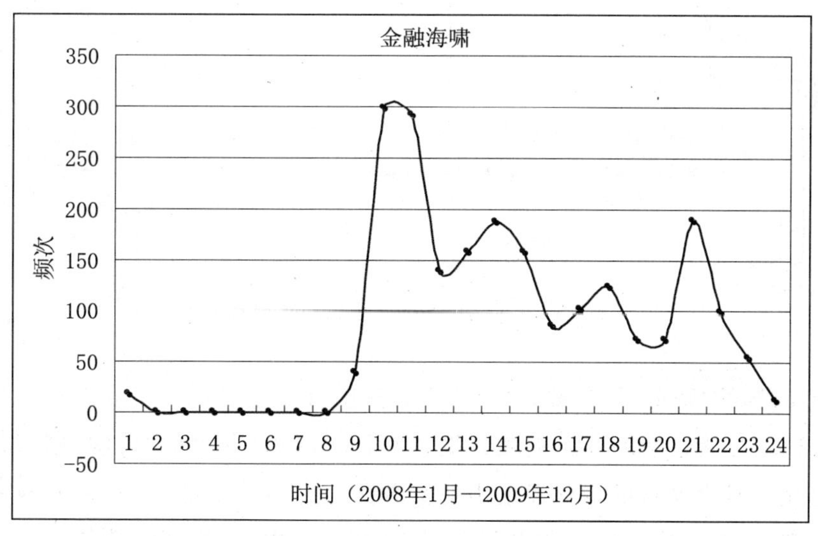

图2-2 "金融海啸"2008年—2009年使用状况走势图(按月)

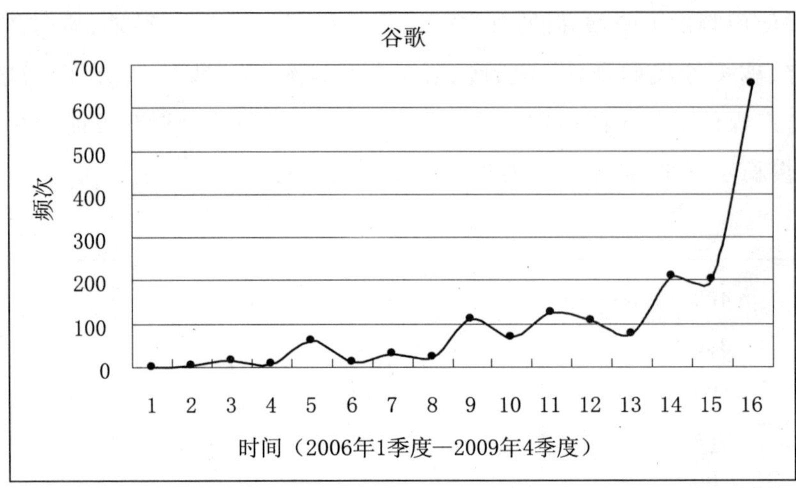

图 2-3 “谷歌”2006 年－2009 年使用状况走势图(按季度)

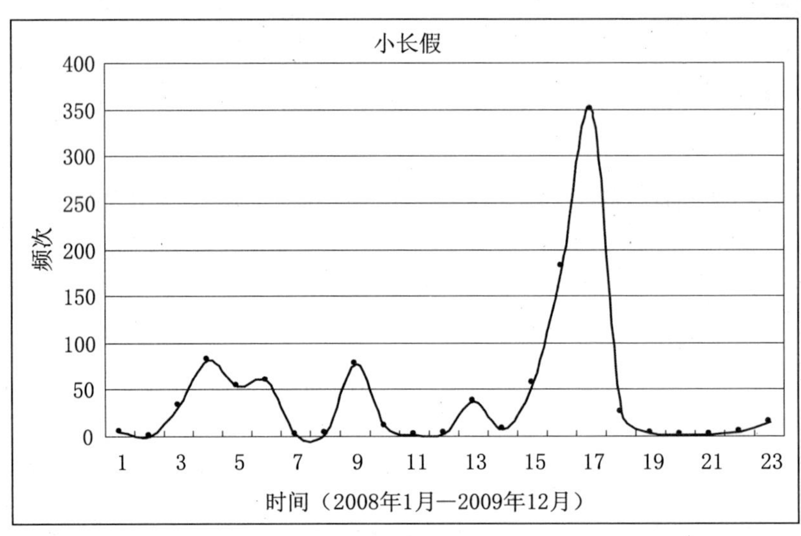

图 2-4 “小长假”2008 年－2009 年使用状况走势图(按月)

就 30％的“隐退词”来看，情况不一。其中有的是反映当年度特有的社会现象，如 2007 年度的“炒基团、返联公投、零利肉”，2008 年度的“叮客、猪超强”等，自然会随着社会情势的变化而退出现实语言生活：基金走低，“炒基团”自然不会出现；猪肉价格稳定了下来，“零利肉”就会悄然消失；摄影照片造假事件减少或不成为人们关注的焦点，“叮客”则不会出现。有的是反映当年度特有的社会事件，如 2007 年度的“黑窑儿童、乙肝作弊药、艳女门、鱼浮灵、滤油粉、蕉癌”，2008 年度的“虫橘、水饺事件、死机短信、平江虎事件、鸟巢外交”等，这些词语产生当年的词频较高，但事过境迁，只有在旧事重提时才会重新启用。有的是反映当年度科技领域新成果、新设想，如 2007 年度的“声波炉、数字水建筑、机器毛虫、电子飞蛾”，2008 年度的“数字跑鞋、直升相机、影像探测器”等，这些词语要看它们所指称的对象是不是人们生活中的必需品，像“电子飞蛾、直升相机”之类，恐怕只有在特定语境中才会较多出现。当然也有当年度出现的频次就不高，以后没有再出现过的“偶现”词语，如 2007 年度的“粉色航线、学号自行车、扛包团、汽车病历、淘券族、熨吧”，2008 年度的“助培费、纸教室、‘三明治’太太、爱券族”等，目前看来它们属于昙花一现，将来怎么样还很难说，但在年度语言生活状况的“实态”描述中应该记录下来，以备将来查阅。

新 词 语 表

【说明】

1. 词表的条目按使用频次降序排列。

2. 每条词语都给出频次、文本数、提示或释义、1至2个例句。

3. 属于新词义的在词条右上角标以“＊”。

4. 词频的统计中排除了伪词频。如“杯具”一词，统计词频时“中网奖杯具体制作”中的“杯具”也会统计在内，现已将其初步排除。

5. 在对新词语进行释义时，除了依据国家语言资源监测语料库的语料外，还参考了网络上的相关资料。

6. 除个别词条外，所引例句均源自国家语言资源监测语料库，所有引例都注明出处。例句内容基本不做改动，只对少量例句中明显的别字、标点错误做了修改。例句后面没有标点的是引用的标题。凡引自广播电视节目的注明电台或电视台、栏目（子栏目）名称、播出时间，引自报纸的注明报纸名称和发行时间，引自网络新闻的则注明网站、上传时间和网页地址。因所有例句都选自2009年语料，所以出处中略去“2009年”字样。

7. 为了醒目，词条在例句中出现时用黑体字标出。

序号	词目	提示或释义	例句	频次	文本数
1	甲型 H1N1 流感	一种急性呼吸道传染病，病原体是一种新型的甲型 H1N1 流感病毒，病毒毒株包含有猪流感、禽流感和人流感三种流感病毒的基因片段，人群普遍易感，并可以人际传播，人感染后的早期症状与普通流感相似。俗称“甲流、甲感”。也称“新型猪流感”。	港铁斥资 90 万元，从今天起在列车涂喷不含毒素的杀菌剂“纳米银二氧化碳”，杀菌剂可防止**甲型 H1N1 流感**、金黄葡萄球菌及沙门氏菌等孳生，杀菌效力超过 99%，主要喷涂在车厢的扶手吊环及扶手柱等地方。（3 月 14 日《新民晚报》）	49007	12483
2	甲流	“甲型 H1N1 流感”的简称。参见“甲型 H1N1 流感”。	**甲流**防控不能犯瞒报旧病（11 月 20 日《新民晚报》）	27755	8140
3	躲猫猫	指捉迷藏。源自西南方言。云南玉溪青年李乔明在看守所意外死亡，警方称其因玩“躲猫猫”不慎撞墙而死。网友们将这一事件称为“躲猫猫”。后泛指隐藏真相，带有戏谑和反讽的意味。	“**躲猫猫**”，一个和捉迷藏同义的普通名词，因为云南玉溪青年李乔明在看守所的蹊跷死亡而一夜之间成了和“俯卧撑”“打酱油”一样知名的网络流行语。（2 月 20 日《北京青年报》）	5342	1957
4	汽车下乡	国家为拉动农村汽车消费、有效改善农村汽车市场的落后局面，从 2009 年 3 月 1 日起实施的一项惠农政策。农民报废三轮汽车和低速货车换购轻型载货车及购买 1.3 升以下排量微型客车时可享受国家补贴。	继家电下乡和**汽车下乡**政策实施之后，记者昨天获悉，由中国自行车协会和中国蓄电池行业协会联合提交的电动自行车下乡计划也已递交商务部等待审批，两协会建议将电动自行车尽快纳入下乡范围。（4 月 8 日《北京青年报》）	4962	2159
5	保八	指在全球金融危机的形势下，确保 2009 年中国的 GDP 要有 8% 的增长率。	中国政府工作报告中提出的“**保八**”目标，对扭转世界经济颓势，对亚洲周边贸易伙伴国经济走出困境，都有着重大的意义。（3 月 9 日《人民日报》）	2225	1573

序号	词目	提示或释义	例句	频次	文本数
6	必应	微软公司于2009年5月29日推出的中文搜索引擎。“必应”是对其英文名称Bing的音译，也包含“有求必应”的意思。	微软昨天正式宣布全球同步推出搜索品牌“Bing”，中文名称定为“**必应**”。中国用户从6月2号起就可以通过访问bing.com.cn体验这一全新搜索产品。（5月30日中央人民广播电台《新闻纵横》）	2014	845
7	甲感	“甲型H1N1流感”的简称。参见“甲型H1N1流感”。	在广东，64.4万考生无一因感染**甲感**而缺席，6位考生因一般感冒发热，按规定被安排在发热专用考室，每个考生座位相距2米以上。（6月9日中央电视台《朝闻天下》）	1936	679
8	轮胎特保案	指涉及轮胎产品特殊保障措施的案件。2009年特指中美轮胎特保案。	从这个角度来说，此次**轮胎特保案**的救济措施对美国消费者是不利的。如果这些措施得以通过，美国消费者更换轮胎的成本将会升高。（8月7日《人民日报》）	1820	716
9	开胸验肺	指通过手术方式打开胸腔，以查验肺部所患是职业病“尘肺”还是普通肺病。也泛指当事人在无奈的情况下采取的最直接验证某些事物状态的方法。	张海超被迫“**开胸验肺**”主要原因有两个，一是他所供职的企业没有向职业病防治机构所提供职业病的有关材料，二是法律规定只有职业病防治机构有权认定工伤，而数家医院中恰恰只有郑州市职业病防治所没有认定张海超为工伤。（7月25日中央人民广播电台《新闻纵横》）	1683	479

序号	词目	提示或释义	例句	频次	文本数
10	秒杀*	一种网络商品促销方式。店主预先在店里展示即将上架的商品款式和远远低于成本价的价格，并预告开始销售的时间。时间一到，等候在电脑前的顾客就可以点击鼠标抢购，往往百十件商品会在几秒钟内被抢购一空。	在网上购过物的朋友都听说过**秒杀**，也就是说，一些店铺会在一定的时间内拿出部分的产品进行促销。（9月13日中央电视台《环球财经连线》）	1648	422
11	钓鱼执法	一种非法的执法方式。执法人员设计圈套，故意引诱当事人从事违法活动，从而在惩罚中牟利。因执法过程如同以诱饵钓鱼，故称。也称“钓钩执法、倒钩执法”。	近来“钓鱼”这个词撞击着公众的耳膜：此“钓鱼”不是闲情逸致的水边垂钓，而是此前发生在上海浦东对涉嫌非法交通营运，所采取的所谓“**钓鱼执法**”，这一事件连日来引起各界关注和争议。（10月19日中央电视台《今日观察》）	1587	510
12	电脑下乡	政府“家电下乡”政策的一部分，农民购买电脑将获得额度为售价13%的政府补贴。2009年2月1日开始实行，适用的电脑品牌和型号由国家统一招标确定，电脑产品最高限价为3 500元。	这次**电脑下乡**，英特尔投到农村的，首先是45纳米处理器，使用最新的工艺，是业界最领先的产品。（4月12日《光明日报》）	1397	367
13	摩托车下乡	国家为拉动农村消费、改善农村落后面貌，从2009年2月1日起实施的惠农政策之一。农民购买摩托车时可享受国家补贴。	在明确“**摩托车下乡**”享受13%补贴，但尚未公布招标名单，而“汽车下乡”细则还未出台之际，2月28日，中国兵器装备集团公司旗下长安汽车和六大摩托车品牌聚首北京，签署了汽摩联合下乡战略合作协议。（3月5日《中国青年报》）	1270	713
14	竞彩	在原有足球彩票和篮球彩票基础上推出的一种新型体育彩票单场竞猜玩法，以全球五大足球联赛和NBA联赛在内的国际赛事为竞猜对象。也称“新单场”。	中国体育彩票“**竞彩**”山西上市启动仪式今天上午在太原举行。（11月8日山西电视台《山西新闻联播》）	1038	160

序号	词目	提示或释义	例句	频次	文本数
15	蚁族	指高智商、低收入，像蚂蚁一样弱小，不被关注，但却勤勤恳恳工作、过着简单聚居生活的 80 后大学毕业生。	**“蚁族”**群体的年龄集中在 22—29 岁之间，以毕业 5 年内的大学毕业生为主，税前月平均收入主要集中在 1 000—2 500 元。同时，**“蚁族”**的基本生活消费相对较低，每月的房租平均为 377 元，饭费为 529 元，月均花费总计 1 676 元。（11 月 18 日《中国青年报》）	955	158
16	裸奔*	①喻指没经过通常意义的包装就运行。如计算机没安装杀毒软件就运行；汽车没上相关保险就上路；球队在没有任何资金赞助情况下参赛；什么叫“网瘾”还没有明确定义，就开始了“戒网瘾”。②喻指不顾一切。如权力的裸奔。	因为刮擦事故增多会增加来年保费支出，不少人选择小擦小刮自己处理，只投保交强险，车子在无其他保险情况下**“裸奔”**。（11 月 25 日《四川日报》）|所谓的“权力的**裸奔**”，是为了使用权力，已经到了不顾一切的地步，要把权力的能量用到最后一分一秒。（9 月 22 日中央电视台《新闻 1＋1》）	927	443
17	光立方*	国庆 60 周年晚会的一种全新的表演形式。它是由 4 028 棵发光树组成的占地 9 000 平方米的电光画卷，每棵树下都有一个战士。在 100 分钟的表演时间内，进行了 865 幅画卷的转换，而所有精美图案的变化，都是由人操纵道具来完成的。	**“光立方”**可以根据不同篇章爱国歌曲的不同内容，展示不同的造型和图案。（9 月 22 日中央人民广播电台《文化时空》）	876	199
18	力拓案	指澳大利亚力拓公司拉拢收买中国钢铁生产单位内部人员，刺探窃取中国国家机密的案件。也称“力拓间谍门、力拓间谍案”。	备受社会关注的**力拓案**经过了一个多月的侦查取证之后，案件的最新进展，今天再次成为媒体竞相报道的热点。（8 月 12 日中央电视台《今日观察》）	843	362

序号	词目	提示或释义	例句	频次	文本数
19	蜗居*	在一个狭小的空间里居住。	小白领海萍结婚生子，一家三口却只能**蜗居**在十平米的出租房内。（7月30日上海广播电视台《新娱乐在线》）	814	442
20	迪拜危机	指迪拜由于房地产、金融泡沫而引发的经济危机。	国内大部分经济学家和机构均乐观地表示，**迪拜危机**不会影响国内经济复苏的进程以及A股市场的运行趋势。（12月1日《北京青年报》）	791	393
21	创新工场	原谷歌中国区总裁李开复离职后创办的一家全新模式的风险投资公司。它是一个全方位的创业平台，旨在培育创新人才和新一代高科技企业。	记者了解到，李开复的新公司**创新工场**将是一个崭新的创业平台，投资人有柳传志、郭台铭、俞敏洪、youtube创始人，还有美国顶级的风险投资公司。（9月7日《北京青年报》）	790	150
22	杯具	网络流行语。“悲剧”一词的谐音。带有戏谑色彩。	不过，刚刚过完今年光棍节的李超心情还不错，他觉得自己十分有希望结束多年的“**杯具**”（悲剧）恋爱史，因为他发现，身边的“校园红娘”越来越多了！（11月13日《中国青年报》）	723	212
23	中学校长实名推荐制	北京大学从2010年起采用的一种自主招生制度。获得资格的中学校长可以直接向北大推荐优秀学生。这些学生在通过北大专家的面试后，不用参加自主招生笔试，直接成为自主招生候选人。也简称为“校长实名推荐制”或“校长推荐制”。	《北京日报》的消息说，北京大学宣布，明年自主招生将启动**中学校长实名推荐制**。也就是说，北京部分高中校长明年可以用自身的信誉做担保，向北大推荐特点突出的优秀学生，在通过北大专家的面试后，这些学生将直接成为自主招生候选人。（7月13日中央电视台《朝闻天下》）	677	273

序号	词目	提示或释义	例句	频次	文本数
24	被就业	指高校迫于压力，在毕业生不知情或没有就业的情况下代为签署就业协议或出具就业证明。	**“被就业”**一词来自7月12日发表在天涯论坛的一个帖子。作者说，他在当地人才中心办理档案关系时，看见档案里面的一份就业协议书，上面有某公司的印章。但是他从来都未听说过这个公司，更别说在那工作了。有国内大学生指出，不止一家高校为了提高就业率，背后替学生签订就业协议。（7月18日广州电视台《今日报道》）	658	225
25	经济适用男	指外貌与经济实力一般，但性情温和、有责任感、顾家的男人。也称“经济适用型男”。简称“经适男”。	现在女孩子又流行找**经济适用男**，经济上过得去就行。（4月21日北京人民广播电台《行家》）	596	168
26	蹭网卡	一种大功率无线网卡，能够自动搜索邻居的无线网络，通过破解安全密码盗用他人的无线网络。	采访中，一家网上销售“**蹭网卡**”的公司对记者道出了个中缘由，“**蹭网卡**”诞生之日起就决定它不可能通过审批，目前在做这个设备的公司，很多都是“山寨企业”。（8月21日《北京青年报》）	524	55
27	民族团结柱	为庆祝新中国成立60周年而建造的象征56个民族团结的柱子，国庆期间矗立在天安门广场上。	今年国庆，天安门广场背景由中心表演区、七色光表演区、彩旗区、音乐区和56个“**民族团结柱**”、60个巨型红灯笼、2块LED大屏幕共同组成。（9月16日《人民日报》）	524	171
28	贾君鹏	网络上的一个虚拟人物，源自于“贾君鹏，你妈妈喊你回家吃饭”这个在互联网上迅速传播的帖子。	一句“**贾君鹏**，你妈妈喊你回家吃饭”引来了网上上10万次的跟帖。很多人说，如今的网络真是无厘头，然而，透过这无厘头，我们似乎可以听到贾君鹏们的心灵呼唤。（8月10日《光明日报》）	503	75

序号	词目	提示或释义	例句	频次	文本数
29	千人计划	2008年年底，中国政府启动的旨在吸引海外高层次人才回国创业做科学研究的一项计划。根据该计划，围绕国家发展战略目标，中国将在未来5—10年引进千名海外高端人才，故称。	中国科协在梳理即将举行的年会新特色时，第一条就异常醒目：与贯彻落实中央**“千人计划”**“海智计划”密切结合起来，邀请海外高层次人才回国交流考察，积极为海外科技工作者服务国家经济社会发展牵线搭桥。（9月2日《中国青年报》）	502	238
30	楼脆脆	指出现楼体开裂、塌陷等住房安全问题的脆弱不堪、质量低劣的楼房。带有戏谑色彩。	6月27日，上海市闵行区“莲花河畔景苑”楼盘工地发生楼体倒塌事故，1名工人死亡。这一事故被网友戏称为**“楼脆脆”**。（8月13日《北京青年报》）	498	284
31	骗补门	指英国议会下院高官利用议员身份骗取公职补贴的丑闻。也称“补贴门”。	纵观整个议会下院，646名议员中，约一半人跨进了**“骗补门”**。各党无一幸免，从党魁到普通议员，均有不同程度“湿鞋”，一时间，议员名誉扫地，千夫所指。（6月11日《光明日报》）	478	162
32	钓钩*	在“钓鱼执法”中充当“鱼饵”直接作案，引诱当事人从事违法活动的人。参见“钓鱼执法”。	在上海，交通执法部门利用**“钓钩”**执法已经成为公开的秘密。（10月21日中央电视台《第一时间》）	420	138
33	自助透析	指一些尿毒症患者因无力承担高昂的透析费用，买来二手血液透析机给自己透析的行为。	来自山西大同的孙永琴，今年28岁，2006年8月不幸患上尿毒症，4个月后来到这里，开始**自助透析**。（4月19日上海广播电视台《七分之一》）	419	68
34	被增长	指实际数据没有增长或增长低于官方公布的数据，却被公布增长。	这个数字一下火了，很多人都把这喊作**“被增长”**，也就是说感觉工资没增长，但在统计数据中却增长了。（7月31日中央电视台《第一时间·读报》）	413	213

序号	词目	提示或释义	例句	频次	文本数
35	超主权货币	指与主权国家脱钩，并能保持币值长期稳定的国际储备货币。	**超主权货币**的来龙去脉既让我们感觉"**超主权货币**"并不遥远，也让我们意识到它并非触手可及。在"知难行更难"的国际货币体系改革领域，一面坐看各方粉墨登场，一面悄然加紧推动人民币区域化进程也不失为明智之举。（5月18日《中国青年报》）	404	172
36	迪拜事件	指迪拜世界集团遭遇金融危机，导致一系列的金融机构和投资者巨大财富蒸发和破产的事件。	他认为，**迪拜事件**是一剂催化药，使依赖流动性而不是基本面支持的风险资产市场迎来久违的调整。迪拜债务违约事件的发生，客观上为部分虚热的市场和领域降了温。（11月29日《北京青年报》）	383	199
37	购房门	指由政府部门或国企官员以权谋私、低价购房而引发的丑闻。	温州官员集体低价购买安置房的"**购房门**"事件，终于有了处理结果，温州市旧城改建指挥部原副指挥吴权书被"双规"。（5月23日《北京青年报》）	374	186
38	围脖	微博（微型博客）的谐音昵称。	因为字数精练，"脖主"们可以随时随地用手机或互联网发表感言，轻松快捷。于是，在国庆长假里，还处在测试期的"**围脖**"悄然走红。（10月8日中央电视台《第一时间·读报》）	334	93
39	爱心斑马线	指杭州市的一种人行横道。在人行横道上绘有心形图案，提醒司机关注行人安全。	6月22日，8条"**爱心斑马线**"正式服役杭州景区、医院、学校等车流量较大的路口，为行人增加更多安全感。（6月30日《新民晚报》）	327	142

序号	词目	提示或释义	例句	频次	文本数
40	暴走妈妈	指那些为了实现捐献器官救子女的心愿，每天快速行走数公里，以减轻体重，消灭脂肪肝，达到手术要求的母亲。如武汉的陈玉蓉、辽宁的那雪莲。	**“暴走妈妈”**割肝救子　慈母救子心切，每天10公里“暴走”，7个月成功消除重度脂肪肝，达到捐肝要求。3日晚，母子间肝脏移植手术成功施行。（11月4日《人民日报》）	324	131
41	八八水灾	指2009年8月6日至8月10日发生在台湾中南及东南部的严重水灾。灾害源自台风莫拉克的侵袭，造成了严重水灾和泥石流，总死亡人数超过600人。也称“八八风灾”。	莫拉克台风在台湾造成惨重灾情，这次灾害现在在台湾被称为**“八八水灾”**。（8月11日中央电视台《中国新闻》）	320	225
42	砒霜门	指统一蜜桃多、农夫山泉等饮料被海口工商部门查出总砷（俗称“砒霜”）含量超标，不能食用的事件。但据2010年1月5日最新发布，统一饮料、农夫山泉事件系检测机构初检结果有误，海口市工商局在工作过程中存在程序不当的地方。	**“砒霜门”**事件不仅重创了两家企业的声誉，更重创了政府机构的公信力。（2月10日《光明日报》）	317	95
43	防灾减灾日	旨在提升全民灾害防范意识的宣传日，定于每年的汶川大地震纪念日5月12日。	国家减灾委、民政部3月2日发布消息，经国务院批准，自2009年起，每年5月12日为全国**“防灾减灾日”**。（3月3日《北京青年报》）	310	166
44	贫二代	指近二三十年以来贫困人家的子女。又称“穷二代”，与“富二代”相对。	清华大学新闻与传播学院陈昌凤教授认为，**“贫二代”**学生确实在生活中、工作中、学习中处于相对的弱势。他们的资源稀缺，比如物质的、社会关系的，甚至自信心。（9月2日《中国青年报》）	299	64
45	点按揭	深圳发展银行推出的一款新型房贷产品。客户可通过付费买“点”降低房贷利率。	昨日，深圳发展银行在全国率先推出新型房贷产品**“点按揭”**。（3月17日《北京青年报》）	298	62

序号	词目	提示或释义	例句	频次	文本数
46	乐媒	中国联通推出的一项彩信业务，用户可以快速拍摄、编辑和发送多媒体信息。乐，音 lè。	中国联通人士介绍，这项新的业务叫作“**乐媒**”，与传统彩信不同的是，新的彩信可以录制发放 3 分钟的语音，30 秒的视频，可拍摄发送 290KB 的相片。（12 月 29 日《北京青年报》）	296	228
47	钓头	充当众多“钓钩”的头目，配合执法人员“钓鱼”的人。也称“钩头”。参见“钓鱼执法”。	从“钓鱼式”执法的链条看，从“钓钩”到“**钓头**”，从招募到组织，已经形成了一个完整的组织。（10 月 17 日《北京青年报》）	292	68
48	钓鱼案	由“钓鱼执法”引发的案件。参见“钓鱼执法”。	一个多月来，张晖一直处于身心疲惫状态中。不过，他表示，他已经联合了十几位“**钓鱼案**”受害者，打算将官司进行到底。（10 月 16 日《中国青年报》）	292	216
49	网络钟点工*	指通过网络发布代工信息和钟点劳务的人。主要提供两类服务：一类相当于现实的钟点工，如购买车票、打扫卫生等；另一类是虚拟服务，如“农场”代收、代抢车位、上传商品等。	如果你有一些空闲时间同时又想打份零工挣些钱，那么近段时间网络上出现的“**网络钟点工**”很可能会适合你。（9 月 1 日《北京青年报》）	282	47
50	楼歪歪	指出现楼体倾斜现象的质量低劣的楼房。也称“楼靠靠”。带有戏谑色彩。	在最新的“**楼歪歪**”事件中，成都“校园春天”社区的两栋楼原有 20 厘米的间距，暴雨后成了“脸贴脸，楼吻楼”。（8 月 27 日《北京青年报》）	277	134
51	被时代	广泛使用“被”字来表达民众对公民权利得不到伸张的无奈诉求的时代。	网上说现在是“**被时代**”，稍不留神你就“被××”了。（8 月 11 日《中国青年报》）	271	191

序号	词目	提示或释义	例句	频次	文本数
52	烎	音 yín，原指光明，现网民多用于形容斗志昂扬、热血沸腾，或直接会其意，表示“开火”。	围绕“**烎**”诞生了很多网络流行语，如“**烎**你就像捻一只蚂蚁！”“**烎**你没商量！”“寂寞已经过时了，咱玩的是**烎**！”“男人，重要的不是帅，是**烎**！”（10月20日《中国青年报》）	263	54
53	养狼计划	中国乒协推行的“中国乒乓球国际推广计划”的俗称。该项计划着眼乒乓球的未来发展，准备采取“走出去、请进来”的办法，帮助外国乒乓球运动员提高水平。	在此种背景下，中国乒乓球界的“**养狼计划**”成为热门话题。所谓“**养狼计划**”，实际上是“中国乒乓球国际推广计划”。（10月19日《光明日报》）	261	129
54	妈妈城管	指成都市开展的“除陋习、树新风”专项行动中的城市文明劝导员。由于主要由平均年龄50岁的中老年女性组成，故称。	温柔的劝导，却换回挨骂、挨打等粗暴对待……刚刚上岗两个月，首批“**妈妈城管**”已纷纷辞职。这正是她们红极一时，如今却踪影难觅的真正原因。（11月5日《华西都市报》）	233	28
55	帖案	指因在网上发帖子暴露官员不良甚至非法行为而引发的案件。	为了避免下一个“**帖案**”的发生，网络监督就不能停留在“再审”上，而更应关注为什么会有错误的“原审”。（4月25日《北京青年报》）	223	85
56	基础四国	指中国、印度、巴西和南非四国。因这四国的英文名称的开头字母可以组合成英文单词 BASIC（基础），故称。	11月27日，国务院总理温家宝在北京中南海紫光阁会见参加中国、印度、巴西、南非“**基础四国**”气候变化部长级协调会的外方代表和77国集团的代表。（11月28日中央人民广播电台《新闻和报纸摘要》）	216	75
57	被代表	指百姓的意见被一些所谓的“代表”代表，而百姓真正的心声并没有机会倾吐。此说法是对民意堵塞、公众话语权缺失现象的一种嘲讽。	倘如此，将不仅是代表委员们参政议政的一种缺憾，也是“**被代表**”的普通民众的极大损失。（3月4日《北京青年报》）	214	155

序号	词目	提示或释义	例句	频次	文本数
58	世博人家*	指在上海世博会期间为游客提供住宿、餐饮、文化交流、旅游咨询等服务的上海家庭。	**“世博人家”**有看头　50户**“世博人家”**和10条特色弄堂亮相静安(7月9日《新民晚报》)	213	48
59	绿坝软件	指“绿坝—花季护航”软件。一款意在保护未成年人健康上网的计算机终端过滤软件。它是我国政府为净化网络环境,避免青少年受互联网不良信息的影响和毒害,由国家出资垄断,供社会免费下载和使用的上网管理软件。	工信部对于预装**绿坝软件**的理由,在《通知》当中说,“此举有助于构建绿色健康和谐的网络环境,巩固整治互联网低俗之风专项行动的成果”。(6月17日北京人民广播电台《博闻天下》)	208	104
60	活利贷	由渣打银行中国公司推出的一款新型的个人房屋抵押贷款。“活利贷”与普通房贷产品的区别在于:房贷客户只要在还款账户中存入家庭每月的闲置资金,即被视为提前偿还贷款本金,不再计存款利息。同时,当日即可从计息基数中抵消。可以在省息的同时,缩短贷款期限。	昨天,渣打银行在京宣布推出**“活利贷”**个人房屋抵押贷款。这也是第一家外资银行在中国市场上推出此类创新房贷产品。(2月20日《北京青年报》)	195	67
61	萌*	可爱。在日本动漫中,用这个字表达看到某物时,那种从脑海里一闪而过的,不夹带任何杂质的美好感情:喜爱,欣赏,使人感到愉快等。	这个**萌**用得很贴切,不用**萌**字,还找不出一个更合适的字,我们的大人扮小孩,流露出小孩的心理。(6月21日北京人民广播电台《博闻天下》)	194	40
62	罗汉娃	指汶川大地震期间在什邡市罗汉寺出生的108名婴儿。	今天上午,地震期间在罗汉寺降生的108名**“罗汉娃”**将与家人返回寺院,集体过生日,并进行周岁抓周活动。(5月13日《北京青年报》)	188	33

序号	词目	提示或释义	例句	频次	文本数
63	12110	全国公安机关统一的公益性短信报警号码。主要受理听力语言残障人士报警求助,以及在特定环境中遭遇危及人身、财产安全的现行侵害而无法使用语音报警的举报和求助。	记者昨天从公安部获悉,公安部目前已与相关部门确定了将“**12110**”作为全国公安机关统一的公益性短信报警号码,方便广大群众尤其是聋哑人等特殊群体通过手机短信方式进行报警。(1 月 12 日中央电视台《朝闻天下》)	186	92
64	捏捏族	指通过在超市捏碎各种食物来发泄情绪、缓解压力的人。	精神紧张、心情压抑、破坏欲强大概是“**捏捏族**”的通病。(7 月 28 日《中国青年报》)	171	37
65	宅*	长时间待在家里不出门。	爱活动的人老出去,有些人平时根本没有见出来过,在屋里猫着、**宅**着。(5 月 14 日《北京青年报》)	168	138
66	闪玩	指一种短期的融旅行和交友于一身的休闲活动。	在另一个“**闪玩**”活动中,网友小曼告诉记者,参加**闪玩**活动给他带来最大的好处就是让自己变得开朗了。(8 月 24 日中央电视台《新闻 30 分》)	165	16
67	新型猪流感	指甲型 H1N1 流感,因其病毒毒株包含有猪流感、禽流感和人流感三种流感病毒的基因片段,故称。	这种病毒已在美国致病 7 人,世界卫生组织担忧,这可能是一种**新型猪流感**病毒。(4 月 25 日《新民晚报》)	165	107
68	音频毒品	指一种听后能让人产生幻觉的音乐。	记者昨天发现,在一些网络论坛里,该音频的下载网址在不断被传播,听者中有人表示“过瘾”,有人认为是“噪音”。专家表示,“**音频毒品**”引起的情绪改变或与听者的背景经历有关。(3 月 4 日《北京青年报》)	161	20

序号	词目	提示或释义	例句	频次	文本数
69	刷人数	指非考人员在网上报名考试，以制造报名人数多的假象。	他的“**刷人数**”跟上述情况有所不同，他是因为有同学打算报考的职位太少人报，担心由于报考人数不足不能开考，于是就报名帮这位同学“**刷人数**”，该职位就顺利开考了。（10月23日《新民晚报》）	159	31
70	被高速	指随着高速铁路开通，部分普通列车停运，低收入者的出行被迫要承担昂贵票价。	然而一些百姓担心，武广之间原有的普速列车停掉，百姓会不会“**被高速**”——被迫承受高铁的高票价？（12月26日《北京青年报》）	156	126
71	居转户	上海市出台的“居住证转户籍”制度的简称。指符合条件的上海市居住证持有人员可以申办上海市常住户口。	“**居转户**”：步入上海新户籍时代（6月28日《新民晚报》）	156	45
72	气候门	指2009年11月多位世界顶级气候学家的邮件和文件被黑客公开的事件。邮件和文件显示，一些科学家在操纵数据，伪造科学流程来支持他们有关气候变化的说法。	在哥本哈根气候会议召开的关键时刻，“**气候门**”的爆出无疑给全球气候变暖的科学依据打上了问号。（12月9日《光明日报》）	152	43
73	裸油价	指不含税的成品油价格。	让国民人均收入不足美国十分之一的中国去与美国比较**裸油价**的高低，这不是一件非常可笑的事情吗？（7月9日《中国青年报》）	150	55
74	网幕烟花	一项特殊的烟花燃放技术，标准名称为“空间烟花绘画”。由前后四张金属网幕构成，三张网幕填装火药，一张网幕为LED电子网幕，用于制造一些普通烟花无法完成的视觉效果。	联欢晚会执行总导演甲丁透露，**网幕烟花**内安装了数万个燃放点，三幅巨画的燃放总时长约四分钟，从燃放规模到艺术质量都是“世界之最”。（9月25日《北京青年报》）	150	67

序号	词目	提示或释义	例句	频次	文本数
75	光涂	指光迹涂鸦或光影涂鸦。即用荧光棒、手电、手机等光源在夜空中绘出各种各样的图案。也指用照相机将其拍摄下来的摄影创作。	网友们简称为“**光涂**”的光迹涂鸦，是依靠电光或线光源在昏暗的光条件下，在空气中涂鸦，并用照相机记录下来的摄影创作。（3 月 27 日《北京青年报》）	149	72
76	钩头	见“钓头”。	从“钓鱼式”执法的链条看，从“钓钩”到“**钩头**”，从招募到组织，已经形成了一个完整的组织。（10 月 17 日《北京青年报》）	141	44
77	欺实马	音同“七十码（70 码）”。是网民因对警方在公布杭州富家子弟胡斌飙车撞死浙江大学学生谭卓一案调查结果时所说“事发时车速为 70 码（70 公里/小时）”不满而谐音编造出来的一个词。后泛指滥用权力，欺骗公众。具有讽刺意味。	现代法治社会，公权机关必须秉公用权、依法办事，不能擅权滥权、枉法弄权，不能以行使公权力之名，大行“**欺实马**”之实。（5 月 15 日《北京青年报》）	132	82
78	被山寨	指某些名牌商品被仿造，或某些明星被模仿。	“许多品牌房地产公司长于景观设计，因此‘**被山寨**’的几率很高。”在业内人士看来，模仿已经是住宅景观设计中常见的现象。（9 月 29 日《北京青年报》）	130	106
79	碳强度	指单位 GDP 的二氧化碳排放量。	就降低 GDP 的**碳强度**而言，关键是能源结构的变化，而不一定是能源总量的变化。如果在保持能源总量不变的前提下，能源从煤炭转变为清洁能源，单位 GDP 的**碳强度**也可以减小。（12 月 13 日《光明日报》）	130	65

序号	词目	提示或释义	例句	频次	文本数
80	温和腐败	贪官赵仕永为自己所谓“在为人办好事的情况下收点钱”的受贿行为辩解的说法。	据说，腐败有两种，一种是“暴力腐败”，一种是“**温和腐败**”。“不给钱就不办事的是‘暴力腐败’”，“在给人办好事的情况下收点钱，是‘**温和腐败**’”——这是贪官赵仕永当官一场的智慧结晶。（10月27日《河南日报》）	130	38
81	婚活	指和结婚相关的活动。由日本著名社会学家山田昌弘提出。	由于经济低迷，公司裁员，使得许多“剩女”急着结婚。书的作者就把日语里的“婚姻”和“活动”两个词合成了“**婚活**”一词，意思是一切和结婚相关的活动，而这里边蕴藏着很大的商机。（7月1日中央电视台《第一时间·读报》）	130	39
82	洗具	网络流行语。“喜剧”一词的谐音。带有戏谑色彩。	人生就像牙缸，你可以把它看成杯具，也可以看成**洗具**。（11月30日《北京青年报》）	129	64
83	钱学森之问	指享誉海内外的杰出科学家、我国航天事业奠基人钱学森生前提出的一个关于教育的问题——为什么我们的学校总是培养不出杰出人才？	这两天，在大师钱学森远去之际，“为什么我们的学校总是培养不出杰出人才”的“**钱学森之问**”，一夜之间成为中国教育界关注的焦点。（11月14日《中国青年报》）	128	59
84	民生博客	指政府官员开通的和人民群众交流的博客。旨在了解民意、关注民生。	对官员的“空壳博客”，人们应该理性看待。一方面，已经开博的官员应珍惜这一新型的联系群众的渠道；另一方面，人们也不应该对“**民生博客**”寄予过高期望。（10月10日《新民晚报》）	126	22

序号	词目	提示或释义	例句	频次	文本数
85	家务骰子	指一种可以用来分配家务的骰子。这种骰子的六面不是点数，而是：买菜、做饭、洗碗、擦地、洗衣和待着。也作“家务色子”。	这就是时下在80后夫妻中极为流行的**家务骰子**，它被丈夫们称为“黯然销魂骰”。这种骰子的六面不是点数，而是：买菜、做饭、洗碗、擦地、洗衣和待着，绝大部分是家务活儿。**家务骰子**的出现让常干家务活儿的妻子们乐开了怀。（10月14日中央电视台《午夜新闻》）	125	23
86	犇牛	一种无法用重装系统等常规手段清理的恶性木马病毒。	一种名为“**犇牛**”的木马病毒日前大规模爆发，被感染的电脑会出现速度慢、频繁弹出“虚拟内存不足”等症状。（2月10日中央电视台《新闻联播》）	124	34
87	裸婚	指结婚前无房无车，不办婚礼，没有钻戒，直接领取结婚证。	迫于日益严峻的高房价和就业压力，“**裸婚**”无奈成为80后的尴尬选择。（12月17日腾讯网http://bb.news.qq.com/a/20091217/000018.htm）	123	15
88	文化消费券	指可用于包含电影、图书、健身等多种文化消费的优惠券。	文化部副部长欧阳坚12日在十一届全国人大二次会议新闻中心接受媒体采访时表示，现在全球经济形势下滑的情况下，文化类的消费却有所增长，文化部门正在积极研究探索是否能通过对低收入群体和贫困地区群众发放**文化消费券**等方式，来提高他们文化消费的支付能力。（3月13日《华西都市报》）	123	47

序号	词目	提示或释义	例句	频次	文本数
89	胡奥会	指中国国家主席胡锦涛与美国总统奥巴马的正式外交会晤。	有关媒体报道称，陈德铭此行将主要落实G20伦敦金融峰会上“**胡奥会**”达成的共识，与美方探讨磋商双边经贸关系发展、共同反对贸易保护主义，推动两国经贸往来继续健康前行。(4月29日《北京青年报》)	122	73
90	补贴车	指农民换购或购买时政府予以一次性财政补贴的机动车。是政府惠农政策的举措之一。	据调查，镇赉县有200多农民打算购买“**补贴车**”。令他们没想到的是，一纸协议会使他们享受惠农政策如此艰难。(3月23日《人民日报》)	114	105
91	软裁员	指企业通过减少工时、降低工资等手段，迫使员工主动辞职，使得公司既达到裁员的目的，又能避开法律约束，或者不须支付员工经济补偿。	企业“**软裁员**”看似兵不血刃，实则消耗真气，可谓得不偿失。(4月14日《新民晚报》)	113	62
92	剩余人生*	指用于网上出售的为他人服务的私人时间。	女孩陈潇在网上叫卖**剩余人生**的创意引来了无数网民的关注，她迅速成为网络红人。(3月30日《中国青年报》)	113	39
93	即时拍*	二手车市推出的一种竞价业务。消费者需要带齐相关手续开车到拍卖现场，业务人员帮助卖车者确定竞卖底价，半个小时以内有业务人员上传车辆信息，一个小时以内拍卖完成，如果高于底价，拍卖成功，否则竞卖失败。	时下，二手车“**即时拍**”已经成为个人二手车买卖的最佳途径，二手车车主只要在任何上班时间到花乡二手车市场，都能在短时间内通过“**即时拍**”平台让市场上百家经纪公司进行竞标，从而获得双方认可的二手车交易价格。(8月5日《北京青年报》)	110	40
94	被上市	在本单位不知情或上市没有成为现实之前就被媒体报道或风传发行股票上市流通。2009年主要指传言少林寺上市一事。	少林寺**被上市**引发争议　分析师称负面影响非常大(12月17日淄博人民广播电台《财富时间》)	108	69

序号	词目	提示或释义	例句	频次	文本数
95	三不女	指在感情上不任性、不等待、不言败，在生活上不逛街、不盲目、不攀比的女性。	网民中更是有“娶妻当娶‘**三不女**’”的说法。（6月16日《中国青年报》）	107	22
96	被自愿	指迫于种种原因去做某事却被冠以“自愿”之名。	上有政策，下有对策，一些地方出现“**被自愿**”缴纳不合理教育费用，便是一例。（7月14日《中国青年报》）	107	69
97	力拓间谍门	见“力拓案”。	针对一些媒体有关宝钢集团涉入“力拓案”的报道，昨天，宝钢集团董事长徐乐江在接受记者采访时表示，宝钢与“**力拓间谍门**”无关，宝钢也没有高管受到调查或协助调查。（7月17日中央电视台《第一时间・读报》）	106	81
98	项目生	指参加“选聘高校毕业生到村任职”“三支一扶计划”“大学生志愿服务西部计划”“农村义务教育阶段学校教师特设岗位计划”“村村大学生计划”等项目且服务期满的普通高等学校毕业生。	按照规定，乡镇招考计划中标明招录“**项目生**”职位的，属专门招考上述**项目生**计划中服务期满且考核合格人员，其他人员不能报考。（8月28日腾讯网 http://edu.qq.com/a/20090828/000016.htm）	105	103
99	拼爹	指年轻人在就学、就业等方面凭借父辈的财富和权势与人竞争。	在一些地方的高校和用人单位，大学生的求职不是表现为学识、才干和综合素质的竞争，而是表现为大学生家庭状况的较量，变成了比拼大学生父辈财富和权势的“**拼爹**游戏”。（9月5日《北京青年报》）	104	39
100	装忙族	指为了在工作中偷懒而又不被上司发现，采取各种伪装措施制造工作忙碌假象的人。	电影《夜店》中，高警官每次悠闲地出现在超市里，总是一句：“不多说了，我忒忙。”像高警官这样的人，日渐增多，称为“**装忙族**”。（11月5日《扬子晚报》）	103	23

序号	词目	提示或释义	例句	频次	文本数
101	手机黄祸	指通过手机传播的色情信息。	王建文认为,斩断不法 SP 的利益链条,才能根治“**手机黄祸**”。为此,工信部采取了四大举措,要求对于运营商与增值企业合作提供的手机网站业务,要从事前接入审核、事中拨测检查以及事后违约处罚等环节加强对所接入手机网站业务的管理,力争砍断不法分子的利益链条。(11 月 24 日《人民日报》)	102	36
102	围观*	较多的人关注。尤指网上对某一事件多人跟帖留言的现象。	有许多网友直接“**围观**”河南省卫生厅网站,在其“投诉举报”频道的“厅长回复”栏目下留言,对其通报批评并调查郑大一附院之举表示不满。(8 月 15 日《北京青年报》)	100	76
103	麦兜族	指像动画片《麦兜故事》里平凡可爱的小猪“麦兜”一样,虽然没有值得炫耀的家境和才智,但做事脚踏实地,为理想而努力奋斗的人。他们是购房阶层的弱势群体,主体是 80 后的年青一代。	城市“**麦兜族**”身上体现出的最大特征就是“不等、不要、不靠”,而对应着这三个特征的三种精神,则是自尊、自立、自强。所以,他们现在也许仍旧默默无闻,仍旧在为了理想而苦苦奋斗。(11 月 25 日《海口晚报》)	98	37
104	诈捐门	指承诺捐款却未兑现而引发的事件。	近日,文学大师余秋雨身陷“**诈捐门**”一事在网络上炒得沸沸扬扬。(6 月 17 日中央人民广播电台《新闻纵横》)	98	33
105	被股东	指某些明星或名人被谎称持有某种股票,以提高股价。多为股市的炒作行为。	而明星们到底“是股东”还是“**被股东**”,恐怕只有监管部门才能给出答案。(11 月 7 日《北京青年报》)	98	82

序号	词目	提示或释义	例句	频次	文本数
106	碗幕	碗状的投影屏幕。	开幕式最大的道具是场地中央上空的**碗幕**，直径达 50 米。（10 月 17 日《新民晚报》）	97	21
107	被网瘾	指某些网瘾认定标准将正常利用互联网工作的人误划入网瘾患者范围之内。是对该标准的一种讽刺。	《广州日报》质疑这一刀切的标准，“‘网瘾’标准之低惹人联想”。很多人上网，不过是工作、生活、娱乐需要，怎么就成了一种病了呢？会不会又是打着“超标”的幌子催促大家都去戒网机构呢？更有网友大呼自己又“**被网瘾**”了。（8 月 27 日中央电视台《第一时间・读报》）	96	38
108	点听	指日本人东方力丸通过多变的声音来形象地模仿各种漫画角色，人们可以根据自己的喜好让他模仿不同的角色并付给他报酬，此举叫作“点听”漫画。	这个顶着一头乱蓬蓬的长发、戴眼镜、蓄着山羊胡、头绑一条毛巾的漫读家坐在塑料小凳上，面前地上摆着各种漫画书，人们可以根据自己的喜好“**点听**”漫画。（2 月 3 日新浪网 http://news.sina.com.cn/o/2009-02-03/140015105516s.shtml）	93	86
109	人格证书	上海交通大学拟定颁发给毕业生的证书之一。通过评审学生的心理素质、基本价值观及人际关系，为用人单位提供参考。	大学设置“**人格证书**”是为了回应钱学森的问题，培养具有创新能力的领袖人才，可是这种“**人格证书**”几乎可以等同于“良民证”，难道培养大师需要从颁发“良民证”做起吗？（11 月 14 日《北京青年报》）	93	21

序号	词目	提示或释义	例句	频次	文本数
110	中美国	指最大消费国美国和最大储蓄国中国构成的利益共同体。译自英文 Chimerica。	但是我们对这个所谓 G2 的说法——说 G2 会代替 G20，这个两国会代表 20 国，两国会主导 20 国，甚至还提出来有一个词叫“**中美国**”，甚至有的还提出来什么中美共治全球。我觉得对于这样的说辞，这样的表述，中国必须非常地冷静，非常地客观。（4 月 2 日中央电视台《今日观察》）	92	65
111	寂寞党	指热衷于使用“哥……的不是……，是寂寞”这一网络流行语的人。	网络上的一张恶搞图造就了“寂寞”句式，并以病毒般的速度蔓延。“我发的不是帖子，是寂寞。”“我呼吸的不是空气，是寂寞。”热衷于此的网友被称为“**寂寞党**”——继“贾君鹏”之后，引领着新一轮网络流行语的风向。（7 月 28 日《中国青年报》）	91	47
112	楼垮垮	指修建后使用时间不长就要垮塌的质量低劣的楼房。带有戏谑色彩。	据报道，烟台汽车东站大楼建筑面积约 2 万平方米，2001 年年底开工建设，2004 年 6 月竣工。仅仅过了 5 年左右，烟台汽车东站就成了一座危楼，被当地老百姓称为“**楼垮垮**”。（11 月 15 日《北京青年报》）	90	31
113	旅游下乡	指在全国范围内开展的地方政府连同企业向农民发放旅游补贴券，鼓励其旅游的活动。	今天，广东省旅游局也启动了针对农村旅游消费市场的“**旅游下乡**”活动，政府将首批向中山、肇庆和广州市花都区三地居民发放旅游消费补贴券，凭这个补贴券将可以充抵一部分旅游费用。（2 月 20 日中央电视台《经济信息联播》）	88	30

序号	词目	提示或释义	例句	频次	文本数
114	社会消费券	当经济不景气导致社会消费能力下降时，政府或者企业发放给群众的消费券，作为未来消费时的支付凭证。2009年主要指杭州发放的社会消费券。	鼓励购买**社会消费券**，发放对象“瞄准”游客(2月25日《人民日报》)	88	40
115	下乡车	指供给农民购买的切合农村市场需求和农民购买力，并带有一定政府补贴和优惠性质的汽车。	记者昨天从北京市工业促进局获悉，本市的**下乡车**型已基本确定为两大类：一类是满足农业合作组织需求的绿标车，包括运送新鲜农畜产品的厢式车、冷藏车和奶罐车；另一类是适合普通农家使用的现代农业装备车，包括三轮汽车、低速货车及吨位较低的轻型卡车。(2月6日《北京青年报》)	88	43
116	胡同人家*	指由“奥运人家”转型而来的为游客提供有北京胡同特色的餐饮、住宿、参观等服务的普通居民家庭。	业内人士表示，随着旅游行业的发展和成熟，单一的景点旅游已经满足不了游客的需求，而深度文化游则成为未来旅游行业发展的重点，**胡同人家**就是其中一个典型的代表。(2月13日中央电视台《第一时间》)	87	14
117	弯道赶超	指在弯道处追赶和超过对手。原是体育术语，现泛指经济发展中，抓住拐点机遇，实施追赶和超越的行动。	建议将“提升企业自主创新能力”作为国家战略，将培养一批具有国际竞争力的企业作为实现“**弯道赶超**”的重要目标，从国家层面对建立“以企业为主体、市场为导向、产学研相结合”的创新体系进行制度设计。(7月14日《人民日报》)	87	31

序号	词目	提示或释义	例句	频次	文本数
118	婚活族	指积极主动地寻找结婚对象，像求职一样热衷于参加相亲活动的人。“婚活”是由日本学者山田昌弘提出的概念，即与结婚有关的活动的总称。	“**婚活族**”大部分都是女性，随着年龄的增长，她们为结婚而抓狂，一切围绕着结婚而经营。（3月18日腾讯网 http://luxury.qq.com/a/20090318/000029.htm）	85	18
119	后三码	指信用卡验证码。信用卡背面签名处末尾顶端有斜体字，前四位为卡号，后三位为验证码，故称。	为防犯罪分子克隆信用卡，拿到信用卡后应马上把“**后三码**”记熟后刮掉！（3月31日《三晋都市报》）	85	34
120	宝贝寻家	公安部开展的一项专项行动。通过公布全国首批60个被拐卖但未查清身份来源的孩子的名单和照片，希望集全社会之力，帮助这些孩子尽快找到自己的父母。	最近60名孩子的命运引起了大家注意，10月27日，公安部打拐办在公安部网站“**宝贝寻家**”栏目公布了首批已解救但未查清身份来源的被拐儿童的信息，这两天就陆续有几个孩子找到了自己的父母。（10月31日中央电视台《经济半小时》）	83	49
121	赖捐	指企业或个人承诺向慈善机构捐赠，却迟迟不兑现承诺，或所捐款物与承诺不符。	正是由于没有透明度，才会有如许之多的企业人前买好人后**赖捐**；而慈善部门一旦准备将**赖捐**企业公之于众，迫于透明的力量，那些**赖捐**者不得不做道义上的补偿。（4月27日洛阳人民广播电台《大众传呼》）	83	32
122	交警超市	一种便民交警社区服务站，可办理与交通、车管、驾管等相关的交通管理业务。	四川省成都市公安机关在全市建成105个“交警社区服务站”，使群众不出城区就能办理新车登记、补换牌证、违法处理等，不出社区就能得到代办预约、业务咨询、提示告知、安全宣传等服务，被老百姓誉为“**交警超市**”。（4月9日中央电视台《新闻联播》）	82	21

序号	词目	提示或释义	例句	频次	文本数
123	反庐舍联盟	由数百家企业和公司组成的禁止员工在工作时间玩网络游戏的联盟。参见“庐舍族”。	日前，20家单位自发成立了“**反庐舍联盟**”，并声明将联合起来对公司内“庐舍族”进行监督教育，屡教不改的，将予以辞退。（5月13日《新民晚报》）	76	33
124	楼薄薄	指楼板厚度明显低于国务院颁布的《建筑工程质量管理办法》规定标准的质量低劣的楼房。带有戏谑色彩。	这个“隔着楼板能听见楼上楼下邻居说话”的小区，又叫“汇宇都市花园”一期。但如今，人们都称它为“**楼薄薄**”小区。（11月13日《中国青年报》）	76	34
125	稳岗	帮助工人提升技能，用更高的技术来保住自己的岗位。	为防止在市内务工的农民工大规模返乡回流，他们还特别针对区内停产、半停产企业中的农民工，开展了以提高现有技能水平为目的的**稳岗**培训，让他们在“难关时学技术、难关中保工作”。（1月11日《人民日报》）	76	54
126	杠杆女	指能像杠杆一样利用支点将对方“撬”起来，帮助伴侣成就事业的女性。	“嫁男要嫁经适男，娶妻要娶**杠杆女**”，如今“经济适用男”的追捧热潮还未过去，“**杠杆女**”的讨论话题又逐渐兴起。（9月30日《新民晚报》）	75	10
127	牛奋男	指具有牛那种忠诚可靠、踏实肯干、执著奋斗的优点的男士。	越来越多的姑娘开始理智地转舵，放弃那些既不切实际又风险高的“钻石王老五”，转而向“**牛奋男**”眉目传情。（7月21日《中国青年报》）	74	18
128	地标店	指在联想集团推出的“电脑下乡”计划中，设在县上的集销售、服务、培训、宣传和产品体验于一体的联想电脑4S店。	联想称，未来三年将建设700家集销售、服务、培训、宣传和产品体验于一体的县级“**地标店**”，同时将销售网点扩充到7 800家。（3月5日《北京青年报》）	73	28

序号	词目	提示或释义	例句	频次	文本数
129	李鬼药	指假药。在小说《水浒传》中李鬼假冒李逵，故称。	这些貌似药品，实则普通食品、消毒用品的“**李鬼药**”，要么根本不含任何有效成分，要么非法添加化学物质，不仅延误患者治疗，还会危害健康，甚至危及生命。（8 月 13 日《人民日报》）	72	6
130	养牛	指“养牛仔裤”。即买回原色牛仔裤长期穿着而不洗涤，使其褪色并产生折痕褶皱，从而使牛仔裤具有独特的个性风格。也称“养原牛”。	其实，“**养牛**”在美国早已不是新鲜事，很多年轻人买到一条好的牛仔裤就会长期穿在身上，直到裤子出现“猫须”（由于穿着自然而然在关节处产生的褶皱）。（2 月 27 日《新民晚报》）	72	25
131	麻托	指在茶馆里靠陪客人打麻将赚钱的人。	原来这就是传说中的**麻托**，专门在茶馆陪客人打麻将。客人来了 3 个，凑不齐一桌，客人可能转身就走了，这时就需要“**麻托**”出面一块打。（6 月 11 日中央电视台《第一时间·马斌读报》）	68	5
132	人品币	反映人们道德人品资产的一种虚拟货币。	该校总校区和沈河校区两个年级的 1 000 多名学生，每名学生都有一个“人品账本”，账本记录着他们在学校“道德银行”里的存款和支取情况。在这里，学生的一言一行都以“**人品币**”的形式被量化。（12 月 19 日《中国青年报》）	68	6
133	硕师计划	“农村学校教育硕士师资培养计划”的简称。国家教育部提出此计划旨在提高农村教师学历水平和整体素质。	截至 2009 年，全国共有 4 400 多名“**硕师计划**”研究生赴国家级和省级扶贫开发工作重点县的农村中学任教。（10 月 22 日《人民日报》）	68	11

序号	词目	提示或释义	例句	频次	文本数
134	淘一代	指喜欢网上购物的一代人。由于淘宝网占据市场很大份额,网购者大部分都在该网购物,故称。	2008年中国网购市场呈现的另一大特点是,以淘宝活跃用户群为代表的“**淘一代**”正在崛起,他们理性消费、享受生活,形成了自己独特的“新消费文化”——乐于分享、口碑传播,这一文化催生了“诚信、透明、责任”的新商业文明,而这将是应对金融危机最好的药方。(2月18日《北京青年报》)	67	15
135	加分门	指考生通过伪造虚假信息获得高考加分而引发的丑闻。	在浙江**加分门**之后进入公众视野的重庆“**加分门**”事件,最终有15名相关领导干部受到行政处分,31名违规加分考生被取消高考成绩。(6月13日《北京青年报》)	67	40
136	惨叫鸡	一种用来缓解精神压力的塑胶发声玩具。这种玩具捏一下就会发出凄惨的叫声,人们通过这种虐待玩具动物听惨叫的方式来发泄心中的压力。	而一种名为**惨叫鸡**的解压玩具则受到另一部分人的喜爱,使劲揉捏这种塑胶发声玩具,就会发出惨叫声,听完后就发现自己还不是最惨的。(8月11日《中国青年报》)	66	14
137	添加门	指在产品中添加不符合法律法规规定或不利身体健康的原料、添加剂的事件。	经分析,一度被热炒的王老吉**添加门**、360离职员工爆黑幕,以及康师傅水源门等事件,都明显存在人为操作的痕迹。(12月21日《中国青年报》)	65	30
138	甲流血	指甲流康复者体内的含有甲流抗体的血液,可用于救治危重甲流患者。	河南22人因甲流夺命　首用“**甲流血**”救重症患者(12月17日中国新闻网 http://www.Chinanews.com.cn/jk/news/2009/12-17/2022215.shtml)	65	17

序号	词目	提示或释义	例句	频次	文本数
139	补出口	我国新农村社会养老保险制度中的一项财政补助政策，即在支付给农民养老金时，政府再额外给予农民财政补助。	中央财政主要负责“**补出口**”，即对国务院统一确定的基础养老金部分，对中西部地区给予全额补助，对东部地区给予50%的补助。（9月9日《光明日报》）	63	50
140	铁丁	指坚定的丁克族，即坚决不生养子女的人。	看着身边的丁克一族，从原来的不理解，居然到渐渐心生敬意。意志坚定的“**铁丁**”和迫不得已的“丁克ed”们，让我们的孩子能够享受到更多宝贵的资源；因为“丁克ing”以及忧心忡忡的“丁忧”们，我们的孩子避开了一个又一个的“baby boom（生育高峰）”。（12月22日《北京青年报》）	63	14
141	蓝媒电视	指海信集团新推出的平板电视系列。在全程高清的平板电视上实现了娱乐化的网络功能。节目内容不仅来源于电视台，还有互联网空间。	海信**蓝媒电视**就是在全程高清的平板电视上实现了娱乐化的网络功能：如欣赏网络上的高清电影大片，听网络上的流行音乐，了解网络上的分类新闻信息等等。（4月15日《北京青年报》）	62	31
142	楼裂裂	指出现裂缝的质量低劣的楼房。带有戏谑色彩。	今年4月以来，位于奉节县城永安镇施家梁地段的石马水泥厂和机械化公司宿舍楼，受其下方商品房工程施工开挖影响，发生严重墙体拉裂险情，上百户居民的安全受到威胁，此事曝光后引起人们热议，被称为“**楼裂裂**”事件。（12月8日《北京青年报》）	62	30

序号	词目	提示或释义	例句	频次	文本数
143	转移性消费券	指杭州市区企业在应对国际金融危机过程中，为实现保就业、保收入，用政府拨付的各种产业发展扶持资金和企业扶持奖励资金，在为发展再生产和缴纳社会保险费后所购置的用于企业购买商品、服务及职工福利的消费券。又称“政府转移性消费券”。	总额为2.5亿的**转移性消费券**是为应对金融危机，用于符合财政扶持政策的5 000余家大企业集团和中小企业，企业可用**转移性消费券**缴纳养老、医疗保险。（3月20日中央电视台《第一时间》）	62	35
144	暴风门	2009年5月19日，黑客攻击DNS服务器，导致中国部分省市网络中断。其中暴风公司播放软件的海量用户成为最重要的助推力量，故称。	“**暴风门**”事件发生以后，工信部紧急会同暴风公司、中国电信等9家单位分析原因，一致认定断网起因于黑客对电信域名解析服务器的攻击，暴风公司也是这一事件的受害者。（6月2日《北京青年报》）	61	26
145	城市光网	即城市光纤网络，中国电信上海公司为提升上海市接入互联网络的宽带支撑能力而实施的光纤到楼进户战略。	中国电信将在两年内投资60亿元建设IP化、扁平化、宽带化、融合化的上海“**城市光网**”，中国电信上海公司将实施光纤宽带战略，全面启动“**城市光网**”行动。（6月3日《新民晚报》）	61	25
146	教育消费券	指杭州市针对在杭高校应届毕业生、在杭高校杭州市困难家庭子女、义务教育阶段外来务工人员子女等几类群体发放的教育培训消费券。可用于参加教育培训、技能培训或抵缴学费。	2月23日，杭州市宣布，将于4月第二次发放消费券，总额度5.7亿元，由单一种类扩充为6大类，包括政府消费券、旅游消费券、社会消费券、转移性消费券、**教育消费券**、培训消费券。（2月25日《人民日报》）	60	22

序号	词目	提示或释义	例句	频次	文本数
147	人类泛基因组	人类群体基因序列的总和。具体指人类基因组中存在的种群特异，甚至个体独有的 DNA 序列和功能基因。	该论文首次提出了“**人类泛基因组**”的概念，即人类群体基因序列的总和，并因此树立了新的人类基因组测序标准，指出了未来。（12 月 9 日《光明日报》）	59	20
148	眼神执法	指城管民警以眼神盯住被整治者，令其产生心理压力的方式行使城市管理职责的执法办法。	依我看，城管的“**眼神执法**”更像是一场秀，一场自我导演加记者配合的行为艺术。（6 月 18 日《北京青年报》）	59	28
149	惠农券	指一种由农业合作经济组织、与农户有业务关系的农产品企业等担任信用甄别人向农户个体发放的金额不等的可向银行贷款的信贷凭证。	目前，“**惠农券**”在四川、河北等几个地方已经开始尝试，当地政府都表示了很大的兴趣。（3 月 4 日《北京青年报》）	57	10
150	安置门	指温州旧城改建指挥部将“多余安置房”以远低于市场价的价格卖给自己和相关官员一事在网上曝光而引发的事件。	温州安置房事件被抖出来已经有将近三个月的时间了。本来以为随着当地纪委的介入，这件事情就已经进入尾声，但是没有想到的是，这件事情可以说是拔了萝卜带起了泥，这扇“**安置门**”还没有关上，另一扇“差价门”却已经打开。（6 月 12 日中央电视台《新闻 1＋1》）	56	17
151	拆客	热衷于拆卸物品并在网上贴出拆卸图片的人。	他们觉得“**拆客**”的精神就是：能拆开还能装起来，装起来还能正常使用。（9 月 14 日中央电视台《第一时间・读报》）	54	8
152	经适男	“经济适用男”的简称。	“**经适男**”比“奢侈男”经济略差，但在社会上仍具优势，关键是“视家庭为生命”的性格决定了他们会将大部分收入投到家里。（2 月 28 日《北京青年报》）	53	21

序号	词目	提示或释义	例句	频次	文本数
153	养卡人	帮人垫付信用卡欠款并从中牟利的人。	信用卡的滥发,除孕育了大量没有还款能力的“卡奴”外,还红火了**养卡人**和养卡公司。**养卡人**和养卡公司因为要收取手续费,一向被认为旱涝保收。然而,黄浦警方最近首次破获一起涉嫌诈骗**养卡人**的案件。(11月5日《新闻晨报》)	53	15
154	被全勤	指部分劳动者因工作繁忙而不能依法享受带薪年假,被迫出全勤。	某网站近日也做起“**被全勤**”现象调查。数据显示,超过三分之一的网友没有享受过带薪年假。(8月21日《光明日报》)	53	18
155	刷刷族*	指为了追求高分,重复参加考试以求“刷新”成绩的人。	王小东是南开大学的大三学生,他和他的3个室友如今都已是拥有两次刷分经验的“**刷刷族**”。(9月16日《中国青年报》)	50	4
156	隔友	在甲型H1N1流感的防控中被隔离观察的人的互称。	听到这个回答,舱里的人都笑了,有的还开起了玩笑:好啊,我们都是“**隔友**”呢。(5月7日《人民日报》)	50	12
157	被死亡	指户口在本人不知情的情况下以“死亡”的名义被注销。	在补户口时发现,父母的户口都没了,河南郸城数百老人“**被死亡**”。(11月3日《新民晚报》)	50	37
158	被冠军	指在体育赛事中由于对手消极比赛、裁判有失公正、潜规则等原因而成为冠军的现象。	足协真是多此一举。率先喊出“国安**被冠军**”的,的确不是申花,很多人听过之后,要么一笑了之,要么跟着大骂两句发泄一通也便作罢。(9月25日《新民晚报》)	49	35

序号	词目	提示或释义	例句	频次	文本数
159	沪四	“沪四标准”的简称。	针对市民反映的车辆使用**沪四**汽油后发生抖动等问题，市质监局昨天表示，即日起对全市范围内的加油站进行**沪四**标准成品油质量抽检，抽检率近20%。（11月12日上海广播电视台《990早新闻》）	49	31
160	检测门	指由出入境饮用水检测引发的丑闻。海南出入境检验检疫局检测农夫山泉、统一饮料产品总砷超标，但中国检验检疫科学研究院综合检测中心复检结果显示其3种抽检产品全部合格。此事在社会上引起较大反响。	如果说“砒霜门”事件重创了两家企业的声誉，那么当“砒霜门”转变成“**检测门**”，重创的则是政府检测机构的公信力。（12月3日《广州日报》）	48	42
161	何逛逛	对北京第14例甲型H1N1流感患者何某的戏称。其在出现甲流症状后，不仅未按要求进行自我居家观察，反而高频率出入公共场所，导致88名密切接触者需要进行医学隔离观察，故称。	北京第14例甲型H1N1流感患者何某，公众并不陌生，他曾因为出现病症后仍频繁外出，而在网络上爆得“**何逛逛**”的大名，对于其是否应该担责，网络上也有过很大的争议。（6月21日《北京青年报》）	47	16
162	律师造假门	指重庆打黑活动中为犯罪嫌疑人龚刚模做辩护律师的李庄、马晓军等人教唆其伪造证据而引发的事件。	12月13日，“**律师造假门**”始作俑者李庄被检察机关批准逮捕。一起国内罕见的涉黑案件“**律师造假门**”被急速曝光。（12月14日《中国青年报》）	47	26
163	萌文化	指部分人群中流行的喜爱动漫美少女角色，并按照其特征来打扮的现象。	最近在一些都市的时尚女性当中，悄然兴起了一股文化，取名为“**萌文化**”。（6月21日北京人民广播电台《博闻天下》）	47	11

序号	词目	提示或释义	例句	频次	文本数
164	被捐款	指并非主动捐出，而是以从工资中扣除等方式来捐款。	被代表、**被捐款**、被失踪、被自愿、被就业、被自杀、被小康……此种语法看似荒谬，却也恰恰以此嘲弄了“被”时代的荒谬。（7月28日《新民晚报》）	46	31
165	织围脖	写微型博客的诙谐说法。参见“围脖”。	诸多名人微博中，李昕最爱俞敏洪的，“他最会‘**织围脖**’了，不像有的名人尽扯些吃了走了睡了的琐碎，经常能读到让人会心一笑的睿智语句”。（11月5日《中国青年报》）	46	28
166	吕传传	对山东甲流患者吕某的戏称。他在知道自己可能患有甲流后，回国并频繁外出，导致北京、天津、山东、山西等省市几十名同机和同车乘客被医学隔离观察。	吕某早就知道自己可能感染了流感病毒，但仍然坚持回国，并四处玩乐，传播流感病毒。为此，网民为其取名“**吕传传**”。5月16日，吕某的父亲通过当地媒体向公众道歉。（5月19日《中国青年报》）	44	18
167	公共秩序日	上海为迎接世博会而设立的宣传日。定于每月25日。倡导“文明出行、守序有礼”。口号为“和谐的城市，谦让的我”。	每月25日为“**公共秩序日**”，使本市文明出行、文明驾车、文明停车、文明让车、文明乘车、左行右立和文明排队七个方面有显著提高，营造“和谐的城市，谦让的我”的良好社会氛围。（3月5日《新民晚报》）	43	29
168	国家漏洞库	世界各国为了更好地管理和控制信息安全漏洞而建立的国家安全数据库。中国的国家漏洞库已于2009年10月18日投入运行。	欧盟也于近年投入巨资，启动了以构建**国家漏洞库**为核心的“信息安全盾牌计划”。（10月19日《北京青年报》）	42	9

序号	词目	提示或释义	例句	频次	文本数
169	萌女郎	参照动漫中美少女的样子来打扮自己的女性。	这个所谓的萌文化影响了很多的女性，有人起了一个名字，把她们叫作**萌女郎**，这些**萌女郎**每天会花上大量的时间，按照她们的一些**萌女郎**的标准来进行着装打扮。（6月21日北京人民广播电台《博闻天下》）	40	6
170	买房后悔权	指购房者购房一个月内，如果后悔，拥有让房产商无条件退还其定金的权利。是深圳某房产商推出的活动。	《消费者权益保护法》里要增加买房子的后悔权吗？别看理论上没争论明白呢，深圳有家房产商是个急脾气，在全国率先推出了**买房后悔权**活动。一个月时间内购房者如果后悔，可以无条件退还定金。（7月28日中央电视台《第一时间·读报》）	40	16
171	蜜糖体	指一种流行于网络的风格甜腻、嗲声嗲气的文体。	以“甜腻嗲”为特色的“**蜜糖体**”是当下网上最流行的语体。（11月25日新浪网 http://eladies.sina.com.cn/beauty/p/2009/1125/1247939144.shtml）	40	7
172	桥糊糊	见“桥粘粘”。	“**桥糊糊**”也好，“坝溃溃”也罢，裂缝再大，毕竟就在我们的眼皮子底下，群众大概一眼就能看出来，糊是怎么也糊不过去的。（12月24日《光明日报》）	40	14
173	迪拜神话	指迪拜从一个小渔村迅速发展为国际大都市的奇迹。	不久前发生的**迪拜神话**破灭和2009年末政府的一系列政策和言论基调或许能让敏感的人感觉到2010年对房地产市场而言，或许不会是个“虎虎生威”的年份。（12月31日《北京青年报》）	39	33

序号	词目	提示或释义	例句	频次	文本数
174	鬼旋族	指为了缓解压力，选择晚上在外游荡，逃避回家的都市白领。	**“鬼旋族”**往往是事业成功的人士，是由于情感孤独造成，不属心理疾病。只有社会和家庭给他们更多温暖，才会让他们从**“鬼旋族”**中解脱出来。（11月2日腾讯网 http://news.qq.com/a/20091102/000221.htm）	38	7
175	闪玩族	指经常参加闪玩活动的人。参见“闪玩”。	如今不少网友都号称自己是**“闪玩族”**，他们的口号就是“应对都市人情冷漠，消除彼此之间隔阂”。（8月24日中央电视台《新闻30分》）	38	10
176	豪华男	指具有良好教育背景、才华卓越、经济基础雄厚的男人。	“小企业的那些限制，恰恰是保证小企业能得到很好发展的框框，**‘豪华男’**在大公司的经验并不适合公司的发展。”郭广昌说。（9月21日《中国青年报》）	38	11
177	肉食女	指像肉食动物一样行为强势，敢于主动追求男性的女性。与“草食女”相对。	相比“草食男”，社会上大量出现的还有**“肉食女”**。（3月20日《新民晚报》）	38	12
178	墙脆脆	指因建筑质量差、墙体酥脆而出现脱皮、裂缝或坍塌问题的墙壁。带有戏谑色彩。	市住房和城乡建设委同建设单位住总集团进行现场检查后，发现墙壁的材料和混凝土配比都存在问题。限价房项目出现**“墙脆脆”**，引起社会普遍关注。（10月20日《北京青年报》）	36	21
179	假捐门	指当事人公开承诺捐款却没有兑现的事件。	6月14号，易中天又发表博文，调侃起了余秋雨和**“假捐门”**事件。（6月16日上海广播电视台《新娱乐在线》）	35	29

序号	词目	提示或释义	例句	频次	文本数
180	秒杀价	指商品的超低价。参见“秒杀”。	据介绍，秒杀价格为商品限量超低价，售完即恢复原价；以**秒杀价**拍下后，需10分钟内付款，否则视为无效订单，商家有权关闭交易。（8月17日《法制晚报》）	35	16
181	生日钞	人民币序号和某人的生日完全相同的钞票。	不过店主表示，要配齐这些特殊数字的钞票很困难，并暗示还得和银行有一定的关系，所以一张五块钱的所谓**生日钞**得花70块来买。（4月10日上海广播电视台《新闻报道》）	35	7
182	油立方	2010年上海世界博览会石油馆的俗称。因其外形让人联想起北京奥运会的水立方，且有蕴涵石油的能量块的含义，故称。	北京奥运会有一个闻名世界的场馆“水立方”，中国2010年上海世界博览会则有一个“**油立方**”，这就是上海世博会17个企业馆之一的石油馆。（7月12日《北京青年报》）	35	7
183	庐舍族	指过度沉迷于互联网的聊天、游戏、交友等活动，耽误了正常工作和生活的人。“庐舍”是英文loser（失败者）的音译。	比如种菜游戏，为了偷菜和预防被偷菜，“**庐舍族**”起早摸黑，有的成天守在电脑前不断刷新，有的拿本子来记录蔬菜成熟的时间，有的甚至上闹钟来提醒自己。（5月26日《南方日报》）	34	14
184	我一代	指出生于20世纪80年代的独生子女一代。他们见识广，受过良好教育，常以自我为中心，注重个人生活质量，不关心政治。译自英文Me Generation。	巨大的财富往往会将人生引上奢靡的道路，但现在英美越来越多的富家子弟不再依靠遗产花天酒地，这群常被冠以“**我一代**”称号的年轻人，正将财富悉数捐赠慈善事业，造福社会。（1月7日《外滩画报》）	34	11
185	被慈善	指由于外部压力，被迫参与慈善活动。	河南汞阳全民慈善行动引议论　企业是否“**被慈善**”？（10月20日《中国青年报》）	34	18

序号	词目	提示或释义	例句	频次	文本数
186	金融鸦片	指利用一系列的金融名词或创新的虚有概念来迷惑企业,使之陷入金融圈套不能自拔的一种金融衍生品。	被称为“**金融鸦片**”的这些复杂的金融衍生品,绝大多数都是华尔街的国际投行设计出来的。然而,这些最终销售给中国企业的金融衍生品,目前在美国本土市场上却难觅踪影。(5月24日中央电视台《经济半小时》)	34	11
187	辐照门	康师傅、统一等方便面的调味料包经过了辐照处理,但未在包装上标注“辐照食品”字样,违反了相关法规。这一事件被称为“辐照门”。	近日,方便面厂家因都存在料包用放射线杀菌(简称“辐照”)而不在外包装上标示的情况,被媒体曝光后陷入“**辐照门**”。(8月4日《北京青年报》)	33	22
188	百元游	指为刺激内需、鼓励消费而开发的消费金额在百元人民币以内的旅游项目。	继苏州梅花节之后,上海的青浦梅花节也于今天举行,东方绿洲、上海大观园、朱家角古镇三条线路可以打包“**百元游**”,满足市民近郊赏梅的需求。(2月16日上海广播电视台《新闻坊》)	33	27
189	学租族	指在子女就读学校附近租房陪读的家长。	进入4月,不少面临小孩升学的家庭进入了紧急备战状态,在频繁带孩子到各校面试的同时,还有一件烦心事也载入了不少家庭的议事日程,那就是到孩子将要就读的学校周围看房租房,从此加入京城庞大的“**学租族**”的行列。(4月29日《新民晚报》)	32	5

序号	词目	提示或释义	例句	频次	文本数
190	e云	一种面向家庭和个人用户的运营商级的云信息服务。它可以按照用户的设定,自动利用电脑空闲时间,将信息备份到"e云"数据中心。当遇到电脑破坏、数据破坏、误删除、在家办公、远程办公等情况时,可以在能访问互联网的任何地方,恢复任一个时间点的数据。由中国电信股份有限公司上海分公司与EMC公司联合推出。	开通该服务后,电脑客户端软件可按照用户的设定,自动地利用电脑空闲时间,将信息备份到上海电信的"**e云**"数据中心里。(9月25日《新民晚报》)	32	25
191	可听药	一种宣称具有抗抑郁、镇静、止痛、刺激、催眠等效果的音乐。	一种被称为"**可听药**"的音乐最近在韩国网民中开始流行。(2月21日《北京青年报》)	32	11
192	占坑班	指公办中学举办的"小升初"各类学科培训班。因只有参加这些培训班才能获得相应中学的"小升初"面试资格而得名。	一些以知名中学培训班名义举办的所谓"小升初""**占坑班**",教学以奥数为主,每次考试都对学生进行排名,排名靠前的学生获得招生中学的"私下签约",目前仍有不少中学通过这种方式多次考试选拔学生。(4月24日《北京青年报》)	32	12
193	零碳馆	指用于2010年上海世博会的一座二氧化碳排量为零的展馆。	伦敦"**零碳馆**"所需的电能和热能,可以通过"生物能热电联产系统"对餐厅内各种有机废弃物、一次性餐具等降解而获得。降解完成后,最终余下的"产品",还能用作生物肥,真正实现变废为宝。(9月15日《北京青年报》)	31	7
194	展霸*	指敲诈勒索展会商户钱财、垄断展会服务的人。	昨天上午,盘踞国展收取保护费的李彦启等5个"**展霸**"出庭受审。(6月24日《北京青年报》)	31	20
195	捡彩族	指专门靠捡拾彩民丢弃的彩票以期中奖的人。	广东彩票站惊现"**捡彩族**"强人　几年内捡50万奖金(7月29日《羊城晚报》)	30	2

序号	词目	提示或释义	例句	频次	文本数
196	官二代	指官员的已经从政、当权或可能从政、当权的子女。	河南省固始县公选乡长，多是**官二代**当选，引发舆论质疑。（8月27日山东人民广播电台《山东新闻》）	30	15
197	遗产门	因遗产分配和继承等事件引发的丑闻。	侯耀华这几个月过得不容易，既有所谓的**遗产门**事件，这次又和虚假广告牵连在一起，其中的关键词又都是钱。（11月7日中央电视台《新闻周刊》）	30	22
198	脖友	热衷于微博的人的互称。脖，取“博”的谐音。	围脖好写好玩，令人成瘾入迷，渐成不写不舒服的“围脖控”。有**脖友**自称创下连续26小时织围脖的纪录。（12月9日新浪网 http://news.sina.com.cn/c/sd/2009-12-09/12341922 3371.shtml）	29	6
199	网络保姆*	指靠为他人经营照管网络游戏而获利的人。	日前，重庆一家媒体与猪八戒威客网评出了网络时代的“新三十六行”，威客、红客、网络模特、网络推手、**网络保姆**等职业均名列其中。（9月13日《中国青年报》）	29	16
200	星二代	指父母也是演艺明星的演艺明星。	经过多年的演艺圈磨炼，房祖名成熟很多，成为“**星二代**”中的一位实力派艺人。（10月26日新浪网 http://ent.sina.com.cn/s/h/2009-10-26/09382744613.shtml）	29	19
201	分红门	基金业里因基金分红问题引起基民和基金公司争端的事件。	然而正当民众还没来得及为股市大跌的愤怒找到一个宣泄口之时，老鼠仓、基金黑幕、高管高薪以及**分红门**事件，则是再次深深刺痛着投资者的心。（6月15日凤凰卫视《财经正前方》）	29	20

序号	词目	提示或释义	例句	频次	文本数
202	虾米族	指能够利用有限资源，精打细算，创造完美生活空间的人。源自肯德基的“小空间大生活”——肯德基$7m^2$虾窝设计挑战赛面向全国搜寻“虾米”的活动。	全国24个城市的**虾米族**达人们在肯德基餐厅、网络、电台等各个互动平台上将“小空间大生活”演绎得不亦乐乎。（11月5日《新民晚报》）	28	10
203	被留学	指并非情愿，或为躲避就业压力，或被父母强迫，或盲目跟风，被动地做出留学选择。	“**被留学**”者在准备或远赴海外求学的过程中，耗费了极大的经济和时间成本，承受着巨大身心压力，可能影响到其学业进步和个人长远发展。（10月25日新浪网 http://news.sina.com.cn/o/2009-10-25/124016496768s.shtml）	28	18
204	抄袭检测系统	一种辨别学术论文是否涉嫌抄袭的软件系统。将《中国学术文献网络出版总库》作为比对数据库，以雷同率对论文是否存在抄袭现象进行评估。	如今，武汉多所高校引入论文**抄袭检测系统**，武汉大学、武汉科大等七八所大学，都陆续开始用它来辨别是否涉嫌抄袭。（11月26日《新民晚报》）	28	4
205	航天母舰	指一种巨大的宇宙飞船，可以在离地面3.6万千米的太空与地球同步飞行，可率领一支包括四架航天飞机、两艘太空拖船、一个轨道燃料库和一个太空补给站组成的巡天舰队。	2009年，中国争论了十几年的航空母舰话题，终于尘埃落定，激起社会上的阵阵欢呼。但笔者却深感忧虑，因为当中国的航母刚从头脑中跳到纸上，美国的“**航天母舰**”已经在浩茫的太空试飞成功。（6月26日《中国青年报》）	28	3
206	养鱼执法	一种非法的执法方式。执法人员对违法事实并不制止，而是纵容。违法者只要缴纳罚款就获得了“违法权”。在执法过程中，违法者如同池塘里放养的鱼，可以源源不断地为执法者提供罚款，故称。	**养鱼执法**，本质是权力自肥！（12月11日腾讯网 http://finance.qq.com/a/20091211/001403.htm）	28	7

序号	词目	提示或释义	例句	频次	文本数
207	政审门	指河北高考考生扈佳佳因父母曾被治安拘留而未能通过当地派出所的政审，被取消参加所报考军校的体检和面试资格的事件。	扈佳佳遭遇的这起被媒体冠以“**政审门**”之名的事件，其实是一起典型的基层公安机关的滥权事件。（7月24日《北京青年报》）	27	11
208	病理性上网	指病态、成瘾的上网状况，区别于正常、健康的上网状况。该概念由美国学者金伯利·杨提出。	在昨天的会议上，北京大学精神卫生研究所第六医院副主任医师田成华提出了“**病理性上网**”的初步诊断标准，这项研究是为全国测查及完善该标准提供依据而进行的，尚处于学术讨论阶段。（6月11日新浪网 http://news.sina.com.cn/o/2009-06-11/102515772118s.shtml）	27	10
209	微波月亮	中国科学家根据全月微波亮度温度分布数据而绘制的月球图谱，其数据是由搭载在嫦娥一号卫星上的微波探测仪通过从月球轨道实际测量全月的土壤厚度分布而获得。	我国科学家利用嫦娥一号传回的全月微波亮温分布数据，近日绘制出世界上第一幅“**微波月亮**”图。（7月24日中央电视台《新闻联播》）	27	9
210	被艾滋	指没有艾滋病却被说成有艾滋病。	一说李建平或许你还不太清楚是谁，但一说“**被艾滋**”你可能就有印象了。（8月23日中央电视台《第一时间·读报》）	27	14
211	简单方便女	指不做作、不拜金、不败家、不折腾，性情温和、很会过日子的女子。	《蜗居》热播后，里面关于房子的渴望和纠结，引起空前的社会共鸣，使那些原本不起眼的“经济适用男”和“**简单方便女**”得到了热捧，女人纷纷将目光从“钻石王老五”转移到了“经济适用男”身上，男人也觉得“**简单方便女**”更省事、更实惠些。（12月30日《北京青年报》）	26	12

序号	词目	提示或释义	例句	频次	文本数
212	楼高高	指违法加建楼层的楼房。带有戏谑色彩。	**“楼高高”**原本被规划部门批准为12层楼，但开发商从一开始就决定建成23层，并做好了用罚款换取违法加建的准备。（11月30日《北京青年报》）	26	14
213	萝卜白菜规则	指安徽阜阳颍州区南塘村村民的一种民主辩论与表决的议事方式，是村民对“罗伯特议事规则”的一种通俗译称。	什么是“**萝卜白菜规则**”？读完这则新闻才知道，它指的是早已风行世界的“罗伯特议事规则”。该规则由亨利·马丁·罗伯特撰写，于1876年出版，几经修改后于2000年出了第十版。罗伯特议事规则的内容非常详细，包罗万象，堪称会议宝典。（2月14日《新京报》）	26	8
214	疯驴症	指酷爱旅行的嗜好。“驴”是“旅”的谐音。	染上“**疯驴症**”的人，最懂得什么最美丽(11月13日人民网天津视窗 http://www.022net.com/2009/11-13/474918233297976.html)	25	25
215	秒杀客	指以参加网上特价商品限时、限量抢购为乐的人。	因为争抢激烈，在抢抢族中还衍生出一个特别的族群——**秒杀客**。（12月30日《钱江晚报》）	24	10
216	网络麻豆	指网络店铺中拍摄商品照片的模特，多为大学生。“麻豆”音译自英文词model。	网络模特又称为“**网络麻豆**”“局部模特”，是活跃在网络店铺上的模特精灵。（9月7日《北京青年报》）	24	13
217	E两会	一种在网上提交议案的两会模式，由人民网、中新社等中央媒体鲜明倡导，相对于全国两会而言。网友可以在E两会上按照正式两会的格式，提交自己的建议(也就是人大议案)。其中优秀的议案可以通过人民网递交到全国两会。	现在的人民网，两会网调的内容更为丰富：“我有问题问总理”“人民日报人民网记者代您提问”“有话网上说”“**E两会**”……这些汇集民意的新栏目，让人备感亲切。（3月3日《人民日报》）	24	15

序号	词目	提示或释义	例句	频次	文本数
218	丁忧	指既想生育孩子，又想维持丁克状态，因此内心充满忧虑的人。	现在讲丁克，也叫**丁忧**一族，处于忧虑的状态，徘徊的状态，一方面想要，一方面又想继续当初的选择，处于忧心忡忡的状态，使得自己的生活质量都受到很大的影响。（2月14日北京人民广播电台《博闻天下》）	24	20
219	桥粘粘	对南京市汉中门大桥质量低劣现象的戏称。该桥在竣工一年后出现多处裂纹，施工单位接到举报后连夜用胶水将裂口糊上补救，故称。也称“桥糊糊”。	南京市汉中门大桥的“**桥粘粘**”近日又爆出奇闻：今年6月，“**桥粘粘**”刚刚获得了“2009年南京市市级优秀工程勘察设计二等奖”！（12月16日《北京青年报》）	24	9
220	普相女	指身材、长相不出众的女生。	据悉，“**普相女**”一词源自某高校一名大四女生的质问帖。该女生在因长相、身材不如人而找工作失败后上网大倒苦水，称自己从去年10月开始，跑了无数场招聘会，海投简历。（3月19日《中国青年报》）	23	5
221	帖客	指靠帮助他人在网上发帖宣传而获利的人。也称“贴客”。	这新三十六行中的赚钱探花就是“**帖客**”。（10月3日中央电视台《第一时间·读报》）	23	16
222	被医保	指一些学生被高校强制要求参加城镇居民医疗保险。	“被”事件已成为今年的一大热门。“被自杀”“被就业”“被死亡”“被钓鱼”之后，又出现了郑州高校学生“**被医保**”事件。（11月9日《人民日报》）	22	21
223	垃圾轨道	指距地球表面约800公里处聚集着失效卫星等太空垃圾的轨道。	国防部新闻处发言人伊万诺夫解释说，距地球表面约800公里的太空轨道被称为“**垃圾轨道**”，那里聚集着各国的失效卫星。（2月13日中央电视台《朝闻天下》）	22	13

序号	词目	提示或释义	例句	频次	文本数
224	世界慢生活日	为号召人们减慢节奏、享受生活而设立的宣传日。由意大利人贡蒂贾尼于2005年秋季成立的“慢生活艺术”组织倡导，每年选择一个星期一举行。	每年，贡蒂贾尼都会选一个星期一作为“**世界慢生活日**”，他认为周一通常是人们最忙碌的，在这一天让他们意识到减慢生活节奏尤为重要。（3月17日中央电视台《第一时间》）	22	6
225	差价门	与购房差价有关的丑闻。温州市掌管政府房源的旧城改建指挥部在2004年至2005年间以大大低于市场商品房的价格，将143套房子以安置房的名义内部销售给了一批官员和关系户。事件遭曝光后，当地政府责成购房人补缴房款差价。	在这个事件中的确是有一些戏剧化的事件，也就是所谓的“**差价门**”，因为房子被倒了几次手之后，所以整个买方卖方的关系变得复杂了，因此一个补差价反而激起千重浪。（6月12日中央电视台《新闻1+1》）	21	9
226	配方门	指卫生部在5月11日宣布王老吉凉茶饮料的生产配方中含有不在卫生部公布的允许食用的药材名单中的成分而引发的事件。	昨天广东省食品行业协会召开新闻发布会再次强调，王老吉凉茶饮料不存在添加物违规的问题。而业内也怀疑，“王老吉**配方门**”事件不排除是竞争对手的恶意炒作。（5月13日《新民晚报》）	21	12
227	定日递	邮政部门推出的一种服务。只要寄件人在节日前把贺卡置于特制的邮筒，收件人就可在节日当天收到贺卡。	如果你想让亲友在元旦当天收到一张有意义的邮政贺卡，就有办法了，邮政已创新推出重阳、圣诞、元旦、春节、情人节、元宵这六节“**定日递**”，寄件人只要在节前把贺卡放入邮政特制的一种虎型邮筒，就可以保证在节日“正日”递到亲友手中。（10月10日新浪网 http://news. sina. com. cn/ɔ/2009-10-10/022616411407s. shtml）	21	4

序号	词目	提示或释义	例句	频次	文本数
228	沪四标准	指上海市政府为服务绿色世博而推出的上海车用汽油和车用柴油地方标准。与国内市场现行使用的国Ⅱ标准车用汽油比较，沪四标准汽油的主要有害物质，如硫、苯、锰、烯烃的含量都将大幅降低，特别是硫含量可降低90%。简称“沪四”。也作“沪Ⅳ标准”。	本市为迎接世博会的召开，11月1号起将本市成品油标准从国Ⅱ标准上升至更清洁的**沪四标准**，90号汽油从此退出上海市场，出租车统一使用93号汽油。（10月10日上海广播电视台《990早新闻》）	21	11
229	李四光星	对我国于1998年10月26日发现的第137039号小行星的命名。2009年10月4日由国际小行星中心和国际小行星命名委员会正式批准。因发现日10月26日是李四光先生生日，故名。	今天是地质学家李四光诞辰120周年纪念日，经国际小行星命名委员会讨论通过，我国于1998年10月26日发现的第137039号小行星被永久命名为“**李四光星**”。（10月26日中央电视台《新闻联播》）	21	8
230	网秘	“网上秘书”或“网络秘书”的简称。指在互联网上担任秘书工作的人。	这些新近加入“**网秘**”行列的白领大多来自于小公司，平时主要的工作业务也只是文件起草、文档整理乃至各种信件发言词的撰写等案头工作。（10月11日《北京青年报》）	20	9
231	偷菜门	指由于上班时间上网玩“偷菜”游戏造成恶果而引发的丑闻。	在南京“**偷菜门**”和上海的“钓鱼式执法”中创造性地启动了由专家、人大代表、媒体记者等中立方参与的“第三方调查组”，为公正地解决网络重大事件开了一个好头。（12月24日《北京青年报》）	20	11
232	被民意	指某些政府部门在做民意民主测评时通过某些手段歪曲民意，刻意制造出民意通过的假象。	有的公共政策的出台，有关部门号称充分听取了公众意见，有高达百分之多少的公众表示赞同。相当多的公众对这种赞同率存疑，表示自己“**被民意**”。（9月7日《瞭望新闻周刊》）	20	20

序号	词目	提示或释义	例句	频次	文本数
233	主烧派	指在兴建垃圾焚烧厂问题上持赞成意见的一派。与“反烧派”相对。	即使在技术专家中间，**主烧派**和反烧派的观点也是针锋相对。（9月3日中央电视台《经济半小时》）	20	9
234	民二代	①指农民工的子女。②指普通老百姓的子女。	从去年开始，他走访了公安、法院等多个部门，调研外来务工人员孩子的违法现象，由此提交了关注“**民二代**”思想教育的提案。（12月7日宁波网 http://news.cnnb.com.cn/system/2009/12/07/006348547.shtml）| 这能够证明，相对于“官二代”，“**民二代**”在起点上即已不公平，他们很难进入官场，他们即使进入官场也很难有发展机会。（8月25日新浪网 http://news.sina.com.cn/o/2009-08-25/163016182484s.shtml）	19	13
235	被当爸	指在不知情、不自愿或无准备的情况下成为了爸爸。	前不久，随着怀上男星裘德·洛孩子的模特挺着大肚子在媒体前频频出现，“**被当爸**”一词迅速蹿红网络。（10月14日《北京青年报》）	19	3
236	被小康	指没有达到小康水平，却被指认或被迫承认达到小康水平。	当地政府要求受访群众熟记事先统一下发的标准答案，如“是否参加社会保险或保障”必须回答“参加了”，“对住房、道路、居住环境是否满意”必须回答“满意”。于是，那些原本在小康达标水平之下的群众，一夜之间就“**被小康**”了……（12月22日腾讯网 http://finance.qq.com/a/20091222/005955.htm）	19	15

序号	词目	提示或释义	例句	频次	文本数
237	创伪	指某些城市在创建国家卫生城市工作中弄虚作假。“创伪”与“创卫”音近，有讽刺意味。	报刊亭、理发店关闭，饭店一夜之间换门脸，河南焦作申请全国卫生城市出现怪现象，是创卫还是**创伪**？（3月17日中央电视台《新闻1＋1》）	19	13
238	裸奔车	指那些只投保国家强制的交强险，而不投保其他商业车险的车辆。	保险公司为了少赔钱，有个潜规则，规定凡是像小刘这样新手又总修车的，续保时一律要多交保费。小刘一合计，要交这么多钱，干脆，我不交了，这车没有保险照样开，这就叫作**裸奔车**。（5月21日中央电视台《第一时间·马斌读报》）	19	9
239	漂绿	指商家采用模糊措辞或伪装欺骗等手段，将本不够环保的产品或服务包装成“绿色”的。	采取“**漂绿**”行为的主要手法是：公然欺骗、提供无关信息、伪装第三方绿色认证机构、关于产品或服务的措辞模糊不清，等等。（5月3日《人民日报》）	19	3
240	尘肺门	指深圳100多名疑似患有尘肺病的农民工因未与工地签订劳动合同，被职业病医院拒绝做进一步检查和治疗，从而走上艰难维权道路的事件。	企业不签劳动合同，政府监管缺位，深圳100多农民工身陷“**尘肺门**”。（12月10日中央人民广播电台《新闻和报纸摘要》）	18	10
241	同名门	2009年6月27日上海市闵行区莲花河畔景苑一在建楼房因质量低劣倒塌后，开发商上海梅都房地产开发有限公司的所有股东及其身份曝光。材料中一些股东和政府官员同名同姓。后经证实确为那些官员本人。该事件被称为“同名门”。	上海莲花河畔景苑倒塌楼盘的“**同名门**”，就像打开了一个楼市乱象的大洞，通过这个洞口，老百姓有理由怀疑，在中国的楼市上，是不是有更多级别更高的官员，直接参股到了房地产开发中？（7月1日《中国青年报》）	18	10
242	家庭手机	指中国移动专为家庭市场设计推出的一款通信设备。是一种无须布线安装的固定电话，使用方便，话费低廉。	188号码需与赠送的**家庭手机**配合使用，不能在其他手机中进行使用。（3月27日《新民晚报》）	18	13

序号	词目	提示或释义	例句	频次	文本数
243	经济铁幕	指在金融、经济等领域中，阻碍国家或金融实体间经济发展的带有金融和贸易保护主义色彩的政策或举措。	特别峰会拒绝救援东欧　**经济铁幕**再度分裂欧洲（3月3日《新民晚报》）	18	10
244	楼断断	①指出现支柱断裂、墙体大面积脱落现象的质量低劣的楼房。②指出现断水、断电、断路，无法入住现象的楼房。	上海的一栋商品楼整体倒下之后，成都的商品房又开始变歪，在合肥的枫丹白露小区的一栋楼，一层阳台外四根柱体发生断裂，也被市民称为“**楼断断**”。（8月21日中央电视台《今日观察》）|语文出版社社长王旭明说：“鹏睿大厦断水、断电又断路，我是急断肠，前有‘楼歪歪’，又出‘**楼断断**’！”（12月3日《中国青年报》）	18	12
245	抢贷潮	指2009年11月初由房贷阀门收紧、利率优惠取消的消息引发的购房者争抢贷款、企图搭乘优惠政策末班车的热潮。	尽管没有正式通知，但各银行对个人住房贷款“惜贷”却是不争的事实。房贷闸门收紧、利率优惠取消的传闻，在上海房地产市场刮起了一阵“**抢贷潮**”。（11月3日中央人民广播电台《天下财经》）	18	11
246	微笑扫描仪	日本欧姆龙公司研发的系统。根据测试者的面部特征、嘴唇弧度、眼球运动、皱纹深浅等指标，对其笑容进行扫描和分析，再由软件对笑容等级进行打分，并提供人性化建议。	最近，日本一家公司就研发出了一种“**微笑扫描仪**”，它可以帮助服务人员检查自己的笑容是否合格。（7月19日北京电视台《北京您早》）	18	6
247	蹭暖族	指为节省费用，仅仅利用楼上楼下邻居家地热的余热来取暖过冬，或到超市、书店等公共场所去躲避严寒的人。	随着供暖期的临近，像刘光大这样的“**蹭暖族**”正悄然增多。目前，沈阳已有60%的新建楼盘采用地热供暖。这也给“蹭暖一族”提供了条件。（10月19日中央电视台《第一时间·读报》）	17	5

序号	词目	提示或释义	例句	频次	文本数
248	裸婚族	指结婚前无房无车，不办婚礼，没有钻戒，直接领取结婚证的人。	“租房结婚没什么不好意思的。”网友杨光自称是“**裸婚族**”，他在认真做完父母的工作后，和房东签订了为期20年的租房合同。（12月24日《中国青年报》）	17	8
249	院仕	对“院士”的戏称。因新增的中国科学院和中国工程院院士80%以上担当行政职务，故称。	这篇评论提到了“院士”和“**院仕**”两个名词，这里我们需要补充说明一下，第二个名词里的“仕”是仕途那个仕，读音很重，比第一个名词里的仁人志士那个“士”重多了。（12月19日山东人民广播电台《山东新闻》）	17	10
250	茶杯猪	一种只有茶杯大小的微型宠物猪。由塔姆沃思猪和格洛斯特郡花猪杂交而成。	目前，一种迷你的**茶杯猪**风靡英国，成为动物爱好者的新宠。（10月18日《北京青年报》）	17	6
251	公权碰瓷	指行政执法部门采用诱导、欺骗、威胁等方式引诱公民违法的行为。参见“钓鱼执法”。	《羊城晚报》就说《“钓鱼执法”本质是“**公权碰瓷**”》如果公权领域都将执法程序升级成“钓鱼式”，别说司机的善良与热心灰飞烟灭，就是出门走在大街上的民众，也须时时提防诱饵。（10月19日中央电视台《第一时间·读报》）	17	11
252	她烦恼	指用人单位在招聘时因女性的生育问题而歧视女性的现象。	我们大小还是个事业单位，尚且遭受这种“**她烦恼**”，那些自负盈亏的企业，女性不招待见可想而知！（12月8日《北京青年报》）	17	15
253	裸体扫描	一种新的安检技术，可以免去旅客安检过程中脱掉外套、鞋子，解皮带以及被搜身等程序。因使用X光照射，将人体暴露无遗，故称。	不过，由于这种新型安检仪器使用X光照射，将人体暴露无遗，又被称为“**裸体扫描**”，因而引起一些争议。（10月14日中央电视台《新闻联播》）	17	9

序号	词目	提示或释义	例句	频次	文本数
254	新闻护照	指由云南省高级人民法院颁发给14名新闻记者的《特约新闻观察员》证件，也称“新闻监督护照”。	给部分记者发**新闻护照**，显然是将媒体和记者分成了三六九等，这种歧视最终很容易变成“我让你批评你才能批评”的“奉旨监督”。（4月15日中央电视台《朝闻天下》）	17	4
255	云输入法	依靠网络服务器运算，具有更强大语言模型和词库，能大幅提升输入准确率的汉字输入法。由搜狗公司提出并在搜狗输入法上实现。	近日，搜狗率先将输入法发挥到极致，在全球范围内首个推出**云输入法**。（11月4日《北京青年报》）	17	3
256	试衣族	指为了省钱，在商场专柜和专卖店试好衣服不买，抄下合适商品的货号，然后在网上以低价购买的人。	虽然购物方式比较新潮，不过“**试衣族**”也有自己的担心。（8月28日河南电视台《民生大参考》）	16	4
257	牛孩	指在某方面实力强大、令人佩服的孩子。	与大多考生不同，个别“**牛孩**儿”将考场变成了“秀场”。（5月24日《北京青年报》）	16	11
258	牛迷	非常喜欢牛仔裤的人。	虽然生活还是像以前一样，为了回答“**牛迷**”们的问题，他每天都要在网上泡到凌晨一两点钟，但是他的心态却不同了，也是网络帮他重新开拓了市场，现在很多国外“**牛迷**”来中国的行程单上，小富的小店是旅游攻略上重要的一点。（9月16日北京人民广播电台《资讯早八点》）	16	13
259	侠贪	对那些自称不贪占公款，只“敲”官不“敲”民的贪官的戏称。	正是这种奇特的“江湖逻辑”所衍生出的双面人生，穆新成竟迷得不少社会公众七荤八素，甚至博得了“**侠贪**”美名，与当下寡廉鲜耻的贪官似乎判若云泥。（7月13日《瞭望新闻周刊》）	16	6

序号	词目	提示或释义	例句	频次	文本数
260	过学死	指学生因学习压力过大，劳累过度而导致的猝死或自杀。仿“过劳死”造词。	**“过学死”**的悲剧提醒我们，有关部门应该加大查处力度，把为学生“减负”落到实处，至少不能眼看着学生累死在学校里。（4 月 14 日《中国青年报》）	16	6
261	互联网森林	指由气候组织、互动百科和壹基金共同启动的一项网络公益活动。它通过互联网平台，以减排二氧化碳为核心，倡导“低碳生活”理念，向参与者介绍 10 件可以改善生态环境的小事，在网上种下属于自己的虚拟树，从而引导用户减排二氧化碳，达到改善全球气候、保护全球生态环境的目的。	**“互联网森林”**活动基于网络传播的优势，向全球互联网用户倡导“低碳生活”理念，用户可以通过简单记录“减碳日记”，并影响其周围的人，推动全民加入到“低碳生活”的行动中来。（4 月 22 日《科学时报》）	16	5
262	屋漏漏	对出现漏水问题的质量低劣房屋的戏称。	记者了解到，崇文区建委、危改办等相关负责部门已经介入广渠家园**“屋漏漏”**问题的调查。（10 月 20 日《北京青年报》）	16	6
263	偷菜族	指痴迷于“偷菜”这种网络游戏的人。	昨天，浙江钱江都市频道的《范大姐帮忙》就在宁波组织了一场现实版“偷菜”活动——游戏以家庭为单位，一分钟内看谁偷的菜最多就算谁赢。一群快乐的**“偷菜族”**在一番“争夺”之后，抱着偷来的大白菜满载而归。（11 月 5 日新浪网 http://ent.sina.com.cn/v/m/2009-11-05/11542757815.shtml）	15	8
264	动姐	指动车上的年轻女列车员。仿“空姐”造词。	铁路部门这次给沪福动车配备了高素质的列车员队伍，特意挑选了一批大中专毕业生，年轻、美丽、服务周到是她们的特点，与空姐对应，这些列车员被称为**“动姐”**。（9 月 29 日《新民晚报》）	15	6

序号	词目	提示或释义	例句	频次	文本数
265	乙男	指具有某些女性爱好的男性，源自日本电视剧《乙男》。	一部正在日本热播的电视剧《**乙男**》牵动了不少少女的心，剧中男主角“文能做饭绣花，武能使剑打架”，带动了“**乙男**”一词的大流行。（9月22日《中国青年报》）	15	8
266	个性钞	指序号与某人的生日或结婚纪念日完全相同的人民币。也称“生日钞”。	既然这么“珍贵”，“**个性钞**”的价格自然也不便宜，所有“**个性钞**”均明码标价，1元面值的被炒到158元，5元的178，10元的198，20元的238，50元的298，100元的398。（4月8日中央电视台《第一时间·马斌读报》）	15	2
267	谷歌侵权门	指谷歌公司为建立数字图书馆未经授权非法扫描全球各类图书而引发的侵权事件。	谷歌公司从2004年开始打造世界上最大的数字图书馆，把全球各类图书扫描到网络上，包括近千万种有著作权的图书未经授权也被收入，引发了**谷歌侵权门**事件。（10月30日中央电视台《午夜新闻》）	15	9
268	戒驾	指放弃自己开车，转而乘坐公共交通工具或步行。仿“戒烟、戒酒”造词。	听说过戒烟戒酒，可您听说过**戒驾**吗？这都是油价上涨惹的祸。（7月5日中央电视台《第一时间·读报》）	15	5
269	裸体烟	指在会议场合为官员提供的散放在盘子里的高档香烟。因其不带包装，难以辨识商标，故称。	近日，媒体报道的《官员开会改抽“**裸体烟**”，谨防被认出牌子》成了网络上的舆论焦点。（7月3日《中国青年报》）	15	8

序号	词目	提示或释义	例句	频次	文本数
270	纳米蜂	一种利用自身携带的蜂毒素攻击癌细胞的微型粒子。它比人的一根头发还要细数千倍，其核心是由碳氟化合物（用于人造血的一种惰性物质）制成的小珠。因其攻击方式类似于蜜蜂，故称。	有意思的是，美国科学家居然从蜜蜂蜇人获得灵感，研究出一种治疗癌症的另类手段——“**纳米蜂**”。（8月19日《北京青年报》）	15	2
271	气候债	指部分发展中国家向发达国家要求的气候灾难资金赔偿。发展中国家认为发达国家的温室气体大量排放是造成气候问题的主要原因。	玻利维亚总统莫拉莱斯在发言中说，当前的气候变化问题是发达国家在工业化阶段造成的，他要求以美国为首的发达国家偿还**气候债**。（12月17日中央电视台《新闻20分》）	15	11
272	晒书节*	原指读书人在六月初六这一天晒诗书字画的行为，现指用图书交换的形式，邀请读者换书品书，以书交友的活动。	苏州**晒书节**“晒”出好书一串（7月7日《新民晚报》）	15	2
273	虚拟社交依赖症	指沉迷于虚拟的网络社交游戏，缺乏应对现实问题能力的症状。	渐渐地，我发现上开心网的人少了，自律的人多了，即使是得了“**虚拟社交依赖症**”的老瘾头，玩起来也有所顾忌和收敛了。（5月27日《中国青年报》）	15	13
274	宅度假	指待在屋子里度过假期。与“出游度假”相对。	staycation（**宅度假**）指在家里度过假期。这种度假方式随着经济形势恶化而开始流行，莫尔斯形容它已经“流行到令大词典无法忽视”。（7月12日《北京青年报》）	15	11

序号	词目	提示或释义	例句	频次	文本数
275	制氧费	对受保护的自然生态林区的一种补偿。这些地区释放大量的氧气，消化二氧化碳和有毒气体，但为了维持自身的生态环境而丧失了经济发展的机会。	为了保护这里的生态环境，神农架是有树不能伐、有矿不能采、有药不能挖、有兽不能猎。钱远坤就开始多方游说“**制氧费**”，所谓“**制氧费**”，就是一种生态补偿。（6月2日中央电视台《第一时间·马斌读报》）	15	5
276	口袋司机	指那些仅将驾驶执照放在口袋里，但没有开过车或很少开车的人。	上海一名有“证龄”无“驾龄”的司机错把油门当刹车，在小区内连撞13人，致1死12伤。这一事件再次引发了人们对“**口袋司机**”的关注。（8月6日《北京日报》）	14	4
277	清汤挂面女	指像清汤挂面一样素淡，不拜金、不过分追求时尚、安于平常生活的女性。	“经济适用男”日益吃香，对应的“简单方便女”也越来越成为男人择偶的“新宠”，加上它们的类概念“三低男”“**清汤挂面女**”，“二男二女”流行起来，网友将“二男二女”归属为“网络纲择偶目经济适用科”。（4月21日《法制晚报》）	14	2
278	三不男	指在对异性的感情态度上不主动、不拒绝、不负责的男性。	这个群体近年来形散神又散，因为他们都变成了“**三不男**”——对异性采取：不主动、不拒绝、不负责的态度，欢迎投怀送抱。面对日益壮大的“**三不男**”，剩女们该如何规避风险呢？（3月29日《长沙晚报》）	14	7
279	网意操盘手	操纵网络民意的人。	公共事件中的**网意操盘手**，只要无涉公权，就好比街头吵架中的“有偿助架”方，是参差多态的社会生活中的风景。（5月19日《法制日报》）	14	4

序号	词目	提示或释义	例句	频次	文本数
280	代秒	指在网络抢购中有偿替买家"秒杀"商品。	因很少"失手",很快有人找到他,要求帮忙"**代秒**",并答应给一定费用。(10月10日新浪网http://finance.sina.com.cn/roll/20091010/01563075006.shtml)	14	6
281	红牌专业	指连续两年落在全国失业率前10名或失业量前10名的学科专业。又称"高失业风险型专业"。参见"绿牌专业"。	专家建议,梳理热门和冷门专业,建立预警机制,对**红牌专业**进行限制,对黄牌专业给予警示。(12月28日腾讯网 http://cd.qq.com/a/20091228/002222.htm)	14	4
282	窘照	指记录人们出丑、搞怪样子的照片。	美国"**窘照**"网站　受知名出版商追捧(5月20日《北京青年报》)	14	4
283	冲九	指国内生产总值(GDP)向9%的增长率努力。	第三季度GDP　咱可保八**冲九**(7月26日《法制晚报》)	14	9
284	换客族*	指在互联网上相互交换学习技能的人。	通过互联网交换物品的"**换客族**"我们已经不再陌生了,如今,这些"**换客族**"已经打破了传统实物互换的模式,流行起了"技能交换"。(3月30日中央电视台《新闻60分》)	13	5
285	向日葵族	喻指对生活充满热情,善于发现微小幸福,具有感恩心理,天性乐观的人。他们像向日葵一样,给点阳光就灿烂,故称。	学学下面这些**向日葵族**吧,你会发现,幸福其实没那么难。(9月11日新浪网 http://news.sina.com.cn/o/2009-09-11/023616276407s.shtml)	13	2
286	智旅族	指从不跟团、以自行设计旅游线路为乐趣、喜欢和别人分享旅游经验及各种省钱秘籍的自助游爱好者。	豆瓣上流传的一份"自助旅游省钱26计"代表了"**智旅族**"的思维方式:既要省钱,又要玩好;路线设计自己搞定,大有讲究。(3月9日《北京晚报》)	13	2

序号	词目	提示或释义	例句	频次	文本数
287	脖主	微型博客的主人。"脖",取"博"的谐音。	因为字数精练,**"脖主"**们可以随时随地用手机或互联网发表感言,轻松快捷。(10 月 8 日中央电视台《第一时间·读报》)	13	7
288	绿炭	一种新型生物燃料,由植物的枝叶、家庭中废弃的蔬菜水果和黏土等物质混合,再经过特殊的工艺加工而成。其外表呈黑色小球状。与煤球、木炭等传统燃料相比,绿炭既廉价又环保。	法国科研人员在西非的塞内加尔研制出一种木炭的替代品。这种被称作**"绿炭"**的燃料不仅更加环保,而且成本低廉。(5 月 15 日《新民晚报》)	13	1
289	笑容扫描	根据测试者的面部特征、嘴唇弧度、眼球运动、皱纹深浅等指标,对其笑容进行扫描和分析,再由软件对笑容等级进行打分。参见"微笑扫描仪"。	在每天开始工作前,这家公司都会使用一种**"笑容扫描"**的软件,它能根据面部特征、嘴唇弧度、眼球运动、皱纹深浅等指标,对员工的笑容进行扫描和分析,并对笑容等级打分。(7 月 9 日中央电视台《第一时间》)	13	5
290	泡泡族	①指喜欢长时间泡在书店里看书的人。②指喜欢泡温泉的人。	7 月 28 日,《中国青年报》记者来到北京市西单图书大厦,看到书店**"泡泡族"**们或席地而坐,或倚墙而立,或以阶为凳,有的人身边还放着好几本书,看来要"泡"的时间不短。(7 月 30 日《中国青年报》)|**"泡泡族"**是咖啡和豆豆对这个圈子的命名,这群自诩为"懒鬼"的白领女人,已经拥有多年的"泡史"。她们不常去健身房,怕长肌肉;不喜欢去美容院,怕麻烦;她们的健康心得就是:泡温泉。(1 月 1 日腾讯网 http://cq.qq.com/a/20081231/000725.htm)	12	1

序号	词目	提示或释义	例句	频次	文本数
291	时彩族	指热衷于在网上购买可以时时开奖的彩票的人。	针对于目前网络上开始出现的**时彩族**组团的情况，这位负责人表示，**时彩族**组团冲击大奖的心情可以理解，但是在选择合作伙伴的时候要慎重，最好选择自己熟悉的人，保护自己的利益，同时也祝愿大家赢得好运。（9月17日腾讯网 http://finance.qq.com/a/20090917/005349.htm）	12	3
292	李染染	对广州甲流患者李某的戏称。他在出现流感症状后，仍频繁外出，导致多人出现不适，成为我国内地首例输入性甲型 H1N1 流感二代病例。	为了避免再出现“**李染染**”这样带病活动的归国人员，广东省卫生部门正在考虑让居委会、村委会的大妈上门，提醒社区内有子女或亲属从海外归来的住户，注意加强个人防护，并由父母提醒子女做好居家隔离，以减少可能的病毒传播，降低控制病毒扩散所需花费的社会成本。（6月2日《南方日报》）	12	8
293	中嫩阶层	指30岁以上，经济独立、心态年轻、不急着结婚的都市未婚女性。	女人一过30岁，花容月貌就开始走下坡路。就算你再绞尽脑汁把自己包装成花季少女，也难免被人甩下一句：“装嫩。”可是最近，“**中嫩阶层**”这一称谓的兴起可以让30岁的女人理直气壮地说：“我还嫩着呢。”（9月4日《解放日报》）	12	5
294	楼晃晃	指出现晃动现象的质量低劣的楼房。带有戏谑色彩。	我们现在看到楼市家族的确有很多奇怪的病人，这个“楼歪歪”不是一个特例，我们前面小片里面也讲到，上海还有一个“楼脆脆”，我看到这个报道里头，还有一个叫“**楼晃晃**”。（8月21日中央电视台《今日观察》）	12	8

序号	词目	提示或释义	例句	频次	文本数
295	听奥会	“听障奥运会”的简称。第二十一届听障奥运会在台北体育场开幕式，这是听奥会第一次在亚洲举办。	由于林嘉绮将要在 9 月 5 日的**听奥会**开幕式上扮演“海神”，活动当天媒体的焦点都集中在她为台北听奥开幕演出的部分。（9 月 5 日新浪网 http://video.sina.com.cn/ent/s/h/2009-09-05/184352073.shtml）	12	5
296	养卡公司	帮人垫付信用卡欠款并从中牟利的非法公司。	经过一番商量之后，小张放心地把信用卡交给**养卡公司**进行交易，同时还支付给对方 100 块钱的手续费，可没想到过了一个月，当小张再次收到银行的账单时，账单上的欠费金额却显示为 15 000 元，比自己的最大透支额度 8 000 元整整多了近一倍。（4 月 13 日中央电视台《第一时间》）	12	6
297	车车族	指在业余时间利用汽车后备箱卖东西的人。也称“后备箱族”。	跟其他夜市摊位相比，“**车车族**”们不用交 2 000 元每月的摊位费。“每个月花 2 000 元去租个摊位没有必要，因为我们白天都要开店或工作的。像这样，晚上开着车子来摆会儿摊，有多少卖多少也没有压力了。”（9 月 2 日腾讯网 http://news.qq.com/a/20090902/000701.htm）	11	3
298	准老族	指那些虽已退休，但生理年龄和心理年龄都不老的人。	在老年人队伍中，尤其值得注意的是近几年刚退休的“**准老族**”，他们拥有充沛的精力，在社区健身场所、公园绿地，常常都能看到他们的身影。（9 月 17 日《新民晚报》）	11	1

序号	词目	提示或释义	例句	频次	文本数
299	城市版村官	指在城市基层从事社区工作的大学毕业生。	从市人力资源和社会保障局了解到，北京市选聘高校毕业生到社区工作已经圆满结束，共有2 476名大学生入选，成为社区专职工作者，人称“**城市版村官**”。（7月23日《北京晚报》）	11	7
300	权二代	指近二三十年来拥有较高权力的官员的子女。	“贫二代”大学生求职，好比是百人拼抢一个职位，“**权二代**”“富二代”求职，则好比是一百个职位拼抢一个人，再没有比这种强烈对比更让人气馁不安的就业不公了。（9月5日《北京青年报》）	11	10
301	四门干部	指那些从学校毕业后，没有在基层锻炼，进了机关门很快就当干部并有车坐的官员。“四门”指的是家门、校门、机关门和车门。	现在大家谈的更多的是“三门”干部，什么叫“三门干部”呢？家门、校门和机关门，周市长这块变成了“**四门干部**”，加了一个车门，因为他一空投下来就是副处级，很可能就有车了。（6月23日中央电视台《新闻1+1》）	11	4
302	监视门	指未经同意而对金融团体、个人或政府机要人员进行监视的事件。	布什政府再爆“**监视门**”（7月12日《北京青年报》）	11	8
303	鞠躬门	指2009年11月，美国总统奥巴马在访日期间，对明仁天皇深鞠躬达90度，有向日本天皇“卑躬屈膝”之嫌而引发争议的事件。	“**鞠躬门**”风生水起，更加彰显奥巴马“谦卑”？（11月19日中央电视台《环球视线》）	11	6
304	职称门	指涉嫌为评职称而学术造假引发的事件。	遵义医专副校长身陷**职称门**　党委学术委结论相悖（6月15日《中国青年报》）	11	7
305	补入口	我国新农村社会养老保险制度中的一项财政补助政策，即在农民投保缴纳保险费时，政府给予农民财政补助。	“**补入口**”包括对农村居民个人缴费每人每年至少补30元，计入其个人账户。（9月9日《光明日报》）	11	4

序号	词目	提示或释义	例句	频次	文本数
306	迪拜泡沫	指迪拜房价持续上涨，最后崩溃而形成的房地产泡沫。	然而，**迪拜泡沫**经济破灭意味着迪拜多元化模式失败，而海湾地区其他国家不得不重新寻求其他经济道路。（1月23日《新民晚报》）	11	10
307	私房影院	指私人经营的，无许可证的小规模观影空间。	今年暑期，在上海市中心的写字楼或老洋房中，一种主流放映市场之外的“**私房影院**”正在悄然兴起，这类“影院”票价低廉，强调个性化的观影空间、人性化的交流，引起年轻人的兴趣，要进入观片甚至需提前一周预约。（7月29日《新民晚报》）	11	1
308	朝活族	指充分利用早晨的时间来工作、学习或锻炼的人。朝，音 zhāo。	日本不少白领为不受孩子影响，集中精力处理工作事务，纷纷抛弃睡懒觉习惯，早起在家干活，加入时下最流行的“**朝活族**”。（9月1日《新民晚报》）	10	4
309	玩卡族*	指利用信用卡套取现金，以此免息占有资金的人。	最近，出现了这么一拨专玩信用卡的“**玩卡族**”：利用信用卡来套现还房贷。（3月27日中央电视台《第一时间·马斌读报》）	10	6
310.	咸鱼族	指职场上没有工作目标，缺乏职业规划，不看重官位、钱财，每天安于现状的人。与“闲余”谐音，故称。	小欧是一家IT企业的员工，大学毕业一年，同样抱着“**咸鱼族**”的心态混日子。（12月8日腾讯网 http://news.qq.com/a/20091208/002185.htm）	10	1
311	倒塌门	指上海市一在建楼盘工地因质量低劣而发生楼体倒塌的事故。	上海在建楼房“**倒塌门**”（7月1日《北京青年报》）	10	10
312	环境红绿灯	哥伦比亚学者发明的一种类似交通灯的装置，可显示周边环境中二氧化碳等有害气体含量及大气压、风速、噪音等指标。	哥伦比亚“**环境红绿灯**”提高人们环保意识（3月17日中央电视台《新闻联播》）	10	3

序号	词目	提示或释义	例句	频次	文本数
313	司马他一族	指受过高等教育，善于处理人际关系，能够把握职场机会，聪明工作的高级白领。“司马他”为英文smart的音译。参见“司马他法则”。	随着两篇文章的热传，开始有热心网友将职场Smart改称为“司马他”，将身边充满Smart精神的同事朋友称为“**司马他一族**”，并总结该族群特点如下：白领，受过高等教育，睿智，时尚，内敛等。（11月20日腾讯网 http://luxury.qq.com/a/20091120/000023.htm）	9	5
314	背卡族	被迫替别人偿还信用卡欠款的人。往往是欠款者的父母。	替儿还款10万　老父成为**背卡族**（6月29日《北京青年报》）	9	6
315	餐见	指通过会餐的形式拜见上层人士。谐音“参见”。	前些日子，以如此天价得到“**餐见**”巴菲特机会的一位中国私募界人士，不断津津乐道与“股神”巴菲特共进午餐的所值所悟，那种豪掷万金只为一晤的境界，还真没有多少人能够做到。（7月5日《新民晚报》）	9	8
316	关灯令	指北京教委2009年2月3日发布的关于减少学校照明用电的通知。	在今年2月的北京市人民政府公报中，北京市教委发布“**关灯令**”，要求各级学校公共区域照明要安装自动控制开关，白天尽可能采用自然光照明。（2月4日《北京青年报》）	9	3
317	桥裂裂	指因质量低劣而出现裂缝的桥梁。带有戏谑色彩。	把“**桥裂裂**”用胶水粘上，不仅欺骗了老百姓，还糊弄了上级、糊弄了法律、糊弄了公信力。（12月15日山东人民广播电台《山东新闻》）	9	4
318	求职红包	指某些高校为鼓励学生去外地找工作而发的求职补助。	上海交大的领导在吃年夜饭时，向即将赴外地求职的毕业生发放“**求职红包**”，鼓励他们走出上海就业。（2月2日《光明日报》）	9	4

序号	词目	提示或释义	例句	频次	文本数
319	涉拐	指涉嫌拐卖妇女儿童。	14日20时许，广东省中山市公安局派出的赴广西的打拐追逃组凯旋，擒获**涉拐**案件的嫌疑人8名，解救被拐越南妇女4名。（6月16日《北京青年报》）	9	4
320	向日葵法则	一种有助于家庭或个人投资理财获得较高回报的资产配置方式。花心喻指核心的投资组合，可投资于长期绩效稳定、波动低的资产；花瓣喻指外围的非核心资产组合，可投资相对预期报酬高、风险较高的资产。因向日葵有一个比一般花朵大的花心，外围点缀一小圈花瓣，故称。	国泰基金近日指出，家庭理财要善用“**向日葵法则**”进行资产配置，以“花心”和“花瓣”两类资产的配置组合，开出靓丽的投资之花。（4月25日《新民晚报》）	9	3
321	蚁域	指蚁族聚居的地方。大多在城乡结合部，房租低廉，交通便捷，生活成本低。	北京唐家岭就是著名的**蚁域**之一。唐家岭，促狭的街道、逼仄的居住空间、嘈杂肮脏的环境，小餐馆、小发廊、小诊所、小网吧和通常是无照经营的低档娱乐场所……是“蚁族”生活环境的真实写照。（11月12日《人民日报》(海外版)）	9	5
322	飙爱	表达、比拼爱心。	“**飙爱**族”关心公益，反对拘泥于传统公益形式，因其以提倡表达爱心、比拼爱心为主旨的“**飙爱**”行动而得名。(12月4日腾讯网 http://bb.news.qq.com/a/20091204/000020.htm)	9	6

序号	词目	提示或释义	例句	频次	文本数
323	搞手族	指专门组织网友参加AA制聚会活动，并从活动经费的结余中获利的人。“搞手”是粤方言对这类人的叫法。	**“搞手族”**一词源于广东，除去活动费用，**“搞手族”**将节余自行收入囊中，还可以从网站或场地提供者处获取一定的“提成”，和大家一起吃喝玩乐便能赚到钱。（10月6日新浪网 http://news.sina.com.cn/s/2009-10-06/064918782790.shtml）	8	2
324	理车族	指在网上记录养车费用，交流养车经验，以相互学习、节省开支的人。	**“理车族”**将每次加油、洗车、通行等费用都记录下来，并与同款车友进行油耗对比，以此相互学习节油心得，减少油耗。（12月15日《广州日报》）	8	2
325	隐车族	指有车但由于某种原因“隐藏”起来不开的人。	前两天咱们说了“隐婚族”，今儿个再给你说说**“隐车族”**。（9月10日中央电视台《第一时间・读报》）	8	4
326	比婚女	在结婚方面热衷于与人攀比的女性。	**比婚女**的婚礼一定要比着大气，一定要让别人矮半截。（10月9日《中国青年报》）	8	2
327	反烧派	指在兴建垃圾焚烧厂问题上持反对意见的一派。与“主烧派”相对。	即使在技术专家中间，主烧派和**反烧派**的观点也是针锋相对。（9月3日中央电视台《经济半小时》）	8	6
328	秒友	热衷和擅长“秒杀”的人的互称。参见“秒杀”。	一分钟后，从一个角落里传来一句大吼：“我秒到了。”几十个人迅速围上去，将他团团围住。据说，这名幸运的**“秒友”**秒杀到的是一款笔记本电脑。（10月7日中央电视台《第一时间・读报》）	8	6

序号	词目	提示或释义	例句	频次	文本数
329	男漫	指男子之间非同性恋的亲密关系。该词是英文单词“bromance”的意译词。“bromance”是由“brother”(兄弟)和“romance”(浪漫)两个词组合而成。	**男漫**在流行文化中逐渐引人注目,好莱坞起到了推波助澜的作用。《神枪手与智多星》《心灵捕手》等影片都能看到**男漫**的影子。(6月10日《环球时报》)	8	8
330	牛友	喜欢养牛仔裤的人的互称。参见“养牛”。	QQ群里的**牛友**们如果想选购服装,第一个就会找他咨询,甚至会找他做服装代购。(3月27日《武汉晨报》)	8	5
331	榴莲族	指职场中有一定工作资历,脾气又臭又硬,不好相处的人。因其类似榴莲,故称。	小羽说,虽然自己是“草莓族”,但也不希望同事是“**榴莲族**”,自己固执己见,还粗暴伤人。(10月26日《广州日报》)	8	5
332	钓鱼门	与“钓鱼执法”有关的事件。参见“钓鱼执法”。	深圳社保局身陷“**钓鱼门**” 法律专家吁尽快完善法规(11月20日《新民晚报》)	8	5
333	G字头	指高速列车或高速公路,其车次或路线名称前冠有“G”字。G为“高速”一词的汉语拼音首字母。	区别于普通动车组的D字头,武广动车组车次初定使用**G字头**,意为高速列车。(12月15日《南方都市报》)	8	6
334	趣商	生活情趣商数。个人生活情趣水平的数量化指标。	“**趣商**”大调查从11月30日起展开,它带你进入有趣的情境设置,遭遇到意想不到的提问方式。(12月2日凤凰网 http://finance.ifeng.com/roll/20091202/1531149.shtml)	8	8
335	他衰退	在金融危机中,那些承担家庭主要经济来源的男性心理受到更加沉重的打击,因此将“经济衰退”戏称为“他衰退”。	在一些经济学家看来,金融危机对男性的影响和冲击的程度是“令人难以置信的”,以至于一些经济学家在文章中把“经济衰退”改称为“**他衰退**”。(9月25日《新民晚报》)	8	5

序号	词目	提示或释义	例句	频次	文本数
336	微付	又称微付费，一种小额支付模式，用户为零散内容进行付费。	高盛认为，腾讯互动娱乐公司模式非常接近亚马逊远程购物模式：逾 80%收入来自**微付**，相对广告经济周期风险有限及享有多年倍数增长良机。(12 月 15 日《中国证券报》)	8	8
337	秒*	秒杀。	一分钟后，从一个角落里传来一句大吼："我**秒**到了。"几十个人迅速围上去，将他团团围住。据说，这名幸运的"秒友"秒杀到的是一款笔记本电脑。(10 月 7 日中央电视台《第一时间·读报》)	8	5
338	好高族	指在理财观念上追求高风险、高回报的投资的人。	居民财富亚健康的另一种症状是理财实际风险承受能力与个人风险喜恶的矛盾性。这一矛盾加深了理财目标与效果的长期不协调和个人失落感，系统风险较大的资产超配(普遍超过 80%)，使财富暴露在经济不确定性的风险之下，产生财富安全隐患的"**好高族**"。(7 月 6 日《中国青年报》)	7	6
339	飘摇族	指毕业后没找到工作、生活无着落的大学生。	实习、创业、嫁人　大学生"**飘摇族**"36 计辟新径(4 月 14 日腾讯网 http://edu.qq.com/a/20090414/000126.htm)	7	2
340	秀霸	"秀场霸主"的简称，指一段时间内走秀场次非常高的时装模特。	唱 K 有咪霸，玩游戏有机霸，走秀则有**秀霸**。这里说的"**秀霸**"是指长期出现在 T 台上的模特。(12 月 26 日《羊城晚报》)	7	5

序号	词目	提示或释义	例句	频次	文本数
341	种票	指在相关公司股东集体投票前，知情人提前布局入股，以影响该公司最终决策的一种行为。	有知情人士认为，虽然**种票**属于异常情况，但很难证实与大股东有关。按此推算，电盈私有化成功机会很大。（3月17日新浪网 http://finance.sina.com.cn/stock/hkstock/hkstock news/20090317/09425985805.shtml）	7	5
342	倒钩执法	见“钓鱼执法”。	10月14日晚7点多，上海旁源建筑机械工程公司工作人员孙中界驾车行驶中，遇到一名男子，男子因天气冷，恳求搭车，5分钟后，他驾驶的车被另一辆面包车逼停到路边，搭车男子往车内扔上十元钱，接着城市交通管理行政执法部门人员前来执法，称孙从事非法营运，孙中界称自己遭遇**倒钩执法**。（10月19日中央电视台《今日观察》）	7	5
343	间谍甲虫	指美国军方秘密研制的一种电子生物武器。把特制纳米芯片植入甲虫大脑，通过遥控实现窃听或拍照等间谍任务。	科研人员将一个微型的电子芯片植入甲虫大脑，通过笔记本电脑实现无线遥控“**间谍甲虫**”。（10月21日天津人民广播电台《打开晚报》）	7	7
344	空巢班	指某些中学毕业班出现的学生为出国留学等各类目的而缺课的现象。	重庆巴蜀中学高三某班，29人缺课考托福，均被美国高校录取，成为了考前**空巢班**。（6月8日中央电视台《今日观察》）	7	3
345	绿牌专业	指就业率高、排位居前的专业。又称“需求增长型专业”。是麦可思人力资源信息管理咨询有限公司总裁王伯庆博士按专业的失业情况对专业分类后定义的一个专业类别。	王伯庆建议，削减红牌专业的招生量，相应增加**绿牌专业**的招生量，对于已经在读的大学生，可采取“转专业”和“二学位”的办法，分流高失业风险型专业的学生到**绿牌专业**。（12月22日腾讯网 http://news.qq.com/a/20091222/000904.htm）	7	3

序号	词目	提示或释义	例句	频次	文本数
346	订单式保姆	用户根据自己的服务需要提前定制的保姆。	最近,我市8 890家庭服务网络中心就首次推出了“**订单式保姆**”,需要什么服务,有什么要求,您可以提前定制,然后再把最适合您的保姆接回家。(4月7日天津电视台《财经视界》)	6	2
347	孩奴	指完全以子女为中心、身心疲惫、失去自我生活价值的父母。	先当房奴再当**孩奴**,对于80后的年轻夫妇来说不是新鲜事。近日,一群80后的年轻父母齐聚资深心理咨询师阿木主持的阿木夜话,诉说自己当**孩奴**的烦恼。(12月10日腾讯网 http://news.qq.com/a/20091210/000946.htm)	6	1
348	微友	向“微付”网站提供照片并从中获取收益的人。参见“微付”。	**微友**所提供的照片将由网站进行审核,通过审核的照片进入网站销售平台,选中照片的购图者可在网络上进行购买和下载,提供该照片的**微友**则从购买者的每次下载中获取收益。(8月4日《重庆商报》)	6	4
349	秒杀门	指淘宝网为国庆60周年发起的“一元秒杀”抢拍活动因故未能正常进行的事件。	之前周年庆推出秒杀的购物网站,如今面对最多的争议却是“**秒杀门**”作假。(12月10日《文汇报》)	6	4
350	黄牌专业	指排在红牌专业之后,同时落在全国应届毕业生失业率和失业量上升最快的前25名的专业。参见“绿牌专业”。	专家建议,梳理热门和冷门专业,建立预警机制,对红牌专业进行限制,对**黄牌专业**给予警示。(12月28日腾讯网 http://cd.qq.com/a/20091228/002222.htm)	6	3

序号	词目	提示或释义	例句	频次	文本数
351	桥塞塞	对上海市河南路桥质量低劣现象的戏称。该桥突然开裂，桥墩内填充有各种垃圾，故称。	12月28日，市民发现该桥桥墩表面出现开裂现象，裂开的桥墩中露出的竟然是编织袋、泡沫塑料、棉絮等废物或垃圾，甚至还有玉米芯和废弃可乐瓶，被网友戏称为“**桥塞塞**”。（12月31日《北京青年报》）	6	3
352	全能心脏祖细胞	一种具有分化为心肌、心血管等主要心脏细胞能力的祖细胞。可用于治疗心脏病。由美国科研人员发现。	新发现的这种祖细胞可分化成多种主要的人类心脏细胞，称得上是“**全能心脏祖细胞**”。（7月6日《光明日报》）	6	2
353	同乘罪	指明知对方饮过酒，但仍然要求或同意对方开车送自己的乘客将被判处的罪罚。	于是，有人建议以重典惩治酒后驾车现象，有人建议设立“酒水提供罪”“**同乘罪**”等新罪种，进一步扩大刑事连带责任。（8月8日《法制晚报》）	6	6
354	无火族	指追求健康、快乐、“不上火”生活的人。	庞大的“**无火族**”群体不仅追求自己的健康与快乐，他们也喜欢甚至是习惯将这种“追求”传递给亲人、朋友，甚至陌生人……（5月7日《新民晚报》）	6	1
355	捂地惜建	指为达到某种目的，房地产商将手中的土地囤积起来，不建房。	之前有开发商“捂盘惜售”，现在又冒出个“**捂地惜建**”，你说这楼价能不虚高吗？（8月23日《广州日报》）	6	2

序号	词目	提示或释义	例句	频次	文本数
356	自足式生物农场	指一种可以自己培育蔬菜瓜果、养殖鱼虾的未来厨房设施。	不过，未来厨房里最具革命性的设施要算“**自足式生物农场**”了。这套外形有点像玻璃橱柜的设备共分为两大部分：上半部是“菜田”，可以在营养液“土壤”中栽培瓜果蔬菜，顶部的照明系统将保证植物有充分的光照；下半部则是“池塘”，可以养殖鱼虾、藻类和其他水产品。（10 月 13 日腾讯网 http://tech. qq. com/a/20091013/000022. htm）	6	3
357	考奴	因准备考试而承受巨大压力的人。	在北京小升初的沙场上，有多少优秀的孩子，背后就得有多少狠心的父母。今年轮我当“**考奴**”。（3 月 4 日《中国青年报》）	5	3
358	写二代	同“文二代”。	“**写二代**”亮相问题，马上成为 80 后作家中独特而引人关注的一群。（9 月 6 日《长江日报》）	5	2
359	3 字头少女	指那些 30 岁以上，心智成熟、经济独立，却仍然过着少女般自由自在生活的都市女性。译自英文 teenage women in their thirties(简称 Twit)。	36 岁的卡梅伦·迪亚兹早已是好莱坞的大明星，她一如既往喜爱自由玩乐，成为“**3 字头少女**”的代表人物。（8 月 13 日《中国日报》）	5	4
360	223 工程	即山东省对口支援北川灾后恢复重建的“两训双挂三支”工作方案。把人力智力支持作为主要任务，以党政干部和技术干部培训，互派干部双向挂职，支医、支教、支农为主要内容。	据了解，山东省在对口支援北川灾后恢复重建工作方案中，把人力智力支持作为五大援建任务之一，根据北川干部实际，采取有力措施，积极实施以干部培训，双向挂职，支医、支教、支农为主要内容的“**223 工程**”的重要组成部分。（5 月 14 日山东人民广播电台《山东新闻》）	5	4

序号	词目	提示或释义	例句	频次	文本数
361	杯洗具	网络流行语。"悲喜剧"的谐音。带有戏谑色彩。	人生充满"**杯洗具**"(悲喜剧)　在拼音输入法谐音中,经常会有意想不到的效果,不知不觉中,"杯具"替代了"悲剧",于是,"人生是一张茶几,上面摆满了各种杯具"成为2009年网民在落魄失意时自嘲的流行语。(12月28日《北京青年报》)	5	5
362	被富裕	指人们不认同自己的生活水平已达到某些机构或媒体上说的"上中等国家富裕水平"。	相当长一个时期以来,由于一些地方政府好大喜功,很多人都有种"**被富裕**"的感觉,农民生活"被小康",工人收入"被增长",甚至"被脱贫""被幸福"的现象也普遍存在。(10月18日新浪网 http://finance.sina.com.cn/roll/20091018/23346852153.shtml)	5	5
363	电手镯	法国为预防家庭暴力,强制有暴力倾向的丈夫戴在手腕上的一种电子设备。	为了有效预防家庭暴力,法国将从2010年开始强制"暴力丈夫"佩戴"**电手镯**"。(9月25日《新民晚报》)	5	1
364	口袋色情	指通过手机传播的色情信息。也叫"手机色情"。	手机黄色信息的蔓延,严重危害青少年的成长。各地调动家庭、学校的力量,引导青少年识别不良手机信息,远离"**口袋色情**"。(11月23日中央人民广播电台《新闻和报纸摘要》)	5	2
365	幸福折旧率	指幸福感减损的比率。	然而"**幸福折旧率**"超低的达人们深知,每一次人生挫败的背后,都将带来一份宝贵的生命礼物。所以他们会放下计较得失的天秤,积极动身去找到那把教人进步的成长阶梯。(1月28日《新民晚报》)	5	1

序号	词目	提示或释义	例句	频次	文本数
366	毕漂族	指大学毕业后没有找到工作，生活不稳定的人。	当众多应届毕业生成为职场新人的时候，还有一些却因为工作尚未着落而成为“**毕漂族**”。（9月7日《新民晚报》）	4	1
367	抄号族	指为了省钱，在商场记下合适商品的货号，再到网上低价购买的人。同“试衣族”。	网购群体中活跃着一群“**抄号族**”，他们在商场看好喜欢的货品后，用手机记下货号，然后去上网购买，其平均价格能比商场购买要便宜30%，且网上购货送货上门还省去了逛街时间。（12月25日《广州日报》）	4	1
368	秒杀族	指热衷和擅长网上特价商品“限时抢购”的人。尤指专业有偿为别人在网上抢购特价商品的人。	网络论坛中，不少**秒杀族**自称整天在网上搜索争抢各种赠品：“自己用不光还可以卖，比上班轻松，钱还赚得多。”秒杀折射出的生活态度，令很多跟帖人评价“无语”。（12月10日《文汇报》）	4	3
369	格格党	指在职场中无知自大，不服从领导，好高骛远，却能力有限，要享受格格那样的特权，与传统职场规则格格不入的一类人，尤指85后女青年。	职场“**格格党**”，是勇敢还是嚣张？（8月21日《新女报》）	4	1
370	午动族	指利用午休时间阅览书籍、参加培训班或者补习外语等给自己充电的人。	其实，和之前在日本出现的朝活族一样，韩国的**午动族**这样拼命也是无奈之举，谁让现在职场竞争这么激烈，压力那么大呢。（9月9日中央电视台《第一时间》）	4	2
371	地铁情报板	指反映地铁各条线路实时运营情况的告示板。	像高架路上的情报板一样，不久的将来，乘客有望通过站点外的“**地铁情报板**”，了解到各条线路乘客的实时拥挤情况。（7月29日《新民晚报》）	4	1

序号	词目	提示或释义	例句	频次	文本数
372	禁娱令	指禁止党政机关工作人员违规参加营业性娱乐活动的政令。	某省纪委、监察厅目前联合发出“**禁娱令**”：明令禁止党政机关工作人员违规参加营业性娱乐活动。（6月9日《新民晚报》）	4	1
373	楼靠靠	指因楼体倾斜而靠在了一起的质量低劣楼房。又称“楼歪歪”。带有戏谑色彩。	“楼脆脆”“楼歪歪”“楼倒倒”，如今又出了个“**楼靠靠**”！镇江市一处叫“玉带河花园”的迷你小区，两栋楼间距仅85厘米。（12月24日《武汉晚报》）	4	3
374	楼酥酥	指建筑质量很差，墙体脆弱，用竹竿就能捅破房顶的楼房。	位于山东滨州市的某高档住宅小区，表面气派高雅，内部很脆弱，竹竿就能捅破房顶，吓得业主不敢再装修了。业主戏称“**楼酥酥**”，恐怕都经不住大风的考验。真可谓：金玉其外，败絮其中。（12月9日山东电视台《每日新闻》）	4	2
375	裸归	指在国外生活的人放弃在国外的一切积累，选择回国。也指学识或才能在国外毫无提升而回国。	最近不断有朋友回国，一个接一个来道别，而且大家都是“**裸归**”，所谓“**裸归**”就是放弃这里的一切积累，辞去工作，退掉房子，告别朋友，回国去了。（7月14日《羊城晚报》）	4	1
376	网购奴	指每天守着电脑，受网上购物之累的人。	每天不逛一下网店，总觉得生活少了点什么；逛商场看中某件商品，第一反应先上网查查，看价格能不能再便宜些；习惯了在等待快递的迫切心情中度过……这些“不买不欢”的网购族有一个新名称——“**网购奴**”。（6月26日《新民晚报》）	4	3
377	宅婚	指在家中举行简朴婚礼。	周慧敏与倪震足不出户举行了结婚仪式，被网友戏称为“**宅婚**”，不过她本人倒觉得非常满意。（1月7日上海广播电视台《新娱乐在线》）	4	3

序号	词目	提示或释义	例句	频次	文本数
378	飙爱族	指以80后和90后为主，热心公益，充满创意，并乐于以不同以往的形式关爱社会的青年人群。因其以提倡表达爱心、比拼爱心为主旨的“飙爱”行动而得名。	一旦人行横道的红灯亮起，这群“**飙爱族**”就手挽手组成“爱心人肉斑马线”，用齐刷刷的眼神盯着想闯红灯的行人，迫使他们停下脚步。（11月2日中央电视台《第一时间》）	3	2
379	草食族	指像食草动物一样性情温顺的人，他们往往在婚恋中缺乏主动性。	从主动出击的“拼命三郎”到守株待兔的“温吞水”，“**草食族**”颠覆日本男人形象。（3月20日《新民晚报》）	3	2
380	倒分族	指利用自己没有扣分的驾照替他人接受交通处罚，并从中牟利的人。也称“卖分族”。倒，音dǎo。	自从考了驾照就没摸过车、驾照永远放在兜里的“口袋司机”，几年都不会被扣一分。而另外一些总不守规矩的司机每年的12分都不够扣，必须花钱重新学习考试才能再开车。一些人从中看到了商机，从“口袋司机”那里收购驾照分，转卖给满12分的司机。记者在采访中发现，一帮人以此为业，成为专业“**倒分族**”。（8月6日《北京日报》）	3	1
381	啃楼族	指利用不断飙升的房价通过倒卖住房或办理相关金融业务而牟利的人。	房价走高京城　再现“**啃楼族**”（7月26日《北京晚报》）	3	2
382	悄婚族	指崇尚简约低调结婚方式，只领证不摆婚宴的人。	时下，很多青年夫妻领完结婚证后，不举办复杂的婚宴，只请几个要好的亲戚朋友吃顿饭宣布两人结婚的消息，采取这种方式的以80后居多，他们被称为“**悄婚族**”。（12月10日《今晚报》）	3	1

序号	词目	提示或释义	例句	频次	文本数
383	单二代	指单亲家庭环境下成长的孩子。	据统计，英国单亲家庭10年里每年增加8倍，每3个孩子就有一个孩子是**单二代**；美国每5个孩子就有两个是**单二代**；冰岛**单二代**占新生儿总数比例最高，3个新生儿就有两个是**单二代**。(11月28日腾讯网 http://lady.qq.com/a/20091028/000089_2.htm)	3	1
384	文二代	指父母中有成名作家的作家。也称“写二代”。	绝不仅仅是新一代“**文二代**”不愿意过多与父辈扯上关联，茹志鹃的女儿王安忆就曾经说过，“我不希望把我和妈妈在文学上扯在一起；我就是我，在这一点上，我是独立的。”(11月28日《新京报》)	3	2
385	夹心广告*	喻指在胸前和身后各背着一块广告牌的，一边发放宣传单和折扣券，一边口头做宣传的人。因他们的身体被夹在中间，故称。也称“‘三明治’广告”。	由于经济不景气，来百老汇的观众比以前少了不少，为了让人们重新回到剧场，百老汇面向大众推出了不少剧目的折扣券，这样，来百老汇做“**夹心广告**”的人也就越来越多了。(5月12日中央电视台《第一时间》)	3	1
386	司马他法则	一种职场生存法则。要求自己在工作中目标明确，有适当挑战性，在规定时间完成工作等，即积极、聪明地工作。“司马他”为英文 smart 的音译。	说白了，这就是被说了一茬又一茬的职场生存法则，只不过，“**司马他法则**”更多的是指向自己，要求自己做到什么，而不是“纵横捭阖”“钩心斗角”的厚黑学。(8月18日《中国青年报》)	3	2
387	物联网城市	指利用各种信息传感设备通过互联网把物品与物品结合起来而形成网络的城市。	中国第一个**物联网城市**在无锡启程(11月24日腾讯网 http://news.qq.com/a/20091124/001851.htm)	3	3

序号	词目	提示或释义	例句	频次	文本数
388	后备箱族	见“车车族”。	车的主人说，这叫“**后备箱族**”，也叫“车车族”。就是用汽车后备箱，利用业余时间来卖些东西。（9月2日《钱江晚报》）	2	1
389	死抠族	指生活极其抠门儿，为了节俭而牺牲生活品质的人。	鉴于精明地过日子已经变成流行话题，甚至连“100元过一个月”的“**死抠族**”也开始在江湖上出没，很显然，性价比一定是大家共同的追求。（4月30日《羊城晚报》）	2	1
390	虚客族	指限于经济能力，对于无法承受的贵重物品只看不买，享受虚拟快乐的人。	为了定义这一类人，社会衍生出许多火暴的年代新名词：“**虚客族**、御宅族、BOBO族、乐活族、月光族、SOHO族、飞特族、草莓族”等等。（7月17日腾讯网 http://luxury.qq.com/a/20090717/000003.htm）	2	2
391	宝宝手机	专门为儿童开发设计的手机。这种手机颜色亮丽、外形可爱、操作容易，四岁左右的孩子就能使用。	这款名为“萤火虫”的手机是2007年爱尔兰率先推出的专门为四岁幼儿设计的“**宝宝手机**”。随着这款手机的热销，经销商已经决定明年出征英国市场。（10月6日中央电视台《午夜新闻》）	2	1
392	哭帖	指人们为宣泄内心压抑、烦闷情绪，释放压力等而在网上发的帖子。	白领为减压怪招迭出　欺负“惨叫鸡”上网发**哭帖**（8月3日《新闻晚报》）	2	1
393	猎婚吧	指专为寻求结婚对象的男女提供服务的酒吧。	经济危机让日本六本木娱乐区的商家纷纷倒闭，不过有一家酒吧却奇迹般地生存了下来，究其原因，只是因为它更改了酒吧的主题，改成了一家“**猎婚吧**”！（7月21日中央电视台《第一时间·读报》）	2	1

序号	词目	提示或释义	例句	频次	文本数
394	滞泡	指经济处于停滞、资产市场泡沫胀大的状态。	香港《大公报》刊登社评《**滞泡**形势凶险须防爆新危机》指出,20 国集团(G20)的峰会开锣前仍有争议,实体经济方面注视焦点是退出问题,各国均认同目前环球经济复苏未定,刺激方案仍须继续,暂未是退出时候。(9 月 24 日新浪网 http://finance.ifeng.com/roll/20090924/1275185.shtml)	2	2
395	萌女孩	指日本动漫中穿着养眼,有着让人怜爱的无辜表情的少女。是动漫迷和宅男最喜欢的一种女孩。也称"萌系女孩"。	我们卡通就是卡通,或者包就是一个包,他们就给你制造出一个概念,比如萌文化,还有一些概念,女孩叫作**萌女孩**,男的,叫正泰。(6 月 21 日北京人民广播电台《博闻天下》)	1	1
396	晒苦	指在网上倾诉苦闷与不满,以期得到他人的同情或安慰。	"房奴、蜗居、蚁族"成网友关注热词　相关"**晒苦**"帖子层出不穷(11 月 27 日《广州日报》)	1	1

(侯敏、滕永林、何伟、邹煜撰稿;于根元、周荐审阅;杨江、王秋萍、王燕、阚明刚、崔乐、刘俊、刘佳、刘欣斐、吴继媛、王宁、王华英参与词表研制;杨尔弘、曾小兵提供平面媒体语言数据;何婷婷、张勇、刘华提供网络媒体语言数据。)

中国媒体年度流行语

"2009年度中国媒体十大流行语"是国家语言资源监测与研究中心平面媒体语言分中心、有声媒体语言分中心、网络媒体语言分中心三家继2007年度以来第三次联合提取的年度流行语。流行语的提取来自国家语言资源监测语料库(包括平面媒体、有声媒体、网络媒体)的年度语料。内容包括平面媒体语言分中心16家主流报纸语料库,有声媒体语言分中心10家电视台、7家广播电台的有声语料库以及网络媒体语言分中心2个门户网站的网络新闻,共计1 234 992个文本,1 330 013 723字次语料,语料的具体说明见注①。

本次流行语共设8个常规类目和5个特色专题。其中,8个常规类目是综合类、国际时政类、国内时政类、经济类、科技类、社会生活类、文化教育类和体育娱乐类;5个特色专题包括新中国成立60周年专题、两岸及港澳专题、环保专题、甲型H1N1流感专题和社会问题专题。

每一类流行语都是在定量分析的基础上结合定性分析原则提取得到的。主要以使用频率为参照准则,同时综合考虑语体特色和大众语感等,经过人工微调,排定每一类的词条顺序。

一　综合类十大流行语

新中国成立60周年、落实科学发展观、甲流、奥巴马、气候变化、全运会、G20峰会、灾后恢复重建、打黑、新医改方案

综合类十大流行语的年度数据变化如图3-1至图3-10,图中描述了流行语以月为单位的使用率变化情况。

---

① 16家主流报纸(按音序排列):《北京青年报》《北京日报》《北京晚报》《法制日报》《光明日报》《广州日报》《华西都市报》《今晚报》《南方周末》《钱江晚报》《人民日报》《深圳特区报》《新民晚报》《羊城晚报》《扬子晚报》《中国青年报》共计840 403个文本,652 117 686字次语料。

10家电视台和7家广播电台:包括中央电视台、北京电视台、上海文广新闻传媒集团等10家电视台以及中央人民广播电台、北京人民广播电台、上海文广新闻传媒集团(广播)等7家广播电台127个栏目的转写文本,共计14 589个文本,94 113 638字次语料。

2个门户网站:包括新浪、腾讯新闻,共计380 000个文本,583 782 399字次语料。

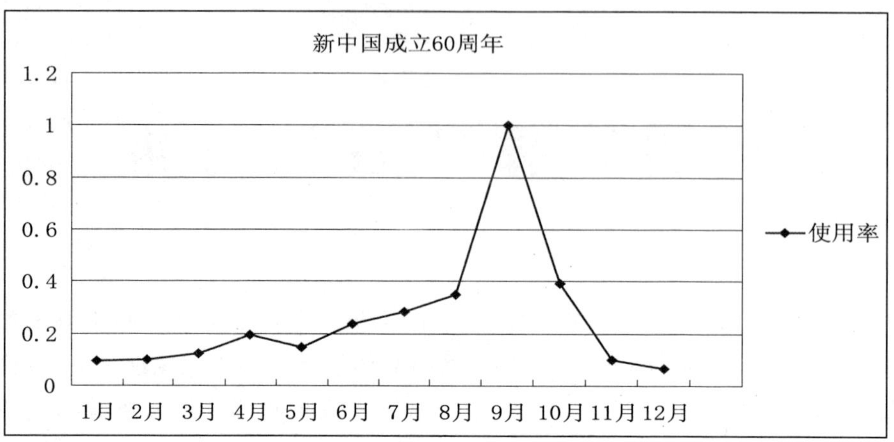

图 3-1 “新中国成立 60 周年”使用情况

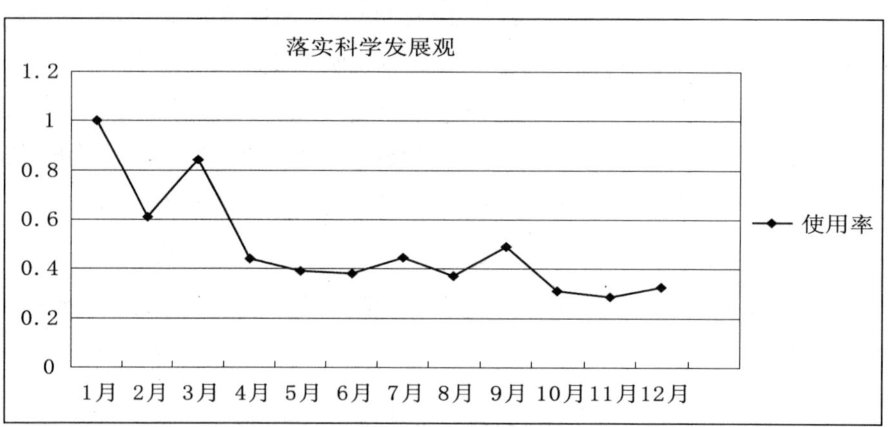

图 3-2 “落实科学发展观”使用情况

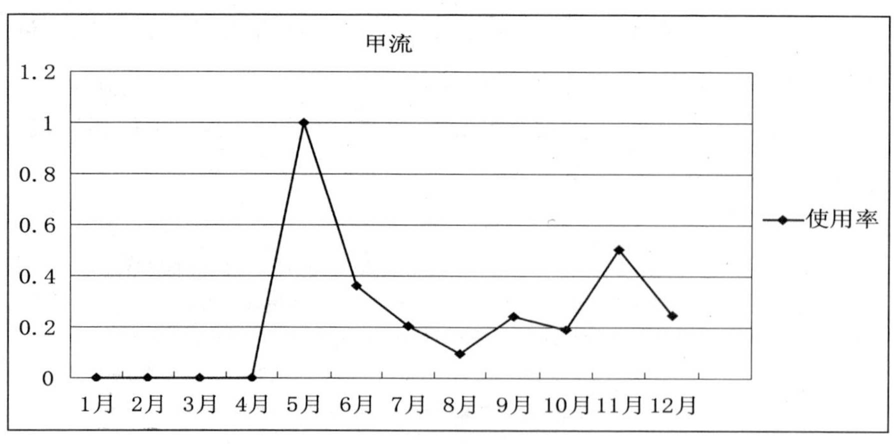

图 3-3 “甲流”使用情况

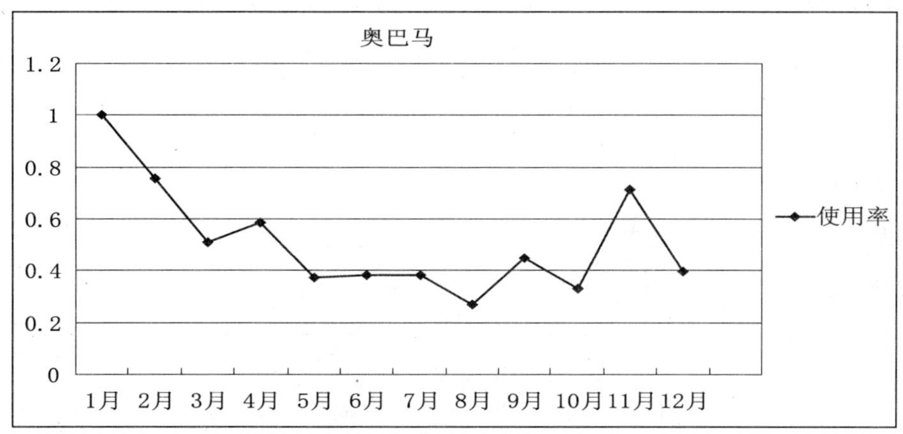

图 3-4 “奥巴马”使用情况

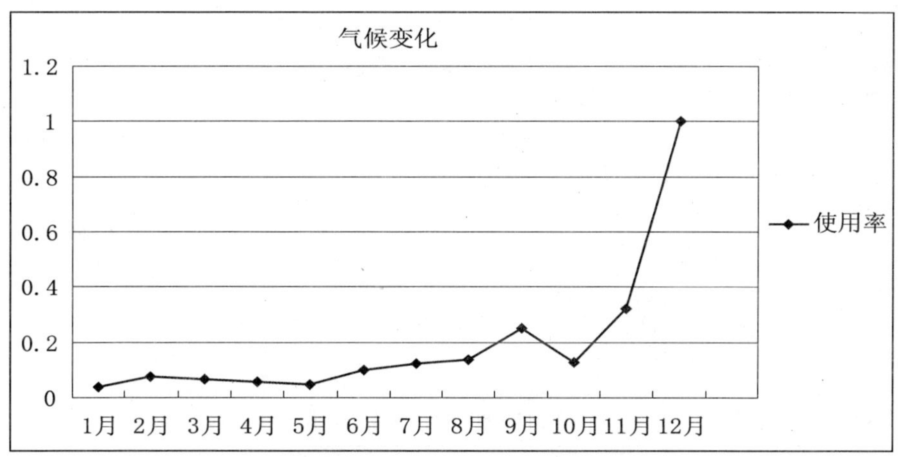

图 3-5 “气候变化”使用情况

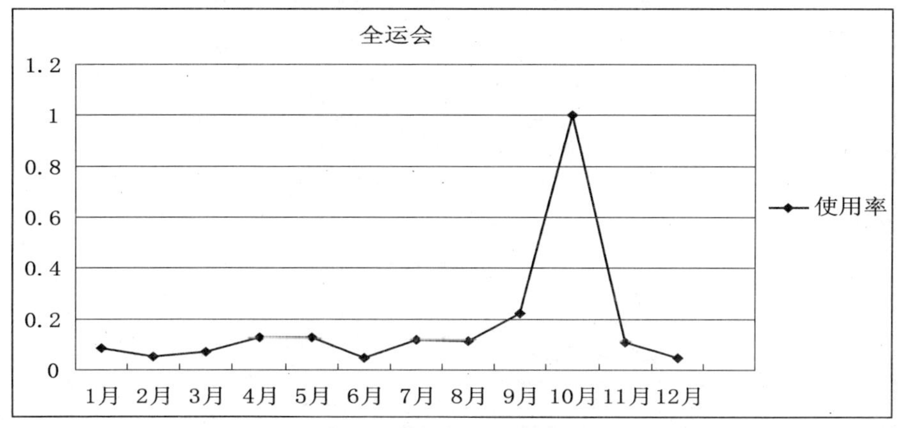

图 3-6 “全运会”使用情况

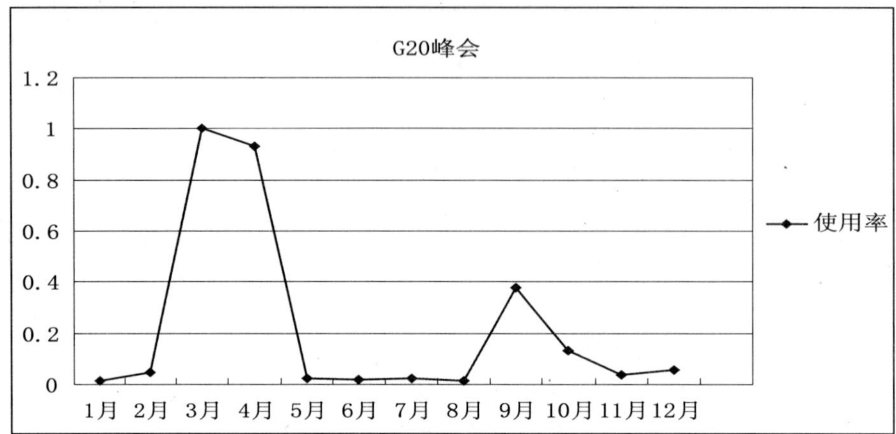

图 3-7 “G20 峰会”使用情况

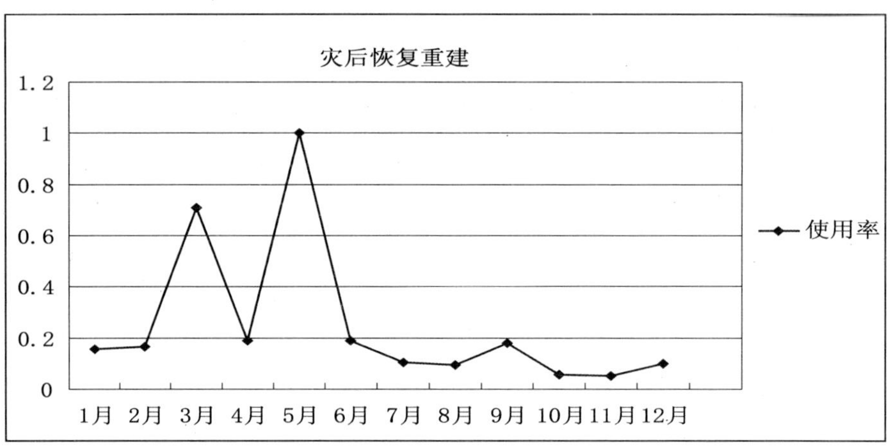

图 3-8 “灾后恢复重建”使用情况

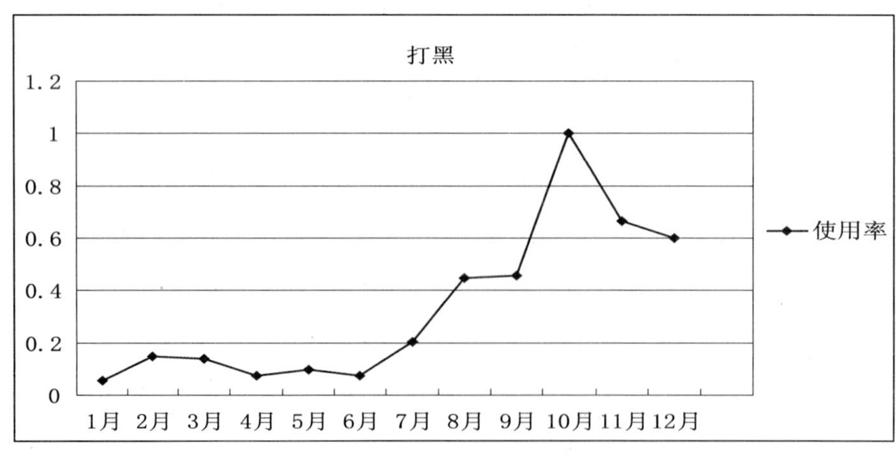

图 3-9 “打黑”使用情况

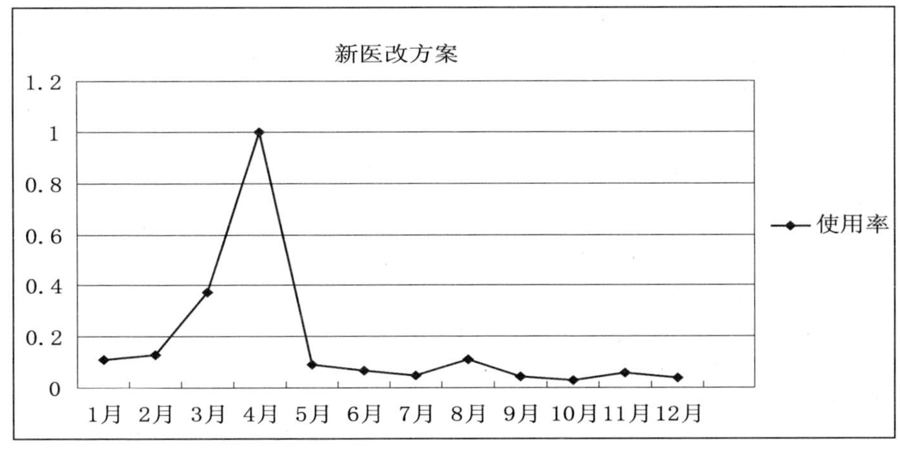

图 3-10 “新医改方案”使用情况

二 国际时政类十大流行语

卢武铉、洪都拉斯、他信、伊朗大选、索马里海盗、护航编队、朝鲜核试验、阿富汗增兵、诺贝尔和平奖、《里斯本条约》生效

三 国内时政类十大流行语

上海世博会倒计时、“7·5”事件、王彦生、海上阅兵、“小金库”治理、舍己救人大学生英雄集体、流失海外文物、社会法庭、防灾减灾日、西藏百万农奴解放纪念日

四 经济类十大流行语

创业板、保增长、反对贸易保护主义、地王、消费券、IPO 重启、克莱斯勒、迪拜世界、中国制造、3G 牌照发放

五 科技类十大流行语

钱学森、日全食、美俄卫星相撞、天河一号、港珠澳大桥、电纸书、波音 787、武广高铁、光纤之父、Windows7

六 社会生活类十大流行语

被××(被就业、被增长等)、楼 AA(楼脆脆、楼歪歪等)、×(房、水、电、油、天然气等)价上涨、蜗居、家电下乡、绩效工资、食品安全法、后悔权、整治互联网

低俗之风、全民健身日

七　文化教育类十大流行语

双星陨落(季羡林、任继愈)、罗京、有偿家教、奥数、微博、择校、中学校长实名推荐制、作弊器、献礼片、《通用规范汉字表》

八　体育娱乐类十大流行语

迪士尼、迈克尔·杰克逊、刘翔复出、小沈阳、酒井法子涉毒、《建国大业》、周立波、赌球、亚洲之路、明星代言

九　新中国成立60周年专题十大流行语

国庆阅兵、彩车、阅兵村、“双百”人物、《复兴之路》、国庆安保、空中梯队、联欢晚会、光立方、民族团结柱

十　两岸及港澳专题十大流行语

澳门回归10周年、陈水扁获刑、台风莫拉克、崔世安、海峡西岸经济区、《告台湾同胞书》30周年、东亚运动会、陈江会、中华大辞典、承认大陆学历

十一　环保专题十大流行语

哥本哈根气候变化大会、新能源、低碳、节能减排、地球一小时、无车日、《京都议定书》、全球行动日、双轨制、碳关税

十二　甲型H1N1流感专题十大流行语

甲型H1N1流感、流感疫情、甲流疫苗、接种疫苗、输入性病例、二代病例、居家观察、流感防控、猪流感、金花清感方

十三　社会问题专题十大流行语

假币、飙车、躲猫猫、鹤岗矿难、违法酒驾、钓鱼执法、血铅超标、尘肺、罗彩霞事件、手机黄毒

附录：2009年春夏季中国主流报纸十大流行语

“2009年春夏季中国主流报纸十大流行语”在北京语言大学动态流通语料库(DCC)上提取，语料来源包括国内16家主流报纸2009年1月1日至6月30日的全部文本。这16家主流报纸是(按音序排列)：《北京青年报》《北京日报》《北京晚报》《法制日报》《光明日报》《广州日报》《华西都市报》《今晚报》《南方周末》《钱江晚报》《人民日报》《深圳特区报》《新民晚报》《羊城晚报》《扬子晚报》《中国青年报》。

综合类

扩大内需、落实科学发展观、甲型H1N1流感、金砖四国、海上阅兵、地球一小时、新中国成立60周年、“5·12”地震一周年、纪念五四运动90周年、朝鲜发射卫星

国际时政类

卢武铉、红衫军、猛虎组织、奥巴马就职、关塔那摩监狱、伊朗大选、法航失事客机、骗补门、布内尔地区、铸铅行动

国内时政类

兽首、医药卫生体制改革、西藏民主改革50周年、房市、武隆山体滑坡、防灾减灾日、整顿低俗之风、“小金库”治理、大学生就业难、中国渔政311

经济类

伦敦金融峰会、金融危机、经济刺激计划、旅游消费券、宽松货币政策、通用破产、海外并购、中铝力拓、收购悍马、可口可乐收购汇源

科技类

上网本、阿特兰蒂斯号、嫦娥一号卫星、天翼3G手机、“嗅碳”卫星、天宫一号、Windows7、谷歌纬度、生物燃料、小灵通退市

社会生活类

以旧换新、汽车下乡、3G牌照发放、谷歌中国、后悔权、抗旱应急预案、居民健康档案、邮政普遍服务、外贸大集、八百壮士

文化教育类

罗京、《南京！南京！》、文理分科、繁简之争、文怀沙、《国家》、世界读书日、学术不端、绿坝—花季护航、高考舞弊案

体育娱乐类

亚洲之路、直通横滨、中国女子冰壶、奥运缶拍卖、迈克尔·杰克逊、小沈阳、刘谦、《不差钱》、英伦组合、鸟巢演唱会(音乐会)

甲型H1N1流感专题

甲型H1N1流感、猪流感、达菲、出入境检验检疫、居家观察、感染病例、输入型病例、甲型流感二代病例、易感人群、行政处罚(瞒报)

海峡两岸专题

两岸关系和平发展、《告台湾同胞书》30周年、台北市立动物园、第三次陈江会、两岸空中定期航班、共同打击犯罪、中华大辞典、双赢之旅、台商、大陆行

社会问题专题

躲猫猫、满文军、许宗衡、徐梗荣事件、瘦肉精、嫖宿幼女案、邓玉娇案、罗彩霞事件、成都公交车燃烧、“5·7”交通肇事案

(曾青青、杨尔弘、李艳娇撰稿;侯敏等提供有声媒体语言数据;何婷婷、张勇提供网络媒体语言数据。)

中文博客专项调查

博客是网络时代的产物，对特定时期的博客语言进行系统的调查分析，有助于了解该时期网络语言的特点和网民关注的热点。本报告以网络媒体监测语料库中 2009 年的博客语料为基础，对中文博客进行多角度的调查和分析。

一　调查使用的语料及调查内容

本报告中的博客语料选自在中国注册的两家中文博客网站，分别为：

新浪博客　http://blog.sina.com.cn

搜狐博客　http://blog.sohu.com

调查对象包括 171 160 个博客用户全年发布的共计 12 158 037 个博客帖，平均每个用户 71 个博客帖，共计总字符数 21 887，总字符次 12 362 687 048(除去不可见字符)，其中汉字 9 889 496 758 字次。

调查内容包括博客用户发帖情况、博客用字用语情况以及博客标签使用情况。

二　博客用户发帖情况

(一) 发帖时段分析

通过统计全部博客帖的发布时间，可以观察到用户发帖的时间规律。图 4-1 是按时间统计的用户发帖量，横轴表示时间段，纵轴表示在某个时间段的发帖量所占的比例。

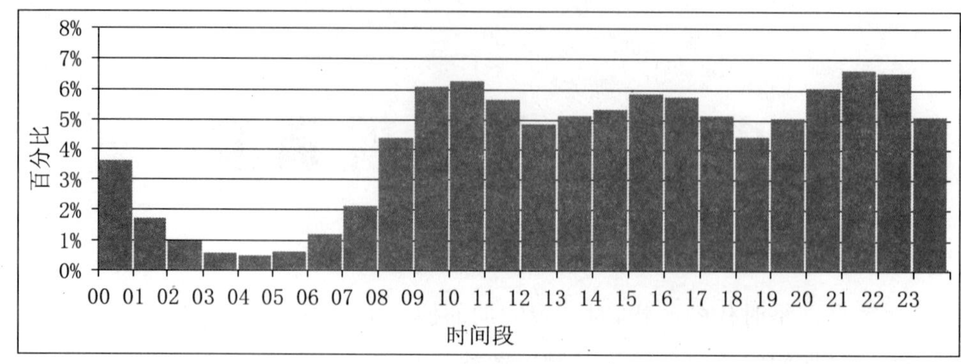

图 4-1　各个时间段发帖量比例分布

统计结果表明，发帖较少的三个时段分别是中餐、晚餐和夜间休息时段。

（二）用户发帖量统计

统计分析各博客用户的发帖量，得到用户的年发帖量分布表及分布图，如图 4-2 和表4-1。图 4-2 中横轴表示发帖数量段，纵轴表示发帖量在某一范围的博客用户占全体博客用户的比例。

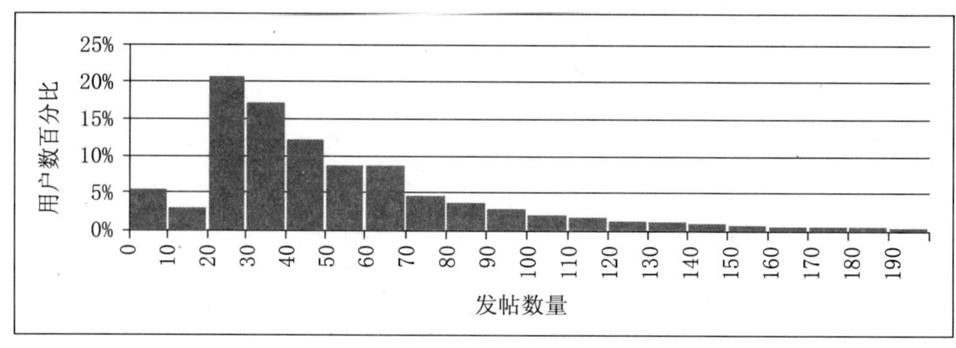

图 4-2　各个发帖数量段的博客用户数分布

表 4-1　各个发帖数量段的博客用户数分布比例

发帖数量段	用户数比例(%)	累计百分比(%)
1—10	5.41	5.41
11—20	2.94	8.35
21—30	20.79	29.14
31—40	17.24	46.38
41—50	12.18	58.56
51—100	26.18	84.74
101—200	10.41	95.15
>200	4.85	100.00

统计结果表明，年发帖量小于或等于 50 的用户占用户总数的 58.56%，发帖量小于或等于 100 的用户占用户总数的 84.74%。

（三）博客帖长度分布

对博客帖中包含的字符个数进行统计得到博客帖长度分布图及分布比例，如图 4-3 和表 4-2。图 4-3 中横轴表示博客帖长度段；纵轴表示长度在某一范围的博客帖数占全部博客帖的比例。

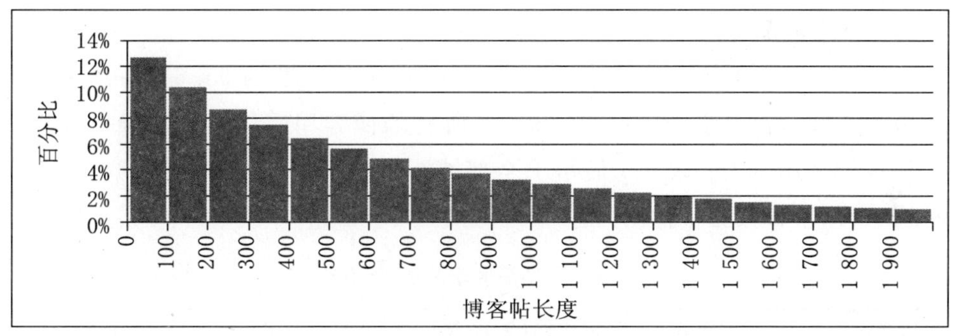

图 4-3　博客帖长度分布

表 4-2　博客帖长度分布比例

长度范围	博客帖所占比例(%)	累计百分比(%)
1—100	12.76	12.76
101—200	10.41	23.17
201—500	22.96	46.13
501—1 000	22.00	68.13
1 001—2 000	18.23	86.36
2 001—10 000	12.93	99.29
>10 000	0.71	100.00

统计结果表明，长度小于 1 000 字符的博客帖约占总数的 68.13%，全部博客帖的平均长度为 1 111 个字符。

三　汉字、符号及词语使用情况

（一）汉字使用情况

本次调查在统计汉字时以 Unicode 中的 CJK 统一汉字（0x4E00-0x9FBB）和 CJK 统一汉字扩充 A（0x3400-0x4DB5）两个区间为判定汉字的标准，这两个区间共有汉字 27 506 个。

1. 基本情况

全部博客语料中汉字字种数为 20 926，占字符种数的 95.60%；总字次为 9 889 496 758，占总字符次的 79.99%。所有的博客用字按照使用频率降序排列，形成博客用字表。表 4-3 显示了全部博客语料中 10%到 100%的各级覆盖率下的所用字种数和字种比例。

表 4-3　汉字覆盖率及字种数统计

覆盖率(%)	字种数	字种比例(%)	覆盖率(%)	字种数	字种比例(%)
10	5	0.02	91	1 145	5.47
20	22	0.11	92	1 229	5.87
30	51	0.24	93	1 328	6.35
40	94	0.45	94	1 446	6.91
50	159	0.76	95	1 588	7.59
60	254	1.21	96	1 764	8.43
70	398	1.90	97	1 994	9.53
80	628	3.00	98	2 321	11.09
90	1 071	5.12	99	2 928	13.99
			100	20 926	100.00

从表 4-3 可以看到，占汉字字种数 3.00%的 628 个汉字覆盖率为 80%，占汉字字种数 5.12%的 1 071 个汉字覆盖率为 90%，占汉字字种数 13.99%的 2 928个汉字覆盖率为 99%。全部语料的汉字字种数达到了 20 926，占前面提到的 Unicode 的两个区间中的汉字的 76.08% 。

2. 与现行规范字表的比较

将 20 926 个汉字按频率降序排列，形成博客用字表。博客用字表前 2 500 个字中，有 283 个是《现代汉语常用字表》一级常用字中所没有的；博客用字表前 3 500 个字中，有 391 个是《现代汉语常用字表》中所没有的；博客用字表前 7 000

个字中,有 1 156 个是《现代汉语通用字表》中所没有的;博客用字表包含了《现代汉语通用字表》中的所有汉字。

3. 繁体字分布情况

表 4-4 统计了繁体字在博客帖中的分布情况。

表 4-4 繁体字的分布情况

包含繁体字个数	博客帖数	占全部博客帖比例(%)
1	1 120 295	9.21
2—5	715 413	5.88
6—10	118 507	0.97
≥11	193 845	1.59
总计	2 148 060	17.67

从表 4-4 可以看出,包含繁体字的博客帖只占博客帖总数的 17.67%,而这些博客帖中绝大部分只包含 1—5 个繁体字。

(二) 符号使用情况

博客语料中符号共出现 2 473 190 290 次,其中标点符号出现最多,共计 1 396 935 252次,具体统计数据见表 4-5。

表 4-5 符号使用分类统计

类别	种数	频次	占全部语料总字符次的比例(%)
标点	129	1 396 935 252	11.30
数字	112	465 116 709	3.76
字母	461	578 857 162	4.68
其他符号	259	32 281 167	0.26
总计	961	2 473 190 290	20.01

(三) 词语使用情况

本次调查利用中国科学院自动化研究所研制的分词标注软件对博客语料进行自动切分。如果不考虑词性信息,共有 6 072 579 630 个切分单位(不含标点、纯西文、纯阿拉伯数字、数字与西文混合式、网址、其他符号等),去重后共 9 127 842 种。因为分词技术水平的限制,低频切分单位的正确率相对低一些,所以,本次调查的对象只选择了全部切分单位中覆盖率达 99%的 94 672 种切分单位(下面直接用词语指代)。

覆盖率达 99%的词种数共计 94 672 个,出现次数共计 6 011 853 346 次。表 4-6 显示了博客语料中 10%到 99%的各级覆盖率下所用词种数。

表 4-6 覆盖率及词种数统计

覆盖率(%)	词种数	词种比例(%)	覆盖率(%)	词种数	词种比例(%)
10	3	0.00	91	12 989	0.14
20	20	0.00	92	14 873	0.16
30	64	0.00	93	17 203	0.19
40	178	0.00	94	20 129	0.22
50	440	0.00	95	23 935	0.26
60	950	0.01	96	29 168	0.32
70	1 942	0.02	97	36 976	0.41
80	4 225	0.04	98	50 679	0.56
90	11 439	0.12	99	94 672	1.04

四　专有名词使用情况

利用分词软件对博客语料进行自动切分后,如果考虑词性信息,则共有 9 240 528种切分单位,其中包含两个或以上词性的切分单位共计 92 723 种。本项调查的对象是全部切分单位中覆盖率达 99%的 117 021 种切分单位中的机构名、地名和人名三类专有名词。

(一)基本情况

覆盖率达 99%的 117 021 种切分单位中,机构名、地名(包括国家名)和人名三类专有名词共有 28 568 种,占覆盖率达 99%的词种数的 24.41%。具体数据见表 4-7。

表 4-7 专有名词统计情况

类别	词种数	总词次
机构名	2 863	7 561 547
地名	5 691	61 903 735
人名	20 014	50 583 355
总计	28 568	120 048 637

（二）高分布率专有名词

分布率是指被调查对象所出现的博客帖数与博客帖总数的比率，分布率体现了词语在语料库（即博客帖）中的散布程度。本报告调查了博客语料中前50个高分布率机构名、地名和人名。

首先来看前50个高分布率机构名。(1)从分布的区域位置上来看，中国国内的机构名有41个，占82%，国外机构名有9个，占18%，可见博客用户所关注的焦点更多的与国内机构相关。而国外机构名中，如“联合国、美国政府、微软、麦当劳、哈佛大学、美国海军、日本政府、奥巴马政府、雅虎”等，也多与中国国内政治及日常生活有着密切的联系。(2)从机构名的类型上看，最多的是国内外党政军的机构名，有27个；其次是新闻传媒机构名，有11个；与金融相关的机构名有6个；教育科研机构名有3个；一般公司机构名有2个，即“微软、麦当劳”；与文体竞技相联系的团体机构名有1个，即“中国队”。从机构名类型所分布的情况可以发现，博客用户关注更多的是与时事、政治、军事等相关的领域，其次是与传媒、金融、教育等相关的话题。

再来看前50个高分布率地名。(1)从分布的区域位置上来看，中国国内地名有34个；国外地名16个，多为国家名，城市名仅“纽约”1个，博客用户关注的外国国家名依次为“美国、日本、英国、韩国、法国、印度、德国、俄罗斯、意大利、朝鲜、苏联、越南、加拿大”。(2)从地域大小来看，洲级地名2个，为“欧洲、亚洲”；国家名15个，其中“中国、美国、日本”居前三位。中国的省、自治区和地区名16个，其中“台湾、四川、广东”居前三位。城市名16个，国内城市名就占15个之多，其中多为直辖市、省会城市，“北京”作为中国的政治、经济、文化中心高居城市名的榜首，“上海”其次，“香港”特别行政区名列城市名第三位，然后是“广州、深圳”等经济发达的沿海城市或经济特区。

最后来看前50个高分布率人名。(1)从国别上看，国内人名占绝大多数，有39个，主要分布在政治、军事、娱乐、文化、文学、体育等领域；国外人名有11个，主要分布在经济、政治、宗教、科技、文学、军事等领域。比较国内外人名可以发现：第一，进入前50个高分布率词语中的没有国内经济界人名，而国外人名居首位的却是经济界名人“巴菲特”。第二，进入前50的没有国外影视娱乐界人名，而国内影视娱乐界人名却在前50中占很大比例，共11个。第三，在11个国外人名中，有2个是宗教人士。第四，进入前50的2个科技人名都为国外人士，即

"爱因斯坦"和"诺贝尔",国内科技界没有人名进入前 50 位。(2)从人物身份所属领域上看,高居前几位的是近现代政治人物,共有 11 个,其中"毛泽东、胡锦涛、温家宝、邓小平、周恩来、蒋介石"等 6 个进入了人名前 10 位,可见政治、军事领袖人物是博客用户最常关注的。其次历史人物有"孔子、李白、诸葛亮"等 13 个,影视娱乐界有"赵本山、刘德华、周杰伦"等 11 个,文学界有"鲁迅、张爱玲、金庸、莎士比亚"4 个,体育竞技界仅"姚明"1 个。从以上类别可以发现,博客用户在人名的关注度上存在一个倾向,即政治人物>历史人物>娱乐界人物>文学界人物>体育界人物。

五　博客标签情况

(一) 说明

博客标签是一种灵活、有趣的博客帖分类方式,博客用户可以为发布的每篇博客帖添加一个或多个标签。博客标签通常体现了博客用户关注的主题。博客标签的添加一般有三种方式:(1)博客用户填写若干个关键词作为标签;(2)博客网站提供"自动匹配标签"功能,自动抽取博客帖中若干个关键词作为标签;(3)如果以上两种标签填写的方式都不采用,博客网站会默认填写一个标签"杂谈"。

(二) 调查结果

1. 基本情况

博客语料中总共使用了 39 570 703 个标签,去重后共 1 777 134 种。博客标签中共包含 103 413 001 字符次,其中汉字 96 333 535 字次;共包含 10 526 种字符,其中汉字种数 10 070。

2. 博客帖标签数分布

表 4-8 中显示了各博客帖标签数量分布情况。

表 4-8　博客帖标签数量分布情况

标签数量	比例(%)	标签数量	比例(%)
0	2.10	8	1.92
1	47.57	9	1.25
2	8.31	10	0.89
3	5.38	11	0.64

（续表）

4	5.93	12	0.50
5	7.93	13	0.30
6	11.19	14	0.17
7	5.73	≥15	0.19

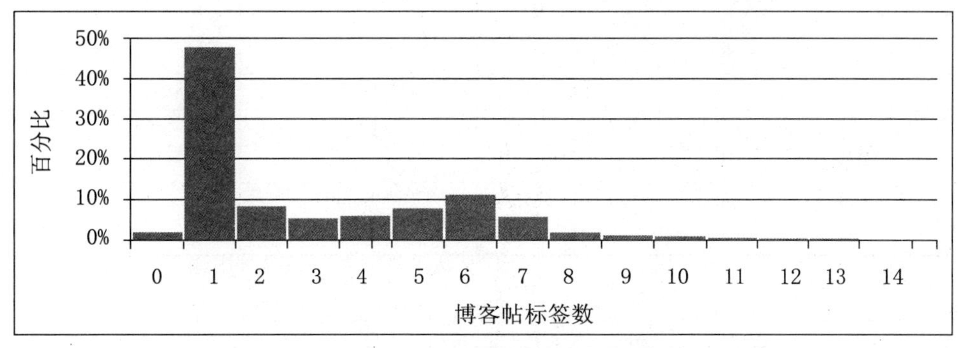

图 4-4 博客帖标签数量分布

由图 4-4 可以看出，大部分博客帖的标签数在 1—7 之间，占总数的 92.04%，平均每个博客帖使用了 3.25 个标签。语料库中含有 1 个标签的博客帖占 47.57%，这是因为大多数博客帖都是第三种标签给定情况，即无标签时部分博客网站会默认指定标签为“杂谈”。另外，可以发现含有 5—6 个标签的博客帖数较多，这种情况是由于博客帖采取了第二种标签给定模式，即机器“自动匹配标签”，计算机自动给博客帖添加标签时，通常是选取 5—6 个关键词作为标签。

3. 博客标签字符构成

1 777 134 种博客标签的字符构成情况见表 4-9。

表 4-9 博客帖标签的字符构成情况

标签构成	数量	比例(%)
全汉字	1 610 043	90.60
全数字	5 609	0.32
全英文字母	40 225	2.26
其他	121 257	6.82
总计	1 777 134	100.00

下文为叙述方便，将全部由汉字构成的博客标签称为汉字标签。

4. **汉字标签长度分布**

汉字标签长度即指标签中包含的汉字个数。表 4-10 显示了汉字标签长度分布情况。

表 4-10　汉字标签长度分布情况

标签长度	标签数量	比例(%)	累计比例(%)
1	4 358	0.27	0.27
2	236 666	14.70	14.97
3	350 263	21.75	36.72
4	531 782	33.03	69.75
5	222 946	13.85	83.60
6	171 383	10.64	94.24
7	92 645	5.76	100.00

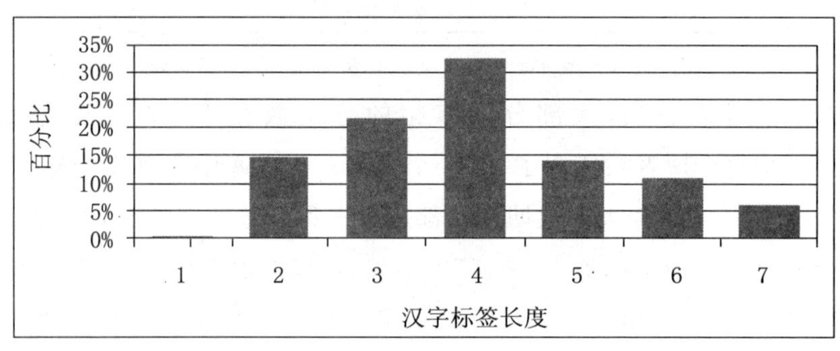

图 4-5　汉字标签长度分布

由图 4-5 可以看出，绝大部分汉字标签的长度为 2—7，约占总数的 99.73%，其中最多的是长度为 4 的汉字标签，占总数的 33.03%。

5. **高频汉字标签**

表 4-11 中分别列出了 50 个高频的单字、双字、三字和四字汉字标签。

表 4-11　高频汉字标签

单字标签	双字标签	三字标签	四字标签
爱	杂谈	互联网	生活记录
诗	情感	小沈阳	感悟随笔
我	文化	情人节	金融危机
性	股票	我记录	亲情友情
梦	娱乐	章子怡	东方神起
家	财经	毛泽东	人体艺术
雪	教育	刘德华	招标文件
雨	育儿	张柏芝	文学原创

（续表）

词	休闲	奥巴马	操作策略
花	健康	邓玉娇	非诚勿扰
猫	旅游	大学生	热门图书
累	中国	日全食	休闲生活
佛	时尚	演唱会	艺术赏析
你	校园	赵本山	人民日报
狗	军事	幼儿园	谈天说地
人	体育	电视剧	社会观察
春	生活	李宇春	投资理财
画	证券	小朋友	湖南卫视
杂	原创	涨停板	大盘分析
书	美食	金融晰	财富人生
心	汽车	余秋雨	私募基金
信	诗歌	小行星	招标公告
夜	游戏	巴菲特	情感空间
茶	房产	星历表	原创摄影
玩	爱情	老照片	十二星座
美	摄影	周杰伦	生日快乐
牛	心情	俄罗斯	手机炒股
酒	星座	郭德纲	原创诗歌
鱼	美国	大熊猫	校园生活
秋	养生	金牛座	爸爸妈妈
情	理财	梅兰芳	草根名博
水	股市	处女座	管道疏通
风	感情	猪流感	我的生活
囧	经济	杰克逊	净空法师
禅	保健	毛主席	股票行情
海	北京	公务员	情感故事
痛	政治	潜规则	技术分析
忙	家居	白羊座	阿弥陀佛
图	高考	房地产	家庭教育
钱	饮食	母亲节	播音主持
他	两性	医疗费	特价机票
路	就业	同性恋	教育杂谈
哭	大盘	李连杰	烟台律师
烦	随笔	意大利	成长记录
想	美容	李嘉欣	魔兽世界
笑	家庭	主持人	学习公社
吃	日记	双鱼座	重庆打黑
热	宗教	曾轶可	巴以冲突
转	房价	陈冠希	精华博文
文	上海	摩羯座	投资基金

从以上汉字标签名中可以看出：博客标签中，较多的是有关情感的词语，标签有“爱、情感、情人节、亲情友情”等；其次是文化方面，标签有“诗、词、文化”等；再次是金融方面，标签有“股票、财经、金融危机”等；第四是娱乐方面，标签有“娱乐、章子怡、刘德华、张柏芝、东方神起”等。

6. 博客标签中汉字覆盖率

博客标签中共包含 10 070 种汉字，表 4-12 显示了博客标签中 10%到 100%的各级覆盖率下所用字种数和字种比例。

表 4-12　博客标签中汉字覆盖率统计

覆盖率(%)	字种数	字种比例(%)	覆盖率(%)	字种数	字种比例(%)
10	1	0.01	91	1 157	11.49
20	5	0.05	92	1 245	12.36
30	21	0.21	93	1 346	13.37
40	53	0.53	94	1 465	14.55
50	108	1.07	95	1 603	15.92
60	199	1.98	96	1 769	17.57
70	343	3.41	97	1 985	19.71
80	586	5.82	98	2 294	22.78
90	1 079	10.71	99	2 856	28.36
			100	10 070	100.00

从表 4-12 可以看到，达到 80%、90%、99% 覆盖率时所需的汉字种数分别是：586、1 079、2 856。这些数据表明在博客标签这样短小的文本中，汉字的覆盖率情况和一般文本中的汉字覆盖率情况也是很相似的。

覆盖率达到 50%的前 108 个高频汉字为：

杂、谈、情、文、感、育、化、股、人、国、乐、生、教、经、票、中、财、大、儿、学、娱、子、美、小、游、闲、健、休、家、机、心、事、天、金、理、康、手、活、日、时、女、博、的、旅、军、园、原、创、体、爱、业、诗、新、一、影、记、海、客、星、校、电、市、会、车、花、性、年、法、食、山、水、作、高、尚、考、歌、公、老、行、长、网、证、语、房、北、春、风、地、南、动、上、书、图、西、京、券、我、师、产、工、月、安、东、主、三、宝、术、资

（何婷婷、涂新辉、王宇波撰写；储泽祥、刘云审阅。）

基础教育阶段小学语文教材汉字使用调查

调查报告

一 调查目的与意义

在基础教育阶段的语文教学中，汉字是最基础且重要的教学内容。汉字教学面临三个问题：字量、字种、字序。字量是教多少汉字，字种是教哪些汉字，字序是先教哪些后教哪些汉字。这三个问题解决好了，对汉字的认读、书写、应用的要求才能落到实处。

《全日制义务教育语文课程标准（实验稿）》将语文课程的教学目标分为识字与写字、阅读、写作、口语交际四个方面，要求学生具有识字写字能力、阅读能力、写作能力、口语交际能力。识字写字处于首要位置。

《全日制义务教育语文课程标准（实验稿）》对各个学段的识字写字有明确要求：

1—2 年级：认识常用汉字 1 600—1 800 个，其中 800—1 000 个会写。

3—4 年级：累计认识常用汉字 2 500 个左右，其中 2 000 个左右会写。

5—6 年级：有较强的独立识字能力。累计认识常用汉字 3 000 个，其中 2 500个左右会写。

7—9 年级：能熟练地使用字典、词典独立识字，会用多种检字方法。累计认识常用汉字 3 500 个，其中 3 000 个左右会写。

2009 年 8 月向社会公布的《通用规范汉字表》征求意见稿认为，中小学汉字教学“应采用《通用规范汉字表》的一级字表。但根据教学需要，尚需在 3 500 常用字范围内再划分应用子集时，比如第一、二、三学段分别应该学其中的多少字、学哪些字，教育管理部门可按照儿童不同年龄段的认知特点，以汉字必要的属性做参数，经过科学研究，生成适用的应用字表”。[①] 这里说的“一级字表”就表现

① 《〈通用规范汉字表〉问题解答》，《通用规范汉字表》研制专家工作组，2009 年 8 月 19 日。

为一定的字量与一个较大范围的字种。但专家学者们已经认识到，应该对基础教育各个不同学段的汉字学习做更进一步的细分，细分的原则是“按照儿童不同年龄段的认知特点，以及汉字必要的属性做参数”。

目前中小学汉字教学使用的是满足社会一般需求的通用性字表。通用性字表主要是用频率统计法、分布统计法研制而成，它确定了一个较大范围内的字量和字种，基本上能关照到整个中小学汉字教学的需要，但对中小学不同阶段的汉字学习所需要的字种和字序，则没有进一步提出明确要求。因此，细致了解基础教育阶段不同学段、不同年级所需要的汉字教学用字的数量、字种及先后顺序，对提高汉字教学的科学性和效率有积极意义。

从教材编纂与实际教学活动来看，汉字教学是小学语文教学的重要内容。我们曾对 4 套新课标语文教材课后练习题做过统计，在小学至初中共 72 册教材的 10 136 道练习题中，含有“字”“词”“句子”“修辞”“篇章”“综合知识”等语文知识的共 3 876 道，其中属于“字”的有 848 道，占 21.9%，在 1—2 年级、3—4 年级、5—6 年级、7—9 年级，分别有 516 道、171 道、150 道、11 道。①

台湾地区基础教育界对汉字教学也相当重视。《国民中小学九年一贯课程暂行纲要》对汉字教学也提出了明确目标，要求第一阶段（1—2 年级）认识常用汉字 700—800 字，第二阶段（3—4 年级）为 1 500—1 800 字，第三阶段（5—6 年级）为 2 200—2 700 字，第四阶段为 3 500—4 500 字。②

中国大陆与台湾地区在汉字教学上提出的目标与要求有着共同的内容：明确的字量要求，较宽范围的字种显示，大致的字序约定。较宽范围的字种显示，指的是只有整个学习阶段的字种显示，而没有更进一步细分出不同年级、学段要掌握的字种，如《全日制义务教育语文课程标准（实验稿）》，只是提出了 1—6 年级要掌握的是《现代汉语常用字表》中常用字 2 500 字。③ 大陆与台湾两地之间对汉字教学要求的差异也是明显的：一是要求掌握的总字数不同；二是分阶段掌握的字数不同。粗略地说，大陆的汉字学习要求掌握的总字数略少，主要集中于一、二学段；台湾要求掌握的总字数略多，四个学段呈均匀分布态。

---

① 《对四套中小学语文教材练习部分的四维分析研究》，“国家语言资源监测与研究中心暨平面媒体语言分中心成立五周年纪念学术会议”论文，2009 年 9 月 10—12 日，北京。

② 《国民中小学九年一贯课程暂行纲要》，刊行于 2000 年，2001 年实施，该文本见于 http://www.edu.tw/eje/。

③ 《全日制义务教育语文课程标准（实验稿）》，教育部颁布，北京师范大学出版社 2001 年版；《现代汉语常用字表》，国家语言文字工作委员会、国家教育委员会 1988 年 1 月 26 日公布。

二　调查对象与调查方法

（一）调查对象

1. 调查的教材

为了更好地了解基础教育阶段小学语文教材汉字教学的情况，本调查选取了跨时期、跨地域的8套小学语文教材。从时间来看，当前仍在使用的有5套，前一时期使用的有3套；从地域来看，大陆的6套，台湾的1套，香港的1套。具体如下：

(1) 人民教育出版社的新课标小学《语文》教材，崔峦、蒯福棣主编，共12册。教材审定时间为2001—2004年。下面简称"人教新课标版"。

(2) 北京师范大学出版社的新课标小学《语文》教材，马新国、郑国民主编，共12册。教材初审时间为2001—2003年。下面简称"北师大新课标版"。

(3) 人民教育出版社的九年义务教育小学《语文》教材，人民教育出版社小学语文室编，共12册。1998年4月第1版，2000年10月第1次印刷。下面简称"人教义教版"。

(4) 北京师范大学出版社的九年义务教育小学《语文》教材，"五·四"学制教材总编委会编写，共10册。1994年经过原国家教委小学教材审定委员会审查通过，1996年秋在全国试用，本调查使用的是2000年修订版。下面简称"北师大义教版"。

(5) 广东教育出版社的九年义务教育小学《语文》教材，九年义务教育教材(沿海地区)编写委员会编，共12册。本调查使用的为2001年第5版。下面简称"广东义教版"。

(6) 上海教育出版社的小学《语文》教材。根据上海中小学课程教材改革委员会制订的课程方案和《上海市中小学语文课程标准(试行稿)》编写，陶本一主编。本调查使用的是2003—2006年出版的试用本，共10册。下面简称"上海版"。

(7) 台湾康轩出版社的《国语》小学教材，共计12册。依据2000年的《国民中小学九年一贯课程暂行纲要》编写。本调查所用为2005年第3版。下面简称"康轩版"。

（8）牛津大学出版社的《启思中国语文》小学教材，共计 24 册。遵照“香港课程发展议会”颁布的《小学中国语文科课程纲要》（1990 年）和《目标为本课程中国语文科学习纲要》（1995 年）的要求编写。本调查所用为 1995 年版。下面简称“启思版”。

下面是 8 套教材的简要信息：

表 5-1　调查对象 8 套教材的简要信息

教材（简称）	时间	册数	使用地区
人教新课标版	2001－2004	12	全国大部分地区
北师大新课标版	2001－2003	12	全国大部分地区
人教义教版	2000	12	全国大部分地区
北师大义教版	2000	10	全国大部分地区
广东义教版	2001	12	广东、福建、海南
上海版	2003－2006	10	上海地区
康轩版	2005	12	台湾地区
启思版	1995	24	香港地区

2. 课文用字与生字教学用字

语文教材的汉字使用情况主要表现为以下两类：

第一类是课文用字。课文用字是指课文中出现的所有汉字。课文用字的范围比较广，它们的出现会直接受到课文内容的影响。选编的课文比起自编的课文，汉字使用更加灵活多样，因为选编课文多选用名家名作或在题材上有特别之处的范文。课文用字是汉字教学的基本材料和基本范围，学生主要是通过对课文内容的学习来识读汉字。课文用字具有混同安排、内容覆盖面宽、汉字识读顺带进行的特点。

第二类是生字教学用字。生字教学用字在低年级多表现为对汉字专门进行的认读与书写教学，在中高年级则大都依附于课文来进行，出现在课文的注释讲解中。这些注释讲解或重音，或重形，或重义，但都表现出了汉字教学识读的要求。每课的生字一般都以表格的形式集中出现在课后，多数教材还将每篇课文的生字汇集成附表，附在书后。

课文生字是在一定的考虑和安排下编制的。例如有的课文用字先出现了某个字，但并没有出现在生字教学中，在统计中就表现为课文用字的首现字要先于生字教学的首现字。例如“厦”，在人教义教版第 3 册第 17 课《北京》中（“还有许多新建的高楼大厦”）就已经出现了，但在第11册第19课《林海》中（“千山一碧，万古长青，恰好与广厦、良材联系在一起”）才把“厦”列为生字来教。教材为了扩大学生的阅读面，一般都会在精讲课文之外，编有多种其他类型的课文，以供教师和学生选择。非精讲课文在不同教材中使用的名称不尽相同，如有阅读课文、自读课文、自习课文、浏览课文等。本次调查中的课文生字全部来自精讲课文，生字教学用字具有教学对象突出、目的明确的特点。在一套教材中选哪些字列入不同年级、不同阶段的汉字教学在一定程度上体现出教学大纲中汉字教学的目的、要求及教材编纂者的理念。如果说课文用字是用“自然形态”的方式来显示教学用字情况，那么生字教学用字对汉字教学的目的与理念的体现就直接得多了，它更清晰地负载着教学大纲和教材编纂者在长期汉字教学中形成的理念和习惯，表现出了对小学生汉字学习心理的把握。对生字教学用字的调查，可以从一个侧面观察到，基础教育在长期汉字教学实践中表现出来的在字量、字种、字序安排上的规律和特点。

（二）调查方法

对课文用字的调查使用了频率调查法，对生字教学用字使用了位序调查法。

位序调查法统计的是各套教材的生字数量、在各册与课文的分布及出现的先后顺序。所谓位序，主要是对首次出现的生字所做的调查，即对首次出现的生字通过册的先后、一册书中课文的先后、一篇课文中生字排列的先后统计出每套教材的生字顺序，从而观察生字在作为教学对象出现的先后顺序中表现出来的语义特点与教学理念。具体方法为：对首次出现的生字先排册序，次排课文序，再排一篇课文中的生字顺序。三种排列均按升序排列。8套教材的生字位序之和除以教材总套数，即可得到每个生字的位序值，位序值相同的按音序排列，这样就能得到所有生字的位序表。

台湾的康轩版用的是繁体汉字。为了便于统计，本次调查做了繁简转换，统计对象使用的是简体字版。

三　调查内容

（一）课文用字调查

1. 课文用字的使用情况

表 5-2　各教材课文用字的使用情况

教材	册数(册)	字次	字种数
人教新课标版	12	191 306	3 485
北师大新课标版	12	158 016	3 444
人教义教版	12	141 471	3 228
北师大义教版	10	99 452	3 107
广东义教版	12	149 254	3 247
上海版	10	232 235	3 613
康轩版	12	60 504	2 575
启思版	24	73 883	2 531
合计	104	1 106 121	4 372

上表显示，课文用字的总字次，最多的为上海版的 232 235 次，最少的为康轩版的 60 504 次。8 套教材的总字次为 1 106 121 次。

字种数，最多的为上海版的 3 613 字，最少的为启思版的 2 531 字。8 套教材的总字种为 4 372。

2. 课文用字的累加频率用字情况

累加频率能清楚地反映教材中课文用字的分布状况。调查结果如下：

表 5-3　课文用字的累加频率用字情况

累加频率(%)	使用的字种数	最低字次数
50	117	1 579
60	205	1 024
70	344	637
80	584	343
90	1 069	153
95	1 569	77
99	2 632	18
100	4 372	1

上表显示，累加频率达到80%时，使用汉字584个，最低字次为343次。

按使用频率排位前100的汉字是：

的、一、了、我、是、不、在、上、来、有、着、们、他、地、人、小、子、这、到、个、大、里、说、天、就、你、看、下、那、去、时、得、起、出、过、把、么、好、也、要、和、多、它、中、家、只、水、都、儿、又、会、生、妈、还、头、可、没、面、花、为、开、很、后、样、像、老、走、长、见、然、学、能、年、自、从、树、以、心、边、山、想、声、国、成、道、用、回、发、手、前、动、她、高、给、对、海、白、什、爸、色

(二) 生字教学用字调查

1. 生字教学用字的使用情况

生字教学用字的使用情况调查包括字次、字种以及各个版本教材生字的共用、独用情况。

(1) 字次与字种

8套教材的生字教学用字的字次与字种调查结果见表5-4。

表5-4　各教材生字教学用字字次与字种使用情况

教材	册数(册)	字次	字种数
人教新课标版	12	5 500	2 997 ①
北师大新课标版	12	4 057	2 806
人教义教版	12	2 540	2 535
北师大义教版	10	3 428	2 832
广东义教版	12	3 501	2 781
上海版	10	3 652	2 503
康轩版	12	2 800	2 328
启思版	24	2 529	2 438
合计	104	28 007	3 855

上表第3栏反映的是生字教学用字出现的字次。在生字教学中，或要求会读，或要求会写，或要求能正确使用，同一个汉字可能会多次成为生字教学的对象。如广东义教版的“萎”，在生字中出现了5次：

第3册第13篇课文：“茎断叶就萎”。教学内容为书写。

第5册第13篇课文：“(爬山虎)不几天就萎了”。教学内容为注音。

① 人教新课标版要求会认字3 000字，会写字2 500字。调查显示会认字中有6字重复，实际上只有2 994个；会写字中有3字是会认字所没有，故两类汇总为2 997个不同的汉字。

第 6 册第 9 篇课文:“(植物)萎靡不振”。教学内容为注音和组词(萎靡不振)

第 7 册第 24 篇课文:“草儿全都枯萎了”。教学内容为注音和组词(枯萎)

第 10 册第 14 篇课文:“叶子枯萎了”。教学内容为注音和组词(枯萎)

后两例相似。前三例显示出教材在安排生字时是有所区别的,即在不同的学习阶段有侧重地安排了字形、字音、用法及组词功能的学习。

生字教学用字字次排在前两位的是人教新课标版和北师大新课标版,因为这两套教材分别按会认字、会写字列出了生字。8 套教材的生字教学用字总字次为 28 007 次。

(2) 生字的共用、独用

3 855 个生字教学用字在 8 套教材中的分布不一样,有的生字 8 套教材里都有,有的生字只出现在一套教材中。所有生字在 8 套教材中的具体分布见表 5-5。

表 5-5　生字的教材分布情况

教材数	字种数	占总字种数的比例(%)
8	1 397	36.24
7	587	15.23
6	317	8.22
5	219	5.68
4	245	6.36
3	283	7.34
2	302	7.83
1	505	13.10
合计	3 855	100.00

数据显示,生字字种分布在所有 8 套教材中的有 1 397 个,占总数的 36.24%;分布在 7 套教材中的有 587 个,占总数的 15.23%;分布在 4 套(包括 4 套)以上教材中的有 2 765 个,占 71.73%;只在 1 套教材中出现的生字是 505 个。

每套教材生字教学用字的共用、部分共用、独用情况见表 5-6。

表 5-6 生字在各教材中共用、部分共用、独用情况

教材名	生字数	共用		部分	独用	
		字种	比例(%)	共用	字种	比例(%)
人教新课标版	2 997	1 397	46.61	1 537	63	2.10
北师大新课标版	2 806		49.79	1 336	73	2.60
人教义教版	2 535		55.11	1 128	10	0.39
北师大义教版	2 832		49.33	1 330	105	3.71
广东义教版	2 781		50.23	1 311	73	2.62
上海版	2 503		55.81	1 060	46	1.84
康轩版	2 328		60.01	842	89	3.82
启思版	2 438		57.30	995	46	1.89
合计	3 855	1 397	36.24	1 953	505	13.10

统计数据清楚地显示出各套教材收字的差异程度。独用字愈少，显示其所选字被其他教材认同的程度愈高。独用程度最低的是人教义教版，独用字仅占其全部生字的 0.39%。

(3) 独用字调查

独用字指只在一套教材中使用的生字教学用字。从各教材独用字的调查中可以看出该教材在用字上的特点。

表 5-7 各教材的独用字

教材	独用字				
	总数	常用字①	次常用字	通用字	通用字以外
人教新课标版	63	巡贷筛薪(4)	匕阱咆奄狰玷哮唠悍殉耘胯捶掂敛眷笞裆铝寝搪碱撵遣噩濒懦爵鬓髓(30)	戎囫囵佬炖诣娆倭骋喵傣喽媪棹翕腑铿阑榉腭飕鲈獐踌噎镳瞰鳃踏(29)	——
北师大新课标版	73	杠疫涝(3)	丐匈坎坞坷殴恬涎钠陨捍崔淳愕缔蛹衙寡薛嚎豁(21)	卞驭侚忪甬姗牦剌甯孛狩禹奁虻骁徕敖眩砝偃偻匐啜唧喏戛搒淄淇绺萦谛惺搽暄遛锢嘎慵褓楼篆蕃鲧膛濡褪镫鳅(49)	——
人教义教版	10	伪宪阀债(4)	皿抒乾滓擒壕(6)	——	——

① 常用字指的是《现代汉语常用字表》中的 2 500 字，次常用字指的是《现代汉语常用字表》中的次常用字 1 000 字；通用字指的是《现代汉语通用字表》中除 3 500 常用字以外的部分。

（续表）

北师大义教版	105	邪芹垄趋(4)	沧嗤戳掸淀痘芙亥硫氯缅藐湃澎菩浦蓉闰僧恃蜀伺纬鹉萧汛鸯鹦鸳憎(30)	霭篦汴抻敕滁褚邸窦厄霏馥擀赣亘哽鸪鹄鳜弘琥獾篁篑赳咔匡焜螂赢潋蔺棂搡酶冥啮琶蹒琵珀萋蕲杞羌穹孺瘙跚渑绥唢螳韦渭兮晞鳕嘌滟浥喑鹬哉簪蜇鹧臻帧渚孳(71)	—
广东义教版	73	倡辅糠瞒叛税佣(7)	隘庵梆彪碴弛氮哆翰钾琅肋寥蹦蛉锚泌牡镊喊蹂芍栓嗦粤蔗(26)	盎箔噌杵椽靛貂迩洱庚旌飓镭磊坜廖獠蒌骞樯诮嵘睿菽厮祀陀苋洨俨膺羸釉羿诏肇圳峥(38)	礴唰(2)
上海版	46	怠婶腥(3)	褒鳖茬侈鳄岔赫惶抠吝畦撬搔奢屎曙蟀瘫蟋懈樟(21)	婵忏砂忖帼皓胫撅厥绮蔷橇啬邵榻坍霆嗵俞芸孜粽(22)	—
康轩版	89	疮(1)	阐雌函鸠潦酪昵溺跷蛆儒碳蜕犀恤夭栈昭撰(19)	鹌飙恻槌鹑淬蹉悱觚榖砻踝桓徨潢洄瘠嗑脍睐岚末橹懵璞戕樵邱糗茹讪倏嵩邃嚏跎逶奚蜥逍潇偕榭擤垭筵耶咿迤裔蜴懿啧啁鸠徵祉胄镯兹佐(61)	魟硓昇讬吔徼佇梼(8)
启思版	46	摧奸(2)	艾梗骇涣稽贾兢廓氓鹏氢祟唆尉漩卒(16)	舨槟谗狄戟稷桔蕨瞌苓戮榈噗曝琪茸任汝舢噬潍薰胭彦匝渍(26)	濛枱(2)
合计	505	28	169	296	12

表 5-7 显示，有 28 个独用字属于常用字，且每套教材都有属于常用字的独用字。进一步调查显示，只出现于 2 套教材的常用字有 27 个，只出现于 3 套教材的常用字有 65 个。

有 169 个独用字属于次常用字。这种情况的出现是因为小学阶段要求掌握的汉字是 2 500—3 000 字。

有 296 个独用字属于通用字范围。这些已经超出了 3 500 个常用字的范围，即超出了要求初中生掌握的汉字范围。

有 12 个独用字不在《现代汉语通用字表》的 7 000 字范围。这 12 个独用字出现于 3 套教材，为方言字、异体字及专用于某种场合的繁体字。

根据上述调查，可以看出生字教学用字有以下几个特点：

1)每套教材的生字字种数相差不大,最多的 2 997 个,最少的是 2 328 个,平均 2 652.5 个。按《全日制义务教育语文课程标准(实验稿)》提出的小学阶段要掌握 2 500 个汉字的要求来看,最多的超出近 500 字,最少的少了 172 字。大致说来,大陆地区教材的生字量高于港台地区的教材,新课标教材多于其他教材。

2)教材之间的生字字种差异大。8 套教材的生字字种共计 3 855 个,比《全日制义务教育语文课程标准(实验稿)》要求掌握的 2 500 字多出了 54.2%,比 8 套教材平均生字数 2 652.5 多出了 45.3%,这说明,不同教材在选取哪些字作为生字时差异相当大。即各套教材的生字字量接近,但字种差别大。

2. 生字教学用字的首现情况

"首现"指的是一个汉字首次出现在生字教学用字中,首次成为生字教学的对象。调查生字的"首现"情况可以了解先教哪些汉字后教哪些汉字。首现生字的调查与教哪些字不教哪些字相比,同样值得甚至更为值得重视。因为教什么不教什么的问题容易体现出来,在一套教材的全部教学内容中容易做到前后照应,解决起来相对容易。而先教哪些后教哪些就要复杂得多,受到教学理念、教学目的、学习规律、文化背景等因素的影响也更大些。首现生字的调查结果见表 5-8。

表 5-8　首现生字在不同册数中的分布

教材 \ 册	1	2	3	4	5	6	7	8	9	10	11	12	合计
人教新课标版 rjx	400	550	449	401	200	199	201	200	198	199	—	—	2 997
北师大新课标版 bsdx	146	275	297	412	385	356	328	278	140	189	—	—	2 806
人教义教版 rjy	160	280	380	359	280	280	199	200	124	119	93	61	2 535
北师大义教版 bsdy	374	358	323	316	282	241	269	240	227	202	—	—	2 832
广东义教版 gdy	217	343	511	430	299	266	188	196	102	83	74	72	2 781
上海版 sh	458	540	507	483	228	287	—	—	—	—	—	—	2 503
康轩版 kx	104	181	216	224	257	225	231	207	205	184	178	116	2 328
启思版 qs	368	218	239	211	257	225	176	206	146	155	132	105	2 438
合计	2 227	2 745	2 922	2 836	2 188	2 079	1 592	1 527	1 142	1 131	477	354	21 220

下面的折线图更清楚地显示出表 5-8 数据的关系：

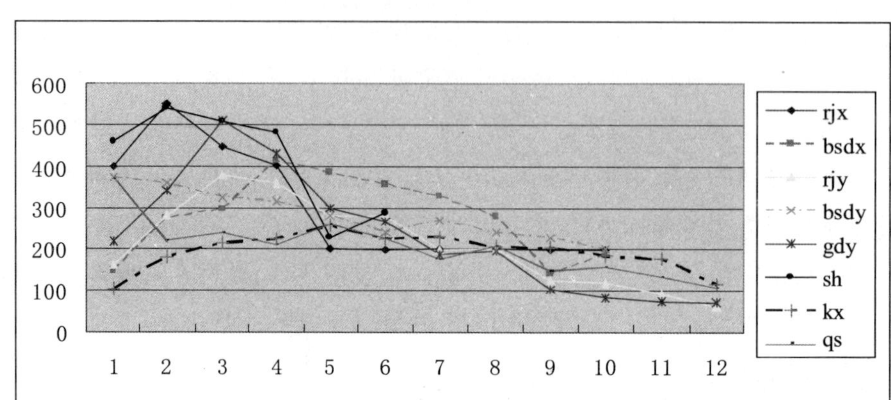

图 5-1 8 套教材首现生字分册分布

图 5-1 清楚显示出以下几个特点：

(1) 汉字教学的高峰集中在第 2、3、4 学期，即小学一年级下学期与二年级全年。第 11、12 学期即六年级，汉字教学的分量明显下降。有的高年级不再进行生字教学，如上海版；有的高年级只进行汉字复现式教学，如人教新课标版的第 11 学期有 120 例生字教学，第 12 学期有 80 例生字教学，但都属于复现式教学，统计反映不出来；有的只有 5 年的学制，如北师大义教版。

(2) 第 1 学期生字量不是最多，因为大陆和香港教材在第 1 学期前半期都安排汉语拼音教学，台湾康轩版则讲授注音字母。

(3) 人教新课标版的生字教学字量起伏最大。在第 2 学期安排的汉字教学量最多，明显高出其他教材。

(4) 康轩版的首现汉字分布最为平缓。在 12 个学期基本上是均匀地进行汉字教学，最少的 104 字，最多的 257 字，呈现出中间略微突起，两端稍稍下倾的平缓延伸线。这种状况与其教学大纲的理念相吻合。

3. 第 1 册首现生字调查

下面调查的是第 1 册的首现生字。这是整个小学汉字教学的起始阶段，可以从中清楚地看到这个阶段人们对汉字教学中最基础汉字的字量与字种的看法。第 1 册首现生字调查包括以下两项内容：(1)教材分布情况调查；(2)语义分布调查。

(1) 第 1 册首现生字的教材分布情况

8 套教材第 1 册的首现生字字种 773 个，共出现 2 227 次，在不同教材中的分布情况见表 5-9。

表 5-9　第 1 册首现生字的教材分布情况

教材数	字种数	比例(%)
8	33	4.27
7	38	4.92
6	49	6.34
5	52	6.73
小计	172	22.26
4	73	9.44
3	94	12.16
2	135	17.46
1	299	38.68
合计	773	100.00

8 套教材第 1 册共用生字 33 个，占第 1 册生字总数 773 个的 4.27%；在5—8套教材出现的有 172 个，占总数的 22.26%；只在 1 套教材出现的有 299 个，占总数的 38.68%。第 1 册共用生字的比例远远低于整个小学阶段共用生字的比例，第 1 册共用生字仅占第 1 册全部生字的 4.27%，而整个小学阶段共用生字占 36.24%；第 1 册独用字的比例远远高于整个小学教材独用字的比例，第 1 册独用生字占第 1 册全部生字的 38.68%，而整个小学阶段独用生字仅占13.10%，表现出汉字学习初始阶段各教材的生字差异大于整个小学阶段的生字差异的特点。可见在汉字教学的最初阶段，选择哪些汉字来作为教学对象，还值得深入研究。下面是对 8 套教材第 1 册生字字种中的共用、部分共用、独用情况的调查结果。

表 5-10　各教材第 1 册生字的共用、部分共用、独用情况

字 教材	用字数	共用字	部分共用字	独用字
人教新课标版	400	33	319	48
北师大新课标版	146		104	9
人教义教版	160		126	1
北师大义教版	374		275	66
广东义教版	217		179	5
上海版	458		346	79
康轩版	104		63	8
启思版	368		252	83
合计	773	33	441	299

共用字 33 个，部分共用字 441 个，独用字 299 个。每套教材的第 1 册生字中都有独用字，最多的 83 个，最少的 1 个。具体如下：

人教新课标版生字独用字 48 个：

岸、拔、班、报、卜、藏、尘、晨、城、次、搭、肚、堆、格、跟、更、化、间、京、砍、棵、礼、流、萝、每、男、暖、旁、苹、骑、旗、森、商、烧、舍、鼠、束、鲜、响、许、艳、野、业、影、远、越、众、最

北师大新课标版生字独用字 9 个：冻、户、泪、切、所、围、位、因、照

人教义教版生字独用字 1 个：民

北师大义教版生字独用字 66 个：

暗、鼻、拨、餐、朝、锄、处、此、滴、顶、独、垛、芳、肥、丰、枫、改、弓、沟、寒、何、昏、毽、讲、皆、井、苦、姥、离、粒、凌、咯、鹿、冒、悯、泥、偶、盘、墙、情、求、认、若、收、首、衰、霜、踢、卧、握、霞、相、项、辛、寻、遥、药、疑、隐、咏、遇、脏、者、枝、壮、祖

广东义教版生字独用字 5 个：父、旧、扫、页、主

上海版生字独用字 79 个：

傍、饱、伯、超、传、串、丛、袋、弹、蛋、等、叼、钓、丁、定、丢、法、蜂、各、海、号、喝、荷、虎、划、架、斤、经、晶、困、篮、浪、李、领、令、另、梦、蜜、名、末、母、婆、齐、奇、琴、轻、蜻、区、犬、扔、狮、耍、司、死、甜、蜓、吐、吞、忘、未、稀、吓、鞋、信、鸦、芽、摇、咬、医、意、银、印、迎、永、油、与、招、召、重

康轩版生字独用字 8 个：鞭、宫、恭、街、炮、泡、巷、著

启思版生字独用字 83 个：

搬、板、被、表、诚、橙、迟、厨、荡、倒、底、掉、跌、断、躲、竿、功、呱、哈、哗、滑、夹、价、健、洁、界、精、镜、卡、康、雷、谅、溜、慢、绵、魔、陪、盆、破、期、抢、勤、晴、请、洒、晒、裳、伸、神、绳、实、拾、食、世、试、嘶、撕、滩、添、厅、通、腿、味、舞、务、息、橡、谢、需、檐、演、养、腰、椅、应、营、勇、摘、盏、折、值、指、紫

教材的独用生字愈少，显示其所选字愈具有通用性。人教义教版、广东义教版、康轩版独用字分别只有 1 个、5 个、8 个，与其他教材“吻合”的程度比较高。独用字在 50 个以上的有 3 套教材。较多的独用字显示其选字与其他教材差异较大。

(2) 第 1 册共用首现生字的语义分布情况

调查第 1 册首现生字的语义构成颇有意义，它可以显示各教材在选择生字

教学时所表现出来的语义考虑。下面是33个共用字的语义分布：

数字类：一、二、三、五、八

量词类：个

方位类：上、下、里

指人的称谓类：我、们、妈、你

指身体部位类：头、手、口

指自然现象类：天

指动物类：鸟、鱼

指事物类：门

运动变化判断类：去、来、出、见、走、开、是

性质状态类：小、白

辅助词（介词类）：在

辅助词（副词类）：不

辅助词（助词类）：的、地

33个共用字的数量并不多，但却涵盖了最重要和最基础的语义类。

见于7套教材的有38字，它们大都仍可归入上面的语义类，新增的语义类只有“植物类”一类。这38字列于“/”的后面：

数字类：一、二、三、五、八 / 六、七、十、四

量词类：个 / 只

方位类：上、下、里 / 东、西

指人的称谓类：我、们、妈、你 / 儿、己、人、他、子

指身体部位类：头、手、口 / 目

指自然现象类：天 / 风、日、山、水、星、月、云

指动物类：鸟、鱼 / 马

指植物类：/ 果、叶

指事物类：门 / 家

运动变化判断类：去、来、出、见、走、开、是 / 过、看、起、生、问、用、有

性质状态类：小、白 / 大、多、好、早

辅助词（介词类）：在 / 把

辅助词（副词类）：不 / 又

辅助词（助词类）：的、地 / 了

以上的归类虽然简单，却显示了一个重要信息，就是科学的小学识字教学在选用汉字时一定会考虑到学生的认知需要、认知能力和认知特点。上面的汉字和语义类，都是处于启蒙阶段的低年级小学生所必需的。由此可见，在长期的小学识字教学实践中，已经积累了一些有益的经验，并得到相当普遍的认同。

4. 生字教学用字的位序统计

根据生字在教材中出现的先后顺序，可以将一套教材中的所有生字排序，排序标准是由第1册至第12册的册序、每册之内的课文编号、一篇课文内生字出现的先后顺序构成。如果一个生字多次出现，则根据其首次出现的位置。如人教义教版有生字2 535个，即可排出2 535个序号。对首现生字排序可以观察到一个汉字进入生字教学用字的先后，并可从中发现生字教学用字的某些规律和特点。

在获得8套教材各自的生字位序表后，还可以求出8套教材所有生字的总位序表。调查方法是把每个生字在8套教材的位序号相加，再除以所有教材的套数，这样得到的就是每个生字在8套教材的平均位序。如果某个生字不见于某套教材，则设定该生字为这套教材生字位序中的最后一位。这样做的目的是为了避免因教材套数少而导致独用字或部分共用字的位置反而排在前面的情况。这样一来，所有的3 855个生字都分别获得了8个位序。对教材中出现了的该字来说，这是它的真实位序；对教材中没有出现的该字来说，它获得的最后一位序号实际上是虚拟位序。下面以“宗”字为例：

表5-11 “宗”字的位序调查

教材＼位序	“宗”字位序	该教材的总位序	计算位序	5套教材平均位序	8套教材平均位序
人教新课标版	1908	2997	1908	1795.2	2137.6
北师大义教版	1817	2832	1817		
康轩版	2156	2328	2156		
启思版	1252	2438	1252		
上海版	1843	2503	1843		
北师大新课标版	—	2806	2807		
人教义教版	—	2535	2536		
广东义教版	—	2781	2782		

“宗”字出现在5套教材中，位序分别是1908、1817、2156、1252、1843。在其他3套没有出现的教材中，“宗”字获得的就是比该教材总位序低一级的位序号，分别是2807、2536、2782。这样“宗”字就有了两个位序：1795.2位是它出现在其

中的5套教材的真实排序，2137.6是加进了它不在其中的那3套教材的虚拟排序，综合得到的它在8套教材中的总位序。

用以上方法可得到全部生字的排位顺序。统计结果能清楚显示儿童学习汉字的某些重要特点。下面是排在最前面的100个字：

一、二、三、上、小、下、五、我、八、天、个、去、里、四、十、口、鱼、不、六、在、来、白、妈、七、水、家、你、是、子、们、地、开、大、人、手、儿、的、花、走、日、门、鸟、老、见、书、头、有、云、只、雨、生、多、风、山、月、早、九、看、星、爸、又、出、好、两、树、说、做、把、用、学、爱、青、田、叶、友、毛、绿、么、片、起、吃、面、玩、果、西、东、回、过、唱、米、什、会、木、秋、到、朋、路、声、文、年

表5-12显示的是前10个字在各套教材中的具体统计情况。

表5-12　生字位序表中前10个字的位序统计

字	人教新课标版	北师大新课标版	人教义教版	北师大义教版	广东义教版	上海版	康轩版	启思版	总位序均值	总位序
一	71	1	1	1	9	5	1	1	11.25	1
二	73	4	6	2	10	6	14	14	16.13	2
三	74	2	2	3	11	12	4	27	16.88	3
上	104	27	25	22	62	17	6	12	34.38	4
小	38	13	29	77	47	50	30	5	36.13	5
下	14	50	27	23	46	56	7	71	36.75	6
五	77	66	3	5	13	60	51	54	41.13	7
我	3	133	31	129	17	25	15	15	46.00	8
八	80	7	9	15	1	70	91	104	47.13	9
天	69	10	46	101	92	22	32	18	48.75	10

统计结果显示，小学生学字其实是从学数开始的，表数汉字大都排在很靠前的位置，在前10个字中就占了5个。某个字排前几位或后几位会受到某部教材某些因素的影响，统计的教材愈多，其表现出来的规律性普遍性会愈明显。另外，具体字的排位相差可能会大些，但义类的有无及出现的先后却要稳定得多。从上面归纳的义类来看，这些义类都是基础的，符合小学生认知需求。这说明，反映社会一般用字规律和特点的通用字表与学习性字表有很大不同。

8套教材生字位序总表中前1 000字见本报告第二部分“基础教育阶段小学语文教材生字位序表”。

(三)生字教学用字与课文用字的比较

上面分别对课文用字和生字教学用字进行了调查。课文用字的调查方法采用频率统计法,这是在一般的用字调查中使用最多的方法。它能显示出在一定语料范围中汉字出现的频率,能较清楚地反映具体汉字的常用程度。生字教学用字的调查方法采用首现位序调查法,它能显示一个汉字在汉字教学过程中所处的先后位置,可以从中观察到它在人们认知过程中的作用和重要性。

1. 生字教学用字与课文用字的数量比较

下面首先从字量上来比较生字教学用字与课文用字的情况。生字应该少于课文用字,因为课文用字与课文内容关联在一起,涉及面会比较宽,学生一般都能通过上下文来初识粗懂部分汉字。而生字带有明确的教学要求,并采用一定的教学形式。课文用字的字种数一般都大于生字的字种数。

表 5-13　生字教学用字与课文用字字种数比较

教材	生字字种数	课文用字字种数	相差数
人教新课标版	2 997	3 485	488
北师大新课标版	2 806	3 444	638
人教义教版	2 535	3 228	693
北师大义教版	2 832	3 107	275
广东义教版	2 781	3 247	466
上海版	2 503	3 613	1 110
康轩版	2 328	2 575	247
启思版	2 438	2 531	93
合计	3 855	4 372	517

表 5-13 显示,课文用字数都比生字教学用字数要多,超出最多的是上海版。

2. 生字教学用字与课文用字的位序比较

生字教学用字与课文用字还可以从位序来进行比较,前者的位序反映的是进入生字教学环节的先后,后者反映的是汉字在教材中使用频率的高低。以下进行两项比较:(1) 位序段的同异比较;(2) 频位差比较。

(1) 位序段的同异比较

表 5-14　生字教学用字与课文用字位序段同异比较

位序	共用字	共用字比例(%)	相异字	相异字比例(%)
前 100	57	57.00	43	43.00
前 200	133	66.50	67	33.50
前 400	304	76.00	96	24.00
前 600	487	81.17	113	18.83
前 800	655	81.88	145	18.12
前 1 000	841	84.10	159	15.90
前 1 500	1 310	87.33	190	12.67
前 2 000	1 824	91.20	176	8.80
前 2 500	2 309	92.36	191	7.64
前 3 000	2 772	92.40	228	7.60

表 5-14 显示,愈是排在前面位序的字差异部分愈大。前 100 字中,共用字有 57 个,占总数的 57.00%;前 1 000 字中,共用字有 841 个,占总数的 84.10%;前 2 000 字中,共用字有 1 824 个,占总数的 91.20%。

下面来具体分析前 1 000 字。在双方排位前 1 000 字中,共用 841 字,差异的有 159 个。这 159 字表现如下。

生字教学用字有而课文用字无的 159 字:

狸、苗、搬、逃、按、汗、茶、替、柳、咬、窝、粉、舒、治、葡、萄、肚、司、巧、选、杨、累、铃、互、晶、扫、盆、吓、粗、著、淡、哗、眉、退、躲、未、鹰、专、棉、漫、丢、扬、壳、脱、际、坡、瓶、鸣、串、阔、赏、丰、搭、滑、梅、贴、骑、户、猎、豆、塘、灭、烂、洁、创、良、稻、舍、苹、尺、扔、箱、软、拔、绕、泡、组、拾、艳、披、祝、值、欣、芽、浅、昨、扁、惜、篮、羽、努、厂、聪、议、丈、扇、饿、束、央、盒、矮、巾、附、胆、渴、饱、灿、傍、晒、肥、抢、蚂、洒、鸦、冻、睛、蚁、挡、诚、勤、粒、辆、浇、瓦、脏、播、爪、叠、扶、炉、吞、虾、铅、迟、蜓、蜻、胖、庆、夸、舟、闷、吐、萝、猪、录、卜、弓、评、舌、仗、耍、纱、泳、霜、澡、禾、梯、裳、蚊

最后一个“蚊”字,在生字教学用字中排在第 937 位,在课文用字中排在第 2148 位。

生字教学用字无而课文用字有的 159 字:

圈、乱、躺、环、兰、叔、单、佛、奔、尽、仍、研、永、纷、考、痛、待、男、类、碗、厚、筑、简、馆、休、透、导、层、似、碰、显、顾、初、卖、奋、冒、散、胜、务、约、仿、

险、夫、富、何、者、赛、劲、官、肯、宁、验、旗、汉、且、谈、续、将、映、印、瞧、程、称、内、独、设、察、境、居、射、端、伟、复、达、骨、丝、索、帝、迹、充、铁、挺、岭、敌、泪、史、任、航、箭、雾、塔、懂、志、态、般、族、席、晃、严、示、制、怀、刺、炮、临、婆、登、警、曾、性、亚、枪、确、继、罗、系、峰、速、克、强、武、依、兵、楚、威、扎、度、竟、绝、异、即、隆、击、默、鲁、或、坚、斯、血、腾、酒、堂、鬼、玻、璃、蒙、顿、德、柴、恩、横、桑、秦、赵、尔、存、奥、尼、娜

最后一个"娜"字,在生字教学用字中排在第 2725 位,在课文用字中排在第 969 位。

(2) 频位差比较

在双方共有的 3 833 字中,还可以比较其排位的差异,以显示它们各自的排位特点。

生字教学用字排在前面,课文用字排在后面,差异最大的前 100 字如下:

瞳、犬、禾、菠、呦、芍、泗、韭、姜、辕、鹂、蛹、砝、甥、粟、辙、埔、申、臼、肘、厕、袜、澡、踊、兆、搽、帼、驾、蚊、钝、鸯、蹊、睬、绦、娟、醋、猾、柑、噌、睫、柿、碉、皿、嗤、芹、勺、蛇、窝、舌、鹭、谎、梯、纲、匆、濡、拆、裳、茄、芋、鸽、蚪、吨、猿、蝌、钦、焜、锣、咏、煮、惰、鹦、惕、铿、狡、鹉、狱、樯、棘、喏、悯、甬、雹、届、兼、铝、晞、庆、鹃、蛉、蚜、睿、胀、闯、蚁、晾、淇、磊、厢、琵、谜

排位差异最大的是"瞳"字,在生字教学用字中排在第 1780 位,在课文用字中排在第 4286 位。

生字教学用字排在后面,课文用字排在前面,差异最大的前 100 字如下:

蔺、葛、瑜、詹、嗡、莎、闰、娜、炕、诺、奴、陀、巫、佑、蟀、玛、蟋、诸、嘎、尼、尔、瑞、璧、澎、晏、曰、廉、髓、姆、奥、涤、艾、颇、董、埃、驴、弈、匈、赫、隶、尉、珀、桅、茨、渑、琥、庸、谛、湃、叙、媳、秦、瑙、扳、捐、斯、蒂、泸、椰、甫、忌、桓、獾、剂、搪、搔、翰、赵、禹、豹、缕、槐、珊、德、或、篝、萧、庚、锹、杰、存、奄、膑、嗖、镭、链、猬、跄、踉、蟒、源、丐、赓、卤、纽、凯、馅、脂、荚、揍

排位差异最大的是"蔺"字,在生字教学用字中排在第 3594 位,在课文用字中排在第 1011 位。

（四）生字表与《现代汉语常用字表》的比较

1. 生字表在《现代汉语常用字表》中的有无情况

（1）各教材生字教学用字与《现代汉语常用字表》的比较

表 5-15　各教材的生字教学用字与《现代汉语常用字表》的比较

教材	生字字种数	常用字 2 500	次常用字 1 000	《现代汉语常用字表》以外的字
人教新课标版	2 997	2 373	447	177
北师大新课标版	2 806	2 223	415	168
人教义教版	2 535	2 249	257	29
北师大义教版	2 832	2 226	388	218
广东义教版	2 781	2 311	334	136
上海版	2 503	2 097	311	95
康轩版	2 328	1 891	278	159
启思版	2 438	2 066	271	101
合计	3 855	2 488	798	569

上表显示：1. 没有一套教材的生字教学完全采用《现代汉语常用字表》中的一级常用字。2. 每套教材都选用了相当数量的次常用字中的汉字。3. 每套教材虽然生字总数都在 3 000 字以内，但所用字都有超出《现代汉语常用字表》3 500 字范围的。超出最少的为 29 个字，最多的达 218 字。8 套教材合计超出 569 字。

（2）在 4 套以上教材中出现的生字与《现代汉语常用字表》的比较

表 5-16　4 套以上教材中出现的生字与《现代汉语常用字表》的比较

教材数	字种数	不见于《现代汉语常用字表》3 500 字	
		字种数	例字
8	1 397	1	嘛
7	587	3	吾 眺 愣
6	317	12	迪 凋 咚 呱 睫 噜 噢 哦 啪 哇 蜿 绚
5	219	17	淙 峨 翡 瀚 跤 稞 叩 斓 鹂 粼 茏 鹭 嗯 嘻 栩 渲 恙
4	245	27	姹 潺 丞 嗒 嘟 扉 涸 瑚 婪 嶙 拎 珑 莓 袅 咛 艄 擞 绦 湍 霄 峋 瑶 俑 峪 曰 蚱 湛

（3）前 2 500 生字与《现代汉语常用字表》的比较

上面是将 3 855 个生字作为一个整体来考察，下面将排出了位序关系的生字表再与《现代汉语常用字表》中 2 500 常用字做对比。

前 2 500 个生字中属于一级常用字的有 2 234 个，属于二级常用字的有 228 个，在此之外的有 38 个。这 38 个字是：

嫦、淙、嗒、迪、凋、嘟、娥、呱、瑚、毽、睫、叩、愣、鹂、咯、珑、噜、漉、鹭、嘛、莓、噢、哦、啪、埔、塾、泗、绦、眺、哇、蜿、喔、吾、嘻、绚、咦、颐、楂

2.《现代汉语常用字表》在生字表中的有无情况

下面调查的是《现代汉语常用字表》在生字表中的分布情况。

2 500 常用字不在生字表范围之内的有 12 个：

霸、毙、弊、贿、僚、骡、萍、刃、肾、剃、贤、姻

1 000 次常用字不在生字表范围内的有 202 个：

氨、拗、捌、靶、谤、焙、荸、秕、庇、蓖、贬、瘪、禀、渤、埠、衩、猖、畴、醇、篡、悴、撮、锉、歹、嘀、嫡、碘、佃、刁、谍、锭、椟、兑、囤、踱、堕、讹、扼、遏、贰、矾、樊、菲、诽、麸、敷、凫、钙、肛、镐、蛤、羹、埂、耿、汞、垢、沽、箍、卦、闺、硅、刽、焊、夯、沪、宦、痪、蝗、磺、幌、茴、蛔、讳、晦、秽、荤、畸、妓、枷、柬、剿、酵、秸、靖、灸、玖、驹、揩、铐、苛、傀、癞、缆、榔、烙、儡、楞、痢、镣、檩、赁、馏、娄、卤、赂、沦、蟆、铆、楣、檬、锰、糜、娩、螟、馍、匿、捻、孽、柠、脓、疟、耙、硼、坯、啤、譬、柒、脐、迄、荠、黔、憔、冗、叁、臊、苫、膳、赡、赊、赦、笙、矢、嗜、枢、淑、秫、赎、涮、讼、溯、昙、谭、袒、颓、瘟、紊、瓮、诬、晤、徙、铣、辖、锨、腺、箫、淆、楔、蝎、锌、衅、邢、酗、婿、癣、腌、阎、唁、谚、堰、姚、掖、谒、壹、揖、胰、邑、肄、淫、隅、舆、酝、赃、蚤、铡、斟、疹、滞、盅、赘、谆、酌、诅

次常用字不在生字表范围之内好理解，因为这 1 000 字已经超出了要求小学生掌握的范围。但 2 500 常用字不在生字范围的有 12 个字，这是值得重视的。不仅因为 2 500 常用字是要求小学生要掌握的，更主要的是 8 套教材生字总量已经达到了 3 855 个，远远超出了 2 500 常用字的范围。将这 12 个字放到课文用字中考察，仍有 4 个不在课文用字之中，它们是“贿、僚、骡、姻”。

上述比较显示，虽然各套教材在生字总量上都控制得不错，数量大体在 2 300—3 000字之间，但在选什么字上，差异相当大。教材之间差异大，与常用字表相比差异也较大。前者显示各教材之间在选字上有着相当的“自由度”；后者既显示各套教材在落实字表上的“自由度”，也反映出常用字表与小学生学习用字之间的差异。如在小学的生字教学用字与课文用字中都没有“贿赂”二字，而在《现代汉语常用字表》中“贿”字属常用字，“赂”属于次常用字。在《中国语言

生活状况报告(2005)》下编中,“贿、赂”分别排在第 1672 位和第 2575 位,排位相当靠前。

(五)生字表与《中国语言生活状况报告(2005)》用字总表的比较

《中国语言生活状况报告(2005)》下编的《报纸、广播电视、网络用字总表》(简称“年度用字总表”)有 8 128 个汉字[①],生字表的字见于其中的有 3 851 字,不见于其中的有 4 个字:“砣、洨、黴、伫”。

生字位序表是按照生字在教学中出现的先后顺序来排列的,排在前 10 位的是“一、二、三、上、小、下、五、我、八、天”。年度用字总表是按频率排列,排在前 10 位的是“的、一、在、是、有、国、了、中、人、不”。比较二者之间的位序差,也能清楚地看到两种字表的差异。

1. 生字表中排在前面的 2 500 字与年度用字总表的比较

年度用字总表排序靠前,生字位序表排序靠后,差异最大的前 100 字如下:

权、版、率、企、款、控、欧、范、尼、域、协、奥、监、综、尔、投、局、职、刊、资、签、订、俱、济、构、牌、委、党、婚、据、源、限、判、府、股、冠、贸、州、律、患、络、项、尚、择、予、售、联、罚、存、届、偿、执、析、德、获、泰、违、刘、斯、质、略、基、罪、摄、审、莱、勒、检、港、纳、度、效、俄、价、洛、供、筹、悉、亿、政、增、均、犯、疗、调、社、庭、仅、奖、统、矿、岗、属、或、础、况、亡、锁、财、障

如“权”字在年度用字总表中排在第 203 位,在生字表中排在第 2465 位。

年度用字总表排序靠后,生字位序表排序靠前,差异最大的前 100 字如下:

蝌、蚪、蜻、蜓、鹂、蚜、啄、蚂、裳、呱、蚯、蚓、叼、绦、兔、禾、喳、蚁、眨、蛙、梢、蜘、苞、咦、笆、狸、筏、萤、镰、吩、爪、袄、铛、弓、茸、鹃、伞、秧、浇、菠、芽、柿、稼、鸦、啼、惭、讥、桨、哇、锄、鹅、毽、杈、捉、眯、霎、棵、睬、喔、蛛、哗、鸵、朵、蚊、吱、澡、垛、拄、矮、楂、勺、鸥、茎、虾、嘻、嗒、啪、肚、咕、晒、淙、竿、羔、膀、舌、鸭、舔、啦、趴、蔼、蹦、虫、褐、莺、篱、蝇、蝴、埝、橘、龟

如“蝌”在年度用字总表中排在第 4823 位,在生字表中排在第 1034 位。

2. 生字位序表中排在前 1 000 的字与年度用字总表的比较

年度用字总表排序靠前,生字位序表排序靠后,差异最大的前 100 字如下:

与、司、保、展、其、产、及、持、际、院、集、合、解、之、至、并、使、题、战、受、

① 国家语言资源监测与研究中心编《中国语言生活状况报告(2005)》下编第 33—252 页,商务印书馆 2006 年版。

区、科、军、数、选、议、业、部、队、管、决、总、而、特、报、网、闻、利、提、求、此、建、京、评、商、取、注、华、化、员、治、但、品、接、组、划、期、感、相、代、未、于、究、论、等、量、团、值、通、必、改、深、陈、更、创、阿、历、所、演、最、格、中、支、需、计、间、随、具、失、她、龙、应、被、参、共、机、场、运、引、经

如"与"在年度用字总表中排在第 101 位，在生字表中排在第 997 位。

年度用字总表排序靠后，生字位序表排序靠前，差异最大的前 100 字如下：

蜻、蜓、蚂、裳、兔、禾、蚁、蛙、狸、爪、弓、伞、浇、芽、鸦、鹅、捉、棵、哗、朵、蚊、澡、矮、虾、肚、晒、膀、舌、鸭、啦、虫、铅、翅、傍、瓜、饿、萝、呀、枝、飘、吹、爬、弯、霜、苍、狐、洒、耍、扇、蜂、渴、咬、尖、聪、苹、鸟、稻、盆、丛、串、蜜、雀、仗、壳、竹、豆、叠、狮、鹿、闪、窝、猎、抬、凉、爸、桃、姑、拾、滴、猫、睛、伸、哭、闷、躲、钻、嘴、胖、狗、灿、鼻、纱、眉、扔、鼠、爷、甜、吞、棉、颗

如"蜻"在年度用字总表中排在第 4281 位，在生字表中排在第 880 位。

上面对生字表选取了两个不同排位段的字进行了比较，发现这两个排位段的用字在通用程度上存在明显差别，但年度用字重政治、经济、文体类用字，生字教学用字多动物、植物类用字，多一般性动词义、形容词义用字的特点，却基本没什么变化。

基础教育阶段小学语文教材生字位序表

位序	字
1	一
2	二
3	三
4	上
5	小
6	下
7	五
8	我
9	八
10	天
11	个
12	去
13	里
14	四
15	十
16	口
17	鱼
18	不
19	六
20	在
21	来
22	白
23	妈
24	七
25	水
26	家
27	你
28	是
29	子
30	们
31	地
32	开
33	大
34	人
35	手

位序	字
36	儿
37	的
38	花
39	走
40	日
41	门
42	鸟
43	老
44	见
45	书
46	头
47	有
48	云
49	只
50	雨
51	生
52	多
53	风
54	山
55	月
56	早
57	九
58	看
59	星
60	爸
61	又
62	出
63	好
64	两
65	树
66	说
67	做
68	把
69	用
70	学

位序	字
71	爱
72	青
73	田
74	叶
75	友
76	毛
77	绿
78	么
79	片
80	起
81	吃
82	面
83	玩
84	果
85	西
86	东
87	回
88	过
89	唱
90	米
91	什
92	会
93	木
94	秋
95	到
96	朋
97	路
98	声
99	文
100	年
101	话
102	边
103	向
104	心
105	太

位序	字
106	就
107	问
108	己
109	草
110	河
111	高
112	跑
113	了
114	方
115	笑
116	红
117	从
118	乐
119	这
120	快
121	都
122	后
123	孩
124	兔
125	自
126	才
127	牙
128	可
129	电
130	光
131	送
132	公
133	听
134	美
135	牛
136	画
137	阳
138	前
139	春
140	对

位序	字
141	长
142	空
143	打
144	工
145	包
146	气
147	它
148	土
149	歌
150	条
151	虫
152	皮
153	色
154	黄
155	目
156	要
157	课
158	笔
159	得
160	找
161	师
162	右
163	左
164	拍
165	灯
166	很
167	进
168	告
169	跳
170	叫
171	车
172	哥
173	本
174	明
175	住

位序	字
176	国
177	船
178	竹
179	字
180	种
181	那
182	答
183	身
184	吹
185	火
186	尖
187	坐
188	点
189	耳
190	千
191	外
192	同
193	他
194	黑
195	没
196	瓜
197	午
198	金
199	园
200	游
201	马
202	林
203	亮
204	像
205	朵
206	行
207	排
208	哪
209	今
210	教
211	猫
212	还
213	球
214	拉

位序	字
215	为
216	常
217	放
218	欢
219	想
220	干
221	道
222	怎
223	啊
224	节
225	能
226	正
227	蓝
228	海
229	时
230	轻
231	以
232	动
233	捉
234	拿
235	巴
236	步
237	再
238	现
239	房
240	冬
241	鹅
242	丽
243	和
244	诉
245	夜
246	乡
247	怕
248	座
249	写
250	作
251	呢
252	安
253	先

位序	字
254	热
255	鸡
256	语
257	少
258	呀
259	样
260	知
261	让
262	喜
263	候
264	带
265	定
266	掉
267	望
268	比
269	体
270	谁
271	室
272	背
273	晚
274	沙
275	吗
276	王
277	近
278	挂
279	细
280	伞
281	收
282	加
283	远
284	无
285	全
286	发
287	燕
288	音
289	奇
290	几
291	弯
292	物

位序	字
293	苗
294	读
295	广
296	情
297	真
298	也
299	活
300	件
301	低
302	力
303	赶
304	事
305	站
306	当
307	分
308	服
309	如
310	亲
311	双
312	足
313	狗
314	奶
315	村
316	满
317	飞
318	帮
319	校
320	雪
321	认
322	石
323	往
324	古
325	夏
326	弟
327	新
328	各
329	清
330	象
331	香

位序	字
332	吧
333	结
334	闪
335	棵
336	北
337	市
338	圆
339	枝
340	净
341	重
342	平
343	百
344	位
345	每
346	爬
347	忙
348	迷
349	原
350	屋
351	请
352	跟
353	角
354	冷
355	嘴
356	飘
357	记
358	表
359	蛙
360	旁
361	洋
362	肚
363	岸
364	万
365	衣
366	纸
367	景
368	然
369	完
370	豆

位序	字
371	兴
372	立
373	病
374	采
375	禾
376	彩
377	脸
378	爷
379	围
380	响
381	洗
382	连
383	姐
384	直
385	领
386	伸
387	穿
388	成
389	关
390	脑
391	经
392	布
393	已
394	变
395	造
396	些
397	息
398	眼
399	许
400	场
401	惊
402	戏
403	哭
404	英
405	张
406	饭
407	故
408	娘
409	交

位序	字
410	菜
411	功
412	主
413	法
414	宝
415	中
416	意
417	理
418	民
419	您
420	世
421	神
422	啦
423	森
424	次
425	农
426	实
427	名
428	客
429	南
430	离
431	群
432	半
433	抱
434	尾
435	脚
436	曲
437	凉
438	睛
439	蜂
440	觉
441	洞
442	入
443	错
444	松
445	倒
446	鸭
447	怪
448	湖

位序	字
449	漂
450	闹
451	冰
452	消
453	迎
454	元
455	城
456	信
457	念
458	买
459	举
460	该
461	落
462	流
463	第
464	仔
465	巾
466	办
467	机
468	言
469	因
470	珠
471	母
472	医
473	鲜
474	急
475	桥
476	非
477	蚂
478	转
479	蚁
480	越
481	根
482	别
483	汗
484	父
485	摇
486	醒
487	升

位序	字
488	界
489	首
490	给
491	敢
492	甜
493	思
494	雷
495	渴
496	块
497	祖
498	照
499	极
500	伯
501	最
502	所
503	暖
504	狮
505	处
506	识
507	助
508	着
509	姑
510	睡
511	桃
512	乌
513	习
514	扫
515	微
516	于
517	虎
518	板
519	女
520	娃
521	池
522	从
523	难
524	腰
525	众
526	贝

位序	字
527	指
528	传
529	泥
530	静
531	梅
532	装
533	句
534	波
535	短
536	谢
537	浪
538	停
539	钻
540	串
541	准
542	晨
543	算
544	深
545	掌
546	忘
547	喝
548	争
549	摆
550	操
551	被
552	腿
553	李
554	玉
555	线
556	墙
557	级
558	图
559	通
560	观
561	由
562	浇
563	晒
564	间
565	羊

位序	字
566	破
567	招
568	久
569	护
570	浮
571	等
572	专
573	妹
574	户
575	遇
576	粉
577	士
578	愿
579	顶
580	坡
581	岁
582	却
583	应
584	养
585	台
586	底
587	员
588	诗
589	聪
590	灭
591	周
592	庆
593	江
594	视
595	舞
596	旧
597	珍
598	伴
599	备
600	柳
601	换
602	野
603	颗
604	呼

位序	字
605	担
606	丢
607	汽
608	报
609	童
610	影
611	喊
612	荷
613	抬
614	楼
615	脏
616	靠
617	钟
618	借
619	晶
620	卫
621	推
622	昨
623	刚
624	篮
625	令
626	丰
627	反
628	运
629	更
630	容
631	味
632	切
633	悄
634	齐
635	澡
636	肥
637	讲
638	植
639	但
640	密
641	朝
642	窝
643	术

位序	字
644	灰
645	始
646	咬
647	鹿
648	格
649	棉
650	烧
651	诚
652	骑
653	业
654	计
655	礼
656	淡
657	劳
658	品
659	相
660	架
661	猴
662	练
663	舌
664	壳
665	岛
666	期
667	易
668	整
669	银
670	阔
671	部
672	纪
673	苦
674	芽
675	参
676	滑
677	鼻
678	迟
679	化
680	量
681	模
682	假

位序	字
683	代
684	食
685	而
686	慢
687	京
688	雀
689	贴
690	精
691	趣
692	建
693	此
694	摸
695	队
696	盖
697	矮
698	窗
699	利
700	害
701	共
702	刻
703	傍
704	粗
705	除
706	藏
707	虾
708	稻
709	乘
710	露
711	盆
712	突
713	累
714	改
715	闻
716	特
717	止
718	蜜
719	尺
720	团
721	商

位序	字
722	旅
723	洒
724	断
725	油
726	死
727	盘
728	华
729	弓
730	颜
731	胡
732	提
733	苍
734	刀
735	狼
736	区
737	抢
738	论
739	号
740	闷
741	她
742	鼠
743	轮
744	铅
745	辆
746	网
747	床
748	鞋
749	孙
750	膀
751	吸
752	胆
753	寒
754	暗
755	斗
756	孔
757	躲
758	瓶
759	留
760	惜

位序	字
761	退
762	甲
763	雄
764	井
765	良
766	熟
767	接
768	猪
769	伤
770	泡
771	妙
772	麻
773	袋
774	冲
775	遍
776	忽
777	扇
778	逃
779	形
780	厂
781	虽
782	追
783	搬
784	阵
785	滚
786	组
787	羽
788	互
789	拔
790	勇
791	幅
792	录
793	眉
794	之
795	丁
796	桌
797	饱
798	哗
799	感

位序	字
800	总
801	洁
802	列
803	寻
804	支
805	坏
806	终
807	荡
808	哈
809	管
810	鸦
811	班
812	沿
813	顺
814	鼓
815	蛋
816	未
817	脱
818	熊
819	挖
820	合
821	引
822	杨
823	穷
824	街
825	需
826	命
827	题
828	漫
829	赏
830	舒
831	具
832	产
833	梦
834	演
835	巧
836	并
837	创
838	评

位序	字
839	胖
840	堆
841	铃
842	镜
843	吐
844	试
845	希
846	料
847	苹
848	壁
849	折
850	抓
851	努
852	另
853	扶
854	取
855	巨
856	茶
857	吞
858	铺
859	粒
860	激
861	勤
862	失
863	求
864	盒
865	受
866	战
867	义
868	尘
869	丈
870	药
871	祝
872	紧
873	其
874	挥
875	扁
876	够
877	谷

位序	字
878	翅
879	数
880	蜻
881	弄
882	滴
883	蜓
884	店
885	软
886	鹰
887	卜
888	饿
889	敬
890	冻
891	猎
892	萝
893	决
894	梯
895	修
896	央
897	探
898	卡
899	烈
900	握
901	便
902	钱
903	温
904	军
905	科
906	吓
907	挤
908	拾
909	舟
910	夸
911	展
912	挑
913	裳
914	晴
915	替
916	选

位序	字
917	解
918	播
919	随
920	附
921	塘
922	注
923	庄
924	挡
925	幸
926	舍
927	耍
928	龙
929	绕
930	救
931	历
932	壮
933	仗
934	葡
935	披
936	萄
937	蚊
938	泳
939	盛
940	翻
941	碧
942	泉
943	宽
944	灵
945	琴
946	溪
947	使
948	治
949	司
950	院
951	瓦
952	渐
953	议
954	灿
955	伙

位序	字	位序	字	位序	字	位序	字	位序	字
956	值	965	封	974	炉	983	陈	992	沉
957	及	966	艳	975	福	984	滩	993	鸣
958	必	967	霜	976	浅	985	束	994	纱
959	集	968	扑	977	扔	986	阿	995	叠
960	扬	969	按	978	搭	987	究	996	际
961	至	970	爪	979	著	988	差	997	与
962	欣	971	贵	980	弹	989	肉	998	烂
963	器	972	乎	981	箱	990	狐	999	持
964	烟	973	保	982	划	991	狸	1000	抽

（苏新春撰稿；顾之川审阅；郭曙纶、李安、庄晓云、詹祥妹、张蕾、刘薇参与数据分析和字表研制。）

现代维吾尔文网站用词调查

هازىرقى زامان ئۇيغۇر تىلىدىكى سۆزلەرنىڭ تور بېكەتلىرىدە قوللىنىلىش ئەھۋالىنى تەكشۈرۈش

调查报告

中央民族大学国家语言资源监测与研究中心少数民族语言分中心 2009 年与新疆师范大学合作共建维吾尔语文研究基地，开展现代维吾尔文使用实态调查。这里发布的是“现代维吾尔文网站用词调查”。

“现代维吾尔文网站用词调查”报告的语料来源于 2006－2009 年 9 家维吾尔文的网络媒体语料，其目标是了解现代维吾尔文网站词语使用的现状。

一　现代维吾尔语言文字概述

(一) 维吾尔语言文字的演进与现代维吾尔文字母的特点

维吾尔语属阿尔泰语系突厥语族，在形态结构上属黏着语类型。现代维吾尔语有三种主要方言，即中心方言、和田方言与罗布方言。它们的主要差别表现在语音上。现代维吾尔标准语是在以乌鲁木齐话音位系统为代表的中心方言基础上形成和发展起来的。经过多次规范，现代维吾尔标准语(即规范的书面语)成为现代维吾尔民众通用的语言，它的基本特征是：(1) 存在元音和谐律，既有舌位和谐，又有唇状和谐；(2) 有元音弱化现象；(3) 构词和构形附加成分很丰富；(4) 名词有数、从属人称、格等语法变化；(5) 动词有态、肯定否定、语气、时、人称、数、动形词、动名词、动副词等语法变化，动词的各种情态表示很发达；(6) 词组和句子有严格的词序：正常的语句为 SOV(主—宾—谓)结构；(7) 词汇中除有突厥语族诸语言的共同词外，还有相当数量的汉语、阿拉伯语、波斯语和俄语的借词。

中华人民共和国成立后，在党和政府的关怀与重视下，1954 年制定了新的维吾尔文正字法规则，有 30 个维吾尔文字母。1959 年对维吾尔文进行文字改革，设计了以拉丁字母为基础的维吾尔新文字方案（草案），有 33 个字母。新文字方案（草案）自 1960 年起试行，1965 年开始推行，1976 年正式使用。在其后的几年内出现了新老文字并用的局面。1982 年，新疆维吾尔自治区第五届人大常委会第十七次会议做出全面恢复使用维吾尔老文字的决议，将以拉丁字母为基础的维吾尔新文字作为一种拼音符号予以保留。1983 年又对维吾尔文字母进行改进，确定了 32 个字母，并调整了字母排列顺序，从 1984 年 1 月 1 日起开始使用。①

现代维吾尔文有元音字母 8 个、辅音字母 24 个。每个字母按词中出现的位置分为独立式、词前式、词中式、词尾式等多种字体形式。维吾尔文字母大都有各自的基本笔画和结构符号，用来标示语音和字形，其特点如下：

（1）维吾尔文的书写自右向左，自然折行。

（2）维吾尔文的词可由单个或多个字母组成，且字母在书写时必须以词为单位连体书写。词与词之间以空格隔开，标点符号紧跟在词语之后。

（3）维吾尔文标点符号方向为自右向左，与汉语、英语符号方向相反。

（二）音节特点

现代维吾尔文书面标准语（以下简称“现代维吾尔语”）包含单音节和多音节词，音节由元音和辅音组成。元音和辅音在发音部位与发音方法上相互协调一致，这种和谐关系不仅体现在词根上，而且在缀接词缀或词尾时也是如此。词和音节的形态结构之间相互影响产生语音和谐、阴阳交替、语音增减等各种语音变化。通过大规模语料的统计研究，发现了以下 11 条现代维吾尔语音节构成规则②：

（1）V（ئانا）　（2）VC（ئات）　（3）CV（سۇ）

（4）CVC（تۇر）　（5）VCC（ئۇست）　（6）CVCC（دوست）

（7）CCV（ستالىن）　（8）CCVC（فرانسىيە）　（9）CCVCC（فرانك）

（10）CVV（جوڭخۇا）　（11）CVVC（گۇاڭجۇ）

---

① 参见新疆语言文字网，http://www.xjyw.gov.cn/web/Article.aspx?ArticleId=659。

② 该规则依据新疆维吾尔自治区民族语言文字工作委员会编写的《现代维吾尔文学语言正字词典》（新疆人民出版社 1985 年版）和《维吾尔语详解辞典》（新疆人民出版社 1990 年版）作为音节分类标准，其中规则（1）至（6）适用于维吾尔语词语的音节结构规则，规则（7）（8）（9）适用于外语（指英、俄等语言）借词的音节结构，规则（10）（11）适用于汉语借词的音节结构。

上面规则中，V 代表元音字母（Vowel 的缩写），C 代表辅音字母（Consonant 的缩写），词语中的下划线部分表示现代维吾尔语词对应音节规则的具体位置。

（三）词法结构

现代维吾尔语作为黏着型语言，其形态变化非常丰富。名词有人称、数、格等变化，动词有人称、数、时、式、态、体等变化，部分形容词和少数副词有级的变化。词的附加成分（词尾）专用于表示这类语法意义。此外，维吾尔语还有专用于构词的词缀，它附加在词根后面或前面表示新词义。维吾尔语词具有“词根＋词缀＋词尾”的语法结构，词根、词缀和词尾的结合存在严格的次序规则，词缀有改变词义的功能，词尾具有语法功能。词去除词尾后剩下的部分称为词干，因此维吾尔语的词主要由词干（包含词根）和词尾构成，具体构词方式见图 6-1。

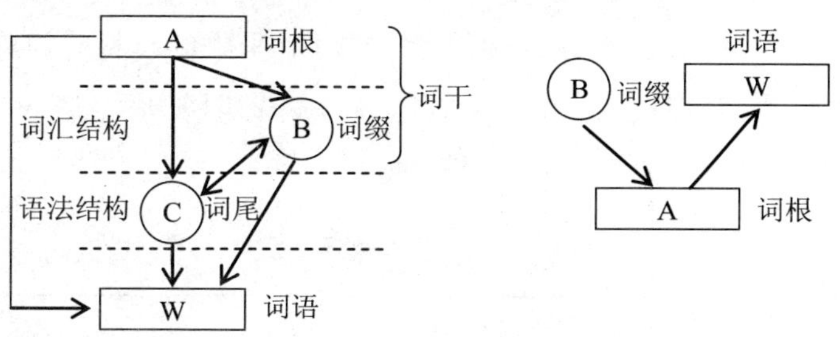

图 6-1 现代维吾尔语词法结构简略模型

图 6-1 中，A 表示词根，B 表示词缀，C 表示词尾，W 表示词语。维吾尔语的词法规则主要包括以下形式：

（1）A 结构的词语

单词只包含词根（零级词干），如单词سۇ（A）[水]。

（2）AB 结构的词语

单词依次包含词根和后缀（一级词干），如单词خانا-（B）+سۇ（A）[水房]。

（3）ABC 结构的词语

单词依次包含词根、后缀和词尾，如单词دا-（C）+خانى-（B）+سۇ（A）[在水房]。

（4）AC 结构的词语

单词依次包含词根和词尾，如单词نىڭ（C）+سۇ（A）[水的]。

（5）ACB 结构的词语

单词依次包含词根、词尾和词缀，如单词غۇچى-（B）+دۇر-（C）+-تول（A）[填写的人],这种结构不常见。

(6) BA 结构的词语

单词依次包含前缀和词根,如单词مۇۋاپىق(A)+–نا(B)[不合适]等。

现代维吾尔语的词法结构非常复杂,不同的词尾可以依次缀接在词干上表示各种不同的语法意义;不同的词缀可以依次缀接在词根上派生出各种不同词义的新词。

二　调查语料与方法

(一) 调查语料

本次调查主要对维吾尔文的符号、词尾、词干及词语等的使用情况进行统计分析,所使用的语料来源于维吾尔文 9 家网站,内容涉及与大众日常生活密切相关的政治、经济、科学研究、教育、健康等多个领域,采集的语料时间跨度为 2006 年 4 月至 2009 年 12 月。语料总量为 5 473 792 词符次,197 687 词符种,4 105 267 词次,197 649词种,15 878 篇文本。

表 6-1　调查语料来源情况

<table>
<tr><th>网站名称</th><th>语料开始时间</th><th>语料截止时间</th><th>词种数</th><th>频次</th><th>频次比例(%)</th></tr>
<tr><td>新疆政府网</td><td>2006.4</td><td rowspan="9">2009.12</td><td>21 021</td><td>210 462</td><td>5.13</td></tr>
<tr><td>昆仑网</td><td>2008.5</td><td>101 877</td><td>1 764 271</td><td>42.97</td></tr>
<tr><td>天山网</td><td>2007.5</td><td>107 221</td><td>1 516 882</td><td>36.94</td></tr>
<tr><td>新疆信息网</td><td>2007.6</td><td>7 730</td><td>23 747</td><td>0.58</td></tr>
<tr><td>新疆友通电子科技网</td><td>2008.2</td><td>11 846</td><td>88 932</td><td>2.17</td></tr>
<tr><td>新疆哲学社会科学网</td><td>2008.6</td><td>20 157</td><td>78 672</td><td>1.92</td></tr>
<tr><td>教师网</td><td>2008.8</td><td>20 256</td><td>84 251</td><td>2.05</td></tr>
<tr><td>莎车教育网</td><td>2008.1</td><td>5 568</td><td>21 732</td><td>0.53</td></tr>
<tr><td>维吾尔医学网</td><td>2008.5</td><td>49 856</td><td>316 318</td><td>7.71</td></tr>
<tr><td colspan="3">合计</td><td>197 649</td><td>4 105 267</td><td>100.00</td></tr>
</table>

(二) 调查项目与方法

1. 符号调查

本次调查的维吾尔文符号包括标点、数字、其他符号(不包含不可显示的字

符、空格符等)。数字包括阿拉伯数字字符 0—9;符号是调查语料文本使用的括号“()”、百分号“%”、单位符号“$、℃”等。

2. 词尾调查

现代维吾尔文的词形变化丰富,通过缀接不同的词尾表示词与词之间各种不同的语法关系。本次调查使用词尾数据库,采用计算机自动处理与人工辅助校对相结合的方法,对 197 649 个词种的词尾使用情况进行了统计分析。

3. 词干调查

为便于区分,本次调查将词根以及词根缀接词缀直接形成词语的词干称为纯词干;将去除词尾的词干称为去尾词干。这种去尾词干的存在是由黏着语的特点所决定的。本次调查对语料中的纯词干和去尾词干两种词干形式进行了考察。其中,去尾词干的统计是在对维吾尔词形还原后进行的,即去尾词干统计建立在真实文本中词语原形(词典词条形式)的基础上,例如:ئىشچىنىڭ(工人的)一词,去掉词尾نىڭ后的词干是ئىشچى(工人)。调查使用经人工校对的标准词干库,对 9 家网站使用的 197 649 个词种,首先自动提取纯词干,然后通过比较纯词干和词尾,提取去尾词干。因而,本次调查的词干是滤除纯词干和去尾词干重叠部分后的所有纯词干和去尾词干。

4. 用词调查

用词调查项目包括词在语料中出现的频次、频率、词语长度、文本数等。

三　符号使用情况

本次调查经统计共出现 38 种符号,占词符种数的 0.02%;出现频次为 1 368 520频次,占词符总频次的 25.00%。这表明维吾尔文中标点符号的使用频率较高,具有重要作用。表 6-2 是 9 家维吾尔文网站使用的 38 种符号分类统计概况,表 6-3 是 38 种符号的具体使用情况。

表 6-2　符号使用分类概况

调查对象	符号种数		符号频次	
	种数	比例(%)	频次	比例(%)
标　点	9	23.68	907 141	66.29
数　字	10	26.32	271 972	19.87
其　他	19	50.00	189 407	13.84
总　计	38	100.00	1 368 520	100.00

表 6-3　符号具体使用情况

标点	频次	数字	频次	其他	频次	其他	频次
،	576 537	0	75 857	〈	79 226	/	370
.	269 042	1	43 195	〉	79 192	＝	360
!	41 030	2	30 866	—	21 932	＋	350
؛	11 631	3	22 958	）	2 274	×	224
؟	7 722	5	22 561	（	2 275	》	230
"	740	6	18 702	］	655	《	230
:	270	4	17 599	［	500	%	100
'	100	8	14 726	＞	539	$	30
：	69	7	13 918	〕	450	℃	20
		9	11 590	〔	450		

四　词尾使用情况

维吾尔语的词尾变化丰富，特别是动词词尾，用于表达各种语法意义。本次调查以词尾作为主要对象，重点调查了名词等静词①和动词的词尾。

调查语料中，词尾共出现 1 801 849 次，词尾种数为 4 448 种。表 6-4 列出了频次在 10 000 次以上的 32 个高频词尾的使用情况。

表 6-4　32 个高频词尾及使用频次

词尾	频次	词尾	频次	词尾	频次
نى	194 595	دۇ	55 657	چە	25 168
نىڭ	172 251	ۇپ	44 938	تىن	25 217
كى	96 199	دىكى	48 311	دىغان	24 938
دە	91 243	لار	44 330	تە	23 903
دا	84 646	ۇش	41 600	قان	21 979
غان	81 867	قا	38 215	ۈش	21 229
دى	78 132	لىرى	31 363	كەن	18 517
سى	76 036	لەر	28 206	ىدىغان	18 144
تى	71 463	گەن	27 441	مىز	12 898
غا	65 773	كە	26 884	تىكى	10 541
گە	65 128	تا	25 487		

① 维吾尔语中的静词指实词中除了动词以外的名词、代词、形容词、数词等，大致相当于汉语中的体词。

这 32 个使用频次超过 10 000 的高频词尾主要有如下几种功能：

(1) 具有双重功能附加成分的词尾，如“چە-”。它既是名词的词尾（即构成名词格形式的词尾），又是构词词缀（即构成另一个词的基本单位）。当该附加成分缀接于名词或名词性词语后时，构成名词的格形式：如سلەر（你们）加چە-后，原词语变成سلەرچە（你们认为），这时的“چە-”当词尾用。当该附加成分缀接于表示民族名称的名词之后时，就构成新词。如ئۇيغۇر（维吾尔族）加چە-后派生新词ئۇيغۇرچە（维吾尔文），这里“چە-”当词缀用。

(2) 有的词尾同时体现一个以上的语法功能。如词尾 “مز-”，既表示第一人称，又表示复数：如 بالمز，是由بالا（孩子）这一名词缀接词尾“مز-”，即مز-+بالا构成的，该词尾表示名词的第一人称复数，属名词的人称范畴，词义为“我们的孩子”；又如باشلايمز，是由动词-باشلا（开始）缀接词尾“مز-”，即مز-+ي-+-باشلا构成的，这时该词尾表示动词的第一人称复数，属动词的人称范畴，词义为“我们要开始”。

(3) 表 6-4 中，部分是动词词尾，只能缀接于动词（人称动词、非人称动词）之后；部分是名词词尾，可以缀接于名词、形容词、代词、数词、副词、量词和模拟词（包括非人称动词）等所有名词性词语之后。缀接于名词性词语后的高频词尾数量较多，缀接于动词性词语后的高频词尾数量相对较少。

五　词干使用情况

（一）词干基本情况

维吾尔语词干分为纯词干和去尾词干。表 6-5 显示了词干的基本状况。①

表 6-5　词干基本情况

种类	频次	种数
纯词干	2 303 418	24 149
去尾词干	1 801 849	20 111
合计	4 105 267	31 452

（二）高频词干的使用情况

高频词干指全部语料中词干的频次覆盖率达到 90％的词干，共计 3 862 个。

① 表 6-5、表 6-6 中的纯词干和带尾词干有部分重叠现象，因而去重后的词干总数低于纯词干和带尾词干的累加和。

高频词干包括纯词干和去尾词干两种类型，高频词干的使用情况见表 6-6。

表 6-6　高频词干的使用情况

类型		高频词干数	词干种数	高频词干比例(%)
纯词干	种数	2 527	24 149	10.46
	频次	2 073 469	2 303 418	90.02
去尾词干	种数	2 920	20 111	14.52
	频次	1 648 578	1 801 849	91.49
总词干	种数	3 862	31 452	12.28
	频次	3 681 990	4 105 267	89.69

1. 前 100 位高频纯词干

高频词干中的纯词干有 2 527 条。表 6-7 列出了前 100 位高频纯词干频次统计情况。

表 6-7　前 100 位高频纯词干频次统计

纯词干	频次	纯词干	频次	纯词干	频次	纯词干	频次	纯词干	频次
ۋە	58 551	كۆپ	7 781	زور	5 385	ياردەم	4 394	تەرەپ	3 619
بىلەن	37 278	يىل	7 706	تەرەققىيات	5 380	سۇ	4 384	ھازىر	3 561
بىر	30 754	يەنە	7 471	باش	5 251	يۈەن	4 384	ئوتتۇرا	3 533
ئاپتونوم	21 273	ئىككى	7 372	مىللەت	5 248	ئاساسىي	4 383	ئۈچ	3 525
ھەر	14 315	دەپ	7 121	باشقا	5 177	ھەمدە	4 203	تېخنىكا	3 469
كېرەك	13 188	ئارقىلىق	7 098	ئادەم	5 167	پۇل	4 170	رايون	3 439
خەلق	12 882	جۇڭگو	6 975	سىياسىي	5 020	ئۈرۈمچى	4 154	شۇڭا	3 428
بويىچە	10 358	ئەڭ	6 965	بۇيان	4 903	قېتىم	4 120	مەدەنىيەت	3 370
قاتارلىق	9 954	پارتىيە	6 847	يەر	4 870	يۈز	4 089	ناھىيە	3 342
ئۇ	9 617	ئىلگىرى	6 761	شۇ	4 830	مەبلەغ	4 047	ئېلان	3 336
شىنجاڭ	9 546	يۇقىرى	6 528	تۈنۈگۈن	4 682	قانۇن	3 965	قان	3 286
ياخشى	9 401	چوڭ	6 362	شەھەر	4 649	مەركىزىي	3 951	بىز	3 265
يېزا	9 241	ياكى	6 063	مىليون	4 638	خىزمەت	3 937	ئىلمىي	3 222
ئۈچۈن	9 131	مۇھىم	6 008	ئامېرىكا	4 616	دەرىجىلىك	3 935	پەن	3 204
مىڭ	8 948	بار	5 859	ئىقتىسادىي	4 564	ئومۇمىي	3 881	تەرەققىي	3 194
رايونلۇق	8 927	خىل	5 474	تېخىمۇ	4 528	ئاز	3 850	لازىم	3 186
يېڭى	8 561	ئىجتىمائىي	5 457	ئىگە	4 492	ئىگىلىك	3 812	سودا	3 181
دۆلەت	8 557	ئۆز	5 434	ئىش	4 473	يىللىق	3 789	نەچچە	3 163
كېيىن	8 194	ئۇيغۇر	5 410	مەن	4 430	مۇشۇ	3 694	قانداق	3 097
مۇنداق	7 897	ھەم	5 399	مۇئاۋىن	4 411	چىڭ	3 673	ئېغىر	3 058

从表 6-7 可以看到，**ۋە**、**بىلەن**、**بىر**、**ئاپتونوم**、**ھەر**、**كېرەك**、**خەلق**、**بويىچە**是使

用最多的频次超过 10 000 的 8 个词干。其中使用频次最高的两个词干情况如下：

（1）ۋە是连词，能连接形容词与形容词、名词与名词、词组与词组、动词性词组与句子。

（2）بىلەن是后置词，在维吾尔语中表示动作行为的方式。如بىلەن作为工具或凭借，表示共同进行的动作或动作产生的原因、发生的时间、方向、状态等，是与人们日常的生产、生活有关的行为描述；另外，بىلەن作为连词还表示各并列成分的连接，所以使用频次较多。

2. 前 100 位高频去尾词干

高频词干中的去尾词干有 2 920 条。前 100 位高频去尾词干频次统计情况见表 6-8。

表 6-8　前 100 位高频去尾词干频次统计

去尾词干	频次	去尾词干	频次	去尾词干	频次	去尾词干	频次	去尾词干	频次
قىل	53 661	قوي	5 851	تەر	4 260	كادىر	3 411	ئۆي	2 827
بول	38 711	كىشى	5 825	قېلىن	4 149	ۋەقە	3 370	بالا	2 821
خىزمەت	18 236	تەرەققىيات	5 739	دېھقان	4 071	مۇخبىر	3 198	قۇرۇلتاي	2 799
ئاي	16 515	ئۇ	5 648	تۇر	4 041	ئېرىش	3 163	يار	2 787
رايون	16 064	ئايىنى	5 645	ئىشىق	3 997	پۇل	3 120	مەيدان	2 782
بەر	12 682	يىل	5 541	مەن	3 899	ئۇچرا	3 091	تەكشۈر	2 779
دە	12 241	تور	5 449	پارتكوم	3 890	خەۋەر	3 080	جاي	2 768
ئۇن	11 844	ئەزا	5 414	يېقىن	3 879	شىركەت	3 078	بىر	2 749
يول	9 186	دۆلەت	5 299	كۆر	3 798	شەھەر	3 075	مۇقىملىق	2 749
قۇرۇل	8 776	شۇ	5 166	كەلتۈر	3 766	تۇرمۇش	3 073	ئورۇنلا	2 729
ئىش	7 919	كۈچ	5 115	قول	3 766	كەنت	3 072	ئىقتىساد	2 725
كومىتېت	7 823	باشلا	5 102	باشلىق	3 715	ئوقۇغۇچى	3 053	ئالدىن	2 717
ناھىيە	7 638	يەر	4 976	كارخانا	3 688	كىر	3 052	مەھسۇلات	2 680
يەت	7 486	قارا	4 825	ئىدارە	3 655	تەشكىلات	3 019	تەرەپ	2 669
يىغىن	7 322	خەلق	4 731	ئورۇن	3 570	مەزگىل	3 018	خادىم	2 668
شىنجاڭ	6 796	مەسىلە	4 712	ئۆتكۈز	3 544	دەرىجە	2 955	تۈزۈم	2 658
كەل	6 452	ئۆزى	4 577	مەكتەپ	3 470	بېرىش	2 912	كۆپ	2 653
بۇ	6 317	ھۆكۈمەت	4 435	ئايال	3 456	بازار	2 882	سىرت	2 645
چىق	6 292	ۋاقىت	4 429	جەھەت	3 444	ئوتتۇرا	2 863	كۆز	2 633
ئەھۋال	5 966	يۈەن	4 330	تارماق	3 423	كەت	2 845	كىرىم	2 604

从表 6-8 可以看到，قىل、بول、خىزمەت、ئاي、رايون、بەر、دە、ئۇن是使用频次

超过 10 000 次以上的 8 个去尾词干。其中,قىل、بول是变态系动词,在维吾尔文中组词能力强,在日常的行为描述中被广泛使用。

3. **高频词干**

由于篇幅所限,本报告第二部分《维文网站高频词干表》中列出了 1 000 条高频词干,它们在所有高频词干中的频次覆盖率为 85.77%。

(三)词干分布情况

1. 纯词干

表 6-9　纯词干的分布使用情况

频次段	纯词干种数	比例(%)	覆盖率(%)	频次段	纯词干种数	比例(%)	覆盖率(%)
1	6 702	27.75	0.29	6—10	2 500	10.35	0.84
2	3 141	13.01	0.28	11—20	1 963	8.13	1.28
3	1 769	7.33	0.23	21—100	3 121	12.92	6.40
4	1 264	5.23	0.22	>100	2 826	11.70	90.27
5	863	3.57	0.19				

从表 6-9 可以看出,调查语料中的低频纯词干种数众多,频次为 1 的纯词干达 6 702 个,占纯词干种数的 27.75%;频次小于 20 的纯词干种数为 18 202 个,占纯词干种数的 75.37%。同时还可以观察到,尽管频次超过 100 的纯词干只占到纯词干种数的 11.70%,它们占纯词干总频次的比例却达到 90.27%,而低频纯词干虽然数量众多,占整个语料纯词干总频次的比例却极小。这体现出了高频纯词干数量少、覆盖广的特点。

2. 去尾词干

表 6-10　去尾词干的分布使用情况

频次段	去尾词干种数	比例(%)	覆盖率(%)	频次段	去尾词干种数	比例(%)	覆盖率(%)
1	4 756	23.65	0.26	6—10	2 191	10.89	0.92
2	2 379	11.83	0.26	11—20	1 952	9.71	1.58
3	1 390	6.91	0.23	21—100	3 171	15.77	8.07
4	984	4.89	0.21	>100	2 561	12.73	88.27
5	727	3.62	0.20				

表 6-10 显示,在大规模维吾尔文的语料中,去尾词干与纯词干的使用具有

相同的特征，即高频去尾词干的使用也相对集中。高频去尾词干有 2 920 个，仅占去尾词干种数的 14.52％，却占去尾词干总频次的 90％。

六　词语使用情况

(一) 词语分频次段使用情况

各频次段的词种分布情况见表 6-11。

表 6-11　各频次段词种分布情况

频次段	词种数	占词种比例(%)	频次段	词种数	占词种比例(%)
1	99 962	50.58	6—10	14 047	7.11
2	29 328	14.84	11—20	9 526	4.82
3	13 687	6.92	21—100	11 695	5.92
4	8 309	4.20	＞100	5 492	2.78
5	5 603	2.83			

表 6-11 显示，网络语料的低频词种数数量众多，频次为 1 的维吾尔词占总词种数的 50.58％，频次小于 6 的词语占总词种数的 79.37％，频次不超过 10 的词语占总词种数的 86.48％。这说明语料的低频词种数量庞大，高频词种的使用相对集中，频次超过 100 的词种只有 5 492 词条，仅占全部词种数的 2.78％。

(二) 词语首字母使用情况

词语中首字母与词种数分布情况见图 6-2(按词种数降序排列)。

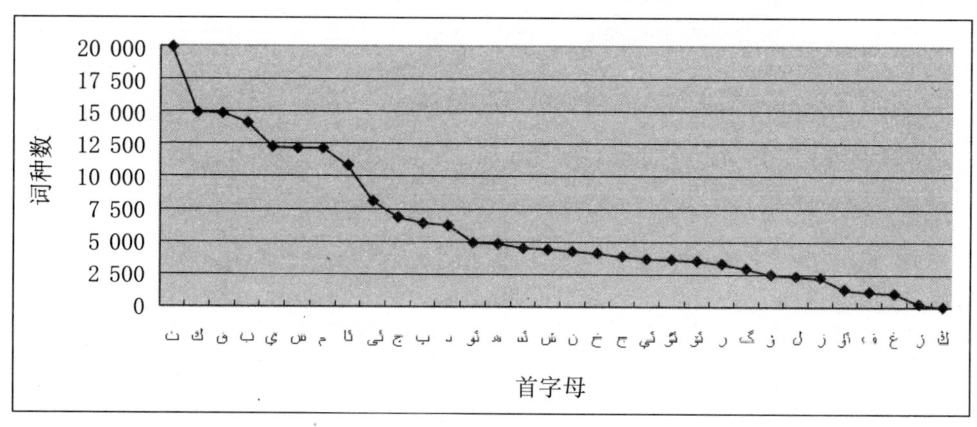

图 6-2　首字母与词种数分布情况

以ت、ك、ق、ب、ي、س、م、ئا 8 个字母开始的词种数分别为 19 945、14 915、14 843、14 125、12 245、12 140、12 139、10 838。以ئۆ、ف、غ、ژ、ڭ等字母开始的词种数分别为 1 339、1 162、1 024、112 和 0。以其他字母开始的词种数都在 2 252 至 8 097 之间。

词语中首字母与覆盖率分布情况见图 6-3(按覆盖率降序排列)。

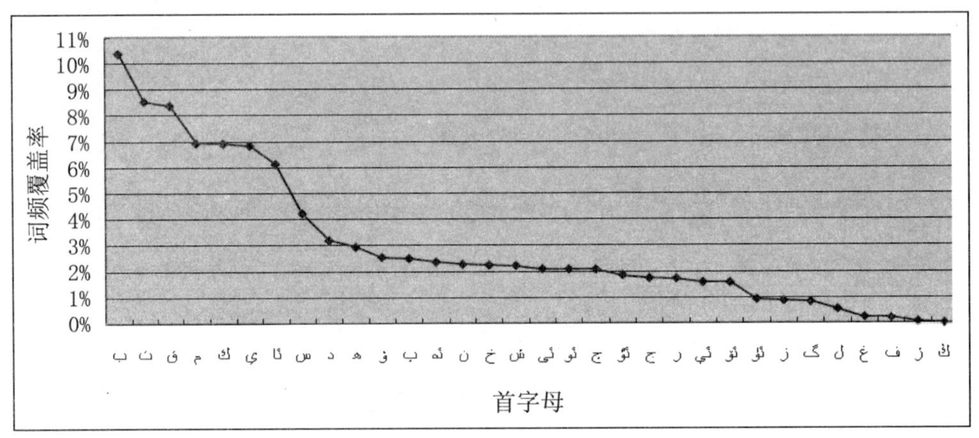

图 6-3 首字母与词频覆盖率分布情况

以ب、ت、ق、م、ك、ي、ئا 7 个字母开始的词种覆盖率为 54.17%。而以ئۆ、ز、گ、ل、غ、ف、ژ 7 个字母开始的词种覆盖率只占 3.66%。

词语中首字母与频次分布情况见图 6-4(按频次降序排列)。

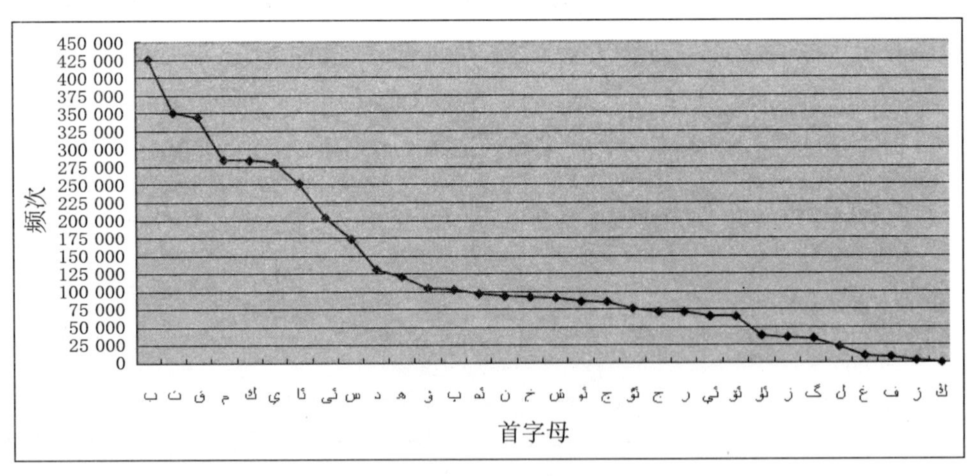

图 6-4 首字母与频次分布情况

以ب、ت、ق、م、ك、ي、ئا 7 个字母开始的词种累加频次为 2 223 625。而以ئۆ、ز、گ、ل、غ、ف、ژ 7 个字母开始的词种累加频次只有 150 217。

（三）词种使用情况

表 6-12 反映了语料中覆盖率与对应词种数量的变化情况，由此可以观察出词种的使用情况。

表 6-12　词种与覆盖率

覆盖率(%)	词频	词种数	词种比例(%)
10	391 898	27	0.01
20	800 984	109	0.06
30	1 211 772	270	0.14
40	1 621 815	553	0.28
50	2 032 167	1 049	0.53
60	2 442 687	1 944	0.98
70	2 853 273	3 697	1.87
80	3 263 676	7 756	3.92
90	3 674 263	21 607	10.93
100	4 105 267	197 649	100.00

从表 6-12 可以看出，维吾尔文高频词使用相对集中。覆盖率为 10%时的词种数是 27，仅占全部用词种数的 0.01%；覆盖率达到 90%时的词种数为 21 607，仅占全部语料词种数的 10.93%。

（四）高频词使用情况

本次调查中，高频词指在调查语料中词频累加覆盖率达到 90%的全部用词。高频词的词种数为 21 607，占全部词种数的 10.93%。表 6-13 是词频累加覆盖率为 10%、20%、30%、40%、50%的对应高频词，词种数合计为 1 049 个。

表 6-13　高频词语使用列表

覆盖率(%)	分段新增高频词语
10	ئاپتونوم، بىلەن، ئۇ، بولغان، ئۈچۈن، بولىدۇ، بولۇپ، بويىچە، بىر، خەلق، دۆلەت، دېدى، شىنجاڭ، رايونلۇق، قاتارلىق، قىلدى، قىلىپ، قىلىش، كېرەك، كېيىن، مىڭ، مۇنداق، ياخشى، يېزا، يېڭى، ھەر، ۋە （27）

（续表）

20	ئادەم، ئارقىلىق، ئاز، ئاساسىي، ئامېرىكا، ئاينىڭ، ئوتتۇرا، ئومۇمىي، ئىجتىمائىي، ئىچىدە، ئىش، ئىشقا، ئىقتىسادىي، ئىككى، ئىگىلىك، ئىگە، ئىلگىرى، ئۆز، ئۇنىڭ، ئۇيغۇر، ئۈرۈمچى، ئېلىپ، ئەڭ، بار، باش، باشقا، باشقۇرۇش، بولدى، بولسا، بولۇش، بويان، بېرىپ، بېرىش، پارتىيە، پۇل، تۈنۈگۈن، تېخىمۇ، تەرەپ، تەرەققىيات، جۇڭگو، چوڭ، چىك، خىزمىتىنى، خىزمەت، خىل، دەپ، دەرىجىلىك، زور، سىياسىي، سۇ، شۇ، شەھەر، قانۇن، قىلغان، قېتىم، كومىتېتىنىڭ، كۆپ، كۈنى، مىللەت ،مىللەتلەر، مىليون، مۇئاۋىن، مۇشۇ، مەبلەغ، مەركىزىي، مەن، ياكى، يولغا، يىل، يىللىق، يىلى، يۇقىرى، يۈز، يۈەن، يەر، يەنە، ھازىر، ھەم، ھەمدە ،مۇھىم（82）
30	ئاخبارات، ئارتۇق، ئاساسەن، ئالاقىدار، ئالاھىدە، ئالدىنى، ئالىي، ئوت، ئوخشاش، ئورتاق، ئومۇمىيۈزلۈك، ئىبارەت، ئىدى، ئىستېمال، ئىسلاھات، ئىشلەپچىقىرىش، ئىكەن، ئىلمىي، ئىنتايىن، ئىيۇل، ئۆگىنىش، ئۆي، ئۇلار، ئۇلارنىڭ، ئۇنى، ئۈچ، ئېغىر، ئېلان، ئېلىش، ئەزاسى، ئەگەر، ئەمما، ئەمەس، ئەمەلىي، بازار، باشلاپ، باشلىقى، بولسىمۇ، بولۇشى، بىز، بۇرۇن، بۇنداق، بۇنىڭ، بۇنىڭدىن، بەرپا، بەردى، بەرگەن، پارتكوم، پۈتۈن، پەن، پەيدا، تور، تورى، توغرىسىدا، تولۇق، تۆۋەن، تۇرمۇش، تۇرۇپ، تۇرۇش، تۇنجى، تۈرلۈك، تېخنىكا، تېز، تەربىيىلەش، تەرەققىي، تەسىر، تەكشۈرۈپ، تەكشۈرۈش، تەلەپ، چوڭقۇر، چۈشتىن، خىزمىتى، خەلقئارا، دائىمىي، دىن، دۆلەتنىڭ، دۇنيا، دېگەن، دېھقان، رايون، رايوننىڭ، رايونىمىزنىڭ، رەئىسى، سانلىق، سودا، شىنجاڭنىڭ، شۇجىسى، شۇنداقلا، شۇڭا، شەھەرلىك، قاتتىق، قاراپ، قارشى، قارىغاندا، قالغان، قان، قانات، قانداق، قايسى، قوبۇل، قوغداش، قولغا، قويۇپ، قىسىم، قىلىدىغان، قىلىدۇ، قىلىشقا، قىلىشى، قىلىنغان، قۇرۇلتىيى، قۇرۇلۇش، قۇرۇلۇشى، قۇرۇلۇشىنى، قەشقەر، كاپالەتلىك، كومىتېتى، كىشى، كۈچ، كۈچلۈك، كۈچەيتىپ، كېلىپ، كېلىش، كەلتۈرۈپ، كەلگەن، كەنت، كەڭ، لازىم، لېكىن، مىللىي، مۇلازىمەت، مۇناسىۋەتلىك، مۇھىت، مەدەنىيەت، مەكتەپ، مەمۇرىي، مەنبەسى، ناھايىتى، ناھىيىسى، ناھىيە، نىڭ، نۆۋەتتە، نۆۋەتلىك، نۇرغۇن، نەچچە، يوق، يول، يىغىنى، يىلدىن، يۈەنگە، يېتىپ، يېقىندا، يەنىمۇ، ھالدا، ھۆكۈمىتى، ھۆكۈمەت، ھەقىقىي، ھەل، ۋاقتى، ۋاقىت، ۋاڭ（161）
40	تاقابىل، داۋاملىق، مۇۋاپىق، مەخسۇس، ئايدا، چىقىپ، ئىدارىسى، قاتناش، شەھىرى، ئىچكى، بەزى، مەملىكەتلىك، شۇنىڭ، بولمايدۇ، تەڭرىتاغ، ئىشلىرى، مۇئامىلە، ھەربىي، بەش، ساقلاش، كىچىك، يېمەكلىك، تۇتۇپ، جەھەتتە، قويۇش، قالدى، ئالدىنقى، يۈەندىن، مائارىپ، خەۋەر، قىلىشنى، سائەت، ئوتتۇرىغا، رايونى، ئەھمىيەت، ئائىلە، بولۇپمۇ، قايتا، ئۈنۈملۈك، بېيجىڭ، توغرىسىدىكى، مۇمكىن، مەلۇم، كەسپىي، ئالدى، ماددا، كەلدى، داۋالاش، نېفىت، مۇداپىئە، كادىرلار، جەنۇبىي، جەمئىيەت، خۇ، سۆز، كۈچى، خەۋىرى، يېقىنقى، دورا، نازارەت، سېلىپ، شىركىتى، بىللە، ئاساس، شىنجاڭدىكى، كۆپرەك، ئەمگەك، ئاممىنىڭ، ۋاقتىدا، ھاۋا، جەھەتتىن، كىشىلەر، يولى، مالىيە، ئىشلەپ، لى، كېيىنكى، تەبىئىي، ناھىيىلىك، خەلقىنىڭ، قەتئىي، بارلىق، بىرى، سۈرۈش، ئۆزلۈكسىز، يەتتى، قۇتقۇزۇش، مەملىكەت، كۆڭۈل، تەتقىقات، سانائەت، كەتكەن، ئۈمىد، دېھقانلارنىڭ، كۆرسىتىش، ئەھۋالى، مو، جامائەت، سۈرەت، سىز، جىددىي، ھاسىل، رايونىمىزدىكى، ساياھەت، دەرىجىدە، تۆت، نىسبىتى، ئېشىپ، ئىقتىساد، ھازىرقى، پايدىلىنىپ، مىقدارى، جارى، رايونىمىز، تىل، ئۇنىڭغا، ئون، ئولىمپىك، قېتىملىق، چىققان، تەتقىق، قاتناشتى، چېگرا، ئۈستىگە، شۇنداق، ئىجرا، قارار، ھۆكۈمىتىنىڭ، ئاساسلىق، گە، كۈن، بەك، غەربىي، تەرەققىياتىنى، پۇلى، مال، ئۇنىڭدىن، قويدى، بېرىدۇ، ئۆزىنى، جىنسىي، يەنى، ئىشلار، ئۆزىنىڭ، ئەستايىدىل، قانچە، ئالغان، قىلىندى، ئەھۋالنى، يەرلىك، تىرىشىپ، ئاياللار، چۈنكى، كۈچەيتىش، مىليارد، ۋاقىتتا، تەشۋىقات، قەدەر، ئۇزاق، ئاق، ئېلېكتر، يېڭىدىن،

（续表）

40	ئەمەلىيەتتە، سوتسىيالىستىك، پارتكومىنىڭ، ئاما، دېڭىز، كارخانا، ئامېرىكىنىڭ، ئاتا، قارا، قىلغاندا، مۇدىرى، ئۆزى، ئىچىگە، ئەزالىرى، ئىناق، ۋەقەسى، يېقىن، ئېنېرگىيە، ئاسراش، سەھىيە، ئوقۇش، ئېنىق، شىنخۇا، ئىختىيارىي، نۇر، رەھبەرلىك، سەنئەت، ئېچىش، ئېچىپ، كەتتى، قازا، ئورۇن، ئەسلىگە، يەنىلا، قىزىل، قېتىمقى، ياش، تەكلىپ، ماي، چوقۇم، ئىتتىپاقلىق، گېزىتى، بۇلتۇر، شەرقىي، ئىلغار، جەرياندا، كۆز، مۇخبىرىمىز، دېھقانلار، ئالدىدا، ئىچى، ئاندىن، مەسئۇل، تەرەققىياتى، دۆلەتلەر، مول، پائال، كېلىدۇ، تارماقلىرى، قۇرۇپ، سېلىش، قارىتا، بولغاچقا، شىمالىي، قوش، ئۇزۇن، كەسىپ، قارىشىنى، ئاشلىق، قۇرۇش، قاتارلىقلار، زۇڭتۇڭى، مۇقىم، روسىيە، پارتىيىنىڭ، بىرلىكتە، ئىقتىدارىنى، ئېرىشتى، دە، كىشىلەرنىڭ، ئىشلىتىش، يىغىنىدا، تۆمۈر، يېڭىلىق، ئىشلەش، فوتوسى، گۈزەل، خەۋىرىگە، رولىنى، چىقىش، ھەمكارلىق، يىللاردىن، كومىتېت، نۇقتىلىق، گاز، كېسەللىك، ئاشۇرۇش، مىنىستىرلىكى، بولىدىكەن، ئاپتوموبىل، ئىقتىدارى، پەقەت، باھاسى، كىيىن، جۇڭخۇا، تاشقى، تەنھەرىكەت، مەركىزى، ئۈستىدە، تەدبىر، ئىشچى، ئاشتى، بىرىنچى، ئۇچۇر، توك، بولىدىغان، بالىلار، شەھىرىنىڭ، نەق، پىكىر، بولمىغان （283）
50	كۆمۈر، ئىچىدىكى، يەتكۈزۈش، كۆلىمى، قىلىمەن، جىنتاۋ، ئايال، قاتلام، تۇرۇشلۇق، تېلېۋىزىيە، ئاشۇرۇپ، كۆرۈپ، ياپونىيە، ئورنى، تارىخىي، ئىلى، سانى، ئۇلۇغ، رايونىنىڭ، جۇڭگونىڭ، خام، بىخەتەر، يىغىنغا، مۇقىملىقنى، زۇڭلىسى، كېلىدىغان، بىراق، سوت، ئىكەنلىكىنى، ئايرىم، ساقچى، قويغان، مەھسۇلات، قەرز، ئىدارىسىنىڭ، جىنايى، كىرىپ، كۆرۈش، خىزمىتىگە، باشلىدى، يىغىندا، داۋالىنىش، نازارىتى، نورمال، چەكلىك، رادىئو، يوللانغان، كۈرەش، ئۇچرىغان، يۈرەك، تۈرتكە، ھۆكۈمەتنىڭ، نېمە، قول، تۆھپە، ھەممە، يېرىم، ۋىلايەت، پايدىلىق، پارتىيىسى، تىجارەت، كېسەل، تەشكىلاتى، ھەتتا، ماڭا، بايلىق، سۈرۈپ، ئادەمنىڭ، كۈندە، ساقلاپ، ئۇلارنى، بىرگە، چىقىرىپ، خوتەن، دېھقانچىلىق، مۇناسىۋىتى، قىلدۇرۇپ، سوغۇق، گوۋۇيۈەننىڭ، كاپالەت، سىستېمىسى، ناھىيىسىنىڭ، قوللىنىپ، كىرىمى، ئەگىشىپ، سېتىش، بولغاندا، يىلدا، جاۋاب، ئورۇنلاشتۇرۇش، روھىنى، نومۇرلۇق، ھەرقايسى، پۇختا، يىغىن، چۈشۈپ، پەردە، ئارا، كۆرۈنەرلىك، ئاي، تۈزۈمنى، ئۆزگەرتىش، كە، يارىتىش، چەت، بازىرى، ئۇلارغا، يادرو، كېڭەش، بۈگۈن، تېلېگراممىسى، يۈكسەك، پائالىيىتى، ياۋروپا، شىركىتىنىڭ، ئەھۋال، كىرىم، گوۋۇيۈەن، نىسبەتەن، ئېلىمىزنىڭ، تەشۋىق، مەركەز، سالمىقىنى، تارماقلار، بەرسە، زىچ، لېچۈەن، سۆھبەت، ئەزا، دائىم، ئىشلىرىنى، ئەر، تەڭ، ئېچىۋېتىش، يەرگە، خەلقنىڭ، ۋېن، كۈنىدىن، تۇتاش، ئاسىيا، پائالىيىتىنى، سۈت، يىلىدىن، تۈرى، سېنتەبىر، تۈر، خىزمەتلەرنى، بەكرى، چىقىرىش، تىن، ئۆزىگە، ھېس، قويۇلغان، ئادەتتە، ئىگىلىكى، تۈپ، بىلدۈردى، ئۇنىۋېرسال، زۇڭتۇڭ، قوراللىق، قىممىتى، مېتىر، تەسىس، يەتكەن، مۇشۇنداق، ئىشلارنى، ماس، قوشۇمچە، زىيان، ۋەزىپە، تۈزەش، ئالىدۇ، ئۆزگەرتىپ، ئەركىن، قىلىشتا، باج، ئىگىلىنىشچە، چارۋىچىلىق، تۈزۈمى، ھەممىسى، ئىككىنچى، تېمپېراتۇرا، بەدەن، ئاخىرقى، جۇڭگوچە، كىرىمنى، قار ، دەسلەپكى، شىنجاڭدا، يارىتىپ، قىلدۇرۇش، قاراشلىق، قالىدۇ، ئاگېنتلىقى، سىرتقا، ئاپەتتىن، مىنىستىرى، رولى، دەرھال، كونا، بىزنىڭ، مەسىلىلەرنى، تىپلىق، بىۋاستە، مەزگىلدە، كۆكتات، ھوقۇق، كادىرلارنى، جەھەتتىكى، چاغدا، ھازىرغىچە، بايلىقى، باھا، كۈچىنى، باھالاش، پاي، سىياسەت، خاراكتېرلىك، كېتىدۇ، مەسىلەن، ئاقسۇ، ماددىي، كونترول، تۇتۇش، ئاساسى، قىلىنىدۇ، ۋىلايەتلىك، بۇنى، ئۇرۇش، ئادەتتىكى، كەلتۈرۈش، ئۆستۈرۈش، پارچە، ھوقۇقى، بىرلەشتۈرۈپ، زەربە، بىرلەشمە، تۇرغان، ئاممىغا، قاتناشقان، ئېرىشكەن، كېسىلى، باشلانغۇچ، قانۇنى، يۈرۈش، بولسۇن، دىققەت، ئاممىۋى، يۇمشاق، ئىئانە، ھەققىدە، ئەمەلىيلەشتۈرۈپ، ئاۋغۇست، جەمئىي، ئۇسۇلى، پاش، نەپەر، يولداش، قىلىشقا ،

（续表）

50	قىلسا، جاڭ، رايونىمىزدا، سىرتىدىكى، تەرىپىدىن، گۇرۇپپىسى، تۇرىدۇ، ئۆتكەن، ئەتراپىدا، قۇرۇلۇشىغا، نامىلىق، مۇقىملىقىنى، نۇقتا، ئالتە، يىراق، جايلار، رەسمىي، ھاكىمىيەت، ھېسابلىنىدۇ، يېتەكچىلىك، بىۋاستە، تەۋرەشكە، ئوقۇتۇش، بارلىققا، مەسلىسى، ئوبلاستلىق، ۋەكىللەر، ھەرىكەت، مەسلىسىنى، ساغلام، ھەق، ھەرىكىتى، رايونىدىكى، تەرەققىياتىغا، مەسئۇلىيەت، ئىران، تەڭشەش، كۆرستىدۇ، خېلى، ئىدارە، ئالدىغا، ئامىنى، ئورۇنلار، زىيادە، ئۇل، قىز، ئۇنۇمى، شەھرىدە، مېنىڭ، شەھرىدىكى، سۇپىتى، قالماي، ئىتتىپاقلىقىنى، گۇرۇھى، مۇسابىقىسى، كىشىنى، تىپتىكى، تەمىنلەش، خىزمىتىنىڭ، بولمىسا، تەرەپنىڭ، قىسمى، روھىي، قاتارلىقلارنى، ئالتۇن، تۇرپان، ئانا، سەل، كوممۇنىستىك، ئاپەت، داڭلىق، ئاسان، تەشكىللەپ، تەپتىش، مۇنۇلارنى، كەسپى، جۇ، ئىمتىھان، قۇمۇل، دوكلات، زۆرۈر، خەنزۇ، مەسىلە، يىراقتىن، تارقىتىپ، ئايدىن، ئوتتۇرىچە، ئاساسىدا، گەپ، رايونىدا، ئورمان، مۇناسىۋەتنى، نامرات، سىزگە، ئالدىن، لىۋ، ماجىراسى، بالا، تۈزۈپ، تەكىتلىدى، تەۋرەش، كىتاب، جەمئىيەتنىڭ، ئاپەتكە، بىخەتەرلىك، قىيىنچىلىقى، ئەلەيكۇم، پىلانى، تايىنىپ، جىياباۋ، قىلىنىپ، ياخشىلاش، تېلېفون، ئۆتۈپ، سىناق، قەدەم، ئۆزئارا، دىنىي، قىلىۋاتقان، مېۋە، گىرىپتار، رول، تەشكىلاتنىڭ، مىنىستىرلىكىنىڭ، بۇنىڭغا، ئىسسىق، ئوقۇغۇچىلار ، ئىقتىسادنىڭ، ھال، ھەققى، ئالەم، تەركىبىدە، سابىق، قىزغىن، تونىنا، ۋىتامىن، ئۆزگىرىش، يېڭىچە، بېرىشى، مەھسۇلاتلىرى، ئىتتىپاقى، تەخمىنەن، ئىسرائىلىيە، تېخى، يېشىل، ۋىلايىتى چىقىرىدۇ، كۆتۈرۈپ، زوراۋانلىق، ئالاقە، ئۆتكۈزۈپ، تەربىيە، توي، مۇھاكىمە، تاماق، ئايلاندى، سۇغۇرتا، بەھرىمەن، ئارىسىدا، كارخانىلارنىڭ، زېمىن، ئارقا، ئۆزگىچە، مەھەللە، قارىشى، ئورۇنغا، تەشكىلات، بازىسى، يۇقۇملانغان، چىقتى، باشتىن، ئائىت، ياڭ، مەبلىغى، ئوقۇغۇچى، كېلەر، قىيىن، جايلاشقان، ئىتتىپاق، سوتسىيالىزم، ئوزۇقلۇق، جەمئىيتى، مۇنەۋۋەر، ئوقۇغۇچىلارنىڭ، مەيدان، دەل، تاغ، مۇخبىرنىڭ، ئەسسالامۇ، كارخانىلار، ساقلىنىش، ئالغا، ئۆتكۈزۈلگەن، كۆرۈشتى، تېببىي، گۈل، بەلكى، ساپ، ئۇقتۇرۇش، تەرەپتىن، كىلومېتىر، ئاخىر، پاكىستان، مۇلازىمىتى، بۈگۈنكى، بىخەتەرلىكى، ساغلاملىق، ئىشخانىسى، بەلگىلەنگەن، ئىشلىرىنىڭ، روھى، دېگەندەك، ئىزچىل، ئېلىمىز، ئەسسالام، ئەل، ھەقسىز، يىلىنىڭ، قازاق، تاشيول، مۈلۈك، چارۋىچىلارنىڭ، خادىملار، ۋىرۇسى، چىقارغان، ئىچىپ، ئاۋاز، تارمىقى، مۇكەممەللەشتۈرۈپ، بىرلىككە، بىزگە، زۇكام، ئاشقان، تېگىشلىك، رەھبەرلىرى، مانا، ياشلار （496）

（五）词长统计

1. 词长分布

本次只调查了词频覆盖率达到 90％的高频词的词长（词的字母数）分布，具体数据见表 6-14。

表 6-14　高频词词长分布统计

词长（字母数）	词种		词频	
	词种数	占全部词种比例（%）	词频	占总词频比例（%）
1	1	0.00	9 615	0.23
2	206	0.10	96 582	2.35
3	1 622	0.82	303 824	7.40
4	3 235	1.63	196 113	4.78
5	11 103	5.62	781 591	19.04
6	15 231	7.71	601 538	14.65
7	19 630	9.93	489 025	11.91
8	26 259	13.29	581 111	14.16
9	24 333	12.31	335 920	8.18
10	22 959	11.62	247 379	6.03
>10	73 070	36.97	462 569	11.27
总　计	197 649	100.00	4 105 267	100.00

由表 6-14 可见，词长为 1—4 个字母的词只占全部词种数的 2.55%，占全部词频的 14.76%，说明在实际应用中，维吾尔文词长为 1—4 个字母的词使用较少，日常使用主要以 4 个字母以上词为主。

2. 长词使用分布

表 6-15　长词使用分布情况

词长（字母数）	词种数		频次	
	词种数	所占比例（%）	频次	所占比例（%）
21	396	0.20	531	0.01
22	225	0.11	308	0.01
23	107	0.05	135	0.00
24	43	0.02	51	0.00
25	18	0.01	20	0.00
26	15	0.01	20	0.00
27	2	0.00	2	0.00
28	2	0.00	2	0.00
29	3	0.00	3	0.00
30	1	0.00	1	0.00
>30	0	0.00	0	0.00

表 6-15 显示，语词长度超过 20 个字母的长词数量为 812 个，仅占全部词种

数的0.40%，这类词的使用频度也很低，仅占全部语料词频总数的0.02%。表6-16是长词列表。

表6-16　长词列表(按词长排序的前20个长词)

词	频次	词长	词	频次	词长
قالايمىقانلاشتۇرىۋېتىدىغانلىقى	2	30	قالايمىقانلاشتۇرۇۋېتىدىكەن	1	26
قالايمىقانلاشتۇرۇۋەتكەنلىكتىن	1	29	مۇئەييەنلەشتۈرىدىغانلىقىنى	3	26
مۇجەسسەملەشتۈرەلەيدىغانلىقىنى	1	29	كاپالەتلەندۈرۈلمىگەنلىكتىن	1	26
مۇرەككەپلەشتۈرۋېتىدىغانلىقىنى	1	29	قالايمىقانلاشتۇرۇۋەتمەسلىك	1	26
جەددىيلەشتۈرۈۋېتىدىغانلىقىنى	1	28	مۇئەييەنلەشتۈرۈلگەنلىكىدىن	1	26
مۇكەممەللەشتۈرەلمەسلىكىمىزدە	1	28	يادروسىزلاندۇرىدىغانلىقىنى	2	26
ناچارلاشتۇرۇۋېتىدىغانلىقىنى	1	27	ئالاقىلشەلمەيۋاتقانلىقىنى	1	25
نورماللاشتۇرالايدىغانلىقىغا	1	27	ئېغىرلىتىۋېتىدىغانلىقىنىمۇ	1	25
گەۋدىلەندۈرۈلۈۋاتقانلىقىنى	1	26	ئىشلەپچىقىرالايدىغانلىقىنى	1	25
مۇكەممەللەشتۈرىلىدىغانلىقى	1	26	ئورۇنلاشتۇرىدىغانلىقىمىزنى	2	25

3. 平均词长

对全部调查语料的维吾尔文词及词干的词长进行统计，具体数据见表6-17。

表6-17　词语平均长度

考察对象	总词长(字母数)	词种数	平均长度
总词语	1 875 215	197 649	9.49
总词干	214 986	31 452	6.84
高频词干	23 041	3 862	5.97

(六)词语的文本分布情况

词种的文本分布情况见表6-18。

表6-18　词种的文本分布情况

文本数	词种数	占全部词种比例(%)
1	107 031	54.15
2	28 209	14.27
3	13 172	6.66
4	7 738	3.92
5	5 245	2.65
6—10	12 695	6.42

（续表）

11—20	8 640	4.37
21—100	10 427	5.28
>100	4 492	2.28
合计	197 649	100.00

表 6-18 表明，只在 1 篇文本中出现的词种数为 107 031 个，占全部词种数的 54.15%，而出现文本数小于 6 的用词占全部词种数的 81.65%，说明网络维吾尔文词种的数量非常庞大，但大多数词并非常用词汇，出现的文本数很少；出现文本数较多的常用词汇使用相对集中，如文本数超过 20 的词种数为14 919，仅占词种总数的 7.55%。

维吾尔文网站高频词干表

【说明】

本次调查的词干表获取步骤：首先是从 9 家维吾尔文网站上自动下载语料，并用语料调整工具和人工干预等方式进行多余信息的滤除等规范处理。其次，由于网上语料存在一定的错误，因此再利用自动校对工具和人机交互方式对语料进行校对。第三步，对语料中的单词，进行长度、频次和分布文本数统计，得到 197 649 个词种。第四步，利用自动词干还原工具和人工干预的方法获得 31 452 个词干。其中，覆盖率达到 90％时使用的词干为 3 862 个。限于篇幅，本表仅收录了覆盖率达到 85.77％的 1 000 个高频词干，按频次降序排列。

为便于读者查询，将本高频词干表的音序索引登载在国家语言资源监测与研究中心少数民族语言分中心资源网和少数民族语言分中心维吾尔语文研究基地资源网等网站上。

序号	词干	长度	频次	文本数
1	ۋە	2	59709	11942
2	بول	3	40461	24270
3	بىلەن	5	37693	10555
4	قىل	3	29559	20911
5	يىل	3	22854	13503
6	خىزمەت	6	22349	14026
7	ئاپتونوم	7	21397	4201
8	رايون	5	21217	13641
9	خەلق	4	17613	7087
10	ئال	2	17482	11981
11	شىنجاڭ	6	16990	6968
12	دۆلەت	5	15997	8310
13	ھەر	3	15977	6864
14	كېرەك	5	13984	4666
15	يېزا	4	13751	5766
16	ئىش	2	12963	8969
17	قاتارلىق	8	12746	7697
18	بەر	3	12682	8260
19	دە	2	12241	6363
20	يول	3	12056	7439
21	ئۈن	2	12047	6627
22	كۈن	3	11939	8346
23	ئۇ	1	11704	5042
24	قۇرۇل	5	11659	6546
25	تەرەققىيات	10	11119	6354
26	ناھىيە	6	11042	6662
27	يىغىن	5	10615	7311
28	بۇ	2	10550	7904
29	كۆپ	3	10434	6205
30	بويىچە	6	10368	4496
31	مىڭ	3	10283	4598
32	يەر	3	9846	5586
33	ياخشى	5	9558	4439
34	ئۈچۈن	4	9379	5123
35	ھۆكۈمەت	7	9246	5856
36	مەن	3	9159	4902
37	ۋاقىت	5	9155	9165
38	ئىككى	4	9128	5115
39	يېڭى	4	8994	4244
40	كومىتېت	7	8980	5002
41	رايونلۇق	8	8932	2580
42	جۇڭگو	5	8929	3753

序号	词干	长度	频次	文本数
43	تۇر	3	8914	6663
44	بار	3	8731	5582
45	يۈەن	4	8714	4671
46	كىشى	4	8430	6182
47	كېيىن	5	8430	4677
48	كۈچ	3	8170	5517
49	بازار	5	7993	5533
50	مۇنداق	6	7918	4086
51	ئادەم	4	7727	4410
52	يەتمىش	6	7573	5828
53	تور	3	7563	5317
54	باش	3	7534	4584
55	قاتناش	6	7518	5266
56	يەنە	4	7510	4204
57	پۇل	3	7290	3648
58	ئارقىلىق	7	7193	3947
59	تەكشۈر	6	7160	4287
60	ئامبال	5	7096	4647
61	كەل	3	7037	5524
62	ئىلگىرى	6	7021	3799
63	ئەل	2	6968	3925
64	يۇقىرى	6	6929	3815
65	ئەھۋال	5	6902	5384
66	پارتىيە	7	6866	1995
67	شەھەر	5	6677	3637
68	چوڭ	3	6613	3548
69	دېھقان	6	6609	3544
70	ئىچى	3	6555	4831
71	ئوتتۇرا	6	6486	3909
72	قانۇن	5	6457	2722
73	مەكتەپ	6	6388	3862
74	ئەزا	3	6333	3894
75	تەرەپ	5	6288	3891
76	مۇھىم	5	6284	3190
77	ئۆز	2	6282	3740
78	ئىگىلىك	6	6194	2993
79	مىللەت	6	6156	3564
80	ئاي	2	6145	4404
81	ئۇيغۇر	5	6112	2397
82	ياكى	4	6077	2531
83	قال	3	6052	4885
84	چىق	3	6038	5063
85	يىل	3	5950	3244
86	خىزمەت	5	5938	4208
87	ئۆزى	3	5898	4240
88	سۇ	2	5830	2754
89	باشقا	5	5826	3462
90	ساقلا	5	5682	4031
91	ھەم	3	5667	2894
92	ئاينى	5	5645	3342
93	سال	3	5642	4362
94	بىز	3	5628	3435
95	ئۈرۈمچى	6	5627	2928
96	مەھسۇلات	8	5622	3618
97	ئۆي	2	5596	3202
98	مەبلەغ	6	5528	3071
99	زور	3	5517	3144
100	تۇرمۇش	6	5500	3928
101	ئىجتىمائىي	8	5464	2088
102	تېخنىكا	7	5454	3028
103	تۈنۈگۈن	7	5428	3453
104	ئىس	2	5411	3817
105	ئىتتىپاقلىق	10	5401	2690
106	كەنت	4	5224	3065
107	يېقىن	5	5191	4172
108	ئاز	2	5173	2987
109	سىياسى	7	5134	2105
110	ئۆتكۈر	5	5116	4512
111	بولسا	5	5114	2639
112	جەھەت	5	5107	3782
113	باشلا	5	5103	4171
114	كارخانا	7	5021	3295
115	ئائىلە	4	4994	3701
116	جاي	3	4973	3979
117	كۆر	3	4968	3932
118	تۈر	3	4933	3753
119	بۇيان	5	4909	3279
120	پارت	4	4887	2808

序号	词干	长度	频次	文本数
121	ئىشلە	4	4843	3546
122	ھازىر	5	4835	3465
123	مىليون	6	4806	2336
124	قول	3	4791	3538
125	ئاش	2	4784	3739
126	قېتىم	5	4752	3109
127	ئىگە	3	4750	2875
128	كادىر	5	4729	2709
129	مەسلىھەتچى	11	4713	3703
130	ئاشۇر	4	4710	3831
131	ياردەم	6	4702	2328
132	سۇر	3	4662	3539
133	قان	3	4662	2128
134	ئومۇمىي	6	4659	2684
135	پائالىيەت	8	4633	3417
136	يۈز	3	4625	2792
137	ئامېرىكا	7	4624	1608
138	ئىقتىسادى	9	4565	2216
139	يىللىق	6	4557	2962
140	ئىشلىمە	6	4556	3324
141	ئايال	4	4554	2536
142	تەر	3	4552	3390
143	تېخمۇ	6	4531	2594
144	تېز	3	4514	3217
145	مۇئاۋىن	6	4413	2255
146	مەدەنىيەت	9	4405	1994
147	ئاساسى	6	4385	2117
148	دەرىجىلىك	9	4377	2138
149	قوي	3	4315	3491
150	چۈش	3	4278	3506
151	ئىشلەپچىقىرىش	12	4241	2432
152	ئىقتىسات	7	4232	2747
153	چېك	3	4230	2250
154	ھەمدە	5	4205	2785
155	قارا	4	4147	2398
156	ئاپەت	4	4116	2335
157	يار	3	4092	3375
158	ئاساس	4	4073	3060
159	تەسىر	5	4059	3082
160	شىركەت	6	4058	2625
161	ئۈچ	2	4035	2504
162	ئىشىق	3	4001	1799
163	تارماق	6	4001	2806
164	دۇنيا	5	3965	2579
165	مەكزىي	8	3951	1889
166	تىل	3	3944	2332
167	دىن	3	3893	2614
168	كۆز	3	3889	2903
169	ۋەقە	4	3881	2611
170	تەلەپ	5	3867	2911
171	پارتكوم	7	3855	2411
172	ھەرىكەت	7	3838	3687
173	مۇشۇ	4	3826	2355
174	ئور	2	3824	2999
175	سىز	3	3803	2121
176	بالا	4	3779	2237
177	باشلىق	6	3777	2331
178	تۇت	3	3762	2910
179	تۆۋەن	5	3749	2277
180	ئوقۇغۇچى	7	3724	2212
181	مۇخبىر	6	3707	2381
182	تەشكىلات	8	3695	2237
183	ئىدارە	5	3656	2473
184	ئورۇنلا	6	3652	2662
185	ئورۇن	4	3606	2713
186	سۆز	3	3597	2683
187	جەمئىيەت	7	3592	2475
188	مۇناسىۋەت	9	3590	2609
189	كىرىم	5	3533	2360
190	ئوت	2	3521	1437
191	ئېلان	4	3500	2174
192	ئۇسۇل	4	3475	2554
193	ئۆت	2	3468	2812
194	يېمەكلىك	8	3467	1361
195	ئىقتىدار	7	3463	2564
196	ئالدىن	5	3452	1993
197	مەيدان	6	3452	2814
198	مەزگىل	6	3443	2784

序号	词干	长度	频次	文本数
199	قىسىم	5	3429	3918
200	پەن	3	3420	1483
201	ئىسلاھات	7	3417	1746
202	باھا	4	3412	2152
203	ياش	3	3392	2464
204	سىياسەت	7	3381	2618
205	مۇلازىمەت	9	3368	1880
206	مۇقىملىق	8	3350	1927
207	ئىلمىي	5	3290	1370
208	يوق	3	3281	2272
209	لازىم	5	3259	969
210	مەنبە	5	3256	2941
211	نەتىجە	6	3219	3580
212	تەدبىر	6	3215	2532
213	تەرەققىي	8	3208	1706
214	رول	3	3208	2291
215	ئۈستى	4	3205	2404
216	مىقدار	6	3205	2170
217	سودا	4	3199	1514
218	ئۆگەن	4	3186	1731
219	ئارى	3	3182	2591
220	نەچچە	5	3168	2003
221	قانداق	6	3133	1673
222	پاي	3	3132	2084
223	كۆرسەت	6	3132	2093
224	دەرىجە	6	3127	2432
225	ئېغىر	4	3126	1820
226	تۈزۈم	5	3115	1937
227	سىرت	4	3096	2311
228	ئۇچۇرچى	6	3095	2424
229	ۋەزىپە	6	3083	2387
230	روھ	3	3076	2208
231	كەت	3	3067	2375
232	خەلقئارا	7	3064	1736
233	بايلىق	6	3054	1988
234	قەشقەر	6	3003	1282
235	خادىم	5	2998	2435
236	قوغداش	6	2991	1835
237	تۆرلۈك	6	2951	2106

序号	词干	长度	频次	文本数
238	رەئىس	4	2938	1910
239	تولۇق	5	2932	1863
240	ئۇچۇر	4	2927	2149
241	قارشى	5	2921	1612
242	ھەل	3	2897	1775
243	بىيمەنە	7	2887	2084
244	چىقار	5	2875	2265
245	بارلىق	6	2867	2204
246	مائارىپ	6	2864	1407
247	ئوخشاش	5	2856	1933
248	قايسى	5	2853	2024
249	شۇجى	4	2842	1698
250	ئەمەس	4	2834	1886
251	قارىغاندا	9	2824	1961
252	دائىمىي	6	2822	1394
253	تەربىيىلەش	10	2816	1244
254	قوش	3	2813	1808
255	كېسەللىك	8	2813	1687
256	بەزى	4	2809	1830
257	قۇرۇلتىيى	9	2808	1376
258	ئەمەلىي	6	2806	2084
259	ۋەزىيەت	7	2803	2331
260	نۆۋەتلىك	8	2800	1460
261	پائالىيىتى	9	2796	1921
262	كاپالەتلىك	10	2790	1712
263	تەكشۈر	6	2780	1806
264	ھوقۇق	5	2777	1453
265	قاتارلىقلار	11	2775	2293
266	ئالاقدار	8	2774	1500
267	قۇرۇلغاچ	8	2757	2241
268	پىلان	5	2755	1953
269	مىللىي	6	2754	1278
270	سان	3	2729	2057
271	پەيدا	5	2713	1456
272	ئاچ	2	2708	2091
273	قوللا	5	2705	2379
274	ئاخبارات	7	2672	1555
275	يەت	3	2668	1750
276	قويۇل	5	2662	2198

序号	词干	长度	频次	文本数
277	سىستېما	7	2657	1798
278	بىخەتەرلىك	10	2645	1512
279	ھاۋا	4	2644	1484
280	يەنىمۇ	6	2642	1593
281	ئىبارەت	6	2637	1723
282	ماددا	5	2632	950
283	توغرا	5	2629	1670
284	كۈچەي	5	2625	1548
285	چوڭقۇر	6	2614	1545
286	قىز	3	2612	1620
287	ئەمما	4	2601	1508
288	مال	3	2601	1659
289	ئالاھىدە	7	2588	1695
290	كۆلەم	5	2586	1962
291	بېيجىڭ	6	2571	1793
292	ئۈنۈم	4	2569	2111
293	ئارتۇق	5	2566	1768
294	كۆرۈش	5	2561	2016
295	ئىتتىپاق	8	2545	1542
296	دورا	4	2541	1276
297	ساقلاش	7	2527	843
298	مەمۇرىي	6	2525	1523
299	قارىشى	2	2524	1742
300	سانائەت	6	2514	1409
301	سەۋەب	5	2514	2074
302	ئۈستۈر	5	2507	1943
303	ئورتاق	5	2500	1245
304	ھالدا	5	2489	1847
305	مەملىكەت	8	2487	1828
306	كىم	3	2485	1661
307	بۇرۇن	5	2470	1978
308	بېرىل	5	2470	1933
309	ئالغا	4	2463	1980
310	ئەگەر	4	2456	1484
311	كەسىپ	5	2443	1678
312	قوبۇل	5	2431	1381
313	ئاھالە	5	2421	1665
314	نۆۋەت	5	2408	1941
315	كۈچلۈك	6	2407	1621
316	ئىلىم	4	2390	1682
317	نۇقتا	5	2382	1870
318	كېلىشكەن	8	2379	1959
319	نۇر	3	2377	1414
320	دائىر	4	2369	1859
321	بەش	3	2367	1664
322	ئەسلى	4	2362	1638
323	ھەممىسى	7	2339	1991
324	تەتقىقات	8	2338	1602
325	ئاساسەن	6	2298	1591
326	پىكىر	5	2297	1574
327	قانات	5	2297	1446
328	دىل	3	2293	1721
329	يوللا	5	2292	1964
330	ساھە	4	2290	1973
331	قۇتقۇز	6	2284	1411
332	مو	2	2277	1149
333	سۈپەت	5	2265	1699
334	يارات	5	2262	1753
335	جەريان	6	2257	1832
336	نۇرغۇن	6	2257	1574
337	شەھەرلىك	8	2256	1217
338	كەسىپ	4	2252	1683
339	ئىستېمال	7	2251	809
340	مۇناسىۋەتلىك	12	2243	1669
341	ئامما	4	2240	1383
342	شۇنداقلا	8	2239	1673
343	ئالىي	4	2237	1110
344	ھەمكارلىق	9	2230	1476
345	توغرىسىدا	9	2229	1624
346	ئىچ	2	2210	1722
347	ناھايىتى	8	2208	1410
348	رەھبەرلىك	9	2201	1397
349	كېسەل	5	2198	1502
350	سانلىق	6	2192	942
351	قىممەت	6	2192	1613
352	ۋەكىل	5	2181	1426
353	ئومۇميۈزلۈك	10	2178	1298
354	ئېيت	3	2171	1822

序号	词干	长度	频次	文本数
355	ئىيۇل	4	2170	800
356	كىچىك	5	2166	1471
357	ھەقىقىي	7	2165	1258
358	كەڭ	3	2161	1517
359	تەركىب	6	2160	1431
360	داۋالاش	7	2159	1174
361	قاتتىق	6	2154	1277
362	ئەھمىيەت	7	2153	1549
363	سائەت	4	2153	1415
364	كۆرۈل	5	2153	1839
365	ئۆلكە	4	2152	1767
366	تۈنجى	5	2151	1545
367	كاپالەت	7	2146	1403
368	پۈتۈن	5	2142	1459
369	كىر	3	2125	1663
370	لېكىن	5	2121	1319
371	ئەتراپ	5	2119	1775
372	ياخشىلا	7	2101	1756
373	مىنىستىرلىك	11	2097	1500
374	مەركىزى	7	2094	1640
375	جاۋاب	5	2085	1419
376	تەڭرىتاغ	8	2083	1777
377	ئاپتوموبىل	9	2079	1194
378	كۈچەيتىش	8	2074	1418
379	تەكلىپ	6	2071	1400
380	ئۆزگەر	5	2069	1670
381	ئاتا	3	2068	1321
382	تارىخ	5	2067	1568
383	ئىگىل	4	2065	1765
384	ھەربىي	6	2060	929
385	ئىنتايىن	7	2058	1402
386	يىلان	5	2047	1792
387	ئاساسلىق	7	2045	1602
388	ماشىنا	6	2044	1407
389	بەدەن	5	2043	1391
390	بەرپا	5	2040	1145
391	ئەر	2	2039	1111
392	بۆلا	4	2038	1599
393	ماي	3	2037	1210

序号	词干	长度	频次	文本数
394	مۇۋاپىق	7	2029	1248
395	گوۋۇيۈەن	8	2018	1288
396	مەقسەت	6	2012	1776
397	ئىچكى	4	2002	1268
398	بەك	3	2001	1343
399	ئەمەلىلەشتۈر	10	2000	1533
400	ساقچى	5	1997	1343
401	تاقابىل	7	1996	1479
402	ئورگان	6	1996	1061
403	كېڭەش	5	1994	1061
404	داۋاملىق	8	1987	1385
405	مەخسۇس	6	1985	1299
406	مەسئۇل	5	1978	1324
407	بېشى	4	1971	1033
408	ئىران	4	1971	1096
409	تەۋرە	5	1967	1566
410	ئەنسىرە	7	1964	1364
411	گۇرۇپپا	7	1959	1655
412	سۈرەت	5	1959	1536
413	لىنىيە	6	1955	1084
414	ئىشچى	5	1947	1232
415	دوكلات	6	1933	1018
416	مەملىكەتلىك	11	1914	1442
417	ئەمگەك	6	1913	979
418	گېزىت	5	1913	1430
419	ئارمىيە	6	1906	1194
420	ۋەھىمە	6	1898	1356
421	قۇر	3	1891	1541
422	مۇئامىلە	7	1890	898
423	مۇداپىئە	7	1888	805
424	ئاخىرى	5	1875	1643
425	ئوبلاست	6	1871	1309
426	نېفىت	5	1870	652
427	ناز	3	1863	971
428	ئېلېكتر	6	1859	782
429	ئالدىنقى	7	1852	1381
430	پائالىيەت	8	1837	1496
431	توغرىسى	7	1832	1164
432	قاتلام	6	1831	1168

序号	词干	长度	频次	文本数
433	قايتا	5	1828	1094
434	ئۇزاق	4	1827	1378
435	مەلۇم	5	1824	1170
436	قىيىنچىلىق	10	1821	1394
437	مۇدىر	5	1816	1166
438	سەنئەت	5	1812	879
439	لاي	3	1812	1303
440	ئۈمىد	4	1811	1384
441	ئابلا	4	1805	1281
442	ئون	2	1800	1171
443	بىلىم	5	1793	1363
444	بايرام	6	1789	1164
445	تىپ	3	1788	1325
446	سەۋىيە	6	1788	1511
447	مەزمۇن	6	1783	1465
448	كۆز	3	1780	1552
449	بولۇپمۇ	7	1778	1378
450	ئۈنۈملۈك	7	1776	1310
451	جىددىي	6	1775	1181
452	مەركەز	6	1771	1247
453	كېسىلى	6	1759	1148
454	ھايات	5	1759	1400
455	كەسپىي	6	1755	904
456	گۈل	3	1753	1077
457	قىزىل	5	1743	976
458	روسىيە	6	1740	489
459	ئېچى	3	1734	1147
460	سات	3	1729	1132
461	نەرسە	5	1728	1317
462	تۆت	3	1726	1167
463	بۇلتۇر	6	1725	1313
464	تىنچ	4	1719	1335
465	يىراق	5	1716	843
466	نازارەت	7	1703	827
467	جەنۇبىي	7	1702	937
468	سۆھبەت	6	1700	799
469	يەرلىك	6	1699	1159
470	ئاق	2	1698	987
471	ئاسرا	4	1692	906
472	كۆڭۈل	5	1692	1273
473	تەبىئىي	6	1685	869
474	ئوقۇتقۇچى	8	1679	981
475	گۇرۇھ	5	1679	1081
476	ئاپپارات	7	1678	1027
477	دوختۇرخانا	10	1672	1230
478	كېيىنكى	7	1670	1255
479	يېقىنقى	7	1669	1405
480	مالىيە	6	1666	824
481	ئار	2	1664	1395
482	بىللە	5	1663	1235
483	ئىجرا	4	1662	841
484	زۇڭلى	5	1654	1104
485	ئانا	3	1652	786
486	گاز	3	1632	747
487	بىۋاستە	7	1628	1159
488	ساياھەت	7	1623	634
489	چەت	3	1621	1064
490	تەشۋىقات	8	1619	920
491	ئىلى	3	1617	880
492	ماتېرىيال	9	1616	1246
493	ماددىي	6	1614	1046
494	جامائەت	6	1611	801
495	چارۋىچى	7	1611	1236
496	شۇنداق	6	1609	1037
497	قەتئىي	5	1604	866
498	جارى	4	1603	1052
499	ئەسەر	4	1594	1100
500	ئۆزلۈكسىز	8	1593	1238
501	دېڭىز	5	1587	965
502	رەھبەر	6	1584	764
503	ھاسىل	5	1568	1335
504	ھازىرقى	7	1566	1058
505	جارى	4	1562	1090
506	ئالىم	4	1559	1078
507	ئېھتىياج	7	1557	1272
508	تىجارەت	7	1552	895
509	دەۋر	4	1547	1180
510	ئارقا	4	1522	1295

序号	词干	长度	频次	文本数
511	شارائىت	6	1518	1351
512	ئولىمپىك	7	1513	498
513	سۇغۇرتا	7	1512	1138
514	مېتىر	5	1510	1140
515	كىتاب	5	1508	553
516	قېتىملىق	8	1508	1029
517	دورىلا	6	1501	830
518	قۇم	3	1497	1113
519	بىرلىك	5	1496	962
520	بۆلۈم	5	1492	744
521	چېگرا	5	1491	807
522	ئالىم	4	1484	1049
523	ئېھتىياج	7	1483	1104
524	تىجارەت	7	1473	680
525	نەزەر	5	1470	1140
526	ئوقۇ	3	1467	1157
527	بەلگىلە	7	1463	1099
528	ھالەت	5	1463	1274
529	ئۇزۇن	4	1460	1060
530	خەنزۇ	5	1457	916
531	باق	3	1453	1219
532	يېرىم	5	1450	1109
533	شىنخۇا	6	1448	1202
534	زىيان	5	1444	1037
535	پاك	3	1436	798
536	زىيارەت	7	1434	1024
537	ماڭ	3	1434	920
538	باغ	3	1433	867
539	نىشان	5	1432	1252
540	پائال	4	1429	1043
541	يەنى	4	1427	1152
542	ياسا	4	1427	1017
543	سۈت	3	1422	688
544	غەربىي	6	1421	844
545	تەرتىپ	6	1418	1088
546	دەريا	5	1418	926
547	فوت	4	1418	465
548	سور	3	1414	1134
549	مۇراسىم	7	1414	1079
550	ئۆزگەرتىش	8	1409	932
551	كىيىن	5	1408	841
552	نام	3	1401	1124
553	ئاڭلا	4	1398	1219
554	ئەستايىدىل	9	1398	981
555	قانچە	5	1398	1046
556	تېرى	4	1392	982
557	شەخس	4	1390	990
558	تان	3	1389	1076
559	تۈز	3	1389	1087
560	تېما	4	1387	1118
561	ئاشلىق	5	1384	663
562	ھېس	3	1381	1047
563	قوغدا	5	1380	1130
564	مىليارد	7	1380	700
565	دېلو	4	1373	933
566	چۈنكى	5	1372	973
567	سوم	3	1372	847
568	قەدەر	5	1370	1089
569	قەدەم	5	1368	1150
570	مول	3	1362	1043
571	ئىكەنلىكى	8	1361	1060
572	ئېنىق	4	1357	973
573	تەڭ	3	1353	1034
574	كەلتۈر	6	1352	1078
575	ئەمەلىيەتتە	10	1351	640
576	قەرز	4	1347	946
577	ئەمەل	4	1347	639
578	سوتسىيالىستىك	13	1341	600
579	ئەسسالام	7	1340	513
580	تەرىپلە	7	1338	1041
581	سوت	3	1337	475
582	بۆلگۈنچى	8	1332	1166
583	ياڭاق	5	1332	827
584	ئىمتىھان	7	1328	588
585	سېتىۋال	7	1328	950
586	يۈرەك	5	1328	752
587	بوي	3	1327	1039
588	ئىلغار	5	1326	754

序号	词干	长度	频次	文本数
589	ئېچىل	4	1326	1219
590	تارقات	6	1322	1043
591	خوت	3	1321	621
592	ئىناق	4	1318	793
593	كۆتۈر	5	1317	1147
594	بۇيۇم	5	1315	919
595	قازا	4	1313	729
596	تاللا	5	1311	988
597	ئەترەت	5	1310	950
598	سەھىيە	6	1308	614
599	كومپاس	6	1306	980
600	يە	2	1306	915
601	ئاۋاز	4	1304	814
602	ئىختىيارىي	9	1299	437
603	يات	3	1298	1106
604	ئۇرۇش	4	1295	841
605	تۈركۈم	6	1293	862
606	قالغىن	6	1293	1038
607	كۆمۈر	5	1293	545
608	تۆمۈر	5	1289	638
609	ۋەتەن	5	1286	801
610	تاماق	5	1284	864
611	يەنىلا	6	1283	978
612	ئاستىلات	7	1280	1011
613	قېتىمقى	7	1279	888
614	ياشلا	5	1276	862
615	پۇرسەت	6	1275	1151
616	كۆكتات	6	1271	768
617	چوقۇم	5	1267	900
618	راۋاجلاندۇر	11	1264	979
619	ئاندىن	5	1262	877
620	ئويلا	4	1262	1131
621	ئالاھىدىلىك	10	1260	1061
622	شەرقىي	6	1258	683
623	يېڭىلىق	7	1257	689
624	پەقەت	5	1253	920
625	ئېغىز	4	1248	1007
626	مۇقىم	5	1248	961
627	سوغۇق	5	1239	734
628	پونكىت	6	1238	886
629	توك	3	1236	570
630	قارىتا	6	1232	926
631	ئادەت	4	1229	993
632	كۈت	3	1228	1107
633	ئالا	3	1227	1080
634	ئىراق	4	1224	601
635	ياشا	4	1221	636
636	شىمالىي	7	1218	608
637	ۋىلايەت	7	1217	797
638	ئۆلچە	4	1215	793
639	ھېساپلا	7	1215	1039
640	ئىشلەت	5	1213	1006
641	كۈرەش	5	1212	723
642	گەپ	3	1212	866
643	مانا	4	1212	791
644	تومۇر	5	1211	713
645	بېسىم	5	1210	940
646	مېڭە	4	1203	857
647	يۇرت	4	1203	955
648	كۆرۈن	5	1202	1048
649	گۈزەل	5	1200	788
650	بىرلىكتە	8	1198	917
651	سالماق	6	1193	968
652	ياۋروپا	7	1188	501
653	بېكەت	5	1185	994
654	ئۇنىۋېرسىتېت	11	1179	782
655	تارقا	5	1178	992
656	پار	3	1177	847
657	شەك	3	1176	965
658	قىلغۇچ	6	1173	896
659	قىلمىش	6	1171	909
660	ئۇقتۇرۇش	7	1170	921
661	ياز	3	1170	920
662	تاپشۇر	6	1167	961
663	بىرىنچى	7	1165	901
664	نامرات	6	1165	728
665	ئاگېنتلىق	8	1160	1039
666	نۇقتىلىق	8	1159	729

序号	词干	长度	频次	文本数
667	ئاسىيا	5	1152	651
668	شىمال	5	1150	916
669	بۈگۈن	5	1149	723
670	دىمەق	5	1148	956
671	شار	3	1148	738
672	مەسئۇلىيەت	9	1147	845
673	جۇڭخۇا	6	1145	563
674	گۆش	3	1144	735
675	تەنھەرىكەت	10	1140	427
676	يوق	3	1140	853
677	قاراش	5	1135	904
678	چاغ	3	1132	843
679	ئىشەنچ	5	1130	976
680	تاشقى	5	1130	664
681	ئورۇنلاشتۇر	10	1127	994
682	قاتار	5	1122	956
683	نەق	3	1120	797
684	دىققەت	6	1119	910
685	نومۇر	5	1117	660
686	ئايرىم	5	1115	674
687	ئەسىر	4	1113	875
688	چارۋىچىلىق	10	1113	695
689	ياپونىيە	8	1113	529
690	ۋېنچۇەن	7	1113	572
691	ئاغرىق	5	1112	668
692	يوللان	6	1112	1040
693	نىزام	5	1111	650
694	يايدۇر	6	1109	955
695	ئۇلۇغ	4	1104	517
696	ساغلاملىق	9	1104	782
697	ئۆمەك	4	1102	819
698	خام	3	1101	504
699	شەكىل	5	1101	946
700	يادرو	5	1098	482
701	دېھقانچىلىق	11	1097	706
702	باشلان	6	1096	986
703	تۇرۇشلۇق	8	1096	638
704	تېلېۋىزىيە	10	1096	625
705	ھۆججەت	6	1092	804
706	يولداش	6	1091	628
707	تونۇش	5	1090	946
708	تەكىتلە	7	1090	913
709	ئوينا	4	1087	990
710	تارىخى	7	1085	545
711	تاغ	3	1081	690
712	بىخەتەر	7	1079	576
713	سېنتەبىر	8	1079	701
714	نورمال	6	1078	746
715	خەۋىپ	5	1077	641
716	رادىئو	5	1075	651
717	بىراق	5	1072	694
718	كەلگۈسى	7	1071	905
719	بەرسە	5	1067	607
720	كىسلاتا	7	1067	776
721	كونترول	8	1061	759
722	قار	3	1060	537
723	كۆرگەزمە	8	1057	638
724	يۈرگۈز	6	1056	731
725	تۈزە	4	1054	525
726	جىنايى	6	1054	434
727	خېلى	4	1049	839
728	يۇقۇملان	8	1049	365
729	تاشيول	6	1047	606
730	تۈرتكە	6	1046	685
731	چەكلىك	6	1046	577
732	مىنىستىر	8	1043	809
733	تەمىنلە	7	1042	756
734	تۆھپە	5	1035	709
735	قازاق	5	1035	692
736	يېتەكچىلىك	10	1034	767
737	بىرگە	5	1033	843
738	سۈرئەت	5	1032	850
739	ئۈچ	2	1031	837
740	نېمە	4	1031	510
741	ئوقۇتۇش	6	1029	548
742	ئايروپىلان	9	1027	683
743	ھەممە	5	1027	777
744	ئارا	3	1025	721

序号	词干	长度	频次	文本数
745	مەنپەئەت	7	1025	766
746	ئىگىلىنىش	8	1022	948
747	مۇنۇ	4	1021	755
748	ئىز	2	1020	885
749	توي	3	1019	593
750	ئەسلىھە	6	1016	748
751	ھەتتا	5	1014	789
752	كىت	3	1010	773
753	باھالا	6	1009	516
754	ئاخىر	4	1007	800
755	ئايلان	5	1007	837
756	تۇرپان	6	1006	537
757	قوزغات	6	1006	882
758	باي	3	1005	715
759	تۇتاش	5	1002	611
760	ئەركىن	5	1001	632
761	مېيىپ	5	1000	383
762	ئارزۇ	4	998	801
763	دوختۇر	6	998	707
764	يولۇچى	6	997	548
765	تاش	3	993	577
766	ھەرقايسى	8	992	710
767	باج	3	991	422
768	ئامىل	4	990	843
769	بازا	4	990	701
770	ئىنسان	5	988	679
771	ئۇل	2	988	698
772	ئەگەش	4	987	814
773	مۇتەخەسسىس	10	986	791
774	ۋىرۇس	5	984	282
775	نۇقتا	7	982	818
776	بالكون	7	981	664
777	نوپۇس	5	980	657
778	ئەمەلىيەت	8	979	729
779	سىن	3	979	699
780	بىرلەشتۈر	9	975	731
781	نومۇتلۇق	8	975	570
782	تولغاق	6	974	783
783	پۇختا	5	969	715
784	ئالەم	4	968	394
785	دائىم	4	967	740
786	زۇكام	5	966	360
787	ھال	3	965	678
788	زېمىن	5	964	569
789	كۆرۈنەرلىك	10	962	752
790	كەيپىيات	8	959	851
791	پۇقـــرا	5	958	715
792	تېلېگراما	10	958	941
793	ياغ	3	955	634
794	بېكىت	5	953	840
795	ماس	3	953	732
796	مەلۇمات	7	952	801
797	يۈكسەك	6	952	756
798	بايقى	5	951	837
799	ھادىسە	6	951	660
800	ئاقما	4	950	551
801	بەكرى	5	950	404
802	كەچ	3	948	832
803	تاشلا	5	947	863
804	خەۋپسىزلىك	10	947	578
805	تەشۋىق	6	943	626
806	توختى	5	940	669
807	زىچ	3	940	744
808	كىيىم	5	940	594
809	بىيۇروسى	6	939	762
810	كېلىشىم	7	936	664
811	تۈپ	3	935	571
812	نىسبەتەن	8	934	684
813	كۆل	3	933	605
814	شەرت	4	932	754
815	سال	3	931	823
816	ئاۋغۇست	6	929	622
817	سارغاي	6	928	788
818	ئىگىلە	5	927	811
819	مات	3	927	665
820	ئەدەبىيات	8	925	473
821	سىناق	5	923	673
822	ئورمان	5	921	470

序号	词干	长度	频次	文本数
823	سوتسىيالىزم	11	915	417
824	ئوخشا	4	913	752
825	تېمپېراتۇرا	11	913	198
826	ئۆگزە	4	910	780
827	ياللا	5	910	628
828	ئاڭ	2	909	703
829	تۆۋەندىكى	9	907	731
830	رەسمى	6	907	776
831	تارقاق	6	902	278
832	چاۋشىيەن	7	901	415
833	قوراللىق	8	901	458
834	كونا	4	900	477
835	ئەۋزەللىك	8	899	788
836	زاۋۇت	5	898	699
837	جاڭ	3	895	569
838	ئادەتتىكى	8	894	685
839	بانكىچى	7	892	582
840	تال	3	892	625
841	ئادەتتە	6	891	645
842	مۇشۇنداق	8	891	664
843	ئايرىل	5	889	736
844	ئۇنىۋېرسال	9	888	604
845	ئۇرۇق	4	884	564
846	مىنۇس	5	883	694
847	يارىلان	7	883	726
848	ھۇجۇم	5	883	628
849	سايلام	6	882	454
850	مۈلۈك	5	882	566
851	زۆرۈر	5	881	683
852	قوشۇن	5	881	657
853	سۇ	2	877	633
854	بوشلۇق	6	873	672
855	تاپ	3	873	768
856	قوشۇمچە	7	872	589
857	مېخانىزم	8	872	585
858	ئاشقازان	7	871	464
859	تەشكىل	6	871	803
860	قەلب	4	871	754
861	كىلومېتىر	9	871	604

序号	词干	长度	频次	文本数
862	ئەسكەر	5	869	616
863	مۇكاپات	7	869	514
864	تايان	5	867	686
865	ئالتۇن	5	865	509
866	پۇت	3	865	670
867	بەدىئىي	6	864	727
868	پارنىك	6	864	549
869	گېن	3	862	675
870	ئاخىرقى	6	860	756
871	ئىسسىق	5	859	549
872	جۇڭگوچە	7	859	321
873	شەرق	4	858	651
874	نازارەتچىلىك	12	858	465
875	دەسلەپكى	8	855	670
876	سەل	3	854	626
877	جەمئىي	5	853	664
878	رەڭ	3	853	594
879	قاراشلىق	8	852	607
880	ئافغان	5	851	531
881	كومپيوتېر	9	851	486
882	كىرگۈز	6	850	731
883	ئۇستاز	5	848	606
884	تىپلىق	6	848	269
885	ھىندى	5	848	507
886	ئوزۇقلۇق	7	847	525
887	ۋاستە	6	847	624
888	نەپەر	5	846	524
889	چاچ	3	842	399
890	ھاكىمىيەت	9	842	418
891	مەسلەن	7	840	570
892	پايدىلان	8	837	639
893	ئەخلاق	5	834	460
894	چۈشەندۈر	8	832	727
895	خارەكتىرلىك	11	832	599
896	فوند	4	832	455
897	يۈزە	4	832	669
898	بۇزغۇنچىلىق	11	829	500
899	باشلانغۇچ	9	822	487
900	پارچە	5	822	569

序号	词干	长度	频次	文本数
901	بىنا	4	820	633
902	تەن	3	819	639
903	جازا	4	819	373
904	جەنۇپ	5	819	664
905	ئەسلا	4	818	640
906	تەپتىش	6	818	353
907	زەربە	5	818	495
908	ماجىرا	6	818	75
909	بىرلەشمە	8	816	527
910	سەن	3	813	412
911	يۇمشاق	6	813	376
912	تەشكىللە	8	809	637
913	كان	3	809	473
914	چارلا	5	808	571
915	ھەققىدە	7	807	527
916	ئوباما	5	805	328
917	ساغلام	6	805	626
918	مۇز	3	805	513
919	پىشىل	5	805	470
920	ئىئانە	4	803	345
921	بۇلا	4	803	711
922	باغچا	5	802	550
923	مۇكەممەللەشتۈر	14	802	515
924	ئاسان	4	799	608
925	غەرب	4	799	596
926	ئۈنداق	5	798	651
927	تۇرا	4	796	644
928	داۋالا	6	796	690
929	تون	3	795	572
930	ناملىق	6	795	375
931	ئالتە	4	793	586
932	سايلا	5	791	578
933	ئۆسمە	4	789	676
934	ئەلەيكۇم	7	789	331
935	ۋىتامىن	7	786	336
936	كېڭەيت	6	785	678
937	راي	3	784	531
938	قايت	4	784	580
939	كىلو	4	783	600
940	ئات	2	781	524
941	ئوبلاستلىق	9	781	403
942	توختام	6	780	333
943	تۇرسۇن	6	780	548
944	ئەت	2	778	692
945	چەك	3	777	678
946	دوللار	6	776	561
947	كۆك	3	776	538
948	ئوبراز	5	775	663
949	سەپ	3	775	598
950	قەدىم	5	774	630
951	ئىدراك	5	773	414
952	زىيادە	6	772	493
953	ئىلگىرىكى	8	771	646
954	سانجى	5	771	445
955	قورال	5	771	501
956	ئىت	2	770	592
957	راك	3	767	464
958	بۆلگۈنچىلىك	11	766	417
959	يان	3	766	482
960	سىنىپ	5	765	541
961	قادىر	5	764	355
962	بىرلەش	6	761	540
963	مەسىلە	6	758	575
964	نەپ	3	756	626
965	بەلگىلەن	8	755	445
966	زوراۋانلىق	10	754	362
967	كومۇنىست	11	754	458
968	داڭلىق	6	753	539
969	چاڭ	3	752	558
970	دېكابىر	7	752	445
971	ياساش	5	749	557
972	كېچە	4	748	608
973	قىيىن	5	747	605
974	قۇۋۋەت	6	746	429
975	چىقىم	5	745	472
976	ئوغۇل	4	741	517
977	دەم	3	741	485
978	ئوتتۇرىچە	8	740	444

序号	词干	长度	频次	文本数
979	تىبابەت	7	739	417
980	دەرس	4	737	535
981	تېخى	4	734	601
982	تىك	3	732	589
983	ئېرىت	5	731	648
984	تەييارلىق	9	731	606
985	كرىزىس	6	730	556
986	تۈزۈلمە	7	726	499
987	كارامەت	7	726	589
988	ئىلتىماس	7	725	403
989	توپ	3	724	518
990	دوستلۇق	7	723	495
991	ئىسلام	5	722	368
992	ئۆزئارا	5	719	477
993	يىتىم	5	719	621
994	ئەلا	3	718	595
995	گىرىپتار	8	717	415
996	مېۋە	4	717	398
997	ھەمكار	6	717	515
998	تار	3	716	500
999	خەت	3	716	496
1000	ساپا	4	715	567

（玉素甫·艾白都拉、赵小兵、潘伟民、阿不都热依木·沙力撰稿；艾山江·阿不力孜、毛尼亚孜·吐尼牙孜、力提甫·托乎提、孙媛、戴庆厦、李旭练、斯迪克·买斯依提、赛麦提·麦麦依明、买买提艾力·阿不都热依木、阿里木·哈沙尼、那伊力江·吐尔干审阅；齐向卫、李钢、艾孜古丽·玉素甫、江格瓦尔·地汗、阿力木·木拉提参与数据、资料整理。）

小学藏语文新课标教材用词调查

བོད་ཀྱི་སློབ་ཆུང་སྐད་ཡིག་སློབ་དེབ་གསར་པའི་མིང་ཚིག་བརྟག་དཔྱད་བྱེད་པ།

调查报告

藏族地区的小学实行双语教育，要求学生掌握藏语文和国家通用语言文字。小学藏语文新课标教材是藏语文的重要教学资源之一，其用词状况关系到藏语文的教学效果。本报告以五省（区）藏语文编写组编著、青海民族出版社 2009 年 5 月出版的藏《语文》实验教科书为调查对象。

一　藏语文概况

（一）藏语

藏语是藏族人民的母语，主要分布在我国西藏自治区和四川、云南、青海、甘肃等五省（区），使用人数达 500 多万。在尼泊尔、不丹、巴基斯坦、印度等国家也有一部分地区使用藏语。

藏文创制于 1 300 多年前。藏文在初创时，以口语为基础，严格按照一字一音的原则要求准确标记。随着语言的发展，藏文的字形与口语的语音逐渐失去了严格对应的关系，字母的标音功能减弱，不同地区的藏语朝着各自不同的方向发展变化，形成了各具特色的藏语方言。

国内藏语主要分为卫藏、康和安多三大方言。卫藏方言主要分布在我国西藏自治区所辖的前藏和后藏地区；康方言主要分布在四川省的甘孜藏族自治州，云南省迪庆藏族自治州，青海省玉树藏族自治州，西藏自治区昌都、林芝的部分县以及那曲东区四个县。康方言地区人口稀少、地域辽阔、交通不便，因此形成了错综复杂的方言特点。安多方言主要分布在甘肃省甘南藏族自治州、天祝藏族自治县，青海省海南藏族自治州、海北藏族自治州、海西蒙古族藏族哈萨克族自治州藏区、黄南藏族自治州、果洛藏族自治州和四川阿坝藏族羌族自治州，分布范围很广，但内部差别比较小。三大藏方言之间没有共同的口语标准语。

（二）藏文

藏文是一种拼音文字，分辅音字母、元音符号和标点符号三个部分。辅音有30个字母：ཀ(k)、ཁ(kh)、ག(g)、ང(ng)，ཅ(c)、ཆ(ch)、ཇ(j)、ཉ(ny)，ཏ(t)、ཐ(th)、ད(d)、ན(n)，པ(p)、ཕ(ph)、བ(b)、མ(m)，ཙ(ts)、ཚ(tsh)、ཛ(dz)、ཝ(w)、ཞ(zh)、ཟ(z)、འ(v)、ཡ(y)，ར(r)、ལ(l)、ཤ(sh)、ས(s)、ཧ(h)、ཨ(?)。元音符号有4个ཨི(i)、ཨུ(u)、ཨེ(e)、ཨོ(o)。标点符号表示分界线或分界符号，其形式简单、种类极少。常用的有音节之间的隔音符号，即音节点(་)，短语或句终的单垂符(།)，章节末尾的双垂符(༎)等。随着社会的发展，为便于更加准确地表达语义，藏文已开始借鉴并使用西文、中文的标点符号。

藏文有严格、完整的字母组合排列规则，自左向右横向书写。传统藏文文法根据字母在音节中的结构位置，将字母分为“基字”“上加字”“下加字”“前加字”“后加字”和“再后加字”，“基字”为整个藏字的核心。

一个音节至少包括“基字”，最长音节包括七个部分，如图 7-1 所示：

图 7-1 藏文最长音节结构图

藏文词由音节组成，分单音节词和多音节词，音节与音节之间靠音节点进行分割，藏文中词与词之间没有边界标志。

（三）藏语词

藏语词类有13种，即名词n、动词v、形容词a、代词r、数词m、量词q、副词d、连词c、介词p、助词u、语气词y、叹词e、拟声词o。其中动词存在“三时一式”（过去时、现在时、未来时和命令式）的形态变化，例如出现在第2册的ལེན(唱)一词，它的三时一式为བླངས(过去时)、ལེན(现在时)、བླང(未来时)和ལོངས(命令式)。本次调查统计词种时，词语的三时一式形态变化形式，按不同的词种对待。

藏语的构词方式有派生和复合两类。藏语大部分基本词汇都是由派生方式构成，派生主要以后缀为主，也有少量的中缀和前缀派生词。在藏语传统文法中，典型的后缀有9个，此外还有一些半实义后缀、中缀和前缀。藏语中复合词有n+n、v+v、n+v、n+a、a+v和a+a等6种基本形式。

藏语中句子成分或造句功能用“格”(རྣམ་དབྱེ)的添接来完成。藏语传统文法的 8 种格为:主格、业格、作格、为格、从格、属格、于格和呼格。

二　教材概貌

本次调查所选用的教材是由五省(区)藏语文教材编写委员会编著、青海民族出版社 2009 年改版的五省(区)协作教材义务教育课程标准实验教科书,共 12 册,其中第 10、11、12 册为暂行试用版,简称"藏语文教材"。该版教材改编自 2004 年青海民族出版社出版的五省(区)藏语文教材《语文》。

藏语文教材共有课文 274 篇,第 1 册为字母学习,在进行课文统计时,未计算在内。

(一) 课文

1. 体裁

课文体裁在一定程度上反映了整套教材的语言风格和面貌,体现了教材编写者的教育理念。各类体裁的分布及用词情况,可以反映出教材的基本面貌。本调查将藏语文教材的文章体裁分为记叙文、说明文、议论文、散文、诗歌、小说、童话、其他(戏剧、格言、谚语、谜语)8 类,分布情况见表 7-1。

表 7-1　文章体裁分布

册号 体裁	2	3	4	5	6	7	8	9	10	11	12	总计	比例(%)
记叙文	19	8	8	8	10	11	11	8	7	11	8	109	39.78
说明文	0	0	1	5	6	8	4	9	7	4	0	44	16.06
议论文	0	0	0	0	0	0	0	0	0	1	1	2	0.73
散文	2	1	3	1	2	1	3	3	6	2	2	26	9.49
诗歌	4	5	2	2	1	1	2	1	3	2	5	28	10.22
小说	0	0	0	0	0	0	0	0	0	0	3	3	1.10
童话	2	7	6	5	4	1	2	0	0	1	1	29	10.58
其他	3	7	8	4	3	2	1	2	1	1	1	33	12.04
总计	30	28	28	25	26	24	23	23	24	22	21	274	100.00

表 7-1 显示:记叙文篇数最多,为 109 篇,占文章总数的 39.78%;议论文篇数最少,为 2 篇,占文章总数的 0.73%。各文章体裁按课文数排序为:记叙文>说明文>其他>童话>诗歌>散文>小说>议论文。这说明,以记叙文为主要

形式的散文体（记叙文、说明文和议论文等）[①]是藏语文义务教育阶段的学习重点。

从表 7-1 来看，各册文章体裁的分布较为分散，体现了分散教学的理念。各册均以记叙文为主，小说和议论文只出现在第 11 册和第 12 册，说明文主要分布在第 5—10 册，诗歌和散文在各册分布较为均匀。另外，随着册号的增加，课文数量整体呈下降趋势。

2. 源自汉语文统编教材的课文调查

教材课文的选择和分配很大程度上体现了编者的教学思路与整套教材的布局。本部分调查藏语文新课标教材中的内容源自汉语文统编教材的课文情况。

课文源自汉语文统编教材的四个版本，分别为：人民教育出版社的新课标小学《语文》，审定时间为 2001—2004 年，以下简称“人教版”；江苏教育出版社出版的《语文》教材，初审时间 2001—2004 年，以下简称“苏教版”；语文出版社出版的《语文》A 版教材，2003 年 5 月出版，以下简称“语文版”；北京师范大学出版社的小学《语文》教材，初审时间为 2001—2003 年，以下简称“北师大版”。调查结果见表 7-2，汉语文统编教材在表中简称“统编教材”，表中数据为藏语文教材中各体裁源于不同统编教材课文的数量。

表 7-2　各体裁源于不同统编教材的课文情况

体裁 / 统编教材	记叙文	说明文	议论文	散文	诗歌	小说	童话	其他	总计
人教版	28	10	1	3	1	2	9	0	54
苏教版	1	0	0	1	0	0	3	0	5
语文版	5	0	0	1	0	1	0	0	7
北师大版	13	7	0	1	1	0	3	0	25

表 7-2 显示：各文章体裁来源于人教版的最多，来源于苏教版的最少，按来源于统编教材文章的数量对体裁进行排序：记叙文＞说明文＞童话＞散文＞小说＞诗歌＞议论文＞其他。

单版出现的有 46 篇，其中人教版的课文 33 篇，北师大版 9 篇，苏教版 2 篇，语文版 2 篇；两版共有的有 21 篇，其中人教版和北师大版的共有课文 14 篇，人

① 参考国家语言资源监测与研究中心编《中国语言生活状况报告(2007)》下编第 438 页，商务印书馆 2008 年版。

教版和苏教版的共有课文 2 篇，人教版和语文版的共有课文 4 篇，北师大版和语文版的共有课文 1 篇；三版共有的课文为人教版、北师大版和苏教版的共有课文 1 篇；四版共有的课文 0 篇。具体情况如下：

源于人教版的课文 33 篇是：《影子》《自己去吧》《坐井观天》《北京》《我选我》《蜜蜂引路》《三只白鹤》《爱迪生救妈妈》《邮票齿孔的故事》《骆驼和羊》《雷雨》《要是你在野外迷了路》《要下雨了》《小猴子下山》《咕咚》《动手做做看》《长城》《蜜蜂》《想别人没想到的》《富饶的西沙群岛》《全神贯注》《小珊迪》《中彩那天》《新型玻璃》《自然之道》《两个铁球同时着地》《电子计算机与多媒体》《卖火柴的小女孩》《幸福是什么》《为人民服务》《童年的发现》《鹿和狼的故事》《景阳冈》。

源于北师大版的 9 篇课文是：《灯塔》《小马过河》《壶盖为什么会动》《沙漠之舟》《捞铁牛》《海上日出》《黄河象》《苹果落地》《美猴王》。

源于苏教版的 2 篇课文是：《狼和小羊》《狐狸和乌鸦》。

源于语文版的 2 篇课文是：《春天来了》《小足球赛》。

源于人教版和北师大版的 14 篇共有课文是：《植物妈妈有办法》《数星星的孩子》《称象》《我是什么》《丑小鸭》《雅鲁藏布大峡谷》《永生的眼睛》《草原》《太阳》《琥珀》《一个苹果》《只有一个地球》《穷人》《养花》。

源于人教版和苏教版的 2 篇共有课文是：《秋天》《燕子》。

源于人教版和语文版的 4 篇共有课文是：《麻雀》《桂林山水》《开国大典》《草船借箭》。

源于北师大版和语文版的 1 篇共有课文是：《飞夺泸定桥》。

源于人教版、北师大版和苏教版的 1 篇共有课文是：《乌鸦喝水》。

（二）句数与句长

小学教育阶段，学生语言能力的形成和对整篇课文的理解是以对句子的正确理解和运用为基础的。藏文句子需根据上下语境关系，结合相关符号、虚词进行切分标注。本文的句长指一个句子包含的音节的个数。调查项目包括不同体裁的平均句长、各册句数和句长。

1. 不同体裁的平均句长

不同体裁的课文在篇幅上的差异，可以通过句长来分析。不同体裁平均句长为各体裁所有课文句长之和除以该体裁所有课文句数之和。调查结果见表 7-3。

表 7-3　不同体裁平均句长统计

体裁	记叙文	童话	散文	诗歌	议论文	说明文	小说	其他
平均句长（音节/句）	29	27	28	15	16	33	38	22

表 7-3 显示，小说的平均句长最长，为 38 音节/句，诗歌类的平均句长最短，为 15 音节/句。不同体裁的平均句长，从长到短的排序依次为：小说＞说明文＞记叙文＞散文＞童话＞其他＞议论文＞诗歌。

2. 各册句数和句长

以册为单位进行句数、平均句长、课文数和每课平均音节数的统计分析，每课平均音节数＝课文句数×平均句长/课文数，如表 7-4 所示。

表 7-4　各册句数和句长

册号	2	3	4	5	6	7	8	9	10	11	12	总计	均值
句数	218	272	245	463	295	321	421	443	505	848	647	4 678	——
平均句长	10	15	20	29	31	35	30	32	32	28	32	——	26.73
课文数	30	28	28	25	26	24	23	23	24	22	21	274	——
平均音节数/课	72.67	145.71	175.00	537.08	351.73	468.13	549.13	616.35	673.33	1 079.27	985.90	——	514.04

除第 5 册和第 11 册以外，随着册号的增加，各册句数和每课平均音节数呈递增趋势，说明课文的篇幅在不断增加，同时也会带来阅读难度的增加，体现了阶段性和连续性相结合的教材编写理念。第 5 册和第 11 册句数及每课平均音节数增长幅度相对较大。

三　用词情况调查

用词调查包括课文生词和课文用词两个方面。藏文分词采用软件自动切分和人工校对相结合的方法，尽量与藏语语感中的“词”保持一致，即能独立运用、使用稳定且具有固定语义的最小单位。

（一）课文生词

课文生词指课后生词表中出现的词，是要求学生必须掌握的重点词汇。课文生词的安排关系到整套教材的词汇学习顺序及难度的分配。调查项目包括课文生词词长及不同词长的频次分布。

1. 词长

藏文词由音节构成,词长指构成词的音节个数。藏语文小学教材第 1 至 12 册共有 2 255 个课文生词,各册课文生词词长分布见表 7-5。

表 7-5 课文生词分布

词种 册号	单音节	双音节	三音节	四音节	总计	生词占有比例(%)
1	52	107	3	0	162	7.18
2	71	78	4	1	154	6.83
3	76	154	3	3	236	10.47
4	69	128	14	6	217	9.62
5	42	155	3	1	201	8.91
6	74	123	2	2	201	8.91
7	56	139	8	1	204	9.05
8	47	123	7	4	181	8.03
9	63	120	4	1	188	8.34
10	38	151	4	1	194	8.60
11	26	123	6	4	159	7.05
12	41	108	9	0	158	7.01
总计	655	1 509	67	24	2 255	100.00
比例(%)	29.05	66.92	2.97	1.06	100.00	——

表 7-5 显示,各册课文生词中双音节词均占优势,将各词长按所占比例排序:双音节词>单音节词>三音节词>四音节词。其中单音节和双音节词共计 2 164个,占生词总数的 95.96%;三音节词和四音节词数量较少,只有 91 个,占生词总数的 4.04%。这体现了基础教育阶段的词汇学习以常用和较简单的词汇为主。

2. 不同词长的频次分布

对 2 255 个课文生词在课文中出现的频次进行统计,根据频次大小进行排序,得到所有生词的位序。表 7-6 分别列出单音节词、双音节词、三音节词和四音节词的频次最高的前 20 条词语。表中"位序"指该词条在 2 255 个课文生词中按频次排出的位置,"频次"指该词语在全部课文中出现的次数。

表 7-6　不同词长的前 20 条高频词

序号	单音节词			双音节词			三音节词			四音节词		
	词种	位序	频次	词种	位序	频次	词种	位序	频次	词种	位序	频次
1	ས།	1	2 714	ང་ཚོ།	15	217	སའི་གོ་ལ།	70	52	ཡར་ཀླུང་གཙང་པོ།	164	25
2	ནས།	2	2 123	མེ་ཏོག	19	165	ཚན་རིག་པ།	154	26	ཁྲུང་ཁྲུང་དཀར་མོ།	242	16
3	དང་།	3	1 904	ཆེ་བ།	21	132	གཙུག་ལག་ཁང་།	327	12	དབྱར་རྔ་དགུན་འབྲུ།	499	8
4	ཞིག	4	1 212	ཉི་མ།	26	122	ཐ་མ་ཁ།	387	10	ཧི་མ་ལ་ཡ།	645	6
5	མི།	5	935	ཨ་མ།	29	115	བྱི་མ་ལེབ།	448	9	སྐར་མ་ཨ་བརྟན།	726	5
6	ང་།	6	610	བུ་མོ།	43	74	ཏ་ལས་པ།	516	8	མ་རྫོས་ལོ་ཏོག	730	5
7	གཅིག	7	349	ཤིན་ཏུ།	46	68	སྤོ་ལྡང་ལྡང་།	614	6	ཁམ་བུ་རག་ཤ།	784	5
8	བཤད།	8	332	ཁ་བ།	49	63	ཁ་ལ་ཡུག	668	6	སྐར་མ་སྨི་བདུན།	971	3
9	གཉིས།	9	294	ཨ་ཕ།	56	59	ལས་རིས་པ།	671	6	ཞི་བདེ་རྒྱ་མཚོ།	1060	3
10	དགོས།	10	286	རི་བོང་།	57	57	སྙིང་རྗེ་པོ།	876	4	རྟ་བདུན་དབང་པོ།	1154	2
11	རྗེས།	11	283	ནགས་ཚལ།	60	56	ཡ་ང་བ།	897	3	རྫོ་མོ་གླང་རི།	1354	2
12	ཆུ།	12	259	གྲོགས་པོ།	61	56	གདོན་མི་ཟ།	915	3	ཡ་རེ་ཡོ་རེ།	1510	1
13	ཕྱིན།	13	253	རྒྱ་མཚོ།	62	55	བཤམས་སྟོན་ཁང་།	916	3	ཐིག་པ་ར་ཙ།	1555	1
14	མཐོང་།	14	242	ལ་ལ།	64	55	ཨ་ཁ་ཁ།	931	3	དར་ཆེན་སྣ་ལྔ།	1639	1
15	བལྟས།	16	184	དུས་ཚོད།	65	54	ཨ་ང་ཙི།	938	3	ཆུ་ཤེལ་དཀྱིལ་འཁོར།	1928	0
16	འགྲོ།	17	178	སྐད་ཆ།	66	54	རང་བྱུང་ཁམས།	952	3	མེ་ཏོག་སྣ་བརྒྱ།	1972	0
17	འཕུར།	18	172	སྡོང་པོ།	71	51	ལྷི་རི་རི།	955	3	གྲུ་བཞི་ནར་མོ།	1975	0
18	འདུ།	20	153	ལག་པ།	76	49	ཉེན་རྟོག་པ།	1026	3	རྒྱ་དཔངས་གྲུ་བཞི།	1976	0
19	དགའ།	22	130	ཟླ་བ།	77	49	ཅི་མ་རུང་།	1027	3	རྡོ་ཀ་མ་རུ།	2024	0
20	རྒྱུ།	23	129	དགེ་རྒན།	80	49	རག་ལས་པ།	1031	3	ཀ་ལ་པིང་ཀ	2111	0

表 7-6 中可以看出，从词长为 1 到词长为 4，随着词长的逐渐增加，前 20 词的整体位序逐步靠后。生词长度越长，出现频次越低。表中频次为 0 的，是在课文生词表中出现，但未在课文中出现的藏文词。

（二）课文用词

课文用词是指在课文中出现的所有词语。课文用词调查项目主要包括词种、词次、分段词种及独用词种。

1. 各体裁词种和词次

藏语文教材包括记叙文、说明文、议论文、散文、童话、诗歌、小说、其他 8 类体裁。不同体裁的课文篇数、词种数和词总数，每篇课文的平均词种数、平均词总数和平均词频，见表 7-7。其中每课平均词种数反映了不同体裁的课文用词的多样性程度；每课平均词总数反映了不同体裁课文的篇幅大小；平均词频反映词种在不同体裁中的重复使用程度。

表 7-7　不同体裁的词种和词频分布

体裁	篇数	词种数	词总数	平均词种数/课	平均词总数/课	平均词频
记叙文	109	7 250	48 896	66.51	448.59	6.74
说明文	44	4 774	20 678	108.50	469.95	4.33
议论文	2	592	1 420	296.00	710.00	2.40
散文	26	2 033	6 439	78.19	247.65	3.17
诗歌	28	1 603	3 665	57.25	130.89	2.29
小说	3	1 198	4 213	399.33	1 404.33	3.52
童话	29	1 713	9 256	59.07	319.17	5.40
其他	33	1 243	2 799	37.67	84.82	2.25

表 7-7 显示：不同体裁的课文篇数、词种数和词频总数之间，并不是简单的线性关系。不同体裁课文的平均词种数关系为：小说＞议论文＞说明文＞散文＞记叙文＞童话＞诗歌＞其他。不同体裁课文的平均词总数关系为：小说＞议论文＞说明文＞记叙文＞童话＞散文＞诗歌＞其他。排序差别主要在散文上，其平均词种数比记叙文和童话多，但平均词频数少，说明篇幅较短且词汇丰富；小说和议论文篇数虽然少，但课文平均词种数与平均词总数较大，说明课文用词丰富，篇幅长；诗歌和其他类课文，课文平均词种数和平均词总数都比较小，说明课文用词少，篇幅短。从平均词频来看，记叙文和童话较高，说明其用词重复率高；议论文、诗歌和其他类型课文平均词频较低，说明其用词很少重复。

2. 各册词种和词次

（1）各册词种、新增词种及前册词种分布

对第 1 至 12 册藏语课本按册进行词种统计，考察每册新增词种的数量（每册新增词种数为本册中出现、在前面所有册中没有出现的词种）以及前册词种（前册词种指在本册课文中出现的本册之前所有册课本的词种）所占比例，它体现了学生阶段性积累词汇量的要求，见表 7-8。

表 7-8　各册词种、新增词种及前册词种分布

册号	1	2	3	4	5	6	7	8	9	10	11	12
词种数	162	599	978	1 057	1 419	1 724	2 061	2 182	2 467	2 723	3 426	3 066
新增词种数	0	567	698	602	712	800	953	845	897	909	1 162	917

（续表）

前册课文词种数	0	32	280	455	707	924	1 108	1 337	1 570	1 814	2 264	2 149
前册词种比例（%）		5.34	28.63	43.05	49.82	53.60	53.76	62.27	63.64	66.62	66.08	70.09

表 7-8 结果显示：课文词种数的分布整体呈上升趋势，随着年级的升高，学习的词种数逐渐增加，这种循序渐进的教学模式有利于学生的学习。第 11 册词种最多，为 3 426 个。第 1 册为字母学习，词种最少，为 162 个。由于第 12 册课文篇数最少，所以词种数略有下降。各册新增词种数呈波浪式缓慢上升的趋势，在第 7 册和第 11 册增幅较高。中、高年级阶段词种数的增加不仅包括新的词种的增加，还包括动词的形态变化、利用前后缀派生构词等，对学生学习词汇的难度影响不大。这一阶段出现的词种数呈急剧上升趋势，反映了课文词种大量复现，目的在于加深学生对已学词汇的印象。调查结果显示，课文生词词种数<课文用词词种数，因为课文内容涉及面比较宽，学生会随着课文内容的展开而接触到许多生词以外的词汇，通过上下文来学习，而生词具有明确的教学目标要求，需采用一定的教学形式专门学习掌握。在藏语中，由于动词存在“三时一式”的形态变化，前后缀形成的派生词大量存在，使得课文用词种数远大于课文生词种数。

（2）各册词种、词次及词种平均出现次数分布

表 7-9　各册词种、词次及词种平均出现次数分布

册号	1	2	3	4	5	6	7	8	9	10	11	12
词种	162	599	978	1 057	1 419	1 724	2 061	2 182	2 467	2 723	3 426	3 066
词次	162	1 746	3 196	3 933	6 115	6 939	8 251	9 738	11 143	12 351	18 115	15 677
词种平均出现次数	1.00	2.91	3.27	3.72	4.31	4.02	4.00	4.46	4.52	4.54	5.29	5.11

表 7-9 显示：除第 11 册以外，其余各册词种、词次及词种平均出现次数均呈线性递增，每册词种平均出现次数为 3.93。

（3）频次段与词种

频次指词语在所统计的文本范围内出现的次数，根据词语出现的频次可划

分为不同的频次段。本次调查统计的藏语文教材 1—12 册共出现词种 9 224 个，统计各频次段与词种的关系能反映词语在教材中的使用情况，见表 7-10。

表 7-10　各频次段使用的词种数

频次段	词种数	占全部词种数的比例(%)	频次段	词种数	占全部词种数的比例(%)
1	4 244	46.01	8	176	1.91
2	1 309	14.19	9	137	1.49
3	780	8.46	10	118	1.28
4	501	5.43	11—20	563	6.10
5	335	3.63	21—50	358	3.88
6	258	2.80	51—100	122	1.32
7	213	2.31	>100	110	1.19

在整套教材中，频次为 1 的词种出现最多，共 4 244 条，占全部词种数的 46.01%，词语频次在 100 以上的词种仅有 110 条，占全部词种数的 1.19%。

(4) 各册独用词种

独用词种是指只在某一册中出现，在其他册中未出现的词种，总计 4 243 条。独用词种可以反映单册教材词汇学习的难度，其整体趋势可反映整套教材词汇学习的难度及词汇复现状况。独用词种在各册中的分布情况见表 7-11。

表 7-11　各册独用词种统计

册号	1	2	3	4	5	6	7	8	9	10	11	12
独用词种数	30	42	129	142	174	313	444	409	462	585	792	721
词种数	162	599	978	1 057	1 419	1 724	2 061	2 182	2 467	2 723	3 426	3 066
独用词种比例(%)	18.52	7.01	13.19	13.43	12.26	18.16	21.54	18.74	18.73	21.48	23.12	23.52

表 7-11 显示，随着教材册号的增加，独用词种数呈上升趋势，第 12 册有所回落，第 11 册独用词种数最多，第 1 册最少。独用词种比例呈波浪式上升的分布，在各册中的比例都小于四分之一，比例最大的是第 12 册，最小的是第 2 册。举例如下(每册各举 5 例)：

第 1 册：ཕ་ཁ། ཐོ་བ། ཙ་ནེ། པི་པི། ཙི་ཏ།

第 2 册：ནག་རིལ། མཛའ། བསེ་རུ། མཛུབ་གུ། སྨིན་དྲུག

第 3 册：བསངས། རི་སྐྱེས་སྲོག་ཆགས། མོ་སི་ཀོ། མངགས་པ། ཕྱུགས་བཞི།

第 4 册：ལྷང་ལོ། འཇོ་བ། མཉེན་ལྷུག་དཔལ་མོ། བཀྲམ་པ།

第 5 册：སྟེར་ཆུང་། སྒྲོ་མདོག ལྷང་སེར། བྲད། ཁྲ་ཆུང་།

第 6 册：གཡུ་འབྲུག་ སྔོན་མོ། ཧྲན་ཏེ་ཀོན། པ་ཏ་ལིན། སྙོམ།

第 7 册：ཉོག་བྱ་སྤུར་མཁན། སྤུར་གྲབས། བྱ་རྒོད། ཀེམ་ཀེམ། སྤང་མ་སེར་པོ།

第 8 册：གཙོང་སྐད། སྤྲ་ནག འབབ་སྤྲོ། སྤྲུག་པ། དབྱར་གཞུང་།

第 9 册：ཀང་འཕྲུང་། འདམ་སྐྱེས། རབ་རྒྱས། དར་ཟམ། ཁྲུ་ཚོགས།

第 10 册：འཇིགས་མེད། རབ་གསལ། འབྱམས་ཀླས། རི་ཁུག ཞོ་གསར།

第 11 册：ཞུགས་མཁན། གྲོས་མོལ། གློག་སྤྲུལ། རྡུང་ཡིག རྒྱལ་སྤྱི།

第 12 册：ཆུང་ཡོར། འཚམས། ཁང་ཁྲིམ། ཚོང་རྙིང་། འཕྲི་ཉལ།

3. 词频分段调查

本次调查统计的藏语文教材 1—12 册共出现词种 9 224 条，词次为 97 366，每个词种平均出现 10.56 次。

按照词频从高到低的顺序对课文中的 9 224 个词种进行排序，分为前 500 词、501—2 500 词、2 501—9 224 词三个频次段，词频分布见表 7-12。

表 7-12　词频分段情况

范围	词种比例(%)	频次	覆盖率(%)
前 500 词	5.42	67 414	69.24
501—2 500 词	21.68	21 096	21.66
2 501—9 224 词	72.90	8 856	9.10

出现频率最高的前 500 词占课文用词的 69.24%，平均词次为 134.83，其余的 8 724 个词种的频次覆盖率为 30.76%，平均词次为 3.43。

三个频次段的词种和词次在每册中的分布情况见图 7-2 和图 7-3。

前 500 词在各册的词种分布曲线呈现出较为平稳的趋势，第 1—6 册逐渐上升，从第 7 册开始趋于平稳。这样的曲线走势，说明了高频词的学习属于集中式教学，区别于生词分散式的教学模式；前 500 词的学习集中于低年级，有利于小学生对常用词的掌握，高年级的学习只是对于前 500 词进行强化记忆，符合学生的认知需求。501—2 500 词、2 501—9 224 词在高年级大量出现，属于比较生僻的词种，对应的课文难度大、篇幅长，每册新增的词种数量呈等量分布，属于分散式教学。

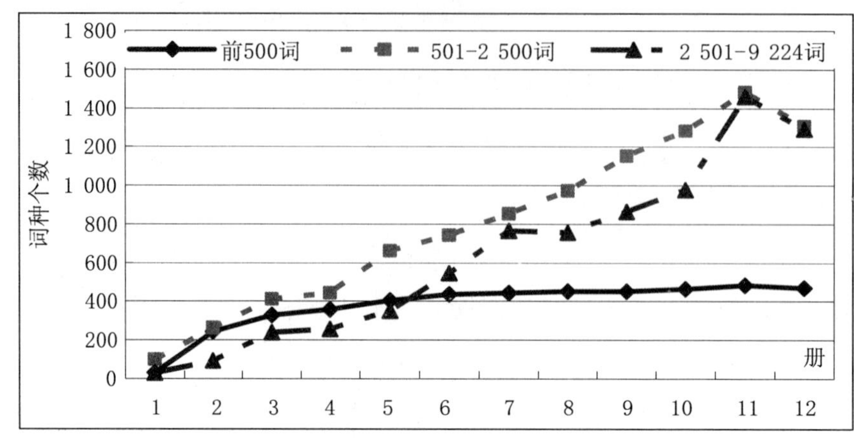

图 7-2　三个频次段词种在各册的词频分布

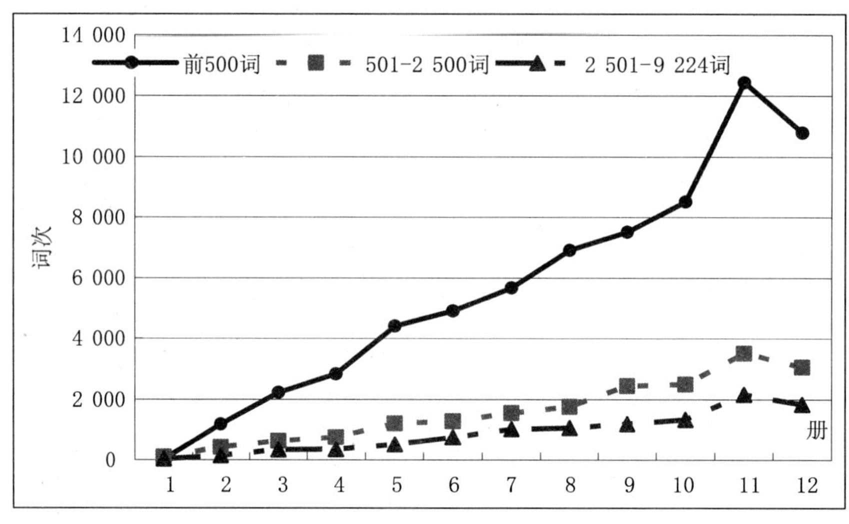

图 7-3　三个频次段词次在各册的分布

三个频次段在各册的词次分布曲线都呈现上升趋势。前 500 词是常用词汇，在各册的分布都居于高位，且随着册号的增长，曲线的上升速度比较快，其余频次段词次增加速度较平缓。第 11 册的篇幅最长（见表 7-4），因而各频次段的词种和词频次都最多，在图7-2和图 7-3 中均显示为一个尖峰。

4. 前 500 高频词调查

课文高频词的调查用于了解教学中课文出现的常用词汇。本报告第二部分《小学藏语文课本 500 高频词》列出课文用词的前 500 高频词的首现词义、词性和首现位置。词频较高的词大都出现在低年级阶段，词频较低并且结构复杂的多音节词多出现在高年级阶段，详见第二部分。

小学藏语文课本500高频词

【说明】

1. 本次调查选用的教材是五省(区)藏语文编写委员会编著、青海民族出版社2009年改版的五省(区)协作教材义务教育课程标准实验教科书，共12册。该套藏语文教材共有课文274篇，课文生词2 255条，课文用词20 406条，课文用词词频为97 366。本表为课文用词的前500高频词。

2. 每条词语只收录其在该教材中首次出现的意义，并统计了它的出现频次，给出了首次出现的册数及课文序号。

3. 藏语传统语法中有8个格，本表涉及其中4个格的格助词。其中，“业格”主要表示动作的对象、境地和方位方向；“作格”表示及物性动作的发出者；“从格”表示动作或事物的来源；“属格”表示事物的从属关系。有些格助词也可以做实词用，但由于不是该教材首次出现的意义，故未标出。

4. 藏语中有的格可以有多个格助词，一个格助词受语义或前面音节的影响还可能有不同的变体，本表都分别进行统计。

序号	词种	首现词义	词次	首现位置(册\课)
1	འི།	属格	4721	2\8
2	ས།	土地	2714	2\2
3	ལ།	业格	2580	2\1
4	ར།	业格	2372	2\4
5	ནས།	从格	2123	2\1
6	དང་།	和	1904	2\4
7	དེ།	那个	1750	2\5
8	དུ།	业格	1520	2\5
9	ཞིག	一个	1212	2\11
10	ཡོད་།	存在，有	1110	2\2
11	གི	属格	1011	2\24
12	ཡིན།	是	968	2\5
13	ནི།	是	938	2\4
14	མི།	人	935	2\9
15	ན།	业格	856	2\3
16	གྱི	属格	750	2\9
17	ཀྱི	属格	729	2\6
18	སུ།	业格	691	2\10

序号	词种	首现词义	词次	首现位置(册\课)
19	བྱས།	作(过去式)	633	2\14
20	བྱེད།	作(现在式)	611	2\14
21	ང།	我	610	2\3
22	རེད།	是	559	2\16
23	གིས།	作格	551	2\16
24	ཀྱིས།	作格	511	2\9
25	ཏེ།	顺承助词	511	2\13
26	ནང།	里面	491	2\13
27	ཞིང།	连词	487	2\6
28	ཏུ།	业格	466	2\17
29	མེད།	没有,无	460	2\28
30	སོང།	去	443	2\17
31	མ།	没有,没能	442	2\24
32	ཡང།	又	432	2\11
33	ཁོ།	他	430	2\27
34	འདི།	这个	424	2\16
35	ཞེས།	所谓	428	2\13
36	ཀྱང།	又	370	2\16
37	བཞིན།	时态助词	358	2\2
38	བྱུང།	时态助词	354	2\9
39	ལས།	工作	351	2\6
40	གཅིག	一	349	2\7
41	ཟེར།	说	347	2\13
42	བཤད།	说	332	2\17
43	གྱིས།	作格	328	2\9
44	གཉིས།	二	294	2\7
45	དགོས།	要	286	2\28
46	རྗེས།	后面	283	2\5
47	འདུག	存在,有	283	2\16
48	ཆུ།	水	259	2\17
49	སྟེ།	顺承助词	255	3\12
50	གྱུར།	变成,成为	254	2\24
51	ཁྱོད།	你	253	2\3
52	ཤིང།	木头	248	2\18
53	མཐོང།	看到,见到	242	2\15
54	རྣམས།	概数词	237	2\9
55	དུས།	时候	224	2\14
56	ཚེ།	时候	219	2\13
57	ང་ཚོ།	我们	217	2\2

序号	词种	首现词义	词次	首现位置(册\课)
58	རང་།	自己	217	2\20
59	ཐོག	上面	208	2\18
60	ཐུབ།	能够	208	2\24
61	ཅེས།	所谓	197	2\16
62	ཤེས།	知道，理解	197	2\17
63	ཙམ།	约略	191	2\24
64	ཆེན་པོ།	大	189	2\9
65	ལྟར།	像，一样	188	2\14
66	ཉིན།	日子	185	2\14
67	བལྟས།	看(过去式)	184	2\13
68	འགྲོ།	走，去	178	2\5
69	འཕུར།	飞行，翱翔	172	2\17
70	ཏུ།	业格	168	2\23
71	ཅིང་།	而	166	3\1
72	མེ་ཏོག	花	165	2\9
73	ལོ།	年	158	3\14
74	འདྲ།	相似，像，如	153	2\11
75	གང་།	满	153	2\27
76	སྐབས།	时候	153	3\17
77	ཚང་མ།	大家	150	3\19
78	མང་པོ།	很多	148	3\23
79	ཧ་ཅང་།	十分，非常	146	2\16
80	ལྡན།	存在，有	146	2\25
81	ཆེ།	大	136	2\6
82	ཡི།	属格	132	2\5
83	ཆེ་བ།	较大，较重要	132	3\28
84	ཕྱིར།	回来	132	4\2
85	དགའ།	喜欢，爱好	130	2\8
86	རྒྱུ།	财产	129	2\25
87	ད་དུང་།	尚	129	3\17
88	སོགས།	等	129	4\22
89	སྐྱེས།	生长	128	3\3
90	ཁོང་།	他(表示敬语)	127	3\10
91	སེམས།	心	124	2\9
92	ཉི་མ།	日，太阳	122	2\4
93	སྟེང་།	上面	122	2\10
94	སླེབས།	到达	121	2\9
95	བྱིས་པ།	儿童	118	2\2
96	དྲིས།	问	118	2\13

序号	词种	首现词义	词次	首现位置(册\课)
97	ཁ།	边儿,沿儿	117	2\10
98	ཅི།	什么,疑问	117	3\9
99	ཨ་མ།	妈,母亲	115	2\16
100	ཡོངས།	全部,所有	115	3\3
101	ཕྱོགས།	方面,向……	113	3\11
102	ཞིག	单个,某一	112	2\24
103	ཡོང་།	出现,到达	109	2\19
104	བཅུག	让	109	2\23
105	མགོ།	头	108	2\7
106	ཆུང་ཆུང་།	微小	107	2\15
107	གསུམ།	三	104	2\7
108	ཅིག	单个,某一	104	2\16
109	གཞན།	别人,另外	102	3\20
110	ཡིས།	作格	101	4\8
111	ཐུབ་པ།	能够	101	2\16
112	འང་།	连词	99	2\16
113	མིག	眼睛	97	4\25
114	ཚོ།	们	94	3\12
115	བཏང་།	派	94	3\26
116	དེ་ནས།	于是	92	2\24
117	ངང་ནས།	结构助词	92	3\16
118	ཇེ།	越来越	91	2\24
119	བཅས།	等	91	4\12
120	རེ།	每,每一	88	2\14
121	རྒྱལ་པོ།	皇上	87	6\24
122	སྙམ།	思考,认为	86	3\23
123	བསྡད་།	坐,住,在,待	86	3\28
124	ངོས།	表面	86	4\27
125	ནམ།	何时	85	2\28
126	མདུན།	前面,前方	84	2\4
127	རེ་རེ།	每一,每个	83	3\1
128	དོན།	事情,工作	82	3\19
129	ཟ།	吃,食	81	2\23
130	འགྲམ།	近处,边沿	80	2\10
131	ཁྱེད་།	你(表示敬语)	80	2\17
132	ཡར།	上,前	80	2\21
133	མ་ཟད་།	不仅,不但	79	3\23
134	ལུས།	身体	77	3\12
135	ཚང་།	齐,全齐	77	4\17

序号	词种	首现词义	词次	首现位置(册\课)
136	མང་།	许多,很多	76	3\12
137	སོ།	终结词	76	3\10
138	གནས།	有,存在	76	4\10
139	ཐོས།	听到,听见	75	3\16
140	བུ་མོ།	女孩	74	2\29
141	ཁོ་ཚོ།	他们	74	3\16
142	རིགས།	种类,种	73	3\8
143	ཕྱི།	外面	73	3\13
144	འདྲ་བ།	像,一样	73	3\28
145	འགའ།	几个	71	2\27
146	སྐད་།	声音	71	2\21
147	བར།	之间	71	3\22
148	མཚོ།	大海	70	3\13
149	འབབ།	降,落,下	70	2\10
150	བཟང་།	善,佳,好,良	69	2\6
151	ཀྱིན།	正在	68	2\2
152	ཤིན་ཏུ།	非常,甚	68	4\8
153	རྩྭ།	草	67	2\20
154	འོག	下面	67	3\11
155	སྒྲ།	声音	67	5\12
156	བྱ།	鸟	66	2\30
157	བཟུང་།	记住	66	3\11
158	ཡུལ།	地方	66	3\19
159	བདག	我,自己	66	6\25
160	མི་དམངས།	人民	65	2\12
161	ད་ལྟ།	现在	65	3\28
162	འོངས།	走来,到来	65	2\13
163	ཁོ་མོ།	她	64	2\13
164	ཤར།	出现,升起	63	2\4
165	ཁ་བ།	雪	63	2\10
166	ལེན།	唱	63	2\21
167	གྱིན།	正在	63	3\1
168	མོད་།	虽然	63	3\10
169	རྒྱལ་པོ།	国王	63	3\13
170	བཞག	放	62	2\27
171	ཁྱེར།	带来,带走	62	3\23
172	ཐེངས།	回,次,度	62	4\7
173	གྲུ།	舟,船	62	4\8
174	གཏོང་།	放	62	3\9

序号	词种	首现词义	词次	首现位置(册\课)
175	ལངས།	起来	61	2\8
176	མར།	下面,下方	61	2\21
177	ཁང་པ།	房子	61	3\10
178	དགྲ་བོ།	敌人	61	8\20
179	བོད།	藏族,藏人	60	2\8
180	བུ།	儿子	60	4\8
181	ཨ་ཕ།	父亲	59	3\16
182	ཁྱིམ།	家	59	3\17
183	སྣ་ཚོགས།	各种各样	58	2\21
184	འོན་ཀྱང་།	但是,然而	58	3\10
185	ལྷག	多	58	5\15
186	བབས།	降,落	57	2\28
187	རི་བོང་།	兔子	57	3\28
188	གྲོགས་པོ།	朋友,伴侣	56	2\5
189	ཁྱེད་ཚོ།	你们	56	2\13
190	རི།	山	56	2\17
191	རྟ།	马	56	2\21
192	ཅན།	者	56	3\13
193	ནགས་ཚལ།	森林,树林	56	3\16
194	ནོ།	终结词	56	3\22
195	གློ་བུར་དུ།	突然	56	3\9
196	རྒྱ་མཚོ།	大海	55	2\10
197	ཐབས།	办法,谋略	55	2\24
198	ལ་ལ།	有些,某些	55	2\27
199	མིན།	不是	55	3\27
200	ཀུན།	一切	54	3\12
201	སྐད་ཆ།	话,语言	54	3\16
202	ཐམས་ཅད་།	都,所有	54	3\20
203	ཆོག	可以	54	3\—4—①
204	གལ་ཏེ།	如果,假使	54	4\13
205	དུས་ཚོད་།	时间,时候	54	5\8
206	ཇི་ལྟར།	怎样,如何	53	2\24
207	ལམ།	路,道路	53	3\10
208	རུང་།	可以	53	4\9
209	འཛིན།	擒着,抓住	52	3\4
210	སླར་ཡང་།	又,仍,还	52	4\18
211	མྱོང་།	曾经	52	5\13

① 3\—4—:表示该词种首现位置不是出现在第3册课文中,而在第3册生词学习第4部分。词种首现位置出现在生词学习部分均采用"—＊—"的标记方法。

序号	词种	首现词义	词次	首现位置(册\课)
212	སའི་གོ་ལ།	地球	52	6\19
213	ཨང་།	啊	51	2\10
214	སྡོང་པོ།	树木	51	2\—8—
215	ལགས།	人称敬语	51	2\28
216	ཆུང་།	小	51	4\10
217	ལོག	回去	51	3\17
218	འོ།	终结词	51	3\28
219	ངོ།	脸，面孔，容貌	50	2\13
220	མཐོ།	高	50	2\16
221	རང་ཉིད་།	自己	50	2\17
222	ཟོས།	吃，食	50	3\11
223	ཤ།	肉，肌肉	50	3\23
224	ལྟ་བུ།	一样，像，般	50	5\16
225	ལག་པ།	手	49	2\1
226	དགེ་རྒན།	老师，教师	49	2\3
227	གསལ།	明显，显著	49	2\4
228	སྔོན།	前面，前方	49	2\5
229	ཟླ་བ།	月亮，月球	49	2\12
230	ཡིན་ནའང་།	可是，但是	49	2\24
231	གཉིད་།	入睡，睡着	49	3\11
232	སྔར།	以前，古时	49	3\20
233	རླུང་།	风	49	4\12
234	མཚན་མོ།	夜晚，晚上	49	4\23
235	ཀུ་ཤུ།	苹果	48	2\11
236	འཇིག་རྟེན།	世间，世界	48	2\16
237	ཁྲིད་།	领	48	2\17
238	ལག	手	48	2\18
239	མིང་།	名字	48	2\27
240	སྒོ།	门	48	3\10
241	འདོད་།	以为，愿意	48	3\16
242	ད་གཟོད་།	才，才是	48	3\17
243	བསམ་བློ།	思想，想法	48	3\9
244	བཞི།	四	47	2\7
245	ནོར།	牛	47	2\21
246	སྦྲང་མ།	蜜蜂，蜂	47	2\30
247	ཅི་ཡང་།	什么都，任何也	47	3\16
248	ཕོ་བྲང་།	皇宫，宫殿	47	3\19
249	བཞིན་པ།	正在，着	47	4\13
250	ངོ་མ།	真的，确实	47	4\7

序号	词种	首现词义	词次	首现位置(册\课)
251	དག	一些,几个	46	2\26
252	ལྷུང་།	掉	46	2\27
253	ཕྲུ་གུ།	小孩,儿童	46	3\12
254	དེ་ལྟར།	那样	46	3\17
255	མཛེས།	美丽,漂亮	46	4\12
256	དེ་དག	那些	46	4\7
257	འཁོར།	仆从,眷属	46	4\8
258	གཞོན་ནུ།	青年人	46	7\15
259	ཏོ།	终结词	45	2\10
260	རི་དྭགས།	野兽	45	3\—1—
261	རིང་།	长	44	2\34
262	ངེས།	一定,必须	44	3\16
263	ཆེས།	最	44	4\13
264	མྱུར་དུ།	很快地	44	4\13
265	འཇུག	命令	44	4\21
266	ཝུ་སུང་།	武松	43	12\21
267	སྐར་མ།	星星	43	2\7
268	བརྒྱབ།	抛射,打击	43	2\27
269	དེ་འདྲ།	那样	43	2\28
270	སྲིད།	可能,也许	43	2\28
271	དགའ་སྤྲོ།	高兴,欣慰	43	3\1
272	ཡིད།	心,心里	43	3\23
273	སྟེར།	给,给予	43	3\4
274	ཐོན།	到来,出发	43	4\17
275	འཚོ་བ།	生活,生计	42	3\16
276	འོད།	光,光辉	42	3\3
277	དམར་པོ།	红,红色	42	3\5
278	ཆུང་བ།	小的	42	5\18
279	ཨ་ཁུ།	叔叔,伯父	41	2\2
280	བླངས།	采,取走	41	3\10
281	ཁྲོད།	其中	41	3\10
282	གནམ།	天空,空中	41	3\20
283	འཛམ་གླིང་།	世间,世界	41	3\3
284	མ་གཏོགས།	除外,仅只	41	4\17
285	གླང་ཆེན།	象,大象	41	4\8
286	རིག་པ།	智慧	40	2\1
287	ཇི་འདྲ།	怎样,如何	40	2\10
288	ཁྲུང་ཁྲུང་།	鹤,丹顶鹤	40	2\19
289	ས་ཆ།	地方,地区	40	2\28

序号	词种	首现词义	词次	首现位置(册\课)
290	ཉི་འོད།	阳光	39	2\9
291	ཁེངས།	充满,堆满	39	2\9
292	མཚུངས།	像,一样	39	2\26
293	རྒྱུ་མཚན།	原因,理由	39	3\16
294	ཆུ་བོ།	河流,江河	39	3\2
295	འགོར།	耽误	39	4\9
296	སྟག	老虎,虎	39	5\12
297	བཅུ།	十	38	2\7
298	གམ།	选择助词	38	2\16
299	ལོ་མ།	叶子,树叶	38	2\18
300	གསེར།	金	38	3\1
301	རྩྭ་ཐང་།	草原	38	4\12
302	དཀར་པོ།	白色	38	3\5
303	རི་བོ།	山	38	4\12
304	འདི་འདྲ།	这样	38	4\27
305	གསལ་པོ།	清楚,清晰	38	5\8
306	མཐར།	最终,结果	38	5\11
307	ཡོན་ཏན།	学问,学识	37	2\18
308	རྐང་པ།	脚	37	2\22
309	བརྟེན།	依靠,凭借	37	3\12
310	ཉ།	鱼	37	3\11
311	ཚར།	完,结束	37	3\12
312	སྤྲེའུ།	猴,猕猴	37	3\17
313	ནད།	病	37	3\18
314	ལྟ།	看,望(现在时)	37	4\2
315	འགྱུར།	变(现在时,将来时)	37	3\25
316	མཁས་པ།	学者,智者	37	4\16
317	ཁུར།	背(过去时)	37	4\18
318	དུག	毒,毒物	37	5\10
319	ཡི་གེ།	文字	36	2\1
320	ཕན་ཚུན།	彼此,相互	36	2\6
321	ཆ།	双	36	2\7
322	ལྔ།	五	36	2\7
323	མཐོན་པོ།	高	36	2\17
324	རྡོ།	石头,石子	36	2\27
325	ཡལ་ག	树枝,丫枝	36	3\20
326	ཟམ་པ།	桥	36	3\7
327	འཛུལ།	进入	36	4\18
328	རུས་སྦལ།	龟,乌龟	36	4\20

序号	词种	首现词义	词次	首现位置(册\课)
329	རྔ་མོང་།	骆驼	36	4\21
330	དངོས་པོ།	事物,物	36	5\15
331	ཅི་ཞིག	什么	35	2\3
332	རྒྱལ་ཁབ།	国家	35	2\6
333	བརྒྱུགས།	驱策,使疾走	35	2\27
334	ཟླ།	月,月份	35	2\30
335	བར་སྣང་།	空间	35	3\1
336	སྲོག་ཆགས།	动物	35	3\12
337	རྗེས་སུ།	后面,将来	35	3\16
338	གྲགས།	传遍,传开	35	3\8
339	མགོ་བོ།	头	35	4\13
340	གཏན་ནས།	根本	35	4\23
341	བྱིན།	给,给予	35	4\3
342	བཏབ།	种(表动作)	35	4\3
343	སྨི།	米(度量)	35	5\7
344	སློབ།	学,学习(现在时)	34	2\2
345	ལྟོས།	看(命令式)	34	2\17
346	ཁྲོན་པ།	井水	34	2\28
347	མ་ཐག་ཏུ།	一瞬间	34	3\9
348	སྐྱ་ཀ།	喜鹊	34	5\11
349	བརྒྱུད།	经过,通过	34	6\12
350	ཉན།	听	33	2\1
351	ཐང་།	平地,平原	33	2\21
352	ཕལ་ཆེར།	大约,大概	33	5\19
353	མདོག	颜色	33	3\8
354	འགུལ།	动	33	4\7
355	བཟོ།	做,造	33	4\8
356	མེ།	火	33	5\11
357	ལན།	次,趟	33	5\11
358	ཆེད་དུ།	专门	33	5\15
359	ནུབ།	西,西边	32	2\4
360	རྒྱབ།	背,背后,后面	32	2\4
361	ཕར།	对方,另一边	32	2\21
362	མཉམ་དུ།	一起	32	2\23
363	སྐྲག	害怕,恐惧	32	2\27
364	ཁྱུ།	群	32	3\1
365	སེང་གེ།	狮子	32	3\16
366	ཤི།	死,熄灭	32	3\16
367	མདའ།	箭	32	3\26

序号	词种	首现词义	词次	首现位置(册\课)
368	ཆང་།	酒	32	4\13
369	གདོང་།	脸,脸颊	32	4\14
370	གཟུགས།	形态,身材	32	4\18
371	ཕྱུག་པོ།	富裕,豪富	32	5\25
372	ལྕགས།	铁	31	2\22
373	ད་།	现在	31	2\28
374	ཁ་དོག	颜色	31	2\30
375	བོང་བུ།	驴	31	3\23
376	མཚམས།	时候	31	3\23
377	ཆར་པ།	雨	31	4\11
378	རྙེད་།	找到,拾到	31	4\13
379	ཁོ་ན།	唯一,仅此	31	4\21
380	རྒོད་།	鹰,食尸鸟	31	5\16
381	ལྷ།	仙,神仙	31	6\2
382	རྒྱས།	兴旺,茂盛	30	2\6
383	ང་རང་།	我	30	2\8
384	དེ་རིང་།	今天	30	2\13
385	འདོད་པ།	想,愿意	30	2\17
386	ལུ་གུ།	羊羔	30	2\23
387	སྒོ་ནས།	经过	30	3\10
388	བཙལ།	寻找	30	3\17
389	དམ།	或	30	3\27
390	སོ་སོ།	分别	30	3\8
391	ཐོག་མ།	首先	30	4\13
392	གསར་པ།	新	30	4\4
393	ཉལ།	睡觉	30	5\16
394	བྱ་བ།	事情	30	6\21
395	སྟོབས་ཤུགས།	力量	30	7\10
396	བདེ་སྐྱིད་།	幸福	30	7\13
397	ཆུ་སྲིན།	鲸鱼,鳄鱼	30	8\24
398	ཚེ་སྲོག	生命	29	10\15
399	གཡང་ཁོ།	杨库(人名)	29	11\17
400	ཀྲུའུ་ཀུ་ལིང་།	诸葛亮(人名)	29	12\13
401	སྨན་པ།	医生	29	2\3
402	བརྒྱ།	一百	29	2\10
403	སློབ་སྦྱོང་།	学习	29	2\14
404	འཐུང་།	喝,饮	29	2\24
405	བསམ།	想到,意想	29	2\28
406	མཐའ།	边儿,沿儿	29	2\28

序号	词种	首现词义	词次	首现位置(册\课)
407	སྒྲོག	响亮	29	4\22
408	ཚད།	度,量	29	6\3
409	གོང་བུ།	团,丸	29	9\15
410	མིག་དམར།	火曜,星期二	28	10\16
411	ཞོགས་པ།	早上,早晨	28	2\4
412	ཚན་རིག	科学	28	2\6
413	བུད།	出来	28	2\28
414	ཕྱི་ཉིན།	第二天	28	3\11
415	གཤོག་པ།	翅膀	28	3\12
416	རོ།	终结词	28	3\22
417	ནས་བཟུང་།	从……开始	28	3\23
418	ཚུལ།	现象,形式	28	3\25
419	ཨེ།	语气词,吗	28	4\13
420	གོམ་པ།	脚步,步伐	28	5\13
421	ཚོད་ལྟ།	试验,试点	28	5\13
422	ལས་ཀ	事情,工作	28	5\20
423	ཝ།	狐狸	28	8\13
424	གཏིང་།	深度	27	2\17
425	སམ།	或者	27	2\28
426	སྣང་བ།	感觉	27	2\30
427	སློབ་མ།	学生	27	4\12
428	ཅི་འདྲ།	如何,怎样	27	3\1
429	རྒྱུན་དུ།	经常	27	3\10
430	ཤོག	过来	27	3\20
431	ཆོག་པ།	可以	27	3\—4—
432	རླངས་འཁོར།	汽车	27	3\7
433	ལྗོན་ཤིང་།	树木	27	3\7
434	པང་།	怀抱,抱兜	27	4\1
435	མཚེའུ།	湖泊	27	4\12
436	ཡ་མཚན།	奇怪,惊奇	27	4\17
437	རོགས།	帮助,帮忙	27	4\3
438	རྐང་།	脚	27	4\8
439	རིམ་པ།	次序,等级	27	5\16
440	མོ།	女性	27	5\17
441	ཚན་རིག་པ།	科学家	26	2\3
442	མང་པོ།	很多,许多	26	2\11
443	སྔ་མོ།	早	26	2\14
444	ངོ་མཚར།	奇怪,惊奇	26	2\16
445	མཛེས་པ།	美丽,漂亮	26	2\17

序号	词种	首现词义	词次	首现位置(册\课)
446	གཉིས་ཀ།	二者,两个	26	3\17
447	གིན།	正在	26	3\1
448	ཕེབས།	来,去,走	26	3\10
449	རི་མོ།	图片,图画	26	3\17
450	དྲན།	想到	26	3\17
451	ཚུར།	这边,我方	26	4\17
452	འཐེན།	拉	26	5\18
453	ནུས་པ།	能够,能力	26	5\19
454	ན་རེ།	说,道	26	5\24
455	བཙན་རྫོང་།	要塞,碉堡	26	6\1
456	ཆགས།	形成,构成	26	6\20
457	འབར་ཞུན།	火柴	26	8\4
458	ནམ་ཡང་།	任何时候	25	2\5
459	ཀྲུང་གོ།།	中国	25	2\6
460	བྱང་།	熟练	25	2\18
461	ལྭ་བ།	衣服	25	4\11
462	འདབ་ཆགས།	飞禽	25	3\12
463	གང་པོ།	全,整个	25	5\13
464	མེ་ལོང་།	镜子,铜镜	25	3\21
465	རྣམ་པ།	形式	25	3\－3－
466	དེད།	赶(过去时)	25	4\17
467	བལྟ།	看,观察(将来时)	25	4\25
468	བཟོས།	做,造(过去时)	25	5\2
469	འོང་།	过来	25	5\21
470	རྟོགས།	知道,理解	25	6\11
471	བསམས།	想(过去时)	25	3\10
472	ཉི་ཤུ།	二十	25	3\22
473	ཡར་ཀླུང་གཙང་པོ།	雅鲁藏布江	25	6\5
474	བློན་པོ།	大臣	25	4\8
475	ཞོར་དུ།	顺便	24	3\18
476	གྲོང་ཁྱེར།	城市	24	3\7
477	དྭངས།	清澈	24	4\12
478	དཀར།	白	24	3\1
479	སྣ།	种,类	24	2\10
480	འགྲན།	比赛	24	3\19
481	ཁ་ཤས།	一些	24	3\－4－
482	རྐྱེན་གྱིས།	原因助词	24	3\28
483	གནས་ཚུལ།	情况	24	3\26
484	འདས།	过去	24	4\12

序号	词种	首现词义	词次	首现位置(册\课)
485	དཀའ།	难	32	4\25
486	ཤིང་རྟ་མོ།	啄木鸟	24	4\4
487	ལྗིད་ཚད་།	重量	24	4\8
488	ཉིའུ་ཊུན།	牛顿(人名)	24	6\6
489	ལྡང་།	飘起,吹起	23	2\9
490	བདེ།	平安	23	2\14
491	བསྟོད་།	赞扬	25	4\9
492	འབྲས་བུ།	果实	23	2\25
493	ཚིག	句子	23	2\18
494	དང་པོ།	第一	23	5\18
495	ཕ་ཡུལ།	家乡	23	5\3
496	ཤུགས།	力量	23	5\15
497	རིག་གནས།	文化	23	2\2
498	དར།	弘扬	23	2\6
499	ཡུད་ཙམ།	稍微,一点点	23	4\17
500	བཀོལ།	使用	23	5\20

(于洪志、曹晖、李永宏、祁坤钰撰稿;赵小兵、才旺拉姆、孙媛、戴庆厦、李旭练、土登彭措审阅;高璐、陈琪、张金爽、李钢、通拉嘎参与数据、资料整理。)

语言资源监测与研究相关术语（2010版）

【说明】国家语言资源监测研究过程中使用到了大量术语。其中多数学术界本已有之，但是散见于不同的学科门类；也有一些是基于我们监测研究实践中的新认识而逐渐形成的一些专门的、比较凝固、经常需要使用的词语，我们也姑且称之为“术语”。为便于读者阅读和使用本编报告与数据，同时也为了解决术语不统一所带来的困惑，国家语言资源监测与研究中心自2007年起进行相关术语的整理、统一工作，并在《中国语言生活状况报告(2007)》下编中公布了108条术语，即《语言资源监测与研究相关术语(2008版)》。2009年，根据读者的反馈意见，对这些术语进行了修改和完善，补充了8条，形成《语言资源监测与研究相关术语(2009版)》。今年，下编增加了少数民族语言调查等内容，根据需要，新补充了9条相关术语，形成《语言资源监测与研究相关术语(2010版)》。在下面的表中，新补充的条目右上角上标有“★”号。

序号	术语	提示性释义
1	编文	与“选文”相对。指在语文或外语教材中，根据一定的教学目的和需要，教材编纂者自己编写的课文。
2	博客标签★	指为博客帖添加的一种分类标记，通常体现博客用户关注的主题，可为搜索浏览提供便利。
3	部分共用词种	未在所有类别的调查语料中出现而只在两种以上部分类别中出现的词种。如《中国语言生活状况报告》调查、考察了报纸、广播电视、网络三种媒体用字用语状况，某个词种只在其中两个媒体中使用(譬如只在报纸和广播电视中而没有在网络媒体中使用)，这个词种就是部分共用词种。
4	部分共用字种	未在所有类别的调查语料中出现而只在两种以上部分类别中出现的字种。如《中国语言生活状况报告》调查、考察了报纸、广播电视、网络三种媒体用字用语状况，某个字种只在其中两个媒体中使用(譬如只在报纸和广播电视中而没有在网络媒体中使用)，这个字种就是部分共用字种。
5	常用字	特指国家语委、国家教委1988年联合发布的《现代汉语常用字表》中的3 500个字。也泛指使用频率高的汉字。

序号	术 语	提 示 性 释 义
6	词长★	指词语长度。不同语言可按不同单位计算。汉语词长通常按词语包含的汉字数计算，如“北京”词长为 2，“哈尔滨”词长为 3。维吾尔语词长通常按词语包含的字母个数计算；藏语词长通常按词所包含的音节个数计算。
7	词次	语言统计中的计量单位。指被调查语料中词语出现的次数。如在句子“我们 想 去，你们 去 不 去?”中，不包括标点符号，共有 7 词次。
8	词符次	语言统计中的计量单位。经分词软件切分后得到的所有分词单位出现次数的总和。分词单位包括汉字词语、字母词语、西文词语、数字和标点符号。
9	词干★	与“词尾”相对。一个词去掉后边所有的词尾，所剩部分即词干。如维吾尔语词“ئىشچىلىرىمىزغا(向我们的工人们)”中，依次去掉“لار–”“مىز–”和“غا–”①三个词尾所剩的“ئىشچى(工人)”即词干。藏语词“བཟོ་པ་པོ།(做工的人)”中，依次去掉“པོ”和“པ”两个词尾所剩的“བཟོ”(做)就是词干。词干通常由词根或词根缀接词缀构成。
10	词根★	与“词缀”相对。指词中表示基本词汇意义的语素。词根可以单独成词；也可以与词缀组合，构成派生词；还可以与词根组合，构成复合词。如汉语词“桌子、黑板、人”中的“桌、黑、板”和“人”；维吾尔语词“باش(头)”“ئاشپەز(厨师)”中的“باش”和“ئاش”；藏语词“མགོ་པ།(首领)”“མགོ་བོ།(头)”中的“མགོ”。
11	词类	词在语法上的分类。一般将词分为 13 类：名词、动词、形容词、数词、量词、代词、副词、连词、介词、助词、语气词、叹词、拟声词。
12	词类标记	同“词性标记”。
13	词目	辞书中作为诠释对象的词语，或词表中分列的条目。
14	词频	被调查语料中词语使用的频次或频率。
15	词条	辞书或词表中由词目和对词目的注音、解释等组成的一个个的条目。
16	词尾★	指缀接在词干后面，表示词的形态变化的语素。如维吾尔语词“شەھەرگە(向城市)”中的“گە–”②，“كەلدى(他们来了)”中的“دى–”；藏文词“ལྟོས(看的命令式)”中的“–ས”，“ལྟ་མཁན(看的人)”中的“–མཁན”。
17	词性标记	表示词的语法属性的符号（即所属的词类）。如通常名词用 n、动词用 v 来表示，n 和 v 就是词性标记。也称“词类标记”。
18	词性标注	指以确定的词性标注体系（见下条）为依据，对语篇中每一个词的语法属性进行标记的工作。如“他是学生”，一般标注为“他\r 是\v 学生\n ”。其中，“他”是代词，标为 r；“是”是动词，标为 v；“学生”是名词，标为 n。对语料中的词语标注词性，可以由计算机完成，也可以由人工完成，目前大多由计算机标注，并由人工辅助校对完成。

① 维吾尔文是从右向左书写，故后缀在左面，前缀在右面，与一般从左向右书写的语言前缀与后缀的顺序不同。

② 同注①。

序号	术 语	提 示 性 释 义
19	词性标注体系	由词类划分标准、词的类别以及词性标记集合所构成的体系。
20	词性自动标注	指由计算机自动给语篇中每个词加注词性标记的过程。也称“自动词性标注”。
21	词语总数	同“词总数”。
22	词种	指被调查语料中形式不同的分词单位。一般不包括标点、符号、纯西文。如句子“我们想去,你们去不去?”中,有“我们、想、去、你们、不”5个词种。在语言信息处理中,目前只能按书面形式来区分词种,所以表“进入水中”义的“下水”和表“可食用的动物内脏”义的“下水”为同一个词种。
23	词缀★	指缀接在词根上,用来派生新词的语素。可分为前缀、后缀,有的语言中还有中缀。
24	词总数	被调查语料中词语(分词单位)出现次数之和。其中不包括标点、符号、纯西文、纯阿拉伯数字、数字与西文混合式、网址等分词单位。也称“词语总数、总词语数、总词数”。
25	次常用字	特指国家语委、国家教委1988年公布的《现代汉语常用字表》中“一级常用字”之外的1 000个汉字。
26	大众语感	一个言语社区内所有成员普遍具有的一种语言直觉。大众语感包括对语言的感知、理解及使用习惯等。与“个人语感”相对。也称“公众语感”。
27	电子语料	以光盘、磁盘等为载体的、需要通过计算机或其他电子设备阅读的语言材料。
28	定量	指运用统计方法对事物性质所进行的量化描写、计算和分析。《中国语言生活状况报告》下编主要反映的是语言生活状况的定量研究成果。
29	定性	指运用经验方法对事物性质所进行的描写、分析和判定。
30	动态	与“稳态”相对。指语言在一定时期内语言成分的变化。这种变化包括新成分的出现,旧成分的重组或消亡。
31	动态流通语料库	语料库的一种。这种语料库广泛选择在社会上为人们密切关注并广为传播的语言材料,而且新的语言材料将随着时间的推移源源不断地汇入,故所存储的语言材料是与时俱进的。这样的语料库可以反映语言使用的共时和历时状态,可以用来观察、分析语言演变规律,有助于实施对语言的有效监测。
32	独现字	同“独用字种”。
33	独用词	同“独用词种”。
34	独用词种	当有多个调查语料时,只在某一类别调查语料中出现的词种。也称“独用词”。如在《中国语言生活状况报告(2007)》的调查报告中,“牠”这个词只在网络媒体中出现,在报纸、广播电视媒体中没有出现,“牠”就是网络媒体的独用词。

序号	术 语	提 示 性 释 义
35	独用字	同“独用字种”。
36	独用字种	当有多个调查语料时，只在某一类别调查语料中出现的字种。也称“独用字、独现字”。如在《中国语言生活状况报告(2007)》的调查中，“钔”字只出现在2007年度的语料中，2006年度和2005年度的语料中都没有使用，这个字就是2007年度的独用字种。
37	分布	指调查对象在调查范围内的存在情况。也称“散布”。
38	分布率	本编特指被调查对象所出现的文本数与文本总数的比率。也称“散布系数”。计算公式为：$D_i = t_i / T \times 100\%$ 其中：t_i 为调查对象 i 出现的文本数，T 为所有语料的文本总数，D 表示分布率。D_i 为调查对象 i 在所有语料中的分布率。比如统计语料共有10个文本，“愿景”这个词出现在其中的7个文本中，那么“愿景”这个词的分布率就是70%。
39	分词标注系统	按照分词单位及一定的算法对语料进行自动切分并进行自动词性标注的计算机软件。
40	分词单位	由分词软件对语料切分后得到的字符串。包括汉字词语、字母词语、数字，还包括标点、符号、纯西文等。也称“切分单位”。
41	符号种	被调查语料中形式不同的字母、数字、标点符号、计量符号及其他标记符号。
42	复现数	某一调查对象在调查范围内重复出现的次数。统计方法是将调查对象在调查范围内出现次数减1，所得即为复现次数。“词次”显示的是出现次数，“复现数”显示的是重复次数，后者主要适用于教育教材语言领域。如12套语文教材的语言调查中，“孔乙己”一词共出现了52次，复现数为51次。参见“词次”。
43	覆盖率	被调查语料内指定调查对象占所有调查对象总量的百分比。其计算方法同“累加频率”。如《中国语言生活状况报告(2005)》将汉语常用词语按照频次降序排列，前4 179条词语占总调查语料4亿词次的80%，其覆盖率就是80%。
44	公众语感	同“大众语感”。
45	共时语料库	语料库的一种。与“历时语料库”相对。其存储的语言材料均采录于同一时期，可反映该时期语言系统的面貌。
46	共用词	同“共用词种”。
47	共用词种	在所有类别的调查语料中都出现的词种。也称“共用词”。如《中国语言生活状况报告》中，在报纸、广播电视、网络媒体中均使用的分词单位即为该调查的共用词种。
48	共用字	同“共用字种”。

序号	术 语	提 示 性 释 义
49	共用字种	在所有类别的调查语料中都出现的字种。也称“共用字”。如《中国语言生活状况报告》中，在报纸、广播电视、网络媒体中均使用的字即为共用字种。
50	广播电视语料	电台、电视台播出的录音或录像语言资料。在统计研究中一般要转写为文本形式。国家语言资源监测语料库有声媒体分库储存的语料即广播电视语料。参见“转写语料”。
51	归一化使用率	指对使用率进行归一化处理所得到的值。计算公式为： $U_i = \frac{F_i \times D_i}{\sum_{j \in V}(F_j \times D_j)}$ 其中 F 表示频次(而非频率)，D 表示分布率，分母为归一化项，V 表示所有同质调查对象(如所有词种)的集合，j 是 V 中的一个个体，U 表示归一化使用率，U_i 为调查对象 i 的归一化使用率。
52	汉字次	同“字次”。
53	汉字义标	字母词中，用在字母前后起辅助表义作用的汉字。如“GPS 全球定位系统”的汉字义标是“全球定位系统”。汉字义标的表义作用主要有两种：同义叠加，如“GPS 全球定位系统”；表类属义，如“DVD 机、DVD 盘”。
54	后缀★	指缀接在词根后的词缀。如汉语词“桌子、木头、信儿”中的“子、头、儿”；维吾尔语词“چارۋىچىلىق(畜牧业)”中的“چىلىق-”①，“ئىشچى(工人)”中的“چى-”；藏语词“ལྟ་བ་(观点)”中的“-བ”，“ལྟ་བ་པོ་(看的人)”中的“-པོ”。
55	基础数据	与“目标数据”相对。对调查对象的基本情况进行统计所获得的数据。可作为进一步分析研究的基础。如语言调查中字、词语的频次、出现文本数等数据。
56	监测语料库	语料库的一种。以语言监测为目的而建设的语料库。一般具有动态、流通的特点。国家语言资源监测语料库及下属的平面媒体语料库、有声媒体语料库、网络媒体语料库、教育教材语料库等，均属于监测语料库。
57	句长★	指句子长度。可按不同单位计算。汉语句长可按句子包含的汉字数计算，也可按句子包含的词数计算；维吾尔语句长通常按句子包含的单词个数计算；藏语句长通常按句子包含的音节个数计算，也可以按句子包含的词数计算。

① 见国家语言资源监测与研究中心编《中国语言生活状况报告(2009)》下编第 526 页注①，商务印书馆 2010 年版。

序号	术 语	提 示 性 释 义
58	累加频率	所有调查对象按照频次降序排列，每一调查对象的频次同其前调查对象频次的累加和，与所有语料中调查对象总次数的比值。计算公式为： $A_i = \sum_{k=1}^{i} n_k / N \times 100\%$ 其中：n_k为调查对象 k 的出现次数，N 为所有语料中调查对象的总次数，A 表示累加频率，A_i为序列中到第 i 号调查对象时的累加频率。如某统计中将汉字按频次降序排列，前三位分别为：“的”，频次为 25；“是”，频次为 15；“大”，频次为 5，总频次为 450 字次，那么截止到“大”字的累加频率为(25＋15＋5)/450×100％ ＝ 10％。
59	流通度	指由一定媒介负载的语言文字在社会上流行通用的程度。不同媒体对流通度的测定参数是不一样的。报纸主要考虑发行量、发行地域、发布周期、阅读率等，广播电视主要考虑收视率、收听率；网络则主要考虑点击率。
60	流行语	某一时期、某一范围广为传播、盛行一时的词语。不同时期、不同领域有不同的流行语。如“CPI 上涨、基民、嫦娥一号”是 2007 年度中国媒体流行语，“凹造型、饿滴神啊”是 2006 年度网络流行语。
61	目标数据	与“基础数据”相对。根据研究任务的要求，对基础数据做进一步统计、分析、处理所获得的数据。如“使用率、频序比值”就是在“频次、文本数”这样的基础数据之上经过再计算而获得的目标数据。
62	年度新词语	本编指在某一年度新产生的并出现在该年度主流媒体语料中的词语，包括“旧词”赋予了新义的词语。
63	频比	同“频率比值”。
64	频差	同“频率差”。
65	频次	指调查对象在调查语料中出现的次数。
66	频度	通常指频率。二者在使用上略有不同，频率可以表示为具体数字，频度主要用于概括的说明。
67	频级	指在由调查对象形成的列表中根据频次的多少所划分的级别，相同频次或某一频次段的调查对象可划为一个频级。
68	频级差	某一调查对象在调查列表中的频级与该调查对象在参照列表中的频级之差。计算公式为：$\Delta R(La, w_i) = R(La, w_i) - R(Lb, w_i)$ 其中，La 为调查表，Lb 为参照表，w_i 为调查对象，R 表示频级，ΔR 表示频级差，$\Delta R(La, w_i)$为调查对象 w_i 的频级差。 调查对象的频级差越大，越能体现调查语料的特点。

序号	术 语	提 示 性 释 义
69	频率	指调查对象的频次与整个语料所含调查对象总频次的比值。计算公式为：$F_i = n_i / N \times 100\%$ 其中：n_i 为调查对象 i 的出现次数，N 为语料中调查对象出现的总次数，F 表示频率，F_i 为调查对象 i 的频率。
70	频率比值	用某调查对象在分类语料中的频率除以其在全部语料中的频率所得到的值。也称“频比”。计算公式为：$fr(w_i) = \frac{f(A, w_i)}{f(S, w_i)}$ 其中：S 为总语料，A 为分类语料，f 表示频率，w_i 为调查对象，fr 表示频率比值，$fr(w_i)$ 为调查对象 w_i 的频率比值。频率比值可以反映出分类语料中调查对象在总语料中所占的比例，比例越大，说明该调查对象越具有分类语料的特点。
71	频率差	用某调查对象在分类语料中的频率减去其在全部语料中的频率所得到的值。也称“频差、频率差值”。计算公式为： $\Delta f(A, w_i) = f(A, w_i) - f(S, w_i)$ 其中：S 为总语料，A 为分类语料，f 表示频率，w_i 为调查对象，Δf 表示频率差值，$\Delta f(A, w_i)$ 为调查对象 w_i 的频率差值。频率差可以反映某一调查对象在子语料库和在总语料库中的分布差异性，频率差越大，则该调查对象在子语料库中越突出。
72	频率差值	同“频率差”。
73	频位	指某调查对象在频次、频率或频级中的排位。
74	频序	指调查对象按频次、频率或频级排出的顺序。
75	频序比值	指某调查对象在不同语料中按频次排出的位序的比值。即将所有调查对象按频次从高到低排列，形成调查列表。用调查列表中某调查对象的位序值除以参照列表中相同调查对象的位序值，得到的就是该调查对象的“频序比值”。计算公式为：$Rr(w_i) = \frac{R(A, w_i)}{R(B, w_i)}$ 其中，R 表示位序，A、B 分别代表由不同的语料库形成的调查表，w_i 为调查对象，Rr 表示频率比值，$Rr(A, w_i)$ 为调查对象 w_i 的频序比值。频序比值越小，表示调查对象在调查表中比在参照表中排在更前面的位置。
76	前缀★	指缀接在词根前的词缀。如汉语词“第一、初八”中的“第”和“初”；维吾尔语词“بىمەنە（无聊的）”中的“بى_”①，“نائىنساپ（昧心的）”中的“نا_”；藏文词“ཨ་མའི་（妈妈的）”中的“ཨ་–”。
77	人工干预	根据需要由人来对计算机处理的过程或结果进行调整或修正。

① 见国家语言资源监测与研究中心编《中国语言生活状况报告(2009)》下编第526页注①，商务印书馆2010年版。

序号	术 语	提示性释义
78	散布	同“分布”。
79	散布系数	同“分布率”。
80	实态	语言在使用中呈现的实际状态。包括动态和稳态。也指语言监测研究中目前所使用的语言信息处理工具和技术手段的实际水平。
81	使用度	指调查对象在频率与分布率上的综合表现。与“使用率”不同。使用率多表示为具体数字，使用度主要用于概括的说明。
82	使用率	指某调查对象的频率与分布率综合计算得出的值。计算公式为： $U_i = F_i \times D_i$ 其中：F 表示频率，D 表示分布率，U 表示使用率，U_i 为 i 号调查对象的使用率。
83	通用字	特指国家语委、新闻出版署 1988 年联合发布的《现代汉语通用字表》中的 7 000 个汉字。
84	同形词	书写形式相同而意义不同的一组词。包括两种类型：同音同形词，如表示植物义的“花”和表示消费义的“花”；异音同形词，如“本色（sè）”和“本色（shǎi）”。
85	网络用语	特指网络信息交流、处理中使用的特有语言形式。主要指在BBS、博客、聊天室等交流沟通使用的特殊词语和符号，如：“斑竹、美眉、GG（哥哥）、FT（晕倒）、596（我走了）、:)”。
86	未登录词	指自然语言处理系统中没有被词语知识库收录的词语。一般为人名、地名、组织机构名等专有名词，以及新出现的词语。
87	位序	指按某种属性对调查对象进行排序后，某一特定调查对象在其中所处的位置。
88	文本	语言的符号串，为文字信息处理的对象。文本单位大小不一，可以是句、段，也可以是篇、部。一般具有主题集中、结构相对独立等特点。
89	文本文件	除存储有效字符外不带任何编辑格式的文档。与带编辑格式的word、XML、SGML 和 HTML 等文件相对。文本文件不能存储超文本、声音、动画、图像、视频等信息。记事本文件是典型的文本文件。
90	稳态	与“动态”相对。指语言成分在语言使用中所表现出的相对稳定的状态。稳态既可指相对稳定的语言成分，也可指缓慢的、有规律的语言演变及其特征，它们都会表现出共同存在、稳定少变的特点。语言在不同时段中稳定度不完全一样，故语言的稳态部分在不同时期中也不尽相同。
91	现行规范字表	本编中特指《简化字总表》《第一批异体字整理表》《现代汉语常用字表》和《现代汉语通用字表》等。
92	相关度	两个或两个以上随机变量之间的相关程度。

序号	术 语	提 示 性 释 义
93	相关系数	显示两个或两个以上随机变量之间相关程度的数值。
94	新词语	指某一时段产生的新的词和短语,也指赋予了新义或新用法的词语。
95	选文	与“编文”相对。语文或外语教材编纂者采选已有范文而形成的课文。如鲁迅的《孔乙己》、朱自清的《荷塘月色》。
96	言语词	与“语言词”相对。指由于交际需要在特定语境中临时组合或赋予某种含义的词语。如“赏红”(指秋天欣赏红叶)。
97	样本	从总体中抽出的符合抽样规则的个体。如从报纸语料中随机抽取 100 个文本,这 100 个文本就是报纸语料的样本。
98	样例	从总体中抽出的代表某类调查对象属性的范例。如在调查网络语言时,选取 100 个常见的 BBS 用语,这 100 个 BBS 用语为网络用语的样例。也称“样条”。
99	样条	同“样例”。
100	一级常用字	特指国家语委、国家教委 1988 年联合发布的《现代汉语常用字表》中最常用的 2 500 个汉字。
101	义频	被调查语料中一个词语的某一义项的出现次数与该词语义项总数的比值。也称“义项频率”。如“电视”有两个义项,总频次为 66,第一个义项出现 37 次,第一个义项的义频为 56.1%。
102	义项	字典、词典中同一个条目内按意义分列的项目。
103	义项次	被调查语料中词语义项出现的次数。如“白”有 6 个义项,在语料中共出现 123 次,123 即“白”的义项次。其中,第一义项出现 97 次,97 即为“白”的第一义项的义项次。
104	义项频率	同“义频”。
105	异形词	意义和读音相同而书写形式不同的一组词。如“标志”和“标识”,“笔画”和“笔划”,“毕恭毕敬”和“必恭必敬”。
106	语料	用来分析研究语言本身的结构、组成成分及其使用和演变规律的语言材料。可从不同角度对语料做不同的分类。从载体角度,可分为有声语料、电子语料、纸质语料等;从学科角度,可分为第二语言习得语料、法律语言语料等;从时代角度,可分为历时语料、共时语料。
107	语料库	机器可读的大量自然语言素材的有序集合。这些语言素材是书面文本、言语录音或其转写。可以为自然语言信息处理的研究提供语言数据,也可以应用于语言教学、词典编纂等其他语言研究领域。可从不同角度对语料库做不同的分类:根据语料的来源,可分为口语语料库、书面语语料库等;根据语料的载体,可分为语音语料库、文本语料库等;根据语料所涵盖的领域,可分为通用语料库、专题语料库等。

序号	术 语	提 示 性 释 义
108	语文词	与“百科词”相对。大众普遍使用的非专指性词语。也称“语文词语、语文性词语”。一般具有以下特点：使用范围广泛，使用频率较高，以及表义多为概指等。
109	语文词语	同“语文词”。
110	语文性词语	同“语文词”。
111	语言词	与“言语词”相对。指在语言系统中稳定下来的词语。如“生活、体育、购买、干净”。
112	语言监测	按照一定的目的与标准，运用一定的方法与技术手段对语言使用实态所进行的监察与测量工作。国家语言资源监测与研究中心对我国当前的语言使用状况所进行的实时监测和研究，即属于语言监测。
113	语言资源	以声音、文字为载体，起着传递信息、维系社会等重要作用，具有浓郁的人文特点的一种非物质形态的社会资源。可从不同角度对语言资源做不同的分类：从语言载体角度，可分为平面媒体语言资源、有声媒体语言资源、网络媒体语言资源等；从使用领域，可分为新闻语言资源、教育教材语言资源、文学作品语言资源等；从内容角度，可分为人名语言资源、地名语言资源等。
114	阈值	在统计中，为了获得某种统计结果而设置的参照值。
115	转写语料	本编指根据电台、电视台播出的录音或录像转写成的文本格式的语料。转写文本与原始有声语言之间存在程度不一的差异。
116	自动词性标注	同“词性自动标注”。
117	字次	语言统计中的计量单位。被调查语料中汉字出现的次数。也称“汉字次”。
118	字符	指被调查语料中的汉字、字母、数字、标点、符号等的统称。
119	字符次	语言统计中的计量单位。指被调查语料中各类字符(包括汉字、字母、数字、标点、符号等)出现的次数。
120	字符种	指被调查语料中形式不同的字符，包括汉字、字母、数字、标点、符号等。
121	字母词	指由字母单独或字母与汉字、数字或符号等一起构成的词。如“DNA、CT 机、MP3、U. S.”。
122	字频	指被调查语料中汉字使用的频次或频率。
123	字种	指被调查语料中字形不同的汉字。一般不考虑读音和意义的差别。如“长短”的“长”和“首长”的“长”为一个字种。
124	总词数	同“词总数”。
125	总词语数	同“词总数”。

（王铁琨、侯敏、杨尔弘、苏新春、玉素甫・艾白都拉、于洪志撰稿；陆俭明、俞士汶、才旺拉姆、毛尼亚孜・吐尼牙孜审阅。）

图表目录

【说明】为了使读者查找方便，现把正文中的表、附表、图的题目排列如下，并列出页码。

术语索引

【说明】为了使读者查找方便，现把本书中的术语汇集在一起，并列出该术语出现的全部页码。

后　记

在国家语言资源监测与研究中心各分中心，以及少数民族语言分中心所属的藏文、维吾尔文研究基地的共同努力下，《中国语言生活状况报告(2009)》下编编制完成了。在下编编制过程中，我们得到了教育部、国家语委有关领导的指导与支持，得到了有关高校、有关省(区)民族语文工作机构和藏文五省(区)教材编审协作机构的积极配合，也得到了本编聘请的审订、各位审稿人以及商务印书馆委派的责任编辑蔡长虹女士的鼎力相助。上述单位和个人，以不同方式为本书的出版贡献了心血和智慧，付出了辛勤的劳动，在此表示衷心感谢!

本年度《中国语言生活状况报告》下编的编制，在认真总结过往经验和听取领导、专家意见建议的基础上，对内容和体例进行了调整和改进。增加了《现代维吾尔文网站用词调查》和《小学藏语文新课标教材用词调查》两个部分，通过网站和教材两个侧面，尝试着进行少数民族语言文字使用状况的调查统计，填补了《中国语言生活状况报告》下编的一项空白。网络语言专门做了《中文博客专项调查》，教材语言专门做了《基础教育阶段小学语文教材汉字使用调查》，都比以往进行过的类似调查工作更加深入和专门化。常规项目中，《报纸、广播电视、网络(新闻)用字用语调查》，在得出2009年度用字用语相关数据并进行分析的基础上，还对2005—2009年度五年的用字用语情况进行了数据比较，从而得出一些科学而有价值的数据和结论，特别是其中的相对“稳态”部分更值得重视。另一常规项目《年度新词语调查》，则从词汇学和社会语言学两个角度，对2009年度产生和使用的新词语进行了深度解读和归纳分析，并追踪考察了2006、2007、2008年度产生的新词语在2009年度的使用情况，以图表形式描绘出一些新词语(如“次贷危机、金融海啸”等)的使用变化轨迹。语言监测与研究理论建设的一些成果部分地反映在术语体系构建上，根据本年度新设的少数民族语言调查项目，增加了相关术语9条，并对原有的116条术语的“提示性释义”进行了修改完善，形成了升级版的《语言资源监测与研究相关术语(2010版)》。

全书以调查报告和数据、图表为主干，继续保持“多维分析”的视角和“图文并茂”的特点，试图增强《中国语言生活状况报告》的可读性、直观性和实用性，以满足更多读者的需要。

本年度《中国语言生活状况报告》下编，是该系列《报告》的第五部，也标志着语言资源监测与研究工作已经开展了六周年。在第七个年头即将开始的时候，我们最需要做的，不是“纪念”和“庆祝”，而是认认真真地听取意见，踏踏实实地回顾和总结。当前，首先要探索如何继续加强语言资源监测与研究的理论建设、资源建设、技术平台建设和体制机制建设的新思路，思考如何进一步重视和加强对数据的挖掘、分析、整理、应用和开发的新举措，并努力“身体力行”（如抓紧编辑出版汇总五年数据的“五年系列”丛书）等，以使这项基于数据分析的战略研究能够持续不断地进行下去，越做越好。

由于有些调查项目是第一次尝试着做，加之时间匆促，本书可能还存在一些不足和缺漏，恳切期望广大读者提出宝贵意见。

王铁琨

2010 年 8 月 12 日于教育部

图书在版编目（CIP）数据

中国语言生活状况报告.2009.下编/国家语言资源监测与研究中心编.—北京:商务印书馆,2010.10
（中国语言生活绿皮书）
ISBN 978-7-100-07281-6

Ⅰ.①中… Ⅱ.①国… Ⅲ.①社会语言学—研究报告—中国—2009 Ⅳ.①H1

中国版本图书馆CIP数据核字(2010)第129447号

ZHŌNGGUÓ YǓYÁN SHĒNGHUÓ ZHUÀNGKUÀNG BÀOGÀO（2009）
中国语言生活状况报告（2009）
下 编
国家语言资源监测与研究中心 编

商 务 印 书 馆 出 版
（北京王府井大街36号 邮政编码 100710）
商 务 印 书 馆 发 行
北京瑞古冠中印刷厂印刷
ISBN 978-7-100-07281-6

2010年10月第1版 开本787×1092 1/16
2010年10月北京第1次印刷 印张34½
定价：56.00元